NVXINGXUE ZHUZUO GAILAN

女性学著作概览

云南民族大学
学术文库

杨国才等 编著

中国社会科学出版社

图书在版编目(CIP)数据

女性学著作概览／杨国才等编著．—北京：中国社会科学
出版社，2012.11

ISBN 978 - 7 - 5161 - 0952 - 6

Ⅰ. ①女…　Ⅱ. ①杨…　Ⅲ. ①妇女学—著作—介绍—中国
Ⅳ. ①Z88：D442

中国版本图书馆 CIP 数据核字 (2012) 第 114685 号

出 版 人	赵剑英
选题策划	郭沂纹
责任编辑	丁玉灵
责任校对	李　莉
责任印制	张汉林

出　　版	中国社会科学出版社
社　　址	北京鼓楼西大街甲 158 号（邮编100720）
网　　址	http://www.csspw.cn
	中文域名:中国社科网　　010 - 64070619
发 行 部	010 - 84083685
门 市 部	010 - 84029450
经　　销	新华书店及其他书店

印　　刷	北京市大兴区新魏印刷厂
装　　订	廊坊市广阳区广增装订厂
版　　次	2012 年 11 月第 1 版
印　　次	2012 年 11 月第 1 次印刷

开　　本	710 × 1000　1/16
印　　张	42
插　　页	2
字　　数	680 千字
定　　价	119.00 元

《云南民族大学学术文库》总序

云南民族大学党委书记、教授、博导　甄朝党
云南民族大学校长、教授、博导　张英杰

　　云南民族大学是一所培养包括汉族在内的各民族高级专门人才的综合性大学，是云南省省属重点大学，是国家民委和云南省人民政府共建的全国重点民族院校。学校始建于 1951 年 8 月，受到毛泽东、周恩来、邓小平、江泽民、胡锦涛等几代党和国家领导人的亲切关怀而创立和不断发展，被党和国家特别是云南省委、省政府以及全省各族人民寄予厚望。几代民族大学师生不负重托，励精图治，经过近 60 年的建设尤其是最近几年的创新发展，云南民族大学已经成为我国重要的民族高层次人才培养基地、民族问题研究基地、民族文化传承基地和国家对外开放与交流的重要窗口，在国家高等教育体系中占有重要地位，并享有较高的国际声誉。

　　云南民族大学是一所学科门类较为齐全、办学层次较为丰富、办学形式多样、师资力量雄厚、学校规模较大、特色鲜明、优势突出的综合性大学。目前拥有 1 个联合培养博士点，50 个一级、二级学科硕士学位点和专业硕士学位点，60 个本科专业，涵盖哲学、经济学、法学、教育学、文学、历史学、理学、工学和管理学 9 大学科门类。学校 1979 年开始招收培养研究生，2003 年被教育部批准与中国人民大学联合招收培养社会学博士研究生，2009 年被确定为国家立项建设的新增博士学位授予单位。国家级、省部级特色专业、重点学科、重点实验室、研究基地，国家级和省部级科研项目立项数、获奖数等衡量高校办学质量和水平的重要指标持续增长。民族学、社会学、经济学、管理学、民族语言文化、民族药资源化学、东南亚南亚语言文化等特色学科实力显著增强，在国内外的影响力

不断扩大。学校科学合理的人才培养体系和科学研究体系得到较好形成和健全完善，特色得以不断彰显，优势得以不断突出，影响力得以不断扩大，地位与水平得以不断提升，学校改革、建设、发展不断取得重大突破，学科建设、师资队伍建设、校区建设、党的建设等工作不断取得标志性成就，通过人才培养、科学研究、服务社会、传承文明，为国家特别是西南边境民族地区发挥作用、做出贡献的力度越来越大。

云南民族大学高度重视科学研究，形成了深厚的学术积淀和优良的学术传统。长期以来，学校围绕经济社会发展和学科建设需要，大力开展科学研究，产出大量学术创新成果，提出一些原创性理论和观点，受到党和政府的肯定，以及学术界的好评。早在 20 世纪 50 年代，以著名民族学家马曜教授为代表的一批学者就从云南边疆民族地区实际出发，提出"直接过渡民族"理论，得到党和国家领导人刘少奇、周恩来、李维汉等的充分肯定并被采纳，直接转化为指导民族工作的方针政策，为顺利完成边疆民族地区社会主义改造、维护边疆民族地区团结稳定和持续发展发挥了重要作用，做出了突出贡献。汪宁生教授是我国解放后较早从事民族考古学研究并取得突出成就的专家，为民族考古学中国化做出重要贡献，他的研究成果被国内外学术界广泛引用。最近几年，我校专家主持完成的国家社会科学基金项目数量多，成果质量高，结项成果中有 3 项由全国哲学社会科学规划办公室刊发《成果要报》报送党和国家高层领导，发挥了咨政作用。主要由我校专家完成的国家民委《民族问题五种丛书》云南部分、云南民族文化史丛书等都是民族研究中的基本文献，为解决民族问题和深化学术研究提供了有力支持。此外，还有不少论著成为我国现代学术中具有代表性的成果。

改革开放 30 多年来，我国迅速崛起，成为国际影响力越来越大的国家。国家的崛起为高等教育发展创造了机遇，也对高等教育提出了更高的要求。2009 年，胡锦涛总书记考察云南，提出要把云南建成我国面向西南开放的重要桥头堡的指导思想。云南省委、省政府作出把云南建成绿色经济强省、民族文化强省和我国面向西南开放重要桥头堡的战略部署。作为负有特殊责任和使命的高校，云南民族大学将根据国家和区域发展战略，进一步强化人才培养、科学研究、社会服务和文化传承的功能，围绕把学校建成"国内一流、国际知名的高水平民族大学"的战略目标，进一步加大学科建设力度，培育和建设一批国内省内领先的学科；进一步加强人才队伍建设，全面提高教师队伍整体水平；进一步深化教育教学改革，提高教育国际化水平和人才培养质量；进一步抓好科技创新，提高学术水平和学术地位，把云南民族大学建设成为立足云南、面向全国、辐射东南亚南亚的高水平民族大学，为我国经济社会发展特别是云南边疆民族地区经济社会发展做出更大贡献。

学科建设是高等学校龙头性、核心性、基础性的建设工程，科学研究是高等学校的基本职能与重要任务。为更好地促进学校科学研究工作、加强学科建设、推进学术创新，学校党委和行政决定编辑出版《云南民族大学学术文库》。

这套文库将体现科学研究为经济社会发展服务的特点。经济社会的需要是学术研究的动力，也是科研成果的价值得以实现的途径。当前，我国和我省处于快速发展时期，经济社会发展中有许多问题需要高校研究，提出解决思路和办法，供党和政府及社会各界参考和采择，为发展提供智力支持。我们必须增强科学研究的现实性、针对性，加强学术研究与经济社会发展的联系，才能充分发挥科学研究的社会作用，提高高校对经济社会发展的影响力和贡献度，并在这一过程中实现自己的价值，提升高校的学术地位和社会地位。云南民族大学过去有这方面的成功经验，我们相信，随着文库的陆续出版，学校致力于为边疆民族地区经济社会发展服务、促进民族团结进步、社会和谐稳定的优良传统将进一步得到弘扬，学校作为社会思想库与政府智库的作用将进一步得到巩固和增强。

这套文库将与我校学科建设紧密结合，体现学术积累和文化创造的特点，突出我校学科特色和优势，为进一步增强学科实力服务。我校2009年被确定为国家立项建设的新增博士学位授予单位，这是对我校办学实力和水平的肯定，也为学校发展提供了重要机遇，同时还对学校建设发展提出了更高要求。博士生教育是高校人才培养的最高层次，它要求有高水平的师资和高水平的科学研究能力和研究成果支持。学科建设是培养高层次人才的重要基础，我们将按照国家和云南省关于新增博士学位授予单位立项建设的要求，遵循"以学科建设为龙头，人才队伍建设为关键，以创新打造特色，以特色强化优势，以优势谋求发展"的思路，大力促进民族学、社会学、应用经济学、中国语言文学、公共管理学等博士授权与支撑学科的建设与发展，并将这些学科产出的优秀成果体现在这套学术文库中，并用这些重点与特色优势学科的建设发展更好地带动全校各类学科的建设与发展，努力使全校学科建设体现出战略规划、立体布局、突出重点、统筹兼顾、全面发展、产出成果的态势与格局，用高水平的学科促进高水平的大学建设。

这套文库将体现良好的学术品格和学术规范。科学研究的目的是探寻真理，创新知识，完善社会，促进人类进步。这就要求研究者必需有健全的主体精神和科学的研究方法。我们倡导实事求是的研究态度，文库作者要以为国家负责、为社会负责、为公众负责、为学术负责的高度责任感，严谨治学，追求真理，保证科研成果的精神品质。要谨守学术道德，加强学术自律，按照学术界公认的学术规范开展研究，撰写著作，提高学术质量，为学术研究的实质性进步做出不懈努力。只有这样，才能做出有思想深度、学术创见和社会影响的成果，也才能让科学研究真正发挥作用。

我们相信，在社会各界和专家学者们的关心支持及全校教学科研人员的共同努力下，《云南民族大学学术文库》一定能成为反映我校学科建设成果的重要平台和展示我校科学研究成果的精品库，一定能成为我校知识创新、文明创造、服务社会宝贵的精神财富。我们的文库建设肯定会存在一些问题或不足，恳请各位领导、各位专家和广大读者不吝批评指正，以帮助我们将文库编辑出版工作做得更好。

二〇〇九年国庆于春城昆明

前　　言

　　女性学（women's studies）作为 20 世纪才兴起的学科，在中国妇女问题研究方面引起了较大的反响。20 世纪 80 年代，中国高校的女性研究还侧重在先前既有的学科内进行。比如，在心理学、历史学、文学、教育学等传统学科领域，相继出现了以探讨女性的特质、特征为出发点的相关研究，并产生了女性心理学、妇女史学、女性文学与女性批评、女性教育学等分支学科。如今，经过 30 多年的成长、发育，不仅成果累累，而且中国高校的女性学学科建设从 20 世纪 80 年代发轫，90 年代起步，再到 1995 年第四次"世界妇女大会"后得到长足发展，经历了从先前既有学科的女性研究到跨学科的女性研究，到独立的女性学学科研究的学科化发展历程。

　　近 30 多年来，在学科制度化方面取得很大成绩，呈现出诸多鲜明的本土特色，研究更为深入，学术水平不断提高，多学科交叉、跨学科研究不断拓展，从而使学科建设迈入了一个新的发展阶段。20 世纪 90 年代后期，随着研究的推进，学界发现女性研究是一个多学科的综合交叉的新兴领域，许多有关女性的特性、生存、发展等问题，很难在某一个既有学科内得到完满解答，需要跨学科的研究与探索。在既有学科和跨学科研究的基础上，女性研究进入以建立独立的"女性学"学科为目标的发展阶段，学界开始广泛探讨女性学作为一个独立学科存在的依据和可能性，探讨"女性学"学科的研究对象、范畴、方法以及知识系统和理论体系等问题。

　　1998 年，经国务院学位委员会批准，"女性学"被列入了北京大学当年的研究生招生简章；1998 年底，经教育部学位委员会批准，在云南民族大学设立社会学硕士学位点；1999 年云南民族大学开始招生"女性学"硕士研究生。其后，东北师范大学等全国许多高校也相继招收了"女性学"方向的硕士研究生。2006 年，"女性学"进入教育部新增的本科专业目录，同年秋季，中华女子学院首次招收了"女性学"专业本科生。至此，"女性学"获得了学士、硕士学位授予权，这是作为一门独立学科存在的重要标志。

随着社会的发展和变迁，当妇女问题在主流社会日益突出，对妇女问题的研究也逐步深入，以妇女问题为切入点的研究领域越来越广，从初期的婚姻家庭到妇女参政议政、女性就业、女性解放、女性发展等，众多学者就妇女问题开展了多方面、多角度的理论研究和实际应用。因为，女性学的知识范式不同于传统学科，它强调对以往知识的反思与重构，这也就决定了女性学具有很强的跨学科性。所以，学生不易从整体上对女性学进行把握。为了拓宽学生在女性学研究方面的视野、满足教学需求、完善女性学学科建设、促进女性学进入学术主流，加强基础性教材建设无疑具有重要的理论意义和学术意义。

因为，1995 年在第四次世界妇女代表大会上中国政府庄严地向全世界宣布："男女平等是促进中国社会发展的一项基本国策"；2003 年胡锦涛总书记在中国妇女九大上，也要求全党全社会要坚决贯彻"男女平等基本国策"。随后，男女平等作为一项基本国策进入高校的课堂，妇女研究更是进入了高潮，各种性别研究机构、研讨会、书刊纷纷涌现，对妇女研究的论文犹如雨后春笋，内容丰富多彩，涉及历史学、社会学、心理学、人口学、文学、人类学、法学、医学等各个领域。

本书摘录了国内外部分优秀的女性学方面的著作，并对其进行了分类，从而为读者提供女性学研究的向导和指南。千里之行始于足下，前人的研究成果丰硕，只有通过追本溯源，系统地阅读、学习、借鉴已有的研究成果，加深对女性学的认识和理解，提高对女性学研究的兴趣，才能不断推动和谐性别文化的建构，最终实现性别平等。因此，我们编著了这部《女性学著作概览》，以飨广大读者、师生、女性学研究者。

杨国才

2011 年 7 月 19 日于荷叶山寓所

目　　录

一　女性学理论

（91 本）

序号	著作	作者
1.	第二性	［法］西蒙娜·德·波伏娃
2.	女权辩护 妇女的屈从地位	［英］玛丽·沃斯通克拉夫特 约翰·穆勒
3.	女性的奥秘	［美］贝蒂·弗里丹
4.	女性白皮书	［美］贝蒂·弗里丹
5.	非常女人	［美］贝蒂·弗里丹
6.	性政治——两性关系之间的"争斗"	［美］凯特·米利特
7.	女太监	［澳大利亚］杰梅茵·格里尔
8.	妇女城	［法］克里斯蒂娜·德·皮桑
9.	男人来自金星 女人来自火星	［美］约翰·格雷
10.	女性主义思潮导论	［美］罗斯玛丽·帕特南·童
11.	女权主义理论——从边缘到中心	［美］贝尔·胡克斯
12.	两性的冲突	［法］珍妮薇·傅蕾丝
13.	二人行	［法］吕西·依利加雷
14.	女人的声音	［澳］亨利·理查森
15.	女性休闲——女性主义的视角	［美］卡拉·亨德森等
16.	乳房的历史	［美］玛莉莲·亚隆
17.	女性主义与对自然的主宰	［澳］薇尔·普鲁姆德
18.	女权主义的知识分子传统	［美］约瑟芬·多诺万
19.	妇女：最漫长的革命	李银河
20.	女性身份研究读本	刘 岩 邱小轻 詹俊峰
21.	母亲身份研究读本	刘 岩
22.	内在革命——一本关于自尊的书	［美］葛罗莉亚·斯坦能
23.	女人	［法］亚里克·里帕
24.	女性与学术研究：起源及影响	［美］罗宾·罗森
25.	性别支配是一种装置	［日］江原由美子
26.	女性特质	［美］苏珊·布朗米勒
27.	女权主义理论读本	［美］佩吉·麦克拉肯
28.	女人与自然：她内在的呼号	［美］苏珊·格里芬
29.	女人的起源	［英］伊莲·摩根
30.	女人所生——作为体验与成规的母性	［美］艾德丽安·里奇
31.	女性主义	［英］苏珊·爱丽丝·沃金斯特
32.	性别麻烦——女性主义与身份的颠覆	［美］朱迪斯·巴特勒
33.	消解性别	［美］朱迪斯·巴特勒

著作名称：第二性

作　　者：［法］西蒙娜·德·波伏娃

译　　者：陶铁柱

出 版 社：中国书籍出版社

出版时间：1998 年 2 月

版　　次：第 1 版

I S B N：7506806983

页　　数：686 页

价　　格：49.80 元

作者简介

西蒙娜·德·波伏娃（Simone de Beauyior，1908—1986），出生于巴黎一个天主教色彩很浓的资产阶级家庭。她具有作家、哲学家、散文家、戏剧家等多重身份，因受存在主义思想的感染和启发，而成为存在主义代表性人物，女权运动的先驱，主要作品有《西蒙·波伏娃的美国纪行》、《满大人》、《老年》、《第二性》等。

内容简介

《第二性》被誉为"有史以来讨论妇女的最健全、最理智、最充满智慧的一本书"，出版于1949 年，甚至被尊为西方妇女的"圣经"。她以哲学、历史、文学、生物学、古代神话和风俗文化等内容为背景，纵论了从原始社会到现代社会的历史演变中妇女的处境、地位和权利的实际情况，探讨了女性个体发展史所显示的性别差异。《第二性》堪称为一部俯瞰整个女性世界的百科全书，她揭开了妇女文化运动向久远的性别歧视开战的序幕，对妇女运动的第二次浪潮起到了推波助澜的作用。

该书分上下两卷，上卷主要是从女性群体的角度去讨论妇女问题。上卷分为三部，第一部是命运，作者首先从生物学的角度探讨了雌雄两性的性生活"雄性掌握着性的支配权，不管雌性是自愿的还是被引诱的，无疑都是雄性占有着雌性，而雌性则被占有"，从最简单的单细胞动物一直到复杂的哺乳动物，详细论述了单性生殖和有性生殖的种种表现，驳斥了将女性等同于子宫或卵巢的观点。接着，作者介绍了精神分析学的妇女观，认为弗洛伊德的所谓"恋父情结"，是根据他依照男性模式得出的"恋母情结"炮制出来的，实际上女性是否存在"恋父情结"，大可质疑；

从而批判了弗洛伊德的以男性为中心，把女性的生理、心理和处境归结为
"性"的"性一元论"。作者也论述了马克思主义的妇女观，认为马克思
主义有关妇女的论述，对妇女理论的发展作出了重大贡献，尤其是私有制
或世袭财产的私有制的出现，是妇女受压迫的一个根本性根源，对研究妇
女的历史和现状更是起到了奠基性的作用。第二部是历史，波伏娃从原始
社会到法国大革命以后这一历史时期论述了女人在社会及家庭中的地位。
第三部是神话，夏娃不是和她的男人亚当一起被创造的，夏娃从来都不是
独立的，她是被上帝指配给男人的，上帝之所以将她踢到亚当那儿是因为
亚当寂寞，她的出生和目的都是因为他的男人。

　　下卷分为四个部分，作者沿着从童年到老年这条生命发展轨迹，以各
类妇女（女性同性恋者、妓女、恋爱中的女人或情妇、神秘主义的女人
或修女、独立的女人或职业妇女）为对象，广泛探讨了女性的个体发展
史，尤其是探讨了各个年龄阶段、各种类型女性的生理、心理及处境的变
化，并得出结论说，妇女要得到解放，就必须正视她们同男性的自然差
异，同男人建立平等关系。

　　最后，波伏娃强调，所谓妇女解放，就是让她不再局限于她同男人的
关系，不是不让她没有男女关系，而是这种关系是一种相互的关系。全书
以马克思的这样一段话为结束语："人和人之间的直接的、自然的、必然
的关系是男女之间的关系。"

著作名称：*女权辩护　妇女的屈从地位*

作　　者：［英］玛丽·沃斯通克拉夫特　约翰·穆勒

译　　者：王蓁　汪溪

出 版 社：商务印书馆

出版时间：2007 年 7 月

版　　次：第 1 版

I S B N：7 - 1000 - 2216 - 9

页　　数：196 页

价　　格：23.00 元

作者简介

　　玛丽·沃斯通克拉夫特（Mary Wollstonecraft，1759—1797）是一位

18 世纪的英国作家、哲学家和女权主义者。在她短暂的写作生涯中,她写就了多篇小说和论文。《女权辩护》出版于 1792 年,是玛丽·沃斯通克拉夫特的一部经典之作,也是第一部伟大的女权主义著作。

约翰·穆勒(John Stuart Mill, 1806—1873)出身于英国的一个学者家庭,其父詹姆斯·穆勒(1773—1836,通常又称老穆勒)是 19 世纪英国著名的哲学家、历史学家和经济学家,也是当时激进主义(亦称功利主义)思潮的重要代表,是世界上第一个妇女参政促进会的创办人之一。

内容简介

该书是由两部为女权辩护的著作组成的。其中一部是玛丽·沃斯通克拉夫特的《女权辩护》,作者对当时的教育制度进行了无情的批判,认为这种教育使得女性处于一种"无知和奴隶式依附"状态,是造成女性卑下的社会地位的罪魁祸首。她提出,女性并非天生地低贱于男性,只有当她们缺乏足够的教育时才会显露出这一点。她认为男性和女性都应被视为有理性的生命,继而还设想了建立基于理性之上的社会秩序。她把婚姻视为一种"合法的卖淫",对女性自甘沉沦于依附甚至奴性状态深感痛心;她主张女性的权利同男性的权利应该是平等的,呼吁给予女性同男性一样的教育权、工作权和政治权;她认为要想从根本上改善女性的社会地位,就必须消灭教会,废除军阶制,而其中最为根本的则是革除君主专制。

另一部是约翰·斯图尔特·穆勒著述的《妇女的屈从地位》。作者认为,规范两性之间的社会关系的原则——一个性别法定地从属于另一性别——其本身是错误的,而且现在成了人类进步的主要障碍之一。这个原则应代之以完全平等的原则,不承认一方享有权力或特权,也不承认另一方无资格。

由于种种社会的和自然的原因,使妇女不大可能集体地遭男人极力的反对。她们仍处于不同于其他从属门类的地位。男人并不只是需要女人顺从,他们还需要她们的感情。他们因此采用一切办法奴役其头脑。所有妇女从最年轻的岁月起就被灌输一种信念,即最理想的性格是与男人的截然相反:没有自己的意志,不是靠自我克制来管束,只有屈服和顺从于旁人的控制。一切道德都告诉她们,女人的责任以及公认的多愁善感的天性都是为旁人活着，要完全地克己，除了同她们喜爱的人之外，没有其他生活。一位妇女对自己财产的权利，几乎就是多余的了。因此，妇女只能处于服从的地位。

人不再是生而即有其生活地位并不可改变地被钉在那个位置上，而是可以自由地运用其才能和有利的机会去获取他们最期望的命运。夫妻在法律面前平等并不是使这种特定关系能够做到对双方公正并有助于双方幸福的唯一方式，但它是使人类的日常生活在任何高级意义上成为道德修养的一所学校的唯一手段。尽管这个真理可能未来的几代人感觉不到或不被普遍承认，唯一的真正的道德情操的学校是平等的人之间的社会。

在职业方面，在现有的政治和政治经济的舆论状态下，排除人类的一半于多数赚钱的职业和几乎所有高级社会职务之外是不公正的。以至于关于妇女的适合性，不仅是参与选举，而且还有她们自己担任职务或担任涉及重要的公共责任的职业。

这两部著作虽然出版的年代相隔半个多世纪，但是它们论述的中心思想是一致的，即从资产阶级的民主主义立场出发，为当时英国妇女所处的无权地位大声疾呼，批评和抨击政治制度和社会制度，要求给予妇女同男人平等的受教育权、工作权和选举权。

著作名称：女性的奥秘

作　　者：[美] 贝蒂·弗里丹

译　　者：程锡麟　朱徽　王晓路

出 版 社：广东经济出版社

出版时间：2005 年 5 月

版　　次：第 1 版

I S B N：9787806779958

页　　数：392 页

价　　格：25.90 元

作者简介

贝蒂·弗里丹（Betty Friedan，1921—2006），女，美国伊利诺斯州皮奥里亚人，美国当代著名社会学家、作家和著名的女权运动领袖和社会改革家。其代表作有《女性的奥秘》、《女性白皮书》和《生命之源喷涌》。

内容简介

《女性的奥秘》，英文书名 *The Feminine Mystique*，也有的学者将其译为"女性迷思"，1963 年在美国出版，截至 2000 年已在全球售出 300 万册，并被翻译成多国文字。它是新女权运动中继《第二性》之后的最著名的一部作品。书中所写到的"无名的难题"和西蒙娜·德·波伏娃 1949 年的"第二性"一样，成为女权主义运动的标志性名词，被视为 20 世纪最具影响力的书籍之一，同时也是作者贝蒂·弗里丹最为重要的作品。《纽约时报》曾评价《女性奥秘》一书"点燃了当代女权运动，并因此永久改写了美国等国家的社会结构"。阅读本书可以帮助读者了解西方的女权运动，了解美国社会，尤其是"二战"后的美国社会和文化。

该书可以分为四大部分，分别是：第一大部分，即第一节"无名的问题"，可以称之为"提出问题"的部分。第二大部分，就是这个问题的真正内容，包括：第二节"家庭主妇：幸福的女主人公"、第三节"女性的个性转变期"、第四节"充满激情的旅程"、第七节"以性别为指导方向的教育家"、第八节"错误的选择"、第九节"针对性别的销售"、第十节"增加家务以消磨时光"、第十一节"性的寻求"、第十二节"人性的逐渐消失"和第十三节"失去的自我"。在这 10 个小节中，都反映了这样一种情况：妇女退避在家庭中，并且一直都从属于她们的丈夫和孩子，而没有真正的自己，没有自身个性，同时社会也在做出这样一种将主妇限定在家庭中的努力。第三大部分，是对理论的研究和批判，包括：第五节"弗洛伊德的性唯我论"和第六节"功能的冻结，女性的抗议与玛格丽特·米德"。作者对不适宜时代的理论应用进行了批驳，同时对马斯洛理论用于解决女性奥秘这个问题的优越性予以肯定。第四大部分，"女性的新生"，这部分内容写了女性应得的平等的社会地位与权利，以及社会与女性自身应该如何为这一目标努力奋斗和做出调整。

著作名称：女性白皮书
作　　者：［美］贝蒂·弗里丹
译　　者：邵文实　王爱
出　版　社：北方文艺出版社
出版时间：2000 年 1 月

版　　次：第 1 版
ＩＳＢＮ：7－53171－255－8
页　　数：497 页
价　　格：24.60 元

作者简介

　　略

内容简介

　　该书可以视为贝蒂·弗里丹的第一本著作《女性的奥秘》的姊妹篇，同为美国女权运动的经典著作。作者试图打破性别角色的两极对立，建立更为和谐、健康的两性关系。

　　该书收集了弗里丹 1963—1976 年间所发表的文章、拟就的文稿及个人手记等。全书共分五部分，第一部分：觉醒，回顾了《女性的奥秘》一书的出版经过，以及该书给美国妇女的生活带来的震动和改变。作者介绍了美国妇女 1949 年的生活方式，在第二次世界大战结束后的 15 年间，妇女问题已经成为美国社会的一个严重问题。当时，美国女性不关心国际国内大事，不关心科学技术的发展，女青年毫无事业心，结婚年龄越来越小，女学生纷纷辍学而结婚。"嫁一个好丈夫，拥有一座郊区别墅，再生几个健康聪明的孩子"，这就是"幸福的家庭主妇"所拥有的一切。"幸福的家庭主妇"就成了典型的美国妇女形象和千百万女性追求和仿效的样板。而当她们真的成为主妇，陷于无穷无尽的家务之中时，又苦于看不到前途，生活没有意义，因而感到极度空虚和苦闷。弗里丹用"纳粹集中营"来比喻她们所处的环境，并且作为心理学、社会学、历史学家的弗里丹自己，就有一段从女学生到家庭主妇的亲身经历。她结合自己的经历与感受进行了大量的调查、分析和研究工作，透过复杂纷繁的社会现象看到问题的本质，并发出强烈的呼吁，号召妇女们觉醒起来，冲破女性的奥秘，改变现有妇女的形象，呼吁女性行动起来。这对当时正陷入空虚、苦闷之中的千百万美国妇女无疑有振聋发聩的巨大作用，使得女性经历了一个个性的转变期。

　　第二部分：行动，完整地反映了作者组织争取平等的妇女运动的过程。作者通过介绍全国妇女组织主席报告、组织争取平等的妇女运动、全国妇女组织宗旨宣言、全国妇女组织主席报告等，指出妇女解放是独一无二的革命，堕胎是妇女的一项公民权利，在法庭上控告有性别歧视倾向的卡斯威尔法官，并号召妇女为平等而罢工、为个人体验而战，超越性别角色的两极对立，成为世界的新力量。该书栩栩如生地再现了美国妇女组织的创立，妇女第一次要求在政治、经济、社会各领域争取平等的斗争。

第三部分：贝蒂·弗里丹手记、超越性别角色的两极对立、致妇女运动的一封公开信，是作者生活经历和内心思考的纪实写真。作者整理了对教皇保罗的访问，以及与西蒙·德·波伏娃的对话录，针对当时的离婚危机等，书写了一封给真正的男人的公开信和致妇女运动的一封公开信。贝蒂·弗里丹同教皇保罗、英迪拉·甘地、西蒙·德·波伏娃的谈话录，既是面对自我的，又是面对时代的；既描写了贝蒂·弗里丹个人的传奇经历，又再现了她那个时代妇女运动的见证；是贝蒂·弗里丹对女性命运的直接关照，以及对女性问题的研究和探索。作者指出，妇女运动的目的不是要将男人赶尽杀绝，建立一个纯粹的女人世界，而是要与男人一起，进行性别角色革命，超越性别角色的两性对立，发现世界新力量，走向妇女运动的新阶段。

著作名称：非常女人

作 者：[美] 贝蒂·弗里丹

译 者：邵文实 尹铁超

出 版 社：北方文艺出版社

出版时间：2000 年 1 月

版 次：第 1 版

I S B N：7 - 53171 - 248 - 0

页 数：433 页

价 格：20.80 元

作者简介

略

内容简介

贝蒂·弗里丹作为美国著名的当代女性主义思想家，美国第二次女性主义运动的开创者和主要的领导者之一，在美国思想界享有很高的声誉。她一生共出版四部作品，第一部作品《女性的奥秘》是美国妇女运动的号角和社会宣言，拉开了美国现代女权运动的序幕。第二部作品《女性白皮书》可视为《女性的奥秘》的续篇，体现了妇女运动在美国的高歌猛进，同为美国女权运动的经典著作。1976 年，贝蒂·弗里丹出版《非常女人》，在书中对前阶段的妇女解放运动进行了反思，由此引发出更深层次的思考。她的第四部作品《生命之源喷涌》则是一部关于老年社会问题的书。

　　在经历了女权运动的成功之后，美国妇女赢得了政治、经济、文化上的种种权利，但同时也面临各种新的问题。《非常女人》聚焦于美国第二阶段的妇女运动中最需要关注的现实问题。由于受到女权运动思潮的影响，有的妇女开始将妇女和男人视作对立的两极，把注意力放在反对男人方面，将家庭甚至孩子都视作妇女应当鄙弃的东西。弗里丹以她女性的敏感和理性的思维，告诫女性打破性别角度的两极对立，建立列为和谐的男女两性关系。她帮助那些刚刚起步的职业妇女现实地处理好家庭、工作和婚姻问题，不能因为职业的发展需要而放弃良好的家庭婚姻关系，倡导女性把家庭作为女权主义运动的新阵线。她教导男人如何将自己从紧张的、不满足的性别角色中解放出来，在家庭、工作和抚养孩子等方面做出选择，以达到一种互相合作的理想状态。在女权运动的进程中，妇女的力量是有限的，但同时也具备了无限的潜能。作者在书中结合现代社会的特点探讨了妇女发展的新模式，以期能迎来女权运动新的辉煌。

　　该书描述了当代美国妇女运动的现状与前景，主要针对第一阶段的妇女运动过后所凸显的新的社会问题进行剖析，旨在打破性别角色的两极对立，建立更为和谐的男女两性关系，以关怀、平等的配对理念，力求建立一个更为健康、更为人性的社会。可以说，贝蒂·弗里丹坦诚朴素的讲述，就是为了向女人讲述一个简单的道理，那就是——女人的幸福要靠女人自己创造，绝不能依赖任何人。女人只有真正地独立，其精神世界才能充实，才能拥有真正的幸福。

著作名称：性政治——两性关系之间的"争斗"

作　　者：［美］凯特·米利特

译　　者：宋文伟

出 版 社：江苏人民出版社

出版时间：2000 年 1 月

版　　次：第 1 版

I S B N：7 - 2140 - 260 - 82

页　　数：508 页

价　　格：22.00 元

作者简介

　　凯特·米利特（Kate Millet，1935—　），出生于美国西部中产阶级家庭，天主教徒。凯特·米利特的专业是文学，她的研究从极端男性沙文主义的小说入手，对劳伦斯的《查泰莱夫人的情人》、亨利·米勒的《北回归线》两部著作进行分析。她发现这些男权文本写的根本不是性，而是权力关系，是他们渴望随心所欲地安排女人，甚至设计她们的欲望、身体和感受的微观政治。在这个基础上，凯特·米利特写成了她的博士论文《性政治》。

内容简介

　　该书是一部性学经典之作。第一部分作者通过对劳伦斯、亨利·米勒等性文学大师的性描写的深刻剖析，充分说明了支配地位和权力在性活动中的重大作用，揭示了性问题的政治内涵。作者指出，性别之间的冲突较之民族间和阶级间的冲突更为悠久，两性间的争斗、压迫和反抗与人类历史伴随始终，从未止息。在她看来，性的问题实质上是政治问题。接下来从理论上探讨男女两性的社会关系，力图对作为一种政治制度的男权制作出一个系统的概述，并从意识形态、生物学、社会学、阶级、经济和教育人类学和心理学等方面对男权中心主义意识形态进行批评和反思。

　　第二部分主要是历史回顾。概述了 19 世纪和 20 世纪初，在传统的两性关系中发生的巨大变化。"要实现性革命也许首先必须结束传统的性抑制和性禁忌，尤其是那些对男权制的一夫一妻制婚姻威胁最大的禁忌：同性恋、非婚生子、少年性行为、婚前性行为和婚外性行为。环绕性行为的消极氛围应和双重标准以及卖淫制度一道铲除。性革命的目标是建立一种宽容的、允许性自由的单一标准，一种未被传统的性联姻带来的粗俗而有剥削性质的经济基础腐坏的标准。性革命的主要目的是结束男权制，废除大男子主义思想和带有大男子主义思想的地位、角色和气质的传统的社会化方式。"

接着论述随后出现的反动年代的情况，这种反动使男权制的生活方式在做出某些改变后得以延续下去，并在约 30 年的时间内，阻挠了这一领域内任何革命性的社会变革。作者认为当女性成为被压迫者以后，在妇女身上就存在少数族群地位的特征：群体自我憎恨，对自己和对同伴的鄙视。造成这种结果的根源是对女性卑下观点的反复宣扬，并且女性对此也信以为真。

其后几章着重讨论分析了作者认为代表反动时期思潮的三位作家（劳伦斯、亨利·米勒、诺曼·梅勒）的作品，并对这些作家作品中流露出的男权意识进行了批判。作者从政治角度看待两性关系，认为两性之间的关系就是如马克斯·韦伯所定义的那样，是一种支配和从属的关系。而两性间的权力支配关系、压迫关系根深蒂固于文化传统中，启迪人们对习以为常的语言、话语、文本等重新审视和分析，探讨女性在文化中的地位并试图构建属于自己的文化。在该书的结尾部分，作者满怀信心也充满激情地说，或许，性革命的第二个浪潮能够最终实现其将人类占一半的妇女从千百年的屈从中解放出来的目标，同时在这一过程中，使我们所有的人极大地接近仁慈、博爱。

著作名称： 女太监
作　　者： [澳大利亚] 杰梅茵·格里尔
译　　者： 欧阳昱
出 版 社： 漓江出版社
出版时间： 1991 年 11 月
版　　次： 第 1 版
I S B N： 7 - 5707 - 0803 - 0
字　　数： 262 千字
价　　格： 4.85 元
作者简介

杰梅茵·格里尔（Germaine Greer, 1939— ），生于澳大利亚的墨尔本，毕业于墨尔本大学，获悉尼大学英语硕士学位。1964 年，她获英联邦奖学金，在剑桥大学攻读博士学位，毕业后长期生活于英国，现为瓦维克大学英文和比较文学研究教授。20 世纪 60 年代后期，开始投身于女权主义运动，成为一名勇敢的女权主义斗士和卓越的女权主义作家。《女太监》是杰梅茵·格里尔的第一部著作，也是她最重要的女权主义作品之一，出版不久就引起巨大反响，从 1970 年到 1989 年，再版 18 次，并被译成 10 余种文字，被视为"现代经典"。

内容简介

　　该书共分 5 章：第一章是女性的肉体，从医学和生物学的角度详细分析了男女在性格、骨骼、毛发、性行为等方面的形成、发展和差异，为女性了解自身和传统与社会对她们在这方面所抱的基本错误观念，提供了一个很有价值的指南。第二章是女性的灵魂，它提出了一个新的观点，即"时髦典型"或"陈旧的样板"，这是指西方文化和社会生活中的一个典型现象，即无论在诗歌、绘画、小说或报纸杂志上，都把美玉财富与女性紧紧联系在一起，结果使这种浑身散发着人造美感和珠光宝气的女性形象成为广大妇女效仿的对象。因此，女性从婴儿到少女，直到成年，始终都摆脱不了这种形象对自己的诱惑束缚，始终囚禁在这个精神牢笼中，逐渐丧失了原有的活力，从而变成弗洛伊德所称的"被阉割的人"，即"女太监"。第三章主要谈爱情，其中涉及与爱情有关的各个方面，如理想、利他主义、利己主义、家庭等，深入探讨了爱情和家庭的本质，对传统的观念进行了有力的批评，并以犀利的笔锋揭露资本主义制度下男权主义社会，企图以婚姻困住妇女的手脚，使其沦为家中奴仆的实质。第四章详细阐述了男性对女性憎恨的心理动机、历史渊源和所有造成的直接恶果，即女性对男性的仇视、愤懑和反抗。最后一章提出了对妇女想争取独立自由就必须闹革命的主张及一系列对策。

著作名称： *妇女城*

作　　者： [法] 克里斯蒂娜·德·皮桑

译　　者： 李霞

出 版 社： 学林出版社

出版时间： 2002 年 12 月

版　　次： 第 1 版

I S B N：7 - 80668 - 391 - 7

页　　数：261 页
价　　格：16.00 元

作者简介

　　克里斯蒂娜·德·皮桑（Christine de Pizan，1365—1430），女，法国人。她是法国早期为数不多的知识女性，也是欧洲第一位专职写作的女作家，拥有自己的写作作坊，从一个女性作者逐渐发展成为一位女性出版人。她生活在文艺复兴早期的西欧，一生用法语写作，著述甚丰，流传下来有 30 多部诗歌和散文，内容涉及政治、军事、历史、宗教、伦理等多个方面。1405 年，她先后完成了《妇女城》和《淑女的美德》两本书，里面集中反映了她对女性生活的思考和见解——以美德为核心的"妇女城"理论。

内容简介

　　《妇女城》既是文艺复兴时期为女性的权利与地位勇敢呐喊的第一力作，又是代表女性文学文本性质的开篇之作。在书中，克里斯蒂娜构想了一个完全由女性来统治和保卫自己的理想王国——"妇女城"。"妇女城"中没有任何男性，居民们不再有丈夫、孩子和父母，她们不需要考虑婚姻，不用生孩子，没有土地财产，也没有吃饭穿衣之忧。在这里，等级的藩篱被打破了，妓女、平民和贵妇比邻而居，时空的距离不会阻碍城中居民的相聚，城中的居民来自于不同的国家和时代，居民们也将在这里获得永生，过去的、现在的和将来的高贵女性，源源不断地进入这座城市。女性进入这座"城市"，不是出于被迫的选择（如遭到了男性的抛弃，或者失去了丈夫和兄弟），而是因为她们自己的事迹有着过人之处，体现了女性的美德。

　　克里斯蒂娜以大量的事实，说明了女性美德的方方面面：勇敢、智慧、审慎、孝顺、执著、慷慨、真诚、忠诚、贞洁、婚姻之爱、信仰之爱。这些具体方面的背后，体现的是理性、忠实和正义这三项基本原则，克里斯蒂娜以中世纪文学中常用的寓言手法，将其形象地化为三位女神，她们是"妇女城"的建造者和城中居民的挑选者，挑选的标准则是美德。以美德为标准，严格区分了"高贵女性"（ladies）和"一般女性"（women）。在这里，克里斯蒂娜发掘出了一个对于女性而言具有启蒙意义的思想宝藏——女性的美德。它不是一些外在的非获得性特征，例如年龄、容貌、出身等，也不是抽象的概念，而是一种崇高的生活方式，即通过积极的自我修养和完善，来达到个人的内在优秀和社会成就的有机统一。城中高贵女性的行为和事迹给城外一般女性提供了信心。与其说"妇女城"的功能在于为女性提供现实的保护，还不如说它的意义在于为女性提供了一种作为精神支柱的强大信念，和一个可资学习和借鉴的典范。对女性来说，重要的是以"妇女城"所体现的美德为指导，以城中居民为榜样，在现实生活中积极地改造自身，获得自立和自强，从而尽力去实现理想人生与现实人生的和谐统一。

著作名称：男人来自火星　女人来自金星

作　　者：［美］约翰·格雷

译　　者：黄钦　尧俊芳

出 版 社：吉林文史出版社

出版时间：2010 年 11 月

版　　次：第 1 版

I S B N：978 - 7 - 54720 - 346 - 0

页　　数：289 页

价　　格：29.80 元

作者简介

约翰·格雷（John Gray），全球著名婚恋情感专家、超级演讲家、心理学博士、畅销书作家，其著作《男人来自火星，女人来自金星》自问世以来，销量已经超过 3000 万册，被翻译成 40 多种语言。此后，他又陆续出版了《男人来自火星，女人来自金星 2》、《男人来自火星，女人来自金星 3》、《男人来自火星，女人来自金星 4》等系列作品。该系列在全世界已销售 5000 多万册，成为近 10 年来全球最畅销的图书。

内容简介

约翰·格雷用了整整 7 年时间，咨询调查了 25000 人，推出了《男人来自火星，女人来自金星》。这虽然不是一本非常专业的社会学专著，但却是一本有价值、非常有必要的读物，它对研究男女性别之间的差距，对沟通男人和女人的关系是一个突出的贡献。

作者以男女来自不同的星球这一新鲜、生动、形象的比喻作为他的全部实践活动的理论支撑点：男人和女人无论是在生理上还是心理上，无论是在语言上还是在情感上，都是大不相同的。这一比喻贯穿着他的这本通俗的畅销读物之始终，并冠以书名之中。

男人和女人之间，究竟有哪些不同？丈夫和妻子怎样沟通，才称得上完美无缺？多年以来，人们都没有停止探索的脚步。人之为人，想必都有各自的难处：男人不可能百分百地了解女人，女人也不可能百分百地了解男人，这是永恒的真理。该书的目标之一，就是教我们变得宽容和体贴，变得前所未有地富有爱心。尤其当伴侣态度不佳、情绪糟糕、言语过激，与我们的期待大相径庭时，我们必须给以足够的包容，充分的理解。不要不留情面地指责对方，或者对伴侣求全责备。

怎样去实现这一切？这主要取决于我们对伴侣的认识。我们对伴侣认识有多深，我们的爱情就有多深。作者认为，即便最亲近的异性，对我们也可能是个谜。我们要尽可能接近事实，获悉真相，而不是一鳞半爪，支离破碎。同时也不要试图去改变对方。不要越俎代庖，想当然地替对方"着想"，否则将弄巧成拙。在沟通和交流上多下工夫，这才是我们应尽的职责。

该书崭新的理念和见解，赋予我们更多的智慧和力量。这样一来，我们可以从容、得体地改变自己的方法和态度，而不是试图改变我们的伴侣。有的人在爱情上既无真诚，又无技巧。他们固执而错误地"领悟"该书的理论。从书中的人物身上，他们找到了自己的影子，大有惺惺相惜之感，误以为某些行为"有理可依"，"有据可查"，不由分说地"发扬光大"。同样的道理，作者说过，女人希望有人倾听她的感受。需求之迫切，令男人莫名惊诧，可它确是女人摆脱压力的方式之一。

著作名称：女性主义思潮导论

作　　者：［美］罗斯玛丽·帕特南·童

译　　者：艾晓明 等

出 版 社：华中师范大学出版社

出版时间：2002 年 10 月

版　　次：第 1 版

I S B N：7－5622－2605－9/D.137

字　　数：437 千字

价　　格：25.00 元

作者简介

　　罗斯玛丽·帕特南·童（Rosemarie Putnam Tong），现任教于美国北卡罗来大学夏洛特分校哲学系，享有健康保健伦理学杰出教授的荣誉。她的著作还有《妇女、性与法律》、《女性的与女性主义的伦理学》、《女性主义的生物伦理学探讨：理论反思与实验应用》等。

内容简介

　　该书根据女性主义的历史演进，对各派理论给予了细致的说理和精当的评价。全书分为 8 章，分别介绍了自由主义女性主义、激进女性主义、马克思主义和社会主义女性主义、精神分析和社会性别女性主义、存在主义女性主义、后现代女性主义、多元文化和全球女性主义、生态女性主义。

　　作者认为自由主义女性主义的要旨是：妇女的屈从地位植根于一整套社会习惯和法律限制，这一切妨碍妇女进入公共领域。而激进主义女性主义者认为自由主义女性主义的纲要不能完全解除对妇女的压迫，父权制度是以权力、控制、等级制和竞争为特征的，不能寄希望于改良父权制，而应该推翻父权制。对于自由主义和激进女性主义讨论的妇女解放议程，马克思主义和社会主义女性主义者不完全信服，她们指出，在以阶级为基础的社会，任何人特别是妇女根本不可能获得真正的自由，如果要使所有的妇女获得解放，就必须以社会主义制度取代资本主义制度。在某种程度上，自由主义的、激进的还有马克思主义——社会主义的女性主义者，各自对妇女受压迫的解释都聚焦在宏观世界（父权制或资本主义），而精神分析和社会性别女性主义则进入到个人的微观世界。她们认为，压迫妇女的根源深藏在妇女的精神内部。存在主义女性主义者波伏娃提出了"他者"的概念，后现代的女性主义者接受了波伏娃对"他者性"的理解，但把它完全颠倒过来使用，她们不是把"他者"解释为应该拒绝的处境，相反，她们积极肯定这一点。她们提出，妇女的他者性使得作为个体的妇女能够摆脱出来，批评主导的男性文化（父权制）力图强加于所有人，尤其是身处文化边缘者的那些规范、价值和实践。多元文化和全球女性主义者同意后现代女性主义者的这一观点：所谓的自我是破碎的，至少是分裂的。然而，对于多元文化和全球女性主义者来说，这种支离破碎的状况有其文化的和民族的根源，而不是止于性的和书面文字的。尽管大多数女性主义思潮流派赞同相关联的自我观念，生态女性主义者对自我和他者的关系提供了最广阔也是最急迫的要求。生态女性主义者强调，避免自我毁灭只有一种方式，那就是加强我们彼此之间的关系以及我们与自然世界的关系。作者在介绍女性主义的各派理论时，力求做出辩证的分析，既讨论其优点，也指出其不足，因为每一种女性主义的探讨都对女性主义思想做出了丰富而持久的贡献。

著作名称：女权主义理论——从边缘到中心
作　者：［美］贝尔·胡克斯
译　者：晓征　平林
出　版　社：江苏人民出版社
出版时间：2001 年 10 月
版　次：第 1 版
ISBN：7 – 2140 – 3023 – 3
字　数：146 千字
价　格：12.00 元

作者简介

　　贝尔·胡克斯（Bell Hooks）是美国女权主义理论家、文化批评家、教育家、作家、诗人、黑人女权主义的代言人之一，美国不可缺少的、独立的思想者之一，也是美国最重要的黑人公共知识分子之一。她于 1984 年发表了影响深远的书《女权主义理论——从边缘到中心》。迄今为止已经出版了《女权主义理论——从边缘到中心》、《我不是一个女人吗：黑人女性与女权主义》等近三十本著作。曾任教于耶鲁大学、纽约州立大学等，目前任教于她的家乡肯塔基州的博睿雅学院。

内容简介

　　该书是黑人女权主义者思想的集中体现。全书共分 12 章，主要论述了黑人妇女：形成女权主义理论，女权主义：结束性压迫的运动，女权运动的意义，姐妹关系：妇女们的政治团结，男性：斗争中的同志，改变有关权力的观点，重新思考工作的本质，教育妇女：一项女权主义议程，结

束暴力的女权运动，父母职责的革命性改变，结束女性性压迫，女权主义
革命：在斗争中发展。

作者认为，在当今世界，女权运动仍然是为了争取社会平等而进行最
有力的斗争之一。从当代女权运动的历史中了解到全世界各个地方都有个
体的妇女在反抗性别歧视。当这些妇女见面交谈时，那种集体反抗便成为
人们所说的妇女解放并且在后来发展成了女权运动。女权主义斗争是在任
何地方的任何一个女性对男性进行反抗性别歧视、性剥削和性压迫的运
动。当人类群体采用有组织的策略来采取行动消除父权制的时候，便产生
了女权运动。当这项工作正在开展的时候，另一个以妇女为中心的研究学
科也产生了另一个领域，这便是女权主义理论。女权主义理论为这项运动
提供了一个革命性的蓝图——能引导我们去改变父权主义文化传统的
蓝图。

当激进的有色人种妇女和她们的白人妇女支持者们开始猛烈地向认为
"性别"是决定一个妇女命运的基本因素的观点发起挑战的时候，女权主
义思想和实践从根本上被改变了。女权主义是结束性别压迫的社会运动，
是改变看待权力的视角，是教育妇女，是结束对女性的暴力，是发展。她
提出黑人男性是女权主义的同志。黑人女权主义加入妇女研究带动了其他
种族的妇女参与妇女研究之中来，也带动了理论的思考，特别是阶级这个
类别也成为妇女研究中分析的一个主要概念之一。

著作名称：两性的冲突

作　　者：［法］珍妮薇·傅蕾丝

译　　者：邓丽丹

出 版 社：天津人民出版社

出版时间：2003 年 1 月

版　　次：第 1 版

ＩＳＢＮ：9787201041322

页　　数：296 页

价　　格：20.00 元

作者简介

无

内容简介

作者认为我们生活在不同的国度，我们的历史也不相同，然而，问题却相似。如果说事实表明世界上不存在任何社会，在那里，妇女生活在男性统治之外，那么我们两个国家则可以发出相同的疑问：如何寻找妇女经济和社会解放的途径，如何为作为传统的家庭交换品的妇女创造民主政治主体的条件？如何破坏灵感启发者缪斯和创造性天才之间古老的分工，如何思考世界的性别和共和制普遍的中性化？对于这种种问题，我们不会有简单的回答。不过，我们知道没有性别平等的政治就没有民主，平等原则是我们思想和政治追求的中心。因此该书既是思想的交流，也是观点的交流。

全书共有 4 章。分别是第一章：相异与排斥，包括性别差异与历史性差异，两性疑难，姐妹与兄弟，我们的朋友的朋友，写下妇女的权利和阐明人权。第二章：描绘系谱，包括物种的理性，精神的理性，天才与缪斯，美人鱼的歌声，关于一个现代怪物，斯特兰伯格的厌女症——在政治与形而上学之间。第三章：解放战略，包括哈娜·阿兰特与西蒙娜·德·波伏娃——两个思想界妇女的中立选择，西蒙娜·德·波伏娃的"优越"，妇女与"女性主义"，关于爱情与女性主义之间的所谓不相容性，平等与自由之间和妇女有限的自主权。第四章是理论实践：包括妇女的人身保护法——双重革命，经济平等的条件，仆役身份，服务性职业和民主，一双和中立以及欧洲：一个政治问题的政治实验室。

该书结尾指出，民主与性别差异之间的关系在今天表现出来的实践上和理论上的两个症结问题：第一个是普遍性的类别化和要求的感染性；第二个是政治性别化和社会无性化之间的对立。第一个症结具有矛盾的形式：一方面，很清楚，妇女不是和其他人一样的类别，既然她们是人类的一半；另一方面，似乎很显然，她们所要求的普遍性的具体化是可以移植到其他人身上的，尤其是种族类别。因此，完全可以说均等不是一个特殊群体的同一性要求，同样也可以设想将同样的要求"感染"给别的被排斥者。这看来像一个矛盾，但这并不使我们畏惧。第二个症结表示在公共领域性别差异的奇怪的倒置：近几十年掀起了一个双重运动，一个通过均等运动使政治性别化受到承认，另一个制造社会的无性化的图景（例如，不再有单身母亲，由单亲家庭取而代之）。政治的性别化与社会的无性化是两个颠倒的运动，并且都发生在同一个时代。19 世纪制造了中性的政治话语、非常性别化的社会话语。在政治历史和社会历史中性别可见度的颠倒把我们引向何方？既然争论从此是有关性别的讨论的形态，我们必须继续从正在形成的历史出发拟订问题。

著作名称：二人行

作　者：［法］吕西·依利加雷

译　者：朱晓洁

出 版 社：生活·读书·新知三联书店

出版时间：2003 年 12 月

版　次：第 1 版

I S B N：7 - 108 - 02000 - 9

页　数：180 页

价　格：14.60 元

作者简介

吕西·依利加雷（Irigaray Luce），法国当代的精神分析学家、哲学家和语言学家。

内容简介

二人行，顾名思义就是讲人如何和他人共存，作者还特指男女同行。这是一个永久的话题。我们在这种关系中感受快乐，却也面临更多的烦恼，甚至是一生的煎熬，难怪萨特惊呼："他人即地狱。"如何能摆脱这个地狱，找到天堂，也就成为学者们前赴后继投身的事业，作者就是其中的一分子。

该书内容包括身体和话语的婚礼、少女和女人、感知你的不可见、爱你/直到捍卫你、我对你说：我们是不同的、孕育沉默、我们之间、一个人为的世界、面对"国王"的她、彼此先验、如何抚摸你/如果你不在、照亮黑暗的神秘、跋等篇章。作者旨在探讨男女两性之间的关系，强调人的主体性，肯定人们性别的差异。作者还深受东方文化影响，提倡要关注身体，修养气息。依利加雷构想了一种新的女权主义，即建设一种两个主体相互尊重差异的两性文化，她认为只有在双方互相尊重主体性的基础上，相互协作，相互交流，人类才能发展出真正的自我，创造真正的自由和幸福。

著作名称：女人的声音

作　　者：［澳］亨利·理查森

译　　者：郭洪涛

出　版　社：广西师范大学出版社

出版时间：2003 年 1 月

版　　次：第 1 版

ＩＳＢＮ：7 – 5633 – 3890 – X

页　　数：289 页

价　　格：19.80 元

作者简介

　　亨利·理查森（Henry Richardson，1870—1946），澳大利亚女小说家，主要作品有长篇小说《莫里斯·盖斯特》、《成长》及由《幸福的澳大利亚》、《归途》、《最后的归宿》组成的三部曲《理查德·马奥尼的命运》。1922 年获得诺贝尔文学奖提名。

内容简介

　　该书精选了从 1880 年至第一次世界大战结束这一段时间内关于新女性问题和运动的各种小说、诗歌、日记、书信、小册子、评论，是对这一时代的最权威、最完整的总结，其中不但涉及当时的文化界和政界的著名女人，而且触及很多普通女性在这次运动中的喜怒哀乐，是理解 19 世纪末欧美社会、文化，特别是女性命运的经典之作。该书分为五个部分：女人的智慧、女人的生活、女人的婚姻、女人的声音和新女性。作者主要是用那个时代的一些人所写的文章，让读者了解那个时代的女性的生活状态以及新思想所带来的冲击，很少用自身的评论，只是让读者沉浸于当时那个环境，去真实感受那个时代女性的困难与斗争。

　　19 世纪 80 年代至 90 年代欧美“新女性”的颓废和堕落时期，也是第一次世界大战前“女人”问题最为炙手可热的时期，女人围绕着投票权、教育权、选择结婚或不结婚的权利、参加战争的权利等展示了一系列斗争，她们代表了一个女性时代的来临，也预示了新的女性问题的到来。从她们身上，可以折射出整个时代的精神风貌。

著作名称：女性休闲——女性主义的视角

作　　者：[美] 卡拉·亨德森等

译　　者：刘耳 等

出　版　社：云南人民出版社

出版时间：2004 年 7 月

版　　次：第 1 版

页　　数：382 页

ＩＳＢＮ：7 - 2220 - 2558 - 8

价　　格：26.00 元

作者简介

卡拉·亨德森博士，现任美国北卡罗莱纳州立大学查贝尔分校消遣与休闲研究系主任、教授，曾执教于维斯康星大学麦迪逊分校及得克萨斯女子大学。已有多部著作问世，并在北美、欧洲、亚洲、澳大利亚休闲研究领域的多种刊物上发表论文。现任美国国家公园与娱乐教育工作者协会主席等职。曾荣获 JB 纳什学者奖、朱利安·史密斯奖、罗斯福优秀研究奖。

内容简介

该书主要采用了社会心理学的研究方法，揭示了女性与休闲的关系。作者认为，我们应该让女性在休闲领域有更多自由选择的机会，从而提高她们生活的可见度。消除社会强加给她们的性别角色，使人们能在个人层次和社会层次上进行变革，这将大大有助于改进女性的休闲生活。

第一章给出一个关于休闲、社会心理学与女性主义的理论框架，作为研究女性与休闲的基础。第二章提出关于女性与休闲的一些历史视角，跟一般的按年代顺序撰写的历史有所不同。第三章是在女性休闲问题上的各种女性主义观点及其理论假设。第四章则探讨了休闲对女性的意义及女性拥有的休闲"空间"。第五、六章谈论的是性别、年龄、生命周期的意义及其与休闲的关系。第七章则描述了女性对休闲的参与及其所受的限制，从中可以看出此领域已取得的成就和尚存的差距。第八章讨论的是女性休闲的"认知方式"及女性休闲领域的变革所涉及的各种实际问题。最后一章概括性地展望了未来女性与休闲的情景。书中重点讨论了女性休闲的公平、赋权与社会变革，其理论目标是增强女性的力量与地位的可信度，重新调整现有的社会结构与存在方式，使每一位女性都有生活自由与人身自由的权利，从而在家里家外都能享有公平、尊严与自由选择。该书还涉及女性休闲的多个方面，诸如：女性休闲研究的历史，女性休闲与社会变革的关系、休闲与女性争取自由的关系、社会对女性休闲价值认同的意义、休闲与社会公平、制约女性休闲的因素以及社会文化结构的关系、休闲在女性生命周期的不同阶段具有不同的意义等。

著作名称：乳房的历史

作　者：〔美〕玛莉莲·亚隆

译　者：何颖怡

出 版 社：华龄出版社

出版时间：2001 年 11 月

版　次：第 1 版

Ｉ Ｓ Ｂ Ｎ：7－8008－2982－0

页　数：380 页

价　格：22.00 元

作者简介

玛丽莲·亚隆（Marilyn Yalom），美国斯坦福大学女性与性别研究所资深学者，出版过《结拜姊妹》、《母道、死亡与疯狂的文学》、《老婆的历史》等书。1992 年，法国政府颁赠学院勋章给她，现在她和作家丈夫居住在加州。

内容简介

全书共有 9 章，分别从神圣的、情色的、家庭的、政治的、心理的、商业化的、医学的、解放的和危机中的乳房九个方面考证乳房史，乳房史的演进隐藏着一个基本问题：谁拥有乳房？它属于必须仰赖母乳或代乳的婴儿，还是属于爱抚它的男女？它属于描绘女体的艺术家，还是属于不断迎合市场新需求、论定乳房大小美感的权威人士？它属于乳罩制造商，还是属于要求女人端庄遮掩乳房的卫道人士？它属于隆乳医师，还是属于色情业者？

作为女性身体象征的乳房，在人类的想象里拥有特别的地位，不同的历史时空里，特定的乳房意义会成为当时的主流意识，支配我们对乳房首度成为基督教性灵滋养的象征；文艺复兴时期的画家与诗人为乳房涂上情色意象。18 世纪的欧洲思想家则将乳房打造成公民权利的来源。然而不论是文学、艺术和文献记载，都是经过男性眼光折射之后的想法；男人与制度，不断企图将女人的乳房据为己有。

乳房一直是（将来也会是）社会价值的标记。过去，它被宗教、情色、家庭、政治、心理学与商业涂上各种色调，现在，它则反映出医学与全球性的危机。我们对自己的乳房日感焦虑，正如我们忧心世界的未来一样。明日的女人与婴儿将拥有什么样的乳房？女人将面临日益猖獗的乳癌吗？现在，9 个女人中便有一人罹患乳癌，幸免于难者感到万分幸运，期望咽下最后一口气时仍拥有自己的乳房。我们能发明出更精确的乳癌检查方法，或者抑制乳癌的成长吗？如果能够，这将是全体女性、全人类与生命本身的胜利。面对威胁消灭女性的疾病，"拯救乳房"是一句所有人均能认同的运动口号。

女人如何看待自己的乳房，不仅是个人自我评价的指标，也是女人总体地位的象征。20 世纪，女人终于夺回乳房的所有权。主流妇女杂志持续报道乳癌与乳房美容的最新资讯，女性主义的杂志与月历则企图打破美国人对乳房的执迷。如果那一天真的到来，我们拯救下来的乳房，将不是女性祖先的那个乳房，它的意义与用途将由女人来界定。正如女人曾奋力争取不穿胸罩与上空的自由、公开哺乳的权利，推动乳癌研究，以真实的乳房形象对抗媒体塑造的美丽幻象，我们也能找出保护、认同乳房的新方法。不管乳房的好坏大小，生病或健康，它都与我们的身体终老，并在最好的状况下，赐予我们欢愉与力量。

著作名称：女性主义与对自然的主宰

作　　者：［澳］薇尔·普鲁姆德

译　　者：马天杰　李丽丽

出 版 社：重庆出版社

出版时间：2007 年 4 月

版　　次：第 1 版

I S B N：7－5366－8493－5

页　　数：254 页

价　　格： 35.00 元

作者简介

　　薇尔·普鲁姆德（Val Plumwood）是当代生态女性主义最重要的代表人物之一，曾在塔斯马尼亚大学、悉尼大学等校任教，现为澳大利亚国立大学社会与政治理论系教授。《女性主义与对自然的主宰》（1993）是其最重要的著作之一，她的其他重要著作还包括《环境文化：理性的生态危机》（2002）等。

内容简介

　　该书共分 7 章，内容包括：女性主义与生态女性主义、殖民的逻辑、柏拉图和死亡哲学、笛卡尔与权力之梦、伦理学与工具化的自我、深层生态学与对差异的否认。

　　作者认为，女性主义理论试图阐释对自然的主宰时，也将自己推向了一个必要而艰难的全新前沿。她看到所有这些理论尝试的失败，无非是因为他们一直都迷失在"二元之山"的雾气中，看不到是二元论这个西方理性主义传统的终极逻辑结构困住了人们的步伐。于是，作者从二元论入手，进行了一番外科手术似的解剖，分析了二元论的五个特征：背景化、高度分离、合并、工具主义和同质化。从二元论的特征来看父权制如何造成对女性和对自然的双重压迫。

　　作者试图展现一条逃脱女性主义和环境伦理在过去的种种失败与困顿的崭新路径。那些简单地歌颂曾经被贬低的自然女性或者劳工阶层的人是掉进了"逆反之洞"，他们没能质疑不平等所赖以形成的理念结构，因而只能是徒劳；那些拒绝任何身份认同的后结构主义者则堕入了相对主义深渊，在彻底地抛弃了身份的同时，也抛弃了抗争所依托的女性差异以及一整套文化与世界观。那条真正的出路被夹在一片汪洋与一片荒漠之间，在它的一边，深层生态学的倡导者们跌入了"延续性的海洋"，沉醉在"我即自然，自然即我"的幻想中；在它的另一边，道德延伸主义者们深陷"差异性的荒漠"，费劲地寻找着非人类存在者身上的"人类特征"，从而决定是否给予道德关怀。

　　在过去 20 年里，生态女性主义不仅对社会运动贡献良多，而且也将妇女所受的压迫与所受自然支配之间的联系进行了系统的理论化。在不同的版本中，它涉及了所有四种形式的压迫——性别、种族、阶级与自然。

与此同时，生态女性主义也被刻板地认为是差劲的理论，被投以怀疑的眼光，并总是与现在被称为文化女性主义的流派相联系。在这一过程中，作者发展出了一套批判性生态女性主义理论，并希望改变生态女性主义被作为"差劲的理论"的刻板印象。

著作名称：女权主义的知识分子传统

作　　者：［美］约瑟芬·多诺万

译　　者：赵育春

出 版 社：江苏人民出版社

出版时间：2003 年 1 月

版　　次：第 1 版

I S B N：7 - 2140 - 3319 - 4

页　　数：334 页

价　　格：20.00 元

作者简介

　　无

内容简介

　　该书是一本女权主义思想史。主要论述了 18 世纪启蒙时期的自由主义女权主义、19 世纪的文化女权主义、女权主义和马克思主义、女权主义和弗洛伊德学说、女权主义和存在主义、激进女权主义、20 世纪文化女权主义的道德蓝图，最后展望了走进 21 世纪的女权主义。

　　18 世纪启蒙时期的自由主义女权主义的共同点是：信仰理性；坚信女人拥有和男人一样的灵魂和理智；相信教育（尤其是批判思维的训练）是影响社会变迁乃至改造社会最有效的工具；认为每个人都是孤立的个体；赞同天赋人权，坚持妇女的政治权利，特别是选举权。19 世纪的文化女权主义超越了理性主义者和严格遵循启蒙运动自由主义理论的条文主义者的主要攻击范围，期待更广阔的文化革新。20 世纪的文化女权主义者的道德企盼则是，以往的二元论，非此即彼，我—它，主体与客体，不再有效，现在需要的是一种全面的、与周围环境休戚相关的、两种情况兼而有之的现实观。

　　在关于女权主义与马克思主义，作者阐述了当代马克思主义派女权主义和社会主义派女权主义思想对马克思主义的改造。另外，精神分析的女性主义者所关注的在于受压迫的妇女的性角色，拒绝弗洛伊德的生物决定论，并对其进行批判。女权主义思想也从存在主义哲学中汲取了思想营养。西蒙娜·德·波伏娃的《第二性》汲取了萨特《存在与虚无》中的他者概念、自在和自为概念，波伏娃用存在主义来解释女人的文化身份和政治地位，指出了女人受压迫现象中的要点。

20世纪六七十年代激进女权主义理论意在反对"新左派"中男性成员的理论、组织结构以及个人风格，她们认识到大男子主义和女性的屈从地位实际上是社会压迫的根源和原型。激进女权主义理论的其他重要思想包括个人即政治；父权制，或男性统治——而非资本主义——才是妇女受压迫的根源；妇女应当认识到她们是一个屈从的阶级或等级，并应与其他妇女联合起来，把主要精力投入到与她们的压迫者——男人——的斗争中去；男性与女性在本质上是有差别的，他们拥有不同的风格和文化，而女性的风格必须成为任何未来社会的基础。

90年代最重大的理论运动是生态女权主义，这一派别的女权主义关注的是生态学，是男性统治和当代社会对大自然的掠夺这两者之间的关系。作者认为，当今女权主义理论中最有活力的派别之一是生态女权主义，它在未来若干年还可能继续保持生命力。生态女权主义从女权主义的立场，力图建构人类同自然以及动物的新型关系。

最后展望了走进21世纪的女权主义。作者认为，目前正处在女权主义第二次浪潮的高峰期，而这次浪潮永远不会退潮。在第二次浪潮中的女权主义者不但致力于创造理论，而且设法使理论成为制度。当今的女权主义者认为"性平等是不够的"，女性必须"寻求超越平等的解放"。

著作名称：妇女：最漫长的革命

主　　编：李银河

出 版 社：中国妇女出版社

出版时间：2007年8月

版　　次：第1版

I S B N：9787802034327

字　　数：300千字

价　　　格：25.00 元

编者简介

略

内容简介

该书所收集的是女性主义思想史上一批最重要的经典论文，是从西方当代著名女性主义学者最具代表性、最为深刻、影响最大的论述中精选出来的。

朱丽叶·米切尔在《妇女：最漫长的革命》（1966）一文中将妇女受压迫的机制概括为四大类：生产、生育、性和儿童的社会化，她认为，只有改变结合成一个整体的这四大结构，妇女才能真正获得解放。海迪·哈特曼的《资本主义、父权制与性别分工》（1979）研究结论是，目前妇女在劳动力市场中的处境同性别分工是父权制与资本主义体制长期互相作用的结果。资本家利用缺少劳动技能因而报酬低廉的妇女劳动力来压低男工的工资，如果妇女要获得自由，就应当既反对父权制，又反对资本主义的社会组织，与此同时，还应该找到改变社会机构及陈旧习俗的途径。《超越不幸的婚姻——对二元制理论的批判》（1981）作者是艾里斯·扬，她认为，将女权主义与马克思主义简单结合在一起是一种不成功的尝试。文中探讨了性别分工问题及性别分工与资本主义家长制的关系问题，作者认为，既然资本主义是导致妇女边缘化的一个重要原因，反对妇女边缘化的斗争本身就是反对资本主义的。卡罗·吉里根在《男性生命周期中的女性地位》（1982）一文中证明男性的主要特征是自我中心，而女性的主要特征则是关爱他人、注重人际关系中的温情，并提出，对他人的关爱与情感不是女性的缺点，而是她们与男人相比的优越之处。文章的结论是：生命周期理论家客观深入女性世界之日，便是两性研究终能获得成果和超越之时。《非哲学的社会批判——女权主义与后现代主义的相遇》（1988）作者是南希·弗雷泽和琳达·尼科尔森，她们在文中探讨了女权主义与后现代主义的关系，认为后现代主义偏重于哲学的创新，女权主义则更注重社会批判。后现代主义否定了建立任何宏观社会理论的可能性，女权主义从男性压迫女性的社会现实出发，创造出一些跨文化的社会批判理论，这些理论很多都有过度概况的毛病。这篇文章通过对一直困扰着当代女权主义理论的本质主义的批判，力图使之成为一种后现代主义的理论，即后现

代女权主义。琼·W.斯科特在《性别：历史分析中一个有效范畴》
（1988）一文中指出，将性别作为一个分析域是20世纪末的新生事物，
所以在正统的社会理论当中它尚无一席之地，过去的某些研究方法和思维
方法必须加以改变，同时使现有的历史分析语言与女权主义术语保持一定
的距离，重新限定、建构性别含义，创立新的政治、社会平等观。伊夫
林·福克斯·凯勒在《性别与科学：1990》一文中以细胞遗传学家巴巴
拉·麦克林道克的生活和工作经历为例，证明科学的发现不仅取决于对自
然的客观观察，而且取决于对生物体的感觉。文章批判了西方科学研究中
占统治地位的观念，即把男性与"智慧"、"客观"联系在一起，把女性
与"自然"、"情感"联系在一起的两分观念。《在西方人的眼里——女权
主义学术成果与殖民主义的论述》（1988）作者是钱德拉·塔尔佩德·莫
汉蒂，文章批评了欧洲中心主义对受压迫妇女的定义，认为第三世界妇女
的斗争和经验被忽略了，这种偏向既限制了西方女权主义理论分析的深
度，又强化了西方的文化帝国主义。南尼特·芬克在《东西方女权主义》
（1993）一文中指出，虽然东西方女权主义者之间存在着许多误解甚至敌
意，但其实双方有许多可以沟通的地方，东西方妇女尽管存在差异，但她
们的利益和目标并没有根本的冲突。佩吉·沃森在《大男子主义在东欧
的抬头》（1993）这篇文章中探讨的问题是：在东欧国家，自体制变更之
后，妇女的地位明显下降。阿莉森·贾格尔在《妇女解放的政治哲学》
（1994）一文中简述了妇女解放运动内部各个理论流派的主要观点。文章
从保守主义这一遭到所有女权主义激烈反对的观点开始，依次介绍了自由
女权主义、传统马克思主义女权主义和激进女权主义，在女权运动新方向
一节中，列入了女同性恋分离主义和社会主义女权主义。

著作名称：女性身份研究读本

主　　编：刘岩　邱小轻　詹俊峰

出 版 社：武汉大学出版社

出版时间：2007年10月

版　　次：第1版

I S B N：9787307057081

字　　数：553千字

价 格：42.00 元

编者简介

刘岩，略。

邱小轻，女，广东外语外贸大学英语语言文化学院讲师。

詹俊峰，男，广东外语外贸大学现当代西方文学文化批评方向博士。

内容简介

该书选取了 20 篇关于性别身份的文章或著作节选，系统介绍了西方理论家在性别身份问题上所持的主要观点和演变的历程，按照内容分为三篇排列：第一篇"精神分析理论体系中的性别身份"；第二篇"女性主义框架中的性别身份"；第三篇"多元文化语境下的性别身份"。

该书第一篇收入的 5 部著作节选和文章从精神分析的角度论述性别身份的问题。《处女的禁忌》（1981）是弗洛伊德关于爱情心理学的三篇专论之一，文章运用精神分析学的原理，从历史、文化和心理的视角审视女性的贞操问题，回溯原始人类如何避免女人对丈夫的敌意而设置了婚前破处这一"处女的禁忌"，从而削弱了女人对男人的威胁性。弗洛伊德的另一篇文章《女性气质》（1933）运用精神分析学中关于性本能学说、幼儿性欲论等核心理论探讨两性尤其是女性性别身份的形成和发展过程。雅克·拉康的《阳具的意义》（1985）通过讨论阉割情结与性别认同的关系、不同性别主体与阳具的关系，试图以语言学的"能指"概念解读阳具的意义。拉康的另一篇文章《上帝和女性的愉悦》（1972）首先明确了作为言说主体的两性之间虽能勉强获得"阳具的愉悦"，但却"不存在性关系"这一事实，然后讨论"身体的愉悦"尤其是超越了阳具这一性别身份标志的"女性的愉悦"的重要作用，并就两性的性征/性行为提出了有别于弗洛伊德的性别身份理论的新看法。南茜·乔德罗的《精神分析视角下的社会性别、性别关系与性别差异》（1989）首先回顾女性主义内部关于性别差异的争论，指出性别差异是由社会和心理因素造成的，是在相对关系中形成的，作者继而提出性别差异是后天发展形成的观点。

第二篇收入 7 部著作节选和文章，从女性主义的角度论述性别身份的问题。伊莲娜·西克苏的《阉割还是砍头？》（1976）从弗洛伊德和拉康的精神分析学说出发，讨论女性由于缺乏同阳具的联系而因此被排除在象征秩序之外，她主张重新诉说女性在语言中的作用。露丝·伊里加蕾的非

"一"之性（1977）首次对女性性征进行了创造性的描述和建构，在伊里加蕾看来，男性性征以单数"一"为标志，而女性性征则是复数的，在弗洛伊德理论框架中一直缺乏表现，实际上被定义为"非'一'"。朱丽娅·克里斯蒂娃的《女性时间》（1979）分析女性主义发展的几个重要阶段：第一阶段以平等为标志，第二阶段强调女性同男性的差异，第三阶段则寻求重新确定身份、差异以及两者间的关系，拒绝忽视差异基础上的身份，也拒绝忽视身份基础上的差异，而致力于探索多重的性别身份。伊里加蕾的《性别差异》（1982）从哲学、政治、精神分析等层面论述性别差异的问题，并提出重新思考空间和时间的哲学概念。凯特·米勒特的《性政治理论》（1970）选自《性政治》，文章探讨作为政治的性别关系问题，作者从意识形态、生物学、社会学、阶级关系、经济和教育、强权、人类学、神话和宗教、心理学等角度研究男权制和两性关系。桑德拉·吉尔伯特和苏珊·格巴的《作者身份的焦虑》（1979）选自她们合著的《阁楼上的疯女人》，文章分析被父权制文学的语句所感染，但又渴望从事文学创作的女性作家应该如何克服她们"作者身份的焦虑"、建立独立自主的女性作者身份。伊莱恩·肖瓦尔特的《荒野中的女性主义批评》（1981）系统论述了"妇女批评学"理论，描述女性主义评论的多元化跨学科特点，讨论女性写作与女性身体的关系、与女性语言的关系、与女性心理的关系以及与女性文化的关系。

第三篇收入 8 部著作节选和文章在全球化背景下从多元角度论述性别身份的问题。盖尔·鲁宾的《女性交易：关于性的"政治经济学"笔记》（1975）从人类学的角度论述女性的屈从地位，分析社会性别的社会组织与权力的非对称性之间的关系，指出作为社会契约基础以及社会性别身份形成基础的女性交换制度是女性受压迫的根本原因，因此极力主张对亲属关系发动一场政治革命，以重构性别制度。佳娅特丽·C. 斯皮瓦克的《三个女性文本与帝国主义批判》（1985）把三部英国小说《简爱》、《沧海茫茫》和《弗兰肯斯坦》置于帝国主义框架内，审视这三部作品如何再现英国的殖民文化。伊芙·科索夫斯基·塞基维克的"男人之间"（1985）选自她的同名著作，作者指出了男女两性在"同社会"与"同性恋"关系上的差异。伊内斯特拉·金的《女性主义的生态学和生态学的女性主义》（1989）论述女性主义与生态学结合的必要性与意义，强调女性生态主义是解决女性受压迫的根本途径。朱迪斯·巴特勒的《身体的书写，表演性颠覆》（1990）选自她的《性别困境》，提出社会性别实际上是一种表演的理论，女性身份总是同她的民族、阶级、地区、种族等多种因素联系在一起。艾丽森·爱西特的《再论本质主义和普遍性》（1996）围绕生理性别——社会性别制度为"本质主义"和"普遍性"这两个观点辩护，作者认为，女人的共同认同在一些情况下可能超越她们之间的文化差异或生理差异。凯瑟琳·M.奥尔的《绘制第三次浪潮流程图》（1997）对出现于 20 世纪 90 年代初的女性主义第三次浪潮作了全面、具体的概述和精到的评论。朱丽叶·米切尔的《千禧之际的女性主义与精神分析》（1999）回顾了女性主义与精神分析的发展状况，指出两者都应该保持政治性才能促进女性主义的健康发展。

著作名称：母亲身份研究读本

主　　编：刘岩

出 版 社：武汉大学出版社

出版时间：2007 年 7 月

版　　次：第 1 版

I S B N：9787307055285

页　　数：424 页

价　　格：29.40 元

编者简介

略

内容简介

由于母亲的生活是一种特殊形式的女性生活，母亲所面临的问题是许多女性将要以不同方式面对的。从这个意义上说，理解母亲就是理解女性。该书选取了 20 篇关于母亲身份的文章或著作节选，从多元视角探讨后现代背景下母亲身份的解构以及生育技术对传统母亲身份、家庭结构、两性关系带来的挑战等问题，且深刻而又生动地阐释了各个不同时期西方理论学家就母亲身份问题所持的主要观点的发展和演变历程。该书的内容按照文章发表时间顺序排列，脉络清楚，浅显易懂，便于读者、研究人员更好地理解母亲身份问题在当今社会的重要性。该书收入的基本是西方女性主义理论著作的原文节选，每章配以中文的大意介绍和对作者的简介，收录的作品比较全面，翻译和对作者的评价都比较准确。

《母亲身份研究读本》中第一篇自然召唤与家庭化——西方文明中的母性传统，收入的6部著作节选，从不同侧面描述母亲在传统父权体制中所处的地位、应该承担的责任以及男性视野中的母性、母职与母道。6位作者或者从自身的女性经验和母亲经历出发，或者借用其他女性作家对女性经验的描述，对男性给予女性的期待进行了剖析和批判。她们认为，在西方文明传统中，女性做母亲被视为女性独特的生理机制向她们发出的"自然召唤"，生理性别决定了男女两性的所有差异。这样的性别劳动分工不仅把女性/母亲束缚在了家庭范畴，而且也促使女性/母亲不得不背负着养育孩子方面的不利指责。

著作名称：内在革命——一本关于自尊的书
主　　编：[美] 葛罗莉亚·斯坦能
译　　者：罗勒
出 版 社：内蒙古人民出版社
出版时间：1998年7月
版　　次：第1版
I S B N：9787204041978
页　　数：265页
价　　格：18.00元

编者简介

　　葛罗莉亚·斯坦能（Gloria Steinem），美国女权运动健将，也是最具影响力和开创性的作家与行动主义者。作者从自己长久以来对"自尊"的探询，揭示了什么是自尊、缺乏自尊人性将有怎样的缺憾、扭曲；以及恢复自尊将如何惊人地改变你的生活。她坚信每个人的过去都只是当时的"内在"的产物，任何受损伤的自尊都可治愈。

内容简介

　　这不是一部学术著作，也不是一本说教性的女性宣言，而是葛罗莉亚·斯坦能关于女性自尊的个人声音。该书的灵感得自女人，因为她们的自尊正在推动最彻底的革命。斯坦能在书中亲切而又认真地讲述她自身的超越岁月、外貌及性别而拥有内在自由的历程，着重强调女性应保持内在的自尊。

该书以颠倒性别的策略，假拟一位母权社会的心理分析大师，以她所设定性别差异的心理，揭示了影响 20 世纪心理分析学派大师弗洛伊德的女性心理分析的种种偏见，作者以自己参与妇女运动的亲身经历来重新审定国家经济计量和决策的偏差，也纠正了美国妇女运动在经济等方面不足的缺点。全书无一说教，作者创造了特有的对话方式，通过收集众多人的"自我实现"的动人故事，帮助读者认真倾听自己所拥有的内在声音，为自己培育自由的心灵。

作者在该书中向读者坦承了她不快乐的童年，揪出她负面形象的根源，并与读者分享她重新拾获真我、建立自尊的秘方。此外，作者还援引知名人物如甘地、玛丽莲·梦露、罗斯福总统夫人等的实例来丰富其举证，使其见解更具说服力。作者以过来人的身份，向读者谆谆告诫内在与外在世界、身与心、童年与成年的密切关系，极力牵引读者往童年、往内心世界里去认识自己。她认为，只有寻回童年的自我，才有望建立自尊。

"绮情与爱"是书中相当精彩的一章。作者不但提供了她自身的两次爱情经验，并从一个新的角度带领我们重读《呼啸山庄》与《简爱》两部经典小说，生动地分析了绮情与爱的分野，阐释了文化性别与自尊及爱情的关系，说明了为什么许多女人比男人更需要绮情。"宇宙的我"一章相当感性地论述了"我们是微观的宇宙，而宇宙是宏观的我们"的哲学观，倡言敬重自然即是自尊的表征，虽太过理想，却不失清新。

该书是为所有因缺乏自尊而力量未充分发挥的女人、男人、儿童、国家而写的，献给所有尊重每个儿童独特自我的人。

著作名称：女人

主　　编：[法] 亚里克·里帕

译　　者：冯光荣

出 版 社：四川文艺出版社

出版时间：2005 年 1 月

版　　次：第 1 版

ISBN：978 - 7 - 5411 - 2330 - 6

页　　数：159 页
价　　格：12.00 元

编者简介

　　亚里克·里帕，巴黎第八大学副教授，主要教授妇女与性别关系史。目前研究的课题是西班牙内战和佛朗哥统治时期性别差异的构建及其政治作用。出版著作有：《梦的历史》、《论暴力与妇女》、《女人，历史的演员》、《诱惑与社会群体》、《历史研究》。

内容简介

　　该书是"观念偏见冲突丛书"中的一本，是畅销欧美数百万册的观念指南。偏见，通常指人们固有的认知理念。这种习惯性的理念，不仅束缚了人们的意识，而且阻碍了社会进步和发展。借用法国著名数学家、哲学家笛卡尔的认知模式：一切先从偏见开始。有偏见在先，再采用逆向思维，用各种方法去论证、推翻它，如此一来完成一种新的理论认识。

　　"女人生来该当母亲。"所以，自然规律安排女人每月体现一次母性。"女人如果爱孩子胜过爱自己。就会感到痛苦，失去欢乐。"所以，有"母亲节"来宽慰女人的心。"女生比男生学习好"，"女孩天生该学文科，学理科是男孩的事"。所以，性区别造成了她们的职场危机。这些偏见含义深广，但表达简单，失于粗陋，体现了长期以来从表面看待女性的方式。这些偏见的产生，不能简单归因于它们涉及半数以上人口，也不完全是男人或男人长期控制的舆论作为宗教或自然主义论者的资料传播的后果。

　　自然主义论者在我们的社会里按性别对人的作用、能力和权力进行了划分，而关于妇女问题的偏见巩固了这种界限。只要更深入地了解这些偏见，就会被其严密的逻辑性所震惊。该书从不同的角度来谈这些偏见，这些偏见相互呼应，勾勒了妇女生活应该遵循的规范。从广义上说，这种规范是一种政治方案，这种方案已经在社会上顺利实施。偏见也是一样，因为一种偏见的老化会产生一种包含着老偏见的改头换面的新偏见。就这样，产生了一种长期存在的信奉父权或鄙视女人的制度。这些隐性或显性的偏见和制度，很大程度上影响了女性的婚姻自由、职业选择、经济地位和政治权利。半个世纪以来，女性偏见的基调虽然已经有所改变，却依然占统治地位。这些偏见之所以经久不衰，不论其对象如何，都是它们本质所决定的。偏见之所以为"偏见"，就是拒绝接受这些变化、固守关于女人的某种观念。通阅该书，虽然不能完全消除读者对女性的偏见，但是能帮助读者厘清偏见的本质，尽可能消除偏见对女性的影响。

著作名称：女性与学术研究：起源及影响

作　　者：［美］罗宾・罗森

出 版 社：北京大学出版社

出版时间：2004 年 10 月

版　　次：第 1 版

I S B N：9787301073643

页　　数：535 页

价　　格：40.00 元

内容简介

　　该书作为一部女性研究的著作，内容涉及历史、科学、社会学、经济学、哲学等许多重要的学术领域，多角度分析了女性获得接受高等教育的权利而不断抗争的历史，说明了女权扩张在学术领域里产生的重大影响以及妇女地位的变化。

　　作者首先从历史视角出发，考察了女性研究的发展历程，指出女性教育要求，深入探讨了女性研究的成就，从历史观、科学技术、社会学的发展、文学、经济学、哲学、人类学、心理学、政治科学等众多领域研究了女权主义运动所带来的深刻影响，展示了女性研究对学术进步的巨大意义。

　　在方法论上，作者认为探询和回答相关问题时，学者们的思维方式大多会受其专业学术训练的深刻影响，而该书最有意义的目的则是帮助学生学会批判性的思考，秉承这一学术态度，对女性研究自身进行了深刻的反思。

著作名称：性别支配是一种装置

作　　者：［日］江原由美子

译　　者：丁莉

出 版 社：商务印书馆

出版时间： 2005 年 3 月

版　　次： 第 1 版

I S B N： 9787100042826

页　　数： 305 页

价　　格： 17.00 元

作者简介

　　江原由美子（1952—　），东京都立大学社会学教师。

内容简介

　　作者认为，"性别支配本身就是一种体制，我们无法以其他的根据'物质基础'为依据来描述性别支配"。

　　"性别支配"是一种装置，也就意味着，"性别支配"的支配，既非由女人或者男人这种性别本质而必然产生的支配，亦非由性别秩序以外的某种根源，例如财产的不平等分配等所形成的支配。支配是一种装置，表述了这样一个概念：即使个人的内心世界里支配——被支配这一自我主张倾向及意志并不存在，但在行为的社会性条件中，却具有最终会产生"支配"的条件；并且这个条件对"性别支配"来说并非是外在的条件，而是由性别支配本身产生出来的条件。如果支配与被支配不是人的意志的产物，相反，人的意志反倒是支配与被支配的结果，那么，这样的支配的确是"装置"。

　　在解释性别支配作为装置的意义时，江原由美子特别注明了以下几点：

　　1. 性别支配不是一个法律规范上的问题，而是男女在法律上的平等从形式上几乎已经确立下来了的社会里的性别支配。

　　2. 性别本身是在特定的形式下，被历史性、社会性构成的。

　　3. 性别支配论并不否定个人在社会实践中的选择能力。

　　4. "支配"可以定义为，通过明显限制个人在社会实践中能够选择的选择范围，来侵害个人的自我决定权。

　　5. 被性别化了的个人在受到限制的选择项内，试图做出对自己尽量有利的选择这一行为本身，又再一次产生了由"性别化"或"性别"导致的对选择项的限制。所谓性别支配是装置，就意味着这种行为者的选择本身，再次产生了行为的条件。

　　总之,"性别支配"作为社会性、状况性条件的一个装置,已经被嵌入了社会之中,也已经被装置化了。

　　该书在第一部里,作者将现在对于这场论争的思考用"性别支配是一种装置"这一概念做了一个定义,从这一观点出发,为此书新写下了应当如何看待作为 21 世纪思想的女权主义的论述。在第二部里,作者收录了写于上野·江原论争期及其稍后的诸篇文稿,这些文章展示了令上述思想得以成型的女权主义观。第三部收录的是作者在各种机遇下依据得到的各种话题而写就的文稿。尽管如此,由于这些文章是同一个人、于同一时期所写,所以当然是以"性别支配是一种装置"这一概念为基本展开的。因此,该书在每一部里,都附上了从这一观点出发加以整理的解说,经过归纳形成了统一。第四部收录了一些随笔,从作者的视点出发描述了生活于现代的女性们的形象和性别歧视在现代的存在方式。

著作名称:女性特质

作　　者:〔美〕苏珊·布朗米勒

译　　者:徐飚　朱萍

出 版 社:江苏人民出版社

出版时间:2006 年 4 月

版　　次:第 1 版

I S B N:9787214042057

页　　数:264 页

价　　格:20.00 元

作者简介

　　苏珊·布朗米勒(1935—　　),曾任教于康奈尔大学,之后在纽约参与学术活动。1960 年 2 月的美国南方运动结束了种族隔离,这促使她成为一位政治活动家。苏珊·布朗米勒长期为《纽约周刊》和 ABC 电视台撰写专栏文章,她的其他著作有《违背我们的意愿》和《我们的时代》。

内容简介

　　"女性特质"不同于"女性"。男女两性之间存在一些生理差异,但是女性特质却将这些差异成百倍地夸大,以使女性身体更为柔弱,行动更为迟缓,行为更加犹疑,谈吐愈发缺少自信。此外,女性特质还是一大套令人窒息的繁文缛节，束缚着女性，使女性不能在工作中充分施展抱负，不能与男性展开正常竞争。运用女性特质的艺术或许趣味盎然，但不容忽视的是，女性在笑纳"美丽"、"纤细"、"动人"、"雅致"等词藻的同时，也在接受一连串的樊篱枷锁。作者以极大的热情和风趣去书写一个从未被探讨过的主题，用她亲身生活去检验"女性特质"这个概念，并激励我们也这样去做。她通过女性身体、发型、服饰、声音、皮肤、动作、情感、雄心等方面，描绘了女性特质的多种表现形式。她用审美和细节说明，男女世界之间存在强有力的微妙差别。她认为，在这个世界里，强权的美建立在对柔弱无力的赞美上。

著作名称： 女权主义理论读本

作　　者： [美] 佩吉·麦克拉肯

出 版 社： 广西师范大学出版社

出版时间： 2007 年 1 月

版　　次： 第 1 版

I S B N： 9787563363094

页　　数： 666 页

价　　格： 48.00 元

作者简介

佩吉·麦克拉肯（Peggy Mccracken），美国密歇根大学教授，担任法语和妇女研究课程教学任务，并曾担任中山大学女权主义理论课程主讲。从事妇女、社会性别和中世纪文学的研究工作。

内容简介

该书是西方女权主义理论的论文集。这些精选出来的论文从不同的哲学观和不同的学科视角展现了西方女权主义理论的最新思潮，涉及社会组织的政治学，种族、族裔和妇女的问题，女性气质的讨论以及关于性的研究等。在理解这些观点对西方女权主义者的重要性之上，读者可以思考它们在中国的语境下将如何发挥作用，并思考这些观点将如何帮助我们看待新问题或以新的方式定义老问题。

全书共 8 章。第一章是女权主义对社会组织的批评，包括家庭、私有制和国家的起源（存目）、对马克思和恩格斯的女权主义评论和女人交易：性的"政治经济学"初探。第二章是知识的主体，包括论成为财产的对象、来自漫长的贩卖线：奇卡诺女人与女权主义、在西方人的眼里：女权主义学术成果与殖民主义的论述。第三章是性别/社会性别，包括性别：历史分析中的一个有效范畴、女人不是天生的和社会性别机制。第四章是阅读身体，包括身体与女性气质的再造、大卖热尻：文化市场对黑人女性性欲的再现、福柯：女性气质和父权制力量的现代化。第五章是欲望理论，包括电影与伪装：建立女性观众的理论、此性不是同一性和自我的欲望：精神分析的女权主义与主体互涉的空间。第六章是关于性的思考，包括关于性的思考：性政治学激进理论的笔记、性的交易：盖尔·卢宾与朱迪斯·巴特勒的谈话。第七章是女权主义认识论，包括什么是女权主义认识论、女权主义认识论的构架：一个非西方女权主义者的视点和经验的证据。第八章是女权主义的政治理论，包括纯真的终结和女权主义、公民权及激进民主政治。

著作名称：女人与自然：她内在的呼号
作　　者：[美] 苏珊·格里芬
译　　者：毛喻原
出 版 社：重庆出版社
出版时间：2007 年 4 月
版　　次：第 1 版
Ｉ Ｓ Ｂ Ｎ：9787536685260
页　　数：367 页
价　　格：20.00 元

作者简介

苏珊·格里芬，女，著名作家与社会活动家。她的作品《女人与自然：她内在的呼号》、《色情与沉默》和《石头之歌》已经给好几次社会运动造成了影响，这些运动促进了生态学与女权主义思想的形成。入围国家图书评论奖的《石头之歌》曾经得到普利策奖的提名，并最终获得西海岸地区图书评论奖。

内容简介

该书取材广泛。其中礼仪、科学、历史、诗歌、西方早期神学，乃至妇科学、现代生态学等均有所涉猎，涵盖深广。

　　书的第一部分，作者追溯了宗法主义者关于物质性质，或自然性质论断的历史，依次按年代列举了整个历史上男人关于女人天性的观点。通过这种哲学式的开头，该部分更加深入地探讨了宗法逻辑对物质世界所造成的影响。所以，在第一部"物质"这部分内容中，作者把对女人与自然的类似描述继续引入到了对大地、树、牛以及我们存在于父权制社会的身体的探讨之中。

　　第二部分取名为"分离"，是以描述女人的子宫与女人的身体分离开始的，并列举和抗议了由文明男人的思想和生活所制造的那些分离——思想与情感的分离，肉体与灵魂的分离——揭露了父权制社会要求我们去接受的那种分离的现实。

　　第三部分叫"道路"，最终是要求把我们的意识从父权制社会的意识中分离出来。所以，第四部分便被冠之以"她的目光：现在，她通过自己的眼睛去看事物"这样一个标题。在"她的目光"中，我们通过宗法主义的眼光在开始两部分中所看到的一切在这里又得到了重现。所以，这一部分完全不是一种不同观察方法之描述的乌托邦空想。比如，作为"先知密室中的雄狮"被称为"动物园"反映在"她的目光"中的那一节其情况就是如此。在写"她的目光"这一部分时，作者已经想到，这一部分应该像一面镜子，所以作者试图把这些章节放在同一模式之中（后面的除外）。但最终证明这是不可能的，因为"她的目光"不应该如此狭隘。

著作名称：*女人的起源*

作　　者：*[英] 伊莲·摩根*

译　　者：*刘筠*

出　版　社：上海译文出版社

出版时间：2007 年 8 月

版　　次：第 1 版

I S B N：7532743403

页　　数：263 页

价　　格：19.00 元

作者简介

伊莲·摩根（1920—　），毕业于英国牛津大学，曾担任 20 多年的电视编剧，并获得多个奖项。1972 年，她写作出版了《女人的起源》一书，由此成为了国际知名的女性主义作家。之后，她花费 10 年时间钻研进化论，特别是英国海洋生物学家哈代爵士的"水生理论"，并于 1982 年出版了其另一本畅销著作《水猿》。

内容简介

《女人的起源》首先瞄准的是德斯蒙德·莫里斯的《裸猿》。1967 年《裸猿》一出版就面临舆论质疑。因为作者以动物学家的眼光，考察人类的基本行为，探讨它的起源、模式和功能。他毫无顾忌，秉笔直书人类——"裸猿"的生物性，特别是赤裸裸地——坦述猿人到人的性行为过程，包括性器官的进化。以至该书的中文译本，时时斟酌这些文字的如实译出是否适合中国国情，是否用跳脱的方式有所删节。如此惊世骇俗的《裸猿》却被世界人类学领域认可，而且被后来的研究者广泛引用。它的学术地位无可置疑。然而这本权威之作，对哈代的"水生理论"——人类祖先从南方古猿到智人的进化过程中，有过一个在水中生存时期的理论，仅用一个多页的篇幅略作概述，然后，只用一句话给予否定："尽管其间接证据大多颇具魅力，水生理论毕竟缺乏实实在在的证据。"

伊莲·摩根对"水生理论"的评价却是：它似乎是"整个进化论大地上划过一道摄人心魄的闪电，我惊叹人们手中拿到这样一把金钥匙以后，还在那里继续长篇大论什么从树上到平原……"因为《裸猿》尽管以性行为描写的生物性而惊世骇俗，却无法解释南方古猿从树上到平原这个过程，为何会蜕去身上的长毛而成为"智人"的原因。而"水生理论"的推测，却科学地衔接了这个断链。伊莲·摩根在《女人的起源》中，详尽地阐释了"水生理论"在人类进化史上的贡献，毫不客气地为这个理论扬名立万。她认为学术界对史前人时期的"狩猎经济"表述不科学，更名为"狩猎—采集经济"更合理。当然，她的叙述是女性主义的，她从猿人的繁殖、母子关系着墨，同样毫无顾忌，秉笔直书。但是却完全否定《裸猿》中论述女性性器官的进化，是"取悦男性"，增加性吸引力，那个"以男性为中心"的结论。

著作名称：女人所生——作为体验与成规的母性

作　　者：[美] 艾德丽安·里奇

译　　者：毛路　毛喻原

出 版 社：重庆出版社

出版时间：2008 年 1 月

版　　次：第 1 版

I S B N：9787536692015

页　　数：362 页

价　　格：25.00 元

作者简介

　　艾德丽安·里奇（Adrienne Rich），女，发表了至少十五本诗集以及三本散文集《谎言、秘密与沉默》、《血、面包与诗》、《那儿发现的一切：论诗歌谈政治的笔记》。她获奖无数，如"露丝·莉莉诗奖"、"浪达同志文学奖"、"美国国家图书奖"和美国诗歌协会的"弗罗斯特银质奖"。

内容简介

　　母性，属于一个非常重要但仍未详细探讨过的女权主义理论领域。地球上所有人的生命都为女人所生，女人也是女人所生，很多男人一直被"生命本身要依赖于女人"这一观念所缠绕，并不断地努力去认同、补偿，或否定"女人所生"这一事实。但不可否认的是，女性在获得母亲这个身份后，开始培养自己作为母亲应有的各方面技能，也正是由于母亲的养育，子女才能形成最早的社会经验。在整部书中，作者试图对母性的两种含义做出说明，其中一种是附加在另一种之上的：一是每个女人与她生育能力和孩子的那种潜在关系；二是社会习俗，这种习俗的目的就在于为那种让所有女人都被男人控制的势力提供保证。而这种习俗长期以来一直都是大多数社会和政治制度赖以存在的基石，并以一种霸道的方式来为父权制的罪恶进行开脱。

　　该书根植于作者的过去，融入了作者真实的生活经历，包括了早期童年、青春期、婚姻等与母性密切相关的方面。艾德丽安·里奇分享自己痛苦和愤怒的私人生活，是希望使女人能够对世界做出一种集体性的描述，做出一种真正属于女性自己的认识和成果。

　　这是一本有争议的书，因为作者打破了不同的藩篱，闯入了不同的专业领域。艾德丽安·里奇引用了一些有价值的学术成果，以启发人思考父权制观念下女人、母亲、女儿、妹妹、奶妈、女婴等所受到的性别歧视。该书并没有对家庭或母性进行抨击，除非把它们解释成或限制在父权制范围的情况下。在父权制社会中，集体性的儿童看护一直都存在，但它不外乎有两个目的：一是在经济发展期间和战争期间，让大量的女性成为劳动力大军；二是培养她们成为未来的公民。它绝不应该被理解成释放女性能量让其进入主流文化的一种形式，或改变男人和女人其固有性别形象的一种手段。

"为了帮助所有女性始终做出真实的选择，"艾德丽安·里奇写道，"我们需要深刻地理解父权文化中母性所表现出的力量和无力。"在这本具有里程碑影响力的书中，里奇的研究对象涉及体验与成规。体验是她自己的——作为女性、诗人、女权主义者以及母亲——但这是受制于成规的体验，而这种体验又以不同形式加诸于不同地域的女性。里奇以个人的材料、经历、研究成果和文献为素材，创作了这本具有普遍重要性的著作。

作者怀着一种对西方文化观点的痛苦写作这本书，痛苦是指它说出了那么多女性文化是如何通过男性文化、界限、归类被粉碎的事实，而女人就生活在这种文化、界限和归类之中。最终里奇通过不同的视角、背景和工具，带着足够的坚强，怀着对孩子足够自信的爱，写下了一本关于母性的书。

著作名称：女性主义

作　　者：[英] 苏珊·爱丽丝·沃金斯特

译　　者：朱侃如

出 版 社：广州出版社

出版时间：1998 年 6 月

版　　次：第 1 版

I S B N：7 – 80592 – 730 – 8

字　　数：100 千字

价　　格：18.00 元

作者简介

苏珊·爱丽丝·沃特金斯（Susan Alice Watkins），女，英国女权主义作家。她于 1973 年在牛津有生以来第一次参加一个所谓唤醒意识的团体。自那时起，她便积极参与鼓吹堕胎活动、妇女工会组织、幼稚园组织，以及和平运动。

内容简介

《女性主义》一书是由 Susan Alice Watkins 创作，Marisa Rueda 和 Marta Rodriguez 共同配画而完成的经典漫画书。通过生动形象的绘画，该书准确地传达了作者的思想，也增强了著作的可读性，让读者可以重温美好的读图时代。

作者开篇首先探讨了"什么是女性主义？"，她认为女性主义是向世界上的劳力分配进行挑战，原有的劳力分配让男人得以控制所有的公共领域——工作、运动、战争、政府，而女人则成为家中不支付薪水的奴工，承担了整个家庭生活的重担。以此为起点，作者论述了女性主义产生的历史过程，女性主义首先在旧封建社会时期初露曙光，并在争取民主自由的法国大革命中得到了一定的发展。书中提到了美国不同形式的女性主义发展历程，尤其是美国黑人女奴隶的新妇权运动。1850—1914 年的英国妇女运动也是该书的一个重点，作者从事业、婚姻等方面叙述了女性主义者的努力和成就。在此基础上，该书阐述了 19 世纪全球的妇女运动，从全球各地女性主义的兴起、蓬勃发展，到挫败，再到重新取得成功，全球的妇女运动在女同性恋、黑人妇女解放等问题上争取到了本来就属于妇女自己的权利。

作者在书中既讨论了资本主义下女性主义的发展，也讨论了社会主义下女性主义的特点；既分析了激进派女性主义的行为特征，也分析了保守派的理论和实践。另外还创造性地提出并分析了女性的生殖健康问题，为广大妇女的切身利益而深入思考。书的最后，作者详细解释了有关妇女运动的概念和议题，以方便读者进一步了解女性主义。另外，作者陈列了关于女性社会地位、社会权力、社会自由等方面的调查数据，反映了女性主义自发展以来所取得的成就，广大女性也将在这条路上越走越远，越走越好。

全书以真实的女性事例贯穿主线，其中包括"独立妇女"的典范——墨西哥学者兼诗人琼安娜·英那思修女、英国激进女性主义作家玛丽·伍史东考夫特、法国早期温和派女性主义者奥琳波·都·古兹、勇于批判男性主义的希罗歌妮·马西特等,用典型分析的方法解读每一时期女性主义发展的特点,让读者可以切身地融入到书本中,去感受、体会和理解当时的情况。该书的创作跨越了时空,也突破了国界的限制,全方位地叙述了女性主义的各方面问题,反映了早期学者对女性主义的观点。

著作名称: 性别麻烦——女性主义与身份的颠覆

作　　者: [美] 朱迪斯·巴特勒

译　　者: 宋素凤

出　版　社: 上海三联书店

出版时间: 2009 年 1 月

版　　次: 第 1 版

I S B N: 7 – 54262 – 889 – 5

页　　数: 198 页

价　　格: 30.00 元

作者简介

朱迪斯·巴特勒(Judith Butler,1956—　),女,出生于美国,耶鲁大学哲学博士,加州大学伯克利分校修辞与比较文学系教授。巴特勒是当代最著名的后现代主义思想家之一,在女性主义批评、性别研究、当代政治哲学和伦理学等学术领域成就卓著,主要著作有《性别麻烦》、《身体之重》、《消解性别》、《欲望的主体》等。

内容简介

巴特勒是最有影响力的女性主义理论家之一,她被誉为酷儿理论的开山祖师之一,而她的著作中影响最为深刻、最知名的当属《性别麻烦:女性主义与身份的颠覆》(以下简称《性别麻烦》),该书就女性主义、性别研究等领域内对主体、性和性别进行了深入的思考。

巴特勒认为,性别是妇女问题的核心,然而女性主义对性别的思考在某些方面不仅不能解决这个麻烦,还复制了父权话语的逻辑,甚至巩固了父权体制给妇女带来的性别困扰。《性别麻烦》的开篇,首先对"妇女"作为女性主义的主体提出了质疑。作者认为"妇女"这个主体从一开始就是被"性别化"了的,性别化构建的主体主要包含两个层面:一是对生理性别的社会分工，二是对欲望的安排。接下来，作者探讨了生理性别二元化和社会性别二元化之间的区别和因果关系，并就二者的关系提出了多个创造性的假设。她对波伏娃、克利斯特娃、维蒂格、伊里格瑞等法国女性主义理论家的主要观点分别进行了梳理，并追溯到她们各自所依据或所反对的中心主义理论源头。在探讨了性别身份的虚构性之后继而转向性别化中的"欲望"这一话题，她借用后结构主义、精神分析和女性主义的分析框架，通过对斯特劳斯结构主义人类学、福柯的管控性生产、拉康的原初禁制理论和弗洛伊德的性抑郁的解读，从哲学本体论层面重新追问语言、主体、性别身份等关键性概念，深刻阐述了异性恋框架下的性别身份和欲望关系是如何形成的，从而颠覆了霸权话语对性、性别、性欲的强制性规定。

巴特勒在第一章中对社会性别建构论做了独具创意的解读，她对生理性别的文化建构性的论述也颇具启发性，有力地冲击了建立在本质的、性别化的主体之上女性主义身份政治。第二章作者转向了精神分析领域，进一步探讨性欲与性别建构的一致性，并论证了生理性别的文化建构性。巴特勒在《性别麻烦》中对性别身份的探问已对当代思想产生了重大影响，启发了在多个层面上对"主体"的批判性反思。这部作品改变了我们思考性、性别、性欲和语言的方式。

《性别麻烦》收入了在这个领域产生过并正在产生重大影响的著作，从哲学、历史、心理、艺术等角度，为读者提供了一个深远的背景，上面记载着从远古到今天，人类文明发展进程中所包含的、建构性与性别的努力和力量博弈。《性别麻烦》对性别的"自然性"提出了迄今为止最有说服力的质疑。可以说是一部富有创见的精彩论著，是女性主义理论的必读书。

著作名称： *消解性别*

作　　者： ［美］朱迪斯·巴特勒

译　　者： 郭劼

出　版　社： 上海三联书店

出版时间： 2009 年 11 月

版　　次： 第 1 版

ＩＳＢＮ：7 - 54262 - 963 - 8
页　　数：272 页
价　　格：35.00 元

作者简介

略

内容简介

继《性别麻烦——女性主义与身份的颠覆》和《身体之重》之后，巴特勒推出了《消解性别》这部论文集，这是作者关于性和性别研究著作的代表，从性的自主权、性别制约、性别再分配、亲缘关系、乱伦禁忌、性别差异等十一个方面综合分析，以对自己提出的性别操演理论进行重新审视。书中，作者开始将对性别的关注点从哲学话语转向现实生活与政治。她针对身体解剖学、美学以及社会与政治等领域对性与性别的各种限定和标准，针对乱伦禁忌、新型亲属关系、性别跨越、双性、性别诊断和变性手术等社会现象，提出了消解性别这一应对策略，以更好地推进女性文化的发展。

该书中的文章集中关注的问题有两点：一是消解对性与性别生活的那种极具约束力的规范性概念对社会、对女性将产生怎样的影响，二是这种被消解的经历有哪些好处与坏处。因为在实际生活中，一种规范性的性别概念可能会消解一个人的人格、损害他或者她以可行的方式继续生活下去的能力，也有那种规范性约束的消解经历可能会消解一种已经建立起来了的、关于一个人究竟是谁的概念。另外，由于受到近年来出现的"新性别政治"的影响，作者的论文致力于将有关性别和性的问题与持续和生存的任务相联系。进一步关注了性别跨越、身体变性、兼备双性特征，以及它们与女性主义和酷儿理论之间的复杂关系等问题。同时，作者认为我们现在不能对从女性主义到酷儿理论再到变性研究的转变做出评论，因为这些转变仍然在发生，并叠加在我们的生活中，处于一种不断实践不断发展的状态。

在《消解性别》中，作者首先探讨了应该如何来把握性自主权的限度，从伦理的角度来思考生命、思考人，以帮助我们适应生活的世界。然后从社会规范、性别规范等角度综合地剖析了性别制约的问题，继而从分析异性恋关系入手，提出了新的亲属关系以消解性别。再次，巴特勒考察了乱伦禁忌的目的，透彻地论述了这种社会想象存在对女性的意义。另外，书中还涉及了性别跨越、双性、性别诊断和变性手术、性别差异等问题，将对性别规范的批判置于人类生存与延续的框架之内。《消解性别》巩固并发展了巴特勒的女性主义理论，深入解读了女性文化，给我们带来了全新的知识盛宴。

著作名称：迈向女性主义的国家理论

作　　者：［美］凯瑟琳·A. 麦金农

译　　者：曲广娣

出　版　社：中国政法大学出版社

出版时间：2007 年 10 月

版　　次：第 1 版

I S B N：9787562031185

页　　数：385 页

价　　格：28.00 元

作者简介

　　凯瑟琳·A. 麦金农（Catharine A. MacKinnon），女，曾获得史密斯学院文学学士学位，在耶鲁法学院获得博士学位，并在耶鲁大学修读了政治学博士学位，现任法学教授，哈佛大学法学院詹姆斯·巴尔艾姆斯客座教授，主要致力于研究国际和宪法框架下的男女平等问题。她开创了对于性骚扰行为的法律追责理论，还为国际反贩卖妇女联盟工作（CATW），并自 2008 年 11 月以来担任国际刑事法院检察官有关性别问题的特别顾问。

内容简介

　　美国法律文库是由美国新闻署策划主办、中国政法大学出版社翻译出版的大型法律图书翻译项目，"文库"所选书目均以能够体现美国法律教育的基本模式以及法学理论研究的最高水平为标准，计划书目约上百种，既包括经典法学教科书，也包括经典法学专著，《迈向女性主义的国家理论》作为其中的一本，不仅有助于促进中美文化交流，亦将为建立和完善中国的法治体系提供重要的理论借鉴。

　　马克思主义是该书的理论出发点，因为马克思主义的理论传统，尽管有其局限性,但却敢于正视有组织的社会统治,对此加以动态的而非静态的分析,确认系统形成社会规则的社会力量,并寻求既在历史之内又依据历史去解释人类的自由,既批判了认为社会不公正是必然的和延续性的观点,又为变革的必要性和可能性提供了理论支持。作者的论述就以阐释马克思主义和女性主义在两性的不平等问题上各自的主张开始,然后,通过以女性地位为中心的性别批判,在认识论的层次上重构女性主义,进而通过法律确认的、更为详细规定的女性的社会建构和待遇,来探讨制度化的国家权力,从而得出结论。

第一部分,女性主义和马克思主义中,作者一方面阐述了女性主义者对马克思、恩格斯的批评。早期的马克思主义女权主义理论家认为,虽然马克思和他的合作者恩格斯在他们的文献里谈及有关妇女的问题,而且也论及她们如何解放,但他们忽视对妇女的家庭劳动所产生剩余价值的分析。另一方面也说明了马克思主义对女性的批评,并寻求把马克思主义作为新的理论基源,进一步有效地发展女权主义的理论,以图科学地建造新的女权主义理论大厦。第二部分,从女性的观点出发,强调了对性的具体分析,探讨了两性的平等,发展了聚焦于性别从属问题的社会性别理论。第三部分,作者把其社会性别理论应用于国家学说,从强奸、堕胎和色情文艺这三个社会现象深入分析,并为社会变革提供了转型期的远景目标。

该书分析了社会权力如何塑造我们的认知方式,以及我们的认知方式又是如何影响社会权力中男女的不平等。在最广泛的意义上,该书探讨了在知识和政治的关系问题上社会性别(gender)差异所具有的重要性。换句话说,它是在认识论的层次上探讨性别政治问题。《迈向女性主义的国家理论》代表了凯瑟琳·麦金农从女性的观点对政治、性以及法律的强有力分析,她的观点蕴涵着社会革命的潜能,这也可谓一本不可不读的书。

著作名称: 历史中的性别
作　　者: 〔美〕梅里·E.威斯纳-汉克斯
译　　者: 何开松
出　版　社: 东方出版社

出版时间：2003 年 1 月

版　　次：第 1 版

ＩＳＢＮ：7506016222

页　　数：322 页

价　　格：18.00 元

作者简介

　　无

内容简介

　　该书对自史前直至当前整个世界历史上的性别进行了梳理和阐述，给我们提供了一幅历史性的概貌，其论述的内容不是按地理区域而是按主题组织编排的。导论部分引出讨论的主题——历史维度中的社会性别，并就性（sex）和性别（gender）的联系和区别、父权制的起源、学术理论潮流进行简要阐述。对历史中的性别的论述从如下七个方面着手：家庭；经济生活；思想、理想、规范与法律；宗教；政治生活；教育与文化；性活动。

　　一、家庭与性别。书中探讨了在家庭内部男孩和女孩、男人和女人的经历有何不同。该章节采用人类学和人口学的观点，注重时间跨度上家庭结构和功能的变化，讨论婚姻模式、家庭规模、家庭与其他机构体制间的联系、家庭生活的规范与传统。二、经济生活与性别。该书追踪经济结构中的变化——诸如生产资料、工作与消费模式及所有制的实施等——以及这些结构意义上的变化如何塑造了性别及如何被性别所塑造。三、关于思想、理想、规范与法律。作者讨论了理想、规范与法律，观察各群体如何给所谓的男人女人下定义，如何将这些男人女人的意义与其他文化范畴相联系，如何产生各种正式或非正式的方式以加强或减弱基于性别的差异。四、宗教与性别。作者把"宗教"称为"特别强大的机构体制"，考察了传统宗教和世界各大宗教通过其基本教义及加强这些教义所建立的机构，是如何对既有的性别模式既予以强化又予以质疑。五、政治生活与性别。该书讨论了另一类机构体制，即政治；利用自最早城邦形成到当代政治背景下的种种证据，探讨不同形式的政府如何塑造了性别并被性别所塑造。该部分广泛地讨论了政治生活，既讨论地方的、国家的及国际的政治机构，也讨论民间和志愿的组织，还追溯了妇女权利运动的历史。六、教育与文化中的性别。书中集中讨论性别如何在通常所称的"文化"诸如文学、艺术、建筑和音乐中的作用，探讨男女参与教育、培训和文化生产的机会差异。七、关于性活动。作为最后一个论述部分，作者从对机构制度的关注转向一个更为个性化的主题，即性活动，探讨人们如何看待性吸引和性活动及它们是如何形成的，同时观察性吸引和性活动如何与性别相互作用从而形成历史上的整体。总之，在阅读该书，通览这些内容以后，读者将会对社会性别的整个历史发展过程有一个总体的了解和批判性的认识，更重要的是对中国历史和现实中的社会性别模式、结构特征有更全面、深入的理解与思考。

著作名称：女性学入门

主　　编：［日］富士谷笃子

译　　者：张萍

出 版 社：中国妇女出版社

出版时间：1986 年 12 月

版　　次：第 1 版

ISBN：7054.062

字　　数：170 千字

价　　格：1.85 元

编者简介

　　富士谷笃子（1932—　　），女，毕业于京都大学农学部。日本著名评论家、日本女性学研究会原理事长、日本笔会计划事业委员、京都国际文化协会常务理事。主要著作有《三十岁的起步》等。

内容简介

　　该书是一部很有特色的著作，它阐述了女性学研究的起源、女性学的概念、研究范围、研究方法，介绍了日本、美国、法国、伊斯兰各国和中国妇女的历史与现状，并且从精神自立与经济自立两个方面详细论述了现代女性自立的条件。

　　该书的主编富士谷笃子在原序中对"女性学"与传统的"妇女问题研究"的区别作了如下阐述："女性学与以往的'妇女问题研究'不同，它不仅研究与女性有关的各种问题，而且把女性本身作为研究的对象。因此，女性学广泛涉及文化人类学、社会学、文学等领域，具有跨学科的性质。与此同时，它又以女性本身为客体，通过进行生物学的、医学的和心理学的研究，来探讨女性本身的特点和潜在能力。女性学研究者希望通过自己的研究工作来消除迄今妨碍女性进行社会参与的各种因素，为女性提供符合其需求及特点的教育和就业机会，使男女两性达到新的协调发展。"富士谷笃子又指出：当今人类面临的诸如福利、教育、就业等诸方面的社会问题，其实早就表现在女性身上，因此，从这个意义上说，女性学也是未来学科发展的主要支柱。

该书正是从上述对"女性学"的对象和任务的理解出发，比较简明地介绍了女性学在日本和欧美的起源、发展和现状；并从生物学、医学、心理学、文化人类学和文学等学科的角度对女性进行了探讨；然后比较客观地描述了日本、美国、法国、阿拉伯和中国女性的历史与现状；最后集中探讨了女性的社会参与问题，从就业、法律地位、社会福利、终身教育等方面，着重分析了女性自立的条件。这些，对于我们中国的女性问题的研究者来说，都是不无兴趣、不无参考价值的。该书的编者和执笔者大都是在日本多年从事妇女问题和女性学研究的专家、学者，正是由于她（他）们的努力，才使女性学这门学科得以在日本产生和发展。

著作名称：当妇女提问时——美国妇女学的创建之路
作　　者：［美］玛丽琳·J. 波克塞
译　　者：余宁平　占盛利
出 版 社：天津人民出版社
出版时间：2006 年 1 月
版　　次：第 1 版
I S B N：9787201051697
页　　数：353 页
价　　格：28.00 元
作者简介

玛丽琳·J. 波克塞（Marilyn J. Boxer），女，现代欧洲史博士，1974年开始在圣地亚哥加州州立大学任教并任圣地亚哥加州州立大学妇女学中心主任、圣地亚哥加州州立大学妇女学系主任。主要研究领域为历史、妇女学史。

内容简介

　　作为一部理论女权主义——妇女学的经典著作及第一部记录美国妇女学研究历史的综合性作品，本书追溯了妇女学的起源和发展，回顾了自1969—1970年圣地亚哥加州州立大学第一个妇女学系成立以来的女权主义学术成就、教学及学术倡导；集大成地将美国学者创立、建设妇女学的历史经验与教训梳理出来，记录了美国妇女学研究的前25年的历史，完整地展现了美国学者创立、建设妇女学的历史历程、经验、教训。同时，精辟地分析了妇女学的思想理念、教学实践和机构体制之间的相互关系，综合探讨了妇女学理论和实践等重要问题，包括妇女学的起源、目标、课程、学科和学位的内容、如何界定自己的研究领域、妇女学的基本思想和阐释、研究和教学方法的特点、妇女学的倡导者和批评者对它的褒贬的真实性等问题。

　　在对几十年来妇女学研究成败得失精密梳理的基础上，该书仔细研究了妇女运动和妇女学之间的密切关系，并证实了妇女学对美国高等教育产生过的影响，以及将对美国高等教育的未来进程的重要意义。作者通过对妇女学实践者的历史、哲学和政治目标进行调查，对全美各种高等教育机构中妇女学的现状地位进行调查，评估其优势和缺点，提出，妇女学不仅为教学和科研提供了新面孔、新视角和新方法，还为高等教育重新引进了许多非教会学校所缺乏的道德探询，并总结出妇女学研究的诞生对高校的影响就像女权主义对社会的影响一样深远。全书包括倡导女权主义、挑战传统课程、拥抱多元化、寻求理论等内容；鼓励读者进一步理解妇女的生活经历和视角，推动妇女学课程及其总体设置的发展，在高等教育以及更多的领域中推动妇女学的发展。

著作名称： *少女犯*

作　　者： ［英］安妮·坎贝尔

译　　者： 刘利圭　冯韵文

出 版 社： 社会科学文献出版社

出版时间： 1988 年 12 月

版　　次： 第 1 版

I S B N：7 - 80050 - 053 - 5

页　　数：246 页

价　　格：3.20 元

作者简介

　　略

内容简介

　　全书共有 7 个章节，书中的主要内容为四个方面。第一个方面介绍了少女犯的定义问题。第二个方面对少女犯罪的解释可以分为三种主要类型：一是根据生物学和内分泌来解释；二是根据女人特别是少女犯罪的"固有的"遗传本性来解释；三是根据人的教养和社会化来解释，并与少男犯罪理论（社会的解释、同辈群体）进行比较研究。第三个方面是少女犯罪一些表现形式，如商店行窃等，其中给出了相关少女犯罪的攻击行为；第四个方面对少女犯罪问题提出了相关主观的政策及反思。

　　在作者看来，未成年女性是一个特殊群体，特殊之处即在于她们在社会中处于弱势地位。她们从心理上正处于从无知到有知、从不成熟到成熟的转变时期，心理上比较脆弱，更容易受到外界的诱惑。在人的一生中，总会有相互对立的力量在起作用：正与邪、真与假、善与恶、美与丑，人性中的光辉与丑恶交织在一起，影响着每一个人，特别是尚未形成固定人生观、世界观的未成年人所受的影响最大。

　　书中归纳了造成未成年女性犯罪的原因，其中，个人的主观因素主要包括：法制观念淡薄，缺乏自律能力，追求享乐的欲望以及青春期少女发育的自然规律。而社会上的消极因素主要包括：家庭教育、家庭环境因素的影响，学校的教育方面存在的不足，不良伙伴的相互影响，一些社会媒介舆论的影响和消费上升的影响。

　　一个民族的道德、繁荣状况主要取决于孩子在家庭里所受的教育。少女是未来的母亲，让她们在良好的生活环境中成长，让她们接受良好的教育，并最终成为一个身心健康的母亲。而《少女犯》这本书，就是为此而写。

著作名称：不适应的少女

作　　者：［美］威廉·I. 托马斯

译　　者：钱军　白璐

出 版 社:山东人民出版社

出版时间:1988 年 9 月

版 次:第 1 版

I S B N:7 - 209 - 00211 - 1

页 数:239 页

价 格:3.60 元

作者简介

威廉·I. 托马斯,1863 年出生于旧弗吉尼亚州的拉塞尔县。托马斯早期倾心于人种史的研究,随后转向了社会心理学,主要作品有:《性与社会》、《波兰农民》、《旧世界特性的迁移》、《原始行为》。

内容简介

《不适应的少女》成书于 1923 年。作者广泛收集报刊、书籍、私人信件甚至法庭案例有关女子犯罪的材料,分析了约 3000 个案例。

该书分为 6 章。第一章是人的愿望。在托马斯看来,人的愿望可分为对新鲜经验的欲望,对安全感的欲望,对反应的欲望,对承认的欲望。对人的行为产生支配作用的是先天的本能和后天的社会要求。人的行为和愿望有关系,受愿望的支配,愿望是动因,是行动的起点,行动的偏差是愿望未能满足和失调的表现。第二章是愿望的调节。这是为了让个体行为更加符合社会的规范。在这一章中,该书多次提到情境界定这个概念。但是在社会生活中,社会成员对情境所作的界定和社会提供的界定是不一致的,这时候一个新标准——道德准则就呼之欲出了。第三章是行为的个体化。一方面个体为了寻求更大的发展空间,突破群体的束缚,行为的个体化意味着个体自己设计自己的生活;另一方面,情境的变化使社会成员个体不断地对其进行新的界定,同时也要不断地处于适应过程中,但其变化速度之快使有些情境的界定模糊,使社会成员行为具有不确定性。第四章是少女道德的沦落。在这一章中作者主要探讨少女失足的社会背景、条件和原因。作者通过研究大量文献说明,失足的少女中十分之九来自于最低的阶层,在这个阶层中不仅存在着贫困,而且存在着由堕落引起的贫困。在这过程中,性被看成是获得快乐的工具,作者分析了妓女的几种类型情况。第五章是社会机构。为拯救失足少女,社会设立了女子保护署、感化所、少年法院、教改学校等机构。其中最受推崇的是埃尔·雷蒂罗女子学校的教改实验学校的模式。第六章是社会影响的衡量。作者认为在社会中广泛存在着组织源，例如家庭、学校、感化院、教养所、报纸、电影等。为了使研究科学化，在方法上要注意利用个体发展的记录。

著作名称：家庭、私有制和国家的起源
作　者：［德］弗里德里希·冯·恩格斯
译　者：中共中央马恩列斯著作编译局
出 版 社：人民出版社
出版时间：2003 年 5 月
版　次：第 3 版
I S B N：7 - 01002 - 972 - 5
页　数：233 页
价　格：12.00 元

作者简介

　　弗里德里希·冯·恩格斯（Friedrich Von Engels，1820 年 11 月 28 日—1895 年 8 月 5 日），德国哲学家，马克思主义的创始人之一。恩格斯是卡尔·马克思的挚友，被誉为"第二提琴手"，他为马克思创立马克思主义提供了大量经济上的支持，在马克思逝世后，帮助马克思完成了未完成的《资本论》等著作，并且领导国际工人运动。

内容简介

　　《家庭、私有制和国家的起源》是一本早期研究个体家庭、私有制和国家起源的专著。是运用辩证唯物主义和历史唯物主义的世界观、方法论，对妇女社会地位的演变、妇女的社会作用、妇女的社会权利和妇女争取解放的途径等基本问题做出了科学的分析和概括。

　　在书中，恩格斯研究了史前各文化阶段与家庭的起源、演变和发展，着重论述了人类史前各阶段文化的特征、早期的婚姻和从原始状态中发展出来的几种家庭形式，指出一夫一妻制家庭的产生和最后的胜利乃是文明时代开始的标志之一。恩格斯根据大量史料，阐述了原始社会的基本特征，分析了原始社会解体的过程和私有制以及阶级的产生，揭示了国家的起源、阶级本质及其发展和消亡的规律。指出国家和阶级、私有制一样，不是从来就有的，而是在经济发展的一定阶段上产生的。

　　该书是恩格斯运用唯物史观研究国家的重要成果，它科学地阐明了家庭、私有制、阶级的起源与国家产生的关系，极大地丰富了马克思主义的政治学说。该书从科学的角度阐述了妇女解放的第一个先决条件就是一切女性重新回到公共的劳动中去；第二个先决条件是必须依靠现代大工业，只有在高度发达的工业化社会里，才可以想象妇女能够真正得到解放；第三个先决条件是家务劳动的社会化，即把私人的家务劳动溶化在公共的事业中。一夫一妻制家庭产生后，最终，妇女解放的根本条件是消灭私有制，推翻资本主义制度，建立社会主义制度。

著作名称： 中国特色社会主义妇女理论探索
主　　编： 谭琳　丁娟
出　版　社： 中国妇女出版社
出版时间： 2004 年 8 月
版　　次： 第 1 版
I S B N： 7 - 80203 - 035 - 8
页　　数： 387 页
价　　格： 19.80 元

编者简介

　　谭琳（1960—　），女，山东省黄县人。现任全国妇联妇女研究所所长、中国妇女理论研究会秘书长、兼任南开大学人口与发展研究所教授，博士生导师。主要研究领域为社会性别研究、女性人口问题研究、性别问题与社会政策研究等。校内外的其他主要兼职有：国际人口学会会员、中国妇女研究会常务理事兼秘书长、中国人口学会理事、中国社会学会人口与环境委员会理事等。

　　丁娟，女，山东省日照市人，现任全国妇联妇女研究所研究员、理论研究室主任；兼任中国妇女研究会理事。长期从事性别理论、妇女就业、妇女参政、婚姻家庭问题研究，妇女心理咨询与婚姻家庭问题咨询工作。已发表著作 10 余部、论文百余篇。

内容简介

　　该书是"中国特色社会主义妇女解放理论探析"课题组的研究成果，它的主要内容包括：妇女解放与男女平等的内涵、妇女解放道路与推进男女平等国策研究、妇女与社会主义物质文明建设、妇女与社会主义政治文明建设、妇女与社会主义精神文明建设、妇女素质与妇女发展、妇女组织与妇女工作改革的思考等几个方面。

　　该书围绕现阶段妇女发展面临的一些基本问题，主要提出和论证了以下观点：性别关系的和谐、协调、发展要以男女平等为基础；社会、经济的和谐发展并不必然导致男女的平等，实现性别平等应将平等思想、理论制度化、政策化，并纳入发展的议事日程；现阶段男女不平等作为一个社会现象尚具有复杂的支撑系统，解构男女不平等的支撑系统，则需要运用经济、法律、行政和宣传等手段综合治理；推进性别平等，还要切实关注妇女的需求和利益，使妇女成为社会发展的动力并分享发展的利益；推进性别平等需要建构先进的性别文化，推进社会主义政治文明、精神文明建设；推进性别平等需要妇女组织和妇女工作不断创新，适应妇女发展的需要；要警惕借口妇女素质低否定妇女解放需求的倾向，看到男女受教育等差距的存在并不是妇女天生素质低造成的，而是社会对妇女教育和发展机会的剥夺的结果；要重视男性在推进性别平等过程中的作用，为男女共同健康发展开辟空间。

著作名称：男女平等基本国策研究

作　　者：丁娟

出 版 社：中国妇女出版社

出版时间：2005 年 3 月

I S B N：7 - 80203 - 130 - 2

页　　数：493 页

价　　格：29.00 元

作者简介

　　略

内容简介

　　该书多角度、全方位地论述了男女平等基本国策的立论基础、实施意义与实施方略，重点研究了人类社会男女性别能否平等，社会主义社会为什么存在性别不平等，为什么平等要倡导先进性别文化，男女平等与构建和谐社会是什么关系等问题。

该书共分 8 章。第一章，男女平等基本国策的提出及其重要意义。主要针对男女平等基本国策这个问题展开论述，探讨了男女平等在马克思主义和中国共产党党建理论体系中的位置，并从立法与政策、妇女发展现实需要，以及国际妇女运动发展趋势的角度，研究了贯彻男女平等基本国策，对推进性别平等与建设和谐社会的重要意义。第二章，性别制度的沿革。对性别研究所具有的生理、社会和心理属性，以及社会对这些属性的认识进行了分析，并分别研究了人类社会已经经历或正在经历的四种社会性别关系模式，还对这些性别关系的变化原因和变化规律，特别是社会主义社会性别制度的性质，以及男女不平等问题的成因进行了探索。第三章，政治地位：男女平等基本国策的内核。对妇女政治地位的概念，及其在社会地位中的重要意义进行了讨论，并使用全国第二次妇女社会地位调查的数据等具体资料，对妇女政治参与在全球，以及国内都处于妇女发展薄弱环节的原因进行了分析；还对与妇女发展相关的政治参与目标、参与比例，以及农村"海选"对妇女参政的影响进行了探讨；在此基础上提出了在政治文明建设的进程中，推进妇女政治参与，特别是提高妇女较集中领域和集中行业政治参与程度的建议。第四章，妇女就业：男女平等基本国策的基础。从就业具有的经济与社会属性两方面，研究了妇女就业对妇女发展的基本作用，对我国各历史时期妇女就业的特征和存在的主要问题，进行了回顾与研究，并针对我国现阶段妇女经济参与的发展，提出了相应的立法与政策建议。第五章，婚姻家庭：男女平等基本国策的特殊领域。直面婚姻家庭领域的现实问题，探讨了发展夫妻情感，增进家庭和谐的路径；尝试运用以人为本、以妇女为本的原则，分析了社会，特别是社区干预和支持婚姻家庭问题的重要性与必要性；并运用来自北京红枫妇女心理咨询与服务中心的数据资料，以及天津、河北婚姻家庭社区实验项目的报告，对现实生活领域存在的离婚、未婚同居、女性再婚、老年女性的家庭权利，以及针对妇女的家庭暴力等问题进行了分析研究，提出了相关的对策建议。第六章，先进性别文化：男女平等基本国策的动力。重点分析了社会性别平等纳入社会发展领域的重要性；论述了邓小平理论对新时期妇女运动、妇女工作的指导作用，以及将以人为本思想纳入社会发展主流的迫切性；同时还讨论了市场交易与社会公正的关系、与男女平等的关系，以及科学技术对现阶段妇女发展的双重影响，特别是研究了科技对妇女发展的负面作用。第七章，消除歧视：男女平等基本国策的支撑与保障。重点研究了性别平等政策对推进社会和谐的作用；分析了将以妇女为本理念纳入社会制度主流的意义和作用；讨论了建立反歧视制度的迫切性，以及将性别分析工具纳入政策主流的基本原则；并就婚姻法修改、妇女组织在立法制定与监督领域的作用等问题，提出了相应的对策建议。第八章，域外经验：他山之石可以攻玉。重点介绍了加拿大和马来西亚政府和民间组织，在推进性别平等主流化领域的经验与做法，特别是在推进妇女就业和反家庭暴力方面的具体经验，并探讨了避难所在救助遭受家庭暴力虐待的妇女，帮助这些妇女摆脱家庭暴力、体验家庭温暖、修复身心创伤等方面的特殊作用，以及我国是否应建立避难所、建立何种模式的避难所等问题。

著作名称：妇女学呐喊

作　　者：邓伟志

出 版 社：澳门出版社

出版时间：1994 年

版　　次：第 1 版

I S B N：927 - 853 - 094 - 015

页　　数：323 页

价　　格：6.20 元

作者简介

　　邓伟志（1938—　），笔名：童瞳，男，安徽萧县人。现为上海大学社会学系教授、编审、博导，中国社会学会副会长、中国妇女研究会副会长、上海市科协委员、上海市作协理事、全国政协常委。著述有《中国家庭的演变》、《近代中国家庭的变革》、《家庭的明天》、《家庭社会学》等 20 余部，发表论文百余篇。现为国内多所大学的兼职教授。

内容简介

　　邓伟志教授是第一位提出"妇女学"学科名称的中国学者。在 1982 年初期的《妇女问题杂议》中两次使用"妇女学"概念，接着又出版了《妇女学呐喊》。作者作为一位妇女问题专家，多年来的愿望，就是呼吁成立一门有关妇女学的专门学科，这也是作者把该书取名为《妇女学呐喊》的原因。在该书的前言中，作者引用 1986 年《社会报》刊登的童瞳（作者的笔名）《中国应该有妇女学》的话说："讲妇女理论，而不用'妇女学'名称，抛弃'妇女学'名称，实在是不慎重的……我国应该有妇女学，出妇女学书，建妇女学会，发展马克思主义的妇女学理论，建立有特色的社会主义妇女学，这才是符合科学的。"该书以妇女问题如妇女就业、妇女参政、妇女贫困化、妇女教育等为线索，探索妇女发展，关注改变妇女的现实处境，提倡将"性别意识纳入决策主流"，引起了社会的广泛关注。

著作名称：女性主义

作　　者：李银河

出　版　社：山东人民出版社

出版时间：2005 年 1 月

版　　次：第 1 版

ＩＳＢＮ：7 - 20903 - 601 - 6

字　　数：160 千字

价　　格：22.00 元

作者简介

　　李银河（1952—　），女，生于北京，籍贯：湖南省衡山县。现任中国社会科学院社会学所研究员、教授、博士生导师。主要著作有：《中国人的性爱与婚姻》、《性社会学》（译著）、《中国婚姻家庭及其变迁》、《中国女性的性与爱》、《女性权力的崛起》、《西方性学名著提要》、《女性主义》、《两性关系》等。

内容简介

　　该书对女性主义做了全面的介绍和分析，涉及的内容包括：女性主义理论，其中讨论了男权制的定义以及女性主义论争中同与异的问题；女性主义运动，描述和讨论了女性主义运动的两次浪潮；女性主义流派，分节讨论了自由主义女性主义、激进女性主义、社会主义女性主义、后现代女性主义、文化女性主义、生态女性主义、第三世界女性主义与黑人女性主义、心理分析女性主义、女同性恋女性主义以及其他女性主义流派；女性主义论争，其中包括关于生理决定论与社会建构论的论争、关于性别气质问题的论争、关于性问题的论争、关于淫秽色情品的论争、关于卖淫问题的论争、关于认识论与方法论问题的论争；女性主义之后，其中包括进步男性运动、保守男性运动、后女性主义和新女性主义。

该书在对女性主义的全面阐述的基础之上提出以下观点：中国的女性主义在全世界女性主义思想阵营中大约也应当被视为一种新女性主义。它的基本目标是争取男女平等的最终实现。从短期目标看，就是有什么问题解决什么问题，比如：在现实社会中比较差的女性参政问题；行政管理人员中女性偏少的问题；女童失学问题；女大学生比例偏低问题；女性就业机会偏低的问题；女性下岗失业比例偏高的问题；女性劳动报酬偏低的问题；人口出生性别比偏高所反映出来的流产女婴、杀害女婴、遗弃女婴问题；女童营养较差的问题；婚后男居制所带来的男女不平等问题；男性不分担家务劳动和女性工作家务双重负担问题；社会观念中的性别刻板印象问题；各类传媒中男权制思想残余问题；等等。从长期目标看，应当从争取两性的和谐发展，到性别界限的模糊化，最终使性别作为一个社会分层因素变得越来越不重要，使所有的个人都能使他们的个性得到充分的发展和实现，从而不仅实现男女两性的真正平等，而且实现所有个人在地位上的完全平等。同时最大限度地保留个性的差异，没有一个人会因为自己的性别感到任何一点压抑。

著作名称：女性权力的崛起

作　　者：李银河

出　版　社：中国社会科学出版社

出版时间：1997 年 12 月

版　　次：第 1 版

ＩＳＢＮ：7 – 50042 – 115 – X

字　　数：209 千字

价　　格：15.00 元

作者简介

略

内容简介

《女性权力的崛起》是一本资料集锦性质的书籍。作者把当时所能见到的女性研究方面的各种资料收集起来,从中外历史沿革的角度讨论女性平等问题,分门别类地做了一个综述。该书是迄今为止世界与中国妇女发展的状况及其未来趋势的全景式描述。

全书分为四个部分:第一,女性的生存状况,涉及女性的政治参与、就业、教育、家庭、健康、安全、习俗与观念等;第二,妇女运动,包括妇女运动的每一次浪潮和第二次浪潮,各种女权主义、激进女权主义、后现代女权主义及其他女权主义流派;第三,当代妇女运动新的关注点与未来发展,其中包括对妇女的特殊照顾和保护性立法问题,妇女回家问题,两性气质问题,性与淫秽色情品问题,暴力、性骚扰与卖淫问题,认识论与方法论问题等;最后,预测了世界与中国妇女在 21 世纪的发展前景:全世界妇女地位的提高将会使两性关系变得更为和谐,更少冲突,也将会使世界变得更加美好。然而,女性权力的崛起并不代表已经完全实现了男女的平等,因此,女性权力的崛起任重道远。该书可以作为女性研究的入门读物,省却了读者自己去广泛阅读和查找与妇女问题有关的研究资料的麻烦。对于广大非专业的读者来说,该书也是了解与妇女有关的各种情况和论争的一个捷径。

著作名称:中国妇女研究年鉴 2001—2005

主　　编:刘伯红

出 版 社:社会科学文献出版社

出版时间:2007 年 11 月

版　　次:第 1 版

I S B N:7802308623

页　　数:692 页

价　　格:180.00 元

编者简介

刘伯红(1951—　),女,保定人,现为全国妇联妇女研究所研究员、副所长,《妇女研究论丛》执行主编,中国妇女研究会副秘书长,享受政府特殊津贴的专家。长期从事妇女问题,研究编撰或参与编纂的著作有:《中国妇女的现状》、《美国妇女自我保健经典——我们的身体,我们自己》、《世纪之交的中国妇女与发展——理论、经济、文化、发展》、

《妇女权利——聚焦"婚姻法"和"劳动法"》等。

内容简介

　　该书由全国妇联研究所组织有关专家编写。它比较全面、系统地汇集了2001—2005年度的妇女/性别研究成果和信息，是一本连续出版的学术性、资料性工具书。该书自创刊以来，采用以书代刊的形式出版，以5年为周期，《中国妇女研究年鉴2001—2005》是其中的第三卷。该年鉴以马克思主义为指导，体现性别平等和有利于妇女发展的价值理念，力求全面、系统地记载和反映2001—2005年间妇女/性别研究的成果和信息。第三卷的编辑设计，本着稳健发展、加强规范、注重整体性和实用性的原则，以第二卷的编辑框架为基础，根据这5年妇女/性别研究的发展变化和特点进行微调，增加了新的选题，力图避免因选题交叉所带来的重复内容，尽量使综述和条目、索引部分相互呼应。同时，拟订和实施了《编写规范细则》等，进一步强调了信息的准确性，以提高编写质量和效率。《中国妇女研究年鉴2001—2005》有纸质版和电子版两个版本，主要由35篇文章和大量介绍研究成果和信息的条目组成，并附有索引。全书保持了原有的5个栏目：重要文献（领导文章两篇）；研究综述（概述、妇女/性别专题研究综述23篇、女性学科研究综述9篇）；研究成果选介（课题/项目选介、论著选介、论文选介）；学术组织、会议和学者简介；附录等部分。

著作名称： 女性学概论

主　　编： 魏国英

出　版　社： 北京大学出版社

出版时间： 2000年12月

版　　次： 第1版

ＩＳＢＮ： 7－30104－768－1

字　　数： 245千字

价　　格： 18.00元

编者简介

　　魏国英（1946—　　），女，北京市人。北京大学校刊主编、北京大学中外妇女问题研究中心副主任、编审；北京市妇联执委、中国家庭文化研究会常务理事、中国教科文卫工会女职工委员会委员、中国妇女研究会理事、中国高校校报协会副理事长。代表作有《女性学概论》、《中国女性学学科制度建设的进展与问题》、《教育：性别维度的审视》等。

内容简介

　　该书是国内最早的女性学教材之一，作者对女性学的概念与体系、女性的特质与特征、社会性别与女性社会角色、女性的生存与发展、女性观的产生与演变、女性问题与妇女运动、中国社会与中国女性、女性与未来进行了深刻阐述，尤其是对制度演进与女性地位变迁、制度制约与女性的独特贡献、文化传承与立世精神、可持续发展中的女性、科技发展的女性地位、生态环境和经济全球化与女性作用、社会进步与女性发展做出了详细分析。

　　该书从学科的逻辑起点出发，把握最基本的范畴，抓住最基本的问题，即女性是什么？女性什么样？女性怎样存在？女性如何发展？作者将此四大支点作为女性学基本理论的基石，环环相扣，层层展开，形成了阐发女性的本质、特征、存在状态与发展规律的有机的、逻辑承递的、有衔接顺序的整体。指出被建构起来的社会性别差异是社会结构中最基本的一种社会分层，社会经由各种制度化的力量形成了两种不同的社会角色，由此着重分析社会是如何建构出社会性别的差异、社会性别差异的表现形态、本质待征，以及女性的社会角色，并在此基础上，探讨了女性地位与女性的发展问题。

　　作者在较准确地把握女性学基本理论体系的严谨性、完整性的同时，博采哲学、历史学、政治学、法学、心理学、社会学、人口学等不同学科对女性研究的成果，融集了自然、社会、人文学科的研究方法，在提升该书学术性的同时，也拓展了该书的涉及面。

著作名称： 女性学

主　　编： 啜大鹏

出 版 社： 中国文联出版社

出版时间： 2001 年 2 月

版　　次： 第 1 版

I S B N： 7 - 5059 - 3762 - 6

字　　数：249 千字

价　　格：18.00 元

编者简介

　　啜大鹏（1945—　　），女，河北武邑人。现任首都师范大学政法系哲学教研室副教授，妇女理论研究会副理事长、秘书长，北京市社会科学院妇女问题研究中心研究员。曾主持并完成了中国妇女研究会 2 项科研课题和 3 项校级课题。

内容简介

　　该书是国内首本女性学的公选课教材，集中了当时国内外女性学研究的最新成果。该书以多学科为背景，阐述了女性学及其产生与发展、女性的本质及其生存发展的条件、女性的恋爱婚姻与家庭、现代女性心理健康与审美、女性文化、女性教育、女性的权利和权益、中国妇女运动与女大学生、妇女解放与发展、西方女权主义简析等多方面问题。

　　该书认为，女性的本质是女性自然属性、社会属性、精神属性的内在的、必然的、稳定性的联系，是对女性特点最深层次的抽象概括。女性的本质是通过全部的女性社会关系表现出来的，要揭示女性的本质，必须把女性放到各种社会关系中作综合考察。这是因为女性在政治、经济、文化、社会、家庭中的地位，归根到底是由女性在社会关系中的地位决定的。在此基础上，该书认为生产关系决定了女性在社会关系中的总体地位，进而提出女性参加社会劳动的重要性。

　　该书的特点是以女大学生的实践需要为着眼点、以系统的女性理论指导女大学生实践、注重女性个体发展与群体发展的结合。该书不仅是一本女性学科的本科生公共课教材，也是一本深入浅出的适合广大妇女干部、教师阅读的女性学理论读物。

著作名称：女性社会学

作　　者：王金玲

出 版 社：高等教育出版社

出版时间：2005 年 5 月

版　　次：第 1 版

ISBN：7 - 04017 - 106 - 6

字　　数：230 千字
价　　格：24.80 元

作者简介

王金玲（1955—　　），女，浙江省社会科学院社会学所研究员、所长；浙江师范大学法政经济学院教授、硕士生导师。中国社会学学会常务理事、浙江省妇女研究会副会长、国际生命伦理学学会会员、国际女性主义社会学专家委员会成员。主要代表作有：《社会转型与妇女犯罪》、《生存与发展：浙江妇女社会地位研究》、《女性社会学的本土研究与经验》等。

内容简介

该书吸收了国外"女性社会学"中的精华，结合本国实际来加以运用，在本土化上下了工夫。最主要的特色是"性别"加"本土"加"实用"：以社会性别视角对已有的社会学相关理论进行考察，指出传统社会学的性别盲点或性别误区；运用本土的研究成果，对西方女性社会学理论进行反思，指出它对中国的适用性和不适用性，进而提出自己的观点。

作者认为，社会学一再强调的是它的"整体"性的立场与方法，然而，整体社会始终是一个男子中心/男权主流社会，妇女始终处于社会边缘，往往受到不平等和不公正的对待，传统社会学其理论是研究男人和服务于男人的；其研究往往以男性样本为基础，由此得出结论后推及整个人类；往往忽视女性领域，轻视女性状况的研究；一旦妇女进入社会学的研究视角，对她们的描述往往是歪曲性的、带有性别歧视的；生物性别（sex）和社会性别（gender）极少被用来作为解释社会现象、分析社会问题的变量。

该书在社会化、社会分层、社会流动、社会工作等社会学支柱理论的基础上，着重探讨了女性主义对传统社会学理论的挑战，并融入了本土化的反思。通过对某一具体社会生活实例的解读，使读者进一步习得具体的分析视角和方法，有助于读者基本掌握本土女性社会学的研究理念、方法，了解本土女性社会学的重要观点，提高社会性别敏感度，确立"社会性别"加"本土"的学术视角，习得一种新的学术研究的能力。

著作名称：妇女学教学本土化——亚洲经验
主　　编：王金玲

出 版 社：当代中国出版社

出版时间：2004 年 4 月

版 次：第 1 版

I S B N：7 - 80170 - 290 - 5

页 数：545 页

价 格：30.00 元

编者简介

略

内容简介

20 世纪 90 年代以来，妇女学在世界范围内兴起，本土化是发展中国家的妇女学学科建设的长期主要任务，妇女学教学的本土化研究也成为了妇女学发展中的热点问题。2002 年 10 月，中华女子学院召开了"妇女学教学本土化——亚洲经验"国际讨论会。研讨会围绕《妇女学在亚洲的发展》、《妇女学学科建设》、《妇女学教学法与教材》和《妇女学基本理论》四个主题展开。来自日本女子教育会馆、日本女子大学、菲律宾大学、印度海得巴得大学、香港大学、香港中文大学及中国内地各高校从事妇女学教学和研究的 100 多名学者出席了会议。该书即是这次研讨会的成果之一。

该书的内容包括：推进妇女学本土化的建设和发展；推进妇女学教学本土化，为建设和发展中国的妇女学学科创造条件；致《女性学教学本土化——亚洲经验研讨会》的贺信等；收录了《社会性别教育在高校——实践与体会》、《妇女学在构建我国终身教育体制中的对策研究》等学术论文；详细介绍了社会性别理论、妇女解放；妇女学学科在日本、菲律宾、印度等国家和地区的发展情况；妇女学的国际化、本土化、民族化、主流化以及妇女学教学与研究，包括教学的目标、模式、方法、教材、课程内容的设置、妇女研究的建议和方法等问题。

著作名称：女性学导论

主 编：韩贺南 张健

出 版 社：教育科学出版社

出版时间：2005 年 3 月

版　　次：第2版
I S B N：7 - 50413 - 067 - 2
页　　数：237 页
价　　格：25.00 元

编者简介

　　韩贺南（1957—　），女，辽宁绥中人。现为中华女子学院女性学系教授、系主任。兼任中国妇女研究会理事、上海大学人文学院兼职教授、东北师范大学兼职教授。曾任联合国妇女基金会项目性别专家、联合国劳工组织项目性别培训专家。著有《马克思主义妇女观概论》等书。近年来主持的课题有：《熟视无睹的性别偏差——媒体中的性别》、《耳濡目染的民俗文化——人生旅程中的性别》、《女性学导论教材建设》等。

　　张健，女，中华女子学院女性学系副教授，《亚洲妇女研究》（英文，韩国淑明女子大学主办）特聘编辑。《女性学教学——亚洲经验》副主编，《女性学导论》主编之一。

内容简介

　　该书是适用于大学本科教育的女性学教材，作者充分认识到在教育过程中，性别平衡是一个常常被忽略的问题。该书在两性平等对话的基础上，从社会性别的视角和女性主义的观点，梳理了女性学教学和研究的本土化经验，围绕核心概念和基本理论，提出了各种各样的问题；对"女性与教育、就业、参与权力、文化、健康、环境、发展"等具体问题，展开了较为全面的阐述与探讨；并选择了生活中绝大多数人熟视无睹的事件作为典型案例加以分析和讨论。针对传统社会研究中漠视与妇女相关的话题和领域，有时甚至采用性别歧视的扭曲方式呈现女性的现象进行了批判。该书提出，把"社会性别"作为研究社会现象的一个重要的分析框架和解释工具，评价了女性学的学科特点与理论联系实际的研究方法。

　　该书的特点主要表现在知识的系统性和体例的独特性。首先，该书遵循成熟学科的范式，阐释了女性学的学科性质、研究对象、内容与目标；概述了国内外妇女运动的历史及其妇女组织的主要活动；阐述了女性学的基础理论、女性主义理论和研究方法。其次，以妇女运动所关注的主要领域为内在逻辑，运用社会性别视角和女性主义观点讨论了女性与教育、经济、政治、健康、文化、环境、发展等主要议题，所呈现的知识具有系统性和视角的独特性。此外，该书打破了以往教材呈现知识的传统模式，每一讲都将关键词和基本概念提炼出来，设计案例分析，列出思考题，提供参考书目，创建了新的体例。

著作名称： 新编女性学
主　　编： 韩贺南
出　版　社： 首都经济贸易大学出版社
出版时间： 2010 年 9 月
版　　次： 第 1 版
I S B N： 7 - 56381 - 620 - 0
页　　数： 372 页
价　　格： 35.00 元
编者简介
　　略
内容简介
　　该书是一本女性学导论教材，该教材的作者都是具有多年女性学教学经验的教师，同时也是女性主义研究和行动的积极参与者。他们将社会性别作为基本的分析工具和框架，以"习得性别"为逻辑起点，注重个体的生活经验，对身体、情感、健康、教育等与个体发展相关的问题展开讨论；以"性别语言"为切入点，对两性空间、大众传媒、公共政策、社会环境等社会制度与文化层面的性别进行观察。本教材在承认和接受女性学对不同学科的异质性内容整合、融合特点的同时，强调女性学鲜明的批判精神以及女性学致力于妇女解放，从学科角度解释妇女受压迫现象，推动以平等为目标的社会变革。在整本教材的章节编排和内容设计上，也都十分清晰地表达了作者的这一立场。

著作名称： 女性学导论
作　　者： 叶文振
出　版　社： 厦门大学出版社
出版时间： 2006 年 11 月

版　　次：第 1 版

ＩＳＢＮ：7－56152－673－3

页　　数：419 页

价　　格：25.60 元

作者简介

　　叶文振（1955—　　），男，福建闽侯人。社会学博士，现为厦门大学公共事务学院人口研究所教授、博士生导师，公共事务学院副院长、厦门大学福建女性发展研究中心主任，中国人口学会理事、福建省人口学会副会长、福建省妇女理论研究会副会长。代表著作：《世纪之交的中国人爱情与婚姻》、《中国婚姻质量研究》、《中国婚姻研究报告》等。

内容简介

　　该书从诠释女性学的定义着手，通过对女性学的学科要素与特点、女性学研究的目的与意义的讨论，揭示了女性学与自然科学和社会科学的关系，并系统地回顾了女性学作为一个独立学科的产生和发展历程。此后，分章列节介绍和讨论女性学的理论体系和研究方法，而且还结合当前最受关注的女性健康、女性教育、女性就业、女性婚姻家庭、女性政治参与、女性社会保障、女性文化地位等女性的生存和发展问题，利用女性学的理论与方法进行应用性的分析和探讨。书中对女性学与自然科学及其他社会科学关系进行了深入而细致的讨论，建构了性别和谐理论，系统论述了女性学研究方法，对与女性相关的法律、国际公约和国家政策进行了梳理，对许多女性热点难点问题进行了社会性别分析。该书既可供高等院校女性学课程的教学使用，也可以供相关学科的研究人员参考。

著作名称：女性学导论

主　　编：祝平燕　周天枢　宋岩

出 版 社：武汉大学出版社

出版时间：2007 年 12 月

版　　次：第 1 版

ＩＳＢＮ：7－30705－851－4

页　　数：442 页

价　　格：32.00 元

编者简介

祝平燕（1964—　），女，湖南衡阳人，副教授、博士，硕士生导师。现为华中师范大学社会性别与妇女发展研究中心秘书长，湖北省妇联妇女研究会理事。编撰教材与著作有：《性别社会学》、《女性学导论》等。

内容简介

该书作为女性学课程导论性质的教材，主要是对有关女性学研究的领域和研究的问题予以全方位的梳理，对女性学的概念与体系、女性学的理论与流派、女性与历史、性别差异与性别不平等、女性与教育、女性的劳动与就业、女性与政治参与、女性与婚姻家庭、女性与健康、女性与发展进行了较为全面的阐述与探讨，以便学生掌握系统的女性学的基本理论和方法。

该书的特点主要体现：一是明确女性学的学科要素。作为一门独立的学科，女性学有其独立、系统、完整的理论体系，对女性学的研究对象、范畴与方法等要素进行明确阐述，可以帮助我们对女性学学科进行整体的把握。二是贯穿全书的社会性别研究视角。女性学不仅是从女性角度对女性的再认识，而且是从两性生存格局的历时态和共时态的综合考察与哲学反思中描述女性，进而描述整个人类的生存与发展。三是鉴于女性学多样性、综合性的学科特点，应该予以全面准确地认识与把握。四是体现了历史主义的研究态度。女性的生存与发展总是受到某一阶段特定社会环境的限制，对女性的研究也有其局限性。此外，女性在不同历史时期，其生存状态也是变动不居的，这就需要把女性放在历史进程中去认识与揭示，考察不同社会文化背景下女性问题的普遍性与特殊性，在观察与比较中获得更为全面、正确的认识。该书对女性学的认识，除了学习、借鉴国外研究成果之外，更多地介绍、总结了中国本土的女性研究成果与实践。

著作名称： 女性学

作　　者： 罗慧兰

出　版　社： 中国国际广播出版社

出版时间： 2002 年 7 月

版　　次： 第 1 版

ＩＳＢＮ： 7－5078－2145－5

页　　数：240 页

价　　格：13.50 元

作者简介

罗慧兰（1957—　），女，福建省连城县人。现为中华女子学院女性学系教授、中国婚姻家庭研究会理事兼专家组成员。著有《女性学》、《高校女性学课程设计及现代教学方法的运用》、《造美热的冷思考》等。

内容简介

该书从历史学、生物学、心理学、社会学、美学等多重视角研究女性，阐明了女性学兴起及西方女权主义流派，包括自由主义女权主义、西方社会主义女权主义（新马克思主义女权主义）和西方激进的女权主义流派理论，之后通过论述中国古代妇女社会地位、中国妇女运动以及妇女主体意识的觉醒介绍了中国妇女发展历史，在此基础上，阐明了生理性别与社会性别、个体社会化与性别角色的形成、女性的社会参与、社会审美与女性形象、女性性别优势与潜能开发、女性未来等诸方面的问题，对女性参政、就业、教育、健康、婚姻家庭进行了阐述。该书通过探讨男女之间的社会共性和社会差异性，为读者提供一个了解男女性别差异的平台，旨在于帮助人们深刻地了解女性发展历史和现实地位的同时，了解男女两性不同的心理生理特征以及不同的社会发展环境，通过男女两性的共同努力，构建起一个平等、尊重、理解、和谐的新型伙伴关系。

该书对解读女性学的内涵、缘起与发展，以及开设女性学课程的意义与目的，促进公众对妇女问题的重新思考，改变传统落后的性别观念，完善女性自身发展及了解西方女性学理论流派均具指导作用。

著作名称： 女性学

作　　者： 骆晓戈

出　版　社： 湖南大学出版社

出版时间： 2009 年 8 月

版　　次： 第 1 版

Ｉ Ｓ Ｂ Ｎ： 9787811136586

字　　数： 291 千字

价　　格： 24.00 元

作者简介

　　骆晓戈（1952—　），原名小鸽，女，生于武汉，祖籍湖北省蕲春县。湖南商学院中文系教授、诗人。湖南商学院女性研究中心主任，国家一级作家，湖南女性文化交流协会会长。著作有：《大众传媒，社会性别与大学生素质教育》、《性别的追问》、《女书与楚地妇女》、《她们：跨界合作与行动研究》等。

内容简介

　　该书是普通高等教育"十一五"国家级规划教材。作者从社会性别视角出发，实现了一次跨学科的关于《女性研究》的合作。在此过程中，对本土女性生存状况进行了翔实的调查和实证分析，运用生动的案例、简明流畅的语言阐释学术理论，突出了普及、综合、前沿、本土、实用的特色，指出女性学是一门与每一个人的性别相关的学科。然而，性别角色的差异也不是天生的，而是社会造成的。在长期以男性为中心的传统文化中，社会是如何塑造女性角色的？怎样认识家庭与社会生活中的女性角色变迁？不同社会阶层的女性所扮演的社会角色又有什么不同？究竟形成了哪些妨碍女性发展的屏蔽和盲区？认为女性学所研究的一个中心问题便是如何用女性的视角阐释世界。

　　该书分 12 章予以阐述：女性与社会角色，女性与历史，女性与政治，女性与法律，女性与教育，女性与就业，女性与大众传媒，女性与文学，女性与生殖健康，女性心理与成功，女性与婚恋、家庭，女性与审美。凸显了社会主义和谐社会建设中"两性和谐"的主题，将女性自身发展与社会发展进步紧密结合起来，在对基础原理和方法论、认识论的介绍，以及对学科背景介绍与核心概念阐释的基础上，倡导社会性别意识主流化。

著作名称：妇女学和妇女史的本土探索：社会性别视角和跨学科视野

作　　者：杜芳琴

出　版　社：天津人民出版社

出版时间：2002 年 12 月

版　　次：第 1 版

ＩＳＢＮ：11434069

页　　数：388 页

价　　格：23.00 元

作者简介

　　杜芳琴，女，河北省永年县人，文学硕士。天津师范大学性别与社会发展研究中心主任，教授，主要社会兼职为中国妇女研究会常务理事和副会长（2005—2009）等。代表作有《中国历史中的妇女与性别》、《妇女与社会性别研究在中国》、《妇女学和妇女史的本土探索：社会性别视角和跨学科视野》、《贫困与社会性别：妇女发展与赋权》等。

内容简介

　　该书是杜芳琴教授继《发现妇女的历史——中国妇女史论集》（1996）、《中国社会性别的历史文化寻踪》（1998）之后第三本妇女史研究的论集，是作者近年来研究和推动妇女学行动的阶段总结。与前两本不同的是，本书不但增加了妇女学的内容，而且在妇女史领域也不再是单纯的研究，更侧重于学科建设的组织和探讨。

　　本书收录了《在认识共性与差异中发展亚洲妇女学》、《等级中的合和：西周礼制与性别制度》、《妇女的身体和健康：一个反思我们文化的新视角》等 20 余篇文章。全书共分 4 个部分：开首部分以"妇女学：视野·区域比较·本土探索"导入，其中 5 篇文章是作者近 5 年来对中国妇女学发展的历程（亲历和目击）、妇女学（研究）本国语境的探索、亚洲妇女学的共性特性的比较以及西方女性主义理论及其具体运用引介的一个简单的勾勒。第二部分是专门讨论中国妇女史的议题，如从社会性别制度系统审视周代建树的性别制度，从文学、医学文本分析探知唐代男女性行为关系，从散文笔记所录材料探索清代下层才子的"女性凝视"和才女的"女性书写"之间构成的性别关系的复杂性，在理论探索方面如妇女史、妇女—社会性别史、社会史以及经济史等之间的关系，本土历程和今后发展，在《历史学的性别维度与视角》一文中得到阐述。第三部分是对妇女组织活动和妇女发展研究活动的一个记录和研究。在最后部分的书评、短论和跋文中，除了介绍国内有关妇女和性别的好书外，"跋"作为作者学术自传和身份反思，对理解文集很有帮助。

著作名称：不守规矩的知识——妇女学的全球与区域视界

主　　编：余宁平　杜芳琴

出 版 社：天津人民出版社

出版时间：2003 年 9 月

版　　次：第 1 版

I S B N：9787201043265

页　　数：334 页

价　　格：28.00 元

编者简介

　　余宁平，无。

　　杜芳琴，略。

内容简介

　　《不守规矩的知识——妇女学的全球和区域视界》是《社会性别研究选译》的续编，也是"发展中国的妇女与社会性别学"课题为中国妇女学学科建设借鉴国外经验翻译的阅读资料的精选汇集。

　　该书继续坚持《社会性别研究选译》一书选文标准，深受国外妇女学者艰辛开拓、永不满足的探索精神和严谨学风的激励和启发：内容包括对妇女学学科性质的探讨，妇女学进入挑战学术和教育主流的动作策略，妇女学课程改革发展的历程，以及对妇女学导论课本编写评述及其意义的探讨，也有关于妇女学国际化的新动向等。该书还收入了妇女与社会性别学所涉及的新领域和范畴的个案研究。内容涉及工作、家庭、性、身体、全球化经济、贫困、教育与妇女发展，以及对社会性别文化的跨文化的理解和国际法的运用等。篇目所涉及的地区除了美国，还有拉丁美洲，亚洲的印度、韩国、中东等地区。

　　该书立足于全球和区域的视界，介绍国外妇女与社会性别学的最新研究成果，突出这一极具发展潜力的新兴学科的跨学科、跨界域、跨地区的特点。在注重学术前沿性的同时，强调妇女与社会性别研究对人类生存和发展的博大胸襟与终极关怀。

著作名称：中国妇女学学科与课程建设的理论探讨

主　　编：孙晓梅

出　版　社：中国妇女出版社

出版时间：2001 年 2 月

版　　　次：第 1 版

I S B N：7 - 80131 - 493 - X

页　　　数：430 页

价　　　格：28.00 元

编者简介

孙晓梅（1958—　），女，汉族，安徽庐江人。中华女子学院女性学系教授，现任农工党中央委员、妇女工作委员会主任、北京市常委，全国妇联执委，第十一届全国人大代表。

内容简介

中国的妇女学在近 20 年的发展过程中，经过几代学人的艰辛探索和实践，实现了从无到有，从理论到实践，再从传统的妇女学到妇女—社会性别学的两次历史性飞跃。它昭示了妇女学的建设既要批判借鉴西方的妇女学，又要力图使之本土化，而如何将妇女学本土化将是中国妇女学面临的长期任务。1999 年 8 月 21—23 日，一些高校和妇干校开设妇女学课程或准备开设妇女学课程的专家学者和教师聚集在北京中华女子学院，共同研究妇女学学科的建设与发展，写下了我国妇女学学科建设史上重要的一页。该书即是在研讨会的基础上编录而成。

全书包括"中国妇女学学科的理论探讨"和"中国妇女学课程开设的理论探讨"两部分，收有"当今中国妇女研究的特点、走向"、"完善和发展妇女学问题"、"妇女学与妇女解放理论"、"促进妇女学学科建设"、"优化个性教育　提高女性素质"等 50 余篇论文，为中国的妇女学学科建设和课程建设提供了科学借鉴。

著作名称：马克思主义妇女观简明教程

作　　　者：娜仁　孙晓梅

出　版　社：内蒙古大学出版社

出版时间：1991 年 11 月

版　　　次：第 1 版

I S B N：7 - 81015 - 208

页　　数：268 页

价　　格：3.50 元

作者简介

　　娜仁（1950—　），女，蒙古族，内蒙古库伦旗人，教授。曾任内蒙古自治区团委组织部副部长，内蒙古自治区妇女干部学校党总支书记、校长，内蒙古自治区政协副主席。第八届内蒙古自治区人大常务委员会委员。

　　孙晓梅，略。

内容简介

　　马克思主义妇女解放理论，是无产阶级妇女解放的学说，它是研究和阐述无产阶级关于妇女解放及解放运动发展规律的科学。马克思主义妇女解放理论，主要是从宏观上来研究和揭示妇女在人类社会发展中的地位和作用，及其变化的根本动因和基本规律。它的主要任务是阐述妇女地位的演变与妇女问题产生的过程，论证妇女解放的性质、目的和条件，揭示妇女解放运动发生、发展的进程，从而提供研究妇女解放问题和妇女解放运动的最一般的基础的观点和方法，为实现妇女的彻底解放和全人类解放提供理论武器。

　　内容有六部分，第一部分：马克思主义妇女观形成的理论基础，阐述了妇女的地位由平等变到不平等的过程（施行母权是意味着共产制和人人平等，父权的产生意味着私有制的出现与阶级的产生），妇女处于受压迫的地位，妇女除了忍受压迫之外，还要多受一层男人的压迫，揭露"资本"上面的资本主义婚姻；第二部分：妇女被压迫是人类历史发展的一定阶段上的社会现象，妇女不是从一开始就是处于奴役和卑微地位的，生产力的发展使妇女处在社会和家庭的次要地位，父权制的产生，使妇女在家庭中的主导地位发生变化；第三部分：妇女解放的程度是衡量普遍解放的天然尺度，妇女解放的性质是阶级压迫的一种表现形式，捆在妇女身上的政权、族权、神权、父权四根绳索束缚妇女的发展；第四部分：参加社会劳动是妇女解放的先决条件，妇女要参加劳动是摆脱束缚，并且从繁重的家务中解放出来的重要途径。第五部分：妇女解放是一个长期的历史过程，且具有历史局限性和艰巨性，要制定相应的妇女发展方针，树立长期奋斗思想；第六部分：妇女是革命和建设的强大动力，在实践中得到自身的解放，同时，妇女是物质财富的生力军，因此，必须健全法律，保护妇女的合法权利。

著作名称：马克思主义妇女观

作　　者：李静之　张心绪　丁娟

出 版 社：中国人民大学出版社

出版时间：1992 年

版　　次：第 1 版

I S B N：7 - 30001 - 275 - 2

页　　数：186 页

价　　格：3.30 元

作者简介

　　李静之（1935—　　），女，汉族，湖南省常德市人，教授。全国妇联妇女研究所研究员，全国中共党史研究会、当代中国史学会、中国婚姻家庭研究会理事。主要研究方向是中国妇女运动史。曾发表妇女运动历史和理论研究论文数十篇、专著数种。

　　张心绪，无。

　　丁娟，略。

内容简介

　　该书对马克思列宁主义关于妇女解放的理论及其在中国的运用和发展作了比较全面系统的阐述。理论联系实际、史论结合、以论为主，分别论述了男女不平等的产生、妇女受压迫的根源、妇女解放的内容和标志、妇女解放的历史过程、妇女解放的正确道路、妇女解放的社会条件、妇女在社会发展中的伟大作用等基本理论问题。该书共分 7 章。前 6 章是对以上六个方面的论述。头两章按历史顺序，从原始社会的两性关系讲到私有制社会的两性关系，由于出现了男女不平等、妇女受压迫的现象，才产生了妇女要解放的问题；而后，作者便逐章论述妇女解放的标志、道路、条件和妇女的社会作用等方面的基本原理和基本观点。第七章则是集中研究上述基本原理在中国的运用和发展，从"五四"运动讲到现在。

　　全书史论结合，以论为主，注重理论联系实际，努力探索马克思主义妇女观在中国妇女运动的实践中，是如何得到丰富和发展的。妇女解放必须在党的领导下坚持社会主义道路，是贯穿全书的基本思想。指出男女不平等现象由来已久，它源于私有制。但是，男女不平等并不是私有制社会特有的现象。在私有制社会产生以前的原始社会末期，就已出现了男女不平等，在以公有制为主体的社会主义社会，仍然存在男女不平等的问题。可见，在整个人类社会，存在三种形态的男女不平等：原始社会的男女不平等、私有制社会的男女不平等、公有制社会的男女不平等。这三种形态的男女不平等产生的原因和性质是不同的。因此，解决的途径和方法也不一样。男女平等的内涵非常丰富，它不是静态的，而是动态的，它的内容和要求随着时代不同而不断变化发展。

著作名称：马克思主义妇女理论发展史

作　　者：仝华　康沛竹

出 版 社：北京大学出版社

出版时间：2004 年 11 月

版　　次：第 1 版

I S B N：7 - 30108 - 076 - 4

页　　数：231 页

价　　格：12.00 元

作者简介

仝华（1951—　　），女，河北省人。1976 年毕业于北京大学历史系并留校工作至今。现任马克思主义学院教授、副院长，兼中国革命史（毛泽东思想）教研室主任和毛泽东思想概论课主持人、院党委委员、院学术委员会委员等职。

康沛竹（1964—　　），女，史学博士，现为马克思主义学院副教授、全国哲学社会科学规划党史党建学科规划组评审组秘书。主要著作：《二十世纪中国灾变图史》。

内容简介

马克思主义妇女理论是马克思主义理论体系中的一个重要组成部分，是由马克思、恩格斯共同创立并在实践中由马克思主义者继承并逐步发展的理论体系。《马克思主义妇女理论发展史》一书在吸收借鉴现有的理论成果的基础上，对马克思主义妇女理论发展的脉络做了系统梳理，其中马克思主义妇女理论在中国的丰富和发展是该书的重点。

全书共分为七部分，第一部分：主要对马克思主义妇女理论的产生，马克思主义妇女理论产生的客观条件、思想渊源和理论基础进行了阐述，并就马克思主义妇女理论在德国、俄国实践中的发展情况进行了说明；第二部分：指出男女不平等的根源是私有制的产生和阶级压迫；第三部分：说明了妇女解放的途径是消灭私有制和妇女参加社会劳动；第四部分：阐述了马克思主义妇女理论在中国的广泛传播及初步发展，马克思主义妇女理论在中国的广泛传播和初步发展等内容；第五部分：讲述了中国共产党的妇女运动方针与政策，新中国马克思主义妇女理论的发展；第六部分：主要探讨新时期（1976 年 10 月以后）妇女理论丰富和发展的思想基础以及实践基础；第七部分：对中国特色社会主义妇女理论的思考，思考如何坚持和发展马克思主义妇女理论，并有效地解决社会主义初级阶段的妇女问题。该书对如何消灭私有制和阶级压迫，将妇女从家庭解放出来、参与社会劳动、参与政治、实现男女平等等问题有参考价值。

著作名称：马克思主义与社会性别研究

作　　者：李晓光

出 版 社：知识产权出版社

出版时间：2007 年 10 月

版　　次：第 1 版

I S B N：7 - 80198 - 978 - 9

页　　数：287 页

价　　格：24.00 元

作者简介

李晓光（1967—　），女，黑龙江哈尔滨人，教授。曾就读于北京师范大学哲学系和中国人民大学哲学系，先后获得哲学学士、哲学硕士和哲学博士学位。现任北京科技大学文法学院副教授、硕士生导师。著作有：《马克思主义哲学》、《从女权主义到后女权主义》等。

内容简介

该书主要探讨马克思主义与社会性别研究的关系。不仅指出马克思主义理论为妇女解放问题提供了一个唯物主义的科学分析基础，而且提出当代西方马克思主义女性主义从马克思主义理论中获得了许多有益的思想启示。同时论述了当代西方马克思主义女性主义者的主要观点以及她们对于马克思主义理论在分析妇女问题方面存在的不足。最后阐明作为一个重要的社会学说，女性主义在当代的发展需要解决的几个哲学层面的问题；同样的，马克思主义为实现其当代价值，丰富马克思主义的妇女理论，借鉴和吸收当代马克思主义女性主义的思想，也应该不失为自身发展的一剂良方。

该书除了绪论和结语外，由六个部分的内容构成。主要阐述多元化社会思潮中的女权主义，以及当代西方马克思主义女性主义的主要人物及其主要观点。从社会性别的视角阐述何谓女权主义？何谓女性主义？马克思主义女性主义和社会主义女性主义，社会性别研究指的是什么？马克思主义与西方马克思主义女性主义到底有着怎样的关系？书中对于上述问题不仅提供了自己的解释，而且阐述了其核心内容是探讨马克思主义与社会性别研究的关系。

著作名称：性沟

作　　者：李小江

出　版　社：三联书店

出版时间：1989 年 5 月

版　　次：第 1 版

Ｉ Ｓ Ｂ Ｎ：7 - 108 - 00222 - 1

页　　数：99 页

价　　格：1.95 元

作者简介

李小江（1951—　），女，江西九江人，大连大学性别研究中心主任、教授，中国（大陆）妇女学的学科奠基人和学术带头人。曾主编《妇女研究丛书》、《性别与中国》、《性别论坛》、20 世纪（中国）妇女口述史等。主要著作：《夏娃的探索》、《女性审美意识探微》、《性沟》、《走向女人》、《关于女人的答问》、《解读女人》等。

内容简介

该书是作者回顾中国历史发展，对男女两性在社会发展历程中的地位的变迁所进行的反思。在中国历史进程中，男人的进化轨迹与人类社会是完全一致的，都经历了"原始氏族社会、奴隶社会、封建社会、资本主义社会、社会主义社会"五个基本阶段；而妇女的历史只表现出三个阶段：以母亲血缘为基础的母系时代、妇女陷入父权家庭的奴隶时代和男女共同主持人类事务的解放时代。

在妇女历史的第一个阶段"母系社会"中，所谓"母权"，主要体现在以母系自然血缘关系为基础的社会组织形态上，它不存在奴役关系，既没有法律的约束，也没有道德规范，两性存在的价值是同等的。然而在之后的文明时代，由于生理—生殖机制的不同，女人背负着延续物种的自然命运；而男人则在空间上不断拓展人类活动的范围，以保证人类的生存。这种两性之间的分工是人类基于自然差异所做的一种自然的分工。在征服自然的过程中，男人与权力纳入了价值体系，而女人对于延续生命的贡献却没有得到相同的对待。在这个过程中，女性的性别角色从自然类型转变成了家庭类型。

部落战争促使男性主体意识的形成、私有制的产生，也使得母权血缘关系被父权的权力机构所代替；也是战争（第二次世界大战）把女人真正带入了人类社会的活动中，妇女的历史阶段也进入了男女共同主持人类事务的解放时代。然而在很长一段时间，所谓的"妇女解放"只是一种骗局，不过是妇女走进了原本是属于男人的社会，并在法律上获得和男子一样的社会权利。导致这种骗局的原因是什么呢？便是在从妇女陷入父权家庭的奴隶时代到与男人共同主持人类事务的解放时代的转变过程中，男性的保守与女性角色变化之间产生的不协调——"性沟"。传统的爱情、家庭美满的模式与女性要求人格平等产生了矛盾。在中国式浪漫爱情中：男人在对"灰姑娘"的向往中依然陶醉于保卫者和救世主的人格形象，固执地残留着对自身的历史优越地位的怀恋。而对于女子，由于性别角色变化的直接影响，她的爱情观中总是隐含着追求人格平等的因素；但在平等的两性关系中，她却依然执著于寻找庇护。这里，爱情在传统的"婚姻—家庭"模式中，因性别角色的变化、男女两性双方性别人格的缺失而发生了扭曲。

该书的最后一节"难以填平的沟壑"，作者并没有提出填平"性沟"的明确方法，只提出一些有关性别角色的新看法及对于未来的期望。全书没有章节，只有很多黑色小标题，但是结构和想法很连贯。对于女性经历的历史阶段的划分尽管并不是一种创新，但是结合中国历史对于第二阶段中女性客体化的分析和历史在向第三阶段的发展过程中"性沟"的分析很能给人以启发，对于妇女在人类活动中追求更多的参与权利的活动有很大的启示意义。

著作名称：关于女人的答问

作　　者：李小江

出　版　社：江苏人民出版社

出版时间：1997 年 8 月

版　　次：第 1 版

ＩＳＢＮ：7 - 214 - 02013 - 0/G·594

字　　数：173 千字

价　　格：12.00 元

作者简介

　　略

内容简介

　　该书是作者对广大女性的一大杰出贡献，作者将她十余年在海外讲学和在农村基层、民族地区实地考察中所遇到的关于女人各方面的问题，作了综合而详尽的梳理。从妇女解放到女性自我意识的提升、妇女就业到女性权益的保障、性健康到性权利等 20 个方面，作者就女人的生理和心理健康、婚姻家庭和生育健康、女性文化研究和妇女学科建设中关于女人的切身问题做出了回答。作为我国当代妇女研究的先行者和学科带头人，作者在书中表述了自己针对女人各方面问题的观点和态度，也展示了自己多年的研究成果，可以帮助不同职业、地区、年龄、文化程度的女性读者解除其在人生、工作、学习、生活方面的困惑。

　　作者开篇提出，对女人来讲，所谓"解放"，就是要能走自己的路，能有自己独立的社会身份，能做自己想做的事，能选择自己愿望中的生活方式，能爱她所爱，也能弃她所不爱。而解放的道路归根结底无非就四个字——独立自主。要实现解放，女人要付出代价，比如，女人要放弃安逸平淡的家庭生活，走入社会求职谋生。正因为如此，女人的一生中才会不可避免地遇到各种各样的问题，广大的女性同胞应该了解这些问题的本质，并找到解决的途径。作者认为，女性应该清楚地了解和认识自己，既要看到当代社会对女人的宽容，也要记得过去的成长历程，在这个意识基础上，女人才能正确地去争取话语权、参政权、生育权、性权，才能最大程度地保障女人的健康，提高女人的社会地位。在书中，作者还阐述了我国妇女研究的现状，并强调了当代社会、当代女性对妇女研究的需求，也探讨了未来妇女研究的方向，以期有更多的人投身于妇女研究，用"妇女"这个新的认识世界的角度去开辟一片新的天地。

该书文字清新简洁，语言亲切生动，理论分析深入浅出，贴近生活，贴近女人，可以伴随女性度过其丰富而有意义的一生。作者在书中展示了其活跃的思维以及开阔的视野，但最重要的是，警醒女人，无论我们的社会能够让妇女解放到什么程度，作为女人，我们不能停下脚步，必须自己努力去争取，去追求自由和幸福。

著作名称：解读女人

作　　者：李小江

出 版 社：江苏人民出版社

出版时间：1999 年 9 月

版　　次：第 1 版

Ｉ Ｓ Ｂ Ｎ：7 - 214 - 02556 - 6/G·802

字　　数：171 千字

价　　格：13.00 元

作者简介

　　略

内容简介

　　在我国，自近代维新运动以来，"女性"及其"解放"和"发展"一直是社会上的热门话题。中国的妇女问题同中国妇女解放一样，始终与民族、国家的命运紧紧纠缠在一起。我们曾经以为，社会的发展必然带来妇女的解放，其实不尽然。在中国妇女全面走上社会整整半个世纪之际，反观妇女解放进程，再看现在的生活，就会发现问题。例如，妇女走上社会并不等同于妇女解放，反而还导致了更多的妇女问题：例如，社会发展不一定就是妇女的发展，它有时甚至以牺牲妇女的权益为代价；再例如，妇女的进步并不意味着男人和社会也会发生相应的改变，他们往往做出的是与女性相反的选择。

面对这些新的问题，作者将自己全部的关注和热情投向了社会改革中的女性，从女性的立场出发，力图用科学的研究方法和理性的分析透视当代妇女问题，以警醒世人，召唤政策投入，向社会向女性敲响双面警钟。作者阅读了大量相关书籍，几乎走遍了中国，走了半个世界，和数以千计的男女朋友们交谈，才梳理出了该书的内容，作者在这个过程中开阔了自己的视野，校正了自己的认识，读者在阅读该书后也一定能有相同的感受。

作者从"认识自己"说起，认识性别与人生，认识影响女性的因素，在此前提下，再去认识自己的"身体"，并从中了解到女性的生理健康，确认女性的性别角色和身份，以明白女性的自身价值。在回顾国际女权运动和我国妇女解放的历程中，作者从婚姻、爱情、职业三个方面描述了女性社会地位的变迁，在历史的经验中总结和探索女性成长和发展的道路，走出历史对女人的身体、家庭和爱情设定的局限，去寻求更好的发展。中国妇女已经走过了传统的一代、解放的一代和觉醒的一代，在现代化的背景下，作者认为，我们未来一代的新女性不应该一味地抱怨社会、去与别人攀比、等待别人来解放自己，而是应该勇于面对困难和挑战，在"不平等"或"不公平"的境遇中承担起自己的责任，靠自己的努力，去争取自己应有的权利。

作者用谈心的方式将自己的所见所闻所思简短、直白地铺陈于该书，希望每一个具有识字能力的中国女人都能读懂，为广大女性读者的生活和思考提供一些借鉴。终其全书，对女人有一句不变的忠告：轻松快乐的生活不是梦想，而是要靠自己去创造。

著作名称：女性/性别的学术问题

作　　者：李小江

出　版　社：山东人民出版社

出版时间：2005 年 1 月

版　　次：第 1 版

ＩＳＢＮ：7 - 209 - 03576 - 1

字　　数：180 千字

价　　格：18.00 元

作者简介

略

内容简介

女性/性别研究作为新兴学科门类和分析方法，已经在世界范围广泛传播，在人文社会科学各领域中占有重要位置，成为人类自我认知不可或缺的视角，亦是知识体系革新和重建的一个突破口。该书是女性/性别研究的启蒙读物。"性沟"是一种形象化的比喻，影射人类男女两性在社会生活中互不理喻、难以协调的现象。它潜存于两性之间的情感交往，显露于婚姻家庭生活，造成了许多难以评说的悲欢离合。作者从哲学角度论证"有性的"人的基本规定，由"性沟"的历史生成切入当代社会生活，从女性的历史性"缺席"谈起，论述了妇女研究和性别研究的沿革与异同，详尽分析了女性/性别研究在中国的缘起和发展及其学科建设问题。

与近年来从海外引进的众多女性/性别研究著作比较，该书值得阅读之处有以下两点：首先，它从"女性"谈起，却并不认同单一的女性主义立场，它阐释的是从"女性"到"性别"到"人（性）"的认知过程。其次，它讲述的是"有性的人"，这里谈到的却主要是中国人，它讲述的是女性/性别研究在中国的缘起和发展。以上两点是国人在自己的土地上有可能就女性/性别问题继续深入研究或从事相关社会实践的重要基础。

著作名称：女人读书

作　　者：李小江

出　版　社：江苏人民出版社

出版时间：2006 年 1 月

版　　次：第 1 版

ＩＳＢＮ：7 - 21404 - 135 - 7

页　　数：347 页

价　　格：19.00 元

作者简介

略

内容简介

在当今社会发展与国际交往中，全球化是一种不可逆转的趋势，尽管它难免有经济和文化殖民的性质。问题的关键在于我们如何保持和坚守本民族特有的那些东西，而不致在全球化的浪潮中找不到自己而迷失方向。就妇女与性别研究而言，它既是女人的，又是人类的；既是中国的，又是世界的；既是学术的，又是政治的；既是理论的，又是实践的。而怎样在多种矛盾的交叉点上寻求契合，如何使价值判断和事实判断得到统一，怎样在"合理"与"合法"的过程中发展自身，并将其成果贡献于全人类，是当代包括妇女与性别研究在内的所有人文社会科学研究所面临的共同课题。

对此，该书是妇女研究和性别研究代表作的导读，也是作者对全球范围女性/性别研究理论的一次深刻的历史清理。妇女研究作为一个新拓展的学术领域，性别研究作为一种全新的认知方法，是作者几十年来身体力行、苦心探索的主要领域。书中所涉及的作品以女性主义和马克思主义为主线，却也有来自民族主义、民主主义、个人主义、自由主义和后现代主义的声音。从近代女权主义的开篇以及马克思主义妇女理论的奠基作，到晚近的诸多新论，不仅展示出不同文化不同社会制度中女性/性别研究的历史进程，也使读者领略到这一领域的多元视角和多个方向上的社会作为，对任何一种强势学派可能出现的话语霸权作出必要的校正和补充。

著作名称：*女性主义研究方法*

主　　编：孙中欣　张莉莉

出 版 社：复旦大学出版社

出版时间：2007 年 11 月

版　　次：第 1 版

I S B N：9787309057690

字　　数：630 千字

价　　格：50.00 元

编者简介

孙中欣，女，复旦大学社会学系副教授。社会性别问题研究员。研究领域包括性别研究和同性恋研究，特别关注妇女群体以及妇女群体的多样性。

张莉莉，女，北京师范大学副教授。专业方向：多元文化教育、教育研究方法。

内容简介

《女性主义研究方法》一书是"复旦博学社会学系列"之一，该书作为大学本科及研究生女性主义或妇女研究课程及妇女或女性问题培训项目的双语教材，全面论述了女性主义研究方法，包括访谈研究、调查研究、实验研究、评价研究、质性研究、民族志研究、跨文化研究和行动研究等，旨在为读者提供性别问题研究中各种常用的研究方法，并着重于对社会学的女性主义研究及其在研究实践中所面临的种种挑战的分析，帮助读者找到适合自己的女性主义研究方法。该书可作为教材供各大院校社会学专业本科生、研究生使用，也可作为参考书供从事相关工作的人员使用。

该书共分 10 章：第 1 章为概述——有没有一种女性主义研究方法；第 2 章为女性主义访谈研究；第 3 章为女性主义调查法及其他统计研究的模式；第 4 章为女性主义实验研究；第 5 章为评价研究；第 6 章为女性主义与质性研究模式；第 7 章为女性主义民族志研究；第 8 章为女性主义跨文化研究；第 9 章为女性主义行动研究；第 10 章为研究举例，超越科层制——受暴妇女庇护所中的女性主义政治。

著作名称：女性意识新论——苏醒中的女娲

作　　者：金一虹　张锡金　胡发贵

出 版 社：南京大学出版社

出版时间：1991 年 9 月

版　　次：第 1 版

I S B N：7 - 30501 - 297 - 6

字　　数：157 千字

价　　格：3.90 元

作者简介

金一虹（1947—　），女，江苏省常熟人。南京师范大学金陵女子学院教授，南京师范大学金陵妇女发展中心主任，中国妇女研究会常务理事，江苏省第九、十届妇联常委，江苏省妇女研究会副秘书长。主要著作有：《父权的式微——江南农村现代化进程中的性别研究》、《世纪之交的中国妇女与发展》（主编）、《婚恋冲突中的女人》等。

张锡金，男，江苏省社会科学院哲学与文化研究所研究员。代表作：《人生哲语：信仰说》、《罗客气人及其宗教宽容》、《思想道德建设理论与实践》。

胡发贵（1960—　），男，毕业于中山大学，哲学专业硕士，江苏省社会科学院哲学与文化研究所所长，研究员。

内容简介

作者认为，10 年不过是人类历史上的一个瞬间，然而改革开放的 10 年，对于中国妇女而言，却是极不平常的一个历史时期。她们的外部环境在急剧变化，她们的内心世界则波澜壮阔甚至风暴迭起。

该书即是江苏省哲学社会科学"七五"规划项目的科研成果。它把视角对准 20 世纪 80 年代中国这一特定的时空点，分析概括发展商品经济带来女性生存环境变化的背景下，中国女性主体意识的苏醒、新的人格形成的过程，并对其发展前景作了展望。该书由上篇、中篇、下篇、尾声四部分组成，上篇是"商品大潮洗礼下的女性"；中篇是"八面来风与心理再造……女性新人格的形成"，其中包括女性商品意识的萌动、情感意识的发展、审美意识的发展、成就意识的勃发、角色意识的冲突、女性群体意识的发展、女性文化意识的跃迁；下篇是"走向未来"，其中包括女性意识发展水平分析、发展的代价、女人应该是什么、可能是什么；尾声是"女人、妇人、新女性"。

著作名称： 失落与追寻——世纪之交中国女性价值观的变化

作　　者： 陈方

出 版 社： 中国社会科学出版社

出版时间： 2003 年 10 月

版　　次： 第 1 版

ＩＳＢＮ：7 - 50044 - 095 - 2

页　　数：335 页

价　　格：26.00 元

作者简介

　　陈方（1957—　　），女，湖北荆州人，博士，中华女子学院女性学系教授。主要著作有《超越预设主义与相对主义》、《失落与追寻：世纪之交中国女性价值观的变化》、《全球化、性别与发展》。

内容简介

　　作者从就业价值观、择业取向、家庭价值观、婚姻观念、性观念、教育观、女性参政意识、性别平等观等八个方面，通过对调查数据和资料进行定量与定性相结合深入分析，总结了女性价值观及其变化特点和价值取向中的若干冲突，提出相互矛盾的价值观之间正在不断地发生冲突和碰撞，并在冲突和碰撞中不断整合、协调，由此形成适应新历史阶段的新类型的价值观。

　　第一章导言，主要阐述市场经济的发展引起了现存的社会结构和关系的重大变化，对传统的和现存的价值观造成巨大冲击，这种价值观的变化对人们自身的发展有重要的影响。与此同时，导言部分还重点阐述了中国女性价值观及其变化的特点：从一元走向多元，价值取向多元化；从神圣走向世俗；从注重意义到注重"功利"以及价值取向功利化等。第二章通过从工作和劳动的目的，就业与回家的选择，"义"与"利"的关系三方面对女性就业价值观进行了分析，得出：女性的劳动和工作的目的是多样的；社会资本拥有量多的女性趋向于追求实现自我价值需要这类高层次的目标；认为女性将谋求物质利益作为工作劳动的目的动机之第一位。第三章陈述了 10 年间（1990—2000）女性的择业条件发生了变化，趋向于稳定有保障的工作，更愿意服从国家分配并且竞争意识增强。同时，由于夫妻收入的悬殊差距、传统性别角色观念和职业性别隔离的原因，女性择业时比较重视照顾家庭，这也制约了女性的职业发展。第四章家庭价值观这一部分突出了女性家庭价值观变化有两个显著的特点，一是自我意识增强；二是弱化了家庭成员之间的责任感和义务感。第五章是婚姻观念，通过对变量的交互分析得出，大多数女性不同意"干得好不如嫁得好"，自主择偶意识增强，夫妻关系中的实惠取向、平等趋势、夫妻财产权利意识越来越明显。第六章在性观念这一方面,女性价值观的主要变化体现在:女性认识到自己在婚内性生活的主动权,传统的贞操观失去了约束力但仍具有影响力,对婚外性行为女性态度也呈多样化。第七章是教育观。该章指出,女性对教育的重视体现在对子女受教育的期望值很高,能够积极、主动、自觉地接受继续教育。第八章是女性参政意识。女性的居住地、文化水平、获得政治信息的通畅程度决定了女性的知政率,从而决定了知政意识的强弱。第九章就性别平等观进行了分析总结,认为社会性别观念,是指在社会结构、社会文化、社会制度诸方面有关性别关系的认识和看法。社会性别观念的表现方式多种多样,并不是所有的社会性别观念都是先进的,都有利于女性发展和社会进步。

著作名称:20世纪中国女性角色变迁
作   者:蒋美华
出 版 社:天津人民出版社
出版时间:2008年9月
版   次:第1版
I S B N:978 - 7 - 20106 - 069 - 9
页   数:241页
价   格:36.00元

作者简介

蒋美华(1971—),女,硕士生导师,博士,1998年12月毕业于南京大学,现为郑州大学公共管理学院教授,研究领域:社会性别与社会发展、社会政策与法规、应用社会学。

内容简介

《20世纪中国女性角色变迁》是作者在博士论文《社会转型时期的中国女性——"辛亥—五四"及改革开放以来女性角色的变迁》的基础上扩充和增补而成的。该书从社会角色的变迁出发,在社会性别理论的框架下,充分整合并熟练地运用社会学的"角色理论"和"现代化理论",对近代以来尤其是辛亥革命、五四时期和改革开放以后中国女性角色的变迁,包括政治、经济、教育、生活、家庭等方面作了全面系统的研究,揭示了20世纪社会转型时期女性角色发展的脉络,分析了社会结构和经济结构的异动与女性角色变迁的互动关系，并为中国女性走向世界和未来提出前瞻性的预测和建议。

第一章：辛亥革命时期现代女性角色模式的萌生。该章指出辛亥革命时期是现代女性角色模式萌生的时期。辛亥革命时期女性角色变迁的主要特点：（1）昂扬着救国主义的旋律；（2）贯穿着"男性特色"的主线；（3）弥漫着欧风美雨的气息；（4）交织着转型时期的特征。女性角色的变迁与社会结构的变动紧密相关，中国社会转型的长期性也决定着女性角色变迁的长期性。

第二章：五四时期现代女性角色模式的构建。作者指明五四时期是现代女性角色模式初步构建的时期。五四时期女性角色变迁的主要特点是：（1）纵横伸展的角色变迁理论；（2）发现自我的角色变迁历程；（3）高亢昂扬的角色变迁精神；（4）多元共存的角色变迁格局。这些特点体现出 20 世纪初中国女性角色现代性水平。

第三章：改革开放时期现代女性角色模式的演进。主要阐述了 20 世纪末期改革开放后 20 余年间（1978—2000）中国女性角色的变迁。改革开放后女性角色变迁的主要特点为：（1）角色变迁理论："回家"与"就业"的论争；（2）角色变迁机制：法律与组织的保障；（3）角色变迁目标：平等与发展的整合；（4）角色变迁态势：挑战与机遇并存。这些特点体现了 20 世纪末中国女性角色的现代性水平。

第四章：比较中的审视"辛亥—五四"与改革开放以后的女性角色变迁。第四章是书的重点，对"辛亥—五四"时期与改革开放时期的女性角色变迁进行比较分析。从角色变迁的起点、角色变迁的过程、角色变迁的效果等方面，总结出女性角色变迁的趋同性和差异性，进一步阐明了女性角色变迁与社会转型的紧密互动关系。

作者依托其厚实的历史学和社会学研究功底，以严谨的治学态度，运用历史学、社会学、心理学、女性学等多种研究方法，阐述了历史上的中国女性角色变迁与当代中国女性角色变迁，并将其置于 20 世纪社会转型的宏大视野下进行系统分析，体现了其女性研究的历史与现实的统一，而且对 20 世纪中国女性角色变迁的"病症"提出了处置方案，对未来女性角色变迁的前景作出预测，全新地解读了 20 世纪中国社会转型时期女性角色的变迁。

著作名称：妇女学基础理论

主　　编：刘旭金

出 版 社：湖南人民出版社

出版时间：1992 年 12 月

版　　次：第 1 版

I S B N：7 – 54380 – 473 – 5

字　　数：151 千字

价　　格：3.95 元

编者简介

　　刘旭金（1937—　），又名刘毓金，女，汉族，广西岑溪市人。1988 年任广西妇女干部学校校长、教授。主编有《妇女学基础理论》、《女性领导论》；编辑出版《妇女发展之路》、《广西妇女社会地位调查》等；1999 年退休后，任广西妇女理论研究会副会长兼秘书长。现兼任中国妇女人才研究会理事、广西社会学会理事、广西社会工作协会常务理事等职务。

内容简介

　　该书由南方五省妇女干部学校《妇女理论和管理丛书》编辑委员会联合撰写。该书认为妇女学基础理论是对马克思主义妇女观的研究和阐述，是从整体上研究妇女问题、妇女解放和妇女解放运动规律的一门综合性、边缘性学科，是马克思主义妇女观的体系化、理论化，也是马克思主义妇女观在妇女解放过程中的应用和发展，具有科学性、学科性、革命性、批判性和实践性特点。该书以马克思主义妇女观为指导，以马克思主义妇女解放理论为基础，吸收多门具体妇女学的研究成果，试图通过对妇女问题的整体理论，寻找妇女解放的内在规律或基本原理，为各门具体的妇女学研究和妇女运动实践提供基础性的理论指导，也为从事妇女工作和妇女问题研究提供出发点和思想指导。

　　该书内容包括妇女学的学科性质、研究对象、研究方法，妇女学基础理论的指导思想——马克思主义妇女观，妇女社会地位的演变，妇女的社会作用。妇女的法律权利，妇女的解放，妇女参加社会劳动，妇女参政，妇女素质，妇女与婚姻家庭，妇女组织，共产主义与妇女彻底解放等问题。

著作名称：西方女性学——起源、内涵与发展

作　　者：刘霓

出 版 社：社会科学文献出版社

出版时间：2001 年 1 月

版　　次：第 1 版

Ｉ Ｓ Ｂ Ｎ：7 - 80149 - 437 - 7

字　　数：178 千字

价　　格：16.00 元

作者简介

　　刘霓（1957—　　），女，北京市人，中国社会科学院文献信息中心研究员。主要研究领域：女性研究、国外中国学、国外社会科学政策与管理。主要专著：《西方女性学——起源、内涵与发展》、《e 时代的女性——中外比较研究》。

内容简介

　　西方女性研究是一个从妇女的角度出发进行理论与实践研究的跨学科领域，它包括教学与研究，包括对女性研究理论的丰富、发展与实践。女性教学与研究的范围涉及社会科学和人文科学的所有方面，还涉及自然科学和文化生活中成为与男性同等重要的参与者，女性研究的方法论等问题。女性研究的主要目的是促进女性觉悟的提升，使妇女在社会政治生活、经济生活中，为妇女致力于社会变革提供知识基础。

　　该书全面介绍了西方国家有关女性研究的起源、发展及各种观点的成形。介绍了国外女性研究的成果和研究进展，其视野跨度大，着眼点宽。重点介绍了美国、英国和荷兰等国家女性研究领域的具体情况。书中涉及女性研究的定义、内容，女性研究课程的参加者、女性学的教学方法，并对女性研究的一些理论问题作了重点评述。比如对黑人女性，白人女性，南方妇女、北方妇女的研究，是从世界的角度对女性研究中的种族问题和贫富不均问题，并将正反两种观点介绍给读者。与此同时，该书还重点介绍了女性研究的方法与特点，概括性地阐述了女性研究在传统学科领域中所取得的学术成就，它对传统学科的挑战以及为学科重建工作作出的贡献。着重分析了 20 世纪 90 年代西方女性研究的状况以及所面对的一些新问题等。

著作名称：女性学教程

作　　者：周乐诗

出 版 社：时事出版社

出版时间：2006 年 8 月

版　　次：第 1 版

I S B N：7 - 80009 - 900 - 8

页　　数：390 页

价　　格：39.80 元

作者简介

　　周乐诗（1964—　　），女，浙江镇海人。上海外国语大学社会科学研究院副编审，《中国比较文学》编辑部主任。主要著作：《女性学教程》、《性别写作》。

内容简介

　　作者认为，女性研究是一个尚处于边缘状态的未被主流化的研究领域和教学领域，它需要获得更多的外部承认、重视和支持，但女性学学科体系的建构困难重重，它既遭遇来自学科外部的阻力，也面临学科内部的困惑。如何应对这些困惑，对女性学的学科建构来说更为关键。女性研究已是一种自主的研究，形成了一门新的、独立的学科。因此，女性研究要从妇女的观点、经验、诉求和兴趣出发，并赋予传统学科完全不同的意义，以此发挥改变固有知识结构的潜能，而不应遵循以往的路线前行。

　　该书以此为编著的指导思想，在开篇的绪论中既阐释了"为什么会有女性学"、"女性学是什么"、"女性研究的重要特性"、"女性学的学科目标与教学策略"。作者解答了上述问题之后，回眸女性追求解放的历程，讲述、解读了"女性寻求解放的足迹（第一章）"，呼吁人类社会要为促进"性别平等、发展、和平"共同努力。在"性别观念与性别意识（第二章）"中，讲述了女性社会地位的兴衰史和女性主义的再次崛起。在后续章节的内容分布及阐释中，利用女性学的理论与方法进行了应用性的分析和探讨，较为详尽地阐述了女性与政治、社会、文化的关系等内容，既向读者介绍了必要的性别解放和性别理论的知识，也让读者了解女性与教育、女性与生态环境、女性与法律、女性与传媒、女性与文学、女性与美术、女性与音乐和舞蹈等话题。同时也重视对女性在实际生活中的切身感受和切身问题的指导，如家庭观念的建立、恋爱关系的处理、职业生涯的设计、生理和健康的调适、对女性成功观念的认识等。

总之，作者认为女性学是一门综合性的学科、一门具有包容性的学科，一门充满生机的科学，女性学和所有人相关。该书既可供高等院校女性学课程的教学使用，还可以供相关学科的研究人员参考，也是女性朋友的良师益友。

著作名称：女性新概念

主　　编：王宇

出 版 社：北京大学出版社

出版时间：2007 年 1 月

版　　次：第 1 版

Ｉ Ｓ Ｂ Ｎ：7 – 30111 – 199 – 1

页　　数：394 页

价　　格：29.00 元

编者简介

王宇（1955—　　），女，黑龙江中医药大学人文与管理学院教授、副院长，硕士研究生导师。兼任黑龙江省人生学会常务理事、哈尔滨市女科技工作者协会常务理事等职。

内容简介

该书从社会性别视角出发，较为系统地介绍了西方女权主义运动及其代表人物和理论流派；从男女不平等的历史演变、封建礼教与中国传统女性、近代中国女性的觉醒与奋争三个层面阐述了中国女性发展的历史；通过说明生物学角度的性别差异、心理与行为角度的性别差异，引出了社会性别的概念及其意义；从个体社会化、社会角色的形成、女性角色冲突三个层面阐释了女性的社会角色；较为深入地介绍了女性的政治权利与经济地位、女性与法律、女性潜能的开发、女性健康、女性与恋爱、女性与婚姻、女性与家庭、女性与审美、女性与交往以及女性职业生涯规划与设计等当代女性必须应对的问题。该教材内容广泛，形式活泼，着重回答了女性，特别是女大学生关心的理论和实践问题。该书不仅可以作为相关人文社会科学专业的基本教材，也可以作为理、工、农、医学等其他专业的选修教材或辅修教材，还可以作为广大社会工作者、妇女专业工作者的工具书或参考资料。

著作名称：女性学新论

作　　者：周天枢 傅海莲 吴春

出 版 社：华中师范大学出版社

出版时间：2010 年 10 月

版　　次：第 1 版

I S B N：7－56224－285－7

页　　数：196 页

价　　格：22.00 元

作者简介

周天枢（1968—　），女，河南信阳人。广东女子职业技术学院思想政治部女性学教研室主任，副教授。

内容简介

该书全面总结了国内女性学学科的研究成果，并关注国外相关领域的研究动态，密切联系我国女性发展现状，突出热点、难点问题，注重理论和实践的结合，对女性学的学科要素和基本理论流派进行了系统论述，以平等和发展为主线，运用社会性别等研究方法，从历史切入，探讨了母系社会中的性别关系、母系社会瓦解与父权制建立、儒家语境下的女性图景、近代女性自我意识的觉醒和女权运动、中国共产党领导的妇女解放运动。结合当今社会发展的现实，从政治参与、劳动就业、文化、教育、法律、婚姻家庭等方面阐述了女性发展所面临的困境，解析了女性地位的成因，重新审视了女性的价值和作用，揭示了女性发展面临的机遇和挑战，探寻了促进性别平等、实现女性全面发展的路径。

著作名称：面对 21 世纪的选择——当代妇女研究最新理论概览

主　　编：熊郁

出 版 社：天津人民出版社

出版时间：1993 年 11 月

版　　次：第 1 版

ＩＳＢＮ：7 - 20101 - 647 - 4

字　　数：375 千字

价　　格：12.50 元

编者简介

　　熊郁，中国社会科学院人口研究所人口社会室副主任、研究员。编著有《面对 21 世纪的选择——当代妇女研究最新理论概览》、《中国少数民族人口研究》等。

内容简介

　　该书是中国社会科学院人口研究所科研课题"当代中国妇女地位研究"形成的主要成果之一。该书主要概括了已问世的国内外妇女研究的理论成果，包括主要理论思想、有代表性的学术观点或研究成果和实践经验，同时对一些主要问题进行了适当分析与评估，并提出了作者的观点。全书共分九章，涵盖了妇女研究的历史；当代妇女发展的历史演变；妇女与教育；妇女与就业；妇女与婚姻家庭；妇女与生育、健康；妇女与迁移；妇女地位指标体系的建立与评判以及妇女研究体系与研究方法等多方面的理论研究和实践，由此可从中综观到当代国内外妇女研究的现状和水平。该书的问世，有助于妇女研究的进一步开展。本书所提供的各种形式的有重要参考价值的国内外科研成果，不仅填补了妇女研究领域的一个空白，也是为妇女学科建设做了一项非常有意义的基础工作和为妇女工作提供了宝贵的经验。

著作名称：女性主义的马克思主义

作　　者：秦美珠

出　版　社：重庆出版社

出版时间：2008 年 4 月

版　　次：第 1 版

ＩＳＢＮ：7536694026

页　　数：354 页

价　　格：42.00 元

作者简介

　　秦美珠，女，江苏省如皋市人，哲学博士。现任华东理工大学人文科学研究院副教授，硕士生导师，马克思主义基本原理教研部副主任，文化哲学研究所副所长。主要从事马克思主义哲学与女性主义理论的研究与教学工作。

内容简介

　　该书在立足原著的基础上对女性主义的马克思主义中的十五位作者的15部（篇）论著进行了详尽的介绍与评述。全书由两部分组成：第一部分是女性主义的马克思主义文献史，汇集了20世纪60年代至90年代的代表性文献，对女性主义的马克思主义理论发展过程作了较系统的梳理，使得读者对它的发展脉络有一个较全面丰富的了解。书中介绍与解读的文献有：《妇女：最漫长的革命》（米切尔，1966）；《妇女解放的政治经济学》（本斯顿，1969）；《妇女与社区的颠覆》（科斯塔、詹姆斯，1972）；《马克思主义与女性主义的不幸婚姻：迈向更有进步意义的联合》（哈特曼，1979）；《资本主义父权制与社会主义女性主义的状况》（爱森斯坦主编，1979）；《母职、男性统治和资本主义》（乔多萝，1979）；《今日妇女所受的压迫：马克思主义女性主义分析中的问题》（巴雷特，1980）；《超越不幸的婚姻——对二元制理论的批判》（扬，1981）；《父权制与资本主义真正的物质基础是什么？》（哈丁，1981）；《能否拯救马克思主义和女性主义的不幸婚姻？》（埃尔利希，1981）等；第二部分是女性主义的马克思主义的问题域，通过对主要理论观点的剖析，提供给读者深入了解、评析的理论基础，将对读者有很好的引导、借鉴与启发作用。书中总结的女性主义马克思主义的研究问题包括：两种生产、分工与女性问题；资本、异化与意识形态；女性解放。

著作名称：女性主义对资本主义的批判、立场、观点和方法

作　　者：戴雪红

出　版　社：光明日报出版社

出版时间：2010年3月

版　　次：第1版

ＩＳＢＮ：7511206497

字　　数：330千字

价　　格：40.00元

作者简介

戴雪红（1968— ），女，安徽省涡阳县人。现为南京大学政府管理学院副教授，硕士生导师。

内容简介

该书由四大部分组成，第一部分是当代西方女性主义的基本观点、立场与方法；第二部分是马克思主义的立场、方法与妇女解放观；第三部分是马克思主义的女性主义的基本观点、立场与方法；第四部分是女性主义对资本主义的批判，其中包括女性解放的社会哲学、政治哲学、经济哲学、文化哲学。

该书主要采用马克思主义的立场、观点与方法，系统剖析了女性主义对资本主义的深刻批判。马克思主义与女性主义之间存在着极为复杂的、动态紧张关系，该书试图在这一富有张力的领域勾勒出一条线索，意在阐明马克思主义批判资本主义的立场、观点和方法成为女性主义批判资本主义的理论支柱。通过对女性主义立场、观点与方法的全面梳理，作者侧重探讨女性主义之困境、挑战以及自我颠覆的创新发展，力图指出女性主义理论研究的起点应是女性在社会中的处境和经验；女性主义的任务就是要揭露资本主义社会对女性社会生活的扭曲与遮蔽，使其展示在世人面前。该书为国内学界深入而细致地了解女性主义批判资本主义的现状、问题及其争议提供了参考。

著作名称： 后现代女权理论与女性发展

作　　者： 张广利　杨明光

出 版 社： 天津人民出版社

出版时间： 2005 年 12 月

版　　次： 第 1 版

I S B N： 7 - 20105 - 140 - 7

页　　数： 239 页

价　　格： 20.00 元

作者简介

张广利（1963— ），男，山东淄博人，华东理工大学社会学系主任，教授，博士，博士生导师。主要著作《女性、男性、社会》、《后现代女权理论与女性发展》、《社会性别的多视角透视》等专著。

内容简介

　　该书以历史唯物主义观点和社会学的有关理论为指导，采用文献法、历史法、比较法等方法，对后现代女权主义的产生、理论向度、存在问题、其与现代女权主义的关系，以及后现代女权主义对当代女性发展的指导作用进行了系统的分析和研究。

　　全文分为9个章节，第一章主要是回顾女权主义的思想渊源和女权主义的发展历程。首先对古希腊时期、文艺复兴时期和启蒙运动时期男女平等的思想以及马克思主义的妇女观进行了系统的梳理和总结，然后对现代女权主义各大流派（自由主义的女权主义、激进的女权主义、马克思主义女权主义、社会主义女权主义）的理论基础、主要代表人物、主要理论观点以及它们各自存在的理论问题进行了系统阐述和分析。第二章主要是分析女权主义和后现代主义的关系以及女权主义对后现代主义理论观点的吸收。第三章主要是系统分析和梳理后现代女权主义的各个理论向度，主要包括：各个理论向度的理论基础、主要特点、代表人物、主要理论观点以及各个理论向度的理论问题等内容。第四章主要是论证后现代女权主义对现代女权主义的继承和超越。第五章主要分析了女权主义在争取男女平等、妇女解放的过程中，遇到的诸如平等与差异、女性双重角色的冲突、妇女解放的途径等制约女权主义理论的发展，影响妇女争取自由、发展的理论难题。第六章主要从社会经济结构、生育方式、婚姻家庭模式、性别角色社会化等方面分析制约女性发展的现实结构性因素。第七章主要从女性发展的理论模式、参政议政、经济独立、参与文化建设以及女性追求的发展目标方面入手，探讨女性的社会参与与女性发展的关系及其对女性发展的促进作用。第八章主要讨论了现代女性发展的理想模式，包括现代女性的主体意识、现代女性的价值定位、现代女性的角色定位以及女性自身素质的提高等方面的内容。第九章讨论了社会发展状况与人的解放的关系，并重点分析了妇女解放过程中的角色和定位的失调与错位问题及原因，最后从女性与男性协调发展、女性与社会协调发展等方面，探讨了女权主义的发展模式应是和谐发展。

著作名称：西方后学语境中的女权主义

作　　者：苏红军　柏棣

出 版 社：广西师范大学出版社

出版时间：2006 年 6 月

版　　次：第 1 版

I S B N：7 - 56336 - 053 - 6

页　　数：253 页

价　　格：32.50 元

作者简介

　　苏红军，美国北兹大学客座副教授。主要研究范围：西方女性主义理论、发展中国家的妇女、妇女与发展、亚美文化研究。

　　柏棣，比较学博士。现任教于美国德儒大学亚洲研究所。主要从事西方女性主义理论、中国现代文学的教学研究。

内容简介

　　该书由评介篇和译文篇两个部分构成，旨在从三个层面介绍 20 世纪 70 年代到 90 年代西方女权主义在理论上的一些发展和变化，重点评价在西方后学语境中女权主义如何认识资本主义全球化中各种权力关系，社会性别的建构和女性主体性之间的相互质疑。第一，该书从宏观上评介这一时期西方女权主义理论发展的主要动向和随之而来的一些问题。《成熟的困惑》一文评述了 20 世纪最后 20 年西方女权主义在理论上经历的三个重要转变，在从启蒙主义的宏大叙述转向探索局部、动态和多元的认识论，从对事物的研究转向对语言、文化和话语的研究，以及从追求男女平等转向强调妇女之间的差异。第二，这一时期西方女权主义对启蒙主义的宏大叙述的解构是建立在对自身的认识论和方法论的变革基础上的。《时空观：西方女权主义的一个新领域》一文以西方女权主义对时空的新认识为例，说明女权主义的一些新的思维方法为女权主义理论建设和政治运动建构了新的平台。第三，受后学影响的西方女权主义理论在 20 世纪最后 20 年的理论讨论中，不断地受到来自所谓传统女权主义理论的挑战和批评。《读凯西·威克斯的〈女性主义立场观的主体〉》一文介绍了其中的一个侧面。女性主义立场观是马克思主义女权主义理论的重要组成部分，在 20 世纪 70 年代影响颇大。该书还介绍了西方女权主义在当代资本主义全球化日益加剧的氛围中所关注的一些主要议题，尤其是消费文化以及女性消费问题。《消费文化和女性消费》一文评述了西方学术界和思想界对消费文化的研究以及女权主义对消费文化和女性消费的理论研究。该书的四篇译文转自罗纲、王中忱等主编的《消费文化读本》一书，展现了女权主义在女性消费研究中所关注的一些问题。这些文章还反映了女权主义与消费的复杂关系。

　　基本概念的界定是理论建设的起点和发展的重要环节，也是教学的一个重要基点，为此，该书还对 31 个女权主义基本概念作了阐释。作者不仅希望这个部分有助于教学，而且希望它成为探讨女权主义理论的一个重要的空间。每个词条不仅提供基本概念的定义，而且介绍了各种女权主义理论对这个概念的主要争论和相互质疑。

著作名称：越界：跨文化女权实践

作　　者：王政

出　版　社：天津人民出版社

出版时间：2004 年 5 月

版　　次：第 1 版

Ｉ Ｓ Ｂ Ｎ：7 - 20104 - 804 - X

字　　数：170 千字

价　　格：20.00 元

作者简介

　　王政（1952—　），女，生于上海，1985 年 9 月赴美国加利福尼亚大学获美国史硕士学位和中国近代史博士学位。美国密歇根大学妇女学中心任教。主要专著有：《女性的崛起：当代美国的女权运动》、《中国启蒙时期的女性：口述与文本的历史》等；编有《社会性别研究选译》、《中国历史中的妇女与社会性别》、《百年中国女权思潮》等。

内容简介

　　"女性意识"、"性别意识"、"女性味"、"男人气"，这些词语在今日中国社会意味着什么？什么是"社会性别"？它同中国"现代性"和"全球化"有什么关系？它对理解当代社会中的男男女女有何意义？旅美学者王政以跨文化女权主义视野和后结构主义方法，剖析这类常见词语所蕴涵的复杂社会文化意义，揭示社会性别话语的变迁与政治、经济、社会、文化变革的密切关系。该书以对文化两栖者个人经历的回顾、评点社会文化景观的散文、学术论文、讲座报告等多样体裁，深入浅出地介绍女权主义核心概念，展示女权主义学术在国际学界的发展概貌，也记录了作者推动妇女与社会性别学在中国发展的一些实践与思考。

该书由以下十二篇文章组成：《心智的选择》；《"女性意识"、"社会性别意识"辨异——对当代中国女权主义思潮的一个分析》；《〈社会性别研究选译〉序》；《当代中国妇女研究》；《浅议社会性别学在中国的发展》；《孔雀舞与社会性别》；《高等教育中的妇女学中美比较——在"社会性别与教育"读书研讨班上的发言》；《突破单一的"地位"分析框架》；《社会性别与中国现代性》；《关于 gender 的翻译》；《妇女学的全球化与"本土化"》；《面对女权主义学术》等文章组成。

著作名称：中国：与女性主义亲密接触

主　　编：魏开琼

出 版 社：九州出版社

出版时间：2004 年 10 月

版　　次：第 1 版

Ｉ Ｓ Ｂ Ｎ：7 – 80195 – 171 – 9

页　　数：308 页

价　　格：25.00 元

编者简介

魏开琼（1972—　），女，湖北省公安县人，中华女子学院女性学系副教授，哲学博士，兼任中国人民大学书报资料中心副编审、《妇女研究》责任编辑。

内容简介

该书通过对女作家作品研究、女性文化名人研究和社会性别问题的探讨，集中体现了女性主义的观点：两性公平，女性赋权，女性自主，女性在社会生活和个人生活中的自由选择。然而，与其说有一种女性主义理论，不如说有许多被称作"女性主义者"的观点。该书收录了中国学者在这一领域内的研究成果，从女性主义：正解与误读；性别歧视：历史与现实；女性现状：彷徨与伤逝；女性缺席：偏见与自卑四个角度反映了女性主义学术和理论的发展进程。该书以第三者和亲历者的双面角色，以汇编方式深入浅出地勾勒出中国女性主义发生、发展的细节及其在各个学科领域悄然生长的脉络，当人们结合身边的社会问题来理解女性主义所关注的理论范畴，就不能不理解中国女性主义的努力和自觉自愿。毋庸置疑，女性主义的确为人们思考问题提供了新的视角，即使该书大部分文章本身并不讨论女性主义理论，但其关注的主题却与女性主义思想有着千丝万缕的联系。

著作名称： 西方女性主义研究评介

主　　编： 鲍晓兰

出 版 社： 生活·读书·新知三联书店

出版时间： 1995 年 5 月

版　　次： 第 1 版

I S B N： 7 – 10800 – 772 – X

字　　数： 223 千字

价　　格： 12.80 元

编者简介

鲍晓兰，女，美国纽约大学历史系博士。现任教于美国加州州立大学长滩分校历史系。主要著作有：《中国妇女：社会变化与女性主义》和《越南战争》等。

内容简介

对于在美国各大学学习的中国人，妇女学研究指出了一个与他们所受的传统训练截然不同的研究方向。为了解和掌握这一新的学术领域，他们发挥了巨大的聪明才智，并发奋努力，终于取得了显著的成果。他们的卓越成绩直接地反映在这本文集里。该论文集通过对西方女性主义理论以及女性主义研究，在不同学科里的发展进行普遍性和专题性研究，向中国读者介绍了西方女性主义理论研究和实际运用的情况。书中各位作者不仅介绍了西方女性主义者的著作，也介绍了美国有色妇女和非西方国家女学者对这些著作的批评。他们既充分肯定了西方女性主义理论的独特见解，亦指出了其不足。

该书中的论文有以下十一篇：《平等与差异：西方后现代主义女性主义理论》（柏棣），《第三世界妇女与女性主义政治》（苏红军），《女性主义政治与美国文化研究》（余宁平），《美国的妇女史研究和女史学家》（鲍晓兰），《"从边缘走向中心"：美、法女性主义文学批评与理论》（刘涓），《社会性别与再表现的文化政治：女性主义人类学》（任海），《妇女研究在美国、西欧的历史、现状与发展》（闽冬潮），《妇女与发展：理论、实践与问题》（侃乃华），《美国女性主义与妇女的健康》（徐午），《美国女性主义对中国妇女史研究的新角度》（王政），《西方女性主义理论与西方中国现当代文学研究》（钟雪萍）。这些论文分别介绍了西方女性主义理论。

著作名称：身份的疆界：当代美国黑人女权主义思想透视

作　　者：吴新云

出 版 社：中国社会科学出版社

出版时间：2007 年 4 月

版　　次：第 1 版

Ｉ Ｓ Ｂ Ｎ：7 - 50046 - 145 - 6

页　　数：300 页

价　　格：28.00 元

作者简介

吴新云（1972—　），现为中央财经大学外国语学院副教授、英语系主任。出版著作有：《性别·种族·文化：托妮·莫里森的小说创作》、《双重声音　双生语意——译介学视角下的中国女性主义文学批评》等。

内容简介

20 世纪 60 年代社会运动蓬勃发展，自此，对族裔和妇女的历史文化研究成为国内外社会科学的前沿。这本黑人女权主义思想研究专著结合了两个热点课题，运用多种文献，以充分的空间和全新的视角，从"身份认同"角度研究黑人女权主义思想与各种身份政治话语的关联：黑人妇女该怎样拥护民族主义，而不至于消灭了个体意识？黑人妇女该怎样既争取妇女的权利而不与自己的父亲、丈夫、儿子疏远？黑人妇女该怎样既能解决经济上的难题，又能兼顾其他方面的权益？黑人妇女该怎样把目光放远，关注更宏大的人道主义图景？书中文学、文化的分析同政治学、社会学和历史学等视角相融合，极大地丰富了国内对美国学和妇女史的研究。同时，该书是对美国文明演进的一项开拓性研究。全书论述透彻，阐述细致，有丰富的学术内涵与研究信息。其展示的黑人女权主义思想包含了各派的观点，以及各种互相抵触、矛盾和影响的思潮。书中指出黑人女权主义思想的矛盾性不是缺点，而是现实的存在，不能抹杀。该书是国内第一本专门研究美国黑人女权主义思潮的专著，其引证准确、结构严谨、视角独特，具有学术前沿性。

著作名称：差异之美：伊里加蕾的女性主义理论研究

作　　者：刘岩

出　版　社：北京大学出版社

出版时间：2010 年 7 月

版　　次：第 1 版

I S B N：7 – 30117 – 132 – 5

字　　数：345 千字

价　　格：42.00 元

作者简介

　　刘岩（1965—　　），女，黑龙江省阿城市人。现任广东外语外贸大学英语语言文化学院教授、博士生导师，外国文学文化研究中心研究员。主要著作有：《西方现代戏剧中的母亲身份研究》等，编著有《女性身份研究读本》、《母亲身份研究读本》、《后现代语境中的文化身份研究》等。

内容简介

　　该书的研究重点是法国女性主义理论家露丝·伊里加蕾的性别差异理论。露丝·伊里加蕾批判父权社会用单一的男性视角诠释世界，主张独立于男性主体而存在的女性主体，并试图在此基础之上建构尊重性别差异的主体交互性，以寻求理想的异性关系模式。她还把尊重性别差异的立场扩大到尊重文化差异、传统差异、语言差异等更广泛的领域，提倡在全球范围和跨文化视野中实施更普遍的尊重。该书作者把伊里加蕾置于西方哲学和西方女性主义两大传统之中加以考察，期待对其性别差异理论的研究能够有助于人们理解性别意识、性别心理、性别身份、性别权利等相关问题。

全书共分 4 章。第一章追溯伊里加蕾的学术轨迹。作者通过回顾伊里加蕾的学术历程和理论发展，梳理女性主义理论与精神分析学说和文本哲学话语的学理因缘，期待读者理解伊里加蕾学说的思想背景。第二章评述伊里加蕾的女性主义理论。作者聚焦伊氏理论中性别差异的伦理模式、母女纽带与女性谱系问题以及对男女平等的和谐未来的构想，详细评述伊氏理论的差异美学。第三章观看批评实践中的伊里加蕾。作者运用伊里加蕾的女性主义理论和性别关系理论解读文学文本，以考察伊氏理论对文学作品的阐释能力，扩展读者对经典文学文本的理解。第四章定位伊里加蕾的理论建树，并分析伊里加蕾随着西方女性主义理论被译介到中国后所产生的跨文化、跨语境的学术影响。

著作名称： 全球视角：妇女、家庭与公共政策

主　　编： 周颜玲　凯瑟琳·伯海德

译　　者： 王金玲

出 版 社： 社会科学文献出版社

出版时间： 2004 年 1 月

版　　次： 第 1 版

I S B N： 7 - 8019 - 0073 - 1

页　　数： 346 页

价　　格： 24.00 元

编者简介

周颜玲，女，美国加利福尼亚大学洛杉矶分校博士，现为美国华盛顿美利坚大学社会学系教授、美国真光基金会董事长。她是一位女性主义者和社区活动家，研究兴趣涉及社会性别、工作与家庭、种族和外来移民、妇女参与发展、国家和社会政策、女性主义理论和方法以及组织化等方面。

凯瑟琳·伯海德，斯堪的摩学院社会学副教授，贝劳特学院社会学学士，西北大学社会学硕士、博士。主要从事妇女工作、大学本科教育等方面的社会学研究。

内容简介

《全球视角：妇女、家庭与公共政策》一书，为我们了解全球各个角落的妇女、家庭和公共政策现状打开了一个新的窗口。从全球的角度看，该书探讨了妇女状况、家庭结构、社会经济发展及社会公共政策变化中错综复杂的关系。以社会性别、经济、家庭和国家为焦点，考察了瑞典、突尼斯、中国等多个国家的公共政策对社会性别与家庭的关系，而这些国家又处于各自不同的历史与文化的背景之下，具有不同的政治经济形态。作者还从社会性别的角度考察了家庭、经济与国家间的互动，以及作为一种多重性的力量，它们在各国政治和经济发展的不同阶段对其政策的构成和对家庭的关系中所产生的影响。该书既不赞同家长制力量，也不赞成发展阶段类型学的观点，进而提供了一种总体性的分析框架，这个分析框架包含家庭、妇女和发展三个特定的研究领域，并且认为来自世界不同地区的各种不同的女性主义的视角有着各自的贡献。

该书的最大特点是具有全球背景，而不只是以西方为中心。它不仅是学术性的专著，也是对妇女运动、妇女行动经验的学术性总结，是一本对于学者、实际行动者都十分受用的参考书。

著作名称：**越界的挑战——跨学科女性主义研究**
作　　者：钟雪萍
出 版 社：上海社会科学院出版社
出版时间：2003 年 1 月
版　　次：第 1 版
I S B N：780681101X
页　　数：346 页
价　　格：22.00 元

作者简介

钟雪萍，美国塔夫茨大学德俄亚语言文学系助理中国文学副教授，博士，主要从事文化理论、中国现当代文学文化、女性与社会性别、女性主义理论、文化与社会转型中的理论问题研究。代表著作有 Masculinity Besieged：Issues of Modernity and Male Subjectivity，Duke university Press Durham and London 2000（《被围困的男性：现代性与中国男性的主体问题》）等。

内容简介

《越界的挑战——跨学科女性主义研究》一书共分4章，内容包括关于"女性特质"的几个思考；关于"妇女"的教与学；强调妇女的主观能动性；关于女性主义在大学等。在斯格特文章后面，该书分成四个部分，每部分又都有一小段前言或者提示，分别由劳拉·罗斯克博士和莫德米特·若伊博士执笔。补充这些提示的目的是进一步帮助呈现各部分文章的重点和它们之间的联系以及不同。这些提示同时把各篇文章以及它们的作者放进了其本身特定的政治、社会和历史环境中，从而也就提示出另外一个重要的方面，即在充分认识到不同社会文化的特性以后，中国妇女学的发展可以从这些作者的思考中得到哪些借鉴和启发。在妇女学与社会性别研究的思想交流中寻找共识，对社会性别和政治进一步思考。

著作名称：近百年中国妇女论著总目提要

主　　编：臧健　董乃强

出 版 社：北方妇女儿童出版社

出版时间：1996年1月

版　　次：7 – 5385 – 1090 – 7

页　　数：668页

价　　格：60.00元

编者简介

臧健（1951—　），女，北京大学中国古代史研究中心研究员。

内容简介

在中华民族的悠久历史和灿烂文化之中，妇女曾做出了不可磨灭的贡献，这已成为当今共识。在我国，对妇女的研究是伴随着清末民初的妇女觉醒和妇女解放运动的兴起而起步的，五四运动后，一些著名的思想家、文学家、史学家开始注重妇女问题的研究，在他们的带动下，掀起了中国历史上第一次妇女研究的热潮。新中国成立后，随着我国劳动妇女的社会地位的提高，对妇女问题的研究逐渐增多。20世纪80年代以来，在改革开放大潮的推动下，在国际社会关注妇女问题的影响下，妇女研究已越来越为学术界和妇女工作者所重视，其范围更加广泛深入，涉及传统的政治学、经济学、法律学、社会学、文学性、历史学、考古学、人口学、民族学等多项学科，已逐步发展为一个新的学术领域。这是中国大陆第一部妇女研究论文总目，共分为古代、近代、现代三个部分，三十四个大类，大类下面又分有细目，以便于使用者检索。编者们经过两年时间搜罗了从1900 年至 1992 年间有关中国妇女研究的论文目录，以大陆报刊发表的为主，亦尽可能收集台湾、香港学术界的研究成果，共收论文一万四千余篇，其研究范围从原始社会至当代，凡有关中国妇女问题研究的方方面面都囊括其中。

著作名称：英汉妇女与法律词汇释义
主　　编：谭兢嫦　信春鹰
出　版　社：中国对外翻译出版公司
出版时间：1995 年 8 月
版　　次：第 1 版
I S B N：7 - 5001 - 0383 - 2—2/D · 24
字　　数：280 千字
价　　格：15.00 元
编者简介

　　谭兢嫦（1951—　　），是美国纽约市立大学法学院终身教授，生于香港，1956 年移居美国，获 Sarah Lawrence 大学学士学位，纽约私立大学法学院法学博士，著有合同法、国际人权和女权/女性主义理论等方面的著作。

　　信春鹰（1956—　　），1978 年毕业于吉林大学法律系。1981 年毕业于中国社会科学院研究生院，获法学硕士学位。1994 年被中国社会科学院授予有突出贡献的中青年专家称号。在法理学、宪法学、港台法学等方面均有著述。现为中国社会科学院研究所教授。

内容简介

　　20 世纪 70 年代中期，国际妇女人权与妇女研究的理论与实践得到迅速发展。在诸多国际会议的讨论交流中遇到很多重要词语，如女性主义［Feminism］、社会性别［Gender］、性行为［Sexuality］，等等。这类词语不容易清楚地翻译成各种不同语言，而为来自不同文化的人们所共同理解。为使不同语言和不同文化背景的人们进行的研讨及其视角得到彼此了解和尊重，作者编撰了这部"释义"。其目的是为 1995 年世界妇女大会以及世界妇女大会非政府组织论坛，也为会议后中英文翻译提供参考和一个相互交流的手段。该书不仅在加深中英文两种文化的交流中对词语和概念的种种含义的理解方面，担当了助手，也能对其他语言及各种不同文化之间的交流项目有所助益。

在女性主义和妇女研究的总体框架之下，该书的词条中所讨论的内容也考虑到当前不同文化、政治、历史和思想所引起的相互交流中的种种问题。每个词条尽量运用中国现有的用法，对于在英语中明显有争议，或在翻译中有困难的词条，在条目解释中均有所说明。对这些词语，该书尽量包括主要不同论点，并尽可能地提出各种不同的译法。

二　妇女史

（30 本）

著作名称：20世纪美国妇女研究

作　　者：王恩铭

出　版　社：上海外语教育出版社

出版时间：2005年7月

版　　次：第1版

ＩＳＢＮ：7－81080－471－5

页　　数：435页

价　　格：22.30元

作者简介

　　王恩铭（1957—　），男，教授，硕士生导师，上海外国语大学美国研究中心负责人，中华美国学会、中国美国史研究会和上海美国研究学会会员。从事美国学领域的教学和研究工作，主要方向为美国史、美国文化与社会、现代美国妇女研究。出版的论著包括：《20世纪美国妇女研究》、《当代美国社会与文化》、《美国文化与社会》和《美国名校风采》等。

内容简介

　　该书清晰地分析了20世纪的美国妇女各方面地位的变迁，在深刻剖析其变迁中进步的同时亦指出其中依然存在的不平等。该书的内容主要分为三部分。第一部分是20世纪美国社会妇女地位之变迁。美国妇女地位在整个20世纪发生了巨大的变迁，主要表现在教育机会和工作机会的增多、婚姻的推迟和离婚率的大幅提升以及妇女在全美劳动大军中的比例增加三个方面。随着美国经济从农业到重工业，再到服务业的转变，得到极大解放的首先就是劳动力。从当时的各种职业可看到，整个20世纪美国社会的各个职业逐渐向女性开放。而女性独立能力的提高和自我发展机会的增多，也同时带来了美国妇女日趋飙升的离婚率。这一切都促使妇女大量涌入当时美国社会的劳动大军。

　　第二部分是20世纪美国妇女社会地位变迁所折射出的家庭观念的微观变化。20世纪初，美国大多数的妇女生活在农村乡镇，传统思想在很大程度上制约着她们的生活方式和价值观念，社会赋予她们的基本义务就是结婚生子，成为一个社会上认可的善良和纯洁的母亲，要多做家务、要精心照顾孩子。随着整个20世纪美国社会时代的发展和变迁，世纪末的美国妇女的生活方式和价值观念发生了深刻的变化。第一表现在主流社会对妇女道德约束措施的解除；第二是伴随着美国的"性革命"的进行，性行为的合法基础演变为爱情拥有和婚姻的存在；第三是虽然女性仍然希望男性是"一家之长"，但自立意识的提升使她们很重视两性中的倾听和尊重；第四就是结婚生子虽是妇女之期待，但并不等于妇女的唯一使命。

第三部分是美国妇女运动面临的挑战。实际上，美国妇女斗争在进步的同时仍然没有取得实质上平等的地位，表现在专业领域的性别歧视导致的"玻璃板"效应。所谓的"玻璃板"效应，就是一种看得见但却无法跨过的障碍；美国经济结构中的性别歧视产生的"性别隔离性"职业冲突也不是个短期可以解决的问题；而同工不同酬的现象依然无处不在，即便不考虑女性在其集中职业中与男性工资的差距，就是在同样岗位、拥有同样技术和学历的女性仍较男性低；面临着两性的家务劳动分配存在的不平等，大多数美国妇女也选择了默认；另外，女性政治上获得的权利并不能自动转变为实际的权力。

从上可以清晰地窥到 20 世纪美国妇女在各种斗争中取得成果的同时也面临着机遇和挑战，但她们完全可以充满信心地继续以后的斗争，都有理由本着公平分配的原则坚持不懈地努力奋斗，妇女的命运掌握在自己手中，不为刻意平等，只为完全和谐。

著作名称：中国历史中的妇女与性别

主　　编：杜芳琴　　王政

出 版 社：天津人民出版社

出版时间：2004 年 6 月

版　　次：第 1 版

I S B N：7 - 20104 - 842 - 2

页　　数：506 页

价　　格：33.00 元

编者简介

略

内容简介

该书是历史、民俗与考古学者中较早涉足妇女/性别史领域的最新探索。书中对从社会性别制度建构的历史变迁对妇女和性别关系的影响入手，考察中华民族从史前到近代漫长的历史过程发生的变化和延续。在对历史上的妇女与社会性别的寻踪中，妇女仍然处于主体和中心位置，但舍弃了以往妇女史书中写的"自由——压迫——解放"的线性模式和对妇女地位高低的简单判断，脱离了妇女单纯隶属于家庭婚姻范畴的窠臼，而从社会性别制度建构的历史变迁对妇女和性别关系的影响入手，考察中华民族从史前到近代漫长的历史过程发生的变化和延续。全书共有七章，分别是史前时期的社会性别：多学科的历史考察，父系制延续与父权制建立：夏商周妇女与社会性别（公元前 11 世纪—公元前 211 年），中古性别制度与妇女，"内外"之际与"秩序"格局：宋代妇女，宋元至明清时期族规家法与两性关系，清代妇女与两性关系，近代中国：大变局中的性别关系与妇女。该书揭示了各个层面的性别关系和妇女风貌的独特表现。诸多新的视点、新的分析角度、新的历史画面在书中各部分一一得到揭示和展现，给人以耳目一新的感觉：历史竟是如此鲜活，如此丰富多彩！

著作名称：女性观念的衍变

作　者：杜芳琴

出 版 社：河南人民出版社

出版时间：1988 年 10 月

版　次：第 1 版

ＩＳＢＮ：7 – 21500 – 301 – 9

页　数：390 页

价　格：4.00 元

作者简介

　　杜芳琴，女，河北省永年县人，文学硕士。现任天津师范大学性别与社会发展研究中心主任，教授，研究方向为妇女学与中国妇女/性别史。主要社会兼职为中国妇女研究会常务理事和副会长（2005—2009）等。从 1999 年开始，致力于中国的妇女与社会性别学学科建设，为福特基金会资助的"发展中国的妇女与社会性别学"联合课题（2000—2006）负责人和"历史学与社会性别"子课题负责人。

内容简介

　　中国传统的性别观念在多大程度上影响着人们，在社会变革、经济发展过程中，人们的社会性别观念如何？这套丛书作了系统的回答。该丛书不仅是对今天妇女问题的调查研究，而且还在学术层面思考问题。中国传统的性别观念起源于传统的社会性别制度。而社会性别制度是从几千年前的周代由于父权制的建立而随之建立起来的，主要包括分工制度、婚姻制度和继承制度。中国文化中的阴与阳概念，传达的是阳刚阴柔、男尊女卑、男外女内、男主女从等传统性别观念，这些观念对人们生活的影响一直延续着。社会性别概念是由西方传入中国的，有着几千年传统性别文化的中国大众由开始的陌生、不能接受，到性别观念的逐渐觉醒，经受着中西方文化、传统和现代文化的碰撞和交融。一方面开始唤起沉睡的女性意识，另一方面女性在寻求身心解放的进程中可能会重蹈覆辙。作为现代性别观念，重在从性别的角度观察、审视和促进两性的自然协调发展，避免两性差距进一步扩大和加深。

著作名称：大山的女儿：经验、心声和需求

主　　编：杜芳琴

出 版 社：贵州民族出版社

出版时间：1998 年

版　　次：第 1 版

ＩＳＢＮ：7 − 54120 − 816 − 7

页　　数：335 页

价　　格：22.00 元

编者简介

　　略

内容简介

　　《大山的女儿：经验、心声和需求》是一部以口述史为主，反映贫困妇女和性别差异的研究著作。书中指出华北汉族妇女和云贵高原苗族妇女都生活在贫困地区，她们的思想方法和生活方式反映了她们作为边缘群体的不公正性，但由于历史和社会等原因的影响，她们无论是否有成功的经历，都认为女性不及男性。尽管她们中有的人不安于现状，希望变革，但自身仍受到多种因素的制约和局限，以致难以改变现状。因此，半个世纪以来，口述方法在史学界被广泛使用。它打破了单纯以文字资料为资源、以史学家为代言人的传统史学规范，让事件的参与者直接对历史说话。将生命体验融入史学。这样不仅可以填补文献资料的不足、校正认识偏差，而且有可能使历史展现出有血有肉的人的个性特征。用口述材料可以印证和补充文献资料的不足，而且个人的论述可以是对生命乃至成长经验的完整把握，不至于将鲜活的生活感受淹没在大而化之的结论和单调、孤立的统计数字中。同时，它还是对历史的反思，体现着人们的一种自觉意识，树立女性的自觉意识。

著作名称： 异化与抗争：中国女工工作史研究

作　　者： 佟新

出 版 社： 中国社会科学出版社

出版时间： 2004 年 1 月

版　　次： 第 1 版

I S B N： 7 – 50044 – 051 – 0

页　　数： 261 页

价　　格： 22.00 元

作者简介

　　佟新（1961—　　），女，北京大学社会学系教授，博士生导师，北京大学中国社会与发展研究中心研究员；北京大学中国工人与劳动研究中心主任。主要著作有《人口社会学》、《异化与抗争：中国女工工作史研究》、《社会性别研究导论——两性不平等的社会机制分析》等。

内容简介

　　该书是中国第一部系统研究女性工作史和职业生涯史的著作。该书共分两卷 16 章。包括中国女工的出现和发展、独立的政治力量等内容。作者运用社会学和女性学的理论，分析了自 19 世纪末开始出现的中国女工，在不同历史阶段的特点以及在工作过程中形成的独立利益及其有效的政治活动；揭示了女工与国家、重大社会事件、社会结构调整以及全球化之间的关系；讨论了女工的阶级属性、工作和家庭关系、职业生涯特点等，是社会学、女性学和劳动经济学等方面重要的参考书。对中国妇女来说，社会主义男女平等的解放之路一直给女性带来复杂的影响。这种影响有国家、市场和家庭对女性异化的一面，也有使女性获得激励、发展的一面。自 1949 年以来中国女工的工作史就是这样的写照。强调在市场经济中，白领在工作场所的工作压力造成两性性别意识的压抑，又能使女性在工作中获得成就感，接受独立奋斗的观念，摒弃女性意识。这种看似"去性别化"的工作状态，是资本主义工作过程对女性的异化，同时也是女性在异化中获得独立的过程。

著作名称：让女人自己说话——独立的历程

主　　编：李小江

出 版 社：生活·读书·新知三联书店

出版时间：2003 年 1 月

版　　次：第 1 版

I S B N：7 – 10801 – 741 – 3

页　　数：439 页

价　　格：28.00 元

编者简介

　　略

内容简介

　　《让女人自己说话——独立的历程》，通过女性的声音，讲述女人的历史感受，记录女人的历史记忆；以女性的视角，考量历史的足迹；透过女性的名字，找回女人的历史，令历史的解读更加丰满。

　　该书唤醒了女人的自主意识，不仅可能使女人具备独立谋生的能力，更能使其具备独立自主的意志；而职业则可以使"独立自主"成为现实——这是现代女性在整体面貌和个体命运中与传统女人判然有别之处，也是 20 世纪中国女人与历史上的女人截然不同的地方；尽管与欧美社会比较，这一人群不那么壮大，但在"大时代"的风云变幻中，这一特点虽然不那么触目，却也是 20 世纪中国女人的时代特征。比较"战争"和"政治"：战争过后，妇女回家；政治运动之后，女人多半返向传统——唯有教育和职业，可以从主体意义上改变女性个体生命的内在品质，在时代变迁中显出其持久的分量——无论怎样的时世动荡，它们都是女人

（个人）不断成长的基础。同时认为，女性学者的学术关怀不仅应该是女性的，也应该是历史的。对曾经"未载史册"的女人而言，找回女人的历史是责任也是义务，但女人从来就不是孤立存在的，女性的苦难和女人的解放都不过是"大历史"的组成部分，女人的声音一定是"历史"的回声，不可能超越时代而卓而出群。

尤其对中国妇女而言，一个世纪以来，在这块土地上，女性的苦难之外，确实还有浓重的国难和家难在"妇女权利"之上；确实还有民族存亡的阶级压迫问题；在"男女平等"之中，全社会都十分关注政治民主和经济贫困问题……于此，中国妇女已经做出了自己的历史反应：很大气，很壮阔，无论你怎样启发和诱导，女性的立场远在女性主义之上；的确更像是"民族的"和"社会的"，而不尽是女性的——倘若我们只是把它禁锢在女性主义的理解框架上，也会委屈或曲解了她们的声音。妇女史与口述史具有天然的盟友关系。

同时，指出口述方法不是妇女研究的独创，口述史的启用不是从妇女史开始，但它却格外受到女性学者青睐，为女性主义史学家广泛使用。这是因为，口述史对传统史学有着补充和校正作用，它发掘了沉默的人群（如妇女、少数民族、社会底层）和人们沉默的声音（关于私人情感、生命体验等），使得史学有可能更完整地记录"人"的和普通人的历史。女人曾经"未载史册"，以及历史上学术界中"女性的沉默"，使得妇女史研究不得不从"打破沉默"、"让女人发言"开始，几乎是在同一个时间段上（20 世纪中期）同步进行，两者相互推动，成为近代以来史学革新运动中比肩行进的战友。

著作名称：古史性别研究丛稿

作　　者：王子今

出　版　社：社会科学文献出版社

出版时间：2004 年 12 月

版　　次：第 1 版

I S B N：7－80190－251－3

页　　数：378 页

价　　格：26.00 元

作者简介

王子今（1950— ），现为中国人民大学国学院教授，享受政府特殊津贴的专家。

内容简介

该书运用性别视角考察中国古代历史，用性别研究的方法分析了先秦至汉晋的一些神秘主义文化现象，包括鲁迅所说的"巫风"和"鬼道"。认为性别研究，是一块新垦辟的学术园圃。古史性别关系的考察，也是史学研究的新课题。该书集合了作者从事这项研究的若干成果，着重分析了秦汉时期的性别关系，特别是女性作为社会角色在当时的特征和影响，而受到更多的关注。以秦汉三国简牍作为性别研究的重要资料，也是该书的特点之一。作者利用张家山汉简等新发表的出土资料，对社会历史进行了多方位的性别考察。对于文学史料变换角度，从性别关系的分析入手进行研究，也是有意义的尝试。作者从性别视角的古代神秘主义文化考察战国秦汉时期的女巫、汉代民间的西王母崇拜及平利女娲故事的发生背景和传播路径。从秦国上层社会礼俗的性别关系考察战国秦汉时期的女军、"姬别霸王"的历史记忆和"虞美人草"的文化象征、秦汉时期的女工商业主及汉代的女权描述秦汉时期的双连杯及其民俗文化意义。

著作名称：中国女子从军史

作　　者：王子今

出　版　社：军事谊文出版社

出版时间：1998 年

版　　次：第 1 版

I S B N：7－80027－963－4

页　　数：279 页

价　　格：18.00 元

作者简介

略

内容简介

在《史记·孙子吴起列传》中，可以看到最早的关于女军训练的故事，就是以孙武为主角的。中国妇女在战争史中绝不仅仅是在消极地、被动地迎受着苦难。她们曾经有积极的奋争，也有精彩的表演，而且有卓越的战功。该书分为上下两编，上编讲述的是历代女子从军史，依历史顺序从早期部族战争中的女性开始，到东周、秦汉、魏晋、隋唐、宋辽金元、明代、清代女性的军事活动都一一展现，史料翔实。下编从文化的视角考察了女性的从军史。该书对女子从军史的关注，并不是仅仅站在研究女性史的立场，或者仅仅站在研究军事史的立场，而是从考察社会文化演进的视点，科学地分析这一历史现象，深入地理解这一历史现象，并且准确地说明这一历史现象的文化渊源和社会影响。

著作名称：中国妇女生活史

作　　者：陈东原

出 版 社：上海古籍出版社

出版时间：1998 年 4 月

版　　次：第 1 版

Ｉ Ｓ Ｂ Ｎ：7 - 1000 - 1504 - 2

页　　数：439 页

价　　格：19.90 元

作者简介

　　陈东原（1902—1978），安徽合肥人，1929 年毕业于北京大学教育系。后留学获密歇根大学、哥伦比亚大学硕士学位。长期从事教育管理和教育科学的教学与研究，尤专中国教育史。其主要著作有《中国妇女生活史》、《中国教育论》、《中国古代教育》、《群众心理 ABC》等，1936 年出版的《中国教育史》影响尤大，被誉为"第一部中国教育史专著"。

内容简介

　　《中国妇女生活史》论述从中国上古至民国妇女生活，以朝代分章，各章中又以主题分节，例如婚姻、礼教、妇女教育、妇德、妓女、贞节观、缠足、近代的女权运动等。在观点上该书由于受到民初新文化运动的反传统思想的影响，对于传统中国妇女在文化上、制度上和实际生活中对于妇女的种种不公、压制做出甚多的描写及批判，一直到近代妇女生活的章节，才看到妇女生活开始有所改善。书中认为，有史以来的女性史，是被摧残的女性，妇女生活的历史问题还只是一部被摧残的女性历史。同时，书中进一步强调，男尊女卑的观念是怎样的施演，女性之摧残是怎样的残酷，压在现在女性之脊背上的是怎样的历史，目的是揭露压迫而促进妇女解放。

著作名称：中国妇女生活史话
作　　者：郭立诚
出　版　社：百花文艺出版社
出版时间：2005 年 1 月
版　　次：第 1 版
I S B N：7 - 53064 - 084 - 4
页　　数：235 页
价　　格：15.00 元

作者简介

　　郭立诚（1915—1996），女，知名民俗文艺学家。主要著作有《中国生育礼俗考》、《中国艺文与民俗》、《中国妇女生活史话》、《中国民俗史话》等。

内容简介

　　该书分"家庭篇"、"性情篇"、"习俗篇"及"史事篇"四辑文章，从不同侧面介绍了中国古代妇女的生活状况。作者以五四运动之后中国知识分子看待世界全新的视野，以民俗研究的角度，以新文化运动后最早成长起来的新一代知识女性这一身份，写出了这本风格独特的书。比如像《"怕老婆"和"老婆怕"》这样的篇章，读起来轻松，妙趣横生。作者认为，女权运动是五四运动的主流之一，这段期间，学者专家写了好几部有关妇女生活的史书，大都材料丰富，内容充实，但有些犯了主观成分太重的毛病。以后，政府法令规定男女平等，女人不论在家庭、在社会都受到和男人平等待遇，她们有权继承父母遗产，有权选举民意代表，也可以出来竞选，有权和男人一样服务社会，有权和男人一样受高等教育……从此人们不再写大骂"吃人礼教"、"封建枷锁"的文章，代之而起的却是讨论妇女们走出家庭以后所引起的种种问题，目的是让大家对古代妇女生活情况有个比较真实的认识。

著作名称：婚姻内外的古代女性

作　　者：常建华

出 版 社：中华书局

出版时间：2006 年 5 月

版　　次：第 1 版

I S B N：7 - 1010 - 5025 - 7

页　　数：254 页

价　　格：24.00 元

作者简介

　　常建华（1957—　　），河北张家口人。1978 年考入南开大学历史系，先后获得历史学学士，硕士，博士学位。现任南开大学历史系教授，博士生导师。主要研究明清史、社会史。独立著有《宗族志》、《社会生活的历史学》、《明代宗族研究》、《朝鲜族谱研究》、《乾隆事典》等书。

内容简介

　　该书为"古代社会生活图记"之一种，由婚姻与女性两部分构成，分别介绍了古代的婚姻与女性情况。婚姻部分论述了包办婚姻、婚龄构成、婚姻范围、择配标准、婚姻程序、夫妻关系、婚姻解除、妇女再婚、特殊婚嫁等九个问题，对古代婚姻作了比较全面系统的叙述。正如该书前言中所说"将古代有关婚姻思想、政策、制度与社会实际状况结合起来考察，从风俗入手"，这正是第一部分有关婚姻问题的写作特色。女性部分则论述了古代的"营妓"、节娼、劝善书中的戒娼、明代岁时节日中的女性、清代溺婴问题、明清女性事迹丛说等七个专题，多有作者本人的研究心得，力求使读者能够从中了解到中国古代尤其是明清时期女性生活的些许方面。该书不仅有生动的文字，而且还穿插着许多精美的图画，这些图画与文中的内容可谓珠联璧合，增加了该书的观赏性与趣味性。另外，文中还不时出现一些有关古代婚姻与女性的诗词歌赋，更为该书平添了不少魅力。相信对于想了解中国古代婚姻与女性的读者来说，《婚姻内外的古代女性》称得上是一部图文并茂、集趣味性与学术性为一体的佳作。

著作名称：中国女性禁忌

作　　者：郭锦桴

出　版　社：河北人民出版社

出版时间：1991 年

版　　次：第 1 版

I S B N：7 - 20201 - 053 - 4

页　　数：346 页

价　　格：15.00 元

作者简介

　　郭锦桴（1936—　　），男，1960 年毕业于厦门大学中文系，现为中国人民大学中文系教授，现代汉语专业硕士研究生导师。长期从事汉语言学与中国文化的教学与研究。

内容简介

　　《中国妇女禁忌》一书曾荣获第七届北方十五省市哲学社会科学优秀图书奖、河北省优秀图书奖。该书联系中国儒家的思想文化，佛教、道教的女性观以及古代的一些社会习俗，阐明中国古代女性的伦理、道德行为禁忌。因为，禁忌是关于神圣或不洁的约定俗成的一种禁制。指出女性禁忌有两方面的含义：一方面女性被认为是崇高的、神圣的，而被"神化"；另一方面女性则被认为是邪恶的、不洁的，而被"魔化"。女性禁忌经历了从母权制时代的"尊崇女性"到父权制时代的"贱视女性"的历史演变过程。认为随着时代的发展、人类文明的进步，女性禁忌将逐渐退出人类的历史舞台，女性禁忌的日渐式微就是女性禁忌走向衰亡的一个生动缩影。

著作名称：中国古代性别结构的文化学分析

作　　者：王小健

出　版　社：社会科学文献出版社

出版时间：2008 年 11 月

版　　次：第 1 版

I S B N：7 - 5097 - 0433 - 2

页　　数：375 页

价　　格：24.00 元

作者简介

　　王小健（1970—　　），辽宁省大连市人，1991 年辽宁师范大学历史系毕业，1994 年吉林大学古籍所中国古代史专业硕士毕业，2007 年陕西师范大学中国古代史专业博士毕业，获历史学博士学位。现为大连大学历史学院副教授。主要研究方向：中国妇女史、中国文化史。

内容简介

　　作者遵循了自涂尔干以来人类学家开创的科学传统，希望从中国妇女史上归纳出一些有益的知识来。该书主要以先秦时代中国妇女生活为范围，分析了曾经影响过两性角色分化和不断社会化的主要因素，描述了男权社会建立的过程，这些因素包括性别分工、宗教信仰、社会组织、礼节仪式和主流意识形态，这些因素在今天有些已被淡化乃至为法律所禁止，有些则还以变相的形式顽固地保留在社会生活中。《中国古代性别结构的文化学分析》一书，不是叙事性的妇女史著作，而是为了发现历史上作用于两性关系的文化因素及其对现实社会的潜在影响。为此作者首先指出摩尔根母系理论的不足，进而分析了影响两性角色分化和不断社会化的主要因素，这些因素包括劳动分工、宗教信仰、社会政治组织、礼节仪式和主流意识形态，描述了男权社会建立的过程及其法则。该书揭示的性别机制深化了我们对两性关系和妇女问题的整体认识，而作者借以采用的文化学方法则为妇女史研究提供了有益的探索。

著作名称：凄艳的岁月——中国古代妇女的非正常生活

作　　者：高新伟

出 版 社：河南人民出版社

出版时间：2006 年 1 月

版　　次：第 1 版

I S B N：721505790

页　　数：266 页

价　　格：10.00 元

作者简介

　　高新伟（1969—　），河南商水人，1993 年毕业于河南农业大学经贸学院，获经济学学士学位；1999 年毕业于郑州大学文博学院，获历史学硕士学位；2007 年毕业于中国人民大学清史研究所，获历史学博士学位。

内容简介

　　该书主要从古代妇女作为主妇、妾、妓及婢的身份，介绍其生活中的某些侧面，从而获得对传统妇女地位的认识。实际上，这几种角色，除了婢女以外，更多的是将女人作为男人对立面来写的。这是因为古代妇女没有独立人格，依附性极强，其命运往往决定于她所依附的男人。作为妻子，"从夫"是她们应尽的义务，而且这种顺从还是无条件的；与妻子相比，妾更可悲，她们只是男人的玩物，只有义务，没有权利；与妻、妾相比，妓女更可怜，在注重贞操的古代社会，要忍受无尽的屈辱，其痛苦是一般人难以想象的。该书主要记录了妻、妾、妓、婢等几种古代女性角色的生活及其存在状况，真正走进古代妇女的心灵世界，体会她们的怨与痛。主要内容包括妻、妾、妓、婢及缠足几个方面，前四部分是古代妇女的几种主要角色，通过对生存状况的分析，指出古代妇女无论以什么角色出现，都只能是男人的玩偶，在很大程度上，要依靠男人生活，命运任由男人摆布。古代一些妇女不但貌美，而且很有才华，如蔡文姬、卓文君、王昭君等，但都难逃古代礼法对她们的束缚。至于缠足，则更是中国古代妇女生活中最畸形的一项内容。该书最大的特色是用例证说话，以典型的案例揭示古代妇女生活的方方面面。

著作名称：唐宋女性与社会

作　　者：邓小南

出 版 社：上海辞书出版社

出版时间：2003 年 8 月

版　　次：第 1 版

ＩＳＢＮ：7 – 53261 – 276 – 7

页　　数：463 页

价　　格：80. 00 元

作者简介

　　邓小南（1950—　　），女，现任北京大学历史学系教授，北京大学妇女研究中心研究委员。

内容简介

　　在当今的国际学术界中，社会性别研究已经成为朝气蓬勃、富有创新精神的领域之一。其相关课题越来越受到目光敏锐的学者群之关注，成为多学科研究的突出聚焦点。《唐宋女性与社会》一书，会聚了一批海内外享有盛誉的学界同人，突破了以王朝断代为限的研究界域，深化了对于社会发展趋势的理解；书中内容涉及思想史、书写史、艺术史、经济史、家族史、医疗史、宗教史等诸多方面的内容，其中既接触到新领域和新材料，又体现出新视角和新方法，称得上精彩纷呈。文章的选题，大致分为"文本：性别的表现与解读"、"女性书写：闺训与篇什"、"女性生活：门内与户外"、"图像：风格与风貌"、"性：身体与文化"、"宗教：信仰与供奉"、"性别意识：认同与错位"、"变迁：性别与社会"等八个方面。

著作名称：唐代妇女的生命历程

作　　者：姚平

出　版　社：上海古籍出版社

出版时间：2004 年 11 月

版　　次：第 1 版

ＩＳＢＮ：9787532538461

页　　数：367 页

价　　格：45.00 元

作者简介

　　姚平，女，博士，美国加利福尼亚州立大学洛杉矶分校历史系教授。师从复旦大学历史系教授杨宽先生，治中国先秦史，后赴美从事中国古代妇女历史研究。

内容简介

　　该书通过唐代规范性观念对妇女生活的界定，从妇女与唐代社会、政治、经济关系出发，对唐代妇女生活中的三个主要方面：婚姻组合、夫妇关系及为人之母进行系统研究。重点阐述了唐代妇女的自我认同以及影响她们角色认同的因素；唐代妇女生活与唐代社会变迁的互动关系等内容，对有关唐史妇女研究有较深的突破。该书共分为十个章节，分别是《笄年》、《媒妁之言》、《婚姻状态》、《夫妇关系》、《夫妇关系以外的两性契约关系》、《冥间夫妻》、《婚姻之外的女性》、《母亲的形象与地位》、《生育》和《子女》。每个章节又分出不同的小节，来讨论具体问题。该书主要利用唐代墓志铭来考察唐代女性一生不同阶段的生活，主要以计量方法，例如分别利用志主为男性或女性的墓志内容，统计夫妇双方去世年龄的比例、合葬等情形，以及冥婚和不婚女性的情形。此外，也利用墓志铭的书写格式，考察并讨论了唐代女性在一生中不同阶段的形象。

著作名称：唐代妇女地位研究

作　　者：段塔丽

出 版 社：人民出版社

出版时间：1998 年 8 月

版　　次：第 1 版

Ｉ Ｓ Ｂ Ｎ：7 - 01003 - 268 - 8

页　　数：311 页

价　　格：18.00 元

作者简介

　　段塔丽（1962—　　），女，1962 年生，河南平舆县人。1999 年南京大学历史系博士毕业。现为陕西师范大学政治经济学院副教授、社会学研究室主任。

内容简介

　　该书是近年来国内妇女史研究领域中研究有关古代妇女地位问题的一部开创性专著。作者在研究方法上突破前人的固有模式，广泛运用社会学、妇女学、史学及心理学的理论与方法，从社会学、史学和女性文化的视角，从唐代妇女性文化、唐代妇女地位进行了多层面、多角度、深层次的系统分析与研究，拓宽了中国妇女史和社会史研究的新视野。指出家庭地位是妇女研究领域中一项重要内容，在封建宗法社会里，妇女的家庭地位除了受到国家法律的规定外，还受到封建伦理道德、社会习俗以及社会环境的综合制约。为此，该书运用社会学"角色"理论，引证多种文献资料，分析和探讨唐代女性一生不同时期家庭角色的转换及其所处地位的变化。妇女地位是妇女研究领域中一个占据主导地位的论题，妇女作为人类社会的一个大群体，其地位的高低，不仅直接关系到女性本身的发展，而且还对整个社会的发展与进步产生重大影响。

著作名称：内闱——宋代的婚姻和妇女生活
作　者：伊沛霞
译　者：胡志宏
出 版 社：江苏人民出版社
出版时间：2010 年 7 月
版　次：第 1 版
I S B N：7 - 2140 - 3684 - 1
页　数：317 页
价　格：25.50 元

作者简介

伊沛霞（PatriciaEbrey），美国华盛顿大学教授。1985—1997 年任伊利诺斯大学历史系教授，1997 年至今执教于华盛顿大学历史系。1993 年出版《内闱——宋代的婚姻和妇女生活》（英文版），是海外中国妇女史开山之作。她的兴趣主要在妇女、家族和社会等方面，其重要文章于 2002 年结集出版，题为《中国历史上的妇女和家族》。

内容简介

该书考察的宋朝是一个纷繁复杂、充满变化的时代。一方面缠足开始流行，士人开始倡导"饿死事小，失节事大"；另一方面是截然不同的观念，认为女性的婚姻和财产权应得到进一步保障。在这本海外中国妇女史研究的开山之作里，作者向我们展示了一幅内容异常丰富的画卷，宋代女性的生活栩栩如生地呈现在我们面前：内外之别，祭祀庆典，安排婚嫁，侍奉公婆，养育后代，内闱争宠，守节再嫁……妇女史是动态的历史，富有多种可能性的历史。由此读者不仅能够从多角度、多层面了解宋代女性群像，还在社会变迁中把握她们的选择和才智。

著作名称：闺塾师：明末清初江南的才女文化
作　者：［美］高彦颐
译　者：李志生
出 版 社：江苏人民出版社
出版时间：2005 年 1 月
版　次：第 1 版

ＩＳＢＮ：7 - 2140 - 3878 - 4

页　　数：420 页

价　　格：24.70 元

作者简介

　　高彦颐（DorothyKo），美国斯坦福大学国际关系学学士、东亚历史系博士，专攻明清社会史及比较妇女史。曾任教加州大学圣地亚哥分校及新泽西州立罗格斯大学历史及妇女研究系，现为纽约哥伦比亚大学巴纳德分校历史系教授。近作有《步步生莲：绣鞋与缠足文化》及《灰姑娘的姐妹：缠足的修正历史》等书。

内容简介

　　明末清初是一个充满躁动与变数的时代，一方面宗法社会烂熟和腐化的特质暴露无遗，另一方面则在传统文化的土壤中暗自孕育着新的思潮与萌动；同时，这又是一个凄美冷艳、充满颓废色彩的时代，帝国的政治命运业已走到尽头，但商品经济却呈现出一派空前繁荣的景象，意识形态的激进与保守，都市生活的混乱与秩序，既相互交织，又相互补充，形成了一种众声喧哗的多元格局。正是在这样一种时代大背景之下，中国传统女性的个人生活也悄悄发生着明显的变化，作为一个深受男权体制排斥的群体，她们的身影在中国文化史上开始日渐凸显出来。本书把握住了这一变化，并以闺秀和名妓为例证，对这一特定历史时期的才女生活进行了全面考察，重构了明末清初江南女性的社交、情感和智力世界，为中国女性史的写作提供了一个别开生面的视角。书中首先对"受害的'封建'女性形象"这一主流话语提出了质疑，认为长期以来，东西方文化界对 20 世纪之前中国女性形象的定位，大致还停留在"五四"时期的作家和学者们所勾勒出的关注点、价值和专有词汇中。"五四"时期的夸张话语固然出自当时特殊语境中的批判策略之需要，却终被历次政治运动所强化，而逐渐形成一种分析上的混淆，"即错误地将标准的规定视为经历过的现实，这种混淆的出现，是因缺乏某种历史性的考察，即从女性自身的视角来考察其所处的世界"。中国古代女性生活的多样性和丰富性被一种单一的叙述所取代。

　　针对明末清初的才女文化，作者以"理想化理念、生活实践、女性视角"三种动态模式来取代"五四"父权压迫的二分模式，以重新认识那个特定时代的女性生活。16—17 世纪的中国，原是一个城市文化、商品化社会和货币化经济逐渐萌生并迅速发展的时代，适宜的社会土壤自然为才女文化社团的出现提供了温床，原本适应于自给自足之经济社会的理想化性别结构，在这个时代大变局面前第一次面临着严峻的考验。

著作名称：中国近代妓女史

作　　者：邵雍

出 版 社：上海人民出版社

出版时间：2005 年 11 月

版　　次：第 1 版

I S B N：7－2080－5632－3

页　　数：443 页

价　　格：25.00 元

作者简介

　　邵雍（1953—　　），1985 年毕业于上海师范大学。现为上海师范大学教授、博士生导师。从事中国近现代史特别是中国近现代社会史的研究与教学。

内容简介

　　《中国近代妓女史》是一部研究中国近代妓女状况的专题史著作。书中综述了中国近代妓女的来源、种类和结局，妓院的等级、行规，老鸨对妓女的控制、剥削和虐待，妓女的性观念及其与嫖客的关系，等等。全书按时间顺序划分自晚清至新中国成立初的各个时期，记叙全国各地区各主要城市妓女的分布、活动和生活状况，以及形形色色的嫖客、当局对妓女的态度和政策，社会同情及救助妓女的舆论和措施、有关妓女的案件与逸闻等，同时还介绍了中华人民共和国成立初期人民政府有效地解决妓女问题的方式与举措，指出 20 世纪 80 年代妓女沉渣泛起的原因，其资料丰富翔实。

著作名称：中国妓女文化史

作　　者：武舟

出 版 社：东方出版中心

出版时间：2006 年 6 月

版　　次：第 1 版

ISBN：7 - 80186 - 483 - 3

页　　数：491 页

价　　格：36.00 元

作者简介

武舟，男，湖南省桃源县人，湖南师范大学中文系副教授。

内容简介

中国妓女见于记载的历史已有 3000 多年之久，她们作为一个专为适应男人声色之需而延续存在的社会群体，既对中国文化艺术的发展产生过深远影响，也给文明社会以一定的腐蚀和污染。

该书联系历史、政治、经济、法律、伦理等，侧重于从文化人类学的角度，把妓女现象作为一种文化现象来加以审视，在系统考察娼妓制度的古今演变和历代妓女、妓女文化从产生到发展、从兴盛到消亡的总体趋势。前半部分简洁明了，而且内容也很翔实，尤其是关于中国妓女起源问题，作者并非照搬西方妓女起源于古代巫娼的理论观点，而是通过自己的研究得出中国妓女起源于古代宫廷侍女的观点。该书从妇女学和文化学的角度，联系政治、经济、制度、文化和社会伦理道德等方面对中国妓女这一社会群体进行了科学的、历史的评判，同时还论述了古代妓女对于中国文化艺术的深远影响。该书内容丰富，从妓女文化的起源、发展及终结等方面进行论述剖析，揭示了妓女文化的兴衰变迁，是研究中国妓女文化的一部力作。

著作名称：女性与近代中国社会

作　　者：罗苏文

出　版　社：上海人民出版社

出版时间：1996 年 1 月

版　　次：第 1 版

ISBN：7 - 20802 - 422 - 7

页　　数：531 页

价　　格：28.00 元

作者简介

罗苏文（1949— ），女，1975 年毕业于复旦大学历史学系。主要研究中国现代史、上海史、中国妇女史、城市史等。现任上海社会科学院历史研究所研究员。

内容简介

该书研究女性这一性别群体，在近代中国文明演进过程中所呈现的变化趋向。这种变化作为一个中间环节，与近代以前的女性群体相比有何不同？对当代中国女性群体的发展产生何种制约？进而寻找女性群体变化与不同区域社会变迁之间的内在联系，从女性群体的变化中，揭示影响社会变迁的某些动力和机制。其认为"男女有别"在中国封建社会的含义，主要不是指两性生理上的差异，而是一种根深蒂固的文化观念。所谓有别，是指男女两性相互关系是处于尊与卑、主与从的既对立又依存的关系，以农立国、男耕女织的生产方式，父权制大家庭同居共财的生活方式，构成这种文化观念滋长的土壤。这一文化观念的建构过程伴随以家庭为生产、消费单位的普遍化；性别被强化为两性劳动分工的单一标准，两性劳动分工被纳入主从关系；男性家长作为家庭经营单位的组织者、家庭财产支配者地位的确立而初步完成（约在秦汉之际）。由此，女性成为由男性支配的辅助劳动工具，归父权制家长个人所有的家庭财产的一部分。妻、母角色成为衡量女性价值的唯一尺度，嫁人从夫成为女性别无选择的谋生之道。"男女有别"的文化观念是对两性主从关系、尊卑关系的表述，被视为农耕文明的精神支柱之一，得到法律的庇护，成为中国人文化心理的重要内容。导致对两性在价值取向、劳动分工、法律地位、行为规范、情感定向、审美眼光等方面的双重标准，成为近代中国无法拒绝的遗产。

17 世纪英国爆发的工业革命，开辟了人类历史进入资本主义发展的新纪元。工业文明取代农耕文明在世界范围的推进是不可抗拒的历史潮流。都市作为文明嬗变推进的前锋，因产业结构的调整，都市化的推进，为女性人力资源的开发打开缺口，都市成为国内女性人才会聚、重塑自我形象的中心舞台。城镇由于资源流失，发展相对停滞，女性选择仍限于传统角色的复制。乡村由于相对单一的种植经济和劳动力过剩，生存危机首先指向农妇。于是都市的活力象征女性群体发展前锋指向的目标，而城镇、乡村的状况更能反映女性群体总量改变的进程。三者展示女性群体从家庭一员到社会一员的角色转变中留下的轨迹错综复杂。

"男女有别"文化观念的解构,伴随近代中国西学东渐,工业化推进而起步。教会系统的传教网络构成资本主义新文化输入基层社会的最初渠道,为改变女性在资源占有中的劣势地位,开发女性潜在智能迈出历史性的第一步。从清末的兴女学、废缠足、易妆饰,到民国时期的法律修订、职业拓展、精神解放、政治觉醒,记录了女性群体奋斗历程的主要景观、阶段性推进和新障碍、新困惑。中国女性群体发展在近代迈出了从女人到人的第一步,既精彩又沉重。这一过程只能伴随中国工业化进程的推进而互补并进,任重道远。近代中国社会变迁的复杂机制和进程为女性群体发展提供的机遇和制约表明,近代中国女性群体发展的障碍不只是单一政治制度,而是农耕文明本身。近代中国社会变迁的实质是工业文明与农耕文明的长期较量,其特有的机制和阶段性推进,在导向女性群体发展取得历史性突破的同时,也指出亟待推进的目标。

该书通过对"男女有别"的文化观念在近代中国的演变进程与社会变迁关系的考察,思考、揭示女性群体发展与近代中国社会变迁之间互动并进关系的复杂性。循着不同区域文化环境中女性群体变化的线索,比较分析不同区域文化类型各自文明演进历程的不同步性、阶段性,以及互为依存与制约的关系。

著作名称:二十世纪中国女性发展史论

作　　者:林吉玲

出 版 社:山东人民出版社

出版时间:2001 年 9 月

版　　次:第 1 版

I S B N:7 - 20902 - 836 - 6

页　　数:288 页

价　　格:19.80 元

作者简介

林吉玲(1963—　),文登市人,教授。现为山东省历史学会常务理事、山东省妇女理论研究会理事。主要研究领域为社会转型与女性发展、济南历史与区域城市化进程。

内容简介

该书共 5 章，即男女平等思想的酝酿、资产阶级男女平等思想的形成、新文化运动与妇女解放思潮、新民主主义革命对男女平等思想的推进、"男女平等"国策与中国女性发展。该书 2002 年获济南市社科一等奖。

20 世纪的中国社会处于动荡、变化、转型时期。东西文化的碰撞、新旧文化之争交织在一起。采用人文视角来研究 20 世纪中国女性的发展是该书的特点。因为，中国文化在很长时间内是父权文化，传统文化中的女性文化实际上就是男性视野下的女性文化。新兴中国的女性研究在强烈批判男性文化视角的同时，受西方女权主义思潮的影响，部分出现了强调单纯以女性视角进行研究的偏向。该书在将性别理论、社会转型理论引入历史研究时，不仅限于从女性视角来分析社会发展对女性价值观、婚姻家庭观、女子才德观、女性审美观、女性参与政治观的影响，更是力图改变单纯的男性视角或女性视角的偏向，并从人文视角切入，探讨 20 世纪社会转型时期的女性在整个社会中的地位和作用、社会发展与女性发展的互动规律、女性在完成由"非人"、"女人"到"人"的转变过程中男女两性关系，以及女性解放在当代的特点、男女平等内涵的发展，以建立 21 世纪男女两性平等和谐发展的新模式。这一新的视角，或者说新的研究方法，使得该书的研究具有了理论和实践的双重价值。

著作名称：摇晃的灵魂：探访中国最后的小脚部落

作　　者：杨杨

译　　者：曹茂

出 版 社：学林出版社

出版时间：2004 年 7 月

版　　次：第 1 版

I S B N：7 - 8066 - 8763 - 7

页　　数：154 页

价　　格：36.00 元

作者简介

杨杨，云南青年作家，著有小说集《混沌的夏天》、长篇实验文本《追——一个后现代主义者思想与肉体的狂奔》、长篇小说《回到自己身体这边》等。曾就读于北京鲁迅文学院，现居云南某小镇。

内容简介

作者在这部著作中不仅考察了六一村的形成历史，探究女性缠足的环境原因，而且充分展示了有关缠足的仪式、器具、过程，最为珍贵的是缠足者及欣赏缠足者的心理。毋庸讳言，这些心理具有私密性，甚至具有变态性。但若不将它们如实地进行揭示，那我们过去和现在有关缠足的各种研究都将失去分量。女性忍受着肉体的折磨而去认同缠足的方式，其实是男权社会造成的畸形。书中大量的图片和故事，可以说是触目惊心。这些缠足的老人，她们并不是为了给后人提供学术资料而活着，她们是平平常常地走到了今天。她们的舞蹈是生命之舞，她们的运动是心灵的震颤。尽管她们无法从身体角度改变缠足的历史，但是她们在精神上仍可获得自由。目睹一个民族曾经疯狂追逐过的不良风俗的逝去，翻检一缕缕生活痕迹间夹杂的文化符号，读者们也会与《摇晃的灵魂：探访中国最后的小脚部落》的作者一同去感悟时代的变迁和人性的伸展。

著作名称：金山谣：美国华裔妇女史

作　　者：［美］令狐萍

出　版　社：中国社会科学出版社

出版时间：1999 年 10 月

版　　次：第 1 版

ＩＳＢＮ：7 - 5004 - 2504 - X

页　　数：288 页

价　　格：17.10 元

作者简介

令狐萍，山西太原人。1985 年以山西大学历史系高材生和助教身份赴美求学，先获俄勒冈大学历史学硕士，接着再获迈阿密大学历史学博士。自 1991 年起，受聘于密苏里州东北部的杜鲁门大学，教授东亚史与美国亚裔史，现任密苏里州立杜鲁门大学历史系教授、系主任，教授东亚史与美国亚裔史。

内容简介

该书主要寻求全面再现华裔妇女在美国的历史，以补充美国史研究与妇女史研究中的一项空白。该书概括了自 19 世纪中期以来华裔妇女的移民模式，考察研究中国移民妇女适应环境，采纳当地习俗，生存奋斗的策略。该书采用"新种族"的研究探讨方法，阐述中国妇女不仅只是一个半世纪以来美国种族歧视的受害者，而且是克服文化差异、种族歧视，艰难困苦的英勇斗士。她们不仅努力保存、发扬光大中国的传统文化，使其在异地生根开花，而且入乡随俗，吸取美国文化之营养为己用。她们不仅在异国顽强生存，而且跻身于商界、科技学术界、政界，成为女强人，为美国社会的繁荣发展作出贡献。

著作名称：技艺与性别
作　　者：周巍
出 版 社：上海人民出版社
出版时间：2010 年 8 月
版　　次：第 1 版
Ｉ Ｓ Ｂ Ｎ：7 – 2080 – 9437 – 6
页　　数：376 页
价　　格：27.70 元
作者简介
　　周巍（1981—　），山东宁阳人，博士。主要研究中国近现代史、区域社会文化史、社会性别史。
内容简介
　　该书以女弹词为研究对象，将其置于江南特有的历史场景中，分析其所从属的社会文化脉络以及对整体江南文化建构的作用。同时借鉴最新的性别理论和新文化史的相关方法，对女弹词这一群体进行了多层次的研究，揭示了"文化"与"社会"之间的互动关系。近年来妇女／性别史研究的重要向度是展现妇女在生活世界中的主体性与能动性，在"众声喧哗"中寻找女性自身的声音。作者通过"技艺"与"性别"的互动考察，厘清了女弹词自身发展的行业特质，探究了其社会性别身份的获得，展现了具有苏州评弹特色的性别文化。在建构具有苏州评弹特色的性别文化过程中，女弹词与不同的社会群体建立了不同的性别关系，时人也借助不同的话语赋予她们以性别意义。在作者眼中，时人的性别话语多是

"男性书写的文本历史"，对女弹词起着"遮蔽"作用。不过女弹词并未完全成为"无声的从属者"，改易服饰，自述文字等内容为读者提供了体现她们主体性、能动性的叙事文本。

著作名称： 哀妇人

作　　者： 舒芜

出 版 社： 安徽教育出版社

出版时间： 2004 年 5 月

版　　次： 第 1 版

I S B N： 7 – 5336 – 3672 – 2

页　　数： 671 页

价　　格： 28.80 元

作者简介

舒芜（1922—　），男，安徽桐城人。中国现代作家、文学评论家。1937 年考入高中时适逢抗战爆发，即参加抗日救亡活动，并为《桐报》主编副刊《十月》。在该刊发表了第一篇作品《及时行乐》，抨击了上层人物在抗战中醉生梦死的生活状态。

内容简介

该书运用大量平时鲜为人知的历史资料，客观地揭露了在男权中心思想下妇女深受压迫和伤害的历史事实。书中不仅表达了作者自己的"哀妇人而为之代言"的思想，而且也对周作人、鲁迅的妇女观作了很好的阐释，深刻地揭露了这部男性针对女性的性奴役的中国历史的残酷与荒谬，而这又是与他强烈的时代感紧密结合在一起的。他揭露历史上一切侮辱女性、歧视女性、凌虐女性的性道德的残酷性与虚伪性，并非是在为博物馆撰写供人观览的古物说明书，供今人发思古之幽情，而是充溢着对当下现实的人文关怀。因为这一切恶劣的思想并没有随历史而永久消逝，而是依然真真实实地存在于当下的现实中。该书精选了作者关于女性问题的文章，凡七十篇（第一篇作于 1944 年，末篇作于 2003 年）。从自己耳闻目睹和长期积累的感受出发，以政治哲学、历史文学、道德伦理、社会批判等多个视角，持续关注和深入分析中国的女性问题。该书涉及题材广泛，思想犀利，文采斐然，充满"理解之同情"和深切的人文关怀。其大多文章如《母性的颂歌》、《女子题壁诗词》、《离乱最苦是朱颜》、《古中国的妇女的命运》等，在《光明日报》、《读书》刊发后，引起很大社会反响。因此，该书在一定程度上反映了中国女性对平等、自由、爱情的真实诉求。

著作名称：选美史

作　　者：刘巨才

出　版　社：上海文艺出版社

出版时间：1997 年 11 月

版　　次：第 1 版

ISBN：7 – 53211 – 674 – 3

页　　数：267 页

价　　格：16.00 元

作者简介

　　刘巨才（1957—　），女，教授，福建省连城县人，是山西省著名的戏剧评论家。

内容简介

　　该书系统考察了我国传统女性道德美、形体美的审美标准产生的历史渊源及其演变过程，尤其重点考察了古代帝王及权贵们的"选美"活动及其审美标准。因为在中国传统社会男性本位文化的社会结构中，男性统治阶层的审美观，实际上主导着整个社会的审美标准，弥漫于社会各个阶层。

　　该书主要介绍了女性在审美过程中经历了由主体向客体转化的过程。其主体地位的丧失是阶级社会发展的必然结果。因为在原始社会，男女两性处于平等、互助、相互依存的关系。这种平等的"伙伴关系"，决定了男女在对人物的审美上的平等地位，即男女同为审美主体，又同为审美对象。女性的生育之美、创造之美和奉献之美成为人们讴歌的对象。随着阶级社会的产生和父权制的确立，妇女地位发生了根本性的转变，男性统治者由审美主体异化为女性的审美主宰，而女性则被剥夺了审美主体地位，被异化为男性的单纯的审美客体。权力和经济地位决定了男性主宰女性美的程度，因此，"千红一哭"、"万艳同悲"成了古代女性美被阉割的真实写照。正如作者所言，"一部女性美的历史，实质上不过是我国历代男性统治者，尤其是最高统治者遴选、霸占、掠夺、玩弄、践踏女性美的历史，是中华美女的血泪史"。

著作名称：中国妇女服饰与身体革命（1911—1935）

作　　者：吴昊

出 版 社：东方出版中心

出版时间：2008 年 1 月

版　　次：第 1 版

I S B N：9787801867735

页　　数：302 页

价　　格：36.00 元

作者简介

　　无

内容简介

　　从 1911 年的辛亥革命到 1935 年抗战前夕，中国社会经历了前所未有之大变局。政治社会翻天覆地的变化，对当时的妇女服饰产生了巨大的冲击，使得这个时期的妇女服饰就好像是一出漫溢喜怒哀乐的通俗剧，包含了："梦想"——截发男装，渴求取得与男性一样的地位；"痛苦"——束胸，阻止乳房发育；"恐惧"——因衣着触犯封建禁令，受到惩罚；"欲望"——解放身体，衣着暴露；"愤怒"——断发短衣，加入社会改革运动，甚至从军北伐以及抗日。服饰，正如戏剧、小说一样，是一种群众记忆，通过它可以重现历史文化的面貌。回顾多姿多彩的 20 世纪二三十年代的妇女服饰，除了引起我们回忆大都会的摩登生活之外，也凭着这一点点回忆，带出启示：繁华都市，美衣华服，但当时的国家何去何从？

著作名称：美镜头——百年中国女性形象

主　　编：李子云　陈惠芬　成平

出 版 社：珠海出版社

出版时间：2004 年 8 月

版　　次：第 1 版

Ｉ　Ｓ　Ｂ　Ｎ：7-8068-9256-5

页　　数：239页

价　　格：26.20元

编者简介

李子云（1933—　），安徽当涂人，安徽教育学院中文系主任，上海作家协会编审，中国作家协会理事，中国当代文学研究会副会长。

内容简介

该书以大量图片结合简洁的文字方式，以20世纪各个时期具有代表性和时代意义的图片为载体，展示了从晚清风尚、"五四"女生到红装女性以至现代多元化的女性形象。纵观该书，中国女性从三纲五常的"小脚"闺秀→清末民初的靓装妓女→"天足"走出自我神采的"五四"女生→30年代的都市摩登"名媛"走向战争时期的焦躁不安→革命根据地的农村女性走向新中国的女劳模、光荣妈妈→"文革"时期的大公之下男、女无性化→改革开放前期的内衣外穿、穿金戴银、健美裤/牛仔裤等"性"赶新潮→20世纪末的唐装怀旧或焦虑的"物质"女郎→全球化下的传统复兴："母道"的回归。那些曾经美丽的抑或熟悉的面庞、身影，在一个接一个的美的消散中激荡前行。

三　妇女运动史

（18 本）

序号	著作	作者
1.	妇女解放问题基本知识	罗 琼
2.	苦难与抗争——三十年代中叶中国经济与妇女	罗 琼
3.	中国妇女组织发展的理论与实践	谭 琳 姜秀花
4.	中国妇女运动史（新民主主义时期）	中华全国妇女联合会
5.	中国妇女运动史	任 芬
6.	中国妇女运动史	计 荣
7.	中央苏区妇女运动史	张雪英
8.	中国近代妇女解放思想历程	张莲波
9.	从小脚女人到社会半边天	吴 燕
10.	中外妇女研究透视	孙晓梅
11.	国际妇女运动	闵冬潮
12.	国际妇女节考	孔寒冰 许宝友
13.	世界妇女大会与世界妇女问题	贾秀总
14.	五年之旅——从北京世妇会到纽约特别联大	首都女记协妇女传媒监测网络
15.	英国妇女选举权运动	陆伟芳
16.	女性的崛起——当代美国的女权运动	王 政
17.	美国妇女与妇女运动（1920—1939）	周莉萍
18.	20世纪60年代美国激进女权主义研究	何 念

著作名称：妇女解放问题基本知识

作　　者：罗琼

出 版 社：人民出版社

出版时间：1986 年 6 月

版　　次：第 1 版

页　　数：199 页

价　　格：1.10 元

作者简介

　　罗琼（1911—　　），女，江苏省江阴县人。妇女社会活动家，全国妇联第四、第五届副主席，第三、第六届全国人大常委会委员，第五、七届全国政协常委。

内容简介

　　20 世纪 50 年代，作者为《中国妇女》杂志的妇女问题讲座专栏撰写妇女问题基本知识，这是一本论述妇女受压迫的地位是怎样形成的，妇女在阶级社会里怎样受压迫，妇女解放的途径等问题的书，它回顾了中国妇女解放运动的历程，指出只有中共产党才能领导中国妇女走社会主义、共产主义道路，实现彻底解放；中国妇女运动史是随着中国新民主主义、社会主义革命和建设的发展而胜利前进的；中国妇女正在社会主义建设中奋勇前进。该书的观点明确，通俗易懂，曾对读者提供妇女解放理论知识起到启蒙作用。

　　该书共分三编。第一编：妇女地位的演变，分为三章。第一章，论述了妇女被压迫地位的形成，指出在人类社会发展的各个阶段，由于社会制度不同，妇女在社会上和家庭里的地位也不同。原始社会生产资料公有，妇女在发展生产力中起着重要作用，男女过着平等的和谐的生活。原始社会末期，氏族公社解体，奴隶社会诞生，社会分裂为奴隶主和奴隶两大阶级，奴隶主阶级占有一切生产资料，妇女失掉了财产所有权，从属于男子，开始了妇女受压迫的时代。由于生产资料私有制的建立，奴隶制度的形成，这些民族的妇女已经沦为男子的附属品，她们被当做劳动工具任人交换。从妇女地位的演变来领会历史唯物主义的思想，妇女被压迫问题，不是自古就存在的，是一定历史条件下的产物，是从奴隶社会开始的，是随着生产资料私有制和阶级剥削制度产生的。第二章介绍了在社会各阶段中妇女受压迫的实质及其具体形态，指出从奴隶社会、封建社会到资本主义社会，都是剥削阶级的男子占有社会上全部或大部分生产资料，掌握了国家的一切权力，规定了歧视妇女的法律和宣扬男尊女卑的道德，形成了以男性为中心的社会，妇女成为男子的附属品。第三章讲述了妇女解放的道路。指出1917年俄国在布尔什维克党和列宁的领导下，胜利地进行了伟大的十月社会主义革命，震撼了全世界，在人类历史上第一次开辟了无产阶级解放的光辉纪元，第一次引导广大妇女群众走向彻底解放。

第二编，分为六章，系统地回顾了半殖民地半封建时期的中国妇女、中国旧民主主义时期的妇女运动，"五四"运动开创了妇女解放的新纪元，中国共产党引导中国妇女走向彻底解放的道路，新民主主义革命时期的妇女运动的伟大胜利，以及妇女群众对新民主主义革命的巨大贡献，我国各族人民在争取新民主主义革命胜利的斗争中，充分发挥了人民群众推动历史的伟大作用。我国各族妇女为了克敌制胜，作出了巨大贡献，获得人们的尊敬。如妇女们英勇参加人民革命战争。

第三编，分为五章，概述中华人民共和国成立后妇女翻身得解放，广大妇女在社会主义改造及社会主义物质文明建设、精神文明建设中的巨大作用，发扬共产主义道德风尚，发展新型的恋爱、婚姻和家庭关系。妇女成为新中国的主人，社会主义改造不但铲除了妇女被压迫的经济基础，同时使得妇女在思想、文化、科学水平上都有所提高，她们成为社会主义经济建设的伟大力量。

著作名称：苦难与抗争——三十年代中叶中国经济与妇女

作　　者：罗琼

出　版　社：中国妇女出版社

出版时间：1995年

版　　次：第1版

价　　格：30.00元

作者简介

　　略

内容简介

　　该书介绍了20世纪30年代在帝国主义和官僚资本主义双重压榨下中

国经济呈现的衰败现象，以及中国劳动妇女所遭受的种种苦难与抗争。该书共分为三编，收录的主要文章有："一败涂地的华北棉纺织业"、大批的粮食带到东洋去了、"共存共荣"的中国火柴业等。第一编劫夺中国财富、压榨中国人民。主要介绍了一系列的经济现象，不公平的商品交易使得妇女在经济外交、物价稳定、各种商品买卖中发出自己的声音，针对食盐、棉纺织业、渔民盐民、糖世界、粮食问题、茶话、纱布交易等与利益集团进行了一系列恶战。第二编生活悲惨、地位低微。讲述了黄渡农村、江苏北部农村中的劳动妇女所遭受的苦难，她们在人肉市场中遭受着地主商人的重重盘剥，代表着恐慌深化期中的中国产业妇女路绝途穷的悲惨现状。第三编唯一的出路。介绍了妇女姐妹们在怒吼中行动起来，迅速动员全国农村妇女参加、支持抗日战争，并在此基础上组织训练农村妇女，在新启蒙运动的指引下加紧实现动员妇女参加抗战建国工作。

著作名称： 中国妇女组织发展的理论与实践

主　　编： 谭琳　姜秀花

出 版 社： 社会科学文献出版社

出版时间： 2007 年 11 月

版　　次： 第 1 版

I S B N： 7 - 8023 - 0938 - 8

字　　数： 480 千字

价　　格： 68.00 元

编者简介

谭琳，略。

姜秀花（1963—　），女，全国妇联妇女研究所副研究员，《妇女研究论丛》副主编。

内容简介

伴随着市场化的发展、社会结构的变化和社会需求的多元化，数以万计的公益性、互助性、自治性的民间妇女组织应运而生，全国妇联作为中国最大最有影响力的妇女组织，带领和引导各级妇联组织以灵活高效的方式为妇女提供专业化服务，使妇女多样性的利益诉求有了更多的渠道和组织依托。中国妇女组织发展始终与时代共奋进，取得了令世人瞩目的成绩。但变革是永恒的，发展更无穷期，在全球化、社会转型和体制改革不断深入的形势下，妇女组织的发展也面临许多新的挑战。例如，如何满足广大妇女对维权工作提出的更多更高的要求，如何应对政府职能转变带来的组织约束机制的变化，妇女组织如何在增强自身能力建设的同时与其他妇女组织优势互补，互利共赢，等等。

在中国妇女组织迅速发展的同时，有关中国妇女组织发展的理论研究成果和实践经验总结也不断涌现。全书40篇文章，既收录了近年来全国妇联和各省市区妇联有关领导的重要论述，体现了妇联组织对自身发展和妇女发展的积极省思和创新态度，又集中了专家学者和妇女工作者对中国妇女组织面临的问题进行的阐述。一方面，从理论的角度对妇女组织发展的历史研究和实践经验进行了回顾和梳理，就现代社会中国妇女组织如何应对挑战、确立发展方向、处理组织与社会的利益关系提出了理论指导；另一方面，从实践的角度探讨了妇联在组织机构设置、工作方式、制度创新、能力建设上取得的成就以及进一步发展的方式方法，也总结了民间妇女组织在改革开放进程中的发展实践，将实践中积累的经验与广大读者共同分享。另外，该书还把历次中国妇女全国代表大会通过的《中华全国妇女联合会章程》和相关的妇女组织名录附后，为读者了解妇联组织变化的历程和妇女组织的发展繁荣提供方便，大大增加了该书的实用性和资料价值。

该书在理论和实践上做出积极探讨和创新，成功探索了妇联组织和其他各类妇女组织在制度创新、组织创新、管理创新及能力建设方面的新路径。中国妇女组织的进一步发展创新还有待于我们的共同努力，而这些探索和变革将促使具有60余年历史的妇联组织逐步发展成为了一个具有广泛代表性和影响力的新型社会组织。

著作名称：中国妇女运动史（新民主主义时期）

作　　者：中华全国妇女联合会

出 版 社：春秋出版社

出版时间：1989年10月

版　　次：第1版

ISBN：7-5069-0218-4/K.11

页　　数：615 页

价　　格：12.00 元

内容简介

　　该书以马克思主义为指导，力求用辩证唯物主义、历史唯物主义分析我国新民主主义时期妇女运动的实践。系统地阐述了中国妇女解放的历史进程，总结了中国妇女运动发生、发展和变化的内在规律，指出中国共产党的妇女运动与西方的女权运动不同，它是与反帝反封建的民族民主革命运动结合在一起，在民族解放、阶级解放的事业中争取妇女解放的。

　　该书的主要内容是记述中国共产党领导下的新民主主义时期的妇女运动，指出中国共产党从建立开始，就根据整个革命运动的中心任务、妇女群众的特殊要求，在各个革命时期，制定妇女运动的方针政策，组织各种形式的妇女团体，发动和团结各族各界妇女积极参加革命运动、妇女解放斗争。中国妇女在长期运动中探索出了自身解放的道路，只有社会主义能救中国，只有社会主义才能解放妇女。这部《中国妇女运动史》告诉我们：中国妇女为了中国革命、为了自身解放，英勇地投入波澜壮阔的争取民族解放和阶级解放的洪流，又在革命熔炉里改造自己，不断提高自身的觉悟和解放意识，中国妇女为革命做出了重大贡献和牺牲。中国妇女正是以对革命变革的巨大参与活动和出色的成绩，赢得了社会对女性价值的尊敬和承认。

　　该书较好地处理了妇女运动史与现代史，特别是革命史的关系，突出了本身的特点。在大的分期上该书虽然与革命史基本相同，但在具体安排上紧紧抓住妇女运动的特点，从不同阶段中国妇女的处境、中国妇女的觉醒和成长过程、中国妇女自身解放的过程、中国妇女在革命斗争中的地位和贡献等四个方面，集中、具体地阐述和分析了中国妇女争取解放的历史进程和发展规律，这样就使它与中国革命史明显地区别开来。另外，这部书虽然以中国共产党领导的妇女解放运动为主线，但也兼顾了各个阶级、阶层妇女不同程度的觉醒和斗争，各种思潮影响下的妇女组织和各种形态的妇女运动，以及中国妇女在生产、就业、教育、思想文化、社会生活各个方面的一些活动与影响。

著作名称：中国妇女运动史

作　　者：任芬

出 版 社：北方妇女儿童出版社

出版时间：1989 年 7 月

版　　次：第 1 版

价　　格：10.00 元

作者简介

　　任芬，女，中华女子学院科研处教授，发表《白虎通义》与封建礼教的产生、试论《木兰诗》的时代背景等文章。

内容简介

　　《中国妇女运动史》把中国妇女争取解放的历史进程，妇女运动发生、发展、变化的内在规律加以总结，以翔实的史料，从剖析国情入手，具体阐述中国妇女解放的正确道路，介绍了妇运前辈、妇女英烈及千千万万普通妇女为中国革命胜利建立的丰功伟绩，颂扬她们艰苦奋斗的革命精神，着力探讨作为妇女运动主体的妇女群众的成长过程。

　　该书主要研究中国共产党领导的妇女解放运动，研究中国革命运动和妇女运动的关系，同时也兼顾了其他各种形态的妇女运动、各种思想流派影响下的妇女组织的状况、活动、演变过程，对反动的妇女组织，也力图搞清其活动、影响和结局。该书共分为十一个章节，第一章至第十章，系统地介绍了旧民主主义革命时期、中国共产党创建时期、第一次国内革命战争时期、土地革命时期、抗日战争时期、第三次国内革命战争时期、社会主义改造基本完成时期、开始全面建设社会主义时期、“文化大革命”时期、1976 年 10 月后社会主义现代化建设时期的妇女运动。第十一章主要介绍了社会主义革命与社会主义建设中的少数民族妇女，强调改革开放使少数民族妇女运动进入新阶段，少数民族妇女冲破传统观念，投入改革洪流当中。

　　该书着重研究中国妇女在政治斗争中的作用，也注意到她们在经济、文化、科学技术、社会生活各方面的活动。妇女人物在妇女运动历史上占有重要地位，该书除较充分地反映妇女领袖人物、代表人物的作用外，也如实地记载了历史舞台上千千万万普通妇女的活动，指出妇女运动是以妇女为主体的群众性运动。同时该书还注意研究不同时期妇女群众发动的规模、组织程度和运动的发展水平。对于妇女组织的沿革、妇女刊物的状况、妇女解放思潮及妇女解放理论的发展，也都纳入了研究范围，从而探索了中国妇女运动同国际妇女运动互相支持、友好往来的历史轨迹。

著作名称：中国妇女运动史

主　　编：计荣

出 版 社：湖南人民出版社

出版时间：1992 年

版　　次：第 1 版

I S B N：7 – 54380 – 418 – 2

页　　数：221 页

价　　格：3.65 元

编者简介

　　无

内容简介

　　该书遵照马克思主义妇女理论基本原理，对中国妇女运动的历史分期和主要内容、中国妇女运动的历史特点等进行了学术探讨，对妇女运动实践起到指导作用，详细介绍了妇女理论知识，促进事实上男女平等的实现。

　　该书共分为 11 章节，第一章绪论部分介绍了妇女运动的渊源、中国妇女运动的兴起、历史分期、主要内容、主要特点等。第二章介绍了封建制度统治下的中国妇女备受压迫，在太平天国运动的催发下，妇女受到康梁的男女平等观和兴女学的影响，为妇女运动的兴起打下了思想基础，以孙中山为首的资产阶级革命派与以秋瑾为代表的先进妇女群体的出现，促进了女性参政运动的兴起。第三章至第十一章，分析了"五四"运动以来马克思主义妇女解放理论在中国的传播情况，介绍了土地革命风暴中的妇女运动、大革命失败后妇女的英勇斗争、苏区妇女运动的兴起和发展、抗日战争中的妇女运动、解放战争中的妇女运动、社会主义改造基本完成时期的妇女运动、开始全面建设社会主义时期的妇女运动、"文化大革命"时期的妇女运动、社会主义现代化建设时期的妇女运动。五四运动深刻地影响了半殖民地半封建的中国社会，成为中国新民主主义革命的开端。同时，也促使辛亥革命失败后沉寂下来的妇女运动重新恢复，活跃和发展起来，开创了中国妇女解放运动的新纪元。1924年至1927年，在中国的大地上爆发了一场席卷全国的以推翻帝国主义支持下的北洋军阀在中国的统治为目标的民族民主革命。由于妇女的广泛参与，从而形成了中国妇运史上的第一次高潮，虽然这次高潮因大革命失败而暂时受挫，但在革命实践中所开拓的妇女解放道路，却引导中国妇女运动走向新的高潮。随着农村根据地的建立，一场声势浩大的农妇运动，成为这个时期妇女运动的主体，一度沉寂的城市妇女运动，在1931年九一八事变后，随着民族矛盾的加深而重新崛起，并出现了各阶层妇女重新合作抗日的局面。中国人民经过八年艰苦卓绝的浴血奋战，终于迎来抗日战争的最后胜利。在严酷的战争岁月，妇女学到了平时多少年都难以学到的许多新东西，觉悟程度和团结程度得到很大提高，在整个解放战争时期积极投入斗争并发挥了很大的作用。1976年10月6日，中央政治局执行党和人民意志，采取果断措施，毅然粉碎了江青反革命集团，结束了"文化大革命"。这场给党、国家和各族人民带来严重灾难的内乱，从此中国妇女运动进入了一个新的历史发展时期。同时十一届三中全会为妇女运动指明了方向，妇女运动逐步恢复与发展，并引导妇女参加"四化"建设。

著作名称：中央苏区妇女运动史

作　　者：张雪英

出　版　社：中国社会科学出版社

出版时间：2009年9月

版　　次：第1版

ISBN：7-50048-048-8

字　　数：247千字

价　　格：24.00元

作者简介

　　张雪英（1962—　），女，福建龙岩人。福建龙岩学院思想政治理论教学研究部教授，赣南师范学院中央苏区研究中心兼职研究员。兼任福建省妇女联合会执行委员，福建省妇女研究会理事等职。

内容简介

中央苏区是第二次革命战争时期，全国最大的革命根据地和全国苏维埃运动的中心区域。《中央苏区研究丛书》（共十册）涉及中央苏区的政权建设、经济建设、文化建设、社会变迁等内容，对中央苏区革命历史问题的研究和弘扬苏区精神具有重大的理论与现实意义。土地革命时期，中央苏区妇女在中共的领导下，积极投身革命运动，在这个解放思想、解除压迫与束缚、争取恢复独立人格的过程中，她们提高了自己的社会地位，扩大了自身的影响力，所以，针对中央苏区妇女在中国共产党领导下所开展的运动的研究是极富有学术价值的。

该书考察了20世纪二三十年代赣南、闽西苏区妇女在中国共产党领导下进行的解放斗争，以及党在领导妇女运动过程中所提出的各项方针政策，真实地描述了中央苏区妇女的精神风貌、生活方式、社会地位等，阐述了她们给当地妇女带来的影响。学术界对中央苏区妇女运动的研究经历了史料整理，重大事件、重要文件探讨和全面的运动史研究三个阶段，对中央苏区妇女在政治、经济、婚姻、文化等方面的情况做了系统的分析。在此基础上，作者从马克思主义唯物史观的基本立场出发，利用定性与定量相结合、宏观与微观相结合、历史与现实相结合的方法，客观、全面、系统地反映了中央苏区妇女解放思想的传播过程以及解放运动的兴起和普遍开展，体现了中央苏区妇女积极向上的精神，肯定了她们为抗日战争、解放战争的胜利做出的重大贡献。该书科学、系统的研究弥补了中央苏区妇女运动研究的空白。

通过全书的探讨，作者指出赣南、闽西苏区的妇女能在战场和后方生产岗位上取得成功，赢得了社会对女性价值的承认和尊重，主要归功于三点：首先，中国共产党的领导是妇女解放的根本保证，中共从政策、制度到理论思想以及法律，都为中央苏区的妇女运动做了大量的努力；其次，土地革命时期，中央苏区妇女也充分发挥了自己的内在动力，参加武装斗争、参与政府管理、参加生产劳动，积极推动社会的进步和发展；最后，中央苏区妇女的解放运动激发了广大妇女投身革命的热情，为中国革命的解放事业做出了重大的贡献。这些结论，无论是在战争年代或经济建设时期，都具有一定的借鉴意义，故该书对进一步推进妇女运动史研究具有重要的历史和现实意义。

著作名称: 中国近代妇女解放思想历程

作　　者: 张莲波

出 版 社: 河南大学出版社

出版时间: 2010 年 9 月

版　　次: 第 1 版

I S B N: 7 - 81091 - 480 - 4

页　　数: 336 页

价　　格: 22.00 元

作者简介

　　张莲波,女,副教授,河南大学中国近现代史研究生导师。

内容简介

　　该书试图从妇女解放思想的源头、发展等方面来探索妇女解放的问题,以期对当今的妇女解放有一定的借鉴。近代妇女解放思想的理论来源主要是西方的"天赋人权",但也承袭了明清之际的民主主义思想。该书追述了 1840 年以前的妇女解放思想,并把它作为妇女解放思想的萌芽。该书研究中国近代妇女解放思想的时间之所以截止到 1921 年,主要是因为:在中国用马克思主义观点探索妇女解放集中在中国共产党建立前后。在这以后,妇女解放思想、妇女解放运动发生了翻天覆地的变化。

　　该书共分 6 章,第一章明清时期妇女解放思想的萌芽,对封建礼教提出了质疑,并引用相关文章加以说明,在此基础上论述了太平天国与妇女问题。第二章妇女解放思想的启蒙,首先介绍了传教士、出洋人员对妇女解放所起到的积极的宣传作用,在此基础上介绍了郑观应、陈炽、宋怒的妇女解放思想。第三章戊戌维新时期妇女解放思想的兴起,首先引出不缠足的思潮,接下来介绍了资产阶级新维新派的妇女解放思想,并以康有为、梁启超、谭嗣同、经元善的妇女解放主张为例加以论述。第四章辛亥革命时期妇女解放思想的发展,把西方女权理论介绍到中国,并具体介绍了以孙中山、柳亚子、胡汉民、陈以益为代表的民主思潮激荡下的妇女解放思想。第五章辛亥革命时期觉醒女性的妇女解放思想,详细论述了女国民思潮、女权思潮,讲述了革命家秋瑾、女界梁启超——张竹君、特立独行奇女子吕碧城等的动人故事。第六章则主要介绍了五四时期妇女解放思想的深入蓬勃发展。指出，几千年的男权文化，使妇女受到了政治、经济、教育、家庭、社会、身体、心理等方面的种种束缚，使她们变成了奴隶。认为妇女解放首先是一个历史的范畴，对于资本主义社会来说，妇女解放就是把妇女从封建社会的被压迫、被剥削、被奴役的状态中解放出来，实现政治的、经济的、文化教育的、家庭的、社会的、心理的、身体的解放。在中国，这种解放是伴随着资产阶级领导的旧民主主义革命而来的。妇女解放就是要为妇女打开各种各样的枷锁，所以批判为维护封建专制制度统治秩序服务的封建礼教，不仅十分必要，而且贯穿于中国妇女解放思想的始终。为了使妇女成为人格健全的人，近代妇女解放思想从最初的要求废除缠足、解放妇女的身体，到兴女学、解放妇女的智力，一直发展到要给予妇女一切权利，包括教育、经济、婚姻、参政等作为一个人所拥有的权利。

该书强调了近代妇女的解放思想，注重于妇女社会地位的提高，而忽视了由于性别差异而带来的特殊性。人的性别有生理性别，也有社会性别。妇女的解放，是建立在完全打破社会束缚、性别束缚的基础上，除了政治、经济的解放外，还有赖于社会观念的转变、传统习俗的转变，有待于整个人类的解放。所以妇女的解放是比阶级的解放更为深刻的解放，要经历更为艰辛的奋斗过程。

著作名称：从小脚女人到社会半边天

作　　者：吴燕

出 版 社：四川人民出版社

出版时间：2003 年 9 月

版　　次：第 1 版

Ｉ Ｓ Ｂ Ｎ：7 - 22006 - 192 - 7

页　　数：244 页

价　　格：38.00 元

作者简介

吴燕，生于 20 世纪 70 年代，女，北京人。发表了至少 100 篇文章，30 岁辞职读研究生，现为上海交通大学科学史系全职博士研究生。

内容简介

人类历史源远流长，男女两性的平等与不平等，女性的社会地位、社会权利，随着各种社会制度的转变而不断发生变化，在不同的时代也呈现出不同的发展历程及表现，该书图文并茂，以图为主，图文互证，以精彩的图片，精练的文字具体展现了中国妇女的地位变迁。

在人类早期社会，妇女原被认为是人类繁衍的主要生产力量，从原始社会后期开始，社会生产力不断发展，原始畜牧业产生并与农业相分离，体力劳动的重要性开始凸显，男性逐渐成为生活资料的主要创造者，女性在社会生活中原有的优势地位发生逆转，女性不仅失去先前拥有的各方面优先权，而且随着社会保障的丧失，她们自身也沦为男性的附属品，这种逆转同时也为封建时期的男尊女卑奠定了基础。进入封建社会后，男尊女卑观念正式形成，女性的政治地位、经济地位、婚姻家庭地位、健康地位一落千丈，各方面都处于社会最底层，在男权社会没有任何独立人格可言。

晚清时期，社会内部开始出现新的意识形态，人们开始对古代男尊女卑的观念进行反思，男女平等思想也逐步为维新派人士所接受，主张恢复妇女的人性，赋予女性应有的权利，妇女的解放与社会变革结合在一起，"三纲五常"、"三从四德"等封建伦理观念受到冲击。这股开放之风给封建礼教造成了沉重打击，也撼动了几千年的男尊女卑观念，妇女维新全然一副新气象。在女性教育方面，大量女子学校兴起，中国妇女开始走出国门看世界；在女性政治地位方面，一部分具有维新思想的知识妇女，开始兴办女报，积极投身一系列爱国运动，参战参政，在辛亥革命中，中国娘子军也发挥了重要的作用；在女性经济地位方面，她们开始走出家门，自谋职业，以争取自己的经济独立。所有这些都表明，中国妇女运动的序幕已经拉开，妇女解放的号角已经吹响，女性的地位也由此开始提升。

中国妇女解放在五四运动后掀起新的浪潮，而后又在革命根据地和解放区中国共产党的带领和引导下开创了新生活，翻身成为革命的主力军，涌现了大批的优秀的女革命家和女英雄，虽然在后期遭受了"文化大革命"的浩劫，但中国妇女不可否认地在社会中扮演着越来越重要的角色，成为国家建设和发展不可缺少的力量。如今，中国妇女的社会地位已经显著提高，也在经济舞台上大显身手，成为一支不可或缺的主力军，在教育领域、文艺界都取得了骄人的成绩。随着生活方式的改变，中国妇女减轻了自身的负担，开始享受社会的现代化建设成果。广大汉族妇女也携手少数民族同胞共同进步，共同创建美好的明天。

百年来，历史在发展，社会在进步，中国妇女能从小脚女人发展为社会半边天，将来也能成为我国现代化建设的主力军，该书的探讨和研究在一定程度上可以指导我国现代妇女更好地发挥自身的作用。

著作名称：中外妇女研究透视

作　　者：孙晓梅

出 版 社：中国妇女出版社

出版时间：1998 年 7 月

版　　次：第 1 版

I S B N：7 - 80131 - 243 - 0

页　　数：285 页

价　　格：15.00 元

作者简介

略

内容简介

该书分为上下两篇，内容包括：浅析妇女解放的基本理论、中国妇女学研究综述、妇女学研究在中国、联合国与世界妇女、当代西方妇女运动的特点等。收入该书的文章，是作者多年研究妇女理论的部分作品，有从事妇女理论教学的讲稿和进行国家重点项目的课题，也有参加国内外大型妇女研讨会的论文和为妇女报刊杂志撰写的稿件。

上篇：中国妇女研究。介绍了马克思主义妇女观形成的理论基础、中国共产党领导的早期妇女解放运动、中国新民主主义革命时期的妇女解放运动，浅析了妇女解放的基本理论，中国妇女解放运动的特点，具体介绍了中国妇女理论研究的理论、方向等。在介绍目前高校系统妇女研究机构状况的同时，展望了妇女学研究在中国的发展，探讨了中国妇女学学科建设的框架，提出了解决中国城市妇女问题和农村妇女问题的对策，系统论述了妇女参政、中国城市妇女就业、中国农村妇女参与经济发展、中国女青年的科技参与、中国女性社会工作者的培训、中国妇女迈向 21 世纪的发展方向等问题。

　　下篇：世界妇女研究。介绍了"二战"前的世界妇女运动，联合国与世界妇女、世界各国的妇女组织的基本情况，具体论述了战后西方新女权运动。在此基础上讲述了当代西方妇女运动的特点，对世界妇女就业、发达国家的妇女就业、中外妇女就业问题、西方妇女参政趋向、当代第三世界国家的妇女现状、拉美地区妇女地位的变化等进行了详细论述。较为系统地阐述了马克思主义妇女观，梳理了妇女解放的基本理论，对当代中国妇女学研究进行了较为全面的综述，介绍了当代中国高校妇女学研究的基本情况，对中国妇女参政、中国城市妇女就业、中国农村妇女参与经济发展等问题提出了自己的观点，同时介绍了联合国与世界妇女、当代西方妇女运动等情况。

著作名称：国际妇女运动
作　　者：闵冬潮
出 版 社：河南人民出版社
出版时间：1991 年 11 月
版　　次：第 1 版
I S B N：7 - 21501 - 6 - 129
页　　数：267 页
价　　格：5.00 元

作者简介

　　闵冬潮，女，2002 年获英国曼彻斯特大学哲学博士，现任上海大学文化研究系教授、性别与文化研究中心主任。研究专长：女性主义的理论与实践、跨文化研究。发表的论著有《国际妇女运动 1789—1989》、《全球化时代的理论旅行——跨国女性主义的知识生产》等。

内容简介

　　该书通过大量的翔实资料，运用以中国为基点的比较研究方法，比较系统、完整地论述了 1789—1989 年间国际妇女运动的整个历程，从宏观上把握了国际妇女运动的发展脉络，并总结和预测了未来的趋势。

　　全书共分为 9 章，第一章批判的岁月，首先从启蒙运动追溯了妇女解放运动的渊源，指出启蒙运动让妇女首次在民主、平等的大雷雨中得到洗礼,正是这场洗礼为妇女解放运动埋下了伏笔;第二章行动的年代,介绍了资产阶级妇女为女权而奋斗,劳动阶级妇女为面包而行动的现实;第三章涌动的潜流,介绍了走出家庭的妇女在斗争中求生存,冲出家庭藩篱的中产阶级妇女在生存中求发展的情况;第四章合流与分流,介绍了法国、俄国、德国、英国妇女运动的具体情况;第五章参政的足迹,介绍了美国、英国、北欧诸国妇女参政的基本历程;第六章东方的觉醒,主要讲了拉丁美洲、日本、印度妇女运动、参政的基本情况;第七章新旧交替的阶段,第八章全面的挑战,第九章喜忧参半的发展,各章联合起来介绍了妇女运动的发展、壮大、走向世界的历史进程,并对发展中国家妇女对发展的反应进行了详细的分析。

著作名称:国际妇女节考

作　　者:孔寒冰　许宝友

出 版 社:北京大学出版社

出版时间:2004 年 11 月

版　　次:第 1 版

I S B N: 7 - 30107 - 663 - 0

页　　数:250 页

价　　格:18.00 元

作者简介

孔寒冰(1958—　　),黑龙江人。1992 年毕业于北京大学国际政治系,获法学博士学位,现为北京大学国际关系学院教授、博士生导师。

许宝友(1960—　　),山东人。1985 年毕业于北京大学国际政治系,获法学硕士学位。现为中共中央编译局世界社会主义研究所副研究员。

内容简介

该书对国际妇女节进行了系统的研究,探究了国际妇女节的起源问题、国际妇女节的纪念意义、欧美等国的国际妇女节以及国际妇女节在中国的传入等,较以往针对国际妇女节来龙去脉问题的研究,有了许多新进展和新突破。

该书从历史实际出发,依据丰富、翔实的第一手中外文资料和细致的分析考证,推翻了在中国流传了近一个世纪的关于国际妇女节起源的错误说法。作者在书中指出，在美国历史上，1909 年 3 月 8 日这一天并没有芝加哥女工罢工和示威游行，国际妇女节的起源是社会主义妇女运动发展的产物，它的确立是一个过程。同时，通过对国际妇女节起源的考证，该书还从一个很独特的角度揭示了世界社会主义运动的发展与分化、世界社会主义妇女运动的兴起与分化、中国现代妇女运动的兴起与分化，并揭示了中国现代妇女运动与中国新民主主义革命和社会主义建设的密切关系。

该书以原始决议为依据，第一次证明了 1910 年哥本哈根国际妇女代表会议只是决定"各国社会主义妇女每年要有一个节日"，并未具体规定 3 月 8 日为国际妇女节的事实。根据多种史实，该书第一次说明了从 1911 年起，欧美多国纪念国际妇女节各有不同日期，有的在 2 月末，有的在 3 月 5 日或 19 日。同时，该书第一次从德文资料查出，是 1921 年共产国际妇女代表会议把国际妇女节最后固定在 3 月 8 日；较为系统地详述了国际妇女节如何传入中国和中国纪念国际妇女节活动的由来、发展和变奏，较深刻地阐明了蔡特金在领导妇女解放运动和创立国际妇女节中的活动和作用，以及中华人民共和国成立前后我国对蔡特金的介绍和研究。

著作名称：世界妇女大会与世界妇女问题
作　　者：贾秀总
出 版 社：中国妇女出版社
出版时间：1995 年 9 月
版　　次：第 1 版
I S B N：7 - 80016 - 870 - 0
页　　数：160 页
价　　格：7.00 元

作者简介

贾秀总（1945—　），女，河北深州人，教授，编审。主要研究方向为马克思主义妇女观、妇女理论等。

内容简介

该书较为详细地介绍了第一次至第四次世界妇女大会与非政府组织论坛筹备、开展等情况，重点阐述了在北京召开的第四次世界妇女大会的影响，以及社会各界热情迎接第四次世界妇女大会召开的各项准备工作。

详细介绍了《内罗毕战略》，客观评价了"联合国妇女十年"行动取得的成效，并从第四次世界妇女大会产生的《行动纲领》出发，结合全球经济、政治、文化环境的新形势，分析了一些世界性的妇女问题，如在参政议政上存在着男女不平等、促进妇女发展的机制不健全、妇女贫困的持久化和日益增长、妇女参与经济发展的机会和报酬不平等、对妇女的暴力、大众传播媒介对妇女的宣传不够得力、妇女积极性得不到发挥等。

作者还结合《雅加达宣言》的内容，分析了亚太地区面临的妇女问题，如贫困问题日益妇女化、妇女进入和参与经济活动不平等、获得权利和决策机会不平等、对妇女人权的侵犯、缺乏保健服务、不平等与缺乏受教育和识字机会、推动提高妇女地位的机构不够有力、没有充分地认识到妇女在建设和平方面起的作用等；与此同时，结合《国家报告》的内容，分析了中国妇女工作取得的成就和存在的问题。该书还以附录的形式，收录了一些有关第四次世界妇女大会及非政府组织论坛的参考资料。

著作名称： 五年之旅——从北京世妇会到纽约特别联大

作　　者： 首都女记协妇女传媒监测网络

出 版 社： 首都女记协妇女传媒监测网络

出版时间： 2000 年 6 月

页　　数： 302 页

价　　格： 7.00 元

作者简介

　　无

内容简介

　　该书介绍了世纪之交时，"平等、发展与和平"的主题，在不同地方、不同层次，在政府、妇女组织、国际机构里有着怎样的演绎。

　　该书共分为 4 个章节，主要收录了《联合国秘书长安南在特别联大上的讲话》、《中国妇女发展纲要》的有关实施情况的报道、《关于家庭暴力的研究概况》等文章，此外还涉及妇女与全球化、妇女与媒体、妇女与媒体等主题，同时还收录了十余篇有奖征文。第一章世纪承诺，主要讲述了国际社会和我国政府的承诺，《中国妇女发展纲要》的有关实施情况的报道，其中穿插了联合国秘书长安南在特别联大上的讲话概要（2000

年 6 月），联合国关于各国政府贯彻北京《行动纲领》情况的问卷，将性别视角纳入国际刑事法庭的问卷，以及 20 世纪 90 年代我国妇女进步与发展统计数据。第二章关注聚焦，对妇女的暴力、家庭暴力、反对暴力的对策等进行了研究，并提供了一系列"除暴日"的背景资料；同时结合全球化大背景，介绍了经济领域妇女赋权与社会性别平等及全球化，妇女与媒体等问题。第三章五年之旅，主要讲述了国际社会将性别观点纳入主流的机制和实践，详细收录了联合国的相关制度的一些规约。在此基础上结合中国实际，介绍了中国记者为了妇女权益保护所采取的行动，征集了大量的报道、文章作为参考。第四章多声部合唱，展现了 20 世纪 90 年代联合国系列全球专题会议成果。

著作名称：英国妇女选举权运动
作　　者：陆伟芳
出 版 社：中国社会科学出版社
出版时间：2004 年 10 月
版　　次：第 1 版
I S B N：7 – 50044 – 469 – 5
页　　数：326 页
价　　格：23.00 元

作者简介

陆伟芳（1963—　），女，江苏常熟人。历史学博士，现任扬州大学社会发展学院副教授。主要研究领域为英国城市史和妇女史。合著《英国的智慧》一书，发表学术论文数十篇。

内容简介

近代英国的社会进步表现为，自近代工业革命以来，伴随着城市社会的发展，英国社会的政治制度形式、社会道德标准、思想意识形态都发生了重大变化，进而构成了英国现代化发展中的诸多要素与内容。而英国妇女探索自身价值与争取自身权利的活动——争取妇女选举权运动则是其中的重要内容之一。《英国妇女选举权运动》一书研究的是英国妇女争取议会选举权运动的由来及其历史进程，作者充分运用翔实的历史资料，应用社会学和统计学方法进行综合分析和评述，对与妇女选举权运动有关人物的家庭出身、政治倾向、宗教信仰、文化程度、海外背景等数据进行量化统计，从而对英国妇女选举权运动的发生、发展做出正确的分析和判断。

该书第一编叙述了英国妇女从近代工业革命以来地位的变迁，以及英国妇女对自我意识的觉醒。描写了英国妇女在密尔等先驱者的启蒙下，积极参与激进运动，并在争取人身权、工作权、受教育权的斗争中逐渐唤醒并强化了妇女的自我意识，而后逐渐发展成为群体意识。最终在自由进步观念的影响下，英国妇女开始了追求自身的政治权利的运动。该书的第二编详细介绍了英国妇女选举权运动的过程，包括了第三章至第八章的所有内容。其中，第三章写的是1884—1886年英国妇女选举权运动的第一个阶段。这个阶段的运动继承了19世纪英国激进运动的一般模式，主要是以向议会递交和平请愿书为主，同时向群众宣传妇女选举权事业，就此掀起了妇女选举权运动的第一个波澜。在该书的第四章中，作者描述了1886—1902年英国妇女选举权运动的调整阶段。在这一时期，英国妇女在消沉的表象下，取得了运用市政选举权、参与地方工作等巨大的进步，使妇女获得了政治工作的经验，为以后妇女运动再次掀起高潮埋下了伏笔。第五章和第六章是著作最精彩的篇章，叙述的是1903年以来，英国妇女选举权运动的蓬勃发展。各种妇女选举权组织相继成立、社会宣传教育的进一步加强、妇女参政组织不断涌现，各种现象都说明了妇女选举权事业已经越出了以狭隘的中产阶级妇女为主的小圈子，走向了人民大众，得到了社会的广泛认同。第七章讲述了1911—1918年英国妇女选举权运动的迅速发展，这期间，英国妇女运动逐渐形成大规模的群众运动，并且最终通过了1918年的"人民代表案"，为30岁以上的妇女争取到了议会选举权。最后，作者在第八章里对妇女选举权运动进行归纳总结。对妇女选举权运动的性质、道路进行了分析，对妇女选举权运动的最后胜利的因素进行综合讨论。

总之，《英国妇女选举权运动》这本著作体现了作者的两大观点：一是英国妇女选举权运动是现代社会发展和妇女自我意识觉醒的必然结果；二是英国妇女选举权运动是温和的改革运动。虽然英国妇女的选举权运动艰巨而漫长，但通过卓绝的斗争，终于获得了成功。

著作名称：女性的崛起——当代美国的女权运动

作　　者：王政

出 版 社：当代中国出版社

出版时间：1995 年 6 月

版　　次：第 1 版

I S B N：7 - 80092 - 240 - 5

字　　数：180 千字

价　　格：14.50 元

作者简介

　　略

内容简介

　　中美妇女生活经历的差异是巨大的，为了使读者对美国妇女与美国文化有新的认识，作者在这部美国妇女运动史中着重阐述了中美两国文化的差异、美国社会文化的演变对妇女的影响，以及妇女对美国社会文化变迁的推动作用。通过该书历史地、全面地了解发生在当代美国的这一影响深远的女权运动，将有助于消融两国人民之间存在的一些隔阂。

　　该书主要有以下几个特点：第一，具有开创性。作者在书中详细介绍了美国新型的妇女学及其基础理论——社会性别论，填补了我国对美国妇女运动史研究的空白。而且作者强调了 gender 与 sex 两个词的差别，以社会性别（gender）作为考察社会历史的一个角度，更加深刻地剖析了美国的妇女运动。第二，理论联系实际。该书在描述美国女权运动的同时也注重理论的铺垫，简明扼要地介绍了各个时期的女权主义理论和反女权主义理论，让读者读起来不仅论证深刻，而且新颖有趣。第三，客观反映实际情况。从书中我们能够领略到当代美国妇女运动的全过程，不仅介绍了美国女权运动的发展，也说明了美国当代社会为数不少的人对妇女运动持贬斥和反对的态度。该书既展示了美国女权运动的成功，也指出了它的过失和缺陷。

　　著作的第一章叙述的是当代美国女权运动的历史渊源。作者认为妇女运动不是一种孤立的社会现象，而是特定的政治文化的产物，所以作者致力于阐明妇女运动与政治文化的辩证关系，把当代美国的女权主义运动看作 19 世纪中叶到 1920 年美国女权主义第一次浪潮的继续，从第一次浪潮后社会思想和社会结构的变化来论述当代美国女权运动的渊源。第二章写当代美国女权运动的社会背景。作者描写了自 1920 年妇女获得选举权，到妇女开始大量涌入劳动力市场，经济地位得以提升，再到妇女地位委员会在劳动力市场存在性别歧视和性别隔离的前提下发挥作用，全面地反映了美国社会变化和妇女运动的衰落及其再度兴起的过程。第三章介绍了当代美国妇女运动的起源。以 50 年代后期的民权运动为起点，书中描绘了参与各种社会运动的美国青年妇女的觉醒，并由此使女权主义在美国大地复活。第四、第五两章则对这次女权运动本身进行了详细的介绍。第六章阐述了这次浪潮近期在美国社会体制中的渗透，以及在美国基层社会的发展。相信通读该书后，能使读者进一步产生了解美国妇女运动和美国社会的愿望。

著作名称：美国妇女与妇女运动（1920—1939）

作　　者：周莉萍

出 版 社：中国社会科学出版社

出版时间：2009 年 6 月

版　　次：第 1 版

I S B N：7 - 50047 - 960 - 4

页　　数：528 页

价　　格：45.00 元

作者简介

　　周莉萍（1972—　），女，浙江宁波人。1995 年毕业于南开大学历史系，2006 年获得华东师范大学历史学博士学位，现为宁波大学文学院历史系副教授。在《世界历史》、《历史教学问题》、《国际论坛》、《内蒙古师范大学学报》等刊物上发表论文多篇。

内容简介

　　20 世纪 20 年代和 30 年代是美国历史和美国妇女史上的一个特殊时期，这段时间既是两次世界大战的间歇期，也是美国第一次女权运动和第二次女权运动之间的一个低潮期，此时的美国社会处于一个政治、经济、社会、文化急剧转变时期，美国妇女生活丰富多彩，其外表、行为、婚姻家庭和就业都呈现出新的特点。这一阶段的历史对美国妇女的生存状态及其地位和角色变迁有着巨大的影响，在一定程度上影响了美国妇女后期的发展方向和方式。

　　该书把妇女群体放在美国经济繁荣——危机——复苏的背景下进行研究分析，在个案研究的基础上，探讨社会政治、经济和文化变迁与妇女地位和角色变化之间的互动关系。并从社会性别研究角度对美国妇女就业、婚姻家庭、教育和妇女运动与组织状况进行比较和全面分析，力图比较真实地反映这个时期妇女在私人领域和公共领域中的生存状况及地位和角色变迁。作者认为，妇女的生存状态受到外部世界规范的影响，社会政治、经济和文化变动对她们的生活有根本性的影响，妇女要获得真正的解放，自身的努力是关键，而其中经济独立是妇女走向平等和解放的基础和保证，无论在私人领域还是公共领域，女性的地位与角色很大程度取决于其经济独立能力。

　　全书除导言和结语外，正文共分三章：第一、第二章分别侧重分析20世纪20年代和30年代美国妇女的生存状况以及地位和角色变迁；第三章侧重从美国妇女组织和妇女运动角度分析妇女在公共领域中的生存状况和地位变化。该书以妇女的就业状况和妇女的婚姻家庭状况两方面作为探讨妇女的生存状况和地位变迁的主线，既可在横向和纵向上形成鲜明的对比，也利于分析各时代的相互联系。作者通过对美国妇女及妇女运动的研究，总结出女性的和平解放主要靠妇女自身的努力，特别是在经济上的独立，同时也受到传统与文化因素的强大影响。而一方面，女性的经济独立取决于经济的平等，经济平等又受制于生活生产力发展水平以及社会和文化发展水平；另一方面，面对传统和文化因素的影响，妇女必须加强自己的观念来应对各种挑战。经济独立和观念更新都需要长期的努力才能达到，在女性走向平等和解放的道路上，观念上的解放与经济上的平等同等重要，只有实现了观念上的解放和经济上的平等，妇女的发展道路才会平坦。

　　该书借鉴了国外丰富的研究成果，综合运用了社会学、历史学、妇女学等研究方法，通过对这个时期美国妇女在家庭和社会中生存状况及其地位和角色变迁的研究，弥补了国内学术界对这一时期美国妇女研究的不足。该书适用于妇女运动研究人员进一步研究美国妇女，或者是作为研究其他妇女运动的借鉴。

著作名称：20 世纪 60 年代美国激进女权主义研究

作　　者：何念

出 版 社：知识产权出版社

出版时间：2010 年 1 月

版　　次：第 1 版

I S B N：7 – 80247 – 550 – 2

字　　数：284 千字

价　　格：26.00 元

作者简介

何念（1966—　　），女，重庆人。英美语言文学硕士，南京大学世界史博士，现为解放军国际关系学院军事外交系副教授。主要研究领域为英美语言文化、妇女研究。发表有关英语教学、英美文化、历史研究等论文多篇，主编英语教材一套。因教学成果显著，曾获军队系统教书育人银奖。

内容简介

女性主义研究或性别主义研究已成为学术研究重要的一部分。美国妇女运动史是美国历史的一个重要组成部分，其内容涉及历史、政治、经济、文化等诸多方面，对于了解和认识美国当代社会有很大的帮助。20 世纪 20 年代美国妇女获得了选举权，但这之后美国女权运动逐渐衰落、消逝，直到 60 年代，新一代的女性复兴了妇女解放运动。自此后，新女权主义运动很快得到广大妇女的积极回应，在整个 70 年代，激进女权主义运动在美国社会、政治、文化等方面迅速发展壮大。

该书以美国激进女权主义为主线，重点阐述了 60 年代美国激进女权主义产生的历史背景、基本理论和具体实践，对美国社会的冲击和影响以及 70 年代后所遭到的反击。全书分为三个部分：绪论、正文和结束语。绪论主要阐述选题缘由、意义，国内外关于该课题的研究以及篇章安排和概念界定。正文第一章主要从激进女权主义运动产生的社会历史背景进行论述。美国社会 50 年代政治思想上的极端保守与 60 年代激进、自由的社会文化冲突是激进女权主义运动产生的外在因素，而美国妇女对自身处境的不满、理想与现实的落差以及女性意识的集体复苏是激进女权主义产生的内在因素，也是最直接、最充分的条件。第二章阐述的是激进女权主义的主要理论和组织，其中包括波伏娃的《第二性》和米利特分析父权制的《性的政治》。激进女权主义理论是在特定历史条件下妇女处境的深层次思考，具有反叛性、革命性的特点，创新了女权主义理论的论题。第三章作者描述了激进女权主义的实践行动。美国激进妇女以"个人的就是政治的"为宗旨，为掌握自己的权利、为发扬自己的文化、为保障自己的健康而战，促进了美国社会对妇女的尊重，也进一步彰显了女性在掌握自己命运过程中的主动性。第四章叙述了激进女权主义对美国社会的冲击和影响，以及激进女权主义所遭到的反击。激进女权主义运动冲击了美国父权制的社会、文化，但同时也遭到来自媒体、保守派和传统妇女的攻击，而这些都说明了美国妇女要获得真正意义上的解放还有一段很长的路要走。结束语部分强调了作者的两个观点：一是妇女的解放要靠妇女自己，美国女性要为寻求自身解放做出不懈的努力；二是社会的现代化要以妇女完全进入社会公共领域为标准，社会对妇女问题的关注、对妇女运动的支持都应该成为考量社会现代化的标准。

该书选激进女权主义作为妇女问题研究的突破口，运用翔实的史料，以女性的情怀来分析美国激进女权主义理论和实践，以增强读者对美国女性的了解。作者的研究对我国和谐社会的构建有一定的借鉴意义。

四 女性主义哲学

（16本）

序号	著作	作者
1.	女权主义哲学——问题，理论和应用	［美］詹妮特·A.克莱妮
2.	技术与性别：晚期帝制中国的权力经纬	［美］白馥兰
3.	女性主义神学景观——那片流淌着奶和蜜的土地	［德］E.M.温德尔
4.	女性伦理与礼仪文化	易银珍 蒋璟萍 等
5.	女性主义关怀伦理学	肖巍
6.	女性主义伦理学	肖巍
7.	女性主义哲学与公共政策	邱仁宗
8.	美学与性别冲突	文洁华
9.	宗教与妇女	谭桂林
10.	千面女神：性别神话的象征史	叶舒宪
11.	上帝与女性——传统基督教文化视野中的西方女性	刘文明
12.	撩开你的面纱：女性主义与哲学的对话	荒林 翟振明
13.	性别视角中的中国古代科学技术	刘兵 章梅芳
14.	性别与科学读本	章梅芳 刘兵
15.	女性主义科学观探究	董美珍
16.	科技没有忘记女性	丛凤辉

著作名称：女权主义哲学——问题，理论和应用

作　　者：［美］詹妮特·A. 克莱妮

译　　者：李燕

出 版 社：东方出版社

出版时间：2006 年 5 月

版　　次：第 1 版

I S B N：7 - 5060 - 2479 - 9

页　　数：721 页

价　　格：70.00 元

作者简介

　　无

内容简介

　　《女权主义哲学——问题，理论和应用》作为女权主义研究的哲学专著，在较广阔和较综合的层面上，对女权主义所关注的若干主题作了探讨，论述深入浅出，且生动有趣。该书的中心目标之一就是提供一个女性主义的论域，让各种观点和立场做一番真正的沟通。该书最重要的特征是，较全面系统地反映了女权主义的各种发展流派，及其所取得的理论成绩，这对于读者了解女权主义的发展和理论倾向，提供了很好的思想材料。同时，也对中国社会正在兴起的女性研究，具有启发和借鉴意义。

　　该书第一部分是女权主义关注的重要问题研究；第二部分对较集中的八种女权主义派别的代表人物以及他们的成果分别作了介绍。全书不仅对纵横复杂的女权主义思潮进行了哲学思维的分析和批判，而且还作了系统性的梳理。对西方女权主义发展的脉络作了较完整的介绍；对 20 世纪 80 年代及其后出现的女权主义理论，按照相对区分的派别和倾向，把女权主义理论多元的价值批判和意义系统充分地反映出来。

著作名称：技术与性别：晚期帝制中国的权力经纬

作　　者：［美］白馥兰

译　　者：江湄　邓京力

出 版 社：江苏人民出版社

出版时间：2006 年 4 月

版　　次：第 2 版

I S B N：721404201

页　　数：430 页

价　　格：30.00 元

作者简介

　　白馥兰（Francesca Bray），英国剑桥大学社会人类学博士，研究兴趣集中于农业体系、日常技术、社会性别、医疗与身体等方面，并专攻东亚及东南亚地区的农业问题。曾居住在马来西亚乡村参加稻田种植。现任美国圣巴巴拉加州大学人类学系教授。其主要著作除本书外，尚有李约瑟主编《中国的科学与文明》之第六卷第二分册（农业）（1984）、《稻米经济：亚洲社会的技术与发展》（1994）、《明代中国的技术与社会，1368—1644 年》（2000）。《技术与性别：晚期帝制中国的权力经纬》于 1997 年出版后，于 1999 年获美国技术史学会所颁发的德克斯特奖（DxterPrize）。

内容简介

　　该书力主将科技看作表达与塑造中国文化、社会形态的有力的物质形式，并采取这样一种视角考察了宋代至清代中国传统社会中的"女性技术"，从家庭空间与生活、女性的纺织生产、女性生育与保健等三个方面，分析了科技如何强有力地传播和塑造了中国传统文化中的性别规则与女性角色。然而，与我们对于传统女性的传统认识不同，作者认为，妇女并非父权、夫权的被动牺牲品，而是中国传统文化形态与社会秩序积极有力的参与者。

　　该书是一部讲述中国古代妇女日常生活技术与社会性别意识形态相互建构关系的科技史著作。书中，作者选择了对中国封建社会晚期妇女生活产生影响尤为深远的三大技术领域——房屋建筑、纺织生产和生育技术作为研究的主要对象。在作者看来，房屋建筑构成了妇女日常生活的空间外壳，纺织生产是她们在此空间内从事的基本生产活动，生育则是在更为私密的内闱进行的社会活动，它们三者紧密相关，经由财政税收、生育政策与性别观念，同整个社会经济、政治和文化相互关联。作者认为，尽管妇女很少直接参与房屋建筑的搭建，但她们在家庭空间的建构上却发挥了十分积极的作用，一座房子就是一座文化的庙宇，人们居住其中被灌输着为其文化所特有的基本知识和技巧。与此同时，内闱不仅仅是性别隔离的场所，同时也是妇女从事基本物质生产活动的场所。织布技术及其相关的管理技巧，无论是简单的纺织品还是具有很高价值的图案织物的制造，都构成为宋代妇女的知识领域。通过对当时国家财政税收制度的分析，作者说明了妇女的纺织工作为家庭经济生活和国家政治做出的积极贡献。但她也发现，纺织技术这一原本属于妇女的家庭技艺，自宋代到明末逐渐进入公共领域以后，便逐渐由男性所主导，女性主导地位被逐渐边缘化。在分析中国古代的生育技术时，作者侧重探讨了中医生育理论对女性身体和女性角色形象的一般定义和规训，以及在生育策略和围绕孩子的诸多家庭关系中不同妇女之间的复杂关系。

该书在中国传统科技史中，属于一部另类的科技史。其中，最为直接的另类之处在于研究对象的转变，它关注到了传统科技史较少关注到的妇女科技，改变了我们关于古代妇女作为牺牲者、受压迫者的一般印象，提供给我们关于古代妇女科技知识的积极想象。正如作者本人所言，该书是为一群没有历史的人们恢复历史的一次尝试。另外，作者讲述的均是与中国古代妇女相关的日常生活技艺，而非传统科技史定义为古代天文学、数学和物理学的那些主要由男性从事的精英科学，因此，该书的意义还在于对非精英非主流科技知识的关注和解读。

著作名称：女性主义神学景观——那片流淌着奶和蜜的土地

作　　者：［德］E. M. 温德尔

译　　者：刁承俊

出 版 社：三联书店

出版时间：1995 年 8 月

版　　次：第 1 版

I S B N：7 - 108 - 00798 - 3

页　　数：204 页

价　　格：9. 90 元

作者简介

E. M. 温德尔（Elisabeth Moltmann-Wendel，1926—　）女，自由作家，女性主义神学家代表。主要专著：《成为属己的人：耶稣身边的女性》、《当上帝与身体相遇：女性主义对身体性的观点》。编著《神学中的女性》、《女性神学辞典》等。

内容简介

20 世纪 60 年代以来，女性主义神学不断发展成熟，在当代欧美思想领域中占有不可轻视的位置，也是世界妇女解放运动的动力与持续不断的力量。它要求全面改述基督宗教的基本文本；责问基督神学的男性形象、基督教会的男权结构，是迄今对传统基督教最激进的更改和批判；但信仰的实质内涵仍予保留。

《女性主义神学景观——那片流淌着奶和蜜的土地》属历代基督教学术文库丛书之一。该书包括自我发现、批判神学和重新辨认耶稣与女人们的故事三部分，既对女性主义神学的种种论点有较为全面的陈述，亦有作者个人的着重点。作者依据社会学和人类学的分析指出，在男权社会中，在男式的观念、思想、行为、伦理、价值的霸权话语中，女性丧失了自己的身份。女性要重新发现自己，必须要同时重新认识身体的生存论位置。女性主义要推翻男性建立在其性别优势基础上的生命观、政治秩序和伦理规范，在自身的身体原则上重建世界观、生命观、政治秩序和价值观，即在女性的身体原则上来重建基督宗教及其信仰。

著作名称：女性伦理与礼仪文化

作　　者： 易银珍　蒋璟萍 等

出　版　社： 中国社会科学出版社

出版时间： 2006 年 6 月

版　　次： 第 1 版

ＩＳＢＮ： 7 - 50045 - 769 - 3

页　　数： 321 页

价　　格： 24.00 元

作者简介

易银珍（1955—　），女，湖南安乡人，教授，湖南女子学院党委书记。

蒋璟萍（1964—　），女，湖南道县人，管理学博士，湖南师范大学硕士生导师，北京大学当代企业文化研究所研究员，享受国务院特殊津贴专家。

内容简介

该书为《女性文学与文化研究丛书》的著作之一。该书从传统道德体系中的女性伦理的地位开始，追寻中西方女性伦理的研究视野以及女性伦理的现代诠释。在此基础上，将礼仪文化与女性伦理结合起来，从礼仪文化的女性视角入手，系统而深入地研究女性礼仪的道德本质、道德功能和道德特征；女性伦理的礼仪要素和礼仪要求；并从公共生活领域、职业生活领域、家庭生活领域等社会生活的三大领域、三个层面去进行女性礼仪的伦理分析，从而全面地概括、整合女性礼仪的伦理道德内涵、女性伦理的礼仪文化内涵，揭示了女性伦理与礼仪文化有机结合的客观机理、女性礼仪在道德层面上的实现途径和女性伦理与礼仪文化的发展趋势。

著作名称：女性主义关怀伦理学
作　　者：肖巍
出 版 社：北京出版社
出版时间：1999 年 10 月
版　　次：第 1 版
Ｉ Ｓ Ｂ Ｎ：7 - 20003 - 823 - 7
页　　数：293 页
价　　格：19.00 元

作者简介

肖巍（1957—　　），女，黑龙江省哈尔滨市人，清华大学人文社会科学学院教授、博士生导师。著作有：《女性主义教育观及其实践》、《女性主义关怀伦理学》等。

内容简介

女性主义关怀伦理学是伴随西方女性主义运动发展而出现于 20 世纪 70 年代的一种新的伦理理论。作为后工业社会的产物，这一新的伦理理论以女性的性别视角来主张仁慈和关怀，突出了女性独特的道德体验和直觉，为伦理学研究及解决现代西方社会的种种道德困境开辟了新的方向和途径。

该书通过对女性主义、女性主义伦理学、关怀伦理学等这些尚有争议的概念进行了澄清和界定；以女性主义视角对伦理思想史上的两大观点——"父权制"妇女观与"父权制"批判妇女观进行梳理，认为关怀伦理学实际上是批判继承这两大妇女观的成果。该书对关怀伦理学的产生及其相关学者的主要观点进行了详细介绍，最终从本体论、认识论、历史观三个方面讨论关怀伦理学的哲学基础，并对关怀伦理学的理论归属进行了探讨。目的在于给女性主义关怀伦理学在西方伦理学史上合理定位，分析这一理论中悬而未决的问题，力图说明关怀伦理学的意义以及我们可以从中获得的启示。该书在介绍和分析当代西方女性主义关怀伦理学理论方面的研究成果具有一定的填补国内相关研究领域空白的意义。

著作名称：女性主义伦理学

作　　者：肖巍

出　版　社：四川人民出版社

出版时间：2000 年 9 月

版　　次：第 1 版

ＩＳＢＮ：7 – 22005 – 123 – 9

页　　数：215 页

价　　格：11.00 元

作者简介

　　略

内容简介

　　女性主义伦理学是当代伦理学中反主流规范伦理学的一支。它将女性身份作为反思西方社会生活的一个符号代码，试图以性别分析方法剖析伦理学领域内性别权力的运作，以结束使女性受压迫的伦理意识和谋划，达到更合理地对伦理道德的理解。同时它批判了规范伦理学的普遍主义理论体系与论证方式，质疑了主流伦理理论的基本预设与价值建构。

　　该书试图打破学科界限研究"女性主义伦理观"，跨越了哲学、政治学、心理学、教育学、医学和生态学等领域。内容包括女性主义与女性主义伦理学、关怀伦理观、女性主义性伦理观、女性主义生命伦理观以及女性主义生态伦理观等。该书的写作宗旨是以原文开路，摆出争论中的各方观点，为读者留有充分的思考空间，在介绍和分析当代西方女性主义伦理学理论及相关研究成果方面，具有一定的弥补国内相关研究领域较为薄弱的意义。

著作名称：**女性主义哲学与公共政策**

主　　编：邱仁宗

出 版 社：中国社会科学出版社

出版时间：2004 年 8 月

版　　次：第 1 版

I S B N：7 - 5004 - 4572 - 5

页　　数：393 页

价　　格：26.00 元

编者简介

　　邱仁宗（1932—　　），江苏苏州人。中国社会科学院哲学研究所研究员，华中科技大学人文学院特聘教授、博士生导师，中国自然辩证法研究会常务理事，生命伦理学研究中心主任。著作有《生命伦理学》、《科学方法和科学动力学》等。

内容简介

　　女性主义和女性主义哲学在近几十年的发展中，越来越引人注目，在社会生活中也发挥了越来越大的作用。该论文集包括女性主义哲学的理论与实践、女性主义与公共政策、中国妇女与女性主义哲学三个部分。书中，中外著名专家、学者对于当代中国妇女和社会所面临的问题，运用独特的视角，为有关妇女政策和立法的改进，以及国际的交流和合作进行了认真分析，认为中国涌现的女性主义运动开始在有关国家对扶贫、教育改革、生殖健康以及政策的社会性别影响方面发挥了向政府提供建议的作用。通过召开研讨会，把在中国占主导地位的女性主义思想家和政府官员以及研究人员聚集在一起，研讨妇女面对的公共政策问题。这些讨论以及这些会议提出的建议，反映了妇女问题的创造性和革新性思维。

著作名称：**美学与性别冲突**

作　　者：文洁华

出 版 社：北京大学出版社

出版时间：2005 年 1 月

版　　次：第 1 版

I S B N：7 - 30108 - 148 - 0

页　　数：216 页

价　　格：24.00 元

作者简介

　　文洁华，女，香港中文大学哲学博士，现任香港浸会大会人文学科课程主任，宗教及哲学系教授。主要社会兼职有香港中文报章专栏作家，电台节目主持等。她的研究范围包括：比较美学、比较哲学、女性主义哲学、文化研究、两性研究、文化艺术等。主要著作有《艺术、自然与人文：中国美学的传统与现代》（1993）、《性别与创造：女性主义美学及其他》（1996）、《朱光潜与当代中国美学》（1998）、《自主的族群：十位香港新一代女性视觉艺术家》（2000）等。

内容简介

　　女性主义美学是 20 世纪下半期以来，在欧美兴起的一种美学思潮；它从性别冲突（性别政治）的角度重新审视西方美学传统，在对其进行颠覆性的批判中表达女性主义的审美主张。20 世纪 80 年代以来，国内的学术界对女性主义理论有相当的关注，出现了不少介绍女性主义理论的著作，但是，专门研究女性主义美学的著作，则比较少见。

　　作为第一部专门以女性主义美学为研究对象的专著，该书站在中西文化交接处的香港文化背景上对女性主义美学和文化理论进行反思和批判，第一次较为系统地把女性主义美学的基本观念、理论根源和文化背景展示给读者，力求以全球文化的视野，展现作者本人对女性主义美学的深度反思。全书分为哲学篇和经验篇，哲学篇的重点在于用女性主义理论，综合女性主义运动从现代到后现代的诸多美学概念，探讨了女性主义审美理论的各种可能性和现实意义；经验篇的重点在于对现当代几位重要的女性艺术家的艺术变革和个人命运的考察，比如现代舞蹈之母邓肯、香港三级片艳星陈宝莲、女才子冯小青等，这些具体经验的探讨，不仅充实了对女性主义文化理论和美学主张的论述，而且也从实践的角度表达了作者对女性主义的深刻理解。

著作名称：宗教与妇女

作　　者：谭桂林

出 版 社：作家出版社

出版时间：1995 年 8 月

版　　次：第 1 版

Ｉ Ｓ Ｂ Ｎ：7 - 50630 - 967 - X

页　　数：231 页

价　　格：8.80 元

作者简介

　　谭桂林（1959—　　），男，湖南耒阳人。1996 年获文学博士学位，现任湖南师范大学文学院教授，院长，中国现当代文学学科现代中西文学比较研究方向博士生导师。主要著作有：《宗教与妇女》（1995）、《20 世纪中国文学与佛学》（1999）、《人与神的对话》（2000）、《百年文学与宗教》（2002）等。

内容简介

　　宗教与女性的关系千丝万缕，无论在宗教的起源还是在宗教的发展方面，女性都起过十分重要的作用。妇女与宗教研究是妇女学研究中的一个分支。近一个多世纪以来，一些女权主义神学家在研究宗教与女性的关系上做出了不懈的努力。她们的目的在于通过对宗教经典教义的重新阐释与理解，从理论上对传统神学观念进行抗争，以帮助妇女坚强起来，培育、发展和具有一种自豪感，使她们确信女人的力量。在我国 20 世纪 80 年代以后，妇女与宗教的研究开始引起一些学者的关注并涉足这一领域，亦取得了一些成果，但仍然比较薄弱。该书以中国的宗教历史作为主要考察对象，以翔实的资料展现出宗教史上妇女与宗教究竟有过哪些关系，考察的对象包括宗教传说、宗教经典、宗教文学以及在宗教史上有文字记载的历史故事；包括宗教起源与发展中的女性力量、宗教经典中的女性形象、宗教史上的女巫现象、宗教史上的女性修行、世界各大宗教的妇女观、当代女权主义神学及其影响等章节。通过对妇女与宗教起源、发展关系的考察，为这一研究领域的开拓提供了一些有意义的思想资料和启示。

著作名称：千面女神：性别神话的象征史

作　　者：叶舒宪

出　版　社：上海社会科学院出版社

出版时间：2004 年 8 月

版　　次：第 1 版
I S B N：7 - 80681 - 488 - 8
页　　数：250 页
价　　格：68.00 元

作者简介

　　叶舒宪（1954—　　），男，北京人。现任中国社会科学院文学研究所教授、研究员、博士研究生导师。主要著作有《文学与人类学》、《高唐神女与维纳斯：中西文化中的爱与美主题》、《中国神话哲学》等，译著24 部。

内容简介

　　女神文化是整个人类最为源远流长的文化传统。女神是不同种族最为古老的母亲原型。她不分种族、语言、国界，比一切父权制文明，即我们熟悉的、生活于其中的各种文明都要悠久。尽管在人类进入文明社会特别是现代社会之后，受到了男性中心文化的排斥和压抑，女神的深远传统和无穷魅力依然存活在各民族的集体无意识中，对作家、诗人、艺术家产生着巨大的影响和召唤，在文学艺术史上成为永恒的主题。

　　该书打破了东西方文化界限和古今的时代界限，尽可能多方面、多角度地呈现女神文化的千姿百态，分别运用原型图像、比较图像学的方法栩栩如生地向读者展示了世界范围的女神原型及其在东西方文化中的变体表现。全书图片分女神的进化、天使与飞天、女神的象征、美人鱼传说、美女蛇幻象、斯芬克斯今昔、爱神与美神等 10 大主题。从三万年前的母神偶像到后现代的广告造型，全面揭示女神文化的源流和发展脉络。作品还包括一篇通俗易懂的引言和一篇专业性的导论，概述了有关女神文化的新知识及相关的神话学、宗教学原理，着重评述有关女神文化复兴运动的新知识，特别是 20 世纪女神研究的新动向与代表性成果，如欧美专家的女神考古研究，女性主义与生态运动的结合所催生的生态女性主义等，以及女神、女巫形象的再造对当代文学艺术的重大影响。全书图文并茂，文字富于知识性和哲理性。

著作名称：上帝与女性——传统基督教文化视野中的西方女性
作　　者：刘文明

出　版　社：武汉大学出版社

出版时间：2003 年 7 月

版　　　次：第 1 版

Ｉ Ｓ Ｂ Ｎ：7 - 3070 - 3823 - 4

页　　　数：306 页

价　　　格：16.00 元

作者简介

　　刘文明（1964—　），男，湖南省新田县人。现为首都师范大学历史学院教授，博士生导师。主要著作有《文化变迁中的罗马女性》（专著）、《上帝与女性——传统基督教文化视野中的西方女性》（专著）、《性生活与社会规范——社会变迁与多元文化视野中的性》（合著）、《女性学》（参编）等 10 余部，并发表学术论文 40 余篇。

内容简介

　　传统基督教对女性的贬抑，对西方传统社会中女性角色的塑造起了极其负面的作用。许多早期基督教神学家都将女性视为"不洁之物"，诅咒她们该进"地狱之门"。在基督教成为主流文化及统治阶级意识形态的中世纪，基督教与妇女是怎样的一种互动关系，一方面，基督教是如何看待妇女并影响其生活的；另一方面，妇女又在基督教的发展演变中扮演了什么角色，这是该书作者深入思考的问题。

　　该书为刘文明教授主编的《女性·社会·文明》系列丛书之一。该书涉及文化人类学、历史学、宗教学及女性学等领域。全书包括耶稣与女性、教会与女性、神学女性观、基督的新娘、世俗女性的慰藉、圣母马利亚、基督教婚姻观、基督教社会女名人以及基督教妇女婚姻生活等九章。作品一方面对早期基督教会中女性宗教权利的变化作了历时性的考察；另一方面也从观念与现实两维角度，对 16 世纪以前拉丁基督教文化中的女性生活进行了探讨，揭示了在西方传统社会中，女性与主流文化的互动关系。通过通俗易懂的语言和生动的分析叙述，对耶稣、圣保罗、奥古斯丁、阿奎那等人与女性的关系及其女性观进行了剖析，主要对基督教女性的宗教生活与婚姻生活作了全方位的描绘。

著作名称：撩开你的面纱：女性主义与哲学的对话

作　　者：荒林　翟振明

出 版 社：北京大学出版社

出版时间：2008 年 8 月

版　　次：第 1 版

I S B N：7－30114－121－2

页　　数：194 页

价　　格：25.00 元

作者简介

荒林（1964—　），女，湖南长沙人。首都师范大学文学院副教授、硕士生导师。主要著作有《与第三者交谈》、散文集《情色之美》、《用空气书写》、论文集《撩开你的面纱：女性主义与哲学的对话》（合作）、《花朵的勇气——当代中国文学文化的女性主义批评》、《新潮女性文学导引》、《两性对话——20 世纪中国女性与文学》（合作）、鉴赏集《现当代诗歌名家鉴赏》等。

翟振明（1957—　），男，广东客家人。中山大学哲学系教授、博士生导师。主要著作有《有无之间：虚拟实在的哲学探险》等。

内容简介

该书是中国学术对话丛书之一，由国内男哲学家翟振明教授和女性主义学者荒林围绕读者关注的日常生活构成的讨论发起，依次围绕六个主题展开：婚姻制度、独立思想的条件、欺骗话语、情色制度、权力制度、女性主义策略，引发读者进行一系列的思考。指出婚姻作为社会制度的一部分到底有何利弊？情色是否是婚姻的一种补充制度？历史上几乎没有出现过女哲学家，哲学家要对该历史事实负何责任？女性主义在重建社会气质方面可以有何建树，又该如何击破男权社会的欺骗话语等问题，揭示学术、思想、文学、艺术等领域隐性存在的性别问题。书中对男权社会从制度层面到观念层面的批判、对性禁忌方面的双重标准的根源进行了挖掘，而对女性主义者如何纠正根深蒂固的男权社会建构起来的歧视女人的种种观念的问题，从策略到程序方面，在对话双方的思想碰撞中得到一定程度的探究。

著作名称：性别视角中的中国古代科学技术

作　　者：刘兵　章梅芳

出 版 社：科学出版社

出版时间：2005 年 7 月

版　　次：第 1 版

ＩＳＢＮ：7 - 03015 - 217 - 6

页　　数：237 页

价　　格：19.00 元

作者简介

　　章梅芳（1979—　），女，安徽安庆人，博士，北京科技大学科学技术与文明研究中心讲师。

　　刘兵（1958—　），男，北京市人，清华大学人文社会科学学院科学技术与社会研究所主讲教授、博士研究生导师，主要著作有《克丽奥眼中的科学——科学编史学初论》等，《正直者的困境》等 5 部译著。

内容简介

　　性别视角的科学史研究是国际上近些年来科学史、科学哲学研究的新热点，并已扩展、细化到中国古代科学技术史领域。该书以国外有关性别（女性主义）基础理论和对科学史（特别是中国科学史）的已有研究为基础，对性别视角下的中国古代科技史问题进行了分析和梳理，对于性别研究和科学史研究均有重要意义，是一部科学编史学著作。该书的主体是对几项西方女性主义中国科学技术史研究的介绍和分析评价：包括费侠莉（Charlotte Furth）的女性主义中国古代医学史案例的研究、白馥兰（Francesca Bray）的女性主义中国古代技术史案例的研究等，以这种案例式的方式进行深入分析；同时还探讨了女性主义科学史，特别是女性主义科学史对非主流科学的研究中若干重要的理论与实践问题的影响。

　　全书侧重于分析女性在科学、技术和文化上被边缘化的过程，探讨社会性别意识对这一过程的强化作用，强调这种建构对女性在科学、技术、文化中的地位和作用的再次建构，为科学史的研究带来了新鲜的活力，提供了以前未曾有过的新的视角和概念。

著作名称：性别与科学读本

作　　者：章梅芳　刘兵

出　版　社：上海交通大学出版社

出版时间：2008 年 1 月

版　　次：第 1 版

I S B N：7 - 31305 - 049 - 6

页　　数：379 页

价　　格：39.00 元

作者简介

　　略

内容简介

　　现代科学技术正以无所不及的力量全方位地影响人类的物质生活状况和社会文化价值观念。与此同时，象征着启蒙运动理想的科学的权威地位，也在受到越来越多的怀疑，对科学的反思与批判构成了对现代文明和西方主流文化的反思与批判的基础。20 世纪 60 年代兴起的当代女性主义以其独特的性别关注打开了一个崭新的文化视角：科学与性别——这两个似乎毫不相干的主题，都在女性主义所阐释的父权制文化中找到了共同的背景和渊源。女性主义关于科学与性别的诠释，提供了当代反主流文化中一种崭新的视角。

　　该书精选了国内外学者关于"性别与科学"研究方面的 32 篇学术论文，涉及科学哲学、科学技术史、科学社会学和妇女学等领域。其内容广泛，包括一般女性主义理论的基本概念、学术流派、历史沿革，以及女性主义科学哲学、女性主义科学技术史、女性主义社会学、女性主义技术理论、性别与医疗等方面的研究成果，并且还介绍了"性别与科学"研究面临的争议及情况等。

著作名称：女性主义科学观探究

作　　者：董美珍

出　版　社：社会科学文献出版社

出版时间：2010 年 2 月

版　　次：第 1 版

ISBN：7 - 50971 - 053 - 1

页　　数：349 页

价　　格：45.00 元

作者简介

　　董美珍（1971—　　），女，山西省右玉县人。南京师范大学公共管理学院哲学系副教授、南京师范大学金陵女子学院妇女发展研究中心特邀研究员。有英文译著一部 *On Desire*（《论欲望》）。

内容简介

　　20 世纪 60 年代以来，女性主义科学观在西方社会和学术界造成广泛的影响，受到越来越多的重视。其研究的目的和动机不仅仅是为女性争取在科学领域的发言权，而且是为了寻求男女平等和女性的自由解放。女性主义科学观主要从社会性别和弱势人群的视角出发，一方面，批判传统西方思想二元论合法性的根基，揭示主流科学的男性化特征；另一方面，提出了与认识论的相对主义意见相反的"强客观性"理论，提出"动态的客观性"、"局部视角的优势"、"情境知识"等理论，突出主观性与情感在科学认知中的重要作用，并试图构想一种能发挥女性认知优势的"女性主义科学"。

　　该书梳理和探讨了西方女性主义对女性与科学二者关系的立场与主张；分析、比较了不同女性主义流派的科学观，展示了不同流派的精髓，分别从不同的角度对科学和女性提出了一些颇有价值的观点和解决办法，同时也指出了它们在一些立足点方面的问题和欠缺；对女性主义科学观进行重新反思和评价，在对女性主义科学观提出的真知灼见与重大意义进行充分肯定的同时，对其所存在的矛盾与困惑亦作了深刻反省与批判。

著作名称：科技没有忘记女性

主　　编：丛凤辉

出　版　社：改革出版社

出版时间：1996 年 11 月

版　　次：第 1 版

ISBN：7 - 80072 - 910 - 9

页　　数：415 页

价　　格： 23.86 元

编者简介

丛凤辉（1955—　　）女，广东省汕头市人，清华大学社会科学哲学教研室教师。主要著作有：《论科学社会主义和空想社会主义之界说》、组织翻译《性爱信号》、主编《妇女百科全书》、《科技没有忘记女性》、论文集《和平与发展》等。

内容简介

现代科技的发展不仅给妇女带来了更多的发展和就业机会，而且为妇女文化素质的提高、为精神生活的丰富提供了充分的保证；同时科技的发展也使妇女在新的经济形势下面临新的挑战。如何应对机遇与挑战并存的新形势，已经成为妇女解放的新课题。

该书既从理论层面对科技与女性的相关问题进行了探讨，又通过列举实际案例生动地讲述了各领域中卓越女性的成功事迹，是一部关于科技与性别领域的通俗读物。全书将 50 余篇作品分为论文、人物小传和资料三部分：论文部分共收录了《科技进步与中国妇女》、《男女平等和科技进步》、《科技革命与妇女解放》、《中国女科技人员成才特点的调查》、《科技发展：消除性别歧视的动力》等 26 篇文章；从理论层面对不同时期科技与女性的密切关系、女性在科技社会中的角色、现代科技发展给妇女带来的机遇与挑战、女性在现代科技发展中的优势及面临的挑战及女性科学化对儿童成长的积极作用等问题进行了探讨；人物小传部分收录了古今中外在科学技术各个领域中的卓越女性人物传记，包括科学家居里夫人、核物理学家王承书、南极探险女性科学家金庆民等女性的成功事迹；最后资料部分是对当代中国科技女英才、中国教育、科技、卫生领域中的女性以及中国女建筑师和她们的作品进行简要介绍。

五 女性主义政治学

（24 本）

序号	著作	作者
1.	政治学与女性主义	［加］巴巴拉·阿内尔
2.	性契约	［美］卡罗尔·帕特曼
3.	女性主义与后现代国际关系	［美］克瑞斯汀·丝维斯特
4.	妇女的人权：国家和国际的视角	［加］丽贝卡·库克
5.	公共行政中的性别形象——合法性与行政国家	［美］卡米拉·斯蒂福斯
6.	公民身份——女性主义的视角	［英］露丝·里斯特
7.	美国社会的悖论——民主、平等与性别、种族歧视	张友伦 等
8.	为正义而辩——女性主义与罗尔斯	郭夏娟
9.	妇女、民族与女性主义	陈顺馨　戴锦华
10.	社会性别视角下的国际政治	李英桃
11.	女性主义国际关系学	李英桃
12.	女性主义国际关系理论研究	周绍雪
13.	女性主义与国际关系——权利、战争与发展问题的社会性别分析	胡传荣
14.	女性主义视角下的世界秩序研究	苏云婷
15.	妇女与人权	张晓玲
16.	人权与妇女权利	赵英荷
17.	民主政治进程与妇女参政	梁旭光
18.	妇女参政导论	全国妇联妇女研究所理论室
19.	中国政坛女性分析	沈殿忠　赵子祥
20.	中国妇女参政的行动	王行娟
21.	新中国妇女参政的足迹	该书编写组
22.	农村妇女参与村级治理	肖百灵
23.	社会性别与公共政策	李慧英
24.	社会性别视角下的公共决策	上海市妇女联合会

著作名称：政治学与女性主义

作　　者：［加］巴巴拉·阿内尔

译　　者：郭夏娟

出　版　社：东方出版社

出版时间：2005 年 9 月

版　　次：第 1 版

Ｉ Ｓ Ｂ Ｎ：7 - 5060 - 2237 - 0

页　　数：402 页

价　　格：32.00 元

作者简介

　　巴巴拉·阿内尔，加拿大不列颠哥伦比亚大学政治学系副教授。曾在英国伦敦吉尔德霍尔大学任教，1994 年到 1996 年任外交部高级政策顾问。主要研究政治学、政治思想史和女性主义政治思想等。主要著作有：《政治学与女性主义》、《约翰·洛克与美国》等。

内容简介

　　人类的一半是女性，但她们的权利、价值等，从人类文明社会出现劳动分工以来，就一直受到不同程度的破坏。该书从三个阶段女性主义理论入手，较为全面地介绍了这三个阶段的女性主义思潮的发展，从质疑西方政治思想中的固有的文化与自然、公共与私人的二元对立着手，总结了女性长期被限制在家庭领域，并充当统治公共领域的男性的陪衬；第二波女性主义的策略是西方某种理论框架的结合，也就是带有连字符的女性主义，女性主义者从自己所结盟的思想中吸收理论，批评了西方社会对待女性所采取的态度；第三波女性主义是一种多样化的思潮，吸取了后现代的一些思想，将现实生活中的多元差异性作为出发点，注重视角和评价标准的多样化，并主张与其他进步势力结合成为政治联盟来力争妇女的权利。

　　该书最大的特点是女性的视角。它从女性具体的现实生活入手，解读了一些人们习以为常的政治、社会和生活等问题，指出这些问题都不同程度地客观存在着以男性为主导的现象。因此，作者强调在解决民族、种族、阶级等方面的差异而造成的社会不公平的现象时，不要忘记性别差异上的社会不公，真正解决广大女性的问题也是一项长期而艰巨的事业。

著作名称：性契约

作　　者：[美]卡罗尔·帕特曼

译　　者：李朝晖

出 版 社：社会科学文献出版社

出版时间：2004年5月

版　　次：第1版

I S B N：978－7－80190－079－1

页　　数：240页

价　　格：28.00元

作者简介

　　卡罗尔·帕特曼（Carole Pateman），出生于英格兰的苏塞克斯，牛津大学哲学博士，世界最主要的政治理论家之一，现执教于加利福尼亚大学政治科学系。作者曾因该书于1989年获美国政治科学联合会颁发的维多利亚·舒克奖。其他著作还有《参与和民主理论》、《政治义务问题：有关自由理论的批评性分析》、《妇女骚乱：民主、女权以及政治理论》。

内容简介

　　社会契约是一个关于自由的故事，而性契约则是一个关于隶属的故事。作者在比较分析古典契约论者不同论点的基础上，试图对契约理论的自我审查制度进行突破。作者开篇指出，性契约是契约论的一个被压制了的层面，是众所周知的对原始协定的理性选择的一个不可分割的部分。从某种意义上讲，现在是对性契约进行论述的大好时机。因为契约学说已经具有相当广泛的影响，这意味着现在已有可能一窥契约论的全貌。契约论重焕生机，不仅仅是政治理论内部演化的结果，而且与更为宽泛的政治发展息息相关。其核心就是把民主解释为个体的主动权，人们可以用私人企业和私有化的口号对此做一个精练的概括。

　　作者讲述了人类通过各种各样的故事这一主要方式努力使自己及其社会具有意义。在原始契约论者的著作中，人们可以找到最富盛名和影响最大的现代政治故事。这个故事，或者说是猜测，讲述了一个崭新的政治权力形成是如何通过原始契约而诞生的。通过把我们的社会说成是起源于契约、国家和公民法的权威以及现代公民政府的合法性就找到了一种解释。原始契约以及广义上的契约论，亦即一种宣称自由社会关系具有契约形式的理论。然而，我们充耳所闻的都是社会契约，关于性契约的讨论却是一片沉寂。

作者认为性契约故事被忽略的原因之一是，政治理论家几乎没有注意到关于原始契约的一半已经丢失，或者说没有注意到公民社会是男权制的，理由之一是"男权制"通常被男权主义者解释为父亲的统治。在现代，妇女作为"男人"而从属于男人，或者说作为兄弟而从属于男人。原始契约在父亲于政治上失败之后就开始起作用并确立了现代兄弟男权制。原因之二是，无论是主流政治理论家还是社会主义批判家，他们研究古典著作所通常使用的方法歪曲了通过原始公约而创立的公民社会的特点。男权公民社会被一分为二，然而却只有一个领域受到人们的注意。

著作名称：女性主义与后现代国际关系

作　　者：[美] 克瑞斯汀·丝维斯特

译　　者：余潇枫　潘一禾　郭夏娟

出 版 社：浙江人民出版社

出版时间：2003 年 2 月

版　　次：第 1 版

I S B N：7 - 2130 - 2497 - 3

页　　数：341 页

价　　格：25.00 元

作者简介

克瑞斯汀·丝维斯特，美国著名女性主义作家。

内容简介

女性主义作为一种社会思潮和社会运动已得到众人的广泛关注，作为一种国际关系的新兴理论也已成为一个重要的流派。该书结合女性主义发展的背景，分析了女性主义介入国际关系的三次争论，阐述了女性主义者如何从理论与实践上参与该领域的"圈地"活动，构建女性主义的国际关系理论。在导论与章节之间，精心安排了一个引论，并以导论为背景，进一步以对女性主义第一波的概述作为铺垫引出后续内容的切入点。正文共包括 6 章。第一章描述了西方国家 20 世纪 60 年代女性主义认识论及其实践的兴起、发展的历史成因和价值追求；从第二章到第四章，阐述了女性主义在国际关系领域的"闯入"、"圈地"、"识记"的过程;在第五章中,通过女性主义的世界性视野,重新审视了国际关系安全领域研究的理论成果。认为战略既包含着新现实主义者极其关注的安全,又包含着新自由主义制度主义者所关注的合作,因而战略思考在国际关系领域是最成问题的,同时强调对和平研究者来讲,女性主义的视角聚焦于人道、养育、同情、直觉、移情和互动,这给挑战军事主义以重要的新式催化剂;第六章是对全书的总结与归纳,提出女性主义理论促成的国际关系领域现代化的时代到来了,我们能通过各种不同的途径来达到容忍差异的国际关系等八大结论性的观点。

　　该书主要是以后现代国际关系的新视角,介绍了女性主义运动的变革历程,指出了女性主义与国际关系理论发展的内在关联,并提出了许多发人深省的理论观点与方法。

著作名称:妇女的人权:国家和国际的视角

主　　编:[加] 丽贝卡·库克

译　　者:黄列

出 版 社:中国社会科学出版社

出版时间:2001 年 1 月

版　　次:第 1 版

I S B N:7 – 5004 – 3097 – 3

页　　数:677 页

价　　格:35.00 元

编者简介

　　丽贝卡·库克,加拿大多伦多大学法学院教授,主要研究兴趣在于国际人权法、妇女人权等。

内容简介

　　人权是人作为人基于人的自然属性和社会存在所应当享有的权利,是历史的产物。任何人,只要他(她)是人类的一员,就应该享有基本的人权。然而,国际人权法正面临着确实改善世界上绝大多数妇女的生活状况的挑战。许多妇女遭受的生活折磨凸显了困扰国际人权法的种种不足。

　　该书来源于"妇女的国际人权法磋商会"的一系列参会论文。探讨

了《妇女公约》和国际人权法的支持性规定和机制如何成为追求妇女平
等、保护女性尊严中成为有效工具。论述了妇女和她们的家庭之间的相互
作用，包括她们在家庭中因歧视和暴力而沦为牺牲品，同时打破了关于妇
女仅在家庭中才有意义的陈规。此外，还介绍了发端于区域人权公约的法
律、国家宪法和立法中的人权规定怎样才能够有助于男女平等，以及在国
内法律制度中包容国际渊源的法律。还特别关注了包含、纳入和超越对于
国际法承认的妇女人权的分析，以便应对从法律上实施这些权利的挑战，
并正视改变社会和文化行为模式的挑战，重视这些行为模式在习俗中起作
用。探索了能够维护本地文化宗教和其他传统并使之与遵守妇女国际人权
相一致的范围，以及这种对公约的遵守会加强那些文化和宗教所促进的价
值领域。

著作名称：公共行政中的性别形象——合法性与行政国家

作　　者：［美］卡米拉·斯蒂福斯

译　　者：熊美娟

出　版　社：中国编译出版社

出版时间：2010 年 3 月

版　　次：第 1 版

ＩＳＢＮ：7 - 5117 - 0183 - 1

页　　数：191 页

价　　格：35.00 元

作者简介

　　卡米拉·斯蒂福斯，美国克利夫兰州立大学都市研究与公共服务学教
授。她在公共和非营利组织从事了 20 年的行政工作，主要负责卫生服务
和社区发展。现任美国公共行政全国委员会的成员，担任《公共行政评
论》等多个期刊的编委，并参与编写了《民有政府》等著作。

内容简介

　　该书着眼于地位、权力、领导、合法性与改革等问题，透过性别这一
独特视角来审视公共行政学，并考察了妇女在美国联邦、州和地方政府中
获得现有地位的历史进程。同时，作者还对妇女所面临的组织现实的特殊
性以及她们的普遍社会处境进行了评估，进而从性别的角度对行政国家的

合法性提出了质疑。

除前言之外，该书共包括 7 章。主要思考的是某些理念对规范公共行政理论某个方面的影响。第一章从性别角度去探讨了当前公共行政实践中实际发生的事情。第二章论述了女性作为政府雇员的历史发展过程，她们所经历的组织现实的特殊性质，以及在政治经济中的地位和行政国家因为这些所形成的问题。探讨了这些因素对于我们了解公共组织动态本质的影响和公务员在治理中所扮演的角色。针对女性面临的由性别所引发的困境。第三章探讨了专业知识的形象问题，认为专业知识的形象需要建构一个包容女性的社会秩序。第四章阐明了公共行政人员的领导才能问题，主张在一个标榜权力分立和利益集团政治的政府体制中，必须有人领导国家，才能起到平衡作用，才能把人们团结在一起，使人们前进。作者意识到这种对领导才能的考虑方式会让女性一直遭到歧视，而且当前的领导形象是不利于为行政权力辩护的。第五章探讨了宣扬公共行政人员美德，作者认为，美国政治历史上美德的形象基本是以性别为取向的，与社会生活分成公私领域的性别为基础的区分相关联，这种区分是不利于女性发展的，并使得公共行政实际上不能成为一种有说服力的政治美德。在第六章里，把专业知识、领导和美德与作为一个自觉的实体发展的公共行政结合起来探讨。为了探寻在改革时代，女性工作和思想是怎样处在政府改革运动中心这一问题的答案，该书的回答是，因为男性改革者被政党政客描述成柔弱的，所以当前行政国家的根基在于女性的慈善工作被掩盖了。第七章，回顾了当前公共行政辩护内在的性别困境，并指出了有关改革的方向。在该书的结论部分，指出了对行政裁量权的规范理论，进行深入的女性主义理论对策分析。

著作名称：公民身份——女性主义的视角

作　　者：［英］露丝·里斯特

译　　者：夏宏

出 版 社：吉林出版集团有限责任公司

出版时间：2010 年 1 月

版　　次：第 1 版

I S B N：7 - 5463 - 0956 - 9

页　　数：371 页

价　　格：42.00 元

作者简介

露丝·里斯特，英国拉夫堡大学教授，也是英国著名女性主义学者。主要研究包括公民身份、妇女政治等。代表作有：《公民身份——女性主义的视角》等。

内容简介

自古希腊政治文化形成以来，公民身份一直是西方政治文化思想中的一个极其重要的概念。近年来，伴随着民族国家自主权的转型，移民难民数量的增长，以及全球化浪潮的出现，由此产生了诸多问题，"公民身份"概念在学术界也越来越受到重视，引发了当今政治学、社会学、教育学、法学等人文社会科学的广泛关注。作者从女性主义立场探讨这一问题，可谓是为"公民身份"增添了一个新的解释维度。该书试图将公民身份的理论与较多的实际政策结合在一起。在第一部分，作者把从女性主义视角理解公民身份所涉及的理论问题及困惑提出来，为该书确定了理论框架。前面的章节是从女性主义的立场完成的，但又不全部是与妇女公民身份相关联，而后面几章则更多地集中在女性主义理论以及妇女所关注的问题上。第二部分以公共领域与私人领域相区分的理论作为出发点，并考察了公共领域与私人领域相分离的实践和政治内涵。这样一来，在第一部分所形成的理论框架，则被用来解释发展妇女政治和社会公民身份时所面临的一些政策困境。结论部分作者将两者结合在一起，对理论主题进行了总结，将此描绘成一个广阔的政治和政策目标。

著作名称：美国社会的悖论——民主、平等与性别、种族歧视

作　　者：张友伦 等

出　版　社：中国社会科学出版社

出版时间：1999 年 10 月

版　　次：第 1 版

I S B N：7－5004－2576－7

页　　数：428 页

价　　格：25.00 元

作者简介

　　张友伦（1931—　），四川成都人，1959年毕业于原苏联列宁格勒大学历史系，回国后先后在南开大学历史系、历史研究所从事教学、研究工作，为世界史专业博士生导师。曾任南开大学历史研究所所长、美国史研究室主任等。主要学术兼职有中国美国史研究会理事长和顾问、中华美国学会常务理事等。

内容简介

　　全书共分为五编。第一部分介绍了美国民主制度的形成和存在的问题。第二部分关注印第安人的问题，具体描绘了殖民地时期印第安人的问题，美国独立后的印第安人争取生存权利的斗争，西进运动时，印第安人的"眼泪之路"，工业革命后，随着密西西比河流域的开发和西部移民浪潮，使得美国联邦政府对印第安政策转为同化政策，并讨论了在全面实施同化政策的背景下，印第安人的公民权问题。第三到第五部分就黑人、华人和妇女问题进行了深入的分析。该书为我们详尽地说明了黑人问题产生的背景和原因，并指出民权运动的发展及其对黑人未来的影响。对于华人问题，主要就华人移民的遭遇和排华法案等展开论述。有关妇女问题，该书就女权主义的兴起、妇女选举权、进步主义改革和女权主义的复兴作了阐述。作者在结束语中提到，由于美国政府和美国社会在消除种族歧视和性别歧视方面所做的努力，少数族群，特别是黑人，在政治、经济以及受教育方面的状况都得以显著改善，妇女的社会地位和经济实力也有大幅提升。然而，美国的种族歧视和性别歧视根深蒂固，这也是美国民主制度的两大难题，因此，要真正解决这些问题，还需付出更大的努力。

著作名称：为正义而辩——女性主义与罗尔斯

作　　者：郭夏娟

出 版 社：人民出版社

出版时间：2004年7月

版　　次：第1版

Ｉ Ｓ Ｂ Ｎ：7－01004－371－5

页　　数：363页

价　　格：20.00元

作者简介

郭夏娟（1956—　），女，浙江省绍兴市人。现为浙江大学法学院政治学与行政管理学系教授，硕士生导师。目前主要研究西方女性主义政治学与政治哲学，包括中国女性的政治参与研究。著作有《卑贱与我无缘：伦理学精华》、《公共行政伦理学》、《女性主义与后现代国际关系》等。

内容简介

20 世纪 70 年代，罗尔斯正义论，成为全球性的热点话题，这正是女性主义政治哲学的形成时期。该书通过女性主义与罗尔斯的正义之辩，审视当今西方的正义理论究竟发生了什么，从女性主义的方法与视角出发，反思罗尔斯的契约论方法及其两个正义原则存在的问题：罗尔斯的正义论是否具有父权主义特征，两个正义原则运用的范围是否包含了女性的生活领域，以差别原则为核心的正义分配模式是否涵盖了全部社会正义问题？女性主义追求的又是怎样的正义理想？在女性主义的视野里，可以发现，正是在普遍正义的形式下，将不平等的性别制度更深地掩藏了起来。女性主义揭示罗尔斯正义论的特征，意在解构正义理论的性别"盲区"，把女性的正义要求与理论建构融入正义理论，以"移性的"态度寻求包容两性价值的正义社会。

该书的视角与内容在同类研究中具有开创性，选择了一个新的研究视角，展示了当今西方正义理论的发展动向。从女性主义的立场审视以罗尔斯为代表的男性自由主义正义观，对揭示我国性别制度的不足、形成正义的社会环境，具有一定的实践意义。

著作名称：妇女、民族与女性主义

主　　编：陈顺馨　戴锦华

出 版 社：中央编译出版社

出版时间：2004 年 1 月

版　　次：第 1 版

I S B N：7 - 8010 - 9638 - X

页　　数：305 页

价　　格：21.80 元

编者简介

陈顺馨，主要著作有《妇女、民族与女性主义》、《中国当代文学的叙事与性别》等。

戴锦华，北京大学比较文学与比较文化研究所教授，博士研究生导师。

内容简介

《妇女、民族与女性主义》一书，是一本外国作者写的论文集，总共有 11 篇文章，分为三部分。

第一部分讲的是性别与民族的关系（第 1—3 篇），主要介绍了伊瓦—戴维斯和沃尔拜的三篇文章。其中，前两篇是伊瓦—戴维斯所作，均选自《性别与民族》。在第一篇中，她以后结构主义或后现代主义的女性主义立场对性别理论进行梳理，认为"性别"应当理解为一种"话语方式"，突出了妇女属于不同族群这个事实。在第二篇中，围绕女性在社会层面被不断区分的情况下，如何团结在一起？这一问题，作者提出了突破身份政治局限的行动策略，即要以对话取代统一化和同质化的过程。沃尔拜的"女人与民族"一文，在回应伊瓦—戴维斯、安罗等人在不同层面上关注性别与民族、国家以及国际秩序的关系的观点后，提出差异概念的重要性。文章的结论是，一个民族或族裔计划，必须经历不同的阶级和性别的社会力量的斗争。民族之间的关系，部分是由本土特定的性别化斗争所形成的。

第二部分主要介绍的是民族冲突的妇女（第 4—7 篇）。所选的四篇文章，涉及三个地区不同时期的民族冲突，包括独立运动时期印度与巴基斯坦在分治上的冲突、南斯拉夫联邦分裂后的民族战争和巴勒斯坦民族解放运动。这些女性主义作者针对国家民族主义计划可以采取的不同选择，指出要么保持距离，扮演批判者的角色，揭露其对妇女不利的行径；要么直接参与其中，在内部进行斗争。无论在体制内或体制外，妇女介入民族主义计划可以看成是女性主义的重要议程，这也体现在印度妇女的跨境"回归"、南斯拉夫各民族妇女为国家而生育以及巴勒斯坦妇女在民族独立后被迫回到家庭岗位的案例上。

在第三部分中，主题是妇女与民族的文化再现（第 8—11 篇），共 4篇，前两篇都属雷雍所作。在第一篇文章中，她除了不认同巴勒斯坦民族独立运动有内外之别外，还打破了民族叙事上的"外在"和"内在"之别，认为无论在空间概念上或者男女在保卫与被保卫的角色上，都是因"共同斗争"而合为一体的。第二篇记叙了强暴、生育、身体等涉及女性的性的民族主义。在第三篇中，作者普罗宾用了加拿大魁北克省电视台播放的，对魁北克过去想象的历史剧和表现平常事物的肥皂剧为文本，分析了魁北克为争取退出加拿大成为一个独立民族国家而作出的民族主义表述。最后一篇是查特济的"妇女与民族"，查特济其实并不是女性主义者，但关注妇女与民族主义历史的关系，致力于妇女历史研究，这篇文章也可以看成是以另类的历史书写方式介入民族主义的实践。

该书收录的文章较全面地展示了女性主义视野的范例，为我们在本土化的语境下思考妇女与民族或民族主义的关系提供了很好的参考和借鉴。

著作名称：社会性别视角下的国际政治

作　　者：李英桃

出　版　社：上海人民出版社

出版时间：2003 年 11 月

版　　次：第 1 版

I　S　B　N：7 – 2080 – 4758 – 8

页　　数：415 页

价　　格：26.00 元

作者简介

李英桃（1967—　），女，内蒙古人，北京大学国际关系学院法学博士。北京外国语大学国际关系学院教授、博士生导师。主要研究社会性别、女性主义国际关系等。主要代表作有：《社会性别视角下的国际政治》、《女性主义国际关系学》等。

内容简介

该书以社会性别为切入点，从妇女在现实主义国际政治理论中的地位和妇女参与国际政治决策的现实出发，吸收了女权主义经验论者的研究方法，着重探讨国际社会中男子与妇女、国家与国家间的关系，对现实国际政治中"霸权的男性特征"提出了批判，并为探索打破上述两者间的二元对立，寻找通往平等、和平与发展的新途径进行了尝试。

　　该书在导言中提出了中国妇女之问，为何落后就要挨打？社会性别与国际政治的关联。第一章指出社会性别是一种方法，在分析了男性和女性的特征后，指出了社会性别分析的特点；在接下来的三章，作者向大家介绍了西方女权主义国际政治理论，以及它与现实中妇女的关系、与实践中的男性特征；第五章将焦点对准中国，向大家描述了反侵略斗争中的中国与中国妇女的惨痛经历；在随后的第六章中，将镜头转向国际政治的大背景，论述了国际妇女运动发展的情况，以及联合国对于提高女性政治参与的具体实践情况，并指出了社会性别的发展从"权力"到"赋权"、从妇女"自我赋权"到国家"自我赋权"的转变。最后作者指出，社会性别是一个很有价值的分析范畴，我国学者必须立足本国国情，加大西方女权主义国际政治理论本土化的研究。

著作名称：女性主义国际关系学

主　　编：李英桃

出 版 社：浙江人民出版社

出版时间：2006 年 11 月

版　　次：第 1 版

Ｉ Ｓ Ｂ Ｎ：7 – 2130 – 3402 – 2

页　　数：380 页

价　　格：39.00 元

编者简介

　　略

内容简介

　　女性主义提出的问题不仅涉及女性，而且关系到世界的建设和人类的全面发展与进步。该书包括导言和九章正文内容，可以分成四个主要部分。第一部分由导言和第一章组成，作者简要介绍了女性主义的基本理念、研究对象和教学目的等，界定了之后各章节涉及的概念和术语，并对我国的女性主义国际关系学发展的基本情况作了说明。第二部分是第二至第五章，对传统的国际关系理论进行了批判，认为主流国际关系学说存在性别缺失的状况，该书从女性主义出发重新构建了国际关系理论，系统更新了主流国际关系研究的议事日程。第三部分是第六至第八章。在这三章中，女性主义为国际关系研究带入了全新的内容，进一步拓展了国际关系的研究领域。第四部分即第九章。这是一章专门讨论中国的问题。"社会性别与当代中国外交"这一章将眼光直接投向中国本土，结合中国的实际，以社会性别视角对有关问题进行分析和探讨，体现其对中国国际关系学理论与实践发展的意义所在。

该书对西方女性主义国际关系学的要义和精髓进行了"中国式诠释"，生动地描述了妇女与国际关系的相互作用，系统地展示了社会性别分析在国际关系研究中的重要意义。

著作名称：女性主义国际关系理论研究

作　　者：周绍雪

出 版 社：九州出版社

出版时间：2010 年 11 月

版　　次：第 1 版

Ｉ Ｓ Ｂ Ｎ：7 – 5108 – 0731 – 2

页　　数：175 页

价　　格：30.00 元

作者简介

周绍雪（1972—　），女，吉林省长春市人，法学博士，现任职于中央党校国际战略研究所。

内容简介

《女性主义国际关系理论研究》一书，从女性主义的政治运动开始，追根溯源地寻找女性主义理论萌发的起点，认为女性主义政治运动是欧洲等西方国家女性发动的一系列长期的社会运动，目的是改变男权社会中女性在经济、政治、社会生活、文化、教育、意识形态等领域的劣势地位。女性主义政治运动从 19 世纪中叶开始，发展到今天，经历过三个影响较为强烈的时期，被称为女性主义运动的三次浪潮。在第二次浪潮中，历史性地产生了女性主义学术研究，依照不同的政治取向或认识论原则，产生了派别众多的女性主义理论，并延续至今。女性主义学术研究得以出现的理论基础之一是科学哲学的演进。具体到国际关系研究，则归功于上述女性主义政治运动的影响和女性主义学术研究的积累，以及 20 世纪局势的深刻变化和国际关系学科内原有理论的困境，这也为女性主义的研究提供了成长的空间。由于女性主义国际关系理论复杂而又充满矛盾，作者从历史与理论的演进逻辑入手，厘清了女性主义国际关系理论的形成轨迹，梳理了其理论的思想流派、主要观点、贡献与不足。在此基础上，为女性主义国际关系理论未来的发展方向做出建议和展望。

著作名称： 女性主义与国际关系——权利、战争与发展问题的社会性别分析

作　　者： 胡传荣

出 版 社： 世界知识出版社

出版时间： 2010 年 7 月

版　　次： 第 1 版

I S B N： 7 - 5012 - 3773 - 9

页　　数： 323 页

价　　格： 38.00 元

作者简介

胡传荣（1960—　　），女，上海人，现为上海外国语大学社会科学研究院副研究员，博士，硕士生导师。主要从事社会性别与国际关系研究和俄罗斯文化研究。著有《经济发展与妇女地位的变迁》、《女性主义与国际关系——权利、战争与发展问题的社会性别分析》等。

内容简介

自从国际关系产生以来，各种研究视角和研究方法不断涌现，不同学派的不断发展一直推动着学科的进步。迄今为止，国际关系学经历了三次重大的学理争论。女性主义学说正是在始于 20 世纪 70 年代末的第三次争论中得以脱颖而出，并日益得到国际关系学界的关注。作者认真梳理了女性主义国际关系学派的核心概念、女性主义国际关系学派的本体论及其认识论，系统地阐释了它们与女性主义国际关系学派和主流学说的关系，并在此基础之上，通过对权利与安全、战争与和平、发展与国际秩序等国际关系学的三个重要领域进行的深入研究，作者考察了女性主义对主流学说的剖析及其对相关问题的全新见解，综合探讨了国际关系学知识体系的建构，以及体现了在其中的社会性别观念之间的互动。与此同时，作者还尝

试运用中国的案例对女性主义这样一个来自西方的学说进行了检验,试图向广大读者展示中国实现社会性别平等对于当前国家倡导建设和谐世界的重要性。

著作名称: 女性主义视角下的世界秩序研究

作　　者: 苏云婷

出 版 社: 中国社会科学出版社

出版时间: 2010 年 6 月

版　　次: 第 1 版

I S B N:7 – 5004 – 8603 – 9

页　　数: 197 页

价　　格: 28.00 元

作者简介

苏云婷,女,大连交通大学人文社科学院讲师,国际政治专业博士。主持“社会性别与中国国际关系研究——基于统计数据的分析”、“女性主义:国际关系研究的新视角”等多项省级课题,代表性论文有《女性国际关系理论:主题的转换与演进》、《女性的缺席与国际无政府状态》等。

内容简介

该书把当前国际关系理论与实践中的热点问题和前沿视角结合起来,具有强烈的时代特征和浓厚的学术色彩。以女性主义为理论工具,研究了世界秩序理论范式问题。从女性主义视角出发,对国际关系主流学派的世界秩序观念以及主流学派在世界秩序研究中存在的性别特征进行了系统的梳理和阐释。作者从方法论、前提假定和核心范畴三个方面进行归纳、总结。通过比较研究,分析了女性主义的国际关系方法论,女性主义的权力观、利益观和安全观。在此基础上提出了女性主义的世界秩序观,指出女性主义为世界秩序研究和现实建构提供的有益启示和洞见,同时从女性主义角度对和谐世界理念进行了新的阐释。

该书的创新点在于,对当代国际关系主流学派与女性主义的世界秩序理论进行了比较性研究,较为深入和系统地论述了女性主义世界秩序理论的基本诉求和理论建构,展示了世界秩序研究的新视角和新理论。从而使读者能够在世界秩序建构上吸纳女性主义的伦理诉求和人文关怀,同时也丰富了和谐世界理念的思想内涵。

著作名称:妇女与人权

作　　者:张晓玲

出 版 社:新华出版社

出版时间:1998 年 10 月

版　　次:第 1 版

Ｉ Ｓ Ｂ Ｎ:7 – 5011 – 4243 – 2

页　　数:225 页

价　　格:17.00 元

作者简介

张晓玲,中央党校人权研究中心主任、教授,中国人权研究会理事。主要从事人权理论的研究和教学。主要学术著作有:《妇女与人权》(专著)、《中国的妇女人权》(合著)等。

内容简介

该书以近年来为国际社会所确认的"妇女人权"概念为视点,考察了世界各国人民为争取和实现男女平等权利所作的努力和取得的成果及其在面向新生世纪的过程中的前途与命运。该书对人权的基本概念作出了辨析,介绍了妇女人权的概念。通过对妇女人权问题产生的历史进行的考察,为读者展示了妇女权利问题提出的思想来源、妇女权利与早期妇女人权理论,西方妇女争取妇女人权的斗争。详细梳理了中国妇女争取妇女权的历程,试图对当代世界妇女对妇女权利的理论进行探讨,特别是注意了发展中国家和中国的妇女权利理论,并介绍了联合国与世界妇女大会对于妇女人权的影响和作用,提出了世界妇女面临的人权问题,包括妇女受到传统文化的歧视、妇女的贫困化趋势日益严重、妇女遭受的暴力问题、妇女的健康权利问题、在受教育和参与权利与决策中所受到的歧视等。最后,作者对解决中国妇女人权问题进行了思考,在分析了中国妇女人权问题产生原因的基础上,提出解决我国妇女人权问题的九大基本对策,如大力宣传马克思主义妇女观,提高决策部门的妇女人权意识等。

著作名称：人权与妇女权利

作　　者：赵英荷

出 版 社：陕西人民出版社

出版时间：1999 年 4 月

版　　次：第 1 版

Ｉ Ｓ Ｂ Ｎ：7 - 2240 - 5039 - 3

页　　数：338 页

价　　格：17.00 元

作者简介

　　赵英荷，现任职于中共陕西省西安市委党校。主要著作有：《人权与妇女权利》等。

内容简介

　　这是一本从人权的本质与发展规律透视妇女权利的性质与发展趋势的著作。该书运用哲学观点和方法，认识和分析有关人权和妇女权利问题。

　　该书第一章是以回答妇女要求平等权利的依据是什么这一问题为主旨而展开的。首先对人权的本质做了新的概括和界定，提出人权就是人对自身本质、属性、需要和价值的实现和占有。第二章以人权发展规律为参照，对妇女权利失落的原因做了剖析，目的是为了通过追根溯源，探寻妇女权利实现的有效途径。第三章对妇女权利回归过程的历史进行了回顾，并以事实为依据，论证了社会干预对妇女权利回归的作用，强调国际社会的保护、政府政策的引导以及非政府组织的推动，是人权发展和妇女权利发展的基本保证。第四章的主题是依据人权发展趋势展望妇女权利的前景，指出实现人的自由而全面的发展是人权发展的最终目标和必然趋势。该章最后以知识经济社会的到来和现代化的实现为背景，以妇女就业、妇女教育和妇女参政为主要内容，预测了 21 世纪妇女权利发展的前景，指出我们面前会有许多困难和问题，但未来社会将会带给妇女更多的希望和机遇。

著作名称：民主政治进程与妇女参政

主　　编：梁旭光

出 版 社：济南出版社

出版时间：2003 年 2 月

版　　次：第 1 版

I S B N：7 - 8062 - 9827 - 4

页　　数：306 页

价　　格：30.00 元

编者简介

　　梁旭光（1943—　），女，山东省莱州市人。任山东省委党校教授、马克思主义研究所副主任，兼任山东省社会学学会副会长、中国妇女研究会理事等职。主要研究我国民主政治进程中妇女参政问题的研究。

内容简介

　　该书是梁旭光教授主持的国家哲学社会科学规划课题《我国民主政治进程中的妇女参政研究》的最终成果之一，主要论述了西方政治与我国民主政治的发展逻辑，民主政治的基本理论，政治生活中的公民参与，民主政治建设与干部人事制度改革，世界及我国妇女参政状况等。作者选择了我国干部队伍中相对弱势的性别群体女性作为研究对象，用社会和性别公正的全新理论分析了公民参政中的性别缺失现象。运用社会学实证方法，以及社会性别的崭新视角进行分析和研究，其数据支持是通过大样本的抽样问卷调查获取，资料丰富翔实，使研究成果具有更强的科学性和可靠性。该书采取了客观、可信的第一手调查资料，系统分析了民主政治进程中妇女参政的一系列问题，对产生这些问题的主客观原因作了细致而深入的剖析，进而设计了民主政治进程中妇女参政的目标，提出了民主政治进程中妇女参政的对策思路，具有针对性和可行性。该书内容充实，注重理论联系实际，是一本全面介绍我国民主政治进程和妇女参政的著作。

著作名称： 妇女参政导论

作　　者： 全国妇联妇女研究所理论室

出 版 社： 红旗出版社

出版时间： 1993 年 1 月

版　　次： 第 1 版

I S B N：7 - 8006 - 8448 - 2

页　　数：197 页

价　　格：4.50元

作者简介

全国妇联妇女研究所理论室，成立于1991年1月，由中华全国妇女联合会主管，主要从事综合性的妇女理论研究。

内容简介

妇女解放已经走过了数百年的历程，无论在西方还是东方，男女平等事业都获得了长足的进步。当前，随着我国市场经济机制的确立，社会发展格局正在进行多方位的调整，妇女参政也成为目前妇女研究的焦点。

该书共包括13章内容。其中第一章为绪论，分析了权力领域性别落差的形成，说明原始权力中的性别关系、原始母权被父权取代，以及争取女性政治地位斗争的情况；第二、三章具体介绍了妇女参政的问题及其形式；第四章关注政治地位和男女平等；第五章论述了妇女参政与社会发展的关系等内容；第六、七章阐释了新阶段国外妇女从政状况，并着重论述了社会主义国家的妇女参政问题；第八到第十章重点说明了参政主体、从政女性的权力意识以及从政和权威的有关事项；第十一、十二章介绍了领导艺术和相关关系的处理；最后一章就干部成长和形象塑造，展开具体的论述，认为女性干部形象塑造要注重女性与人性、可塑性与时代性以及个性与政治性的完美结合。

著作名称：中国政坛女性分析

作　　者：沈殿忠　赵子祥

出　版　社：辽宁人民出版社

出版时间：1995年8月

版　　次：第1版

ＩＳＢＮ：7-2050-3391-8

页　　数：314页

价　　格：34.00元

作者简介

沈殿忠，男，辽宁省人大常委会委员、省人大法制委员会委员、辽宁社会科学院社会学研究所所长，中国农工民主党辽宁省委员会副主委。

赵子祥（1946—　），男，生于辽宁沈阳市。辽宁社会科学院院长、党组书记、研究员，国家社会科学突出贡献专家，辽宁省优秀专家。兼任中国社会学会副会长，辽宁省政协常委。主要著作有：《中国社会问题评析》、《当代中国的婚姻》等。

内容简介

政坛女性是"解读"中国政治发展的一个窗口。在从传统社会向现代社会的转型过程中，妇女解放的程度，特别是妇女参政的程度，始终是这一政治发展过程中的指示器。该书论述了中国政坛女性的历史地位、社会作用和我国从温饱型社会向小康型社会转变，以及小康型社会向发达型社会转变过程中政坛女性将会发挥的动力和作用。全书共分为4章，第一章分析了中国政坛女性的社会条件，指出时代造就政坛女性；还介绍了政坛女性的婚姻与家庭、教育和职业、人格特质以及社会角色。第二章对中国政坛女性进行了历史分析，分别阐述了中国古代政坛女性与社会变迁、中国近代政坛女性与社会震荡、中国现代政坛女性与社会革命、中国当代政坛女性与社会发展以及中国政坛女性与世界妇女运动的情况。第三章对中外政坛女性的比较分析，具体内容包括成长道路的比较、权利职位的比较、政治才干的比较、影响力度的比较和进退沉浮的比较。第四章对我国政坛女性的发展做出了预测和分析。

著作名称： 中国妇女参政的行动

主　　编： 王行娟

出 版 社： 海豚出版社

出版时间： 1995 年 3 月

版　　次： 第 1 版

I S B N： 7 – 8005 – 1276 – 2

页　　数： 410 页

价　　格： 15.80 元

编者简介

王行娟，女，北京红枫妇女心理咨询服务中心主任；中国婚姻家庭研究会理事；中国妇女研究会理事；中国女性人才学会理事；中国家庭文化建设协会常务理事。曾任中国青年报、北京出版社任记者、编辑，1988年离休之后创办了北京红枫妇女心理咨询服务中心，1998 年创立了为单亲家庭进行心理和社会服务的方舟家庭中心。2001 年，与天津市妇联合作开展"家庭社区干预实验项目"，将法律和心理服务送进社区，创造了妇女维权的新模式。

内容简介

中国妇女的参政，走过了一段漫长而又艰难曲折的路程。在近代史上，妇女的参政运动发端于辛亥革命。伴随着 1949 年中华人民共和国的成立，标志着妇女参政活动进入一个新的历史时期。该书是 1991 年 11 月召开的"中国首届妇女参政学术研讨会"的论文选编。第一部分是调查篇，围绕"妇女能跻身于领导岗位吗？"这样一个问题，通过对百名妇女领导干部的跟踪调查报告、对湖南省妇联"当代中国女领导干部成长规律研究报告"和对"局级以下领导干部生活的调查报告"等的调查结果来加以回答。该书对女干部成长的台前幕后进行了描述，认为要在探索和挑战中塑造参政妇女的形象，用法制观念来统领妇女的参政事业。在第二部分研究探索篇中，该书认为妇女参政是历史发展的必然，探索了女领导干部成长的十八项规律。在结束篇中，该书指出女性参政的高峰就要到来，女性要做好充分的准备加以迎接，同时还客观地分析了女领导干部存在的特殊矛盾问题。

著作名称：新中国妇女参政的足迹
作　　者：该书编写组
出 版 社：中国党史出版社
出版时间：1998 年 10 月
版　　次：第 1 版
ISBN：7 - 8013 - 6225
页　　数：217 页
价　　格：13.00 元

作者简介

无

内容简介

《新中国妇女参政的足迹》一书，以时间为线索，主要介绍了四个重要历史时期，我国妇女参政的发展脉络。从 1949 年中华人民共和国成立以来，我国妇女参政的历程，展示了新中国妇女不平凡的参政能力。到1956 年中国共产党八大的召开，党和国家的工作重点由阶级斗争转移到社会主义建设上来，这一时期，妇女的社会参与日益广泛，妇女参政在社会主义建设的曲折发展中蹒跚前进。时间来到了 1966 年，爆发了"文化大革命"运动，使我国社会主义视野遭遇严重的挫折，也使妇女运动经历了一次大劫难，这让我国的妇女参政事业遭到了危机和曲折。直到1976 年，中共十一届三中全会的召开，伴随着改革开放的不断深入以及社会主义民主与法制的不断完善，我国的政治、经济形势成为新中国成立以来最好的时期，我国的妇女运动迎来了前所未有的发展机遇。该书最后指出，纵观新中国妇女参政的足迹，可以看出妇女参政走过了一段曲折而艰辛的路程。随着我国社会主义现代化事业的发展，社会主义社会的全面进步，中国妇女参政将随着社会、不同区域、妇女群体自身、妇女解放运动的发展而发展。

著作名称：农村妇女参与村级治理

主　　编：肖百灵

出 版 社：湖南大学出版社

出版时间：2007 年 3 月

版　　次：第 1 版

I S B N：7 - 8111 - 3160 - 9

页　　数：212 页

价　　格：28.00 元

编者简介

　　肖百灵（1964—　　），女，湖南洞口人，湖南师范大学教育管理专业硕士研究生毕业，法学博士。现任湖南省妇联主席。"湖南农村妇女参与村级治理"项目负责人。

内容简介

　　党的十六届五中全会明确提出，要建设"生产发展、生活宽裕、乡风文明、村容整洁、管理民主"的社会主义新农村。湖南作为农业大省，建设新农村离不开广大农村妇女的积极参与。促进农村妇女参与村级治理不仅是贯彻男女平等基本过程的内在要求，也是完善和发展农村社会政治文明和全面建设小康社会的客观需要。

该书以农村妇女参与村级治理作为主要论题展开讨论。全书共分为创新篇、实践篇和探索篇三个篇章。以"推动政策、创新机制、宣传倡导、教育培训"为主线，结合法律政策、项目应用研究成果和实践经验与个案，探讨了"农村妇女参与村级治理"工作的创新模式，这一模式向有关的立法和政策制定部门提供了有益的借鉴。为促进男女平等，推动社会主义新农村建设和基层民主政治建设提供了生动的例证。

该书结构严谨、逻辑严密、论证充分，生动具体地论述了女性参与农村治理，用湖南女性自己的故事、报道和经验展现了当前湖南农村民主治理中的巾帼风采，向众人展示了"湘妹子"村级治理中的创新精神与时代活力。

著作名称：社会性别与公共政策

主　　编：李慧英

出　版　社：当代中国出版社

出版时间：2002 年 10 月

版　　次：第 1 版

ＩＳＢＮ：7 - 8017 - 0168 - 2

页　　数：397 页

价　　格：19.00 元

编者简介

李慧英（1957—　　），女，天津人，中央党校妇女研究中心副主任，教授，博士生导师，中国国务院妇女儿童工作委员会"2001—2010 中国妇女发展纲要"监测评估专家组成员，中国妇女研究会副秘书长。

内容简介

该书揭示了公共政策与性别规范之间的互动关系，介绍国际社会推进性别平等正在进行的种种努力，揭示性别平等立法的原则与具体措施之间的冲突与矛盾，分析了父权制度下的两个核心因素在我国是如何被复制和传递的。该书在总论中，提出了公共政策与性别公正这一论题，在界定了公共政策的概念之后，指出我国性别平等的现状和原因，认为社会性别制度是导致社会性别差异的根源。从第一章到第十章，分别从教育、就业、资源分配、家庭责任、生育价值、性骚扰、退休和社会保障、妇女参政以及家庭暴力等方面，说明了我国在这些领域，仍然存在着性别不平等的现象，需要我国政府正视这些问题，通过立法、政策规制、建立社会补偿机制等手段来促进我国社会性别平等，更好地保障我国广大妇女的切身利益。最后三章，分析了公共政策的性别差异、社会性别意识主流化以及建立国家社会性别平等机制，指出公共政策的组成要素、分类和存在性别缺失的现象，为读者展现了我国公共政策的性别结构，主张将社会性别视角纳入政策和制度的"网状环节"，并提出构建国家社会性别平等机制，以便有力地提高我国的妇女地位。

著作名称：社会性别视角下的公共决策

主　　编：上海市妇女联合会

出 版 社：上海社会科学院出版社

出版时间：2010 年 8 月

版　　次：第 1 版

I S B N：7 – 8074 – 5695 – 7

页　　数：370 页

价　　格：50.00 元

编者简介

　　上海市妇女联合会，成立于 1950 年 8 月，是上海各界妇女在中国共产党领导下为争取进一步解放而联合起来的社会群众团体，是党和政府联系妇女群众的桥梁和纽带，是国家政权的重要社会支柱。其基本职能是代表和维护妇女权益，促进男女平等。

内容简介

　　党的十七大把社会建设与经济建设、政治建设、文化建设并列，强调必须在经济发展基础上更加注重社会建设，着力保障和改善民生，推进社会体制改革，扩大公共服务，完善社会管理，促进社会公平正义，推动建设和谐社会。而女性作为我国社会管理和公共服务的重要参与者，因此，将社会性别视角运用到我国公共政策领域显得尤为重要。

　　《社会性别视角下的公共决策》一书，记录了 2001—2010 年这 10 年"将性别意识纳入决策主流"的探索历程。书中选编的调查报告和论文均侧重于相关的法律与政策研究，以这十年间上海市妇联以及上海市妇女学学会、上海市婚姻家庭研究会组织的研讨会和课题研究成果评比中获奖的文章为主。该书以社会性别为视角，从宏观政策研究、社会参与、妇女社会保障的政策研究以及与婚姻家庭有关的法律政策研究等方面，探讨了在社会性别主流文化政策下，上海妇联所施行的相关对策和探索。内容具体包括努力构建以妇联参与、社会管理和公共服务为目标的能力和机制保障体系。在和谐社会建设中，研究社会性别视角下的宏观政策，贯彻和完善男女平等基本国策的机制体系，以及对上海女性生存与发展研究的社会公共政策评估等。

六 女性主义文学评论

（33 本）

序号	著作	作者
1.	女权主义文学理论	［英］玛丽·伊格尔顿
2.	翻译与性别——女性主义时代的翻译	路易斯·冯·弗拉德
3.	弗吉尼亚·伍尔夫与女权主义	吴庆宏
4.	西方女性主义文学理论	柏棣
5.	西方女性主义文论研究	杨莉馨
6.	多维视野中的女性主义文学批评	林树明
7.	女性主义文学批评在西方与中国	罗婷
8.	西方女性独白	高奋
9.	文学女性与女性文学：19世纪美国女性小说家及作品	金莉
10.	种族、性别与身份认同：美国黑人女作家艾丽丝·沃克、托尼·莫里森小说创作研究	唐红梅
11.	美国黑人女性主义批评研究	周春
12.	权力，身体与自我——福柯与女性主义文学批评	黄华
13.	当代俄罗斯女性小说研究	陈方
14.	女权主义与文学	康正果
15.	女权主义文论	张岩冰
16.	全球化语境下的女性主义文学批评	谢景芝
17.	中国现代文学女性形象初探	陆文彩
18.	性别意识与女性形象	梁巧娜
19.	文学中的妓女形象	陈思和
20.	书写与重塑——20世纪中国女性文学的精神分析阐释	张浩
21.	空前之迹：中国妇女思想与文学发展史论	王绯
22.	女书与楚地妇女	骆晓戈
23.	闺中奇迹：中国女书	冯骥才　白庚胜　刘中华
24.	笔尖上的舞蹈：女性文学和女性批评策略	周乐诗
25.	被建构的女性：中国现代文学社会性别研究	刘传霞
26.	西方女性主义与中国女作家批评	西慧玲
27.	女性生命潮汐——二十世纪九十年代女性散文研究	刘思谦　郭力　杨珺
28.	现代湖南女性文学史	朱小平
29.	二十世纪中国女性文学史（上、下册）	盛英
30.	当代中国女性文学史论	林丹娅
31.	中国单身女性调查	吴淑平
32.	失语者的呼声——中国打工妹口述	潘毅　黎婉薇
33.	反抗与困境：女性主义文学批评在中国	陈志红

著作名称：女权主义文学理论

作　　者：［英］玛丽·伊格尔顿

译　　者：胡敏等

出 版 社：湖南文艺出版社

出版时间：1989年2月

版　　次：第1版

ＩＳＢＮ：7－54040－413－2

字　　数：300千字

价　　格：5.80元

作者简介

　　无

内容简介

　　近年来，女权主义文学批评的影响越来越大，已成为人们用一种全新的角度去审视文学的历史、现状及未来。一些西方学者宣称它是结构主义文学理论之后的显学，预言它是21世纪主要的文学流派之一。

　　该书1986年初版，翌年即再版，颇受欢迎。它主要有两大优点：一是时间跨度大；二是容量大。近年来，欧美出版了不少女权主义批评著作，该书是较有代表性的一本。它收集了大量所能收集到的这一领域的权威材料，时间跨度从1962年至1986年。除参照较早的著作外，还参考了新近的重要论著。全书共分五个部分，每部分皆附有编者的引言。由于编者长期从事妇女文学的研究和教学工作，所以论述精当，重点突出，并将其置于当代理论争鸣的具体情境里，为读者对其理解提供了方便，其本身也是很好的批评理论。

　　该书汇集了1929—1986年关于女权主义文学理论的权威性论述，向读者展示了这种理论发展中的主要观点，反映了欧美女权主义文学理论的基本面貌。六十多篇论文的精彩片段，向读者展示了女权主义文学理论发展的基本框架和主要观点。

著作名称：翻译与性别——女性主义时代的翻译

作　　者：路易斯·冯·弗拉德

出 版 社：上海外语教育出版社

出版时间：2004 年 4 月
版　　次：第 1 版
Ｉ Ｓ Ｂ Ｎ：7－81095－073－2
页　　数：114 页
价　　格：8.00 元

作者简介

路易斯·冯·弗拉德（Luise Von Flotow），文学翻译家、教师、自由撰稿人。曾在北美、英国、法国、德国等国家学习、工作，现任教于渥太华大学（University of Ottawa）。

内容简介

20 世纪最后 30 年中，性别研究渗透到了学术研究和文艺创作的各个方面。人们对于性别的关注深刻影响了翻译实践、翻译理论与翻译批评的发展。从女权主义角度出发的翻译实践与翻译批评，以及对文化的强调已使翻译成为探索性别与文化之间相互作用与相互影响的重要领域。文化间性别角色的差异，在语言中的体现和表达，以及通过翻译将这些表达植入不同的文化背景等种种错综复杂的问题，与随之产生的评论就构成了该书的主要内容。

该书将翻译置于女权运动以及这场运动对"父权"语言的批判的背景中，阐述了女性实验性作品的翻译实践、译者的大胆介入、一些重要文本如《圣经》的翻译、翻译对父权社会中"消失"作品的重现及以女性译者为焦点的翻译历史研究等一系列问题。该书共分为 7 章。第一章开宗明义，简单介绍了女权运动的背景、文化概念上性别的由来，以及女性与语言，性别与翻译这一对提纲挈领的问题。针对前者，作者更是引入改革派与极端派的观点进行详细比较。第二章探讨了性别与翻译行为的关系，指出女权思想和女权作品对当代翻译实践的深刻影响。首先，译者乐于搜集当代女性作品，并把它们介绍到自己代表的语言文化当中。其次，作者认为处于女权时代的译者均显示出对文本政治取向的高度敏感，并采取各种方式有意抵制和消除原作中在政治态度上含混不清的表达。第三章侧重理论分析，提出翻译行为中的性别意识将重新界定对译者身份的理解。在作者看来，译者受到原作者女权思想的影响后，必定会在翻译过程中凸显自我的存在，在译文中融入个人的主观创作，并对此心安理得。第四章对许多相关的翻译批评作品作了研究，重新讨论了《第二性》，即路易斯拉贝的十四行诗的翻译。同时考察了重要文本如《圣经》的翻译问题，指出凡是译文中对原文的误译或是部分的删减，都应当置于语言转换过程中的意识形态领域。第五章把一些将性别研究与翻译研究结合讨论的作品以及由这些作品产生的各种评论集中在一起进行分析。作者谴责那些女权主义旁观者们在这一领域的沉默，同时赞扬了女权主义内部成员的踊跃发言，因为她们勇于面对女性与女性之间在文化和政治上的分歧，并能够针对某些极端的观点，提出一针见血的观点。此外，作者还注意到，第三世界国家的作家和生活在多民族团体内处于劣势的女性对第一世界的译者普遍存在不满，因为后者打着女权主义的旗号，实际上利用并篡改了她们的作品。第六章和第七章是该书的结束，其中展望了性别与翻译研究未来的研究角度、方向及其发展潜力。

著作名称：弗吉尼亚·伍尔夫与女权主义

作　　者：吴庆宏

出 版 社：中国社会科学出版社

出版时间：2005 年 3 月

版　　次：第 1 版

ISBN：7 – 50044 – 992 – 8

页　　数：204 页

价　　格：17.00 元

作者简介

吴庆宏（1969—　），江苏镇江人，现任江苏大学外国语学院副教授，博士，从事英国语言文化方面的研究与教学工作。

内容简介

女权主义是西方一个重要的政治思潮，涉及西方政治、经济、文化、教育等各个领域。该书认为，弗吉尼亚·伍尔夫在女权主义发展史上起了承上启下的关键作用。其一，她不仅继承了早期的旧女权主义（women's rights）的核心思想，坚持男女应享有平等的政治、经济和文化等方面的法律权利，还特别强调女性必须彻底摆脱父权制思想观念的束缚，丰富和发展其特性，发出不同于男性的声音，从而实现由强调男女法律上的平等权的旧女权主义向解构男性政治思想文化上的霸权、确立女性视角的新女权主义（feminism 或译为女性主义）的转变，为 20 世纪 60 年代末新女权主义的发展提供了一种思想理论基础。其二，作者在对妇女解放的思考中，主张最终消除男女的二元对立，摆脱形而上学的性别划分，并且把目光投注到女性内部的阶级差异上，由此，预示了 20 世纪 90 年代以来女权主义的发展趋向。

著作名称：西方女性主义文学理论

作　　者：柏棣

出　版　社：广西师范大学出版社

出版时间：2010 年 9 月

版　　次：第 1 版

I S B N：7 - 56336 - 417 - 6

页　　数：251 页

价　　格：32.00 元

作者简介

　　略

内容简介

　　并不是所有的女性写作都是女权主义的，但许多女性主义文本反映了女权主义所关注的问题。在文学批评界，传统的文学批评因为倾向于以男性经验为基础来进行普遍性的阐述而受到攻击。传统批评方式认为文学经典作品表达了永恒不变的真理，而这种真理不受性别等世俗问题的影响。女权主义者则认为，这种批评方法拒绝承认经典文学作品常常推崇男性价值观和利益，从而使得男性偏见制度化和机构化，女性主义者因此必须提高女性对于性压迫这一事实的觉悟。

　　西方女性主义同其他对社会历史产生重大影响的思想意识思潮一样，都带有社会政治、经济的时代烙印，所以它是有历史局限性和地域性的。编者在确定选题和收集资料期间，主要考虑的是“经典”（Canon）的问题。什么是经典？文学中的经典是如何产生的？经典的产生对那些所谓非经典的作品有什么影响？如果说西方女性主义文学理论和文学批评以反父权制的文学经典为始，那么现代女性主义文学批评中崇拜权威、树立经典的实践是否就重蹈覆辙呢？如果经典本质上就是学术不平等、不民主，那么怎样在女性主义文学的文学阐释、文学批评、文学教学过程中建立平等的、民主的氛围呢？编者希望，对文学经典的讨论与批评应贯穿在对全书的阅读中。

著作名称：西方女性主义文论研究

主　　编：杨莉馨

出 版 社：江苏文艺出版社

出版时间：2002 年 12 月

版　　次：第 1 版

I S B N：7 – 53991 – 847 – 1

页　　数：322 页

价　　格：18.50 元

编者简介

　　杨莉馨（1966—　），江苏省兴化市昭阳镇人。南京师范大学文学院外国文学教研室主任，教授、硕士生导师。主要从事欧美文学、女性文学及中外文学关系研究。出版学术专著《西方女性主义文论研究》、《异域性与本土化：女性主义诗学在中国的流变与影响》等。

内容简介

　　女权主义文论是一种伴随着西方女权运动而发展起来的文论，是一种以女性为中心的文论。该书对女权主义文论在西方的发生发展情况，英美、法两大学派理论中有关性政治、女性文学传统、女性写作、女性文学语言等问题进行了细致的研究和梳理，探讨了女权主义文论与马克思主义、精神分析、解构主义等文论的关系。在评述西方女权主义文论的基础上，分析了中国女权主义文学批评的现状，指出女权主义文论所面临的问题。

著作名称：多维视野中的女性主义文学批评

作　　者：林树明

出 版 社：中国社会科学出版社

出版时间：2004 年 5 月

版　　次：第 1 版

I S B N：9787500444572

页　　数：406 页

价　　格：38.00 元

作者简介

　　林树明（1954—　），男，文学博士，贵州师范大学教授、文学院院长。发表专著：《文学阅读的多维视野》、《女性主义文学批评在中国》、《性别与文学》等；译著：《女权主义文学理论》、《白马酒店》等。

内容简介

　　该书以马克思主义为指导，以比较诗学尊重异类文化的理论要旨为基本向路，综合马克思主义文学批评、文学人类学、文艺心理学、原型批评、社会学批评、读者接受批评、后殖民批评、解构批评，以及阐释学、传播学、新历史主义、生态主义等诸种理论与方法，大量运用第一手材料，采取跨学科多向度多层次的比较研究，系统地从文化层面和诗学语境对女性主义文学批评的生成背景、伦理取向、现实意义及诗学精神作多维视野的观照。该书主要从理论探源、理论检视与省思、理论建构及展望等三个方面展开讨论，剖析西方女性主义的发展状况及女性主义文学批评各流派的特点，研究女性主义批评与当代各种批评理论的复杂纠葛、西方女性主义批评在我国的发展状况、它对我国当代文学批评产生了什么样的影响，以及中国女性主义文学批评对世界女性主义批评和整个文学理论的发展所做的特殊贡献、性别问题与民族文化有何内在联系等问题，以期克服引进运用西方女性主义文学批评的某些盲目性，弥补国内学界对于女性主义文学批评系统梳理相对薄弱的缺陷，进行跨文化诠释及跨文化对话，促进两性文化的健康发展。

著作名称：女性主义文学批评在西方与中国

作　　者：罗婷

出 版 社：中国社会科学出版社

出版时间：2004 年 1 月

版　　次：第 1 版

I S B N：7 – 50044 – 450 – 8

页　　数：360 页

价　　格：26.00 元

作者简介

　　罗婷（1964—　　），女，湖南益阳人，教授。湖南女子大学校长、湘潭大学硕士研究生导师、中国妇女研究会全国妇女教育专业委员会副主任，出版著作有《劳伦斯研究——劳伦斯的生平、著作和思想》、《克里斯多娃》、《女性主义文学和欧美文学研究》和《女性主义文学批评在西方与中国》。

内容简介

　　该书从综合、整体的层面着眼，运用影响研究、跨文化研究、比较研究等理论方法，对中西女权思想、女性文学与女性文化进行了深入的比较研究。

　　全书共 5 章。第一章主要介绍了父权社会中的女性地位，进而引出西方女权思想和女权运动以及中西方女权思想的崛起。第二章则对西方女性主义文学批评的多元模式进行了全面系统的论述。女性主义文学批评在西方呈现三足鼎立的局面，本章前两节则具体地介绍了它们的差异，后四节则从精神分析、后殖民、后现代以及生态等方面研究女性主义文学批评。第三章深入细致地探讨了西方女性主义文学批评的主要代表人物波伏娃、伍尔夫、克里斯特娃等在中国文坛的影响。与此同时，该书的第四章，考察了西方女性主义文学批评在中国文学界的流传、接受和认同的历史现状，系统地梳理了中国女性主义文学批评的发展轨迹，特别是中国台湾地区。第五章论述了西方女性主义文学批评对中国当代女性文坛的影响和意义。在论及西方女性主义文学批评在中国的传播与接受的过程时，作者着重探讨了法国派女性主义理论对中国当代女性写作偏向私人空间、内视角、自恋等方面的影响，以及英美派女性主义批评对中国当代女性文学偏向公共空间、外视角、自省自强等方面的指导意义。通过该书，读者可以系统地了解女性主义文学批评的相关信息。

著作名称：西方女性独白

主　　编：高奋

出 版 社：华中科技大学出版社

出版时间：2000 年 1 月

版　　次：第 1 版

I S B N：7 - 56092 - 105 - 1

页　　数：229 页

价　　格：8.8 元

编者简介

　　高奋（1964—　），女，浙江大学外国语学院文学研究所副所长，兼任中国英语教学研究会常务理事。内容简介：女性在这个世界上曾经处于什么样的位置？她们应该有什么样的位置？这些问题的提出具有明确的实际意义。在人类文明史上，女性历来被认为是"相对于男人而不能自主的人"，是亚里士多德眼中那个"先天就有缺陷的人"，于是，女人不仅没有过去，没有历史，而且也丢失了自己的思想和共同的责任感。

　　于是这个世界就出现了一种奇怪的现象：男女之间不是极度的依赖，就是因过分依赖而导致了极端的对立。针对上述令人困惑的问题，该书用生活中的实际境况说明男女平等的真实意义。该书所选的几位女性作家都是英美文学史上颇有影响的女性主义思想的先驱，她们带给我们的不仅仅是对沉重的过去的思考，更多的是对美好未来的展望。相信读者在浏览这本小书的时候，一定能领略到作者是在用一种新的观念和新的视角，阐述当代西方女性的职业与生活的概况。

著作名称：文学女性与女性文学：19 世纪美国女性小说家及作品

作　　者：金莉

出　版　社：外语教学与研究出版社

出版时间：2004 年 5 月

版　　次：第 1 版

I S B N：7 - 10507 - 738 - 7

页　　数：437 页

价　　格：19.90 元

作者简介

　　金莉（1954—　），山东青岛人。北京外国语大学英语学院副院长，教授、博士、博士生导师。

内容简介

该书以 19 世纪美国女性作家及作品为主要论题，探讨了美国女性作家与作品、美国女性小说与美国小说、美国女性与美国社会之间的关系，是国内第一本系统介绍美国 19 世纪女性小说的专著。

19 世纪的美国文坛上活跃着一大批女性作家，本书以此为切入点，试图通过把握 19 世纪女性小说的发展脉络，重新审视 19 世纪美国文学及其发展方向。全书共分 5 章。第一章"导论"，讲述了 19 世纪小说发展的历史背景，分析了 19 世纪女性小说是如何被排斥在美国"经典著作"之外，同时还阐述了女权评论家是怎样努力恢复 19 世纪女性小说在美国文学史中的合法地位。其中，将 19 世纪女性小说分为四类："社会抗议小说"、"家庭小说"、"区域小说"和"新女性小说"。第二章"社会抗议小说"，介绍了两位积极参与 19 世纪废奴运动的女性作家，通过对她们的论述使读者看到女性作家对于当时社会问题的极大关注。第三章"家庭小说"，论及 5 位 19 世纪的女作家，她们的作品在当时文坛享有的盛誉，代表着 19 世纪美国女性文学发展的第一次繁荣期。第四章"区域小说"，着重描述了两位 19 世纪后期的乡土作家。这两位作家用女性特有的笔触描绘新英格兰地区的时代变迁和妇女的生存环境，对于了解当时社会的真实面貌有很大的帮助。第五章"新女性小说"，谈及两位美国女权主义的先驱，她们的作品反映了世纪末女性的觉醒和反抗，是了解 19 世纪末妇女思想意识演变的生动读本。

该书在写作上有以下特点：第一，没有将 19 世纪女性作家逐一进行介绍，而是挑选了 11 位典型代表进行论述，既展现了 19 世纪女性文学的发展全貌，又突出了该时期女性文学多样化的创作特点。第二，采取夹叙夹议的写作原则，将介绍与评论相结合，使不太熟悉 19 世纪女性小说的中国读者可以更加深入地把握这些作品的真正内涵。第三，本书不是按照传统的时序编排，而是尝试以主题类别的组合方式分章，有利于展现 19 世纪女性作家纵向的前后继承关系和横向的相互影响关系。第四，该书不仅局限于白人女性作家，在 11 位代表性作家中也包括了黑人女性，从而可以更加全面地反映 19 世纪女性文学的面貌。本书内容翔实，见解独到，为我国读者提供了一个了解 19 世纪女性文学的平台。

著作名称：种族、性别与身份认同：美国黑人女作家艾丽丝·沃克、托尼·莫里森小说创作研究

作　　者：唐红梅

出 版 社：民族出版社

出版时间：2006 年 8 月

版　　次：第 1 版

I S B N：7 - 10507 - 738 - 7

页　　数：255 页

价　　格：28.00 元

作者简介

　　唐红梅，女，中南民族大学文学院教授。主要研究方向为外国文学。

内容简介

　　该书包含了美国黑人女性主义文学批评视野、"双重意识"与黑人女性主体意识等内容。探讨了美国黑人女作家艾丽丝·沃克与托尼·莫里森的小说创作，聚焦于美国黑人女性种族解放与性别解放的追求，关注这些追求在话语与权力中的边缘位置，强调这两位代表作家在构建黑人女性主体身份方面的共同努力，辨析了其各自的独创性。论者从时间和空间的角度讨论了两位女作家的作品，提出了一系列有价值的见解。

著作名称：美国黑人女性主义批评研究

作　　者：周春

出 版 社：四川大学出版社

出版时间：2007 年 7 月

版　　次：第 1 版

I S B N：7 - 56143 - 869 - 5

页　　数：267 页

价　　格：20.00 元

作者简介

　　无

内容简介

　　作为国内较早对美国黑人女性主义文学批评思想进行系统研究的专

著，对美国黑人女性文学批评及其主要思想进行了全面、系统的分析与探讨。作者从黑人女性文学批评的生成语境、学理渊源以及对黑人女性文学批评实践的整体思考出发，借鉴比较研究方法，厘清了黑人女性文学批评在女性主义批评话语、美国黑人文学批评以及美国主流批评话语中所处的地位以及与它们之间的关系。此外，该著作还在对美国黑人女性主义批评核心议题进行归纳、梳理的基础上，探究了黑人女性文学批评话语的建构，指出在黑人女性主义批评中，批评的言说方式一直是一个突出的问题。

该书既可以作为普通读者或研究黑人女性文学、了解美国黑人女性主义的导读，同时还可以拓展中国女性学界对美国黑人女性文学的研究。

著作名称：权力，身体与自我——福柯与女性主义文学批评
作　　者：黄华
出 版 社：北京大学出版社
出版时间：2005 年 6 月 1 日
版　　次：第 1 版
I S B N：7-301-09188-5
字　　数：250 千字
价　　格：18.00 元

作者简介

黄华（1974—　），女，中国人民大学文学博士，现就职于首都师范大学文学院，翻译著作《身体的塑造——美国文化中的美丽和自我想象》，编写教材两部。

内容简介

该书从 20 世纪末发生在西方女性主义内部关于福柯思想的论争入手，系统地论述了福柯思想发展不同阶段的理论特点和女性主义学者对于福柯思想的批评、改造和利用。该书结构新颖，构思巧妙，将论争双方比喻为对话的双方，以对话的开始、高潮和延伸贯穿全书，在当代西方文论转型的背景下凸显女性主义理论嬗变的轨迹。

全书共分为三个部分：第一部分，从对话的开始讨论了女性主义在后现代主义语境下的处境和女性主义对福柯话语理论的运用。福柯的话语理

论对后现代女性主义有很大的启发，福柯指出了话语体系内部、外部存在的种种制约、主张在话语/权力机制中理解话语物质性的真实存在。在他看来，主体可以作为话语/知识的产物，由话语构成。后现代女性主义从中得到启示，试图建立女性话语并借此重构妇女主体，她们强调女性话语对菲勒斯中心话语的颠覆和对抗作用。但在话语与主体的关系上，女性主义内部产生了不小的分歧。它反映了当代哲学对语言结构的过度迷恋和一味扩大，福柯这一时期的理论也存在着同样的问题。第二部分对话的高潮，集中讨论了女性主义对福柯权力理论和身体理论的吸收和借鉴。后现代女性主义利用福柯的权力理论建立了聚焦于妇女身体的权力分析模式。福柯突破了传统哲学关于权力的论述，他以一种动态的、去中心的、不稳定的权力描述，取代了固定的、实体的权力概念。女性主义利用福柯的性和身体理论，提出了书写和重构女性身体的主张，同时，女性主义者意识到福柯关于身体和性的论述存在的局限性。第三部分对话的延续，评述90年代之后逐渐受到女性主义关注的福柯后期的自我理论，以及当代女性主义理论在后现代主义、精神分析和后殖民主义方向上的批评实践。从福柯对自我风格化的塑造中得到启发，后现代女性主义者超越传统固定的性别身份，便成为一种文化构建和自我选择的结果，对二元论的根源——性别的二元对立提出了挑战。女性主义文学批评中的两支重要流派——精神分析女性主义和后殖民女性主义，它们都在不同程度上借鉴了后现代主义理论和方法，包括福柯的理论，其中重点分析了克里斯蒂娃和斯皮瓦克的女性主义理论，她们的理论更多地体现为对差异和断裂所做的一些综合性的、具体的理论建构。

　　总之，该书以女性主义内部关于福柯思想的争论为契机，立足于女性主义立场对福柯的思想进行批评和论述，围绕女性主义对福柯思想的几个关注点——话语、权力、身体与自我，论述了福柯学术发展不同阶段的理论特点和女性主义学者对福柯思想的批评、改造和利用。

著作名称：当代俄罗斯女性小说研究
作　　者：陈方
出 版 社：中国人民大学出版社
出版时间：2007年6月

版　　次：第 1 版
I S B N：7 - 3000 - 8399 - 5
字　　数：197 千字
价　　格：28.00 元

作者简介

　　陈方，中国人民大学俄语系副教授。中国人民大学外国语学院俄语系教师。主要研究方向为俄罗斯文学，俄罗斯女性作家的创作。自 2000 年以来，先后出版三部译著（《文学肖像》、《库科茨基医生的病案》、《俄罗斯侨民文学史》），发表译文近五十万字，参与编写俄文版教材《俄罗斯》。

内容简介

　　该书采用了女性主义文学理论的某些观点和方法，如女性主体性表达、女性意识、女性形象理论等，并结合传统的文学分析方法，试图对俄罗斯的当代女性文学做一个尽量全面的扫描、梳理和总结。该书共分为 4 章，六个部分。第一章"当代俄罗斯女性文学扫描"共分为两节，第一节概述当代俄罗斯女性文学在俄罗斯兴起的内、外原因及其在当代俄罗斯文坛的地位，对活跃在文学舞台上的重要女性作家进行简要的介绍；第二节对当代俄罗斯女性作家的创作情况——其主题、形象和创作风格的总体风貌进行了描述；第二章"永恒的主题：生存·爱情·死亡"从题材角度入手，分三个小节对当代俄罗斯女性文学中最为突出的三大主题进行具体分析，同时探讨女性文学与传统文学的关系、其在题材方面的独特性、女性主体意识的表达等问题；第三章"俄罗斯女性文学形象"，首先回顾了传统俄罗斯文学中的女性主义形象（"理想的女性形象"、"叛逆的女性形象"和"超越苦难的女性拯救者形象"），接着以当代女性文学中的女性形象与传统文学中的女性形象之关系为切入点，将女性形象分为"新亚马逊女人"、"无规则游戏中的女人"、"反美狄亚"三个类型进行讨论，并就她们与传统的女性文学形象的异同进行了对比；第四章"多声部合唱中的独特音符：当代俄罗斯女性文学的风格特征"对当代俄罗斯女性文学的多元化风格进行梳理，前三节对"新自然主义"、"新伤感主义"和"后现代"主义风格分别做出论述，归纳每种风格的主要特点、代表作家及其作品；第四节对现存在于当代俄罗斯女性文学中的神话风格、

"反乌托邦"风格和童话风格等进行了论述。最后，对全书进行了总结，给出关于当代俄罗斯女性文学的总体评价，并指出它在当代俄罗斯文学乃至整个俄罗斯文学发展历史中的地位和意义，以及它在当代俄罗斯社会中所扮演的角色所折射出的社会价值取向上的新变化。

著作名称：女权主义与文学

作　　者：康正果

出　版　社：中国社会科学出版社

出版时间：2002 年 7 月

版　　次：第 1 版

ＩＳＢＮ：7－5004－1241

页　　数：152 页

价　　格：13.50 元

作者简介

　　康正果，美国耶鲁大学东亚语文系中文高级讲师。主要著作有《女权主义与文学》、《重审风月鉴》、《身体和情欲》、《鹿梦》等。

内容简介

　　该书为女权主义文学理论方面的一本入门性的著作，该书在不大的篇幅中，深入浅出地将这一纷繁复杂而又玄奥晦涩的理论之轮廓勾勒得清清楚楚，并且着重归纳出女权主义文学理论的基本策略和主张，那就是抨击和解构男性中心文学，弘扬和发展女性文本，用女性视角和价值重新审视和解释一切文学现象，从而为文学创作和研究开启一个新的话语空间。在这个基础上，作者做出了公允适度的评价和妥帖审慎的分析，使得读者既看到了女权主义存在的合理性和必然性，也认清了其中难以避免的激进和偏执。

　　该书在导论中对女权主义做了简单的分析。正文分为 6 章，第一章与第二章从性政治和文学、厌女症和理想化两个方面做了详细的阐述；第三章与第四章对菲勒斯批评和妇女写作的困境、女性批评的探索和争论进行了深刻的分析；最后两章则从边缘的边缘、语言中的女人做了精彩的论述。

著作名称：女权主义文论

作　　者：张岩冰

出　版　社：山东教育出版社

出版时间：1998 年 10 月

版　　次：第 1 版

I S B N：7 - 53282 - 618 - X

页　　数：238 页

价　　格：9.60 元

作者简介

　　张岩冰（1967—　），女，汉族，山东人，博士。主要著作：《粉墨登场——中国古代戏曲艺术》、《微小的人》、《瞿秋白：学者兼革命家》、《审视第二性》、《伊戈顿》、《1900—1949：中国现代主义寻踪》、《马克思主义文艺理论发展史》、《天人合一：中华审美文化之魂》等。

内容简介

　　女权主义文论是一种伴随着西方女权运动而发展起来的文学理论，是一种以女性为中心的文论。该书对女权主义文论在西方的发生发展情况，英美、法两大学派理论中有关性政治、女性文学传统、女性写作、女性文学语言等问题进行了细致的研究和梳理，探讨了女权主义文论与马克思主义、精神分析、解构主义等文论的关系。在评述西方女权主义文论的基础上，分析了中国女权主义文学批评的现状，并指出女权主义文论面临的问题。

　　该书在导言中从政治原则：社会历史与文学批评，分类原则：妇女写作与妇女，主体与对象：妇女为中心的文论三个方面对女权主义文论进行了描述。正文分为五个篇章，第一章对女权主义文学理论的兴起与先驱做了简单介绍；第二章从女性批评、女性传统、女性写作和女性语言四个方面对主题进行了深刻说明；第三章详细地进行了方法论的探讨；第四章则从妇女：黑人和女同性恋女权主义文学批评角度做了深度研究；最后对女权主义文论在中国的影响作了梳理分析。

著作名称：全球化语境下的女性主义文学批评

作　　者：谢景芝

出　版　社：河南人民出版社

出版时间：2006 年 9 月

版　　次：第 1 版

I S B N：7 - 21506 - 067 - 5

页　　数：534 页

价　　格：35.00 元

作者简介

　　谢景芝（1963—　），女，河南太康人，河南公安高等专科学校基础部副教授。主要研究领域有英美文学等。

内容简介

　　该书对纵横复杂的女权主义思潮进行了分析，而且做了一个较系统的梳理，对 20 世纪 80 年代及其后出现的女权主义理论，按照相对区分的派别和倾向，把女权主义理论多元的价值批判和意义系统充分地反映出来，也反映了其多视角的研究方向和多元的文化创造。该书第三章重点分析了后现代的女性主义与女性主义文学理论。

　　该书系统阐述了西方女性主义文学批评的发展与演变过程，特别是对后现代女性主义文学批评，后殖民女性主义文学批评以及第三波女性主义文学批评进行了详细的论述；分析了中、西女性主义文学批评的差异，并对在西方女性主义文学批评影响下的中国当代女性主义文学批评做出了解读。

著作名称：*中国现代文学女性形象初探*

主　　编：陆文彩

出 版 社：辽宁大学出版社

出版时间：1987 年 11 月

版　　次：第 1 版

I S B N：7 - 5610 - 0182 - 7

页　　数：250 页

价　　格：1.75 元

编者简介

　　陆文彩，辽宁师范大学教师，作家。

内容简介

　　该书是一部以现代文学领域内女性系列形象为研究对象的学术著作。

《初探》以"五四"前后敏感多思、知识女性苦闷与追求的总体特征为纲，勾勒描绘了这些女性形象的个性内蕴的历史演化，以细腻娟秀的笔触，确认了她们在现代文学经纬中的历史和美学坐标。

该书的特色在于，它总结并融汇了现代文学研究领域的诸多成果，博采众长，为我所用，形成了自己的学术观点。如对茅盾的"时代女性"的评价，同时还根据茅盾自己对"时代女性"的解释，认为正是这些奠定了他在现代文学史上的独特地位。在谈到丁玲的创作成就时，作者认为丁玲从《莎菲女士的日记》到《杜晚香》的创作的独特贡献，在于"都是以'莎菲'型，女性美的一条红线贯穿在她的作品中"。作者以为，"在现代作家中，还没有哪个作家能将中国女性半个世纪来前进的足印，成为一个时代女性解放道路上历史的画展。这种史诗般的人物，只有在丁玲的作品里能找到"。另外，像对子君、对陈白露、对曾树生的评价等，都有着独特的见解，尽管这些论点亦有不完善之处。

该书能密切关注、研究作家的生活经历与创作情境，深化对作品的研究，并使研究更贴切于作家的创作实际。从这个意义上说，该书真实地记录了作者对作家的关切程度，在《初探》人物论中，也常常描绘了作家的思想情感生活。作者还以比较的方法进一步阐述了几位文学大师笔下的几组形象的异同，方法别异而思路清晰，富有见地。该书以充满感情色彩的语言，将论文写得具有散文的质感，使严肃的认真的研究在表达上多了鲜活之气。

著作名称：性别意识与女性形象

作　　者：梁巧娜

出　版　社：中央民族大学出版社

出版时间：2004 年 8 月

版　　次：第 1 版

I S B N：7 - 81056 - 909 - 5

页　　数：331 页

价　　格：25.00 元

作者简介

梁巧娜，广西右江师专中文系副教授，已有近 20 万字的学术论文在

《文学评论》、《外国文学研究》等国家级核心刊物上公开发表。

内容简介

　　该书是一部参照女性主义文学批评理论去分析文学作品中女性形象的理论专著。作者以其深厚的文学修养和独到的文化视角，从大量的文学作品中梳理出了一条"女性形象"的生成与变迁史，把文学作品中向来不被发现的"性别意识"凸显了出来，并揭示了其对作家创作的影响。

　　该书重点剖析的是文学作品中的性别意识。由于叙述权被男性所垄断，所以文学作品大多是由男性所创作，而在创作过程中创作者带有很强的性别意识在其中。作者从男性和女性的作品中对比研究了性别意识在文学作品中的体现。由于到近代女性才获得了叙述权，所以作者分析的文学作品中大多都是男性的作品，女性的文学作品非常少，也是出于这个原因，作者认为有必要更多地运用女性视角来分析或创作文学作品。

　　该书的作者是站在女性主义的角度来批判文学作品中的性别意识和在男性性别意识下塑造的性别形象的。不论是男性或是女性，都不存在什么绝对统一的经验，自从出现阶级以来，男性的内部就有分化，所以他们的生活经验也就有差异；同样地，女性的内部也有分化，自然她们的经验也就有差异。因此，我们在分析性别意识时，不应该只从个人身上找寻原因，更应该从社会这个整体结构上去分析原因。

　　书中先分析了在以男性为中心的社会中，女性的发展全是在男性的主导下完成的，男性运用自身的话语权和社会结构赋予他们的权利，使女性朝着男性心中的"理想女性"发展。在分析了男性对于理想女性的塑造后，作者接着分析了泼妇这种在男权社会中认为是变态的现象。从古今中外文学经典中所出现的泼妇形象来看，她们又主要出自男性作家的笔下，中外文学史上以塑造泼妇形象著称的女性作家极为罕见。对泼妇的行事深恶痛绝是男作家们所共有的态度。然而，泼妇只是在男权社会中由男性给那些背叛男性中心社会秩序、不愿意牺牲自我的女性而丑化的一个称呼。书的最后，作者通过对不同作家对潘金莲的塑造来说明历史对潘金莲的不公，社会对潘金莲的不公，从而导致人们对潘金莲的误解。作者不仅分析了性别意识在文学创作中的影响，也从不同的性别意识中分析了同一个文学中的人物形象，从不同的角度分析了同一个文学形象产生的深刻的社会原因。

　　在这个追求男女平等的时代，在女性逐渐获得更多话语权的时代，女性的形象、地位将会得到显著的改善。这不仅是女性学者应该努力的，而且也是男性作者应该为之奋斗的。只有这样，我们才能尽量克服性别视角中的缺陷，才能使我们的社会更加平等、和谐。

著作名称：文学中的妓女形象
主　　编：陈思和
出 版 社：人民日报出版社
出版时间：1990 年 2 月
版　　次：第 1 版
Ｉ Ｓ Ｂ Ｎ：7 – 80002 – 252 – 8
页　　数：221 页
价　　格：3.40 元

编者简介

陈思和，出生于 1954 年，广东番禺人。复旦大学人文学院副院长、中文系教授、博士生导师。主编了《人文知识读本》，著有《巴金论稿》等。

内容简介

该书汇集的 20 个文学中的妓女形象仅仅是中外文学创作中妓女形象的沧海一粟，附录中也增加了一些作者对其他文学形象的解剖。该书所述的文学作品中的妓女形象，既有中国传统文学里的形象，也有外国文学中的形象。该书从一个崭新的视角来解读文学中的人物，甚至是那些一直被我们认为上不了台面的人物。人类社会的文学积累经历了无数的时间历练，也有不同的题材，有时因为时代的原因和刻板印象我们会遗失无数的美好。从这个角度来说，该书有一定的文学意义和文学史意义，更重要的是，编者深刻感受到前作者们对两性关系商品化倾向的愤怒、忏悔与同情，为女性伸张正义。

著作名称：书写与重塑——20 世纪中国女性文学的精神分析阐释
作　　者：张浩
出 版 社：北京语言文化大学出版社
出版时间：2006 年 12 月
版　　次：第 1 版

ＩＳＢＮ：7 - 56191 - 726 - 0

页　数：228 页

价　格：29.00 元

作者简介

　　张浩（1967—　），博士，副教授。主要从事语言教学和女性文学研究，至今已发表论文数十篇，出版译著和教材数种。代表性论文和著作有：《从私人空间到公共空间——论王安忆创作中的女性空间建构》、《论曹禺前后期创作中的两类女性形象》等。

内容简介

　　该书是一部关于 20 世纪中国女性文学的精神分析的文学研究专著。全书分导论和正文两大部分。导论部分简要说明了该书的主题思想、逻辑展开以及所运用的批评方法。正文共有 10 章，其结构由描述精神分析学影响女性文学的发展演进作为纵向框架，由女性文学在精神分析影响下所形成的独特品质作为横向框架，其主旨是从精神分析学与 20 世纪中国女性文学的联系出发，剖析精神分析学与中国女作家创作之间的内在关系，探讨精神分析学对 20 世纪中国女性文学发展演进的影响，揭示在精神分析学影响下女性文学所形成的独特品质，以期推动中国女性文学题材类型研究和比较研究领域的拓展。

著作名称：空前之迹：中国妇女思想与文学发展史论

作　　者：王绯

出 版 社：商务印书馆

出版时间：2004 年 7 月

版　　次：第 1 版

ＩＳＢＮ：7 - 10003 - 921 - 5

页　数：646 页

价　格：32.00 元

作者简介

　　王绯，1982 年毕业于天津南开大学中文系。1972 年参加工作，历任天津冶金工业中学教师，《文学自由谈》杂志编辑，《文学评论》杂志编辑。

内容简介

　　该书概述了从太平天国革命到"中国左翼作家联盟"成立，即1851—1930 年的 80 年间，中国妇女解放思想运动在不同历史时期的重要特征与发展趋向，如妇女解放先觉从踏着父兄的思想足迹到女子真正独立，现代女性文学母体雏形的"横空出世"与最终确立等，将这些空前的东西连缀起来，使得这 80 年间中国妇女解放思想与文学发生、发展的历史轨迹清晰可见。

　　该书正文分为 5 章，分别从原创性：太平天国革命与中国妇女解放、先驱性：维新革命时期妇女解放思想与文学、独立性：辛亥革命时期的妇女解放思想与文学、阶级性："五四"时期妇女解放思想与文学、民族性：大革命时期妇女解放思想与文学这五个大方面做了详细的梳理和深刻的阐述，使我们对中国妇女思想与文学发展有了全面的了解。

著作名称：女书与楚地妇女
作　　者：骆晓戈
出 版 社：九州出版社
出版时间：2004 年 10 月
版　　次：第 1 版
Ｉ Ｓ Ｂ Ｎ：7 - 80195 - 171 - 9
页　　数：265 页
价　　格：25.00 元

作者简介

　　略

内容简介

　　该书从社会学与文学的角度切入女性研究，采取田野考察为主的研究方法，对楚地妇女多姿多彩的生存状况进行了全景式的扫描和叙述。同时运用生动的人物和文本分析、简明流畅的语言阐释女权主义学术理论对于女书的研究。该书图文并重，读这样的书如同观赏墙上的壁画，尽管每篇是独立存在的，却有内在的关联。不仅可以用来作为研究民族语言学的材料，也可用来作为研究妇女学和人类学方面的材料。作者以诗人的笔调和敏感，使该书具有真实、优美和精确风格，使文本的诗意成为一大特色。

该书通过考察女书与妇女研究的关系，包括女书流传地的女性社会地位，女书传承对妇女自立自强自尊自爱的影响，女性在女书流传地的社会活动中的主体性、社会地位及在家中地位，发现江永妇女在特定的地理和人文环境下，在父权社会中拥有一定的文化创造空间和社会交往场所。江永地处瑶族与汉族杂居地域，瑶文化与汉文化的交融与冲撞，包括在日常生活、宗教信仰、婚嫁习俗的影响，都对女书起到了孵化和传承的作用。女书是江永妇女的才情和姐妹情的结晶，也是中华农耕文明男耕女织的产物。

著作名称：闺中奇迹：中国女书

作　　者：冯骥才　白庚胜　刘中华

出 版 社：黑龙江人民出版社

出版时间：2005 年 4 月

版　　次：第 1 版

I S B N：7 - 20706 - 490 - 5

页　　数：145 页

价　　格：80.00 元

作者简介

冯骥才（1942—　），生于天津，当代著名作家、文学家、艺术家、民间艺术工作者。天津大学文学艺术研究院院长，《文学自由谈》杂志和《艺术家》杂志主编，任中国民主促进会中央副主席，全国政协常委等职。

白庚胜，男，纳西族，文学博士，研究员，中国社会科学院研究生院教授。

刘中华（1965—　），男，宁夏中卫市人。现为广东外语外贸大学国际工商管理学院副院长，教授，硕士研究生导师。

内容简介

该书全面介绍了湖南江永县一带在女人中流传的文字——女书，简释了女书的发现、发展、流传地域、传承方式及重大的社会意义、文化价值和它作为世界濒危非物质文化遗产的特殊性、抢救它的迫切性。

该书正文分为 6 章。第一章对女书做了全面的概述；第二章从文化形式推介的达标程度评估说明了女书延续的必要性；第三章阐述了女书濒危的现状、原因和结果；第四章对女书的保护、利用和发展做了详细的规划；第五章精选了一些国际、国内著名专家对女书的专题评价与权威性文章；第六章则让女书传承群体中的代表人物对女书价值和濒危现状做了评述，对如何保护女书提出了具体的可操作性的建议。

著作名称：笔尖上的舞蹈：女性文学和女性批评策略

作　　者：周乐诗

出 版 社：上海外语教育出版社

出版时间：2009 年 8 月

版　　次：第 1 版

I S B N：7 - 54460 - 060 - 6

字　　数：178 千字

价　　格：12.00 元

作者简介

　　略

内容简介

　　这是一本探讨性别和文学关系的论著。该书试图对性别研究和性别文学研究的一些基本问题进行梳理，指出其产生困境和争议的原因。譬如作者对笼统的西方女性主义的概念作了新的阐释，辨析了其存在的误区和盲点，揭示了它在中国语境中产生矛盾和冲突的原因所在，以期凸显女性主义批评存在的问题和局限，使女性研究和女性文学尽早走出因袭的循环，有更宽广的视野和更深入的探索。

　　该书对性别研究的一些陈旧而依然未有突破的问题进行了详尽的探讨，对于"女性主义"、"女性意识"、"身体写作"等一些重要概念，作了解读、辨析和澄清。基于细致的把握和分析，作者对其中"性别写作"和"超性别写作"的说法表示质疑，并提出了自己认为更适宜替换的名称。

著作名称：被建构的女性：中国现代文学社会性别研究

作　　者：刘传霞

出 版 社：齐鲁书社

出版时间：2010 年 9 月

版　　次：第 1 版

I S B N：7 - 53331 - 850 - 5

页　　数：316 页

价　　格：22.00 元

作者简介

　　刘传霞，女，文学博士，教授，山东济南大学文学院副院长。主持山东省社会科学重点规划项目 2 项，获得山东省社会科学优秀成果奖 1 次、山东省高等学校优秀科研成果奖 1 次，济南市社会科学优秀成果奖 3 次，山东省优秀教学成果奖 1 次。出版学术专著《女性·历史·叙事》、《被建构的女性：中国现代文学社会性别研究》，参编教材 4 部，发表论文 50 余篇。

内容简介

　　该书对中国现代文学社会性别作了深入的研究。《被建构的女性》一书在借用女性主义理论进行文学批评和研究时，就如何充分发挥其"感同身受"的切身性，以及由此获得的一种学术研究的"在场感"使女性的研究理论耳目一新。

　　该书将社会性别研究引入中国现代文学研究的目的有两个：一是回到历史现场，重现历史场景，将中国现代的男女创造的文学文本进行对比，探讨其中所包含的性别政治，检视中国社会性别想象的多样形态及文化象征意义，追问中国现代性别意识形态是如何叙述与建构出来的，以及这种新的性别建构与中国现代性别叙事之间的关系；二是对中国长期流行的现代文学史建构与叙述作出补充。一方面，站在女性主义的立场上对男女作家的经典文本进行阅读，探查男性文本中隐藏的性别政治，剖析其对女性资源的挪用和女性自主意识的压抑；另一方面，作者关注了女性文本所隐藏的女性愤怒、反抗、疯狂和绝望，辨析女作家如何套用、批判、抵制男权权威来建立自己的文学权威和主体意识，确定它们的文学史价值和意义。

著作名称：西方女性主义与中国女作家批评

作　　者：西慧玲

出　版　社：上海社会科学院出版社

出版时间：2003 年 8 月

版　　　次：第 1 版

I S B N：7 - 80681 - 211 - 2

页　　　数：269 页

价　　　格：18.00 元

作者简介

西慧玲（1965—　　），女，生于黑龙江。台州学院人文学院教授，主要著作有《西方女性主义与中国女作家批评》、《新新人类的女性书写》。

内容简介

《西方女性主义与中国女作家批评》论述了女性主义的形成与发展，女性主义在中国大陆的传播，女性主义各主要流派对中国女作家创作的影响，中国女性创作对女性主义的接受以及中国文化背景中的女性主义文学批评等内容。

该书分五章，相当全面而系统地介绍了西方女性主义的形成和发展，以及在中国的传播、影响。作者就中国女性创作对女性主义的接受、中国文化背景中的女性主义文学批评进行了深入分析。"女性主义"是这本学术研究中比较吸引读者注目的亮点之一，作者不仅从女性主义的角度出发，更从人性的角度对女性进行重新诠释。在全球化时代，除经济领域，文学研究者也应在研究的理论或方法上有所革新。全书的立场在于一个"比"字上，将西方文学中的女性及女性主义与中国女作家进行比较，亦是该书的另一亮点。

作者站在中国学者的立场上，对国际女性主义理论的发源、演变、相关的女性主义批评等方面作了详细论述；然后对女性主义在中国的传播进行探讨，并结合当代女性作家的写作，阐明全球化对中国女作家的影响和启发。在女性文化研究领域，西方学术界可能较中国先走一步。但这一研究对中国学者而言，却是极好的话题，女性主义不是一个名词，它可以成为一个体系。因学者是中国人，当然无可避免地将研究重心放在中国女性主义上。

著作名称：女性生命潮汐——二十世纪九十年代女性散文研究

作　　　者：刘思谦　郭力　杨珺

出 版 社：河南大学出版社

出版时间：2005 年 6 月

版　　次：第 1 版

I S B N：7810913093

页　　数：328 页

价　　格：25.00 元

作者简介

　　刘思谦（1934—　），河南偃师人。河南大学中文系教授、博士生导师。著有《文学梦寻》、《蒋子龙的"开拓者家族"》、《向"人学"攀登》、《中国女性文学的现代性》、《写散文的"文学女人"》、《中国女性文学的人文主义传统》、《关于女性文学研究》，散文《昨夜梦见母亲》、《一日三餐》、《秦淮赠衣》等。

内容简介

　　《女性生命潮汐——二十世纪九十年代女性散文研究》，意在表明这是一次真正的女性生命的潮起潮落，是女人身体的起与伏、生命的呼与吸，是世纪之交女性文学史上的一件盛事和女性话语的狂欢节。该书共选入 126 人的 248 篇作品，通过对大量女性散文文本的分析，来解答女性散文相关的一些问题：女性散文为何在 90 年代形成高潮？它与"五四"以来的现代女性散文有怎样的内在关联？女性散文在多大程度上展示了女性生命的涌动和主体精神的成长？女性散文研究建立在怎样的基点上才能保证其有效性和合理性？进而探寻女性散文之于女性自我建构的实践意义。

　　书中，《逝者如斯》针对 20 世纪 90 年代女性散文不同年龄的女作者共时代的横断面结构，首次将"代"的范畴引入女性散文研究领域。发现"时间中的女人在具体的不同或相同的历史际遇中如何把握、创造、承担生命的意义，如何在自我认同和相互认同，在生存并且超越中实现这只有一次的生命的价值"，为女性散文研究提供了新的理论。

　　《女性之思》从女性散文对于历史、文化、爱情、婚姻、生老病死等一系列问题的思考入手，反思、讨论女性作为思维主体对于女性经验的关注与提升。彰显 90 年代女性散文精神探索所能达到的广度和深度。

　　《语言的家园》对女性散文文体摆脱单一的形式学研究，强调女性作为话语主体及其话语方式与思维方式的关系，引入"知性思维"对女性散文思维方式进行概括，是研究女性散文文体的有效切入点。

该书打破了以理论注解文本的套路，从散文理论空缺入手，在文本中发现理论的生长点，体现了文学研究的新趋向。

著作名称：现代湖南女性文学史

作　　者：朱小平

出 版 社：湖南师范大学出版社

出版时间：2005 年 10 月

版　　次：第 1 版

Ｉ Ｓ Ｂ Ｎ：7－81081－541－5

字　　数：317 千字

价　　格：29.80 元

作者简介

朱小平，女，湖南长沙人，研究员，湖南省社会科学界联合会科研组织处工作。任中国当代文学研究会女性文学委员会委员、中国小说学会会员、湖南省作家协会会员。

内容简介

该书以说史的方式直面难题、高屋建瓴，从宏观和微观上成功地把握湖南女性文学的历史进程，并将其与中国女性文化的历史与发展对接起来研究，从而使湖南文学史书写的内容和方式都有所更新、开拓。突出的例子如：源远流长的湖湘文化孕育出一代伟人毛泽东、刘少奇、任弼时、彭德怀、贺龙、陶铸等老一辈无产阶级革命家，他们的女儿、儿媳和侄女：李敏、邵华（毛泽东的儿媳）、刘爱琴、任远志、贺捷生、彭梅魁（彭德怀的侄女）、陶斯亮等写了大量的缅怀父辈的传记文学作品。

在该书中，作者不仅以自身的女性视角，更用了政治的、历史的、社会的、开阔的眼光来研究自己的研究对象，表现出独特而宽广的视野、多元而宽容的批评态度。尤其作者着重把目光投向了那种显示女性与人类社会的进步事业发展、与时代前进步伐同步的作品和作家，对她们进行分析、研究，从而提升了本书的学术品位。该书在形式上一改传统文学史书写的老面孔，以精选的史料照片和精致的文字共同勾勒湖南女性文学的历史面貌，引领读者穿越书中 100 多幅难能可贵的文史照片，进入了湖南女性文学的历史画卷，在图片与文字的交相辉映中，追寻着湖南文学女杰的创作足迹。文字融入图片，图片演绎文字，图片和文字共同营造出一种良好的艺术氛围，使读者既以文字而赏心，又以图片而悦目。正是这种精心构设的独特形式为这部独特的区域女性文学史锦上添花。

著作名称：二十世纪中国女性文学史（上、下册）
主　　编：盛英
出 版 社：天津人民出版社
出版时间：1995 年 6 月
版　　次：第 1 版
I S B N：7 - 201 - 02029 - 3
字　　数：840 千字
价　　格：33.00 元

编者简介

　　盛英（1939—　　），女，上海人，研究员，现为中国作家协会会员、天津作协理事、中国妇女研究会理事。著有女性文学研究著作：《中国新时期女作家论》、《二十世纪中国女性文学史》（主编、合著）、《中国女性文学新探》、《中国女性主义文学纵横谈》。

内容简介

　　《二十世纪中国女性文学史》这部专著的问世，不仅对女性文学创作自身意义非凡，而且对女性文化建设、妇女学研究乃至整个人文科学都产生了积极的影响，写出了真正具有女性主体意识的女性文学史。

　　该书是"为了女性"，即适应妇女特别是中国女性探求自身彻底解放的时代要求，也是"为了文学"，即从调整、完善中国文学史的现有结构，建立女性文学传统出发，达到繁荣、发展女性文学的最终目的。该书的线索是以文学史的分期来划分的：20 世纪初到"五四"，女性意识觉醒，女性文学勃然崛起的时期；20 年代后期到 30 年代后期，女性文学由面向自我到面向广阔社会时期；20 世纪 30 年代后期到 40 年代末，战争使地域割裂，女性文学呈多向发展时期；20 世纪 50 年代到 60 年代，大陆与台湾政治对峙，女性文学分流各呈单调模式时期；20 世纪 70 年代末到今天，女性意识迅速发展趋向成熟，女性文学繁荣时期。

该书写作目的在于探索女性文学传统，以挣脱主导文化性偏见的束缚，增强对女性审美特征、功能及其价值的自觉性，克服其局限与不足，从而最大限度地展开女性广阔的现实和心理天地。因此，该书从一个特定角度和方面强调了长期被压抑、忽略的女性性别的文学创造，努力赋予历史叙事以合理的面貌。它烛照了作为文学史实践主体之一部分的现代女性创作，大力彰显其文学意义和文化价值，这对于传统的文学史观来说，既是一种挑战也是一次突破。

总之，该书的立足点为现代女性创作与20世纪文学主潮的融合而非分离。该书的基本出发点是强调女作家作为历史和文学的积极参与者、演绎者所发挥着自身的作用，彰显女性作为男权社会受害者的文化存在。

著作名称：当代中国女性文学史论

作　　者：林丹娅

出 版 社：厦门大学出版社

出版时间：2006年4月1日

版　　次：第2版

ＩＳＢＮ：7－5615－1040－3

页　　数：349页

价　　格：23.00元

作者简介

林丹娅（1958—　　），女，福建人。厦门大学中文系教授、博导，厦门大学中国语言文学研究所所长。兼任福建省作家协会副主席，中国女性文学委员会副会长、当代文学研究会理事等。主要作品：《白城无故事》、《人生的花季》、《生命的流象》、《不死的思念》、《阳光之门》、《用痛感想象》、《经历长大》、《女性景深》等。

内容简介

该书是第一部系统阐述当代中国女性文学演变历史的研究性教材。初版问世后，成为数十所重点高校现当代文学选修课教材和女性文学研究方向的研究生教材。该书以反男性文化中心为视野，系统考察并研究了中国女性作家作品及其书写行为意义，透视了女性文学现象过程，展现了女性精神史的种种形态。

该书从文学演变的历史视角切入。第一部分,"被书写的历史",向我们介绍了父权(男性)话语的存在,几乎不被人所觉察所质疑地替代或抹去了女性话语的存在;第二部分,"抵制书写的历史",依然是"于缄默中抵制的声音",在无声的反抗中生活;第三部分,"书写的启端",以冰心和张爱玲为代表的中国现代历史上最具才华的女作家,第一次以主体的形式写进了历史书中,不屈地和父权意识形态斗争着;第四部分,"五四"以后,在"重构理想双性世界"中,终于摆脱了有史以来在父权制下的以男性本位文化书写的视角,重新构起无性别差异的社会场景和两性关系,充分给予女性一个"完整人"的化身;第五部分,"两性对峙的形态",描述了当代的女性作家更加迷惘于"性"的归向,突然对自己的角色充满疑惑、碎片化和再次彷徨;第六部分,"新世纪之交的反文化书写"中女性终于可以富有独立生命,体验独立,骄傲地说出"你不可改变我",在 21 世纪中"发出了自己的声音",呈现了被文化——摆脱文化——反文化的觉醒、行动与书写的一个历程。

该书选取最具代表性的女性作家和现当代女性文学作品和女性文学思潮作为主要研究对象,探讨和分析了女性文学的思想艺术成就和未来的走向,是一部独具风格的文学史教材。

著作名称:中国单身女性调查

作　　者:吴淑平

出 版 社:新华出版社

出版时间:2010 年 9 月 1 日

版　　次:第 1 版

I S B N:7 - 5011 - 9371 - 4

字　　数:149 千字

价　　格:28.00 元

作者简介

吴淑平,生于福建诏安,定居深圳。知名作家,媒体人,情感心理研究者。中国作家协会会员,现任凤凰卫视《凤凰生活》总编。已出版长篇小说《放爱一条生路》、《这种感觉你不懂》、《商道门徒》、《连锁风云》,纪实文学《中国单身女性调查》、《格调女性》、《不是女人的错》、

《体味》等 10 余部畅销书。

内容简介

该书是作者在长期的调查中采写的一部当代单身女性的生活实录。该书采写人物全部为单身年轻女性,以生活在北京、上海、深圳、广州、成都、武汉、厦门等城市的女性为主,共选取 26 位具有代表性的单身女性隐私实录。书中故事真实、细腻,每个故事都配有实用而有哲理的分析。

该书不仅真实地反映了当代单身女性的生活状况、情感状况和性爱状况,真实地反映了两性问题、家庭问题和社会问题,也分别对每个案例作出了分析、点评或建议。当"人生若只如初见"时,如何揭开感情的防护膜?一个北漂女子如何面对婚恋恐惧症?"我是鱼缸里的鱼"。其实性格是影响婚恋的;当两个人相爱一定要结婚吗?并举了例子"北京辣妹子"渴望婚姻的偏激心理以及"上海未婚妈妈"如何由"性福"转成"幸福";该书还提到一个"单亲女孩",不由让人感慨"有钱未必能买到真爱和幸福"……

同时,该书也分析了一些社会心理方面的原因,并建议单身妈妈如何"给孩子一个完整的家";"别把自己关在笼子里";"爱情要低调,婚姻很现实";"化缘化的爱"要放弃,这其实"也是一种爱";"爱情要顺其自然";"感恩是不能当爱情的";豪门未必适合自己,"只选对的,不选贵的";"偏执的征服欲的爱也是一种病态";"善良也要有原则的";"暧昧来得快,爱情就去得快";当感情遇到挫折的时候"放下,便是一种拥有";等等。

阅读《中国单身女性调查》,不仅可以了解当代单身女性的基本情况,也可以"对症下药",自己给自己的情感问题做出分析和处理。可以说,此书是一部集"真实故事"与"实用哲理"为一体的现代人必备手册。

著作名称: 失语者的呼声——中国打工妹口述

作 者: 潘毅 黎婉薇

出 版 社: 生活·读书·新知三联书店

出版时间: 2006 年 3 月 1 日

版 次: 第 1 版

ＩＳＢＮ：7108023903

页　　数：230 页

价　　格：23.00 元

作者简介

　　潘毅，女，香港理工大学应用社会科学系副教授，1998 年于伦敦大学亚非学院完成人类学博士学位。主要出版著作有《失语者的呼声——中国打工妹口述》、《失语年代的光与影》等。

内容简介

　　《失语者的呼声——中国打工妹口述》是作者自《中国女工——新兴打工阶级的呼唤》一书后又一部以打工妹为主题的作品。该书通过 16 位打工妹的口述，记录了打工妹这群小人物的"小历史"——她们在打工中的种种快乐和痛苦。

　　该书用"离乡背井"、"寻找婚姻自主的空间"、"打工路上的苦涩"和"争取中成长的女工"四个篇章，详细描写了打工妹们离家打工的原因、在外受骗的经历、艰苦的打工过程以及少部分打工妹为争取合法权益抗争的故事。例如对于离家打工的原因，四川姑娘秋月是因为看到外出打工后回家探亲的姐妹们穿得比以前漂亮。慧和华则是为了逃离家庭，寻求解脱。而刚谙世事离家来到珠三角的女孩们被骗的遭遇则是这些孩子们出外打工的第一课，从一下火车遇上的小骗子到打工过程中遇到的传销骗子，无所不有。书中用重彩描画了打工妹们在各种工厂的打工生涯，概括起来可以用"苦、累、脏、毒"四个字来形容，如书中提到的阿春因在高温有毒的岗位工作，引起了生理机能的异变，春梅因为超时加班而"过劳死"。书中把打工妹概括为"失语者"可以说是相当的贴切，因为她们没有话语权，而主流文化认为她们所经历的这一切都是必然要发生的甚至是必需的。不过也有打工妹不愿意让自己的命运控制在别人的手里，如书中提到的秋月就曾经为了让厂里改善工人生活和工作条件而组织几百名工人与厂方抗争。

　　该书是对"女工关怀"的一次很好尝试，它以最直接和全面的方式，记录了基层打工女性的声音，使她们真正成为发展的主体，实践表达意见的权利。书中所有对打工妹的描写都来自她们的口述和对她们近距离的观察，让读者真正体会到了打工妹的生存状况。

著作名称：反抗与困境：女性主义文学批评在中国

作　　者：陈志红

出 版 社：中国美术学院出版社

出版时间：2002 年 3 月

版　　次：第 1 版

I S B N：7 – 81083 – 068 – 6

页　　数：132 页

价　　格：14.00 元

作者简介

　　陈志红，广东著名文学评论家。主要著作有《自由的缪斯》、《中国现当代小说中的知识女性》、《一人上路》、《福乐之神》和《寻找青草地》等。

内容简介

　　该书是对近 20 年来中国女性主义文学批评的一次较全面的总结和梳理，是一部有较强理论色彩的中国新时期女性主义文学批评史论。它详尽地考察了女性主义文学批评这一批评模式进入中国之后，是如何被中国的批评家们所借用、改造，从而形成中国自己的女性主义文学批评的理论过程。客观而严谨地分析了"一种外来文论的本土化"是经由什么方式实现的；其间又受到什么因素的影响；它是怎样被"有效地"植入中国当代文学批评话语体系之中，成为文学批评多元化格局中一元的问题等。

　　该书通过提取有代表性的女性主义批评文本，对中国女性主义文学批评作出了归纳，提出了建构式、兼容式和颠覆式等三种中国女性主义文学批评类型。书中分析了女性主义文学批评在中国的可能性，作者认为有三个方面的因素造成了这种可能性：一是 20 世纪初以来中国文论话语从传统到现代的转型，为任何一种西方文论的引入提供了一个基本的生存空间，也导致了女性主义文学批评在中国的历史性出场；二是性别之间的差异和整个社会仍是男性中心的事实，为女性主义话语及文学批评提供了基本的理论前提；三是中国女性写作及研究的蓬勃发展，为女性主义文学批评在中国的实践提供了一个特殊的场所。由此认为上述三点是一般条件和特殊条件的集合，只有一般条件和特殊条件同时具备，一种可能才会成为一种现实。

　　该书还阐明了女性主义文学批评在中国的有效性，认为中国女性主义文学批评通过具有政治立场的女性主义阅读，展开了被传统阅读所遮蔽的盲点；有效参与了中国当代文学批评走向多元化的历史进程；开始了中国女性写作传统的历史性追寻，直接参与了一些新的文化格局的建构。

七　女性文化

(21 本)

序号	著作	作者
1.	圣杯与剑	［美］理安·艾斯勒
2.	三个原始部落的性别与气质	［美］玛格丽特·米德
3.	另类的现代性——改革开放时代中国性别化的渴望	［美］罗丽莎
4.	女性，艺术与权力	［美］琳达·诺克林
5.	不能承受之重——女性主义、西方文化与身体	［美］苏珊·鲍尔多
6.	语言与社会性别导论	［英］玛丽·塔尔博特
7.	性别与服饰：现代服装的演变	［美］安妮·霍兰德
8.	性别语言文化与语用研究	白解红
9.	语言与性别：口语的社会语言学研究	赵蓉晖
10.	闲谈与社会性别建构	陈春华
11.	女性人类学	禹燕
12.	女性文化学	赵树勤
13.	中国女性民俗文化	邢莉
14.	西方女性艺术研究	李建群
15.	中国女性绘画史	陶咏白
16.	女性——美术之思	徐虹
17.	女性服装史话	刘百吉
18.	女性主义文艺美学透视	陈凤珍
19.	中国女性行为的文化释义	钱民辉 田玉荣
20.	中国女性在对话	王红旗
21.	绿肥红瘦	廖雯

著作名称：圣杯与剑

作　　者：［美］理安·艾斯勒

译　　者：程志民

出 版 社：社会科学文献出版社

出版时间：1997 年 4 月

版　　次：第 3 版

I S B N：7 - 80050 - 334 - 8

字　　数：300 千字

价　　格：18.00 元

作者简介

　　理安·艾斯勒（Riane Eisler，1931—　），美国著名文化人类学家，现代文艺复兴的代表人物，国际广义进化论研究小组成员，国际合作关系研究中心的创始人，国际公认的具有高度创造性的思想家。艾斯勒在洛杉矶大学学习社会学和人类学，并在该校获得法学博士学位，此后，一直在加州大学和洛杉矶大学圣心学院任教。主要著作有《解体》（*Dissolution*，1977），《平等权利手册》（*The Equal Rights Handbook*，1978），《圣杯与剑》（*The Chalice & The Blade*）和《神圣的欢爱》（*The Sacred Pleasure*）。

内容简介

　　圣杯，在古代欧洲乃是女性生殖器的象征，是人类的生命之门，是它创造和孕育着生命，我们正是从它那里吮吸生命之水；而剑，在印欧区，则是男性生殖器的象征，是暴力、杀戮和抢劫的象征，是它毁灭和夺去我们的生命，我们在它面前战栗发抖。作者认为，圣杯是人类社会伙伴关系的组织模式的象征，而剑则是统治关系组织模式的象征。因此，她从一种崭新的观点出发重新解释了人类的全部历史。这种观点是：关于人类文化的双稳态的动力理论。在作者看来，在人类社会发展过程中，有两种互相竞争的模式：伙伴关系（或男女合作）的模式和统治关系（以男性为中心）的模式。该书以大量的资料证明了历史上男女合作的文化特征主要是爱好和平，而男性中心的文化特征则是战争。

　　该书借助于许多考古学家的著作，详尽地追溯了西方史前文明的进化。在此基础上，提出了两种完全不同的人类社会的组织方式：伙伴关系的社会组织模式和统治关系的社会组织模式。伙伴关系的社会并不是无组织、无领导的社会；统治关系的社会也并不是绝对金字塔统治等级的社会。作者认为人类历史过程是由这两种相互对立的社会模式之间的紧张斗争形成的。然而，人类社会为什么会从伙伴关系转化到统治关系？现代社会能够按照伙伴关系的模式重新组织起来吗？作者借用系统论和一般进化论的观念解释了社会这种系统从伙伴关系的模式向统治关系的模式的转化。作者认为，几千年以前，人类社会从伙伴关系的社会转化为统治关系的社会，就是人类历史上的这种基本分叉点。今天，我们正面临着人类社会的另一个分界点的边缘。作者坚信，人类社会将走向伙伴关系的新社会，并在和平、伙伴关系和创造性的三大主题下得到良性的发展。

著作名称：三个原始部落的性别与气质

作　　者：［美］玛格丽特·米德

译　　者：宋践 等

出　版　社：浙江人民出版社

出版时间：1988 年 4 月

版　　次：第 1 版

ＩＳＢＮ：7－213－00132－9/C. 3

页　　数：309 页

价　　格：2. 60 元

作者简介

　　玛格丽特·米德（Margaret Mead，1901—1978），女，美国人类学家，美国现代人类学成型过程中，最重要的学者之一，1978 年逝世后随即获授总统自由勋章。米德 23 岁取得心理学的硕士学位，在研读人类学博士学位 5 年后，决定走出教室去从事田野工作。米德一生著作颇丰，如《萨摩亚人的成年》、《三个原始部落的性别与气质》、《自觉问题的人类学论据》、《两性之间：变迁世界中的性研究》、《家》、《文化与承诺》、《自传——黑梅果之冬：我的早年岁月》、《未来的重思》等。

内容简介

　　该书对西方社会中的"性别"议题投下炸弹，影响了整个世代的女权运动，成为现代女性主义的重要支持因素。她描述的原始部落都在新几内亚，米德以该书奠定性别的文化决定论。米德在该书中全面系统地介绍了阿拉佩什人和三个原始部落的性别与气质的情况：阿拉佩什人性情温顺，男女都容易亲近，熟悉作为社会交往的标准，村落感觉就是一个网络紧密的大家庭，男女以养育儿女作为人生中的大事。蒙杜古马人性情暴躁，嗜好猎取人头，食人肉，以此为炫耀的资本，男女皆粗暴强悍，人际关系紧张，防备心理严重。德昌布利人是爱好艺术的民族，男性性格柔和，喜爱艺术，女性从事捕鱼等，是经济来源的保障，男人们看着女人捕鱼，而自己则专心绘画，雕刻，专研舞蹈，以便在舞会时让女人观赏，舞会则可以算是对女人工作的奖励。因此，作者指出，考察一种行为是否正常，应着重从文化方面对其加以考察，而不是单纯去考虑它的生物性因素。

著作名称： 另类的现代性——改革开放时代中国性别化的渴望

作　　者： ［美］罗丽莎

译　　者： 黄新

出 版 社： 江苏人民出版社

出版时间： 2006 年 5 月

版　　次： 第 1 版

Ｉ Ｓ Ｂ Ｎ： 7 - 5078 - 2145 - 5

页　　数： 331 页

价　　格： 24.00 元

作者简介

罗丽莎（Lisa Rofel），美国加利福尼亚大学圣克鲁兹分校人类学系教授，美国从事中国妇女问题研究的代表人物之一。除该书之外还著有《渴望中国》一书，并合作编撰了《性别化中国：女人、文化、国家》。目前致力于中国酷儿政治及当代中国纪录片制作研究。

内容简介

该书是一部享誉世界的研究当今中国妇女问题的杰作之一，同时作为最早探讨社会性别、现代性与权力之间关系的人类学名著之一，着重考察了中国自社会主义革命以来所进行的交叉重叠的现代性项目以及社会性别在其中的中心地位。全书分三部分共 9 章，第一部为"回忆历史"，解放故事、生产力的诗学、社会主义怀旧等内容。第二部为"不安的记忆"，细分为她、权威的诗学、渴望三方面。第三部为"空间与主观性"，涉及后毛时代的寓言、重新思考现代性两个主题。作者以杭州地区纺织女工为研究样板，借助后结构主义和后殖民主义理论的研究成果，通过记录分析中国三个代群女工的生活故事，突出了她们的性别主体性和"庶民"能力性，以及她们对现代性的想象和渴望。书中反对把"现代性"看成是一个源于西方的具有普世意义的实践标准，认为它是交织了"本土"历史和"全球"权力形式的文化想象的产物。另外，作者努力探讨了在中国现代化进程中，社会性别是如何被当作一种中心标准，予以实践和贯彻的。该书始终强调"妇女"作为一个分析类别的异质性，强调女工们在代群之间或代群之中的差异，以及她们同中国各种现代性事项的多样关系。

著作名称：女性，艺术与权力
作　　者：［美］琳达·诺克林
译　　者：游惠贞
出 版 社：广西师范大学出版社
出版时间：2005 年 6 月
版　　次：第 1 版
I S B N：9787563353309
页　　数：221 页
价　　格：20.00 元

作者简介

琳达·诺克林（Linda Nochlin），美国女性主义作家和艺术史家、纽约大学现代艺术研究所艺术史教授。1971 年，她在美国《艺术新闻》上发表论文《为什么没有伟大的女艺术家?》，首次发起女性主义艺术史的讨论。该文成为女性主义艺术史的里程碑。其重要著作有：《妇女、艺术与权力及其他论文》（1988）、《视觉政治：19 世纪艺术与社会论文》（1991）等。本书作者是美国第一代女性主义艺术史家和古典女性主义理论的主要代表人物。

内容简介

在 20 世纪 70 年代女性主义运动的影响下，身为艺术史学者的琳达·诺克林反思，为什么没有伟大的女性艺术家？从而开始了一连串围绕着性别、艺术与权力的思考。该文集通过对 18 世纪末到 20 世纪的视觉图像的考察，揭露艺术作品中主流话语的结构与运作方式，以及背后隐藏的意识形态，提出异于男性权威的观点，肯定女性艺术家的成就。这不是一本普通的艺术史，而是一部女性主义的宣言。

该书打破了传统的艺术史，作者为那些被艺术史忽略的女性艺术家争得历史上的一席之地。她充分反思了艺术批评史的局限，从性别、艺术和权力上去思考女性艺术家的创作，充分肯定了她们的成就。从某种意义上说，透过揭露许多学术性的艺术史和一般历史上的失败，让人充分考虑未被承认的新的价值系统，同时也暴露了艺术史观念上的自满。

著作名称：不能承受之重——女性主义、西方文化与身体

作　　者：［美］苏珊·鲍尔多

译　　者：慕亮　赵育春

出 版 社：江苏人民出版社

出版时间：2009 年 10 月

版　　次：第 1 版

Ｉ Ｓ Ｂ Ｎ：7－21405－865－2

页　　数：400 页

价　　格：30.00 元

作者简介

苏珊·鲍尔多，普利策奖获得者，现代女性主义哲学家，肯塔基大学人类学教授，著称于当代文化研究领域，尤其是"身体研究"领域。主要著作有《不能承受之重——女性主义、西方文化与身体》、《男性特质》、《黎明地带》。

内容简介

苏珊·鲍尔多是西方当代著名的女性主义者，她的女性主义理论在西方女性主义理论发展史上具有举足轻重的地位，是"身体研究"的开创者。鲍尔多的批评方法深受福柯的影响，主张从日常生活的细微处考察权力的运作，以及这种运作对身体的控制和塑造。《不能承受之重——女性主义、西方文化与身体》典型地体现了这种批评思路——对饮食失调的分析；在当代文化语境中对苗条的解读就是很好的例子。在该书中，鲍尔多完全把身体当成一种文化现象来分析，是一本真正意义上的文化批评之作。

　　这是一部关于女性及其体型的独特研究之作，首版于 1993 年，被评为《纽约时报》本年度最杰出图书，亚马逊网站五星级图书，获普利策奖。该书立足于大量的知识背景，从文化批评视角，围绕女性体重、减肥、练习、新闻形象、电影、广告、厌食、易饿症等，揭示了显示社会中存在的大量现象。该书集知识性、实用性和通俗性于一体。该书提出的问题不仅是女性所面临的重要问题，也是我们的文化所面临的重要问题，是一部非常有价值的书，值得我们深思。《纽约时报》书评这样评论该书："该书将妇女对肥胖的恐惧与妇女力量的恐惧联系起来，这表明：对于女性来说，变得瘦弱意味着机会的增加。"

著作名称：语言与社会性别导论

作　　者：[英] 玛丽·塔尔博特

译　　者：艾晓明 等

出 版 社：华中师范大学出版社

出版时间：2004 年 9 月

版　　次：第 1 版

I S B N：7 – 5622 – 2976 – 7

页　　数：316 页

价　　格：25.00 元

作者简介

　　无

内容简介

　　该书系《妇女与社会性别》译丛之一。语言与社会性别这一研究领域，包括社会学、心理学、语言学、文学、媒体和文化以及更多领域的展开说明它涉及了哲学和社会科学的所有学科。

　　该书的核心部分是通过对话语分析、探讨和读者进行交流。该书从早期语言中的性别区分开始，介绍了在这个领域，最初对语言和性别的关注是如何展开的；而后，女性主义学者如何开始对语言和性别进行研究，指出这类研究如何形成了关于缺陷、主控和差异的三种模式；在第三部分作者转向批判性的语言分析，分别对社会性别身份的批判性、消费主义与女性气质、新男人与守旧男孩、改造语言等问题进行了剖析。

著作名称：性别与服饰：现代服装的演变

作　　者：［美］安妮·霍兰德

译　　者：魏如明 等

出 版 社：东方出版社

出版时间：2000 年 6 月 1 日

版　　次：第 1 版

I S B N：7 - 50601 - 142 - 6

页　　数：217 页

价　　格：13.00 元

作者简介

　　安妮·霍兰德（Anne Hollander），美国人，艺术史学家，纽约人类学研究所成员。著有《服装纵览》、《移动的画面》两书。

内容简介

　　从亚当、夏娃身上的树叶到"T"型舞台上多彩多姿的时装，衣服式样的演变表明，服装已不单单是原料集成，它的设计风格、艺术表现和样式不仅包含了时代的社会文化、审美标准和生活法则，它所蕴涵的社会意义也远远超过了其本身的物质性。服装的历史应该被理解为"男女两性在同一舞台上共同表演的二重奏"。在这本书中，安妮·霍兰德反复提及服装与"性"的关系。"性"的概念在书中有两部分含义：一是性别对立，即服装在男女两性之间体现出来的差异；二是服装赋予的性别意识与想象力，从某种意义上说，这种想象力构成了服装的一种视觉形式。该书分为导言、时装的运作、套装的产生、现代性和当代五部分，从一种新的视角阐述了现代服装的演变过程以及服装与性别的联系，提供了认识人类自身及社会的一种新视角。

著作名称：性别语言文化与语用研究

作　　者：白解红

出 版 社：湖南教育出版社

出版时间：2000 年 1 月

版　　次：第 1 版

I S B N：7 - 53553 - 217 - 9

页　　数：224 页

价　　格：15.40 元

作者简介

　　白解红（1952—　），女，湖南宁远县人，湖南师范大学教授、博士生导师。

内容简介

　　该书是以社会语言学所关心的语言与社会、语言变异与语言变体、语言变化和语言接触，语用学所关心的会话含义、言语行为、合作原则、礼貌原则、面子理论、推理与关联、语用与社会，以及它们共同关心的语言与社会、语言与文化、语境与语用为主线，是对英语中存在的性别预言、性别文化、语言歧视以及言语中存在的性别差异进行社会语言学和语用学交叉研究的结果。该书分析性别语言得以显现、发展与变化的社会因素和文化因素；描述性别语言的社会功能和文化功能；运用语言学的一些理论和方法，对性别语言现象作历史和共时的描述和探讨，并根据作者的调查、观察和研究分析，对性别语言文化的主要特征进行了阐述，对性别语言文化的发展趋势进行了探讨与展望。

　　总之，该书从社会语言学、语用学和语义学等相关学科的视角，以性别语言和性别文化现象为切入点，力图找出社会语言学和语用学这两个语言学分支的共同点和结合点，力图给读者展现一幅男性和女性在社会交际中既有各自的语言特点，又有两性语言的自然融合的生动场景。

著作名称：语言与性别：口语的社会语言学研究

作　　者：赵蓉晖

出　版　社：上海外语教育出版社

出版时间：2003 年 12 月

I S B N：7 - 8109 - 5018

版　　次：第 1 版

页　　数：318 页

字　　数：266 千字

作者简介

　　赵蓉晖，语言学博士，副教授、硕士生导师。现任上海外国语大学语言研究院副院长、中国外语战略研究中心副主任。

内容简介

该书是国内第一部以俄汉口语为素材写成的关于男女言语对比的专著。作者运用社会语言学的理论来阐释俄汉口语中男女语言的变异现象，有机地把口语学和社会语言学结合起来，涉及性别差异与语音、性别差异与语词等语言和性别领域的主要方面，揭示了男女言语的社会本质。

该书共分 7 章。第一章对口语研究进行了概况，强调口语的社会语言学性质。第二章语言与性别概论，结合女权运动和女性主义，介绍了哲学中的女性主义思潮与语言问题，并具体以俄罗斯的语言与性别研究为例。第三章性别标记的非对称现象。首先对非对称现象与标记理论进行了介绍，其次详细论述了形式标记、语义标记、分布标记的非对称性。第四章性别差异与语音。具体介绍了口语语音、音色、前化、音长、调型等。第五章性别差异与语词。强调性别差异对词语运用的影响，并从词汇主题、感叹词和语气词、强势词语与弱化手段、詈语、称谓语等方面加以论述。第六章性别差异与话语风格。概述了话语风格方面的性别差异，具体介绍了言语的得体性、对话中的合作与协调、交际失误等。第七章总结言语性别差异的类型和参数、言语性别差异的原因，并在此基础上得出结论。全书理论框架合理，覆盖了语言和性别的关系研究这一领域的主要方面：语言与性别概论、性别差异与语音、性别差异与语词、性别差异与话语风格等，为有关的研究者提供了借鉴和参考。

著作名称： 闲谈与社会性别建构

作　　者： 陈春华

出 版 社： 上海交通大学出版社

出版时间： 2010 年 5 月

版　　次： 第 1 版

I S B N： 7 - 31305 - 513 - 2

字　　数： 350 千字

价　　格： 42.00 元

作者简介

陈春华（1974—　　），安徽定远人。解放军外国语学院英语系讲师、博士，已在各类杂志上发表论文十余篇，参与编制教材数部，编撰字典数部。

内容简介

《闲谈与社会性别建构》即 *Chat and Social Gender*，该书通过自然语料的收集与分析，从会话分析以及话语心理学的角度，讨论了中国朋友间闲谈的形式、功能及语言特点，并就其中的社会性别建构问题进行了深入探讨。首先，作者采用民俗学和话语分析的方法，收集了朋友聚餐时的会话语料，调查了人们对闲谈的态度，以及男女性别特征在会话中的表现形式。作者借鉴话语心理学的理论框架，对闲谈的会话特征、组织模式、话题及体裁逐一剖析后认为，会话者基本遵循了话语权轮流转换规则，即较少出现话语权轮流循环转换，但在特殊情况下也会出现；话题主要以链式呈现，话题间联系较为紧密，偶尔会出现跳跃式话题；闲谈具有体裁多样的特征，如传播小道消息、发布新闻、说闲话、讲故事、说笑逗趣等。闲谈的交际功能主要包括建立或巩固友谊、交流信息等。其次，人们利用闲谈建构了自己期望的社会性别身份与社会性别特征，同时实现了性别意识形态的建构。言谈者可借助闲谈建构男性气质，表现社会性别意识，其建构方式分为主动和被动两种。在看似平淡的闲谈中，会话者通过各种闲谈体裁来主动建构不同的社会性别形象。他们有时也不得不参与被认为是男性话题的讨论，以满足社团对男性身份的期待。同时，由于受到统治性社会性别特征的束缚，建构过程也表现出对统治性社会性别特征的顺从或颠覆。其他会话参与者通过选择各种不同的闲谈体裁以及谈论不同的话题，既可以对前者的社会性别建构过程起到推动作用，也可以使其社会性别建构的努力前功尽弃。有时他们还会选择主动去建构某个会话者的社会性别形象。最后，该书探讨了闲谈是如何体现社会性别观念的，指出闲谈可以表达和建构人们对性别观念和性别等级的理解。男性会话者在闲谈中通过建构出他们所在社区中的霸权式男性特征，表达与建构出他们的社会性别观念。社会性别受到社会习俗的影响，社会性别只有在交际中得以体现和建构，并在特定场合中表现出来。社会性别的建构性是指它并非生而有之，而是人们日常行为不断建构的结果。因此会话者可以选择一定的方式在交际中建构自己的社会性别身份，但建构过程也会涉及其他会话者，他们或积极参与会话过程，或对建构过程构成限制。从这一点来说，性别建构的交互性与日常交际的特性相一致。

该书共分为7章。第一章主要讨论了本研究的必要性与目标，介绍了全书的结构。第二章为文献回顾，梳理了闲谈研究、语言与社会性别研究的发展脉络。第三章探讨了本研究的理论框架，综合了会话分析与话语心理学的理论框架。第四章描述了民族志调查的结果，分析了中国人对闲谈以及朋友间闲谈的看法与态度。第五章主要从会话分析的角度分析了中国朋友间闲谈的话语特征、话题以及组织形式等。第六章主要从话语心理学视角出发，分析了闲谈中的社会性别建构以及性别观念等问题。第七章指出了本研究的发现、贡献和不足，并对今后的研究加以展望。

著作名称： 女性人类学

作　　者： 禹燕

出 版 社： 东方出版社

出版时间： 1988 年 6 月

版　　次： 第 1 版

ＩＳＢＮ： 750600058X

字　　数： 13.4 千字

价　　格： 3.10 元

作者简介

禹燕，女，女性文化研究学者，历任文化部文化艺术出版社理论编辑室副主任、《传记文学》杂志副主编、《中国妇女》杂志执行主编、《中国名牌》杂志执行主编等。主要著作有《女性人类学》、《风雨梦舟——女人之思》、《腐败床榻——反权色交易调查报告》等著作。

内容简介

这本书以哲学和人类学为思考前提，力图在各学科综合研究的基础之上，对女性进行哲学的抽象论述。书中所说的"女性人类学"不同于西方的"妇女人类学"，它不是建立在传统的文化人类学或体质人类学的基础上，故而它不是对女性进行的纯粹的、实质性的考察。作者认为女性人类学是一种独特的思考方式，它力图通过女性生存格局的综合考察和哲学反思，来描述"完整的女性"，描述女性的完整存在。

作为一种独特的思考方式，女性人类学具有三个突出的特点：第一，它以"人"作为自己思考的出发点和回归点；第二，它以女性作为思考的聚焦点；第三，女性人类学以"男性"作为思考的参照点。这独特的思考方式决定了女性人类学的基本内容，同时也决定了本书的基本构架。书中，作者环绕以下三个思维圈展开论述，第一个思维圈：女性存在——人的存在。即从人的存在出发对女性存在的描述，同时，也是从女性意识出发对人的存在的反思。它着力于从理论上论证"女性存在是作为人的存在"这一命题，并试图在此基础上分析女性存在的现实状态，揭示女性存在与人的存在的相互关系。第二个思维圈：女性历史——人的历史。即从人的历史出发对女性历史的考察，同时也从女性意识出发对人的历史的重新阐述。它着重于回答在历史中，女性存在作为"人的存在"是如何失落的、女性在怎样的意义上成为了一种"非人"的存在、女性的历史如何反映着人的历史，等等。第三个思维圈：女性解放——人的解放。即从女性意识出发对人的解放的求证。它试图说明的是，女性解放如何改变着女性的生存格局？如何影响着人类的生存状况？从全新的角度描述女性解放的基本模式，揭示女性解放的实质和女性解放的真正价值。总之，该书以其独特的思考方式冲破了女性学现有的封闭思维圈，从崭新的角度解答女性的存在之谜。

著作名称：女性文化学

作　者：赵树勤

出 版 社：广西师范大学出版社

出版时间：2006 年 6 月

版　次：第 1 版

I S B N：7 – 56336 – 187 – 1

字　数：287 页

价　格：30.00 元

作者简介

　　赵树勤，文学博士，湖南师范大学文学院教授，当代文学教研室主任，中国当代文学研究会理事。

内容简介

　　该书是全国教育科学"十五"规划重点项目"21 世纪高等院校女性

课程的体系建立与教材建设"（DIB010700）的最终成果。该书坚持全球性与本土性、学术性与实用性、前沿性与通俗性的有机统一，既有高雅的学术品味，又有较强的可读性。该书立足于东西方文化融合的大背景，从女性的历史与性别角色、女性的身体与智慧、女性与教育、女性与文学、女性与生态文明等 11 个方面生动地描述与深入地阐述了女性生存的历史、现状、将来，对于人们认识自我、完善自我，建立正确的性别意识有积极的人类学、文化学意义。

该书比较全面地介绍了外国的和本国的女性主义先进人物、先进理念和先进业绩，极具学术前沿和实践前沿。例如，书中不止一次提到的中山大学的学术团队，她们为移植国外先进的女性主义理论和脚踏实地地推进本土的女权运动，做了大量卓有成效的工作，还通过引进国际最先进女性文化资源的教学和研究活动，在中山大学的学生和教师中培养、带动和组织起一支薪火相传的学术力量，在 21 世纪的中国女权运动中发挥了重要的作用。对传统男权文化的批判，属于女权运动的主要内容，建设和批判是必然和必须结合的。

该书所做的工作，贯注着除旧布新的精神。批判也是立足于本土的，以普及为主的。如对缠足这段"杀女的历史"的批判，对妇女阶段性就业制度的反驳，对防治家庭暴力问题和遏制"包二奶"问题的探讨，对大众传媒中女性被符号化、定型化、物品化的剖析，对"美女经济"中陈腐性别审美意识的揭露，对鼓噪"全球化"的"商人共和国"圈套的警惕等，都是富有战斗力写得很精彩的部分。而作者们所阐释的女性原则的精髓，就是反对任何形式的二元对立，在这种原则指导下的社会关系不再有压迫、统治，而走向现代意义上的伙伴关系模式。她们预言，女性主义在世界范围内倡导的是伙伴关系精神，进而推进伙伴关系的社会模式，将使妇女、自然乃至于整个人类都得到真正的解放，实现每个人的自由发展和男女两性的和谐。这无疑是令人鼓舞的前景和值得为之奋斗的理想。

著作名称：中国女性民俗文化

主　　编：邢莉

出　版　社：中国档案出版社

出版时间：1995 年 8 月

版　　次：第 1 版

ISBN：7 – 80019 – 503 – 1

字　　数：756 千字

价　　格：98.00 元

编者简介

　　邢莉（1945—　　），女，蒙古族，中央民族大学中文系教授。中国民俗学会理事，中国东方文化研究会常务理事。著作有《游牧文化》、《观音信仰》（再版为《观音：神圣与世俗》）、《天神之谜》、《草原文化》、《牧业习俗》、《中国诞生礼》。

内容简介

　　中国女性民俗文化是中国各民族的女性，在历史发展的过程中逐渐形成、反复出现、代代相袭的生活文化，它包括在漫长的历史长河中，妇女的衣食住行习俗、生产工艺习俗、婚姻礼仪习俗、生育习俗以及民间信仰、节日及游戏竞技等诸多方面。它是中国各民族妇女所创造、开拓、承袭的，构成了中国妇女生活文化史的核心。

　　该书建构了中国女性民俗文化的整体框架。一是传统的女性节日，祭紫姑、女儿节、乞巧节、地母节等，这些节日不仅关联到各民族女性的原始崇拜和禁忌，也与古代的鬼神迷信有关，它们有的表达了妇女祈年、祈福、祈富的观念，有的寄托了少女对婚姻的向往，还有的反映了妇女对生育和再生的渴望。独特的民间节日，既对博大精深的华夏文化做出了应有的贡献，也在长期的历史演变过程中形成了具有鲜明特色的女性文化习俗。二是民间工艺，世世代代的中国少数民族妇女以其灵巧的双手培育出民间工艺这朵奇葩，剪纸、刺绣、丝织、蜡染、挑花，无一不体现着少数民族妇女生活的方方面面，以及在生产活动中的高度实用价值。三是少数民族妇女服饰，由于各民族所居住的区域不同，经济生活和文化类型的差异，服饰的质地、款式、色调等方面各具浓郁的民族特点和独特的艺术风格，透过多姿多彩的服饰，可以更好地了解东方女性的民俗观和审美观。四是面妆首饰，面妆首饰是一种文化现象，是女性民俗文化的一面镜子，既反映了不同民族、不同地区的妇女在特定的历史时期的审美意识和审美情趣，又反映了物质文化与精神文化的绝妙结合，更是妇女追求理想形象的必然反映。五是生育礼俗，从妊娠、生产到哺育，再到子女成年，整个过程形成了一系列特殊的习俗，正是这些习俗，让少数民族女性在孕育、培养生命的同时，也重塑了自己，寻求做人的价值与乐趣。六是婚俗文化，既展现了封建制度之前的古代婚姻风貌，又说明了男女平等的新恋爱观，还努力探讨了女性在爱情和婚姻中扮演的角色。七是各民族的家庭，编者从女性的角度窥视家庭形态演变的奥秘，探讨其中的规律，按家庭的特点进行了分类，并加以研究分析，以展示中国家庭特殊的结构、功能和特质。八是民间文学，中国各民族妇女的苦难与挣扎、诉求与希冀，都真实地反映在民间文学中，神话、史诗、民间故事，都展现了少数民族女性历久弥新、百代不衰的形象。九是女性娱乐，作为一支重要的社会力量，少数民族女性做出了自己应有的贡献，在音乐艺术领域内展现了她们非凡的才能和突出的智慧。

该书配有丰富的实图和插图资料，生动、准确地说明了书中的内容。该书适合中国的女性读者更好地认识自己，同时也适合中国的男性读者通过对中国女性公正的评判、正确的理解来认识自我，并在未来的文化中同女性一起发挥出各自的优势。

著作名称：西方女性艺术研究

作　　者：李建群

出 版 社：山东美术出版社

出版时间：2006 年 5 月

版　　次：第 1 版

ＩＳＢＮ：978－7－53302－1－795

页　　数：207 页

价　　格：36.00 元

作者简介

李建群，中央美术学院美术史系外国美术教研室教师、美术史系教授。出版成果有《失落的玛雅》、《英国美术史话》、《20 世纪英国美术》、《20 世纪拉丁美洲美术》、《拉美·英伦·女性主义——外国美术史丛谈》。

内容简介

该书分为 7 章，即文艺复兴时期、基督教文化中的女性地位、沙龙文化与女性艺术、女性主义艺术的兴起等。内容包括从中世纪，文艺复兴到 20 世纪的西方女性艺术家在不同的历史环境中的生存状况及独特的艺术成就，构成了传统艺术史所忽略的女性艺术史，弥补了以往艺术史中女性缺席的空白。

该书研究的目的是力图对西方女性艺术（美术）发展及其规律进行研究和探索。为什么我们要有女性艺术研究，而不是"男性"艺术研究，因为传统的艺术史研究是几千年以来父权制社会的产物。所以，它理所应当地是以男性为主的历史，也就是男性艺术史。我们的世界美术史，无论有多少版本，统统是以男性为主流，而女性艺术家几乎无迹可寻。是不是女性的确比男性缺少艺术才能，或根本就没有参加美术创作活动呢？事实并非如此，仅仅是因为以男权为主的传统社会所具有的观念形态里，女性不是主要的创造者，而是被观看、被注视的对象。比如1768年成立的英国皇家学院，它的创始人中有两个重要的女性成员：安吉利卡·考夫曼和玛丽·莫泽尔。

该书系作者近年来对西方女性主义艺术史考察和研究的成果之一，其内容包括从中世纪，文艺复兴到20世纪的西方女性艺术家在不同的历史环境中的生存状况及独特的艺术成就，构成了传统艺术史所忽略的女性艺术史，弥补了以往艺术史中女性缺席的空白。书中所涉及的百余名女艺术家和200多幅艺术作品，展示了一个曾经被遗忘和隐藏的历史。

著作名称：中国女性绘画史

作　　者：陶咏白

出 版 社：湖南美术出版社

出版时间：2000年6月

版　　次：第1版

Ｉ Ｓ Ｂ Ｎ：753561404

页　　数：262页

价　　格：39.00元

作者简介

陶咏白（1937—　），女，江苏省江阴市苏市桥人。先后在中央美术学院附中、中国艺术研究院（前身为文化部文学艺术研究院）美术资料室、美术研究所工作，现为研究员，中国美术家协会会员、北京妇女理论研究会会员。

内容简介

中国女性绘画史，是一部专门阐述中国女性绘画发展的史书。全书追寻了自原始社会至新中国成立前的女性绘画踪迹，寻觅了被历史遗忘的女性绘画历史碎片，以女性从"非人"到"人"的觉醒进而到"女性"的觉醒为主线串联起来编写而成。全书分古代、近现代两部分展开，古代篇从史前至唐代、五代至元代、明代、清代四个时期纵向梳理了以闺阁画家和妓女画家为主的女性绘画，阐释了其以排遣闺房闲情、以画自娱、自诫为目的的闺阁情、阴柔美的总体特征；近现代篇从横向梳理了清末民初至新中国成立前女性绘画艺术在社会运动、新艺术运动中的成绩，揭示了中国女性艺术家强烈的追求个性自由解放新女性的特色。书中插有不同历史时期黑白历史照片、代表作品 138 幅，书末另附彩色图片 42 幅，图文并茂，具有很高的历史价值及资料价值，是广大美术爱好者及美术科研、教育工作者与从事美术史论学习的高校大学生值得珍藏的美术史著作与教材。

著作名称： 女性——美术之思

作　　者： 徐虹

出 版 社： 江苏人民出版社

出版时间： 2003 年 1 月

版　　次： 第 1 版

ＩＳＢＮ： 7 – 214 – 03567 – 7

页　　数： 273 页

价　　格： 28.00 元

作者简介

徐虹，女，生于上海，在北京中国美术馆研究部工作，任副研究馆员，研究部副主任。近年论著侧重于中国现代画家和当代女性艺术研究。

内容简介

该书从现代女性主义视角，质疑传统美术史籍，挖掘和梳理了数千年来中国女性艺术的历史，希冀能稍许平衡过于倾斜于男性的美术史。作为一个女性艺术家和艺术评论家，作者在处理丰富、翔实的史料时，保持着新鲜敏锐的感性特色。书中记述的女性既是各呈其妍的艺术高手，又是各具不同感情追求、遭遇不同命运的历史和现实中的真人。而作者的理论视角，更使女性艺术史实的阐述凸显出理性的尖锐与明晰。

全书以不同的主题分别成篇，从远古传说中女娲的抟土造人，到明清仕女、名妓的艺文韵事；从 20 世纪初期妇女解放先驱者的艺术活动，到全球化浪潮下女性艺术家的前卫实验……中国妇女在工艺、绘画、雕塑方面的历史足迹，构成一幅幅感情丰富、色彩斑斓的画面。

男人们经常说他们并不轻视妇女，他们对待妇女的态度就像对待世界上一切事物一样公平合理，好像妇女的不被重视是妇女自身的问题，完全应该由妇女自己负责。在美术史的问题上也是如此，男人们认为无论古代的还是近代的，无论是"洋"的还是"土"的，都应该"只论好坏，不分男女"。在这种貌似公正的面纱掩饰下，男性美术史家们用他们的眼光和趣味，挑选着、评判着男人和女人的绘画……不论他们是怀着为文化艺术的"公心"，还是怀着一己之好的褊狭"私心"。流传至今的各种美术史籍，最能说明女性在男性眼中的真实地位。翻开古代和近代美术史，要寻找女性画家，真像"大海"捞针——她们人数稀少、生平事迹记载稀少、作品被记载的稀少、画幅能流传至今且可以见到的更是稀少……在中国美术史上，妇女的艺术才能一直不被承认，她们的姓名和艺术贡献要么不被提及，如被提及也只是一种点缀。妇女作者的名字是在宋代以后才被较多地提及，但这些妇女艺术家只是在她们男性亲属的姓名之后出现，她们作为女人，无论多么有名气、有贡献，都只能作为某某人之妻、妾，某某人之女、孙女、侄女，某某人之姐妹、堂表姐或者堂表妹等身份，才能在史籍中出现。这些女性艺术家的绝大部分连自己的名字都没有，证明男性美术史家根本没有将她们当做独立的艺术家看待。有些女画家也有以个人身份出现的，但多是妓女。有意思的是，作为不被正统社会所认可的女性，就是没有姓氏可依归的女性，也就是被认为不能以男性的从属身份出现的女性才有独立的身份。另外，有极少数女性有名有姓，如"女史则以卢媚娘之飞雪为特色"。这种极其简单的评语，一般都用在末流男画家身上，由此可知女性画家的地位之低。相对于绘画史中女画家的被忽视，民间妇女的工艺创作更被视作不登大雅之堂的"手工活"而被拒绝刊载。在绘画史上偶尔有所提及，也是因为有特殊原因，而不是承认妇女具有和男人一样的艺术才华。

著作名称：女性服装史话

作　　者：刘百吉

出 版 社：百花文艺出版社

出版时间：2005 年 3 月

版　　次：第 1 版

I S B N：7 - 53064 - 136 - 0

页　　数：215 页

价　　格：32.00 元

作者简介

　　无

内容简介

　　作为人类服饰史重要组成部分的女性服饰史，与人类服饰史、男性服饰史之间，早已经形成了一种无形却无处不在的对话关系。这种关系发展的脉络时而清晰可见，时而隐晦莫测，但可以肯定的是，两性关系、社会关系、文明发展的动向无时无刻不影响着女性服装的发展，而后者也总是不断用自己的声音发出回应，以矫正它们共同的历史轨迹。每一种服装款式的来龙去脉都有特殊的文化背景与社会意义，它的流行与失宠、兴起与衰落，都有着自己的出身与存在前提。该书分为史话篇、趣话篇、杂话篇，书中对中国先秦时期、唐宋时期、明清时期、20 世纪的女性服装及外国中世纪、文艺复兴时期、18、19 世纪的女性服装进行了描述，并分别研究了旗袍、礼服、比基尼等不同种类服装的发展史。

著作名称：女性主义文艺美学透视

作　　者：陈凤珍

出 版 社：光明日报出版社

出版时间：2009 年 9 月 1 日

版　　次：第 1 版

I S B N：7 - 51120 - 359 - 5

页　　数：220 页

价　　格：32.80 元

作者简介

陈凤珍（1965—　），女，河北人，邢台学院中文系副教授。曾编辑《新编文学理论教程》等学术著作，在国家核心及省级刊物发表学术论文五十余篇。

内容简介

《女性主义文艺美学透视》是从文艺美学视角研究女性主义的学术专著。作者从广阔的文化视阈探讨中国古代及当代文学艺术中女性创作中的意义表达和身份确立的问题，将女权主义理论和中国女性艺术结合起来进行研究，解决了文艺理论和批评实践脱节的难题。书中运用现象学、解释学、形态学等不同的当代美学方法，对不同时代的女性文学、女性绘画、女性书法、女性舞蹈等艺术形态加以深度剖析，从历代文化的碎片中审视女性艺术在历史上的尴尬地位和缺席状况。在此基础上探索女性艺术的发展轨迹及其在艺术上的诸多困惑，思考怎样建构生态女性艺术和生态女性文化批评的复杂问题，进而通过女性主义文艺美学研究，推动女性乃至人类的审美解放。

作者在书中讨论了以下主题：女性主义视野下的古典女性文学、古代女性绘画的现象学审理、男权叙事掩盖下女性书法的解释学厘定、古典女性舞蹈身份的形态学分析、全球化语境中持守女性本体立场、生态视阈下女性文化诗学的审美构筑等。

著作名称：中国女性行为的文化释义

作　　者：钱民辉　田玉荣

出　版　社：社会科学文献出版社

出版时间：2009 年 1 月

版　　次：第 1 版

I S B N：7 - 50970 - 554 - 4

页　　数：246 页

价　　格：28.00 元

作者简介

钱民辉，北京大学社会学系、社会学人类学研究所教授、博士生导师，北京大学多元文化教育研究中心主任，中国教育学会教育社会学专业委员会理事，中国少数民族教育学会理事。

田玉荣，北京工业大学人文社科学院社会工作系教授及系主任。

内容简介

《中国女性行为的文化释义》作为一本女性研究的著作，沿着历史脉络，从教育社会学视角对中国女性行为背后的文化进行批判和反思。总体来看，全书前一部分论述了中国的历史、文化对女性行为的影响，后一部分将女性行为置于当前的社会背景中，对当前存在的一些女性问题特别是农村女性问题提出了自己的见解。

该书由四个部分的内容构成，第一部分：东方女性神话世界的建构与解体，从神话传说入手，遵循历史发展的过程，展现了女性从统治地位转变为受歧视的境地，再到女性觉醒争取自身权利的过程。具体来说，这一部分讨论了如下一些问题：女娲的传说与人类文明的发端、以母系为核心的婚姻家庭形式、男性文化霸权的张扬、中国传统文化中的女性观、东方女性做人意识的唤醒、女性运动的兴起等。第二部分：文化霸权与传统性别文化的延续，从文化的角度阐释了社会分工与性别差异、从女性教育程度和科学素养看教育机会的不平等、女性教育机会缺失和性别尊重等问题。第三部分：现代女性的婚姻与家庭，着重论述了现代女性在婚姻家庭中的地位以及与家庭有关的问题，如女性社会地位回落的反思、现代婚姻关系、现代广告对女性的性别歧视、明星婚姻的负效应示范、婚姻与性的分离等。第四部分：农村女性的社会流动与社会问题，对农村女性的社会流动及与之相关的问题给予了极大关注，讨论了农村女性的文化资本与社会流动、打工妹的城市生活、外来妹的跨境婚姻、现代化与发展话语下的外来妹等问题，对"打工妹"、"外来妹"、"二奶"、"小姐"这些称谓背后的社会问题提出了独到的见解。全书内容充实，在对传统文化的梳理中，也有一些可读性很强的资料，增加了书的趣味性。

著作名称：中国女性在对话

作　　者：王红旗

出　版　社：中国时代经济出版社

出版时间：2003 年 6 月

版　　次：第 1 版

I S B N：7 - 80169 - 415 - 5
页　　数：352 页
价　　格：22.00 元

作者简介

　　王红旗，文学硕士，编审。山西洪洞人。首都师范大学中国女性文化研究中心主任，《中国女性文化》、《中国女性文学》学术辑刊主编。主编的《中国女性在演说》、《中国女性在对话》、《中国女性在行动》、《中国女徒在追梦》丛书，荣获全国妇联、中国出版工作者协会全国优秀妇女图书奖，主编的《中国女性文化》学术辑刊，荣获第三届女性文学特别奖。

内容简介

　　该书内容包括总序、涅槃——写作与精神再生、艺术——点燃与净化心灵、女性——认识发现你自己、交融——另一种文化状态、策略——颠覆男权话题、跨越——学者无疆。

　　该书指出，女性无论面对顺境，遭遇逆境、困境、绝境，她们都具有笑谈苦难的非凡。她们挑战传统女性角色定位，克服女性性别弱点，发挥自身聪明才智，创造了巨大的精神和物质财富，重铸了当代女性精神——信念是真正的脊梁，知识是真正的财富，独立是真正的人格，创造是真正的幸福，成功是真正的追求，快乐是真正的收获。这是当代中华民族魂的一部分。它描述了在西方基督教社会中，基督教对西方女性生活产生了什么影响，生存质量、职业素质、工作价值、处世能力、社交关系、语言表达、礼仪礼节、购物消费、自卫防身、婚姻家庭等女性未来生存与处世的10大卓越追求，具有很强的现代性、实用性和科学性，是现代女性提高全面素质和生存质量的必备参照读物。她们的成功对于那些正在商界中奋斗、即将开始创业、渴望成功的女性，具有现实的指导意义。其意义还在于寻找到一个看待事物的方式，一种好的途径：历史篇重在解释和发现历史；服饰篇重在阐释某一种有代表性意味服装的符号意义；史外史篇则重在寻找文明迷雾背后，服装真正的范式。

著作名称： 绿肥红瘦

作　　者： 廖雯

出 版 社：重庆出版社

出版时间：2005 年 11 月

版　　次：第 1 版

Ｉ Ｓ Ｂ Ｎ：7 - 53667 - 362 - 0

页　　数：191 页

价　　格：35.00 元

作者简介

廖雯（1961—　　），毕业于北京师范大学中文系。1993 年开始作为独立策划人和批评家活动至今。与栗宪庭创办《艺术潮流》杂志，独立策划《中国当代艺术中的女性方式》、《巢》、《游戏情绪》、《性殇》、《无题》、《花非花》、《我的抽屉》等展览。

内容简介

《中国女性艺术》系列丛书，从批评家而非史论家的角度，看女性及女性艺术作品在整个中国古代、近现代、当代艺术中的价值，以当代女性的价值观看从历史到当代的女性艺术问题，集中体现了作者多年置身女性艺术批语时的观念。这套书图多字少，有大量罕见的古代绘画作品图片，珍贵的相关资料图片共两百余张，还有活泼幽默的插图书写和设计模式具有独创性和试验性，为少有的专业性、可读性并存的艺术书。

本丛书分为"古代"、"近现代"、"当代"三个部分。古代艺术为"古代——闺阁艺术"；"近现代"女性的特点为刚从封建传统走出来，投身革命或者接受西方教育，所以作者把她们的艺术称为"革命艺术、现代主义女性艺术、半边天艺术"；当代女性艺术。作者指出当代女性的成长方向是多样的，有回归古典的"新闺阁主义"；有追寻女性自身价值的女性主义艺术等，已经走出了"古代"与"近现代"下的男性话语模式。每部文字约 30000 字，图片约 150 幅（史料、作品、手绘），填补了这个领域的空白。

八　女性心理学

（24 本）

序号	著作	作者
1.	女性心理学	［美］玛格丽特·W. 马特林
2.	女性心理学	［美］埃托奥 布里奇斯
3.	女性心理学	［美］琼·C. 克莱斯勒 等
4.	女性心理学：爱和性的研究	［美］卡伦·霍妮
5.	妇女心理学	［美］J. A. 谢尔曼
6.	不同的声音：心理学理论与妇女发展	［美］卡罗尔·吉利根
7.	性别心理学	［美］玛丽·克劳福德 罗达·昂格尔
8.	性别心理学	［美］赫尔格森
9.	性别：心理学视角	［美］琳达·布兰农
10.	神之变——女性主义和传统宗教	［加］奈奥米·R. 高登博格
11.	女性的情绪：特殊时期情绪障碍的防治与调控	
		［美］黛博拉·希格尔 珍妮·德里斯科尔
12.	性别与欲望：不受诅咒的潘多拉	［美］波利·扬－艾森卓
13.	女人可以说不	［德］乌尔瑞卡·达姆
14.	女性的负面	［美］菲利斯·切斯勒
15.	女性性向学	［日］岛田一男
16.	女性心理与性别差异	钱铭怡 等
17.	女性心理与成才	邓伟志 夏玲英 耿文秀
18.	女性心理学	巴莺乔 洪炜
19.	女性心理学	黄美玲
20.	女性主义心理学	郭爱妹
21.	性别心理学	方刚
22.	男女有别的心理观察——女性心理学	宋岩 崔红丽 王丽
23.	精神分析学派与女性心理学的发展	张海钟
24.	青春期女性的心理困扰与心理调节	陈立华

著作名称：女性心理学

作　　者：[美] 玛格丽特·W. 马特林

译　　者：赵蕾　吴文安

出 版 社：中国人民大学出版社

出版时间：2010 年 8 月

版　　次：第 1 版

I S B N：978 - 7 - 300 - 12478 - 0

页　　数：347 页

价　　格：58.00 元

作者简介

　　玛格丽特·W. 马特林，女，美国纽约州立大学纳苏学院著名教授。执教了 32 年女性心理学课程。马特林获得了许多教学奖项，如美国心理学会每四年一次的教学奖、美国心理学基金会杰出心理学教学奖、女性心理学协会教学终身成就奖等。

内容简介

　　这本畅销教材在美国广受赞誉。作者总结了自己 30 多年来的教学和研究经验，连同自己、家人、朋友的生活体验，汇集了丰富的研究资料，比较全面地将女性心理这一学科的主要内容呈现给读者。全书共 15 章，包括性别定式与其他性别偏见、幼年和童年时期、青春期、在认知能力和对待成就的态度方面的性别比较、社会特征和个体特征方面的性别比较、女性和职业、爱情、性、怀孕、分娩、成为母亲、女性和生理健康、女性和心理疾病、针对女性的暴力、老年女性的生活、未来走向等。同时，该书以年龄为线，详细介绍了女性在毕生发展过程中不同阶段遇到的问题和呈现的特点以及应对策略，而女性心理学中的重要理论则是暗线，作为理论支持贯穿于女性发展的各个阶段。该书还涵盖了其他同类书缺乏的内容，如老年问题、福利问题、怀孕问题、退休问题等。该书不仅可作为女性心理学课程的教材，而且还可作为普通心理学、发展心理学、社会心理学、女性学等课程的补充教材和参考资料。同时，也可作为女性了解自己、男性了解女性的一条途径。

著作名称：女性心理学

作　　者：〔美〕埃托奥　布里奇斯

译　　者：苏彦捷 等

出 版 社：北京大学出版社

出版时间：2003 年 10 月

版　　次：第 1 版

I S B N：7 – 301 – 06540 – X

页　　数：460 页

价　　格：39.00 元

作者简介

　　无

内容简介

　　该书是一本教材，涉及内容广泛而系统，该书的两位女作者总结了自己多年来的教学和研究经验，连同自己、家人、朋友的生活体验，汇集了丰富的研究资料，比较全面地将女性心理这一学科的主要内容呈现给读者。

　　该书共分为 16 章，第一章作者选择从女性心理学简介：历史与研究作为切入点；第二章与第三章分别探讨了性别的文化表征和性别的自我概念：发展过程和个体差异问题；第四章到第十五章作者用大量的篇幅介绍了从婴儿期到成年晚期的各种问题，从婴儿的性别发展、儿童的性虐待、青春期的问题及女性的健康保健到家庭工作和人际关系内容极其丰富；作者在最后一章对女权主义者的目标、行动和态度进行了展望。该书以年龄为展开线索，将女性在毕生发展过程中不同阶段遇到的问题及其特点给予了清楚的说明。

著作名称：女性心理学

作　　者：〔美〕琼·C. 克莱斯勒 等

译　　者：汤震宇　杨茜

出 版 社：上海社会科学院出版社

出版时间：2007 年 2 月

版　　次：第 1 版

I S B N：9787806819197

页　　数：334 页

价　　格：36.00 元

作者简介

　　琼·C.克莱斯勒，女，康涅狄格学院心理学教授。克莱斯勒博士自 1979 年起在康涅狄格学院、美慈学院、圣托马斯·阿奎奈学院教授女性心理学。已出版的书籍广泛涉及女性和性别问题，特别是女性健康问题、经前问题、体重问题和体形意象问题。她是《性角色：研究杂志》的现任编辑。

内容简介

　　这是一本关于女性心理学的一些引人入胜的精彩演讲的汇编，这些演讲者在女性心理学领域学养深厚。该书内容生动，观点权威，适用于作为女性心理学、性心理学、性别角色发展课程的教材和补充读物。全书由五部分组成。第一部分是女性的地位，包括四篇文章：关于性别不平等争议的演变：从生物差异到大男子主义制度化；谁进局和谁出局：压迫的结果；富有国度中的贫困女性；课堂中的性别动力学。第二部分是女性的身体，包括五篇文章，流汗：关于女性和运动的好消息和坏消息；女性、体重和体形意象；阴阳人和转变性别者：反思性/性别；作为特定文化症候群的经前症候群；理解流产后的情绪反应；残疾女性。第三部分是女性的多样性，包括七篇文章，美籍亚裔的成年妇女和青春期女孩：性存在及性爱的表达方式；女同性恋的生活：性别应该做些什么；重视文化差异：成为一名美籍犹太女性；拉丁美洲人的性别问题；黑人/白人双人种女性生活中的三重危机；黑人保姆、荡妇和萨菲尔：形成对黑人女性形象的一种"对抗性视角"；跨越肤色界线的女性友谊。第四部分是针对女性的暴力，包括四篇文章，女性对强暴的恐惧：原因、结果和应对；女性和色情材料：能伤害我们却不为我们所知的东西；受虐女性：为什么她们不直接离开；大学生的性骚扰：文化的相似性和差异性。第五部分是女性的心理健康，包括两篇文章，有关失忆综合征的社会冲突关系和心理；旷场恐怖症的女权主义视角：挑战女性就该居家的传统观念。

著作名称： *女性心理学：爱和性的研究*

作　　者： ［美］卡伦·霍妮

译　　者：许科　王怀勇

出 版 社：上海文艺出版集团发行有限公司

出版时间：2009 年 5 月

版　　次：第 1 版

I S B N：9787545201970

页　　数：201 页

价　　格：28.00 元

作者简介

　　卡伦·霍妮（Homey Karen，1885—1952），20 世纪最伟大的女性心理学家。1913 年，获柏林大学医学博士学位。1918—1932 年，在柏林精神分析研究所任教，并创办诊所、开业行医。在此期间，霍妮由于对弗洛伊德关于女性性欲的看法表示不满而离开弗洛伊德的正统学说，并在杂志上发表了大量关于女性问题和驳斥弗洛伊德观点的论文。1932 年，受 F. 亚历山大的邀请赴美，担任芝加哥精神分析研究所副所长。1941 年，创建了美国精神分析研究所，并亲任所长。

内容简介

　　该书反映了霍妮女性心理学思想发展演变，以及与弗洛伊德思想的不同。全书包括 15 章，分别是女性"阉割情结"的起源、逃离女性身份——两性视点：女性的男性情结、被压抑的女性气质——性冷淡问题的精神分析、一夫一妻制观念的问题、月经前的紧张、两性之间的不信任感、婚姻问题、害怕女性——关于男女两性对异性恐惧的具体差异之观察、对阴道的否定——女性生殖器焦虑问题的探究、女性性功能失调的心理因素、母性冲突、过分重视爱情——对当前一种普通的女性气质类型的研究、女性受虐狂问题、少女青春期的人格变化、对爱的神经质需求。作者用她自己所谓的女性心理学反对弗洛伊德男性导向心理学之后，也为哲学、心理学，以及研究全人类生活和多变环境互动的精神分析做了铺垫。

著作名称：妇女心理学

作　　者：[美] J. A. 谢尔曼

译　　者：高佳　高地

出 版 社：中国出版社

出版时间：1987 年 1 月

版　　次：第 1 版

页　　数：372 页

价　　格：6.00 元

作者简介

　　无

内容简介

　　该书共 8 章。第一章是妇女性行为社会心理学，包括女性性行为的社会结构、身体形象、性生活方式：选择、性虐待结论；第二章是月经、分娩及绝经期的心理表现，包括作为生物过程出现的生殖现象及其社会内容、女性月经期的心理伴随情况、怀孕、分娩及产后诸阶段、绝经期和概要；第三章是妇女职业模式，包括妇女和工作的历史、院校妇女的教育和就业、职业发展的理论、需要研究的若干领域；第四章是妇女的劳动动机和劳动行为，包括概念的区别、经验研究文献材料的回顾、工作行为的构成：工作中的鼓励性因素、未来研究中的主要问题；第五章是合群、成功和权力的研究现状，包括期望—价值理论、合群、成功、权力、总结和新问题、综述；第六章是妇女对成功与失败原因的归属，包括对成功和失败的期望、对成功和失败原因的归属、其他人的期望和归属、未来研究的方向；第七章是妇女创造性，包括研究妇女创造性的意义、如何分析有关妇女创造性的思想、经验研究、妇女创造性个性的说明、男女在两个领域中的创造性个性、创造性个性中的男性气质和女性气质、创造性研究中的亚类型个性、对创造性得以发挥的社会环境的研究、未来的研究方向；第八章是男性对妇女的传统态度——研究中的各种概念问题，包括有关传统男性态度的理论观点、男性和女性对待妇女态度的比较、对妇女态度和对男人态度的比较。

著作名称：不同的声音：心理学理论与妇女发展

作　　者：［美］卡罗尔·吉利根

译　　者：肖巍

出　版　社：中央编译出版社

出版时间：1999 年 2 月

版　　次：第 1 版

I S B N：780109302X

页　　数：199 页

价　　格：19.80 元

作者简介

　　卡罗尔·吉利根，美国哈佛大学教育研究院教授。曾出版过《描绘道德的版图》（*Mapping the Moral Domain*）、《在有声与无声之间》（*Between Voice and Silence*）、《在十字路口相会》（*Meeting at the Crossroad*）以及《建立联系》（*Making Connection*）等论著。

内容简介

　　该书记录的是作者对关系思考的不同方式，并把这些方式同心理学和文学著作中，同作者的研究数据中的男女声音结合在一起。人们注意到在心理学著作中，妇女体验与人类发展描述并不一致，这种情况通常一直被当做妇女发展上的问题。然而，妇女无法适应现有的人类发展模式或许表明了描述方面的问题，对人们状况认识上的局限性以及对某些生活真理的忽略。

　　作者认为不同声音并非是以性别，而是以主题为特征的。它与妇女的结合是一种经验上的观察，作者主要通过妇女的声音来追溯不同声音的发展。但是，这种结合并不是绝对的。因为，男女声音的对比强调了两种思考方式的差异，集中于解释问题而并不表明对任一性别的概括。在对发展的追溯中，作者说明了对每一性别而言，这些声音的相互作用，并且强调它们的汇合标志着危机与变化时期的来临。对于所描述的不同的起源，对于它们跨越时代和文化，在更广泛的人们当中的体现，作者并没有陈述。作者的兴趣在于体验与思考的相互作用，在于声音的不同以及由此产生的对话，在于我们倾听自己和他人的方式，在于我们讲述的关于自己生活的故事。

　　该书涉及三种研究，体现了作者在研究中的一个重要的假定：人们谈论自己生活的方式是有意义的；他们使用的语言以及所进行的联系揭示了自己所见到的，并且在其中行为的那个世界。全部研究都依靠访谈，包括一系列相同的问题——关于自我概念和道德概念，关于冲突和选择的体验。访谈的方法是顺着人们的语言和思维逻辑的习惯，访谈者提出进一步的问题，以便澄清特定问题的含义。

著作名称： 性别心理学

作　　者： 〔美〕玛丽·克劳福德　罗达·昂格尔

译　　者： 许敏敏　宋婧　李岩

出 版 社： 中华书局

出版时间： 2009 年 12 月

版　　次： 第 1 版

I S B N： 9787506272803

页　　数： 958 页

价　　格： 68.00 元

作者简介

玛丽·克劳福德，心理学教授，实验心理学博士，康涅狄格大学妇女研究项目负责人，在妇女与性别心理学方面执教 25 年。

罗达·昂格尔，州立蒙特克莱大学的荣誉教授，是美国心理协会女性心理学部卡罗林·伍德·谢里夫奖的首位获奖人，曾担任美国心理协会女性心理学部的主任，社会问题心理学研究会会长。

内容简介

该书以人类学、社会学、文化研究和心理学的理论视角，采用案例分析、调查和实验等方法，以社会建构主义的观点，解析在社会、文化和历史背景下的妇女与性别问题。该书是由两位美国知名女性心理学研究者写成，以其学术性和权威性研究基础而在美国女性心理学教学中广泛使用，贯穿始终的社会建构主义方法使这本书的价值超越了研究性别差异和女性经历的手册。

作者在该书中指出，性别（gender）不完全等同于性（sex）。性别是一个与权力和地位相关联的价值体系，它在个体、人际关系和文化层面上发挥作用，构造人们的生活。我们对每一个层面反映出的现象展开调查：个体的、内在的因素，如性别认同与性别模式；人际关系因素，如刻板印象、归属、自我实现预言；文化因素，如媒体形象、法律和宗教教义。

语言和命名（naming）是权力之源。对现实事物的命名变得越来越引人注目，使妇女重获命名权是推动个人与社会变革的第一步。我们通过命名和语言分析性别歧视，无论是在日常用语中（如通用的人称代词"He"）还是在心理学的专业术语中（如"经前期综合征"）。进行中的语言变化使女性的境遇越来越引起人们的关注，对语言的批判性思考能够增强人们对性别体系如何运作，以及如何改变这一体系的认识。

女性也是千差万别的。女性主义学者对不同妇女在社会阶层、种族、年龄、性取向、健康（残障）和文化方面存在的差异越来越敏感。这种对多样性的关注贯穿全书的每一章节，作者努力探究这些差异如何影响女性的经历，包括性别的社会化、成年人的关系、心理抑郁与失调。

作者还采用了大量涉及多文化背景的资料，反映出心理学知识从原本白种人的、北美的和中产阶级的视角发生的转变。在探讨文化差异时，作者竭力避免将其他社会群体视为外来的或落后的种族中心主义视角，而是对他们的实践进行深入背景的研究，这些实践对于北美的学生来说可能是陌生的。这种阐释深度在讨论一些有争议的课题时显得尤为重要，例如女性割礼手术。此外，来自不同文化的背景资料为本书的第一主题，即社会性别不同于生物性别，提供了强有力的佐证。即使是那些被认为具有强烈的生物学基础的现象，如初潮、绝经，也脱离不了文化的塑造。

心理学研究能够培育社会变革。对少女和成年女性所面临的问题，学生们往往不满足于仅仅是了解，他们想知道人们为解决这些问题正在进行哪些尝试，未来还将会做些什么。虽然妇女与性别心理学没有对社会变革加以强调，但是学习妇女与性别心理学能够帮助人们改变无助感和悲观态度。在这本书的每一章中都列举了一些人物的生动的例子，他们正在充当变革的使者。

今天，许多少女和成年女性面临的问题是由不利于她们的社会结构造成的。虽然个人态度和行为的转变是必需的，这些转变在传统上也正是心理学研究与实践的一个核心内容，但是个人的转变必须与整个社会的变革结合起来，而心理学研究和理论能够为前进中的社会变革指明方向。

全书共10章，分别是女性主义心理学概论、女性与男性的形象、社会性别的塑造、差异的意义、性别的生物学基础、性别的形成：童年、成为一个女人：发育期和青春期、性、爱情与浪漫经历、承诺：女性和持久关系、成为母亲、工作和成就、中年及以后、针对女性的暴力、精神和身体健康等。

著作名称：**性别心理学**

作　　者：［美］赫尔格森

出 版 社：世界图书出版公司

出版时间：2005 年 10 月

版　　次：第 1 版

I S B N：9787506272803

页　　数：681 页

价　　格：78.00 元

作者简介

　　赫尔格森，女，美国著名资深教授，知名学者，研究领域涉及心理学、社会学、人类学、医学和公众健康等多个方面。

内容简介

　　有关性的问题，或者说有关两性的问题，可能是人类所有话题中最吸引人的话题之一。毋庸置疑，正因为人类是分为两性的，人类社会才会如此五彩缤纷。该书综合多个领域的知识，系统地为读者展示了男女两性在社会中的角色、两性之间的关系，以及对健康的影响等重要而吸引人的问题。该书既可供学习心理学、社会学、进行妇女研究、性别研究和相关学科研究的本科高年级学生和研究生使用，也可供对性别心理学有兴趣的人自学参考。全书共 13 章，包括性别角色及其态度的概念和测量、与性有关的比较：观察资料、与性有关的比较：理论、攻击性行为、成就、沟通、友谊、爱恋关系、两性在健康方面的差异：证据和解释、两性关系与健康、工作角色与健康、心理健康等。

著作名称：**性别：心理学视角**

作　　者：［美］琳达·布兰农

出 版 社：北京大学出版社

出版时间：2005 年 3 月

版　　次：第 1 版

I S B N：9787301085264

页　　数：557 页

价　　格：58.00 元

作者简介

　　琳达·布兰农（Linda Brannon），美国路易斯安那州麦克尼斯州立大学心理系教授，20 世纪 80 年代开始进行健康心理学方面的研究。

内容简介

　　该书探讨的主题是性别——与生理性别有关但不完全取决于生理性别的行为与态度。心理学、社会学、生物学、生物化学、神经学和人类学都对性、性别以及与性别有关的行为进行了大量的研究，而且这一类的研究呈现日益增加的趋势。这些研究与学术成果为该书的形成奠定了基础。该书期望从心理学角度，对以往的相关研究进行回顾和评价，为大家呈现有关性别问题的全貌。从心理学和相关领域考察了男性和女性在行为、生理以及社会背景下活动的研究成果和原理。该书考察了心理学及相关领域对性别的研究理论，以评估影响两性的行为、生物社会因素。人们通常觉得难以将这些研究发现与自己的生活联系起来，作者决定在该书中包含一些个人在生活中经历的、与性别问题有关的故事和叙述，而且还希望将这些叙述与科学研究联系起来。个人叙述带给读者的启发，远远超过了叙述的逼真性带来的问题。

　　此外，作者在该书中增加了一些从文化交叉角度讲述的、个体日常生活中经历的与性别问题相关的故事。这些个体叙事以及因此而致的多元特色有助于平衡性别研究中科学研究和个体性别体验之间的方法论差异。该书包括性别研究、性与性别、荷尔蒙与染色体、智力与认知能力、性别发展理论、性别认同的发展、性别刻板印象：男子气与女子气、情绪、关系、性爱、学校、职业与工作、健康与体型、压力、应对与精神病学、心理障碍的治疗、差异等内容。

著作名称：*神之变——女性主义和传统宗教*

作　　者：［加］奈奥米·R. 高登博格

译　　者：李静　高翔

出 版 社：民族出版社

出版时间：2007 年 6 月

版　　次：第 1 版

ＩＳＢＮ：7－10508－304－6

页　　数：148 页

价　　格：15.00 元

作者简介

　　奈奥米·R. 高登博格（Naomi R. Goldenberg），女，加拿大渥太华大学宗教学系著名教授、妇女与宗教心理学研究领域的专家、资深的宗教心理学家、著名的女权主义者。1976 年在美国耶鲁大学获宗教学博士，1972—1973 年在瑞士苏黎世的 C. G. 荣格学院荣格心理学研究所学习。代表作有：《神之变——女性主义和传统宗教》、《传统宗教的终结——对西格蒙特·弗洛伊德和卡尔·荣格著作中宗教女性主义评论的重要说明》等。

内容简介

　　《神之变——女性主义和传统宗教》是奈奥米·R. 高登博格教授之后《身体的复活——女性主义、宗教与精神分析》一书的概论版，后者是前者的理论深入与补充。在该书中，作者鲜明地提出了女性主义宗教与传统宗教抗衡的博弈点：新宗教的内心生活既非来自先验的纯粹精神，也非来自神秘主义的原始意象。作者在批判荣格原始意象心理学的基础上转而推崇弗洛伊德精神分析法的临床经验性，使传统的精神分析法成为新宗教的可行参照形式。该书明确指出了意象的个体性与变动性，以及意象与物质肉体的密切联系。作者作为女性主义宗教学家在思想上的后现代性，强调物质世界的多元化以及作为肉体的个体经验的差别性与变动性，在此意义上该书对传统宗教的理论批判具有支撑深度。这些观点在北美和世界妇女与宗教心理学界产生了极大影响。

　　该书以女性主义思想为基础，对当代宗教中一些性别不平等现象进行了解读。其中有一些著名的观点如："女性主义神学正在变成心理学"，"深层次的心理学能够将女性主义在宗教中做的多项工作捆绑在一起，帮助促进心灵和肉体之间裂痕的弥合"等，使中国学者与读者能更好地了解北美妇女与宗教心理学的观点与主张，了解北美及世界女性主义运动与思潮。

著作名称： 女性的情绪：特殊时期情绪障碍的防治与调控

作　　者： ［美］黛博拉·希格尔　珍妮·德里斯科尔

译　　者： 孙若亮

出 版 社：新华出版社

出版时间：2001 年 1 月

版　　次：第 1 版

ISBN：9787501153350

页　　数：336 页

价　　格：22.00 元

作者简介

　　无

内容简介

　　在女性当中，情绪障碍的发病率越来越高，这类疾病正在育龄妇女当中悄悄流行开来。该书填补了人们对这方面的认识空白、阐释了女性激素、应激刺激、遗传因素对情感生活的深刻影响。

　　该书从经前期、孕期、产后斯和更年期四个特殊时期对女性情绪和焦虑障碍的潜在病因、治疗方法和预防措施进行了深入的探讨，并介绍了一整套独特的自我护理方案，帮助大脑进行自我稳定、预防情绪问题的发生。

　　该书共分六部分。第一部分从正确认识自己的情绪健康作为切入点，说明了人们应该对自己有正确的认识；第二部分探讨了经前期问题；第三部分分析了孕期问题；第四部分对产后：非常敏感的时期问题进行了剖析；第五部分对更年期进行了探讨；第六部分是附录。书的最后是作者的后记，走向未来：踏上康复之旅。

著作名称：性别与欲望：不受诅咒的潘多拉

作　　者：［美］波利·扬－艾森卓

译　　者：杨广学

出 版 社：中国社会科学出版社

出版时间：2003 年 1 月

版　　次：第 1 版

ISBN：9787500436218

页　　数：172 页

价　　格：14.00 元

作者简介

　　波利·扬－艾森卓，博士，是有吸引力的和富有想象力的荣格分析师，心理学家和作者。一个有经验的临床医生和教师，她是佛蒙特大学和领导力发展顾问，诺威治大学临床精神病学和心理学副教授。

内容简介

　　该书的蓝本即是作者的"性别，神话与欲望"的费伊系列讲座。该书探讨的一个主要的神话即潘多拉神话。神话是比现实生活更有魅力的故事，它的永恒主题是表现人们渴求的某种欲望对象。扬－艾森卓详尽地分析了潘多拉神话，对它进行了条分缕析的解构。这个解构过程，通过"神秘参与"，意指原始思维表现出来的相信人心与外物能够以超自然的直接感应方式相互影响的倾向，使我们受到潜移默化的影响，进而清楚地认识到必须停止对潘多拉的诅咒，必须解放潘多拉，帮她脱胎换骨，使之转变为我们时代的健康女性。性别问题要得到真正的解答，有赖于人们真切体验自己心灵的异性情结。对于男性来说，就要求他们重新认识和对待自己心灵深处的女性人格成分，从而也使他们身处其中的两性关系发生根本的改变。对于女性，要求她们认可她们心灵中的男性人格成分，从而成为完整的人，即变成自己欲望的主体，而不仅是欲望的对象。作者勾画了这样一条心理生活的路线，沿着此线人们可以找到更和谐的人与自己，人与他人的关系。这条路线也可能帮助当代人消除两性之间的误解和仇恨，消除在我们的文化中间泛滥的离婚传染病。

　　总之，在该书中，作者揭示了女性主义在分析心理学中兴起的原因和历史脉络，并且提出了一种后现代主义的视角；借助这种新视角，她既能吸纳分析心理学，又能帮助我们创新而不断成长。

著作名称： 女人可以说不

作　　者： [德] 乌尔瑞卡·达姆

译　　者： 徐筱春

出 版 社： 浙江人民出版社

出版时间： 2004年1月

版　　次： 第1版

I S B N： 9787213019319

页　　数：342 页

价　　格：23.00 元

作者简介

　　乌尔瑞卡·达姆，生于 1954 年，家庭和伴侣心理治疗师，在慕尼黑开有自己的诊所，并且在国内外多次举办培训班。主要研究方向包括：自我价值，自爱；界定，亲密和距离；有声对话（尤其是针对"内心批评家"）；家庭架构。主要著作：《做自己的最好朋友》。

内容简介

　　作者认为女性比男性更难以说"不"和进行自我界定，她们"忘——我"地接受那些令自己身心痛苦的事情，因为她们相信自己无权或者无力去进行改变。乌尔瑞卡·达姆向女性指明了，如何才摆脱这种永远说"是"的困境，并通过大量的实例和取自心理诊所的实用练习，表明了成年人的"不"，不是通过培养自信心和绝对的叛逆来实现的，而是源自内心的自尊立场、个人的尊严以及健全的人格。

　　该书共包括十一部分，分别是只有会说"不"的人才能真正说"是"、说"不"就没有女人味吗、为什么女性难以说"不"、无私的角色也有好处、无力说"不"的后果、"犟丫头"："不"的囚犯、被扼杀的"不"追随我们入梦、提防"是"的陷阱、恋爱和婚姻关系中的"不"、对自我毁灭的行为方式和习惯说"不"、觉醒中的抉择自由：练习篇。

　　同时，该书是专门为那些在"自我界定"方面有困扰的女性量身定做的。这一方面是因为作者本人就是一位女性，所以自视有资格描写女性并且视为女性写作为己任；另一方面则因为作者举办的研讨班成员以及咨询的对象也大多是女性。

著作名称：女性的负面

作　　者：〔美〕菲利斯·切斯勒

译　　者：汪洪友

出 版 社：中国社会科学出版社

出版时间：2006 年 12 月

版　　次：第 1 版

ISBN：9787500457299

页　　数：422 页

价　　格：31.00 元

作者简介

菲利斯·切斯勒，女，心理学与女性研究荣誉教授，女性权利的倡导者，其作品销量超过 300 万册，其中包括那本经典之作《女人与疯狂》(*Women and Madness*)。她是女性心理协会与全美女性健康网的奠基人之一。她的作品包括《女人与疯狂》、《写给年轻女性主义者的信》(*Letters to a Young Feminist*)、《一篇母性日记》(*A Diary of Motherhood*)、《心理健康中的女性主义祖先》(*Feminist Foremothers in Mental Health*)、《受审的母亲》(*Mothers on Trial*)、《为母亲与孩子而斗争》(*The Battlefor Women and Children*) 等。

内容简介

该书从心理学、人类学、灵长类动物学、工作场所研究、社会学、文学批评等多种角度，运用神话分析、法律、第一手访谈及回忆录等，详细地描绘了女人与女人冲突中常使用的主要攻击手段和策略，揭示了所谓"姐妹情谊"的美丽愿景下女性之间的竞争压力。这是一位女性主义者、一位知情者泄露女性天机的首部力作，它对女性彼此迁怒于对方的、有意无意的无情行为进行了惊人而详尽的研究。

全书共有 10 章。第一章是动物观察：物种中的雌性，第二章是女孩与少女中的间接攻击，第三章是女人的性别主义，第四章是童话、神话和希腊悲剧中的母女关系，第五章是关于母女关系的一些心理分析观点，第六章是"好"母亲以及她对"好"女儿的虐待，第七章是姐妹与交友，第八章是工作场合中的女人，第九章是团体中的女人，第十章是心理道德。

著作名称：女性性向学

作　　者：[日] 岛田一男

译　　者：区伟强

出 版 社：甘肃人民出版社

出版时间：1987 年 12 月

版　　次：第 1 版

ISBN：7226001489

页　　数：211 页

价　　格：2.10 元

作者简介

　　岛田一男（1907—1996），男，出生于京都，明治大学毕业。岛田一男一生著作颇丰，也创作了时代小说以及面向少男少女的小说。在侦探作家俱乐部时代，担任干事长一职；从 1971 年开始，担任两年日本推理作家协会理事长。

内容简介

　　作者认为很多场合女性的心理，并不是那么容易就能捉摸得到的，因为她们与男性心理差别很大，在这种种不同点中，就引起了许许多多的推测，有的甚至想得太过偏差，而发生了犯罪事件。社会上会有因"想不通"而刺杀了无辜女性，或是由于爱情口角而导致伤害事件，这其中不知有多少是因为不知道女性性向、行动，才发生的结果。

　　该书采用诱导渐进的方式写成。第一章从女性无意识的动作来观察；第二章从癖好来分析女性性向；第三章从女性的话语中着眼，从其中所隐藏的事来探讨她的真正心意；第四章从其嗜好来看女性性格；第五章从前四章未包含的女性态度，来推测出其心意。作者不仅是从这五方面来分析，在各章中，也网罗了各种从侧面观察女性性向的内容和资料，可谓具体翔实。

著作名称：女性心理与性别差异

作　　者：钱铭怡 等

出　版　社：北京大学出版社

出版时间：1995 年 8 月

版　　次：第 1 版

ISBN：7-301-02857-I

字　　数：250 千字

价　　格：10.50 元

作者简介

　　钱铭怡，北京大学心理学系教授，博士生导师，现任中国心理学会常务理事，世界心理治疗学会（the World Council of Psychotherapy）副主席。主要从事中国文化下的抑郁症研究、社交焦虑研究、心理创伤研究、认知行为治疗研究、中国人的羞耻感研究、中国心理治疗的伦理研究。发表著作有《变态心理学》、《心理治疗与心理咨询在中国的发展》、《认知治疗》等。

内容简介

作者认为，以往心理学研究限于对男性心理的研究，或以男性身上得到的结果来解释全体人类的心理活动。《女性心理与性别差异》一书在研究过程中，兼顾男女两性的心理活动，对两性性别的差异进行了分析、介绍和探讨，通过与男性的比较，发掘女性心理的独特之处，即结合两性的差异与相同之处来看女性的心理特点。该书除了介绍很多国外新近的研究资料之外，还特别着重地介绍了我国在这一领域的研究成果，填补了以往女性心理学领域的研究缺乏及相关材料的空缺。

全书共 9 章，内容涵盖了女性心理学发展简史，有关两性心理发展的部分理论（如心理分析理论，社会学习理论，认知发展理论模式），两性生物学的差异即女性三期特点，社会化对性别角色的塑造，两性性别差异，人的一生发展的不同阶段，恋爱、婚姻、家庭中的两性，两性的自我概念成就动机及女性的工作与成就，女性心理学研究中的现状与展望等内容。

著作名称： 女性心理与成才

作　　者： 邓伟志　夏玲英　耿文秀

出　版　社： 上海教育出版社

出版时间： 2003 年 1 月

版　　次： 第 1 版

I S B N： 7532090663C

页　　数： 259 页

价　　格： 17.50 元

作者简介

邓伟志，略。

夏玲英，上海市科技教育工会主席、市科教妇女工作委员会主任。

耿文秀（1950—　　），心理学博士，华东师范大学心理学系教授、博士生导师。

内容简介

该书论述了性别角色社会化过程，女性心理特征，阻碍女性成才的内外因素，良好素养的培养，女性成才的途径等。

该书共包括 10 章，作者通过两性生物学差异、"我们不是生为女人，而是长为女人"、性别角色社会化过程、女性心理特征、历史的因袭重负——性别歧视、阻碍女性成才的内外因素、以良好的素养迎接新时代锤炼意志、驾驭情绪、应激应付策略学习、女性成才之路等篇章，叙述了女性社会地位的历史演变，点出了无论在哪个历史时期，女性在社会分工中都担任了重要角色，呼吁女性自尊、自信、自强、自立，以良好的素质、高昂的斗志、优秀的智能迎接新时代。

著作名称：女性心理学

主　　编：巴莺乔　洪炜

出 版 社：中国医药科技出版社

出版时间：2006 年 11 月

版　　次：第 1 版

ＩＳＢＮ：7 - 5067 - 3499 - 0

页　　数：453 页

价　　格：54.00 元

编者简介

巴莺乔（1943—　　），女，浙江人，满族，主任医师，教授，浙江中医学院教研室主任，国际华人医学家心理学家联合会委员，曾先后出版著作四部，即《青春期生理卫生学》（编委）、《中国学校健康教育学》（编委）、《青春期健康教育学》（主编）、《大学生自我保健指南》（副主编）。

内容简介

该书是中国高等医学教育学会医学心理学教育分会、全国中医药高等教育学会中医心理学教学研究会推荐用书。该书作者结合自己多年的研究成果和教学经验，着手于应用，将女性心理学的主要内容系统地呈现给读者。全书共分 10 章，主要内容包括：女性心理学的简介；女性心理发展与心理卫生；女性的性心理；女性在恋爱、婚姻、家庭中的心理表现和作用；女性心理障碍；女性心理与疾病；女性的犯罪心理；妇女与子女教育。

　　作者开篇介绍了女性心理学的发展历程，以及学科性质，阐明了该书的研究意义。接下来分别讨论了女童时期、女性青春期、中老年时期及临终时的心理与心理卫生，并且在论述中穿插了男女两性的差异，而不是片面地、孤立地看待女性心理问题。在此基础上，探讨了女性日常生活中涉及的性心理、恋爱心理、婚姻心理和家庭心理，着重分析了性侵犯、性教育、大龄未婚女性、夫妻关系心理、再婚心理、"空巢"心理、家庭幸福感等话题，就目前女性在社会生活中亟待解决的问题做出相应的分析。作为医师，作者结合医学知识，讨论了与女性心理障碍相关的精神、心理疾病和妇产科疾病，从医学的角度分析女性心理因素对女性健康的影响，帮助读者及时地调整自己的心理状态，预防各类疾病。另外，该书还探究了女性的犯罪心理，特别是性犯罪和命案的心理，让读者能正确地认识自己的心理先兆。最后，该书针对独生子女的特点介绍了妇女对子女早期教育的有效方式方法，以便更好地帮助母亲开发儿童的智力。

　　该书不仅是女性心理学的教材，还可作为女性学和心理学的补充教材和参考资料，可供希望了解女性心理的读者阅读。

著作名称： 女性心理学

主　　编： 黄美玲

出 版 社： 暨南大学出版社

出版时间： 2008 年 8 月

版　　次： 第 1 版

I S B N：9787810798891

页　　数： 242 页

价　　格： 29.00 元

编者简介

　　无

内容简介

　　这是一本专门研究女性心理的教材。整部教材共分 10 章，主要探讨了女性的成才心理、爱情心理、婚姻心理、审美心理、人际交往心理、犯罪心理等方面的内容，并且还提出了女性发展观和现代两性和谐发展的理论。该书反映了编者对女性心理学这一分支领域研究的关注。

该书首先提出了女性心理健康与生理健康的重要性，心理健康和生理健康缺一不可。其次，将女性心理健康分成婴幼儿期、童年期、青春期、青年期、中年期和老年期六个阶段，对女性不同时期的心理特征做出解释和比较，以帮助读者适应每个阶段的心理状况。再次，作者就女性的职业问题提出了自己的观点，运用社会学的方法，帮助读者分析自己的心理，正确面对职业发展的障碍，以进一步取得事业的成功。接下来，该书探讨了女性的爱情心理、婚姻心理、审美心理在恋爱交往、家庭和自身形象塑造中发挥的作用，指出其中存在的冲突和矛盾，给出其调试心理的相关方法。另外，编者收录了有关女性人际交往与休闲娱乐方面的文章，论述了现代女性在社会生活中的职责和职业以外应有的自由和权利。最后，该书分析了女性犯罪的心理动机和主客观因素，点明女性犯罪的心理特点，从心理的角度来设立预防女性犯罪的机制，并针对女性犯罪的心理特点指出如何就女性罪犯进行教育改造。编者希望通过该书，能厘清男女的性别差异，使男女两性能相互弥补、和谐发展。

在书中，作者对正处于社会转型时期的现代女性所面临的因各种矛盾冲突而诱发的心理困惑、心理障碍及其科学调适作了一些理性思考。通读此书，能帮助女性读者在竞争激励的现代社会，保持一种恬淡、开朗、快乐、健康的心态。该书以女性为主体，展示了各自鲜活的社会生活经历，分享体验了女性在升学、恋爱、婚姻、求职、晋升、家庭教育、人际关系等各方面的成功与快乐、激动和喜悦；讲述了因学业、工作、恋爱和婚姻生活的暂时性挫折对女性身心所造成的沮丧、苦涩、徘徊和痛苦的感受。不同的生活体验使读者能深刻地体会到女性保持健康快乐的心态对构建和谐社会的重要性。

该书对丰富我国本土化特色的女性心理学理论和实践研究是一种有益的尝试和探索。它试图从男女性别差异的角度，探讨实现男女性别平等、两性和谐发展的必要性和可能性，对指导广大女性了解自己、了解异性、塑造完整人格、保持健康心理具有实用价值。

著作名称： 女性主义心理学
作　　者： 郭爱妹

出 版 社：上海教育出版社

出版时间：2006 年 12 月

版　　次：第 1 版

Ｉ Ｓ Ｂ Ｎ：7544408477

页　　数：283 页

价　　格：20.50 元

作者简介

　　郭爱妹（1965—　　），江苏南通人。南京师范大学金陵女子学院副教授，博士。主要从事西方心理学史与流派、理论心理学、西方女性主义的研究，先后在《心理科学》、《心理学探新》、《国外社会科学》、《江海学刊》、《自然辩证法通讯》等期刊发表学术论文 20 余篇，出版著作 2 部，参编著作 8 部。

内容简介

　　该书是心理学新进展丛书之一，系统介绍了 20 世纪 60—70 年代问世的女性主义心理学产生的历史文化背景，探索其基本理论及研究取向，分析其方法论含义及其对主要心理学分支学科的影响，剖析其贡献与局限性，指出其未来的发展走向。

　　该书共 5 章，第一章首先对女性主义心理学诸如女性主义与女权主义、性别与社会性别等核心概念做出界定，简要介绍了该书的研究意义与研究框架。第二章阐述了女性主义心理学的背景与生成，其中认为，女权运动是女性主义心理学产生的摇篮、"父权制"是其革命的目标、后现代文化是其发展的动力。这三方面的社会文化背景及早期女性主义者对心理学的探索下，女性主义心理学才得以发展。第三章分别评价了经验论女性主义心理学、立场论女性主义心理学和后现代女性主义心理学的主要观点，回答了作者对不同观点的不同看法，以方便读者对这三种理论做出比较。第四章主要是女性主义心理学在临床心理学、社会心理学、发展心理学、认知心理学等方面的实践与应用，规划了女性主义心理学的应用方向和方法，以期将女性主义心理学更好地推广到社会生活的方方面面。作为一种不完全成熟的理论，学术界对其一直存有论争。第五章指出在目前的形势下女性主义心理学的发展前景，认为后现代取向将成为未来女性主义心理学的主流范式，未来的女性主义心理学应积极参与心理学范式的变革、着力提高其学科地位、积极进行学科间的对话，以巩固其理论地位，以期得到学术界的广泛的认同。

相信读者通过阅读该书，可以开阔眼界，了解心理学的新动态、新方向，增进知识，奠定心理学创新的理论基础。

著作名称：性别心理学

主　　编：方刚

出 版 社：安徽教育出版社

出版时间：2010 年 5 月

版　　次：第 1 版

I S B N：9787533655761

页　　数：336 页

价　　格：38.00 元

编者简介

　　方刚（1968—　），北京林业大学人文社会科学学院心理学系副教授，性与性别研究所所长，硕士研究生导师，世界华人性学家协会执委。在国内外出版有两性著作 30 余部，主要著作有：《精神分析》、《动物哲学》、《男人解放》、《21 世纪的两性关系》、《中国人的社会生活》、《性别的革命》、《中国多性伙伴个案考察》、《转型期中国的性与性别》、《社会学家的两性辞典》等。

内容简介

　　该书是第一本综合性的性别心理学的中文专著。书中所讲的性别心理学，关注的是不同性别的心理差异、这种差异产生的不同行为结果，以及对这些差异和结果的解释。该书在总结以往性别（主要是男女两性）研究的基础上，提出关于跨性别的命题，对性别心理差异的原因做出解释。编者试图超越单纯从生理或文化进行解释的视角，而采取综合分析的态度，强调以性别平等的价值观看待性别差异。以往，国内常见"女性心理学"，而无"性别心理学"。该书中用词的改变是一种学术价值观的改变，即女性不再相对于"男性标准"而存在。

　　编者认为，有关男女两性差异的研究，也存在着不同的流派：或者强调生物决定论，或者突出社会建构论，或者主张二者的融合，或者强调男女的差异，或者强调男女的相同之处，或者强调生理意义上的男女，或者强调社会角色意义上的男女。对这些不同的争论做出一个定论仍然为时过早。该书试图呈现不同的观点，传达多元的声音，以供读者进一步思考。

《性别心理学》是在吸收国内外关于性别心理学的最新研究成果的基础上完成的，先介绍了性别心理学的发展，特别是各种理论流派的演变，然后在一些独立的议题上进行展开，如情绪、攻击性行为、沟通、友谊、爱情与婚姻、性、学校、工作、成就、压力与健康等。

《性别心理学》既可作为大专院校相关课程的教材，也可以作为性别研究者的参考书，还可以作为了解性别心理的大众读物。该书的出版，一定程度上填补了中文性别心理学著述的空白，有利于推动中国性别心理学的研究与教学。

著作名称：男女有别的心理观察——女性心理学

主　　编：宋岩　崔红丽　王丽

出 版 社：华中师范大学出版社

出版时间：2008 年 9 月

版　　次：第 1 版

Ｉ Ｓ Ｂ Ｎ：9787562238072

页　　数：171 页

价　　格：19.80 元

编者简介

宋岩（1966—　），女，心理学专业硕士，教授，国家注册心理咨询师、联合国国际劳工组织颁发的 SYB 创业培训师，历任教研室主任、心理咨询中心主任、系主任、人事处长等职。

内容简介

女性心理学是女性科学的基础学科之一，又是心理科学的一个重要分支。它所揭示的女性心理现象及其产生发展的规律，不仅对完善女性心理学的学科体系有着重要的理论意义，而且对女性的生活、学习和工作也有着广泛的指导性。因此，作为一名女性，要使自己的工作卓有成效，生活更加愉快，就必须系统地学习女性心理学，掌握其理论精髓，并将其用于实践活动。

该书从男女两性心理差异的角度研究女性的心理活动，界定女性心理学的研究对象与内容；系统阐述女性心理学的有关理论、基础知识及其在实践中的应用；分析女性心理学发展的年龄特征、两性心理与行为的性别差异和女性独特的心理现象；探讨女性的社交心理、恋爱婚姻心理、犯罪心理、家庭教育艺术和女性管理者的领导艺术等社会心理问题；明确女性心理健康的标准及其调试方法，以利于作为家庭角色与社会角色融为一体的女性身心得到全面发展。以女性变量为中介研究的女性心理学的建立，把女性的心理活动作为独立的研究对象，并将其研究结果与男性相比较，可以使读者对女性的认识，在两性心理与行为模式的比较中得到深化。

著作名称：精神分析学派与女性心理学的发展
作　　者：张海钟
出　版　社：兰州大学出版社
出版时间：2006 年 4 月
版　　次：第 1 版
Ｉ Ｓ Ｂ Ｎ：7311027853
页　　数：210 页
价　　格：16.00 元

作者简介

张海钟（1963—　），甘肃省白银市靖远县人，教育学（心理学）硕士。河西学院教育学系教授，西北师范大学教育学院心理学系兼职硕士生导师。甘肃省高等学校教师专业技术高级职务任职资格评审委员会委员兼学科组成员，甘肃省心理学会理事，甘肃省心理卫生协会常务理事。

内容简介

该书在对精神分析学派的代表人物的主要心理学思想进行简要叙述的基础上，对其女性心理学思想作了比较系统的整理和研究，通过与现代心理学派的比较，对其进行了评价。评述了当代西方女性主义心理学，并提出了当代女性人格发展的心理学思路。

该书共包括 13 章。第一章引言，介绍了精神分析学派与女性心理学的发展的基本情况；从第二章到第九章分别概括了弗洛伊德、阿德勒、荣格、多伊奇、埃里克森、霍妮、弗洛姆、汤普森、兰克和科赫特的生平著

作以及心理学思想；第十章探讨了精神分析学派女性心理学思想的贡献及
其局限；第十一章分别从社会学习论与认知发展理论、文化人类学、米德
的研究和当代实验心理学的结论三个方面，剖析了当代女性心理学的证明
与反驳；第十二章与第十三章又对当代西方女性主义心理学述评和女性自
身解放的心理学途径/男女人格双性化刍论做了论述。该书是一部整理研
究现代心理学流派中女性心理学思想的著作。作者在引用国内外关于女性
心理学研究的新成果的同时，对其进行了检验、论证，为我国的心理科
学，特别是女性心理学的本土化、民族化做出了一定的贡献。

著作名称： 青春期女性的心理困扰与心理调节

作　　者： 陈立华

出 版 社： 江西教育出版社

出版时间： 1990 年 4 月

版　　次： 第 1 版

I S B N： 7 - 5392 - 0827 - 9

页　　码： 196 页

价　　格： 1.75 元

作者简介

　　无

内容简介

　　该书从心理学角度阐述了青春期女性的心理困扰及其排除方法。全书
共三编，即青春期女性的心理困扰；青春期女性的情绪、性格与心理健
康；青春期女性的心理障碍与心理调节。具体解析了女性青春期的身心、
性心理、自我认识、自我愉悦和青春期女性的自律，以及女性的情绪、气
质、性格与健康的关系。书中给出了一些衡量人的心理健康状况的标准，
如恰当地认识自己，适宜地自我调控，正常的情绪体验，协调的人际关系
等。本书还给出了青春期女性常见的一些心理障碍的表现，并相应地介绍
了调节的方法，包括转移，克服嫉妒心理，恰当的自我暗示，合理的宣泄
方式等。该书从生理、心理、精神全方位地分析调节女性心理困扰和障碍
问题，对女性的自我成长和自我调节不失为一本好书。

九　女性与健康

（21 本）

序号	著作	作者
1.	美国妇女自我保健经典：我们的身体 我们自己	美国波士顿妇女保健写作集体
2.	女人的身体 女人的智慧	［美］克里斯蒂安·诺斯鲁普
3.	女性·生命的历程	［法］勒帕日 等
4.	女人·身体卷	［美］加瑞·耐尔
5.	女性自然疗法	［美］苏珊·贝尔格
6.	南希博士女性健康指南	［美］南希·辛迪曼
7.	中国妇女生育健康促进：从需求评估到政策发展	刘伯红 等
8.	生殖健康与伦理学	邱仁宗
9.	多学科视野下的艾滋应对	杨国才
10.	流动·性·艾滋病防治——项目报告	黄盈盈 潘绥铭 杜 鹏 等
11.	妇女与艾滋病	龙秋霞 王香人
12.	亲历产床——29 位分娩母亲访谈录	吕铁力
13.	以妇女为中心的生育健康	云南生育健康研究会 等
14.	云南农村妇女的心声：生育健康需求评估	王绍贤 等
15.	关注妇女健康：中国农村贫困地区妇女生殖健康的影响因素分析	高梦滔
16.	社会性别公平分析——中国农村生殖健康领域行为研究	张 莹 李树苗
17.	社会性别量表的开发与应用	杨雪燕 李树苗
18.	社会性别与服务对象满意——中国生殖健康服务领域意识研究	李 亮 杨雪燕 李树苗
19.	身体的女人：另类叙说	屈雅君
20.	妇女保健顾问	严仁英
21.	妇女保健学	华嘉增

著作名称：美国妇女自我保健经典：我们的身体 我们自己

作 者：美国波士顿妇女保健写作集体

译 者：刘伯红（著作的中文版主编）

出 版 社：知识出版社

出版时间：1998 年 1 月

版 次：第 3 版

I S B N：7 - 5015 - 1586 - 7

字 数：1050 千字

价 格：70.00 元

作者简介

　　美国波士顿妇女保健写作集体，是一个非营利性组织，致力于妇女与健康的教育，有许多项目和服务，包括对公众开放的"妇女健康信息中心"；向美国及其他国家的妇女和组织免费提供大量材料；负责老年助产和生育健康项目等，并拥有一个讲演团。

内容简介

　　该书为美国波士顿妇女保健写作集体所著，是美国妇女健康运动的结晶，贯穿一系列具有挑战性和创造性的女性主义精神，由此构成了该书的重要特色。作者认为从来没有包医百病的唯一良方，人们对同一治疗的反应也从来不会相同，其写作目的就是为患者提供可供各种自主选择，而不是替患者决策。该书对某一治疗感受的描写不是一种声音，而是多样的，甚至有截然相反的评价。它把决策权留给妇女本人，希望妇女能够根据自己的情况，在多种治疗方案和预期可能中，做出自己的选择和决定，归根结底是决定自身的健康和生命。该书对妇女生活经验的尊重，还表现为作者不断追随科学发展的步伐，不断满足妇女生活新的需要，用最新的数据不断更新文献，对医疗技术手段和疾病的客观审慎论述，是使该书成为妇女自我保健经典的重要前提。

　　书中录入了妇女保健方面的信息，大胆说出了广大姐妹们不同的经历和看法，以期影响尽量多的妇女对自身保健和生命更加负责，并敢于对现存医疗体系提出质疑和异议。该书被誉为"妇女运动中诞生的最重要的著作"，它提供了迄今为止有关妇女保健问题最完整的资料，是一本由妇女撰写，为妇女服务的经典。该书不但在美国修订了数版，发行时间近

30 年，而且已被翻译或改编成 10 多种文字，在全世界发行上百万册。这是一本前所未有、极其重要的资料性读物。读者仿佛置身于一个拥挤而舒适的桌旁，手拿一杯咖啡，加入了一场激烈的讨论，听到讨论中自己的声音。她们以平等的身份，把自己的经历视为一种知识供他人学习借鉴。这不仅是一个接受教育的过程，也是一个自我赋权的过程。美国妇女健康运动早期著名活动家、社会评论家巴巴拉－埃伦瑞克这样评价。

著作名称：女人的身体　女人的智慧

作　　者：［美］克里斯蒂安·诺斯鲁普

译　　者：邱巍　张敏　王小红

出 版 社：北方文艺出版社

出版时间：2009 年 6 月

版　　次：第 1 版

I S B N：978－7－5317－2388－2

字　　数：600 千字

价　　格：35.00 元

作者简介

克里斯蒂安·诺斯鲁普博士，一位具有全球医生执照、有 20 多年临床医学经验的著名妇产科专家，美国"女人之家"健康治疗中心主任，前美国整体医疗协会主席，国际公认的"女人健康治疗"的发言人。她所著的《女人的身体　女人的智慧》为《纽约时报》畅销书，同时还主持了四个深受欢迎的电视节目，是最受美国女性欢迎的医学顾问之一。

内容简介

该书讲述了一群女人的医疗故事，她们是作者的病人、同事和朋友。这些女性发现了自己的心声，并开始了治疗和每天重塑健康，她们构成了女性意识的一部分——大胆地说出心中的真实想法，重新找回女性意识，做一个真正的女人。这些故事用女性的语言和形象诉说，描述了那些由她们个人创造却有集体价值的仪式。书中大部分内容都是经过提炼加工的，虽然故事来源于真实人物，但她们的名字以及其他能指明身份的细节都已改过。作者以男权神话及依赖体制开始，分析女性的外部控制到内在引导，继而通过女性的生理周期和各生殖器官疾病来剖析女性的智慧，最后作者介绍了个人的康复计划。

在当今的社会,女性不仅继续承担着传统的相夫教子职责,而且和男性一样,需要撑起事业的"半边天"。身兼"贤妻良母"和"职业女性"两重角色的当代女性,其女性意识越来越模糊,"女性健康"的概念更不会是简单的"就医驱病"。作者认为女性要获得真正的健康,就必须清楚地认识到她们想要得到的智慧的真正含义,必须认识到,这种智慧遍及她们的整个存在——身体、心灵以及精神。"健康是一个平衡的过程",认识自己的身体,证实自己的身体,恢复生命的原始节奏,在身体与心灵的和谐中才能开始新的生活,这是书中坚持的健康观念。

该书常年占据《纽约时报》的畅销书榜,可供每一位医生、护士、保健工作者、治疗者或病人使用。正是因为病人们对病情毫不隐讳的诚实态度,人们才得以知道许多前所未闻的东西。作者希望这些故事能激发读者回忆起自己的生命轨迹,并以新的眼光来思考它,而不仅仅是医疗病史。通过研究、认识,继而重新找回自己的生活,就可以健康地生活下去。这些故事还让我们学会倾听自己的身体,相信它的智慧,从而达到身心健康。从医学角度来说,该书讨论的是女性健康问题,女性系统与生理器官的保健。作者深入研究了女性系统的疾病、不适合功能的丧失,并提出了治疗方法。但在详细的医疗视角和建议之外,作者希望提供的最为重要的是,指明女人"内心世界"的信息,唤醒我们都具有的柔弱的、智慧的、直觉的声音,它们就来自我们体内。由于文化的病态、错误导向和功能错置,我们不得不忽视它的存在。借此,作者呼吁世界各地的女性都要对自己的身体健康、幸福以及身份产生新的看法,而重心是要相信我们所真切感受到的——身体即是我们的同盟,它总是指引我们前行。

著作名称:女性·生命的历程

作　　者:[法] 勒帕日 等

译　　者:刘京　王辉 等

出 版 社:内蒙古人民出版社

出版时间:2005 年 5 月

版　　次:第 2 版

I S B N:978-72040-4434-4

字　　数：377 千字

价　　格：33.80 元

作者简介

　　勒帕日，法国人，著有《完美女性自我保护》等。

内容简介

　　《女性·生命的历程》是一部前所未有的书。从性细胞的诞生，到性激素的衰亡、潮起、潮落，令女人的生命多姿多彩，但对于一些问题，比如，女婴一出生，在仅有 2—3 克重的卵巢里已包含了女人一生的全部卵子——480 多个，如何面对儿童的性感知，人体的情感激素怎样促成了少女的情窦初开，女人生理周期的每一天及其情绪变化，如何避免妇科疾病的困扰，性激素为什么是维护女性生命的源泉，如何顺利走过更年期，等等，我们却很少知晓。书中从女婴到小女孩、青春期——女人的诞生、女人成熟期等三个成长阶段来阐述，十分清楚地向所有的女人解析女性自身的体内变化，请她们真正了解自己。作者在书中告诉小女孩如何面对初始的变化，告诉青春期女性如何面对人生的第一次，如何避孕和防止性传播疾病，进行妇科检查的必要性，如何知晓和保护自己的身体健康状况等隐私话语。同时，也向成熟期的妇女介绍了如何保持母性和女性的健康，了解和调适月经前的综合征和相关性行为，通过对与女性密切相关的生殖系统疾病和乳腺疾病的介绍，使妇女正确面对自己，快乐进入更年期。

　　该书还认为，女人，无论童年、少年、青年，抑或老年，在生命的每一阶段，都会出现新的问题，产生新的疑虑和不安。该书让女人从压抑与忧虑中解放出来，在温柔与浪漫中陶醉自己的身心，也让男人能够了解女人的困扰，体谅她们的脆弱，懂得女人的妩媚，而不流于粗鄙。该书基于极为现实的医学理论，针对这些问题一一予以解答。读者会从中得到与切身相关的知识，作为一本家庭的必备读物，作为一本生活百科，其涉及幼儿的妇科学、儿童的性感知、青年女子的性生活、女人的性与情、性及性病、不孕症、更年期，以及女人的生理卫生、日常护理、行为常识……该书也是一本简明医疗手册，一本女人全书。其信息丰富，言简意赅，艺术插图多姿多彩，诗歌情话，浪漫温馨，医学插图均附有科学解说。行文充满着温情与幽默。应当说，这是一部颂歌，它歌颂了生为女人，始自天然的快乐，很值得一读。

著作名称：女人·身体卷

作　　者：[美] 加瑞·耐尔

译　　者：李斯 等

出 版 社：中国社会科学出版社

出版时间：2006 年 2 月

版　　次：第 1 版

I S B N：7 - 5004 - 5345 - 0

字　　数：600 千字

价　　格：58.00 元

作者简介

　　加瑞·耐尔（Null，Gary），男，美国女性健康问题研究专家，女性疾病治疗营养学家，美国哥伦比亚广播公司"健康"栏目主讲人。著有畅销书《健康进行时》、《自然疗法》和《抗衰老计划》等。

内容简介

　　该书从贫血症、关节炎、计划生育、乳腺癌、生殖系统疾病、慢性疾病综合征、糖尿病、子宫内膜异位、环境性疾病、心脏病、激素失衡、不育症、更年期、痛经与月经不调、精神健康问题、偏头痛、骨质疏松症、怀孕、经前综合征、腕关节拉伤、性功能紊乱、性病、中风、颞下颌关节机能失调、甲状腺疾病、尿道感染及炎症、阴道炎及阴道感染。全书共27 章，讲述了女性保健的知识，比如在贫血症一章，针对妇女贫血症，作者劝告不要仅仅满足于医生所说的贫血，一定要坚持让医生找出根本性的病因。关节炎这一疾病具有个人特色，必须通过改变生活方式和饮食习惯才能治疗。又比如，女人在选择避孕方法时不要随便服药，要防止过敏、感染、药物后遗症，这是生下健康孩子的根本。作者认为对于妇女发病率较高的乳腺癌，传统预防方法中，医生动不动就开药是错误的，要做的是从个体的生活方式出发加以预防，如饮食、避免污染物，远离压抑和消极情绪，远离放射环境、不抽烟、不喝酒、有氧锻炼等。因此，作者的观点是好医生并不能治本，让患者知情才是最佳方式。

　　西方文明一直奠基于男权神话之上，男性、父亲居于权威地位，女性对自身身体，甚至是自身生理系统的观点都受到男权规则的支配，尽管男权规则只是诸多社会组织系统中的一个。一直以来，我们的文化传统传输给女孩们的信息是，她们需要为自己的身体、自己的生命乃至自己的性别道歉。《纽约时报》称该书引发了一场革命。书中作者表达了，从某种程度上说，不管女人获得多少，都永远不会被解放，是现存的社会医疗体系抑制了女人"第二阶层"的身体智慧。为了有一个健康的身体，女人必须关爱自己的身体，通过可靠的信息、自信、洞察力，来辨别真实可靠的广告信息。该书向女人介绍了关爱自己身体健康的可靠、完整的信息，可满足读者不同的需求，读者可以学习其中的方法，体验和享受该书带来的喜悦。

著作名称：女性自然疗法

作　者：〔美〕苏珊·贝尔格

译　者：刘巧玲 等

出 版 社：科学普及出版社

出版时间：2006 年 6 月

版　次：第 1 版

I S B N：7 – 110 – 06356 – 9

字　数：440 千字

价　格：39.00 元

作者简介

　　苏珊·贝尔格，女，博士，美国丹佛的临床心理学者。著有《抑郁症：一股混乱的力量》，并为之配备了录音磁带。

内容简介

　　女性由于存在着月经周期，其机体随时间发生的生物学改变就尤其明显，女性的生殖内分泌节律与健康和疾病密切相关。因此，大多数女性朋友都经历过痛经、偏头痛、关节炎、口腔溃疡、失眠、鼻窦炎、哮喘等疾病带来的痛苦，也曾经为肥胖、老年斑、黑眼圈、皱纹、头发干枯等症状苦恼。该书介绍的自然疗法可以有效帮助女性朋友减缓或避免上述症状。其中的自然疗法包括：芳香疗法、顺势疗法、沐浴疗法、娱乐疗法等，这些取材于天然，最大限度地规避了药物或医学治疗的毒副作用。作者不仅详细地告诉读者如何运用这些自然疗法，何时做，做多久，指导女性朋友在适当的时间采取适当的方法解决问题，规律养生，而且针对不同生活方式的女性人群，例如工作繁忙女性、夜班工作女性、单身母亲、已婚女性以及出差频繁的女性等群体，均提出相关的指导建议。

该书第一部分介绍了一些女性常见健康问题的自然疗法，第一章主要针对疼痛、感冒、血糖、乳房不适、便秘、反胃、阴道炎等日常疾病的康复疗法；第二章是关于疾病的非药物治疗，即一些与贫血、关节炎、糖尿病、高血压、肥胖、骨质疏松和其他可预防性疾病作斗争的策略；第三章主要涉及有关女性内分泌、生殖等女性激素的疾病疗法；第四章提供了一些永葆青春的窍门和技巧。鉴于精神状态对女性的健康也有很大影响，在第五章，着重介绍了精神心理健康的自然保健疗法。作者认为，事实上很多疾病都是由于不良的生活方式造成，因此在第二部分，作者讲述了针对11 种不正确的生活方式应采取的自然疗法，从而保证了女性的健康身体和充沛精力。

该书的理念有三点：一是疾病可以更好地得到控制；二是受到副作用的影响可以更小；三是有可能不需要这么多的治疗。人们对接受各种各样的药物或医学治疗已经习以为常，而该书中所介绍的自然疗法会让读者耳目一新。作者认为，在适当的时间给予非药物治疗对症状的缓解大有帮助。总体来说，该书的核心在于为读者生活的方方面面"定时"，使女性可以在最短的时间内获益最大。这些自然疗法可以在不用任何药物治疗的情况下缓解疾病，或者至少可以在医生的指导下减少药物治疗的需要。为使读者更方便地参阅该书，作者在正文的旁边，以特定的时间标志提醒读者可采纳的建议，这也是本手册的一大优点。

著作名称：南希博士女性健康指南

作 者：［美］南希·辛迪曼

译 者：李金树 李望 等

出 版 社：海南出版社

出版时间：2000 年 7 月

版 次：第 1 版

I S B N：7 - 80645 - 803 - 4

字 数：300 千字

价　格：24.80 元

作者简介

南希·辛迪曼（Snyderman Nancy），女，美国人，博士。她既是一名专业耳鼻喉科医生，也是美国最有成效的健康教育者之一。她生活在旧金山，是美国广播公司（ABC）和"早晨好，美国"节目的记者和医学通讯员。

内容简介

该书洋溢着南希·辛迪曼博士兼具优秀医生和杰出记者的才智，充满着独特的个性。书中的实用建议、知识和幽默对于每个家庭来说或许都是重要的信息，具有开拓意义。作者收集了大量的医疗信息，阐述了女性正在经历什么，给女性以一套健康翔实、综合性的指南。作者虽然不能使读者再度年轻，但可以使其了解自己的身体状况，学会善待自己的身体。该书旨在向读者提供一种介入自己医疗保健和前景的知识，提供如何作出最有益于自身健康的医疗决定和方法，指导女性如何保护自己及女儿，如何获得医疗保健系统服务，如何与医生交谈，以及如何从并不总是善待女性的制度中赢得尊重和合适治疗的方法。该书告诉女性心脏病、癌症等特有疾病和女性中年期（怀孕、分娩、性生活及妇科疾病）、更年期和老年期的医学问题知识。告诉女性朋友们，在面对身体精神和生理健康危机，出现不同症状（如自杀、焦虑、家庭暴力、抑郁症等）时所采取的方法。

该书的大部分内容是以能获得医疗保健服务为前提的，虽不是十全十美的医疗保健服务，但对于当时的许多美国人来说，能从中获得医疗保健服务不啻是一本好书。作者希望通过该书能提供给读者制订和实施最适合自己的计划，能最有效地帮助大多数妇女。她呼吁无论男女医务人员都应对女性健康问题鼎力支持，并唤起更多人包括女性自身对女性的关爱，做健康女人才是自己最佳的选择。

著作名称： 中国妇女生育健康促进：从需求评估到政策发展

主　编： 刘伯红 等

出 版 社： 中国社会出版社

出版时间： 2005 年 12 月

版　次： 第 10 版

ISBN：978 - 7 - 5087 - 0811 - 9

页　　数：603 页

价　　格：80.00 元

编者简介

　　略

内容简介

　　该书是"中国妇女生育健康项目"的课题成果。该项目由福特基金会资助、全国妇联妇女研究所实施的研究与行动干预项目历时 12 年(1992—2004)。该项目分为三个阶段，第一阶段为唤起关注和发现问题，通过招标的方式确定了 17 项研究课题，研究成果编辑出版为《中国妇女生育健康研究》一书；第二阶段为人才培训及研究实践，项目选送课题骨干到澳大利亚进行为期 6 个月的学习，随后从第一期较为成功的项目中挑选出 7 个进行行动干预；第三阶段为推广与政策发展，有 4 个子课题，对前两期成果进行验证和推广，并发展和完善了生育健康的政策建议。该项目是将国际上认可与普遍采用的社会性别、生育健康与健康促进的先进理念，应用到中国的成功探索和实践，改善了妇女的生育健康状况，增强了妇女的权力，提升了政策制定与执行者的社会性别意识。项目发展的干预研究模式和政策框架，对于中国妇女生育健康政策、研究和项目都有很强的借鉴意义。

　　全书凝聚了项目国际专家、三个阶段的课题参与者、国内生育健康领域专家的经验和智慧，同时融合了国际上相关的最新研究成果和成功实践。该书共分为六篇十三章，内容涵盖生育健康与健康促进的理论知识、基于女性主义的倾听妇女声音与增长妇女权利的立场的政策方法，以及对国际妇女健康政策发展进程的介绍，详尽地提供了相关的成功实例，收集了妇联与全国其他参与生育健康研究工作者的心得感想，及丰富的中国妇女生育健康资源索引。前两篇说明全书的背景、理论与立场，涵盖两大领域：生育健康与健康促进，两个领域均整合了社会、文化、生物医学、历史等领域的智慧。第三篇是方法篇，介绍如何去解决问题，借鉴的是社会科学的研究方法，健康促进的项目发展与策略。第四篇是政策篇，基于社会学与政治学的概念，介绍了国际妇女健康政策的发展进程，并将其应用到中国本土的过程。在实践篇中，着重是第三期的研究，详尽地提供了一些成功实例，反响篇里收集了许多妇联与全国其他参与生育健康研究工作的同人的经验与感想。最后是中国妇女生育健康资源索引。

该书是有关生育健康促进和研究的一套完整的理论、方法与实践。为从事健康及公共卫生领域的专业者、决策者、研究人员、妇女工作者，及有关政府部门、非政府机构提供了参考。

著作名称：生殖健康与伦理学

主　　编：邱仁宗

出　版　社：中国协和医科大学出版社

出版时间：2006 年 3 月

版　　次：第 1 版

I S B N：7 - 81072 - 757 - 5

字　　数：550 千字

价　　格：40.00 元

编者简介

略

内容简介

生殖健康是人类至关重要的资产，因而是社会和经济发展不可分割的一部分，生殖权利是基本人权的一部分，但在全世界，由于社会决定的性别角色和规范，使得妇女不能平等地参与更为广泛的发展和社会生活。该书是中国社会科学院与福特基金会合作项目成果，谋求唤起人们的注意，帮助减轻限制妇女获得人类社会资产的复杂的社会、文化、法律、政治和经济的因素。

该书从妇女的人口和生殖健康政策的伦理学层面，讨论了针对妇女的暴力和婚内强奸，同性恋和艾滋病、卖淫、吸毒和艾滋病等。该书收集了作者所在的研究所于 1993 年、1994 年和 1995 年召开的关于"性传播疾病的蔓延及其预防对策：社会、伦理和法律问题"，"生育、性、伦理学和妇女权益：女权主义观点"及"计划生育、伦理学和人的价值"三次研讨会的论文，还有包括"关于计划生育的伦理原则和行动建议"、"关于促进生育健康和保障妇女权益的伦理原则和行动建议"和"关于计划生育的伦理原则和行动建议"的政策建议。书中还收集了研究所后续的相关研讨会论文和政策建议。

该书共分"艾滋病与卖淫：伦理、法律和社会问题"，"反对家庭中对妇女的暴力：社会、伦理和法律问题"以及"开罗/北京会议与中国生殖健康"三大部分。其中追溯了25年来西方女性主义者关于卖淫的讨论，探讨与当今争论的两大观点有关的问题，通过梳理在这场辩论中提出的一些概念的、道德的和政治的争端以得出相应的结论。在第二部分，首先指出家庭暴力是全世界妇女面临的最大问题之一，然后分析了其深刻的思想根源，并提出了解决家庭暴力的补救办法。最后一部分讨论了国际人口和发展大会、北京世界妇女大会，在推动国际社会和各个国家实现从人口控制到生殖健康这一范式转换中所起的重要作用，同时指出中国这样一个国家实现这种转换所面临的困难和问题。

著作名称：多学科视野下的艾滋应对

主　　编：杨国才

出 版 社：中国社会科学出版社

出版时间：2007 年 5 月

版　　次：第 1 版

Ｉ Ｓ Ｂ Ｎ：978－7－5004－6240－8

字　　数：590 千字

价　　格：48.00 元

编者简介

杨国才（1954—　），女，白族，云南省大理市人。云南民族大学教授，社会学、伦理学硕士生导师。现任云南民族大学少数民族女性与社会性别研究中心主任；云南省第九、第十、第十一届人民代表大会代表、人大常委会委员，中国妇女研究会理事，云南省民族伦理学会会长，享受国务院特殊津贴专家。主要研究领域为少数民族女性学、性别社会学和民族伦理学。主要著作有《情系苍山、魂泊洱海——白族女性》、《女性学学科建设与少数民族妇女问题研究》等，参与组织编辑《以妇女为中心的生育健康》、《云南女性文化丛书》、《社会科学与生育健康丛书》、《少数民族女性的知识和文化：民族民间传统手工艺及服饰》等。

内容简介

　　艾滋病对人类的健康和社会发展产生了严重影响，怎样应对这一社会关注的重要问题和公共管理事务，存在着许多亟待解决的问题。然而，面对旷日持久的艾滋病，更需要有创新思维。面对艾滋、应对这一人类社会必须面对的严峻问题和难题，专家学者萌发了从多学科视角审视艾滋病的思路，开始强调用不同学科的理论和方法，透视艾滋病对人类社会、文化、经济的影响，思考种种可能的对策，从而超越医学和健康的视角，即人类社会的发展，提出应对的具体方法和措施。

　　该书经过 50 多位学者、医生近两年多的研究及思想碰撞，从不同视角阐述了多学科综合研究艾滋的必要性和重要意义，并从社会学、妇女/性别学、医学与公共卫生、心理学、政治学、哲学、伦理学、法学、民族学、人口学、传播学等学科，来解读应对艾滋的种种问题。其中社会学领域包括：社会发展视野下的艾滋病防治、艾滋病感染者和患者的社会支持、艾滋病防治的社区照顾支持网络、社会工作者在艾滋病防治中的作用、预防和控制艾滋病中家庭的作用、同性恋异性婚姻对艾滋病流行的影响及艾滋病对社会经济的影响；妇女/性别学领域包括：全球化视野下的社会性别与艾滋病、农村社区性健康调查的性别分析、社会性别与健康分析的方法、"受艾滋病影响青少年口述访谈"的社会性别分析及少数民族的艾滋脆弱性；医学与公共卫生领域包括：公共治理框架下的艾滋应对与非政府组织的有效参与、云南省药物滥用的社会成本调查、从战略规划角度建设艾滋病监测/评估信息体系、艾滋病预防与控制的公共管理及学校艾滋病健康教育的效果评价；行为学、心理学领域包括：娱乐服务业女性艾滋病风险行为研究、昆明市城区男男性行为者的规模估计、流动人口和吸毒者与艾滋病防治、男男性行为者高危行为特征及影响因素、艾滋病传播的高危行为探究、浅析艾滋病病人心理，并用医学的眼光审视艾滋病病毒感染者和病人的心理状况；政治学领域是从行政法建设、法制环境的构建、国外人权保护的立法、婚姻权和隐私权、法学价值取向、同性恋权利及国家的责任与义务方面总结；民族学领域从优秀传统文化的效用、教育的本土化、云南少数民族地区的传播特点和成因、傣族传统文化及纳西族传统文化的作用方面；人口学领域包括后果分析、云南省流行的人口学特征及艾滋孤儿的救助方面；在新闻与传媒领域，记者的良知和责任、社会性别、感染者进京结婚报道中存在的问题及新闻报道的现状和对策。

该书充分体现了"多学科、多视角"的特点,既包括对理论的深入讨论,又有实地研究的丰富实例,为中国的艾滋防治提出了许多难能可贵的思路与行之有效的方法。

著作名称:流动·性·艾滋病防治——项目报告

作 者:黄盈盈 潘绥铭 杜鹃 等

出 版 社:万有出版社

出版时间:2008 年 8 月

版 次:第 1 版

I S B N:978 – 986 – 83350 – 7 – 3

页 数:212 页

作者简介

黄盈盈(1977—),女,中国人民大学社会学系博士。现为性社会学研究所研究人员,任职中国人民大学社会与人口学院讲师,中国人民大学性社会学研究所副所长。

潘绥铭(1950—),男,中国人民大学社会学系教授、博士生导师,中国社会学会副秘书长。主要从事社会学研究方法、性社会学和性别人类学研究,主要专著有《性学与性社会学》、《中国性学百科全书·性社会学卷》等,发表于国际学术刊物和学术会议上的英文论文 24 篇。

杜鹃,女,中国人民大学博士,现工作于性社会学研究所。

内容简介

该书以建筑工人的生活、性与艾滋病意识(项目一),和对北京低阶层男性流动人口的预防艾滋病干预(项目二)两个项目报告,以及流动人口艾滋病防治工作研讨会,和性工作者参与艾滋病防治经验交流会两个会议报告为主要内容。作者通过对建筑工人、北京低阶层男性、农民工群体等流动人口、特殊人群的生活关注,以性与艾滋病意识、防治为主题所做的专项调查、研讨、交流方面的项目会议,延伸到对男性流动人口预防艾滋病的干预及劳动者权益、社会保障制度等相关探讨,对作为中国城乡二元结构下的城市边缘人——农民工这一特殊的社会群体给予了关注。

该书区别于有些研究,只是关注流动人口中的个体行为,它主要以三类工作为研究点，除对相关人员的调查、焦点组访谈之外，也对工地的整体情况，包括工地性质、组织情况、流动情况等社会文化因素进行分析。这一方面有助于更深入地理解这个群体的风险性与弱势性，另一方面也有助于探讨在具有相似社会文化特征的建筑工人群体中，推广所建议的同伴教育的方式。最后作者结合访谈所了解的情况，从内容、形式两方面，就项目依然存在的一些困难和问题作了进一步的分析，认为针对流动人口群体性健康方面的了解和服务相当缺乏。项目二采用了"以针对个人的实时干预为主，扩展到场所的模式"开展了干预工作，以"基线调查—评估调查"相对照的方法进行评估，达到了项目预期的目标，并通过两次调查收集的数据，进行了高危行为和安全套使用意愿的因素分析，作为研究项目的一个产出提出了建议。该项目在干预中加入了社会学的方法，对男客不安全性行为的深层机制进行了探索和分析，为社会学、社会医学等领域的相关研究提供了理论和实践推进的基础。在两个会议报告中，主要从流动人口中开展艾滋病防治的必要性和可行性，以及怎样从策略上针对重点人群开展工作，集思广益，献言献策。

著作名称：妇女与艾滋病

作　　者：龙秋霞　王香人

出 版 社：中国广播电视出版社

出版时间：2004 年 1 月

版　　次：第 1 版

I S B N：978 – 7 – 50434 – 352 – 9

页　　数：134 页

价　　格：12.00 元

作者简介

龙秋霞，女，副教授，海南文昌人，广东省委党校（广东行政学院）培训部调研员，广东省政策科学研究会、社会学学会、人口学会、妇女学会常务理事。主要著作有《红丝带的思索》、《妇女与艾滋病》、《第二期广东妇女社会地位调查》等。

王香人，女，中国人口文化促进会妇女文化发展中心主任、作家，致力于妇女健康和权益的研究。

内容简介

该书由前言和"正视艾滋病"、"妇女易感艾滋病"、"让妇女远离艾滋病"、"迎战艾滋病"四章组成。全书立足女性健康,介绍艾滋病有关知识,探讨女性成为艾滋病易感群体的多种因素,着重分析了妇女感染艾滋病几大高危群体及其预防措施,强调在艾滋病有效疫苗问世以前,宣传教育是最有效的疫苗,倡导妇女要提高自身能力,积极参与到预防艾滋病的运动中来。书中还介绍了国际相关国家和我国政府在防治艾滋病方面的最新措施与成果。

该书的出版在 HIV 女性感染者人数呈上升趋势的今天,无疑为妇女提供了科学有效的预防艾滋病知识,从而远离艾滋病的威胁。联合国艾滋病规划署对该书的出版给予了积极的关注和支持,对当年的世界艾滋病日"妇女、女童和艾滋病"这一主题的宣传具有现实意义。艾滋病是全球关注的重要公共卫生和重点控制的重大疾病,它的传播与蔓延日益威胁着妇女的健康。目前,艾滋病女性化趋势加快,母婴传播的危险性增大,必须引起高度重视。该书正是在这一背景下,以广东的调查为依据,探讨艾滋病流行对妇女健康的影响以及相应的防范对策。

该书为联合国妇女发展基金和联合国儿童基金会资助项目"社会性别与 HIV"研究成果的一部分。该项目采取定性与定量相结合的研究方法,以及社会性别的分析方法,于 2002—2003 年在广东省范围内,运用小组访谈、个别深入访谈艾滋病感染者及患者、性病患者、女性性服务工作者、购买性服务者、吸毒者、流动人员、在校生和失学青年、中学及高校老师、社区领导和部门知情人共 11 组目标人群 261 人,其中男性 148 人(占 56.7%),女性 113 人(占 43.3%)。随着艾滋病由高危人群向一般人群扩散,即由第一浪潮"血传播"逐步转向第二浪潮"性传播"阶段,人们的性观念、性行为模式以及社会性别不平等因素与防范艾滋病的关系日益密切。男女性观念的差异,使男性责任成为控制艾滋病的重要因素,男性中心的性行为模式,使妇女自我保护意识在控制艾滋病中具有特殊意义,而社会性别不平等是易感艾滋病的深层次社会原因。调查显示,研究对象中存在"两低一高、两多一少"现象,即对艾滋病预防知识认知程度总体偏低,安全套使用率总体偏低;在艾滋病感染者、患者与性病患者中女性被配偶或男友传的概率较高;与女性相比,男性性观念更加开放，非婚性行为更多；婚外性伴侣更多；与男性相比，女性在性生活中普遍依从男性，婚内婚外使用安全套更少。

目前，女性人口在艾滋防治中并没有被真正重视和关心，在整个艾滋病防治当中其实是缺席的，现行的防"艾"战略中也多以男"性"为中心。这样的艾滋病防治对策，与目前正在迅速增长的通过性途径传播艾滋病的速度迅速上升有直接关系，与女性感染率迅速上升也有密切关系。作者认为，在 HIV/AIDS 领域，反歧视要从打破传统的性禁忌和偏见开始，而性禁忌的偏见大多以社会性别制度为依据，其架构多是"重男轻女"和"男主女辅"的模式，如果现有的干预仍然基于如此的二元对立模式，那么尊重、平等和关爱的性关系，无论在同性恋、双性恋或是异性恋的关系当中，都是不易建立的。

著作名称：亲历产床——29 位分娩母亲访谈录

作　　者：吕铁力

出 版 社：中国华侨出版社

出版时间：2005 年 5 月

版　　次：第 2 版

Ｉ Ｓ Ｂ Ｎ：7 - 80120 - 407 - 7

字　　数：240 千字

价　　格：26.80 元

作者简介

吕铁力（1961—　　），《中国妇女》杂志社第三编辑室副主任。近 10 多年来主要做女性问题研究，涉及女性与就业、女性与教育、女性与环境等领域。

内容简介

该书旨在探索女性内在的生命体验——母性生命的真相、女性与新生命相逢一刻的生命体验及深层的生理心理情境。不同于以往的非职业采访，它既是女人间（作者和受访人）心灵的絮语交流，也是一次认真严谨的"田野调查"。这里关涉着最敏感的私人领域：性、情感和生殖，但最深的底层是重大而基本的人性之源。这是一次关乎女性存在，更关乎女性本质的、全新的探索与言说。

该书使用社会学生活史方法（也称口述法），对 29 位在 20 世纪八九十年代生产的不同年龄、不同受教育程度、不同居住区域……的母亲深入访谈，她们的生育经验各不相同，其中涉及未婚怀孕母亲和残疾母亲的生产、因生育而犯罪的母亲、生育中面临死产及生男生女的选择等问题，试图反映出当代中国社会文化所决定的孕妇独有的心理感受。29 位女性，29 位母亲，她们托出了最真实的自己，为生育的女人做第一次关于"生育"的集体叙述。叙述者年龄比较集中，她们的记忆和感觉都还清晰生动完整。叙述者的社会身份也相对集中，明显以中等偏上文化程度的女性为主体，她们对自我关注程度以及表达的自如程度较好。而作者对每个故事的评点解析，简短而到位，恰到好处地为当事者的感性记叙点染出理性的力度。生产经验的不被彰显有着太多的历史及现实原因，这是长期被忽视的重大而基本的人性体验。生育与生育者最深刻、最复杂、最微妙、最痛切的关系，则永远被摒弃在一次又一次具体生育事件之外，被进化论、被社会史和文明史、被各种理论与叙事、被男人和女人们所忽略漠视，永远只是给予局部和技术性的抚慰与解决。

生育与女人，迄今为止都是具体的个别的女人对特定的医疗技术、特定的医院和医生、特定的亲属构成意义，这个过程中空缺的是女人生育的内心现场与灵魂动态。该书从人文医学及妇女学的视角关注这一领域，将它作为一个重要的主题来挖掘、研究，不仅是为帮助女性共度生命关口，也是男性及社会一起面对新生命进行深思。

著作名称：以妇女为中心的生育健康

主　　编：云南生育健康研究会 等

出 版 社：中国社会科学出版社

出版时间：1995 年 8 月

版　　次：第 1 版

I S B N：7 - 5004 - 1783 - 7

字　　数：390 千字

价　　格：22.00 元

编者简介

云南省健康与发展研究会（YHDRA），原名云南生育健康研究会

（YRHRA），成立于 1994 年 3 月，是中国第一个研究生殖健康的非政府公共组织，2007 年更改为现名。研究会是在云南省民政厅正式注册的一级学会，业务主管为云南省科学技术协会。

内容简介

　　该书是一部论文集，选入论文 40 多篇，力图从不同角度阐述对"以妇女为中心的生育健康"的理解。编者认为，为何以妇女为中心的生育健康，为何生育健康要以妇女为中心，在生育健康研究与行动中如何体现以妇女为中心，每一个问题都像一个多面晶体，没有一个简单答案。入选的论文貌似有些雷同，其实它们之间大相径庭甚至相左，这是研究会多学科研讨和多种声音存在的自然过程和必然结果。这种不同学科背景下共同研讨生育健康的重大理论问题的视角，对生育健康的理论发展和社会实践大有推动，其本身就有重要的意义。全书集中论述了以妇女为中心的生育健康的研究领域和成果，包括生育健康的概念定义、理论、相关研究的报告、分层次的生育健康教育模式和评价的构想，以及未来研究的设想等。它体现了云南生育健康研究会会员集体研讨的过程，表达了不同的观点，代表着不同学科的思想碰撞。

　　该书开篇的综论极富思想性和透彻性，书中的若干见解不仅对于中国而言相当新颖，而且对于在全球正努力加深对生育健康的认识，致力于解决生育健康问题的人们来说，也有着相当重要的参考价值。有关女性主义理论与女性主义发展过程之间的联系的意识，关于男性的认识以及男性作为男人对于生育健康的特殊需求和关注的见解等深度思想，都在书中文字的潜含意蕴中。以妇女为中心的生育健康的提出与发展过程，是值得加以回顾和总结的。由目前的发展不难看出，妇女的权利，特别是在支配自身的性生活及生育，了解自身的健康问题，及表达健康保健的需求方面的权利日益受到重视，也日益得到提升。对生育健康各学科多角度的细致研讨，有助于读者深刻理解国际社会所关注的，以妇女为中心的生育健康的含义和背景，更能立足于东方文化与中国国情，真正理解生育健康应当以妇女为中心这一准则，发展"富有创新性的、有效的"生育健康模式。

著作名称： 云南农村妇女的心声：生育健康需求评估

主　　编： 王绍贤 等

出 版 社：北京医科大学、中国协和医科大学联合出版社

出版时间：1994 年 12 月

版　　次：第 1 版

I S B N：7 - 81034 - 397 - X

字　　数：618 千字

价　　格：55.00 元

编者简介

　　王绍贤，男，我国较早研究女性生育相关健康问题的学者。著有《影响生育率的因素分析——通路分析》、《北京城区的生育率研究》、《北京城区决定妇女生育力的直接因素》及《中国常用避孕措施的效果研究》等诸多论文。

内容简介

　　1991 年初，福特基金会为建立其在中国的新的生育健康项目，开始探索在云南建立项目的可能性，该书是对整个过程的条理记述。书中的一些论文描述了在第一次指导组会议时使用过的程序，这一程序使读者易于集中讨论生育健康的相关问题，并从众多障碍中找出优先要解决的，以便更好地理解资源缺乏、人们需求众多的云南农村生育健康的真实情况。为了较好地了解云南农村的生育健康状况而设计实施的一个参与性的研究，该书对这一研究进行了详细阐述。调查组在两个县内选了四个乡，帮助他们建立起多部门参与的指导小组，并开始与当地的决策者、保健者和社会服务提供者，以及乡村的男人、妇女一起工作，对他们社区的生育健康状况进行评估，征求他们对需求变化的意见。这一研究方法的确定和运用本身也是这个项目成果的一部分，作者认为这一程序使人们一起工作，共同理解真实情况，共同定义存在的问题及解决的策略，这本身就是研究项目希望达到的目的。同时，书中还记录了这一研究开展的三方面的具体做法：一是参与性研究程序的本身要求合作，使原来合作不够、没有多部门共同讨论与决策的问题得到了解决；二是邀请到了当地有兴趣的研究机构参与分析资料，培训了研究方法；三是研究设计做到了使大家了解下一阶段的试验、组织及如何进行继续研究。但作者也发现，对于生殖道感染的情况、为什么女孩不上学等问题仍然无法足够了解，另外也发现了一些肯定的、已知的、被确定的情况和一些暴露出来的问题，比想象的要糟糕或

是相差很大。

　　该书全面反映了福特基金会资助的这项云南需求评估研究的整个程序和进展，旨在使大家认识这一研究的方法与成果，能够更好地理解生育健康的真正含义，并一起实现。该书主要从项目规划程序——需求量调查、来自生育健康与发展调查的报告及需求评估方法等部分进行详细的记述，虽没有全面反映许多个月来为设计这一创新的研究策略，在当地所经历的许多非正式的官方谈话与会议，但它提供了这一研究的部分成果，并得以和读者分享。

著作名称：关注妇女健康：中国农村贫困地区妇女生殖健康的影响因素
　　　　　　分析

作　　　者：高梦滔

出 版 社：社会科学文献出版社

出版时间：2007 年 8 月

版　　　次：第 1 版

I S B N：978 - 7 - 80230 - 768 - 1

字　　　数：133 千字

价　　　格：20.00 元

作者简介

　　高梦滔（1972—　　），男，湖南常德人。2003 年毕业于中国社会科学院经济研究所，获经济学博士学位。2003 年后在北京大学中国经济研究中心进行博士后研究工作。近年来，在《经济研究》、《管理世界》等重要期刊上发表学术论文 40 余篇，并有数本合著面世。目前的主要研究方向在"发展微观经济学"、"卫生政策与卫生经济学"以及"农村反贫困"三个领域。

内容简介

　　在我国经济转型阶段，政府借助良好的健康风险管理体系，成功地提高了人们的健康水平，广大农村地区的卫生保健事业取得了令人瞩目的成就。但贫困农户的健康状况却未见显著改善，贫困地区妇女和儿童的健康状况甚至比以前有所下降。妇女和婴儿本身就具有健康方面的脆弱性，特别是与怀孕及生育行为相联系的生殖健康风险，直接威胁到妇女和婴儿的生命。

　　作者认为，贫困农户获得良好的健康状况和减轻贫困是人类社会发展的两个重要目标，这两个目标之间有紧密的联系。国内经济学界尚缺乏对于健康问题的必要关注，尤其是缺乏基于个人健康测度的经验研究成果，健康经济学对于国内的经济学研究者还比较陌生。该书主要采用健康经济学的研究框架，从减轻贫困和人力资本投资这两个角度出发，运用经济计量方法对现阶段中国农村贫困地区的妇女生殖健康状况进行测度。在此基础上，作者分析了影响的诸因素，探讨农村贫困地区的妇女和儿童（主要集中在婴儿和新生儿）健康风险的管理战略等，并提出了有关的政策建议。该书是运用西方经济学原理分析中国现实问题的一个尝试，使用了"1997 年全国人口与生殖健康调查"和"1992 年中国儿童健康状况调查"两个数据集，主要使用经济计量学的研究方法，对母婴的生殖健康风险影响因素和生殖健康服务需求的影响因素加以测算，使用描述统计方法结合定性分析对母婴健康风险管理制度加以分析。

　　全书共 6 章，第一章，提出本研究的中心问题和研究步骤；第二章，提出研究的概念框架，评析前人的研究成果；第三章，通过建构农村贫困地区妇女生殖健康的测度指数和妇女生殖健康的生产函数，来发现影响生殖健康风险的因素，特别是贫困与生殖健康风险之间的传导途径；第四章，通过建立妇女生殖健康治疗和保健的需求函数，来发现影响保健需求的因素，尤其是贫困加之生殖健康需求的约束，揭示出贫困地区的妇女未能充分利用妇女保健服务来降低健康风险的原因；第五章，通过测算农村地区新生儿的健康生产函数揭示新生儿健康风险的影响因素，尤其是妇女生殖健康服务的利用对于新生儿健康的影响，深刻地分析了贫困与生殖健康风险之间的联系；第六章，总结造成母婴健康风险的因素和现有的农村生殖健康服务体系在风险管理上的缺陷，指出这种缺陷的制度根源，提出相应的政策建议，并对变革现有制度的限制条件加以阐述。

著作名称：社会性别公平分析——中国农村生殖健康领域行为研究

作　　者：张莹　李树茁

出　版　社：社会科学文献出版社

出版时间：2009 年 5 月

版　　次：第 1 版

I S B N：978 – 705097 – 0796 – 8

字　　数：267 千字

价　　格：49.00 元

作者简介

张莹（1963—　），女，辽宁省台安县人，博士。山西经济管理干部学院副教授、科研处处长。曾出版《社会性别视角应用研究》和《社会性别基本读本》等论著，并发表相关领域学术论文数十篇。

李树茁（1963—　），男，陕西省西安市人，博士，教育部"长江学者"特聘教授、西安交通大学"腾飞人才"特聘教授、公共政策与管理学院教授及博士生导师、人口与发展研究所所长。主要著作有《计划生育对中国妇女的双面影响》、《中国儿童生存的研究与实践》、《当代中国农村的招赘婚姻》和《社会性别量表的开发与应用》等。

内容简介

人口发展的主题是倡导生殖健康和社会性别公平。生殖健康和社会性别公平是 1994 年在开罗召开的联合国人口与发展会议推动下的成果，事关各国人民的福祉。基于概念本土化、过程理论化、成果实用化以及交流国际化的原则，该书通过理论分析、质性研究和统计分析，为中国农村生殖健康领域在社会性别公平研究方面取得了突破性进展。我国的农村计划生育优质服务虽然取得了丰硕成果，但是在农村生殖健康领域中还存在严重的性别差异和不平等。所以，系统研究中国农村生殖健康领域的社会性别公平问题，就成为本研究项目的重要内容。

该书是西安交通大学人口与发展研究所，对中国农村生殖健康领域社会性别促进的系列研究成果之一，是在《社会性别量表的开发和应用》基础上进一步研究的成果，两者形成姊妹篇，都是在中国农村生殖健康领域社会性别方面的系列研究成果，它不仅为生殖健康与社会性别相结合的理论研究作出了贡献，也为在中国农村生殖健康领域落实男女平等的基本国策提供了参考。为了在人口发展中促进男女平等基本国策的落实，该书的研究引入社会性别理念，用社会性别公平概念而非平等概念，来描述中国县区级目前正在开展的计划生育优质服务中男女的差异状态，从而为评价和干预计划生育优质服务中的性别歧视状况，提供了一个量化的理论基础。

该书基于以往相关研究成果,系统整合社会性别公平理论、健康行为理论模式并结合中国计划生育优质服务的实际状况,运用中国农村生殖健康领域其人员行为的社会性别公平量表,考察项目县农村生殖健康领域社会性别公平状况,并建立了农村居民(服务对象)生殖健康行为社会性别公平影响机制理论分析框架。在此基础上,开展质性研究,应用扎根理论和方法分析,凝练和归纳大量的访谈数据,构建了农村居民(服务对象)生殖健康行为的社会性别公平影响机制概念模型。最后,利用问卷调查数据对概念模型和理论分析结果进行了实证检验。构建了农村居民生殖健康行为社会性别公平影响机制的概念模型,明确农村居民生殖健康行为社会性别公平的影响因素和影响关系。主要内容是针对中国农民生殖健康领域,社会性别公平的现状及其原因。研究结论显示:农村居民生殖健康行为社会性别公平影响机制,是以农村居民生殖健康行为社会性别公平为中心,具有三个层次、八个影响因素和三种影响作用关系的概念模型。

著作名称:社会性别量表的开发与应用

作 者:杨雪燕 李树茁

出 版 社:社会科学文献出版社

出版时间:2008 年 6 月

版 次:第 1 版

ISBN:978 - 7 - 5097 - 0187 - 4/D. 0076

字 数:226 千字

价 格:39.00 元

作者简介

杨雪燕(1970—),女,安徽省安庆人,博士,西安交通大学公共政策与管理学院人口与发展研究所讲师,社会性别与发展研究中心副主任。合著《社会性别基础读本》。

李树茁:略。

内容简介

中国正面临人口、经济和社会的转型,对于人口和社会发展提出了新的要求,生育健康作为农村居民健康和福利的重要领域和因素,受到了国际社会和中国政府的重视。社会转型使得社会性别不公平问题更加凸显，阻碍了人口与社会可持续发展。同时，社会发展目标和农村生育健康领域的现实，要求深入研究生育健康领域服务对象和服务的态度、行为、社会性别公平状况。

西安交通大学人口与发展研究所，一直致力于社会性别歧视与弱势群体问题研究。2003—2005年，依托于福特基金资助的"中国县区级计划生育/生育健康的社会性别分析与促进项目"，西安交通大学人口与发展研究所采用实证研究方法，对社会性别公平促进的基本理论和工具进行了深入研究。2006年后，又接受福特基金和联合国人口基金的共同资助，以及国家人口计生委的支持，将前期的研究成果进行简化、提炼和改进，应用于中国县区级计划生育/生育健康优质服务的社会性别分析与促进实践。该书是基于上述两个阶段的研究，建立了中国背景下的社会性别公平概念体系，包括概念的理论内涵及其维度、概念的测量、概念之间的相互关系，发展了适用于个人、机构和区域不同层次的社会性别公平评价、诊断和干预工具等。该书不仅实现了理论与实际的结合，也是将主流的学术研究方法与边缘化的社会性别学科进行融合的一种有益尝试，是对上述努力和尝试的阶段性总结。作者创造了适用于中国农村生育健康领域的社会性别不公平意识和行为量表体系，并分别从学术性和实践性两条途径探索了量表的应用，提出了国家和县区级计划生育生殖健康优质服务的社会性别公平促进框架，为中国生殖健康领域的社会性别公平促进，提供了基础性的测量工具和干预思路。

该书对生殖健康和社会性别研究的基本理论体系和研究方法进行了开创性的探讨，提出并验证了当前中国农村生殖健康领域社会性别意识和行为的概念及其结构模型，创建了适用于中国农村生殖健康领域社会性别意识和行为量表体系，研究成果的出版显然具有重要的学术意义和实践价值。

著作名称： 社会性别与服务对象满意——中国生殖健康服务领域意识研究

作　　者： 李亮　杨雪燕　李树茁

出 版 社： 社会科学文献出版社

出版时间： 2010年10月

版　　次： 第1版

ISBN：978 - 705097 - 1708 - 0

字　　数：229 千字

价　　格：49.00 元

作者简介

李亮（1979—　），男，河南省正阳县人，博士，苏州大学社会学院社会学系讲师。

杨雪燕：略。

李树茁：略。

内容简介

该书利用西安交通大学人口与发展研究所于 2006 年 6—8 月在安徽省巢湖市居巢区、浙江省德清县和山东省即墨市的农村地区、北京市宣武区以及天津市和平区的城市地区进行的社会性别与管理评估相结合的“中国县区级计划生育/生育健康社会性别分析项目”抽样问卷调查的调查数据，基于社会性别视角对服务对象满意模型进行了系统的实证研究。

该书首先应用系统工程分析思路，在已有商业领域的顾客满意模型研究基础上进一步深化、融合社会性别视角，结合中国生殖健康服务系统的分析，提出中国的生殖健康领域服务对象满意模型。其次，建立并验证服务对象满意及其相关心理因素的测量模型。然后，根据服务对象满意模型建立了分析框架，采用路径分析对服务对象满意的心理行为机制进行分析，采用多层线性模型对服务对象满意的社会文化机制进行分析。从服务对象和服务提供者两个层次，分别研究了服务对象满意形成的心理行为机制和社会文化机制，其结果对于推动生殖健康和社会文化性别相结合的干预，真正实现以服务对象为中心，让服务对象满意的生殖健康优质服务，提高服务对象的生殖健康福利具有重要指导意义。最后指出了本研究的局限性和未来的研究方向。

该书是在李亮的博士论文基础上修订而成，是以《社会性别量表》和《社会性别公平分析》两部著作为基础的、更进一步的研究成果。在这两部著作的基础上，融合社会性别研究的层次，引入社会性别意识因素，构建了基于社会性别视角的计划生育/生育健康服务中的服务对象满意形成机制。该书一方面深化《社会性别量表》对社会性别公平概念的理解和测量，将社会性别意识的传统性和现代性作为两个独立的概念，而不是一个概念的两个维度；另一方面扩展了《社会性别公平分析》对社会性别行为的研究，揭示了社会性别意识如何影响服务对象和接受服务过程的行为，进而影响服务对象满意的形成。此外，该书还对在生育健康服务过程中服务提供者与服务对象的互动关系进行了有益的探索。

著作名称：身体的女人：另类叙说

主　　编：屈雅君

出 版 社：珠海出版社

出版时间：2000 年 10 月

版　　次：第 1 版

ＩＳＢＮ：7－80607－698－0/I.281

字　　数：260 千字

价　　格：18.00 元

编者简介

　　屈雅君（1954 年 2 月—　　），女，山西临汾人。在西安首次提出设立女用站立小便厕位的建议。这种新型环保女厕已于 2010 年 9 月 26 日在陕西师范大学正式启用。1985 年至今，屈雅君在陕西师范大学中文系（文学院）工作，历任副教授、教授、博士生导师，兼任陕西师范大学妇女文化博物馆馆长。

内容简介

　　该书尝试以自述的形式，展示一代女知识分子如何在男性中心的社会里，在求学、求职、追逐事业的奋斗中，对自己的女儿之身、对自己独特的女性体验的心灵感应。全书由"月经的女人"、"流产的女人"、"怀孕生产的女人"三部分组成，所收选的几十篇自述体文字，讲述着一个个有关女人和她们身体的故事，记录着不同年龄、不同出身、不同环境背景下成长的知识女性在月经、终止妊娠和孕育生命过程中的真实经验。里面包含着各种各样的心态，各种各样的价值观念，各种各样的处理工具和处理方法。

　　书中第一部分里的故事是最个人化的，作者按照年龄顺序排列这些故事时发现，年代越久远，女人的月经越是隐蔽，对月经的知识越是缺乏。它有着隐蔽的性别内涵，即女人是低贱而卑微的，与女人身体密切相关而与男人身体无关的事物，也是低贱而卑微的，只能默默发生和承受。有疼痛，有悲伤，有美丽，这些故事中包含着战争和女人、性别和背叛、女性和人性等诸多复杂的情感和内涵，有普通女人的常态，也有在某些身体里发生的罕见异态。第二部分快乐很少，悲痛更多。尤其在我国这样一个人口大国，生的权利应该也是必须受到限制的，女人在这里只有堕落的权利和选择堕胎方式的权利。无论自然流产还是人工流产，最普遍、最突出的感觉是痛，身上和心里的痛。这里有耸人听闻的故事，有大胆的袒露，有正视自己的清醒，也有令人刮目相看的知识女性。最后一部分多是幸福的故事。女人这时最有成就感，是自我实现的满足，似乎女人的能力只是这时才显现。这里云集着一群快乐的母亲，同时她们也是女人，无论背景有多不同，母爱却没有不同，这里的讲述充满了伟大的主题。

该书由数十位年龄、成长背景、心态各不相同的女性执笔，直言袒露自己身体经历，比如月经、流产、怀孕生孩子、坐月子等身体的鲜活故事。这些亲身经历和感受走进女性的心灵，使读者感同身受作为一个女性从始至终的羞涩、自卑、无知和畏惧，讲述了女人在她灿烂如花般美丽的背后，是所有男人都不曾也不能体会的艰辛。一向不为人重视的、女性身体的无声无息自生自灭的经验碎片，透过该书进入公众视野，享有一部分公共话语空间，并直抵你满怀探索的心房。

著作名称： 妇女保健顾问

主　　编： 严仁英

出　版　社： 北京出版社

出版时间： 2001 年 2 月

版　　次： 第 2 版

I S B N： 7 - 200 - 00347 - 6

字　　数： 467 千字

价　　格： 28.00 元

编者简介

严仁英（1913 年—　），女，天津人。1940 获得协和医学院博士学位，是中国围产保健之母，是我国著名的妇产科、妇女保健专家、北京医科大学终身教授、北京大学妇儿保健中心主任，世界卫生组织妇儿保健研究培训合作中心主任，中国疾病控制中心名誉主任。长期从事妇产科临床、妇女保健和计划生育工作。在中西医结合治疗外阴白斑、药物终止早期妊娠和农村围产保健研究方面有突出成就。主编有《实用优生学》，合编有《病理产科学》、《妇产科学理论与实践》等。

内容简介

该书于 1986 年首次出版后，即得到妇女界领导的推荐和广大妇女的欢迎，曾获多项优秀图书奖。随着医学的发展，妇女保健问题研究不断地修正和补充，即产生了再版后的该书。较之初版，除各章内容作了仔细的修改和全面的补充外，还增加了妇女各个时期的心理卫生知识。在"婚姻与优生"一章中，将"婚姻名词"一节改为"婚前保健"，并充实了内容。在"妇女常见疾病"一章中，增加了性传播疾病的知识及乳腺疾病的内容。由于乡镇企业的发展及妇女集中参加工作的企事业保健需要，增加了"职业妇女的劳动保健"一章，以增强妇女的自我保健意识，提高企业管理人员对女工劳动保护的认识，充分发挥妇女在生产建设中的作用。

该书对提高广大妇女的健康水平有所裨益，对 21 世纪早日达到人人享有健康保健水平而有所奉献。编者希望向我国广大妇女提供一本按照它即可以进行自我保健的科普读物，为提高妇女和下一代素质及健康水平贡献力量。该书除开头部分概要地介绍妇女的一般生理特点外，重点是按照婴幼儿、青春期、育龄期（包括孕期、分娩期、产褥期、哺乳期）、更年期和老年期，分章介绍各时期的具体生理变化特点和保健知识。按照生理时期介绍妇女的生理变化特点和保健知识，能够便于广大读者"按图索骥"，进行查阅。一个民族的素质和健康水平，常常与男女婚姻和生育有关。为了帮助未婚的青年男女成就美满的婚姻，帮助已婚的夫妇生育健壮的儿女，该书专门介绍了有关婚姻、优生和计划生育（包括避孕、绝育）的科学知识。由于生理方面的原因，危害妇女的疾病要比危害男人的多，该书还专列三章，分别介绍妇女常见疾病、妇女常见肿瘤和妇科常用药，希望能对广大妇女防病治病和保护子女有所助益。

这是一部常备手册类的科普读物，主要是写给不同年龄的广大妇女看的，也可以供中、初级医务人员参考。为便于读者查阅，该书基本上按照妇女一生各个生理时期分列 13 章、366 个条目，采取一题一议，一问一答的形式、文字叙述简明扼要，深入浅出，并配有必要的插图，以便对照，浅显易懂。

著作名称： 妇女保健学

主　　编： 华嘉增

出 版 社： 中国人口出版社

出版时间： 1992 年 4 月

版　　次： 第 2 版

Ｉ Ｓ Ｂ Ｎ： 7 - 80079 - 046 - 0/R. 12

字　　数： 736 千字

价　　格： 21. 00 元

编者简介

　　华嘉增，女，同济医科大学兼职教授，上海第一妇婴保健院主任医师，中国医学会理事，上海妇产科专科委员会副主任委员，妇幼保健学会主任委员，卫生部全国妇幼保健学会主任委员，WHO 妇幼保健培训中心的负责人之一。

内容简介

　　该书内容是在 1980 年版的《妇女保健》基础上进行充实、补充，以适应学科发展需要而编写的。女性占人口的一半，妇女的健康关系到民族素质的提高，随着医学科学的进步，妇幼保健事业的发展，妇女保健已经逐步分化为一门独立的学科，并由专门的组织机构和专业队伍来承担。

　　该书由定义和意义开头，阐述妇女的健康直接关系到子代的健康和人口的素质，显示妇女特殊而重要的社会地位，也提出了妇女工作和卫生服务科研的要求和方法，以及妇女各个生理周期的特点、健康问题和不同的保健内容和需求。第二章，作者从少女保健来阐述少女特殊的生理发育心理、行为特点和特有的性病、月经、生殖系统肿瘤等疾病，强调少女期性教育的原则及内容。第三章，作者介绍有关性与围婚保健的具体内容、方式和疾病的治疗。而针对母婴这一群体，作者介绍了母婴安全和围产保健管理的进展、工作方法、评价，以及孕产妇和围产儿的死亡和评审。接下来，作者详细阐述了母体内外环境对母婴健康的各种影响、高危妊娠的表现、诊断和治疗等，以及围产监护技术的应用和新生儿保健重点。最后，通过对计划生育技术指导和妇女常见病的防治，提出了妇女劳动保护的发展和影响因素，以及更年期和老年期的保健。通过这些围绕妇女各期的生理、心理、社会特点和保健要求，作者强调以保健和管理为重点，介绍了国外妇女保健工作动态、可借鉴的工作方法和技术，国内的历史经验，指出对有关疾病的防治包括诊断和治疗，要以介绍适宜技术为主，提出了妇女保健工作发展中应该研究的问题。该书主要供各级妇女保健工作者在学习和工作中使用，亦可为今后各医学院校编写妇幼卫生专业教材作参考。

十　性别社会学

（48 本）

序号	著作	作者
1.	性别社会学	［美］L. 达维逊　L. K. 果敦
2.	社会性别分析框架指南	［英］坎迪达·马奇　伊内斯·史密斯　迈阿特伊·穆霍帕德亚
3.	性别是如何改变的	［美］乔安娜·迈耶罗维茨
4.	夏娃的种子——重读两性对抗的历史	［美］罗伯特·麦克艾文
5.	社区的迷思——参与式发展中的社会性别问题	［英］伊琳·吉特　米拉·考尔·莎
6.	女性主义社会工作——理论与实务	［英］Lena Dominelli
7.	社会性别研究选译	王政　杜芳琴
8.	社会性别·族裔·社区发展译选	马元曦　康宏锦
9.	生育制度	费孝通
10.	生育与村落文化	李银河
11.	两性关系——以专家眼光 用事实说话	李银河
12.	社会性别研究导论——两性不平等的社会机制分析	佟新
13.	性别视角：生活与身体	王金玲　林维红
14.	性别社会学	祝平燕　夏玉珍
15.	社会文化变迁中的性别研究	徐安琪
16.	妇女与社会性别研究在中国（1987—2003）	杜芳琴　王向贤
17.	性别来了——一位女性研究者的性别观察	王向贤
18.	独立女性：性别与社会	金一虹　钱焕琦
19.	小组工作手册——女性成长之路	刘梦　陈丽云
20.	转型社会中的中国妇女	中国社会科学院妇女研究中心
21.	中国农村妇女状况调查	甄砚
22.	中国妇女社会地位概观	陶春芳　蒋永萍
23.	当代中国妇女家庭地位研究	沙吉才
24.	中国性别平等状况调查报告	李傲　罗英
25.	妇女社会地位评价指标体系研究	崔凤垣　张琪
26.	女性社会地位评价方法研究	单艺斌
27.	华人妇女家庭地位——台湾，天津，上海，香港之比较	伊庆春　陈玉华
28.	社会性别视角应用研究	张莹
29.	被建构的女性——当代社会性别理论	沈奕斐
30.	阴阳相谐的追求——社会性别研究文选	和钟华
31.	参与性发展中的社会性别足迹	云南省社会性别与发展小组

著作名称：性别社会学

作　　者：〔美〕L. 达维逊　L. K. 果敦

译　　者：程志民 等

出 版 社：重庆出版社

出版时间：1989 年 1 月

版　　次：第 1 版

I S B N：7 - 5366 - 0846 - 2

字　　数：249 千字

价　　格：3.75 元

作者简介

　　L. 达维逊和 L. K. 果敦分别是美国路特格斯大学道格拉斯学院和蒙特克莱尔州立大学的社会学专家。《性别社会学》一书是他们长期从事性别社会学的研究，根据大量实例和资料写成的。

内容简介

　　《性别社会学》中文版是根据美国兰德·麦克纳利大学出版公司1979年出版的 *Gender Sociology* 一书译成。该书出版后，在美国社会引起很大反响，评论家纷纷疾书予以评论。全书共由这样的几个主要部分构成：导论部分、社会化：训练与机遇部分、家庭部分、分层和性别角色部分、种族的划分和男女的角色部分、意识形态和社会制度部分、妇女运动部分、实验的社区与变化的角色部分、对瑞典、中国和以色列集体农庄在性别角色发展方面所进行的比较研究部分、结论和开端等。该书提出几方面疑问，在我们的社会中，男性和女性到底是什么？由于社会决定了适合男性和女性的生活作风，我们的机遇受到何种方式的限制呢？他们的行为在何种程度上是不同的？要正确回答这些问题，要求我们把着眼点集中在社会过程上。我们对于男人和女人的情况的分析要基于这样的信念：理解男人和女人的任何一方，都需要研究男人和女人双方。

著作名称：社会性别分析框架指南

作　　者：〔英〕坎迪达·马奇　伊内斯·史密斯　迈阿特伊·穆霍帕　　　　德亚

译　　者：社会性别意识资源小组

出 版 社：社会科学文献出版社

出版时间：2004 年 1 月

版　　次：第 1 版

I S B N：7 - 80190 - 090 - 1

页　　数：202 页

价　　格：20.00 元

作者简介

坎迪达·马奇（Candida March），自由的女性研究工作者，关注社会性别和发展问题。

伊内斯·史密斯（Ines Smyth），Oxfam 非政府组织的亚洲地区政策顾问。

迈阿特伊·穆霍帕德亚（Maitrayee Mukhopadhyay），女性社会人类学家，主要研究社会发展问题，还关注社会性别和发展问题。目前为 KIT 社会发展和实践的地区负责人。

内容简介

该书是针对社会性别尤其是女性而写的。《社会性别分析框架指南》主要讨论发展研究和计划中最有名的那些社会性别分析框架，以及使用者对每一个框架的评价，如哈佛分析框架、妇女赋权框架、社会关系分析法。每一个框架不仅有一个简要的介绍，还有一个运用该框架的案例和来自使用者的综合评价，包括该框架的可能用途、优点和局限性，以及最新的发展。这本精干的社会性别分析工具和框架指南，是在 1996 年出版的一个仅供乐施会内部人员及合作伙伴使用的小册子的基础上扩充而成的，吸取了来自乐施会工作人员、合作伙伴和其他组织中同行的广泛经验。他们在世界各地的各种培训、计划和评估过程中使用过这些社会性别框架。该书旨在满足发展项目的工作人员、培训人员、研究人员和学生要求了解这些社会性别框架的需要；它对那些对社会性别框架主要概念和方法已有所了解的人也有一定的用处。该书意在"抛砖引玉"，让读者初步了解这些社会性别框架及其应用价值。

著作名称：性别是如何改变的

作　　者：［美］乔安娜·迈耶罗维茨

译　　　者：王文卿

出　版　社：外语教学与研究出版社

出版时间：2007 年 1 月

版　　　次：第 1 版

ＩＳＢＮ：9787560062716

页　　　数：341 页

价　　　格：39.00 元

作者简介

　　乔安娜·迈耶罗维茨，美国印第安纳大学历史学教授、《美国历史》杂志编辑。他以一位历史学家的视角描述了变性别欲在美国的发展历史，并进一步探讨了生理性别、社会性别和"性"的复杂文化含义。

内容简介

　　《性别是如何改变的》一书荣获美国图书馆协会设立的"石墙图书奖"（非小说类），《序言杂志》设立的"年度最佳图书奖"（男/女同性恋者非小说类）。就该话题而言，该书是第一部严肃的作品，同时也是一部历史作品。该书考察了科学、医学、法律以及大众文化之间的互动，变性别欲者与医生、法官、学者、新闻记者以及或表示支持或表示反对者之间的互动；分析了生理性别、社会性别、"性"和"变性别欲"在众多的权力关系中被定义和重新定义的过程。它向我们表明，所谓"sex"、性别、生理性别、社会性别、"性"（sexuality）、变性别欲等都不是一成不变的，以前看来无可置疑、截然对立的类别如今获得了流动性和渗透性。作者广征博引，向读者表明，在 20 世纪的美国，变性别者，为其提供治疗的医生以及大众媒体如何拓展个人改变性别的可能性，并转变了生理性别、社会性别和"性"的文化含义。性别改变不仅是个体的、生理的改变，而且是人类对社会性别和"性"文化的重新审视。

著作名称： 夏娃的种子——重读两性对抗的历史

作　　　者：[美] 罗伯特·麦克艾文

译　　　者：王祖哲

出　版　社：上海人民出版社

出版时间：2005 年 1 月

版　　次：第 1 版

I S B N：7208054460

字　　数：486 千字

价　　格：35.00 元

作者简介

　　罗伯特·麦克艾文（Robert S. McElvaine），美国米尔萨普斯学院历史系教授、系主任。他的《大萧条：1929—1941 年的美国》和《大萧条与新政：历史纪实》被《纽约时报》誉为"年度优秀书籍"。他的文章频繁出现在《纽约时报》、《华盛顿邮报》、《洛杉矶时报》、《华尔街杂志》和《国家》这些出版物上。他曾做过许多电视节目和广播节目的嘉宾，如国家广播公司的"今日"，国内公用无线电台的"万事点评"和"早报"。

内容简介

　　《夏娃的种子——重读两性对抗的历史》一书意在从广泛的范围，从原始人类的进化一直到现在，为历史提供一种新解释。作者论证在整个人类历史上，特别是农业发明从根本上改变了人生活于其中的社会环境以来，大约一万年当中，男女之别（真实的、夸张的以及想象的），一直就是第一位的动力。阅读此书，有助于让读者看到这个世界是以一种新方式运作的，也有助于读者看清自己的生活，以一种不同以往的方式来理解自己的生活经历。尽管此书的重点是关于历史的，但它的本意却关乎生活在 21 世纪的人们。男女在现代文化和社会中扮演的角色，一如那些社会本身的形态，受到了该书探索的那种非常漫长的两性历史的深重影响。该书广泛涉及生物学、人类学、考古学、宗教学以及大众文化，重新分析两性对立的缘由，从"圣灵"到自由经济的那只"看不见的手"，解析了许多最顽固的神话，揭露了潜藏在这些神话核心中的男性中心主义的野蛮而恐怖的性政治。

著作名称：社区的迷思——参与式发展中的社会性别问题

作　　者：［英］伊琳·吉特　米拉·考尔·莎

译　　者：社会性别窗口小组

出 版 社：社会科学文献出版社

出版时间：2004 年 3 月

版　　次：第 1 版

Ｉ Ｓ Ｂ Ｎ：7 - 80190 - 090 - 1

页　　数：397 页

价　　格：60.00 元

作者简介

　　伊琳·吉特，女，ANU 大学林业系访问学者，任职于伦敦国际环境发展所（IIED）。在华根尼根农业大学（Wageningen）获得热带土地和水利工程学士和硕士学位，后来在巴西东部和西部、非洲、南亚地区广泛从事参与式资源管理各方面的工作。目前从事的研究包括在乌干达透过发展组织以解决社区规划过程中的社区内部的差异问题，在巴西可持续农业发展中的参与式监测以及澳大利亚的农场林业研究。

　　米拉·考尔·莎，女，曾获得经济、农村管理和社会性别与发展领域的学位。在印度为非政府组织工作了 10 年，其中有 5 年参与了印度的阿加汗农村支援项目（AKRSP）。在过去的 7 年中，米拉一直从事发展顾问的工作，专门从事培训工作，内容涉及参与式技巧和过程，参与式社会性别分析等，也从事发展参与式研究的实地工作，借以影响政策，尤其是参与式贫困评估、城市暴力、妇女关注的问题、性和生殖健康。

内容简介

　　《社区的迷思——参与式发展中的社会性别问题》一书由社会性别窗口小组翻译，该小组组建于 2000 年。该书的主要内容涉及对社会性别与参与式运动的讨论，研究与行动经验的分享，并探讨社会性别制度化。作者从"理论反思、分享研究与行动的经验、制度过程"三个方面对参与式发展中的社会性别问题进行研究，并将"社会性别与发展"和"参与式运动"两者结合起来进行论述。社会性别和参与方式运动这两场强大却又相对独立的运动，在过去的 20 年中，一直改变着人们对地方发展层面的看法，该书还是第一本全面剖析两场运动的相同与差异，论述两者如何关联、如何矛盾、如何协调的论著。如此重要的一块空白不应该长期得不到填补，该书的出版恰到好处地补了这个空隙。该书不仅材料丰富，见解深刻，还引起学术界对此问题的关注。对于既进行社会性别理论研究，又做参与式培训的人来说，该书将有助于人们开阔眼界，加深对社会性别和参与式运动的理解。

著作名称：女性主义社会工作——理论与实务

作　　者：［英］Lena Dominelli

译　　者：王瑞鸿　张宇莲

出　版　社：华东理工大学出版社

出版时间：2007 年 11 月

版　　次：第 1 版

I S B N：9787562821038

页　　数：185 页

价　　格：35.00 元

作者简介

　　Lena Dominelli，英国南安普顿大学社会与社区发展系教授，国际社会工作学院联合会主席。

内容简介

　　女性主义的产生被视为人类两性关系发展史上的一次革命，对女性主义的深刻理解不仅颠覆了传统社会对女性自身的偏见、歧视和刻板印象，而且进一步引发了对男性、家庭和社会的革命性反思。该书将女性主义理论与方法引入社会工作之中，讲述女性主义社会工作实务理论基础、女性主义理论和实务对男性和儿童的意义，具体探讨女性主义社会工作理论和实务，并重新定义了女性社会工作的专业性，但并没有将服务对象仅仅局限于女性自身，而是进一步将女性主义的关怀延伸到了男性、儿童、家庭、成年人、老人、罪犯以及家庭等相关领域，拓宽了对社会工作理论视野、实务领域、专业方法以及服务对象的创造性认知。该书是社会工作、女性主义等相关领域中理论和实务工作者不可多得的指导性读物。

著作名称：社会性别研究选译

主　　编：王政　杜芳琴

出　版　社：生活·读书·新知三联书店

出版时间：1998 年 8 月

版　　次：第 1 版

ＩＳＢＮ：7108011301

字　　数：339千字

价　　格：23.80元

编者简介

略

内容简介

该书收录论文18篇，内容包括："中国少数民族社会性别研究综述"、"论少数民族妇女的经济参与"、"云南少数民族婚姻家庭伦理道德及其特点"等。收入的文章包括了下列学科和专题：史学、文学、文化研究、社会学、人类学、哲学、法学、心理学、妇女健康学和第三世界妇女等。文章体裁大致分为两类：一是综述性的，回顾介绍女权主义学术在一个具体领域中的发展；一是分析范例，针对某一具体问题作深入剖析和阐述。

《社会性别研究选译》译文集的文章虽然是以学科研究为主，但却反映了对女权主义理论不同程度的关注。读者可以从每篇文章对一个具体问题的讨论来了解那个特定时期的理论争鸣。自1995年世界妇女代表大会以来，社会性别概念逐渐为中国妇女研究界所熟悉，从该文集里读者可以看到，社会性别始终是女权主义学术和理论的核心概念。从20世纪70年代初女权主义学者致力于创立社会性别概念到20世纪90年代对它的质疑发起挑战，这个过程反映了女权主义学术队伍的壮大和多元化，以及女权主义理论同当代其他思潮的活跃与交融。女权主义学者从各种角度、各种立场对社会性别概念的批评质疑并没有导致对它的否定和抛弃，相反，产生了对它更丰富、更复杂的认识。从对社会性别单一的强调和孤立的认识到今天将它置于各种差异之中来考察，强调社会性别同阶级、种族、族裔等差异的交叉关系和相互作用。这种不断演化的认识，也意味着对女权主义学术研究不断提出更高的要求。

著作名称：社会性别·族裔·社区发展译选

主　　编：马元曦　康宏锦

出 版 社：中国书籍出版社

出版时间：2004年1月

版　　次：第1版

ＩＳＢＮ：7 - 5068 - 0896 - 5

页　　数：272 页

价　　格：16.00 元

编者简介

　　无

内容简介

　　这本《社会性别·族裔·社区发展译选》中的文章，分别介绍了四种情况下的社会性别、族裔/民族和社会发展问题。而这些问题反映了在社会性别、族裔/民族和社会发展及其相互关系中的一些共同的问题：一是如何认识、看待和分析发达国家中的少数民族，包括移民以及发展中国家贫困人口，尤其是妇女所处的边缘地位，她们力争改变这种边缘地位的尝试及结果。二是如何对待和处理不同族裔，特别是处于非主流或附属地位的族裔，与主流族裔的既协调又对立、既融合又分离、既同化又对抗的关系及其变化、反复的过程。三是如何认识和处理各族裔之间的地区、历史、阶级、政经等文化差异，从而对各自独特身份的认同和相互身份的承认以及现代性对此的影响和作用。

　　第一种情况是欠发达的贫穷国家的人们移民到异国，成为了该国的少数民族，而这些移民始终处于一个既与异国人及其文化逐渐同化又与之抗争的不断变化的发展过程当中。正如凯特琳·尼尔斯·康曾等所著的《族裔的发明：族裔在美国》一文中所说，族裔成为了历史进程中的一个文化建构。第二种情况是讲述美国白人和黑人以及其他有色种族之间的关系，及他们各自所处的地位。第三种情况是关于在发展中国家中，那些处于边缘地位的贫困妇女、少数民族妇女是如何通过辛勤的劳动，并利用内在和外在的条件及因素来提高自己及其家人的社会、经济地位，以及在这个过程中所产生的问题和矛盾。第四种情况是两位西方的学者对中国的两个少数民族：纳西族和苗族进行实地考察后，以她们的眼光来对这两个民族的身份建构和主体意识进行分析和描述。

著作名称： 生育制度

作　　者： 费孝通

出 版 社： 商务印书馆

出版时间：1999 年 7 月
版　　次：第 1 版
I S B N：9787100026505
页　　数：235 页
价　　格：12.00 元

作者简介

　　费孝通（1910—2005），男，江苏吴江人，教授。一生从事社会学、人类学研究，学术上取得了举世瞩目的成就，写下了数百万字的著作。费孝通在其导师马林诺夫斯基的指导下完成题为《江村经济》的博士论文，该书成为欧洲一些学院人类学学生的必读参考书，费孝通也因此在 1981 年获得英国皇家人类学会授予的人类学界的最高奖——赫胥黎奖。他被誉为中国社会学和人类学的奠基人之一。他是中国社会活动家，社会学家，人类学家，民族学家。1930—1938 年在燕京大学、清华大学研究院和英国伦敦大学学习，获博士学位。此后任云南大学、西南联合大学、清华大学、中央民族学院教授，中国社会科学院民族研究所副所长，中国社会科学院社会学研究所所长，中国社会学会会长，国家民族事务委员会顾问，国务院学位委员会委员，香港特别行政区基本法起草委员会副主任委员等。著有《江村经济》、《禄村农田》、《生育制度》、《乡土中国》等。1980 年度获得应用人类学会的马林诺夫斯基名誉奖；1982 年 12 月被英国伦敦经济政治学院授予荣誉院士称号；1988 年获美国不列颠百科全书奖。费孝通是中国民主同盟主席，全国政协第三、第四届委员，第五届常务委员会委员，第六届副主席，全国人大第七、第八届常务委员会副委员长。

内容简介

　　《生育制度》是一本关于家庭社会学的经典著作，曾在社会上产生广泛的影响。作者根据抗日战争时期自己在大学授课时的讲义整理、编写而成。书中主要论述了家庭所担负的有关生育子女的若干理论问题。但该著作所论述的不止是生育，凡是与种族延续有关的一套活动体系都讨论到了。其中包括：配偶的选择、婚姻关系、家庭组织、双系抚育、父母的权力、世代的隔膜、社会继替、亲属的扩展等。作者在书中对这些问题的剖析，提出的理论观点，对我们今天如何处理家庭婚姻问题、子女教育问题等仍然有很深的教育意义。

费孝通先生在《生育制度》中指出，只有在没有意识的生物中，才能说是上帝的"巧妙安排"，从性爱到抚育之间，以生物机能加以连锁，为生物安排了性欲，"使他们片刻的贪欢，造下了三生的孽债，将错就错的把种族绵续了"。但是这种安排在人类身上完全可以失去效力，人有能力不听命于本能，于是，"上帝"又为人类添加了另一样法宝，即社会，使人不能离开社会生活。费孝通先生认为，人类要生存下去，作为人就不能单独谋生，整个社会是一个分工配合的体系，人依他所处的位置做指定的事情，一个人只需做一样事，全部的生活就可以满足了。社会需要新陈代谢，每个位置上死去的人需要有新的人代替，因此，为了继续生存下去，人类要生育。而生育之后要抚养，抚养需要父母双方，所以结成家庭。因为要生存所以要生育，也就是说生存是生育的基础。那么生存的基础呢？岂不是生育？这是一套马克思所批判"头脚倒置"的辩证法，一种"颠倒的"世界观，颠倒了主体与客体，思维与存在。

著作名称：生育与村落文化

作　　者：李银河

出 版 社：内蒙古大学出版社

出版时间：2009 年 11 月

版　　次：第 1 版

I S B N：781115739X

页　　数：244 页

价　　格：30.00 元

作者简介

　　略

内容简介

　　该书以山西沁水县和浙江余姚我国一南一北各一个村庄中所搜集到的资料为依据，以北京自愿不育者和独身者为参照，运用实证调查的方法和人类学方法，比较了在不同生活环境中的人们在生育观念方面的巨大差异，并探讨了这种差异所具备的理论的意义。

　　全书共 6 章 23 节，分为三部分。第一、二章主要从理论上介绍生育文化的类型和西方人口学理论的困境，第三章介绍中国特有的村落文化，第四、五、六、七章分别以生育的物质动机，生育的精神动机，生育动力的抑制和生育文化的现代化方面探讨村落文化对生育的影响。其中第一、二章阐述了其对于生育文化的理解。作者认为，生育文化是人类在生育这一问题上的一整套关于观念、信仰、风俗、习惯及行为方式。正是这些生育文化决定了人类的生育动机和东西方的差异，表现为西方发达地区的低生育类型和东方欠发达地区的高生育类型。第三章详细介绍了村落文化。村落文化是相对于城市文化而言的，城市是一个机械的结合，是一个法理社会，而在村落是一个有机的结合，是一个礼俗社会。在城市中，人们在一起是为了达成某种目的，为了完成某件事情。而在村落文化中，人们住在一起并不是为了某种目的。第四章运用马斯洛的需求理论将生育动机分为安全的需要和超越性的满足，即物质动机和精神动机两个方面，在物质动机上探讨了影响物质动机的几个因素。第五章在对生育的精神动机的解释上提出了两个方面的因素，一是人生成就感的满足；二是生育的精神动机是传宗接代任务的完成。第六章讲到了生育动力的抑制，其中把生育动力的抑制归结为社会经济因素和计划生育政策两个因素。第七章提到了生育的现代化，作者虽然不愿意用文化中心论的观点来看待生育文化的变迁，但是还是赋予其发展的含义，认为中国的文化会从家庭本位向个人本位转变，传统的家庭中居于核心地位的亲子关系将向以夫妻关系为中心进行转变。这同时也是人类社会发展过程中的一个现象。这种转变将对中国未来社会产生极具深远的影响，尤其是对中国实行了计划生育一胎化政策的中国家庭来讲，中国传统的多子女家庭文化将面临重大的挑战。

著作名称： 两性关系——以专家眼光　用事实说话

作　　者： 李银河

出　版　社： 华东师范大学出版社

出版时间： 2005 年 8 月

版　　次： 第 1 版

I S B N： 9787561742730

页　　数： 290 页

价　　格： 38.00 元

作者简介

　　略

内容简介

　　性别在人类的社会生活中是最重要的分类之一，在 20 世纪，人们关于性别的看法和信念发生了革命性的变化，尤其是 20 世纪 90 年代的"社会建构论"认为，性别不论生理性别（sex）或社会性别（gender）都是由社会生活建构起来的，二者皆为文化类型，是对人类身体和人类关系的一种解释。《两性关系——以专家眼光　用事实说话》一书在借鉴西方性别问题研究的基础上，描述和分析了世界和中国的两性关系状况以及引起最多争论的焦点问题。全书涉及的领域包括两性关系在下列各个方面的状况：公民权与政治参与、就业与收入、教育、健康与生育、身体与性、婚姻与家庭、暴力、跨越性别（介于两性者）、两性气质、习俗与观念等，作者借此关心两性关系中处于弱势地位的女性，并希望两性在各个领域中的不平等状态可以改变为平等的状态。

著作名称： 社会性别研究导论——两性不平等的社会机制分析

作　　者： 佟新

出 版 社： 北京大学出版社

出版时间： 2005 年 7 月

版　　次： 第 1 版

ＩＳＢＮ： 9787301092675

页　　数： 255 页

价　　格： 26.00 元

作者简介

　　略

内容简介

　　《社会性别研究导论——两性不平等的社会机制分析》一书是一部跨学科的大学本科教材，从社会性别的视角分析影响两性不平等的社会机制。全书共分四编。第一编分析社会心理、社会文化、历史过程等文化因素如何建构了男强女弱的性别气质。第二编阐述了社会通过对两性身体的控制建立不平等的性关系秩序，在亲密关系中，父权制以更为隐蔽的方式实施统治。借助这种方式，一方面，男性统治的经验可以不断丰富；另一方面，它又隐藏了女性被统治的经历，使不平等的性别关系成为"看不见"的黑洞。第三编讨论了劳动性别分工作为生产和再生产性别不平等关系的重要机制，及经济因素对两性社会发展的影响。第四编介绍了社会性别研究的理论和方法。

著作名称：性别视角：生活与身体

主　　编：王金玲　林维红

出 版 社：社会科学文献出版社

出版时间：2009 年 12 月

版　　次：第 1 版

I S B N：9787509710395

字　　数：307 千字

价　　格：45.00 元

编者简介

　　略

内容简介

　　在日常生活中，我们往往处在某种性别盲点或性别偏见之中，给我们的生活和工作带来不利影响。性别已成为当今国际社会最为热门的三大议题之一，是学术研究和制定公共政策的重要视角，也是人们改变生活的重要切入点。作为大陆选编和出版的第一套台湾地区妇女/性别研究丛书，它打开了两岸妇女/性别研究沟通和交流的又一条通道，让我们看到了一种新的学术视角和研究理念，为两岸有关领域学者和教师的相互了解和理解扩建了新的基础，而文中的观点和理论也将有助于当今社会的和谐发展，推动我们开创一种新的人生。该书共分为三部分：生活与性别空间、亲属与性别关系、身体与性别政治。丛书较系统、全面地展示了台湾妇女/社会性别研究领域学者和教师们的研究理念、关注重点、重要的研究方法/手段等，为大陆同行进一步了解和学习台湾学者和教师相关的研究成果和经验创造了一个有利条件。

著作名称：性别社会学

作　　者：祝平燕　夏玉珍

出　版　社：华中师范大学出版

出版时间：2007 年 8 月

版　　　次：第 1 版

I S B N：9787562236160

页　　　数：278 页

价　　　格：26.00 元

作者简介

祝平燕，略。

夏玉珍（1951—　），女，湖北鄂州人，华中师范大学社会学院教授、博士生导师、调研员。主要从事社会学理论、发展社会学、风险社会学研究。近几年主要围绕社会规范与社会秩序、社会组织与社区组织、社区服务、社会失范、犯罪与社会秩序、社会风险与危机管理等问题进行研究。

内容简介

性别社会学作为一门独立的学科有着自己的研究内容和研究方法。性别社会学是运用社会学的理论视野与研究方法研究社会性别问题。它经历了从主流社会学到女性社会学，从女性社会学到性别社会学的演变过程。随着女性与社会性别研究的广泛开展以及现实社会中女性问题的日益突出，在深入建构女性学、女性社会学等学科的过程中，研究者对社会性别、性别身份等概念的认识逐渐加深，认识到女性社会学忽略了男性及男性在社会生活和自身发展过程中可能存在或遭遇的问题。于是，性别社会学作为一门独立的学科列入了议事日程。它的创建不仅突破了以往女性研究中视角单一的局限，而且为我们提供了一种新的性别平等理论分析的框架和思考问题的线索。

该著作主要从性别与文化、性别与婚姻家庭、性别与社会化、性别分层与流动、两性劳动分工与工作、性别与健康、性别与犯罪、女性主义社会工作等方面进行研究，探讨了性别与社会方方面面的关系，从社会整体性的角度，揭示了性别在以人为核心建构起来的社会系统结构中的地位与功能的发挥。社会性别是社会学分析两性社会角色与社会行为问题的有效的分析范畴，它在研究方法上具有自己的特色，即研究的综合性、整体性、动态性、开放性、本土性、多元性。它从社会性别中的男女两性角色的比较研究中，描述了男女两性角色在社会结构中的地位与身份，对男女两性角色的社会不平等、社会关系的相互建构性、社会角色的相互规定性、社会生活的相互创造性、社会性别文化的相互表达性、社会分工的相互协调性等方面进行了深入的探讨。

著作名称：社会文化变迁中的性别研究

主　　编：徐安琪

出 版 社：上海社会科学院出版社

出版时间：2005 年 1 月

版　　次：第 1 版

I S B N：9787806817704

页　　数：336 页

价　　格：35.00 元

编者简介

　　徐安琪，上海社会科学院社会学研究所研究员。兼任中国社会学学会理事，中国婚姻家庭研究会常务理事，中国妇女学学会理事，上海婚姻家庭研究会副会长，上海家庭文化建设促进会常务理事，上海社会科学院家庭研究中心主任和妇女研究中心主任。近年主要研究成果：《风险社会的家庭压力和社会支持》、《中国婚姻研究报告》、《中国婚姻质量研究》、《世纪之交中国人的爱情和婚姻》。

内容简介

　　该著作收录的有关妇女问题的文章，给我们展现了女性与文化变迁、女性与经济变迁、女性与当代社会，以及女性本身在表述和塑造上的动态考察。通过考察，作为社会科学研究者，对在性别问题上政策的制定、组织的作用、男女两性为平等共同做出努力，提出自己的思考。历史上和现实中，性别不平等和女性处于弱势地位是大家都认可的事实。关注妇女、提高妇女社会地位，是社会发展、文明进步的应有之义，也是我们建设社会主义小康社会与和谐社会所不可或缺的一个方面。该著作研究指出对待性别问题，不能只作静态的研究。社科院妇女研究中心把辑录文章的重点放在了"社会变迁"这个背景下，社会变迁是人类社会的一个普遍现象，社会的变迁一定会对人类生活和人的思想起到重大的作用；反之，人类的思想和生活也会对社会的变迁带来一定的影响。女性离不开男性，正如男性离不开女性，对女性的研究也总是要涉及男性问题，所以真正的问题是要推动男女两性共同发展，共同进步，这也是该著作取名为《社会文化变迁中的性别研究》的原因，这里反映了上海社科院的学者们，对两性问题作整体观照的广阔视野。重点是研究女性，但不单单归结为女性问题，这一点反映出研究妇女问题的深入发展，希望在这个方向上能有更多的成果出现。可以说，对于性别的研究，既是推动妇女解放的一个实际动作，同时也是社会科学研究的一个新的领域，它是一门新兴的学科。作为社会科学院，对这门新的科研领域进行开拓和扶持，是恰当的和适时的。

著作名称：妇女与社会性别研究在中国（1987—2003）

作　　者：杜芳琴　王向贤

出　版　社：天津人民出版社

出版时间：2003 年 10 月

版　　次：第 1 版

I S B N：720104334

页　　数：486 页

价　　格：33.00 元

作者简介

　　杜芳琴，略。

　　王向贤（1972—　），女，山西省阳泉人，社会学专业，毕业于南开大学社会学系，硕士学位，中国社会科学院博士。天津师范大学性别与社会发展研究中心成员。研究方向：性别社会学、性别文化研究和女性主义理论与方法等。主持课题有"提高农村妇女当选村委会成员比例政策创新示范项目"中的子项目基线调查。

内容简介

　　《妇女与社会性别研究在中国》是"发展中国的妇女与社会性别学"课题中"妇女与社会性别基础"子课题阶段性成果之一，是应国内开设妇女与社会性别导论课程需要而编著的。该书精心选择了自 20 世纪 80 年代中期以来，学者（以国内为主）在不同时期和不同领域对中国妇女与社会性别研究最有影响的篇章，在满足国内高校开设妇女/社会性别学课程需要的同时，亦可为更多从事妇女与社会性别研究、妇女发展、妇女工作等领域的研究者、学者以及活动家提供参考借鉴。该文集在"妇女研究·妇女学·社会性别学"、"身体·性·健康"、"妇女发展·工作·家庭"、"文化·大众传媒与社会性别"、"国家·市场·公共政策与社会性别"、"妇女运动·妇女组织"和"认识论，方法论"等七个主题下各选有2—4篇文章不等，反映了国内该领域研究进展和最新成果。

著作名称：性别来了—— 一位女性研究者的性别观察

作　　者：王向贤

出 版 社：天津人民出版社

出版时间：2009年1月

版　　次：第1版

I S B N：9787201059372

页　　数：247页

价　　格：33.00元

作者简介

　　略

内容简介

　　作者是与社会性别理论方法传入和本土发育同步成长起来的中国大陆女性主义青年学者，她向我们推出的这本《性别来了—— 一位女性研究者的性别观察》的新书，展现给读者的是这样的一些话题：与身体相关的如美貌、性欲望、性行为、性愉悦、避孕、流产；与情感家庭生活相关的如爱情、婚姻、家暴，这些议题如此熟悉而又陌生，寻常而又震撼。以往，这些事大多心知肚明，可付诸行动却三缄其口，可窃窃私语而羞于公开言说，更不登大雅之堂（如教室和学术）。于是，在这些看似人生最寻常的物事行为、心理情感中，认知的光明却难以烛照，一代一代女性需要在渴望了解却被掩蔽或扭曲的暗夜中摸索，付出了痛苦、血泪以至生命的代价。而《性别来了—— 一位女性研究者的性别观察》，这里的"性别"说的是一种新的观察人类存在方式的新视角和新方法，即用社会性别（gender）理论方法的光明烛照人生，也就是以社会性别为观察、分析工具重新审视我们的生活、经验、文化、认识，以反思批评的眼光创造、传递新知识，树立新观念，建立新行为模式，从改善性别关系提升人的生存质量即幸福度。该书是作者近几年来潜心研究和课堂教学的一个小结。

著作名称：独立女性：性别与社会

作　　者：金一虹　钱焕琦

出　版　社：中国劳动社会保障出版社

出版时间：2008 年 7 月

版　　次：第 1 版

I S B N：978 - 7 - 5045 - 7148 - 9

字　　数：235 千字

价　　格：28.00 元

作者简介

金一虹，略。

钱焕琦，教授，硕士生导师。1978 年毕业于南京师范大学中文系，1987 年毕业于南京师范大学思想政治教育专业，1999 年修完南京师范大学教育科学院学校教育管理专业研究生课程。现任南京师范大学金陵女子学院院长、中华全国妇女联合会第十届执行委员会委员等。长期从事教育伦理学、女性教育学、教师教育、青年思想品德与心理健康的教学和研究工作。

内容简介

该书是"新女性素质教育丛书"之《独立女性：性别与社会》，是为女性教育系列课程体系的配套教材。该书分性别的建构与呈现、工作与家庭中的性别分工、身体、权力与性别关系、争取平等的实践四篇。全书以近代女性学研究成果为基础，以相关学科为切入点，以提高女性素质为目标。通过对女性和男性心理现象、性别角色的社会学阐释和比较，使读者具有清晰、恰当的性别意识和对异性心理行为的深刻了解，使读者成为会做女人的从容女性。作者在编写这套丛书的时候，不仅考虑到女大学生的培养需要，更希望能对当今社会的女性素质教育贡献力量。因此在写作风格上注意了理论性与实践性相结合，即既有一定的理论高度，向读者阐述理论观点、原则目标，又有方法性、操作性，能引导读者将"知"落实为"行"。严肃性与可读性相结合，即既有严肃的立场观点、严谨的写作态度、严密的逻辑结构，又有一定的生动性、趣味性。可以作为高等院校女性教育系列选修课程的教材，亦可作为妇联、工会与劳动部门的女性干部培训教材和女职工职业培训教材，还可以是广大女性提高自身素质的自修教材。除此之外，社会上其他希望了解女性、研究女性问题的读者，也可以通过这套丛书获得新的认识。

著作名称：小组工作手册——女性成长之路

主　　编：刘梦　陈丽云

出 版 社：中国人民大学出版社

出版时间：2004 年 10 月

版　　次：第 1 版

I S B N：7300060269

页　　数：136 页

价　　格：13.00 元

编者简介

　　刘梦，女，博士，中华女子学院教授，现任社会工作系主任。承担课程：小组工作、质性研究，社会工作评估研究，专业英语，女性问题研究，社会研究方法等。主要研究领域：社会工作本土化，评估研究，家庭暴力，拐卖妇女，女性自杀。

内容简介

　　该手册分为四部分：一是妇女自强的理念和小组的设计，从单亲妇女的心理健康和自我调试、身心疗法和赋权模式在妇女小组中的运用这几节加以阐述；二是小组的工作程序，包括告别昨天、困境中的崛起、爱惜自己、自我升华、孩子的成长和迎接新生；三是参加小组的妇女的成长经验的分享；四是主持小组的注意事项和参考资料。该手册主要是为了帮助这些机构（包括非政府的非营利性机构，如一些妇女活动中心和辅导咨询中心、政府行政管理机构、街道办事处和各级妇联）的工作人员，更好地为单亲妇女提供必要的心理辅导和支持；同时，也为了方便一些单亲妇女的自我成长。作为中国第一个社会工作实务手册，编者将国外小组工作，特别是妇女小组工作的理论，与中国本土社会工作实务相结合，我们相信该手册是中国社会工作本土化过程中的一个产物。

著作名称：转型社会中的中国妇女

主　　编：中国社会科学院妇女研究中心

出 版 社：中国社会科学出版社

出版时间：2004 年 6 月

版　　次：第 1 版

I S B N：9787500445609

页　　数：390 页

价　　格：39.00 元

编者简介

中国社会科学院妇女研究中心，是一个跨学科的学术研究机构，其研究人员大多是热心妇女问题、妇女运动和妇女工作的高级研究人员，在多学科研究中富有经验并获得了有价值、有影响的研究成果。

内容简介

该著作是中国社会科学院妇女研究中心"转型时期的中国妇女"大型课题的最终成果。作者运用社会学、社会心理学、人类学、劳动经济学、文学等不同研究方法，从不同视角，对社会转型背景下的女性生存状况和心理感受进行了深入的实证研究和理论分析，对家庭暴力、女性就业、女性文学、性骚扰、女性安全与健康、互联网与女性、新时期保姆与雇主关系等，当今女性生存中有待探讨的前沿课题进行了研究，具有重大现实意义和理论创新价值。

该著作主要内容涉及：妇女的生存状况；时代的发展命题；转型社会中的保姆与雇主关系；大学生就业市场上的性别歧视与性别正视；安全健康；外来女工的安全与健康；中国农村贫困地区妇女生殖健康影响因素分析；性别认同与建构的心理空间：性别社会心理学视角下的互联网；摇篮论坛：网上的母亲社区；女性的家务贡献和家庭地位；转型期的女性写作；性别、身体及其他；性别问题上的生理决定论与社会建构论；维权；家庭暴力与妇女；现行退休政策与女公务员的利益诉求等社会热点话题。关注社会弱势群体，特别是妇女这一特殊群体，积极发挥了中国社会科学院妇女研究中心的作用，从社会性别视角进行分析，为妇女的发展提供技术支持。

著作名称：中国农村妇女状况调查

作　　者：甄砚

出 版 社：社会科学文献出版社

出版时间：2008 年 2 月

版　　次：第 1 版

I S B N：9787509700440

页　　数：239 页

价　　格：38.00 元

作者简介

　　甄砚（1954—　），女。1981—1996 年任北京市妇联宣传部干事，儿童部副部长、部长，市妇联常委、党组成员、副主席兼北京市儿童工作委员会副主任。1996—2002 年任全国妇联儿童工作部部长兼国务院妇女儿童工作委员会办公室副主任、全国妇联办公厅主任。2001 年中组部安排其到云南省曲靖市挂职 2 年，任云南省曲靖市委副书记。2003 年 8 月任九届全国妇联书记处书记。2008 年 10 月当选全国妇女联合会副主席、书记处书记。

内容简介

　　该书指出全面贯彻落实科学发展观，建设社会主义新农村和构建社会主义和谐社会是中国新时期的重大历史任务。妇女在农村经济建设和社会发展中发挥着重要作用，是建设新农村的生力军。为深入了解中国农村妇女的生产生活状况及发展诉求，把握妇女发展新规律和新特点，不断提高决策的科学性和服务的有效性，全国妇联对中国农村妇女状况进行了问卷调查。

　　2006 年 3 月至 6 月，全国妇联在河北、吉林、江苏、浙江、江西、河南、湖南、四川、云南和甘肃 10 省万名农村妇女中进行了问卷调查，内容涉及农村妇女的基本状况、妇女在农村生产生活中的贡献与作用，以及对新农村建设的认知、期盼与需求。调查主要有《西部 5000 农村妇女发展状况问卷调查》，《千名进城务工妇女问卷调查》，《31 名进城务工妇女访谈录》。在调查的基础上对调查问卷进行了统计、分析，了解了农村妇女在农村新形势下的认知和需求，了解农村妇女的生产生活状况及发展诉求。该著作是在问卷调查基础上的研究成果，它为我们在新形势下了解妇女当前生存状况的发展，把握妇女需求，有针对性地帮助妇女提高素质、增收致富，带领妇女在构建和谐农村中发挥积极作用奠定了基础。

著作名称：中国妇女社会地位概观
主　　编：陶春芳　蒋永萍
出 版 社：中国妇女出版社
出版时间：1993 年 8 月
版　　次：第 1 版
I S B N：7 - 80016 - 839 - 5
页　　数：483 页
价　　格：13.00 元

编者简介

　　陶春芳，女，原全国妇联妇女研究所所长，研究员，中国婚姻家庭研究会副会长，中国妇女研究会顾问。1990 年主持第一期中国妇女社会地位调查，主编了《中国妇女社会地位概观》、《中国妇女统计资料 1949—1989》、《中国性别统计资料 1990—1995》、《马克思主义妇女观》丛书；主持中国妇女生育健康项目，出版了论文集；主持国家"八五"课题"中国社会主义现代化中的妇女问题"；合著《婚姻与家庭生活》。

内容简介

　　中国妇女社会地位调查全国卷，这套丛书以资料为基础，组织参加调查的研究人员分别撰写全国卷及各省（自治区、直辖市）分卷，既从总体上描绘出中国妇女社会地位的蓝图，概括全国妇女地位状况的一般特点，又突出了地区的不同特色；既有实际情况的独白、描述，又有理论的分析和解释。

　　该著作的特点主要体现在四个方面，第一，翔实的数据向人展示了改革开放在带来繁荣昌盛的同时，也给中国的妇女带来了巨大的进步和发展。中国妇女在为发展社会生产力做出巨大贡献的同时，自身的地位也得到了改善和提高。这为系统地了解具有中国特色的社会主义中妇女地位状况、研究分析影响中国妇女地位的因素及其规律、制定妇女政策提供了丰富的论据和有益的建议。第二，为妇女理论研究的进一步深化提供了科学的立论依据和初步尝试，填补了妇女实证研究和性别统计的一项空白。第三，为妇联组织参与决策，加强工作的针对性提供了可靠的数据资料和科学论证。第四，向国际社会提交了中国妇女社会地位调查全国卷一，《中国妇女社会地位概观》的内容大体按"个人调查问卷"覆盖的问题展开，涉及妇女社会地位的各个侧面，由报告正文和若干附录组成。该著作分三大部分。第一部分，属导言性质，是对中国妇女社会地位理论的初步认识与探索。第二部分，介绍本次调查的研究方法，提供与调查设计、操作、检验等有关技术信息。第三部分，分别从教育、职业、社会流动、社会参与、社会交往、时间分配、家庭权力（利）、家庭关系、生育、自我认知与社会认同等多方面反映中国妇女社会地位的现状与发展，女性与男性的差异及依年龄、学历、职业分层后妇女群体内的地位差别。

著作名称： 当代中国妇女家庭地位研究

主　　编： 沙吉才

出 版 社： 天津人民出版社

出版时间： 1995 年 2 月

版　　次： 第 1 版

I S B N： 7 - 201 - 02177 - X

字　　数： 307 千字

价　　格： 14.50 元

编者简介

　　沙吉才（1930—　），男，山东乳山人，毕业于柏林洪堡大学，曾任中国社会科学院人口研究所副所长、研究员，中国人口学会常务理事与副秘书长，中国政府特殊津贴享受者。1954 年入中国人民大学攻读法律，1956 年赴德意志民主共和国留学攻读经济学。1960 年毕业回国后，在中国科学院经济研究所工作。1985 年调任中国社会科学院人口研究所副所长。先后从事《资本论》、国民经济综合平衡、经济体制改革和当代中国人口、人口素质、人口迁移、老年人口和女性人口的研究。

内容简介

　　该著作从实际出发，探索我国如何抓住有利时机，迎接挑战，促进妇女发展，提高妇女地位的新思路和新对策，充分发挥妇女在推进改革开放和现代化建设中的"半边天"的作用。这正是人口学、社会学急需研究的重大课题。以往对妇女地位的研究，通常的假设是以妇女的教育、劳动就业和收入来度量她们对资源的控制，以这种控制进而决定她们在社会和家庭中的权力和地位。然而在现实生活中，仅以这些因素作为衡量妇女地位的指标，是远远不够的。于是，需要扩大这一研究领域的视野，探索一个教育、就业和收入所展示的更为深入而全面的、符合我国国情的、评价妇女地位的指标体系。运用性别分层理论和现代分析方法既从宏观上也从微观上进行剖析，以加深妇女地位的理论研究和实证研究。

该著作注重妇女社会地位的研究，对家庭内夫妻拥有与控制家庭资源的权力，以及在家庭中享有的威望和夫妻对家庭重大事务参与决策的能力，尤其是妇女对生育行为的决策权尚少研究，而对这些问题的研究不仅关系到妇女本身的发展和社会的进步，而且由此所获得的成果必然是当代我国男女权力定位的真实体现。该著作正是专门研究中国妇女家庭地位的现状、变化及其趋势。

全书的主要内容为，第一部分：论述该著作的研究对象、理论假设、度量指标、分析方法和研究背景与意义；第二部分：分别从妇女婚姻自主权、生育决策权、经济收入的管理支配权与消费决定权、自我发展抉择权与对子女发展的发言权、家庭性别劳动分工、对性别规范的认同态度等多方面多层次地论证妇女在家庭中的角色、权利和地位；第三部分：对我国妇女家庭地位及既有水平的成因进行综合比较分析；第四部分：阐明中国妇女家庭地位今后发展趋势，并提出针对性的对策、建议。

著作名称：中国性别平等状况调查报告

主　　编：李傲　罗英

出 版 社：中国社会科学出版社

出版时间：2008 年 6 月

版　　次：第 1 版

I S B N：9787500469469

页　　数：261 页

价　　格：32.00 元

编者简介

　　李傲（1968—　）女，回族，黑龙江人。现任武汉大学法学院教授、博士生导师。代表著作有《法律诊所实训教程》、《性别平等的法律保障》、《中国性别平等状况调查报告》（与罗英合著）。

内容简介

　　"平等是一项神圣的法律，一种先于所有法律的法律，一种派生出各种法律的法律"，"平等总是灵魂的法则，各种法律的法律，它是一项法权，一项唯一的法权"。18 世纪法国大革命时期，在"自由、平等、博爱"的旗帜下，巴黎妇女向国民议会要求享有与男子平等的人权，从而拉开了世界妇女解放运动的序幕。在此后的两百多年里，通过一次又一次的女权运动，妇女一步步地走向社会，为实现男女平等进行了孜孜以求的努力。在当今世界，就像反对阶级压迫、反对种族歧视、反对民族奴役一样，反对性别歧视已经成为全世界妇女的口号。

　　2006 年，武汉大学诊所法律教育研究中心组织了一项由武汉大学法学院 29 名法学硕士研究生和本科生参与的反性别歧视的社会调查活动，经过近一年的数据汇总和分析，完成了这部调查报告。该著作是一部我国性别歧视状况的调查报告。包括有婚姻家庭篇、教育篇和劳动就业篇。调查地点涉及青海、湖南、湖北、云南、江苏、陕西、吉林、河南等省份。该著作涉及婚姻、家庭教育、劳动就业等三个领域有关两性平等状况的问题，包括家庭暴力、性骚扰、男女退休年龄、女大学生就业歧视等问题。对于读者真实地了解目前我国公民的性别平等观念、性别歧视的实际状况很有帮助，能够深化我国相关反性别歧视的理论研究，建言于相关立法机制、司法救助途径的改良，促进性别平等和谐发展。

著作名称：妇女社会地位评价指标体系研究

主　　编：崔凤垣　张琪

出　版　社：中国妇女出版社

出版时间：2003 年 1 月

版　　次：第 1 版

Ｉ Ｓ Ｂ Ｎ：9787801317827

页　　数：229 页

价　　格：18.00 元

编者简介

　　崔凤垣（1941—　　），男，天津市人。首都经济贸易大学人口经济研究所研究员，中国人力资源开发研究会理事，北京市人口学会副秘书长。主要论著有《从马克思的积累学说看我国的就业问题》、《2000 年中国的人口与就业》、《人口与劳动资源》、《农村的人口与剩余劳动力》、《大城市人口的劳动力参与率研究》、《我国就业政策和失业对策的研究》等。

内容简介

　　《妇女社会地位评价指标体系研究》是对妇女社会地位评价指标体系研究的专著，全书就这一问题提出了自己的学术观点，对中国妇女社会地位的研究方法做了有益的探讨。该著作内容包括关于建议妇女社会地位评价指标体系的构想，妇女的政治、法律地位分析，妇女的经济地位分析，妇女教育地位分析等。

　　该著作有九部分。第一部分：是关于建立妇女社会地位评价指标体系的构想，以男性为参照，建立妇女社会地位评价指标体系，妇女社会地位评价标准和妇女社会地位高低的尺度，为争取妇女的平等地位指明了方向；第二部分：通过妇女政治地位状况分析和妇女法律地位的国际比较，反映出中国妇女法律地位状况；第三部分：描述了我国妇女的在业和不在业状况，通过城乡妇女收入状况家庭比较、不同收入妇女的家庭地位，指出妇女收入状况对经济地位的影响；第四部分：是关于妇女教育地位分析；第五部分：妇女婚姻家庭地位分析，主要有早婚、离婚指数的分析和女性婚姻地位变化趋势，探讨妇女在婚姻家庭地位的变化和发展趋势；第六部分：通过妇女人口预期寿命的历史、女性平均预期寿命的地区和女性预期寿命的国际比较，探讨妇女健康状况；第七部分：妇女社会地位的分析；第八部分：妇女社会地位综合评价指数实证的分析；第九部分：妇女社会地位的总体评价。作者指出，影响妇女社会地位的因素有：经济发展水平、社会制度、社会文化、主体意识等。分析妇女的参政、议政的积极性和参与度，了解当前妇女在权利和义务上的角色、在家庭经济中的角色，受教育年限等指标体系，并提出了如何改善妇女社会地位的措施和对策。

著作名称：女性社会地位评价方法研究

作　　者：单艺斌

出 版 社：九州出版社

出版时间：2004 年 10 月

版　　次：第 1 版

I S B N：7801951719

页　　数：307 页

价　　格：25.00 元

作者简介

　　单艺斌（1958—　），辽宁人，经济学博士。1982 年毕业于大连理工大学，获工学士；1987 年考入东北财经大学攻读社会经济统计研究生，1990 年获经济学硕士学位。1996 年考入东北财经大学攻读博士学位。兼任大连大学妇委会副主任、中国妇女研究会理事、辽宁省妇女理论研究会理事、大连市社会学学会秘书长，大连妇女研究所所长、教授、硕士生导师。她以多年从事统计理论与方法的教学和研究为基础，在女性/性别定量研究方面取得了一些有价值的成果。

内容简介

　　《女性社会地位评价方法研究》，着重于女性社会地位评价方法的建构，是目前我国第一部用综合评分法和综合指数法对女性的社会地位进行系统评价研究的专著。这部著作的突出特点可以概括为科学严密的架构体系、以综合评分法和综合指数法为主的全新的评价方法、冷静温暖的女性关怀三个方面。该书以女性社会地位评价方法研究作为切入点，从理论、方法、实证和评价四个方面，进行定性与定量相结合，方法构建与实证分析相结合，理论研究与对策提供相结合的新探索。女性社会地位评价方法研究是一项关系到对女性社会地位能否进行公正、客观、科学地认识和评价的重大问题，是一项迫切需要进行系统研究的历史命题。在总结前人和学者们研究成果的基础上，尽可能利用完善而系统的社会统计资料，辅之问卷调查资料，对女性社会地位进行公正而客观，全面而系统的评价，力争实现全方位、多层次地审视女性社会地位状况，使女性社会地位评价研究进入科学和实证研究的新阶段。

著作名称：华人妇女家庭地位——台湾，天津，上海，香港之比较

作　　者：伊庆春　陈玉华

出 版 社：社会科学文献出版社

出版时间：2006 年 6 月

版　　次：第 1 版

I S B N：9787802301214

页　　数：401 页

价　　格：35.00 元

作者简介

　　伊庆春（1951—　），女，美国明尼苏达大学社会学博士，现任"台湾中央研究院"社会学研究所研究员，历任"中研院"人文社会科研所副研究员、研究员、社会组主任，台湾大学社会学系副教授、兼任教授，东海大学社会学系兼任副教授等。学术研究兴趣在家庭社会学相关议题，包括夫妻权力、家庭结构变迁、妇女工作与家庭角色等，近年来的研究课题为台湾青少年的成长历程和子女价值观的代际传承。

内容简介

　　《华人妇女家庭地位——台湾、天津、上海、香港之比较》集结了长达 12 年的跨华人社会家庭研究合作成果，该著作邀集三地重要学者针对各地社会特色，就"华人妇女家庭地位"进行全面考察，是关注两岸三地家庭发展与妇女地位的作品。全书在"资源—规范"架构下，系统分析在文化同质与社会体制异质的发展脉络中，三地华人社会家庭结构和家庭关系存在哪些异同？家庭结构和妇女就业如何形塑现代华人妇女的家庭地位？家庭内部的动态关联如何在台湾、天津、上海与香港展开不同表现方式？

　　《华人妇女家庭地位——台湾、天津、上海、香港之比较》，可说是天津、上海、香港和台湾家庭社会学者共同努力的结晶。此书可视为四地社会学同人就相同研究议题的成果展现，当中包含了当初彼此合作研究的诚意，也记录了一段海峡两岸三地共同合作研究的历史。不同华人社会的比较——尤其是华人家庭的比较，亦将成为社会科学研究的重要趋势。该著作试图提出华人家庭在社会快速变迁下所呈现的互动面貌，并且就家庭

内部——尤其是夫妻互动的关系，探讨文化与社会结构因素的交互作用；另外说明了妇女家庭地位与社会结构变迁之间可能的关联。盼望此书所包含的研究发现与研究论点，能对未来的华人家庭研究有所裨益，并激发更丰富的华人家庭相关研究。不同的华人社会在过去几十年来，纷纷致力于社会经济发展的目标，博得举世之肯定，尤其过去十几年来中国内地的经济成就，更是备受瞩目。

该著作中的台湾、天津、上海、香港除了相似的经济制度因素外，传统儒家文化的影响，加上政府支持推动的家庭与妇女政策，导致台湾和香港两地社会在某种程度上仍清楚呈现出父权体制的存在。即使在现代教育体制中，两性的根本差异与不同的角色期望仍然具体地被整合为教育内容的一部分。因此，虽然台湾与香港妇女在平均教育程度上高于中国内地妇女，但是在重要的政治、经济和社会领域所占的位置，平均比例则低于后者。而当工业化的发展将经济性的生产功能由家庭中移出，造成妻子由家庭中的平等伙伴角色，转变为自由竞争市场上的依赖者时，女性往往以家庭角色为重，以至于在结婚、生育阶段进出劳动力市场；更因为身处于不稳定劳动力市场的制约下，而无法产生与男性相等的经济能力。华人家庭是否在社会经济快速变迁之际，仍展现相当一致的家庭模式。或者说是否由于政治社会脉络之差异，导致家庭内部出现相异的因应策略，最终产生了不同的妇女家庭地位。

著作名称：社会性别视角应用研究

作　　者：张莹

出　版　社：知识产权出版社

出版时间：2007 年 6 月

版　　次：第 1 版

I S B N：9787801989284

页　　数：279 页

价　　格：18.00 元

作者简介

　　张莹，女，副教授，1983 年毕业于山东大学科学社会主义系法律专业，现任管理学院党总支副书记。担任济南市中区人民法院陪审员、山东省婚姻法学会理事。

内容简介

　　把社会性别当作分析的范畴，是女性主义的研究及决策方法。社会性别分析范畴的创立同女性主义在学术界的目标紧密相连，即对男性中心文化提出批判质疑，改造人类知识，最终达到改造社会的目的。自1995年世界妇女大会在北京召开以来，一种新的分析工具——社会性别视角被快速引进中国的政治、经济及社会发展研究之中，并且逐渐成为我国学术界关注的热点。《社会性别视角应用研究》一书共分为两部分。第一部分主要用通俗的语言对"社会性别视角"的概念给予解读，使读者循序渐进地理解这种新的思维方法。第二部分以"社会性别视角"为工具，对人力资源开发、组织理论、公共政策决策以及生殖健康服务等领域的知识体系的一些社会性别问题进行了重新审视、自省和反思，质疑了其中的性别歧视状况，探究其发生的原因并提出了相应的观点和建议。

　　该书记录了作者对社会性别这一理论从懵懂到接受、认知和研究的过程。其内容主要包括社会性别、社会性别视角、社会性别视角与妇女发展、社会性别视角下的组织理论、在公共政策的制定过程中引入社会性别视角、女大学生的自我意识及优化策略、人力资本投资价值中的性别研究、生殖健康中的几个问题等。

著作名称：被建构的女性——当代社会性别理论

作　　者：沈奕斐

出 版 社：上海人民出版社

出版时间：2005年4月

版　　次：第1版

I S B N：7208055777

字　　数：312千字

价　　格：22.00元

作者简介

　　沈奕斐，女，社会学博士，现为复旦大学社会发展与公共政策学院社会学系讲师，主要为社会发展与公共政策学院人类学专业与社会学专业的学生授课。复旦大学社会文化人类学研究中心副主任。

内容简介

《被建构的女性——当代社会性别理论》一书从无处不在的性别文化中重新检视人们的经验、生长过程，重新反思这些经验和成长背后的文化。常识不一定都是正确的，而且也绝不是理所当然的，我们生活在一个被预先设定为男女二元对立的世界中，针对何为男人、何为女人的教条常常束缚着我们，使得我们原本应该轻盈的步伐变得没有必要的沉重。那针对性别出现的歧视总是带着天生的、自然的面具出现在我们生活中，好像是不可动摇的。其实，只要我们多想一层，多向前迈进一步，也许男女的界限本来就不明显，或许根本就不存在。

该书系统地阐述了近年来在国际女性学领域兴起的社会性别理论。认为现实生活中的男女之别及男女间的不平等，并不是自然性别造成的，而是由长期的社会文化所建构的。因此，实现男女平等，根本在于社会文化的重构。以这一思想为核心，该书讨论了评言、风俗、宗教、社会制度等的性别取向，讨论了女性与社会、家庭、性生活、就业等的关系。该书作为女性学者研究女性论题的著作，处处从女性视角出发来看社会现象和历史文化，观点新颖独到、分析尖锐前卫、文字清新活泼，是充满朝气的学术新作。

著作名称：阴阳相谐的追求——社会性别研究文选

作　　者：和钟华

出　版　社：云南民族出版社

出版时间：2006 年 11 月

版　　次：第 1 版

ＩＳＢＮ：7－5367－3624－X

页　　数：305 页

价　　格：98.00 元

作者简介

和钟华（1937—　　），女，纳西族。她是一位从金沙江大峡谷走出来的纳西族女学者。毕业于西南师范大学，毕业后从事过高等教育、学报编辑和科研等工作。之后在云南省社会科学院从事以纳西族为主的民族文学、民族文化、民族妇女社会性别研究，以及民族社区发展项目的实践与研究。出版过著作 6 本、编著 10 本，发表论文 70 多篇。

内容简介

　　社会性别研究这一新概念，得到了越来越多的人的接受和认同，并逐步广泛运用，成了妇女研究的核心范畴。少数民族妇女研究，也在社会性别理论、性别分析方法论的影响下，进一步深入发展，从而由初期的大量的资料搜集、调查报告或沿袭传统研究的发展方向的阶段，逐步向对妇女问题的理论抽象和思考，以女性为主体去探讨少数民族妇女的生存状况、文化贡献、社会地位、妇女发展等重大问题，探讨她们在民族社区发展中的地位和作用。所以'95 北京世妇会以后，许多文章及著作以社会性别作为观察和分析社会现象的主要手段，从"有性人"的角度去剖析这些现象，从而揭示它对妇女的生存和发展的影响，提出相关的对策或呼吁，以引起社会的重视或开展相关的发展项目。《阴阳相谐的追求——社会性别研究文选》一书收录论文 18 篇，内容包括："中国少数民族社会性别研究综述"、"论少数民族妇女的经济参与"、"云南少数民族婚姻家庭伦理道德及其特点"等。

著作名称： 参与性发展中的社会性别足迹

主　　编： 云南省社会性别与发展小组

出 版 社： 中国社会科学出版社

出版时间： 2005 年 9 月

版　　次： 第 1 版

I S B N： 9787500452249

页　　数： 385 页

价　　格： 28.00 元

编者简介

　　云南省社会性别与发展（GAD）小组成立于 1998 年 5 月，是由一批致力于倡导参与性理念和社会性别平等精神的成员组成的小组，它是云南 PRA 网的四个小组之一。小组成员分别来自云南省社科院、中科院昆明植物所、香港乐施会、世界自然基金会以及云南生育健康研究会等 9 个机构和组织。小组成员热衷于社会性别与发展的研究与实践，其学科背景为社会学、哲学、民族学、人类学、语言学、文学、农业、林业、环保等学科。

内容简介

　　社会性别理论是一种有关妇女社会地位与作用的西方女权主义理论，宗旨为"促进社会性别的平等和公正，实现两性和谐发展"。《参与性发展中的社会性别足迹》一书，是有关社会性别理论的一部文集，分为理论分析篇、理论实践篇、实践总结篇。该书收录了《社会性别意识培训在妇联的实践与思考》、《社会性别的哲学内涵》、《一个壮族村落的社会性别状况分析——以广西大化县共和乡乐一屯为例》等共17篇文章。文中以中国西南地区的纳西族、苗族、壮族等的实地调查为例，对近年来在中国少数民族社会性别制度研究、社会性别敏感的技术开发与传播、社会性别与人口流动、社会性别与自然资源管理、社会性别培训等领域行动与研究的过程进行了记录及理论思考。该书既是非政府组织在中国这块土地上成长的见证，也是小组成员个人耕耘的心血结晶。

著作名称：性别、理论与文化（2010年第1卷）

主　　编：何成洲　王玲珍

出 版 社：南京大学出版社

出版时间：2010年5月

版　　次：第1版

I S B N：9787305070150

字　　数：228千字

价　　格：29.00元

编者简介

　　何成洲（1967—　），男，南京大学外国语学院英语系教授。2002年1月毕业于挪威奥斯陆大学，获文学博士学位。研究方向为欧美戏剧、比较文学、英国文学、北欧文学和文化、易卜生研究、身份研究和性别研究。著有专著：*Henrik Ibsen and Modern Chinese Drama*（Oslo Academic Press，2004），在国内外期刊上发表中英文学术论文30篇。2005年入选教育部"新世纪优秀人才"支持计划。2008年，受聘为高研院副院长。2009年，受聘为高研院兼职研究员。

　　王玲珍，女，在南京大学获得学士学位和硕士学位，后赴美国哈佛大学访学并获得美国康奈尔大学东亚文学博士学位，1998年进入布朗大学东亚研究系任教至今，主要研究领域为当代中国文学与文化、性别研究、女性主义理论、中国电影等，尤其关注整个动荡的 20 世纪的中国女性的生活与著作。2009 年受聘为南京大学高研院特聘教授。

内容简介

《性别、理论与文化》一书分为三个部分，分别是：性别研究的理论探索、性别研究的学科理念和跨文化性别研究。性别理论部分的五篇文章分别从文学、电影、跨国女性主义、社会学和电视等不同的角度探索妇女和性别研究的前沿理论议题，对于我们认识性别研究在不同学科的理论建构和发展有着启发意义。学科理念部分的几位作者分别是布朗大学三个研究中心和系主任，还有一位挪威奥斯陆大学妇女研究中心主任，他们分别介绍了美国和欧洲的妇女与性别研究学科的发展历程、体制建构和研究特色，探讨了性别研究学科未来发展的思路。第三部分是跨文化性别研究，这里的八篇文章分别从不同学科的具体问题出发，结合和运用妇女与性别研究的理论，对文学文本、网络女性书写、青年电视文化、家庭两性关系等加以深入地剖析和理论阐发。最后是一篇与托莉·莫伊的访谈，涉及女性作家、后女性主义、跨国女性主义、性别表演等众多话题。

著作名称：阅读性别
作　　者：周华山
出 版 社：江苏人民出版社
出版时间：1999 年 9 月
版　　次：第 1 版
I S B N：7214025639
页　　数：202 页
价　　格：11.00 元

作者简介

周华山，英国约克大学社会学博士。先后在香港理工大学和香港大学，教授社会学与心理分析。自 2004 年起，周华山积极钻研提升心灵健康的培训课程，开始为不同团体设计及主持体验式工作坊。2006 年 9 月创办自在社。曾多次应邀为中央电视台与亚洲电视本港台担任节目主持人，出版文化研究著作 29 部。

内容简介

《阅读性别》是江苏人民出版社在世纪交替之际推出的《女性新视野丛书》中的一本。该书从对男女的生存处境以及生活体验出发，探讨在中国现代化视野下女性解放的策略。作者指出男性也是后天塑造的，只有既解放女性也解放男性，男女才能双双走近自由，和谐。该书从社会性别的视角，通过对深入访谈所得的个案进行分析研究，指出这些个案表现了不同女性在自身独特处境下的自强策略与模式。《阅读性别》从社会性别的视角入手，成功地解读了男女的生存状况和生活体验。作者青睐于个案研究的方法，倾听女性独特的生存体验，摒弃主流价值观对女性生活本身的僭越和想当然的阐释，来自于生活的、朴实的、丰富多彩的信息使该书具有了生动鲜活的色彩。该书的某些观点虽有偏激、狭隘之嫌，但其中有新思维、新视角及新理论。

著作名称： 关于性别的追问
作　　者： 王周生
出 版 社： 学林出版社
出版时间： 2004 年 1 月
版　　次： 第 1 版
I S B N： 9787806685945
页　　数： 264 页
价　　格： 19.00 元

作者简介

王周生（1947—　　），上海作家协会理事，中国作家协会会员，上海社会科学院文学研究所副研究员。著有长篇小说《陪读夫人》、《性别：女》，中短篇小说集《红姨》，散文集《倦鸟归林》、《爱是深沉的爱》等，共计 13 部作品。

内容简介

《关于性别的追问》一书对性别差异进行研究，论述了社会性别理论，关于性别角色的自我认同，女性形象与男性眼光，夫妻关系的社会性别模式等。该书是作者通过关注身边事，从很平常的生活出发，调查研究，归纳整理的。书中的每一章都与社会性别理论的构成要素有关，许多社会问题都可以在这里找到缘由。性别究竟是什么，女人究竟是什么，女人的美是什么，"女"作家是什么……事实上，所有关于女人的追问都是关于性别的追问，也就是对文化的追问。发现了自己的人，再也不会失去世界上任何东西。在自己心中握住了人性的人，将会了解所有的人。该书从大量影视、报刊等大众传媒中出现的性别现象出发提出问题，追索问题，试图对性别的社会现象做出科学与文化的诠释。

著作名称： 在社区，谁管家庭问题

作　　者： 王行娟

出 版 社： 中国社会科学出版社

出版时间： 2001 年 1 月

版　　次： 第 1 版

I S B N： 9787500431794

页　　数： 556 页

价　　格： 28.00 元

作者简介

略

内容简介

该书依据北京红枫妇女热线的资料，研究 20 世纪 90 年代以来妇女遇到家庭问题之后的求助情况，分析了现有社会支持系统对家庭问题的干预能力，探讨了民间组织深入社区服务家庭和妇女的新理念。该书涉及离婚妇女问题，家庭暴力受害者问题，恋爱、同居、再婚或复婚妇女的权益问题和老年人权益问题等，从妇女视角出发，对中国转轨时期的家庭问题及其社区干预现状进行了客观而深入的调查分析。作者以向妇女热线咨询过的妇女为研究对象，特别关注妇女的特殊需求，从社会性别视角分析妇女在向社会支持系统求助中的处境，运用问卷和个案调查并辅之以实地调查的方式搜集资料，以定量和定性相结合的方式对所得数据进行分析，获得大量原始资料，为今后进一步研究社区干预家庭问题提供了扎实的资料基础，并对家庭问题的社会干预提出了建设性的意见，亦可作为政府决策的参考依据。

著作名称：农村社区发展中的性别关注

作　　者：徐薇　张黎明　罗虹

出　版　社：四川大学出版社

出版时间：2008 年 12 月

版　　次：第 1 版

Ｉ　Ｓ　Ｂ　Ｎ：9787561442326

页　　数：199 页

价　　格：16.00 元

作者简介

　　无

内容简介

　　中国 30 多年的改革开放促进了农村的发展和进步，在这一过程中，国际上有关发展的理论和实践探索的经验，也逐渐被引进，由此拓宽了国内学者和实践者的视野，加深了对发展内涵的理解，使之认识到单纯强调以经济增长为中心的发展方式并不能带来农村社区经济、社会、文化、政治、立法、人力、知识、资源等各个领域的全面进步，人的全面发展应该列入发展的要义之中。1995 年北京世界妇女大会之后，社会性别概念、理论和方法被引入中国，使学界对农村社区发展有了新的认识和理解，更加关注社区发展进程中男性和女性在资源利用、机会、收益、权利等方面的公正性及公平性，努力探寻缓解或消除社区两性失衡发展的有效对策，促进社会性别主流化。然而，由于中国是一个有着数千年历史的国度，在漫长的历史岁月中，人们形成了一些根深蒂固的传统观念，其中包括男权意识浓厚和社会性别意识淡薄等。因此，在更广泛的实践领域，如何将社会性别视角纳入农村各个领域的各项活动之中，仍然面临诸多困难。这就要求加强社会性别意识和性别分析方法，帮助人们理解和接受性别平等发展理念，了解和掌握社会性别分析方法，使之主动加入到促进农村社区社会性别平等发展的行动之中。该书出版的价值也正在于此。由于社会性别概念引入中国的时间不长，国内学界尚处于吸收、消化和将其本土化的探索过程中，可供阅读的文献不多，且零散而不完整，该书的编著者在归纳总结自身实践中的经验以外，还借鉴了大量的文献资料。

　　该书包括以下内容：社会性别理论概述，指出女权主义是社会性别的理论之源；性别平等与发展战略，讲述社会性别与男女性别平等关系、社会性别理论战略、社会性别与制度和政策以及社会性别主流化；基于农村社区发展的性别分析框架；社会性别视角下的中国农村社区发展；中国政府、中国非政府组织、国际社会在推进中国社会性别平等发展所做出的行动；农村社区发展的性别分析方法与工具。

著作名称：社区就业与社区福利——劣势妇女需要观念与生活状况

作　　者：刘继同

出 版 社：社会科学文献出版社

出版时间：2003 年 12 月

版　　次：第 1 版

I S B N：9787801900593

页　　数：344 页

价　　格：25.00 元

作者简介

　　刘继同（1961—　　），男，香港中文大学哲学博士，现为北京大学社会学系在站博士后。主要研究领域为社会福利与社会政策，城乡社会工作与非政府组织研究等。

内容简介

　　作者通过深入实地的调查和科学的政策分析，在经济市场化和福利社会化的社会处境下，以城市（街道）社区企业就业女工主观界定的需要观念、社区就业与生活状况的研究为主线，对就业政策环境与劣势妇女的需要观念，基本需要界定与需要满足途径，社区就业与社区福利的关系，市场经济、劣势群体、社会排挤与福利政策的互动关系模式等当前重大现实问题和国际前沿课题进行深度描述与系统的政策分析，并借此对国家、市场与社会的"金三角"关系进行开拓性和创造性思考，填补了中国城市社区就业与需要观念研究的空白。

　　该书包括以下章节：第一章绪论，讲述该书的研究背景、研究目标、研究意义及理论贡献；第二章讲述就业理论与需要满足，包括结构变迁与就业问题、社会需要与资源分配、福利提供与国家角色、需要满足与生活状况；第三章论述了调查研究的分析层面与理论架构，包括社会环境与制度背景、需要内容与基本需要、需要满足途径与制度安排、个人特质与家庭背景、分析层面与理论架构；第四章讲述了研究设计与研究方法，包括探索性研究与定性研究取向、资料收集方法与范围、资料分析技术与步骤、研究伦理与实地研究、访谈资料的信度与效度、可预见的研究局限性；第五章讲述了劣势妇女的基本需要观念及其构成元素；第六章论述了劣势妇女的需要满足途径与满足状态，包括就业与需要满足、家庭与需要满足、社会保障与需要满足及需要满足与满足状况；第七章是总结与政策建议。

著作名称：战略机遇期妇女发展与妇女工作

作　　者：柏志英

出 版 社：南京大学出版社

出版时间：2003 年 12 月

版　　次：第 1 版

Ｉ Ｓ Ｂ Ｎ：9787305042133

页　　数：380 页

价　　格：26.00 元

作者简介

　　柏志英（1950—　　），女，江苏盐城人。现任江苏省政协社会法制委员会副主任。

内容简介

　　该书共分三篇：战略机遇期妇女发展理论探索；妇联组织体系及工作方式创新；妇女工作领域拓展。该书抓住这样一个非常有意义的题目，围绕着什么是社会主义初级阶段妇女发展的目标和任务、妇女发展的路径和对策、妇女与可持续发展，以及妇女组织在这一战略机遇期的职能定位、组织体系和雇主方式的创新等开展讨论，从发展战略的高度出发的立意和高屋建瓴的构建，体现了书稿编撰者的眼光和深刻的问题意识。

　　使整本书立意高远的，还在于抓住这样一个角度纵论妇女工作，而统领全书的精髓，是科学发展观和对这一发展观的深刻阐释。什么是以人为本的核心？什么是经济社会的协调发展？什么是可持续发展？这些与推进男女平等的基本国策、促进妇女发展有什么关系？换言之，如何在科学发展中包容妇女发展、将两性协调发展纳入全面、协调、可持续发展全面贯彻落实以人为本的社会发展过程之中，又如何在促进人的全面发展中更好地促进妇女的全面进步和发展，如何在推进男女平等进程中促进两性协调发展。

该书的特点还体现在务实与创新。一切从实际出发，从江苏经济社会发展和妇女发展的实际出发，紧紧围绕江苏率先全面建成小康社会、率先基本实现现代化战略目标这两个重点，提出问题、研究问题、解决问题。既有对男女平等基本国策的理论和运行体系这样宏观理论的探讨，又有建筑在扎实可靠的实证调查基础上的妇女群体的分层研究；既有对妇女工作的传统领域的创新机制探讨，又有对诸如家庭美德建设、农村女性有组织流动、女性创业领域的拓展性研究；既有对妇女组织的角色和职能的理性思考，对现阶段妇女工作新的规律的总结概括，又有对妇联工作群众化、社会化以及建构社会支持系统的开放性探讨。该书所涉问题面甚广，所论精到，既为我们提供了一个较为成熟的指导妇女工作的理论框架，又留下许多继续探讨的理论空间。

著作名称：妇女热线咨询手册

作　　者：杨眉

出 版 社：中国妇女出版社

出版时间：2003 年 8 月

版　　次：第 1 版

I S B N：9787801318671

页　　数：374 页

价　　格：19.50 元

作者简介

　　无

内容简介

　　该书由英国大使馆文化教育处出资修订，是一本有关妇女心理咨询热线理念、理论与方法的手册，也是当代中国女性热点问题的汇集。该书内容分为三编。第一编介绍了妇女热线奉行的基本理念如志愿精神，强调志愿行动的意义在于可以促进人与人之间的交往和互动，可以促进社会融合与社会进步；女性主义视角，强调女性主义是我们看世界的一个理论视角，女性主义理论与实践的起点是妇女对自身权利的关注，另外说明社会性别分析是妇女热线咨询中一个不可缺少的视角，咨询中必须加入性别视角，确立更具体的原则是"以妇女为本"；尊重性别差异及有关知识。第二编强调的理念是：良好的咨询关系比咨询技术更重要，每位咨询者都可以成为自己最好的心理医生，热线咨询是互惠互利、助人自助的。第三编主要内容涉及：婚姻家庭的调适、家庭暴力的应对、法律常识、女性生理保健常识、性问题常识以及精神卫生常识。该书不仅适合做热线咨询的工作手册，而且可以作为初中以上文化程度女性的自助手册。

著作名称：社会变革与妇女问题——来自妇女热线的思考

主　　编：林爱冰

出 版 社：中国社会科学出版社

出版时间：2001 年 10 月

版　　次：第 1 版

ＩＳＢＮ：9787500432005

页　　数：232 页

价　　格：16.00 元

编者简介

　　无

内容简介

　　在中国社会的转型期，妇女热线作为一个民间组织如何有效地为妇女服务，是亟待解决的问题。1996 年 7 月，香港大学社会工作及社会行政学系与红枫妇女中心合作进行妇女热线问题与咨询服务评估研究项目。目的在于：一是通过热线反映妇女的问题，看中国社会变革与妇女地位变化之间的关系；二是对热线服务方式进行评估，找到适合中国特点的热线工作模式，进一步提高热线服务质量。《社会变革与妇女问题——来自妇女热线的思考》一书，是其研究成果的总结。

　　全书共有 14 章。第一至第二章是文献回顾和研究方法介绍。其中第一章系统介绍了国内外有关中国妇女问题的研究状况，为该项目的研究提供了一个理论分析框架；第二章介绍了项目的研究方法。第三章至第十章研究了热线中反映的妇女问题，主要集中在婚姻家庭这个领域。其中第三章，集中讨论了同居问题；第四章探讨了婚姻冲突，作者针对不同年龄段的夫妻进行了分类，分析了造成婚姻冲突的主要原因，提出女性对爱情的渴望和追求是当今婚姻冲突的根本原因；第五章关注的焦点是婆媳关系，指出女性在社会上资源占有不足是婆媳之争的核心原因，婆媳冲突归根结底就是两代女性之间的资源之争；第六章是家庭暴力，作者分析了受虐妇女的心路历程，由于受子女、经济问题、父母的压力，社会舆论、传统观念的束缚，对丈夫的情感未尽以及对再婚的恐惧，迫使大部分妇女采取忍耐的态度，继续维持现存的婚姻关系；第七章探讨了女性如何处理丈夫的婚外情问题；第八章讨论了离婚妇女面临的双重压力，即经济压力和心理压力；第九章论述了性问题；第十章讨论了复婚和再婚的问题，研究女性在婚姻市场的价值随着年龄的增加而贬值，离婚的女性在再（复）婚过程中选择余地很小。除了文化传统观念的影响之外，还有很多其他因素的影响：子女问题，住房问题，经济问题，继子女关系问题，与前夫（妻）的关系问题等，所有这一切都成为女性再（复）婚的障碍。第十一至十三章是京、港两地妇女热线服务的经验总结。第十一章，总结了北京妇女热线的经验和服务评估，并对未来的改进提出了方向；第十二章是香港热线服务的总结；第十三章是台湾的同行介绍她们热线服务的状况，希望两地不同的经验，能为读者提供较全面的在华人社会中从事热线咨询服务的经验和教训。第十四章是全书的总结，通过对热线中反映的问题的研究，对热线服务的反思，并对政府的法律和政策提出了建议，希望能够引起政府的重视，在制定和修改政策、法律的时候，能够更多地考虑妇女的权益和需要，改善妇女的各方面状况。

著作名称：中国妇女与农村发展——云南禄村六十年的变迁

作　　者：［加］宝森

译　　者：胡玉坤

出　版　社：江苏人民出版社

出版时间：2005 年 1 月

版　　次：第 1 版

ＩＳＢＮ：9787214038821

页　　数：470 页

价　　格：33.00 元

作者简介

宝森（Bossen Laurel），副教授，纽约州立大学阿尔巴尼分校博士。1984 年以来一直执教于加拿大麦吉利尔大学，现为该系人类学副教授。其研究兴趣包括社会性别与发展、经济人类学、中国及危地马拉的农村地区情况。早期研究和著述侧重于危地马拉和中美洲，撰有《劳工的重新分工：危地马拉四个社区的妇女与经济选择》，并合编《征服的遗产：30年之后》。20 世纪 80 年代后，研究兴趣转到中国，从此执迷于中国农村的研究。

内容简介

该著作是一部基于田野调查的社会人类学个案研究著作，从社会性别的视角探究中国农村的社会变迁。该著作调查研究的内容是云南禄村的妇女问题及与此相关的种种情况。在 20 世纪 30 年代著名人类学家费孝通曾深入云南禄村就农地制进行了一项拓荒性研究。半个多世纪之后，作者宝森再度访问该地区，并进行了为期 10 年的田野考察。在追溯以往 60 年中国政治、经济、历史巨变的情境下，作者围绕"中国妇女与农村发展"这个主题，作者以独特的视角与方法挖掘并梳理了缠足与纺织、农地制、农业与非农业就业、贫困与富裕、婚姻家庭、人口变迁及政治文化等诸多领域的社会性别问题，再现了乡土中国汉人社会性别制度嬗变的微观动态。详细而精彩地展现了作者的研究成果，提出了中国的现存问题。对生态环境与地形、村庄规模、栽种作物与劳动力构成、村中是否有主导世系群、出生性别比是否偏高、地方政府实行何种土地政策、婚姻形式中是否有入赘现象、家庭占有的土地以及宅基地如何继承、女性在继承土地方面的权利、村落主要信仰等方面的情况进行了细致的比较。

该著作在纵向上历史地看待问题，在横向上综合地考虑政治、经济、社会因素，为我们解读了中国农村妇女的相关境遇。通过其独特的女性视角证实并更正了费孝通在云南禄村农地研究中构建的社会性别印象。该著作的成果代表了人类学在中国农村妇女研究中的某种进路和所获成果。可以全面而近距离地了解到中国农村妇女的权利现状。书中的材料和数据翔实可靠，分析具体入微，观点严肃谨慎，是一部广为国际社会学界关注的名著。

著作名称：都市里的农家女——性别、流动与社会变迁
作　　者：［澳］杰华
译　　者：吴小英
出 版 社：江苏人民出版社
出版时间：2006 年 4 月
版　　次：第 1 版
I S B N：9787214041258
页　　数：332 页
价　　格：23.00 元

作者简介

　　杰华（Tamara Jacka），博士，澳大利亚国立大学亚太研究院性别关系研究中心高级研究员。著有《中国农村妇女的劳动：改革时期的变化与连续》（1997），与人合作主编《人在旅途：女性与当代中国的城乡流动》（2004）。

内容简介

　　该著作阐述的是有关 20 世纪末加入大规模城市流动——包括流动到北京和其他城市的中国农村女性经验的一项研究。它在深度民族志研究的基础上，试图理解流动者本身是如何体验流动的。该著作集中关注从农村到城市的流动者，特别是女性流动者的经验，关注她们谈论那些经验的独特方式，以及那些经验如何影响了她们的认同意识、世界观、价值观和处理人际关系的方式。通过都市里的农家女的一手材料说明，作者提供了关于农村女性与城乡之间如何协调的有价值见解。

　　该著作为我们展现了打工女性经验的广阔画面。农村打工女性在城市的经验表明，她们强烈地感到被歧视的“她者”地位以及所遭受的侮辱和包括性暴力在内的暴力伤害，她们的流动经验充分说明了她们是全球经济和全球化带来的社会变迁的重要载体，同时也说明了她们是中国与世界认同中的“另类”角色。她们应对、配合或挑战主流话语以及她们在其中的自我感也丰富了人们对中国的全球化与社会变迁的理解。她们的被建构决定了她们的命运，她们能动的自我建构也在试图改变着自己的命运。

但是，她们的"自我"仍然被笼罩在主流话语的权力关系之中。

该著作呈现给我们的是现代化的叙事模式，即用西方现代化的经验来看待中国社会性别和社会变迁的互动关系。"中国特色"在现代化、全球化这套西方话语中基本上只是有待克服、有待转变的落后和错误，只有按照西方已经走过的道路再走一遍才是中国和中国农家女的出路。然而，这种现代化的叙事模式已经受到了后现代的严峻挑战。

著作名称：中国北方村落的社会性别与权力
作　　者：[加] 朱爱岚
译　　者：胡玉坤
出 版 社：江苏人民出版社
出版时间：2004 年 5 月
版　　次：第 1 版
I S B N：9787214037251
字　　数：200 千字
价　　格：17.00 元

作者简介

朱爱岚（Ellen R. Judd），女，加拿大社会文化人类学家。在加拿大的不列颠哥伦比亚大学获得博士学位并在剑桥大学做博士后研究之前，于1974—1977 年间曾在北京语言学院、复旦大学和北京大学就读。后在加拿大多所大学任教。目前是马尼托巴大学的人类学教授。论文有：《中国北方村落的社会性别与权力》和《处于国家与市场之间的中国妇女运动》等。目前正致力于中国西部农村流动、社会性别、社区结构与妇女网络的一个田野研究项目。

内容简介

该书是关于研究"中国北方村落社会性别与权力"的专著。作者在1986—1990 年对山东省三个村落的田野调查的基础上，系统分析了各个社区对改革做出的迥然不同的反应，并详尽地剖析了中国农村经济改革对北方农村妇女地位、生产活动及社会关系的深刻影响。这一研究表明，尽管在家族领域甚至在家庭企业中妇女的境遇已大为改观，但在更广阔的社会舞台上，尤其是在村政府和村级集体企业中男性几乎垄断了主要职位，从而令人信服地揭示了社会中性别与权力关系在婚姻家庭、就业、参政、社会组织与网络等诸多私人和社会生活领域的运作与流变。该书展现了改革以来中国北方村落社会权力与性别关系的一幅动态的完整的画面，对于读者从权力方面认识和解决性别问题是有启示作用的，适合从事相关研究工作的人员参考阅读。

著作名称：中国就业妇女社会支持网络研究——"扎根理论"研究方法的应用

作　　者：[英] 阮曾媛琪

译　　者：熊跃根

出 版 社：北京大学出版社

出版时间：2002 年

版　　次：第 1 版

I S B N：9787301053850

页　　数：262 页

价　　格：16.00 元

作者简介

　　阮曾媛琪，女，教授，现任香港理工大学应用社会科学系教授及副系主任，任应届香港社会工作人员协会会长。主要教学及科研兴趣环绕于社区综合服务、创新性服务拓展及社会工作教育，一直积极推动中国社会工作教育的发展。

内容简介

　　该著作介绍了社会支持的理论基础、中国就业妇女生命历程中的社会支持、中国就业妇女的支持形式、中国就业女性的支持策略及差异性、改革开放对社群支持网络的影响及社会工作的意义等内容。中国过去是"男主外、女主内"，但随着"双职工"家庭的兴起，里与外之分已不太明显，夫妇从过去的分工互补到今天共同承担家庭的责任。不过任何转变都是漫长的路程，何况是涉及一些历史悠久和根深蒂固的观念。在新中国，家庭成员共同承担责任的观念虽渐趋普及，但理想与现实总有相当距离。今天妇女在家庭里的角色十分重要，她们要为家庭的经济筹算，也要为家庭里的大小事务做精心的打理。人非万能，面对林林总总烦琐的任务，职业妇女可以得到什么支援？这种支援系统是否存在？

　　该著作是继续深入探讨中国社会支持网络特征及变化的一次尝试，它旨在研究北京市社区内就业的中国妇女的社会支持网络模式，目的是要发展中国人自己的社会支持网络概念。在整个研究过程中采用了"扎根理论"（Grounded Theory），从而加深了对社会主义中国的社会支持网络的认识和了解。研究者访问了 27 名中国就业妇女，访问资料显示她们之间的社会支持经验及模式，有很大的差异，也就是说这些妇女在各自的生活中经历了不同的支持形式。多数中国就业妇女采取了一种"家庭网络支持策略"，十分强调从亲人那里得到社会支持；而亦有妇女采取"自我支持策略"，不依赖核心家庭的支持资源；此外也有妇女采取"多元化的支持策略"，灵活吸纳多种家庭网络内外的资源去支持她们的生活。作者在书中将大部分中国就业妇女所采用的支持网络界定为"中国人社群支持网络"，其明显的特征包括：社群特性、支持资源的全方位性、"自己人"与"外人"之间严格的界限、生命历程中的彼此互惠、网络成员内部鲜明的性别分工以及强调和谐的重要性。同时作者还提出，由于社会环境的影响中国人社群支持网络正在面临日益严峻的挑战，这些因素包括：国有企业的经济不景气；单位福利功能的弱化；不断上升的期望和日益增加的需要；社会不平等的扩大化以及价值观念的松动等，都在影响着中国人社群支持网络的支持能力。社群支持网络要一如既往地为网络成员发挥支持的功能，并认为社会工作者的专业介入是必不可少的，同时这一介入也必须从网络、社区和政策等不同的层面上，展开从而加强现有支持网络的作用，弥补网络缺失或不足所引起的种种问题。透过正规的专业社会工作的介入，同时辅之以非正规网络的功能，才能保障社会支持网络的发展。

著作名称：中国女性消费行为理论解密
作　　者：杨晓燕
出 版 社：中国对外经济贸易出版社
出版时间：2003 年 5 月
版　　次：第 1 版
I S B N：7801811178
页　　数：200 页

价　　格：16.00 元

作者简介

　　杨晓燕（1966—　　），女，黑龙江省宾县人，教授。东北大学管理工程系本科毕业，北京科技大学管理系硕士毕业，中山大学管理学院博士毕业，中山大学中国营销研究中心（CMC）研究员，广东外语外贸大学国际工商管理学院院长、博士。主要研究方向：营销管理、消费者行为。

内容简介

　　《中国女性消费行为理论解密》，回顾了女性消费行为理论，探讨与论述了女性消费行为的研究方法，女性消费行为研究工具，女性消费态度实证研究等内容。了解女人心，是一道难解之题，在生活中和研究中都如此。作者试图从学术研究的角度破解这一难题，她对女性消费提出了深度解读，她的博士研究经历和特有的气质使该著作值得关注。从总体上比较，西方的女性研究在广度和深度上都超过中国。中国学术界对女性之研究，尤其从消费者行为角度的女性研究，还几乎是空白。而从消费比重和购买决策来看，女性消费的重要性和意义又是特别显著而毋庸置疑的。

　　该著作共有七部分，第一部分：消费者行为研究的基本概念，中国女性消费行为研究进展和女性消费行为研究路线。提出了一个"她世纪"的来临，并就这一问题透视 2001 年十大女性经济现象。第二部分：分析了西方女性消费的消费行为，对消费者自我概念进行了探讨。关注新时代女性消费热点，划分了十大阶层凸显的社会雏形。第三部分：对女性消费行为研究前提、目标、基本概念和女性消费行为研究设计，进行了充分的阐述。女性在社会变迁中冲破传统服饰观念，进行了重构和发展。第四部分：女性消费心理结构和女性消费态度的变迁。第五部分：女性消费行为的研究工具。第六部分：女性消费态度实证研究。第七部分：如何向女性消费者营销，并提出了研究对策。

著作名称：她们嫁给城市——城市外来农村媳妇生活状况透视

作　　者：沈文捷

出 版 社：学林出版社

出版时间：2007 年 11 月

版　　次：第 1 版

I S B N：9787807304760

页　　数：325 页

价　　格：20.00 元

作者简介

沈文捷（1967—　　），江苏海门人，副教授。1995 年毕业于大学哲学系，获哲学硕士学位。现为南京财经大学法学院社会工作系副教授，发表论文多篇，参编著作多部。

内容简介

外来农村媳妇嫁进城市是现阶段中国社会自改革开放以来出现的令人关注的社会现象，该著作以城乡联姻为主体，从个案资料出发，对城市外来农村媳妇城乡婚姻的达成过程，以及她们在城市的婚姻生活中对异质文化的适应进行描述和分析。外来农村媳妇嫁进城市的城乡联姻现象的出现，既造成了农村女性人口的流动，又是农村女性人口流动的结果。大规模的城乡联姻的出现是宏观社会结构和个体理性选择的共同作用的结果。婚姻梯度决定了个体的择偶倾向，决定了农村女性上嫁城市男子的城乡联姻，而户籍制度的变迁又为大规模的城乡联姻构建了可能的平台。城乡联姻造就城市新移民的同时，不仅拓展了城市和农村的通婚圈，打破了二元户籍壁垒下的通婚市场的区隔，也突破了城乡文化疆界，促进了城乡文化的交流，缓解了城市婚姻市场中的婚姻挤压状况，但与此同时，却又造成了农村婚姻市场的失衡。

该著作中明确了户籍壁垒的消失改变不了文化壁垒的存在，外来农村媳妇在城市难以得到真正认同；由于人力资本和社会资本的限制，外来农村媳妇在城市的向上流动存在着障碍；由于社会保障机制的缺位，外来农村媳妇及其家庭极易陷入贫困。作者建议，在政策层面应根除一切与"户籍歧视"相关的制度和各种规定，给予外来农村媳妇真正的市民待遇，消除她们在城市的就业、教育等方面的壁垒；在现实生活中，社会各界应当帮助她们更好地适应和带入城市生活，政府应将外来农村媳妇纳入社会保障系统，以政府买单的形式对其进行培训，为其创造好的生存和发展环境；而且各级妇女组织和非政府组织应加强支持与扶助。

著作名称：社会转型与都市知识女性——来自上海高校的研究报告

主　　编：裔昭印

出　版　社：中国社会科学出版社

出版时间：2005 年 3 月

版　　次：第 1 版

I S B N：7500450273

页　　数：264 页

价　　格：20.00 元

编者简介

　　裔昭印（1953— ），女，1986 年至今在上海师范大学任教，现任历史系教授，博士生导师，世界史硕士点学科带头人。出版专著《古希腊的妇女——文化视阈中的研究》。现为中国世界古代史研究会副秘书长、上海世界史学会副秘书长、上海师大女性研究中心常务副主任。

内容简介

　　该书分为女教工篇和女大学生篇两部分，是在多个研究的基础上总结归纳出的上海市高校女知识分子地位调查研究报告。这项调查于 2001 年 4 月开展，研究对象的范围限定在上海市高校在职工作的具有大专以上学历的女性，目的是调查上海市高校女知识分子在社会结构转型和改革时期的地位现状以及发展趋势与特点，并提出相应的对策建议。

　　该书具体包括以下三方面的内容。一是上海市高校女知识分子地位的现状，其中包括（一）上海市高校女知识分子法律、政治地位的现状；（二）经济地位现状；（三）教育与学术地位现状；（四）婚姻家庭地位现状；（五）健康状况；（六）社会性别观念。二是通过对现状的描述，总结归纳目前在社会转型期，都市知识女性的生存与发展还存在六个方面的问题：第一是法定男女退休年龄差异使高校女知识分子权益受到损害。第二是她们在参政上仍处于不利的地位，参政比例低的局面在短时期内难以改变。第三是教育学术领域存在明显的性别分层，女知识分子晋升提级难、机会少。第四是女知识分子仍是家务劳动的主要承担者，家务负担比较重。第五是较为一般的身体健康状况与轻度的"亚健康"状态并存。第六是传统社会性别观念仍然存在，束缚着高校女知识分子的发展。三是针对以上问题，作者在书中给出了相应的对策。其中包括：完善维护女性权益的法律法规，尽快制定男女同龄退休的法律；提高知识女性的收入基准，形成职业声望与收入地位的统一；建立女知识分子成才基金，提高女知识分子的专业水平；提高家务社会化的水平，减轻知识女性的家务负担；增强性别平等意识，为知识女性成才创造有利的社会环境；增强主体意识，全面提高高校女知识分子的素质。

著作名称：妇女晚年丧偶后的适应——一个以台湾地区为例的叙说分析
作　　者：林娟芬
出 版 社：上海人民出版社
出版时间：2007年1月
版　　次：第1版
I S B N：9787208067080
页　　数：353页
价　　格：37.00元

作者简介

　　林娟芬，女，现任台湾社会工作专业人员协会监事、台南县社工师公会理事、南神基金会董事、台南市政府社会局老人福利协进会/妇女权益促进委员会委员等职。主要研究领域有社会工作研究方法、社会工作行政与管理、教会社会工作、老人社会工作、妇女社会工作等。

内容简介

　　作者运用叙说分析法，通过对台湾地区15位在晚年丧偶的妇女的深度访谈，研究了影响中老年妇女适应丧偶后生活的各种主客观因素，并根据研究结果对社会服务、社会工作实务、政府政策制定、公民教育等提出了具体的建议。

　　该书共6章，包括以下内容：第一章主要介绍了该书研究问题的背景、目的及意义；第二章对相关的理论概念与研究报告的文献做了探讨，包括符号互动论及情感依附理论的概念与应用，中国人的死亡观念，失落、丧亲、悲伤与哀悼的意义，社会支持网络和心理适应的概念等；第三章是研究方法，包括研究方法的选择、研究样本的来源、资料搜集的程序、研究过程与资料分析的步骤、研究结果与分析报告的撰写，最后说明该书在研究中的限制；第四章是受访妇女的基本资料与丧偶前的生活背景分析，包括受访妇女的基本资料分析，成长背景与个人物质，婚姻生活，亲子关系与社会网络的互动情形，经历丈夫的临终等；第五章是受访妇女丧偶后各项事宜的安排与适应状况，包括丧葬事宜的处理，生活状况与社会支持网络，丧偶的悲伤反应，适应策略与过程，自我概念与价值观，生命主题等；第六章是对研究所作的讨论与建议。

十一　性社会学

（37 本）

著作名称：性经验史

作　　者：［法］米歇尔·福柯

译　　者：佘碧平

出　版　社：上海人民出版社

出版时间：2002 年 10 月

版　　次：第 1 版

ＩＳＢＮ：7 - 208 - 04324 - 8/C·136

字　　数：435 千字

价　　格：36.80 元

作者简介

米歇尔·福柯（Michel Foucault，1926—1984），法国著名思想家、哲学家、历史学家，其研究涉及医学、历史、语言学、政治学等领域，被誉为"20 世纪最后的思想家"，也被称为结构主义大师，后现代主义的主将。福柯在西方思想界拥有广泛的影响，被认为是"20 世纪法兰西的尼采"，"萨特之后法国最重要的思想家"。美国著名学者克利兹曼说："在现代历史上，没有任何一个思想家能像福柯一样对历史学、哲学、文学和文学理论、社会科学乃至医学产生如此之大的影响"。代表著作有《疯癫与文明》、《临床医学的诞生》、《词与物》、《知识考古学》、《规训与惩罚》、《性经验史》（第一卷《求知的意志》、第二卷《快感的享用》、第三卷《自我的呵护》、第四卷《肉欲的忏悔》），其中第四卷没有完成。

内容简介

《性经验史》是作者花费十几年时间潜心研究的结果。该书的出发点是反对弗洛伊德和拉康的精神分析理论，因为后者从压抑与解放的二元对立出发，认为性从来只是被否认和被压抑的，但是，福柯却发现，从 16 世纪末以来，性不仅被压抑，而且被激活起来，不断被生产和繁殖出来，这正是各种权力关系在性经验的机制中运作的结果。简言之，压抑与解放恰恰是权力机制中互相关联的两个方面，它表现为肉体的惩戒权力和政府对人口的调节权力，即"我们大家都生活在'性'社会里，或者说是生活在'性'之中。权力机制告诫身体、生命、繁衍生命的东西、增强人种的东西注意自己的力量、控制能力或者供人使用的能力。权力'向'性谈论性……"

　　总之，在"身体"与"人口"的连接点上，性变成了以管理生命为中心的权力的中心目标。该书共分为四卷，包括认知的意志、快感的享用、关注自我以及为贞洁而战斗。

著作名称：亲密关系的变革——现代社会中的性、性爱和爱欲

作　　者：［英］安东尼·吉登斯

译　　者：陈永国　汪民安　等

出　版　社：社会科学文献出版社

出版时间：2001 年 2 月

版　　次：第 1 版

I S B N：7 - 80149 - 438 - 5/D. 068

字　　数：157 千字

价　　格：18.00 元

作者简介

　　安东尼·吉登斯（Anthony Giddens, 1938—　），生于伦敦北部的埃德蒙顿，英国著名社会理论家和社会学家，伦敦经济学院前院长（1997—2003），剑桥大学教授，中国社会科学院名誉院士。其学术成就主要为社会学、政治学、哲学等领域，具体体现在以下几个方面：对以马克思、涂尔干、韦伯等为代表的经典社会学家思想的反思；对以结构主义、功能主义和解释社会学等为代表的现代社会学研究方法的反思；对社会学研究方法的重建，提出了著名的"结构化理论"（Structuration theory）等。

内容简介

　　亲密关系的变革——妇女在其中扮演了主要角色——展现了个人领域彻底民主化的可能。事实上，性，在公共领域中持续地发挥着重要作用。在过去几十年里，性革命发生了，性，代表着一种潜在的自由王国，尚未被今天的文明所污染。男人对女人的性控制远不只是现代社会的一个偶然特征，当那种控制开始失效时，我们看到男性的强制性更明显地表现出来。亲密关系的变革可能对作为一个整体的现代体制有着颠覆性的影响，因为对于性，现在产生影响的这些变化是真正的革命性的，而且方式深刻。在书中，作者批驳了许多流行的关于性态在当代文化中的地位解释，根据现代社会秩序的长期发展和最近几十年的社会影响，分析了他所说的

可塑性态——脱离与再生产的内在关系的性态。从整体来讲，该书对现代社会的性、性别、爱和身份认同的复杂关联作了有趣的分析，其内容主要有：福柯论性；浪漫之爱与其他依恋；爱、承诺和纯粹关系；爱、性及其他的瘾；相互依赖的社会学意义；个性紊乱，性烦恼；纯粹关系中的诸种矛盾；性，压抑，文明；作为民主的亲密关系等。

著作名称：神圣的欢爱——性、神话与女性肉体的政治学

作　　者：［美］理安·艾斯勒

译　　者：黄觉　黄棣光

出 版 社：社会科学文献出版社

出版时间：2004 年 5 月

版　　次：第 1 版

I S B N：9787801901385

页　　数：488 页

价　　格：56.00 元

作者简介

　　略

内容简介

　　该书成于 2004 年，是一本非常严肃且高水平的性学学术著作，一部百科全书式的性学著作，它展现了一幅西方意识革命、女权运动和性解放的全景画卷；是一本使读者在"性"，特别是女性的"性"方面增长见闻，拓宽眼界，丰富学识，改变观念，提高境界和明辨方向的好书。

　　在书中，艾斯勒揭露了父系文明的基础——"男人对女人的统治"。在她看来，这种文明的建构是阴险的、殚精竭虑的，也是全方位的。在以暴力取得统治地位之后，它有条不紊地消除了女性的视角，让她们用男人的眼光去看待问题。这样一来，女性对所遭受的不公正不但不会反抗，反而会听之任之。比如，忍受巨大的痛苦改变体形和容貌，为的只是让男人们有兴趣享用她们的肉体；又比如，做所有的家务无微不至地伺候男人。艾斯勒还发明了一个新名词——肉体政治学。用她自己的话来概括就是："我们对肉体的看法和做法，以及由谁来决定我们对肉体的看法和做法，

都与政治紧密相关。"该书引用肉体政治学来说明女性及两性关系，以及所产生的暴力性爱和艾滋病的原因，指出应该讨论的不是性行为上的偏好，也不是地理，更不是种族特征，而要探讨的是性交中统治关系的特征。换句话说，问题不在于性本身，而在于统治关系的性。

该书展现了一幅西方意识革命、女权运动和性解放的全景画卷，通过阅读，可以使读者对"女性"、"女权"等方面的知识有进一步的了解，使读者以后在学习性知识方面有正确的导向。

著作名称：金赛性学报告
作　　者：[美] 阿尔弗雷德·C. 金赛
译　　者：潘绥铭
出 版 社：海南出版社
出版时间：2007 年 5 月
版　　次：第 1 版
I S B N：9787807001263
页　　数：489 页
价　　格：49.80 元

作者简介

阿尔弗雷德·C. 金赛（Alfred C. Kinsey），美国著名性学专家，同时也是印第安纳大学的生物学家。他根据调查研究成果出版了《男性性行为》，被人称为《金赛报告》（国内原译作《金西报告》），5 年以后，他又出版了《女性性行为》。这两个报告合称为《金赛性学报告》。

内容简介

《金赛性学报告》中，金赛将"性"这个自古就有、担负着人类繁衍生息与欲望释放的行为进行全面系统的分析，使我们对"性"有了进一步的了解。在书中，金赛和同事们一共搜集了近 18000 个与人类性行为及性倾向有关的访谈案例，积累了大量极为珍贵的第一手资料，用大量的访谈资料和分析图表，向世人第一次揭示了男性性行为与女性性行为的实况。金赛的性学报告开创了现代性学研究的先河，为后来的相关研究和人们的思维打开了新的大门。他的许多方面研究也对后来的相关理论和思路产生了巨大的影响，从而奠定了他的性学大师的地位。

　　该书分为上部和下部，即男人篇和女人篇，使男人和女人在成文结构上就有了本质上的区别，书中的结构也非常清晰，即使是性别社会学的入门者，阅读此书也能对"性"这个神秘而又常见的现象有清晰的理解。作者从教育水平、宗教信仰程度、青春期早晚、城乡差异、时代和年龄等几个影响因素从男人和女人角度分开来讨论对"性"的影响，又从性行为的几种途径：自慰、梦遗、异性爱抚、真实性交合、与动物性交合来进行分析，真实地描述了男女两性的性行为。《金赛性学报告》这本书汇集美国近年各种"性咨询"之个案，从人的年龄各阶段入手，涵盖性生理、性心理、性技巧、性保健、性教育、生殖孕育等诸多方面的内容，以问答、调查的形式来表现，具有很强的针对性、科学性和可读性。

著作名称： 海蒂性学报告——情爱篇

作　　者： ［美］雪儿·海蒂

译　　者： 李金梅

出 版 社： 海南出版社

出版时间： 2002 年 9 月

版　　次： 第 1 版

ＩＳＢＮ：7－5443－0550－3/C. 29

字　　数： 370 千字

价　　格： 38. 00 元

作者简介

　　雪儿·海蒂（Shere Hite，1942—　），美国著名的性学专家。美国佛罗里达大学历史学学士及美国史学士，专攻社会科学，曾在哥伦比亚大学攻读西方思想史博士学位。从 1976 年开始，她根据问卷调查资料，陆续发表三本《海蒂性学报告》（"女人篇"、"男人篇"和"情爱篇"），全球销售数量已逾 3500 万本，然而争议的声浪却迄今未息。该书呈现了情爱的真实坦言，贴心共鸣的性爱经验及惊人的调查结果，令全球读者和性学专家瞠目结舌。海蒂女士已被誉为唯一可以和金赛博士相抗衡的性爱学者。海蒂曾于 1987 年被《世界年鉴》评选为 25 位美国最有影响的妇女之一，为世界性科学研究作出了杰出贡献。

内容简介

　　该书共分为 10 章。第一章主要讲述爱情关系中的主要问题，如男性吝于付出感情、男性缺乏感情上的支持、且不愿谈个人感受、不愿倾听，男性自认为有权利得到情感支持、女性会在男女关系中感到寂寞、男性意识形态中的情感等；第二章主要关于男女关系总的吵架和争执，如社会对女人在吵架时的角色要求、男性在争吵中的态度、吵架有用吗等；第三章讲了文化体制背后的意识形态，如情感的约定、女性对文化体制的质疑等；第四章讲述两种文化的冲突，如男性的意识形态和日渐消退的爱情、女性文化和男性文化的差异、女性面对历史的抉择；第五章主要是关于 4 个单身女郎的故事；第六章有关约会，如开始新关系的痛苦时刻、发生性关系对男性的意义、对女性高潮的争议等；第七章重点讲了爱情关系的内幕，如以性行为关系的感情是不稳定的、权力架构和策略性的游戏、爱一个人为何如此困难；第八章主要涉及伟大的爱情、痛苦的爱情关系、被虐狂——关于热情的无解难题等；第九章主要论及单身女性是否应该结婚，如女性的结婚压力、单身现象、嫁错人和一辈子不结婚的比较等；第十章主要阐述无牵无挂，自由自在，才叫做自己的生活的观点。另外附录中包含了中国爱情问卷及相关统计资料。

著作名称：海蒂性学报告——男人篇

作　　者：[美] 雪儿·海蒂

译　　者：林瑞庭　谭志华

出 版 社：海南出版社

出版时间：2002 年 9 月

版　　次：第 1 版

Ｉ Ｓ Ｂ Ｎ：7 – 5443 – 0548 – 1/C. 27

字　　数：680 千字

价　　格：56.00 元

作者简介

　　略

内容简介

　　该书共分为 18 章。第一章主要讨论身为男性，如男孩与父亲的关系、男性的情谊、男性朋友之间的亲密行为、男孩之间的性爱与肌肤之亲；第二章主要谈到父亲的典范、男人对男性气概的定义、今日男性的面貌等；第三章主要讲述男人与女人的关系，如男人如何看女人、男孩与母亲的关系、恋爱等；第四章描述了男人对一夫一妻制的看法，如男人在婚姻中是否信守一夫一妻制、开放式婚姻等；第五章有关婚姻与单身，如大部分男人喜欢婚姻、分居及离婚、同居等；第六章有关男女关系中，讲述了男人对女人的愤怒、男人应重新界定和女人的关系等；第七章主要有关男性行为，如男人为什么而且想要性交、男人所承受的文化压力等；第八章是男人对性革命的看法；第九章讲述了性交时的压力，如勃起的压力（性无能）、"让她达到高潮"的压力等；第十章，男人的性高潮；第十一章，男性性行为与性欲；第十二章，阴茎刺激，如用手刺激阴茎、迈入男性性行为的新境界；第十三章叙述男人对女人高潮的感觉，如男人希望性生活有什么改变、女人应该告诉男人她的需要等；第十四章表明了男人对阴蒂刺激的看法，如男人对阴蒂的感觉、阴蒂和阴茎的相似之处、阴蒂刺激带给男人什么快感等；第十五章，强暴、色情产品及控制；第十六章，男人间的爱与性，如对同性恋的态度、男人情谊及同性恋、双性恋等；第十七章，老年人的性生活，如男人的性生活每十年的变化、老年人的热情浪漫等；第十八章，有关 9 个男人的生活故事。附录为中国男性问卷。

著作名称：海蒂性学报告——女人篇

作　　者：［美］雪儿·海蒂

译　　者：林淑珍

出 版 社：海南出版社

出版时间：2002 年 9 月

版　　次：第 1 版

I S B N：7－5443－0549－1/C·28

字　　数：760 千字

价　　格：58.00 元

作者简介

　　略

内容简介

　　该书共分为 24 章。从女人对自慰的感觉入手，谈到自慰的重要性，并对自慰进行了六种类型的划分；接着对高潮各个阶段的感觉进行了描述，如多重高潮与序列高潮、情感式高潮、从无高潮的女人等。并且，重点讲了阴道性交的高潮、假装高潮等，谈及人如何在阴道性交中达到高潮和增加达到高潮的机会等。在阴蒂刺激方面，主要关于与男人性交的经验、以手做阴蒂刺激来达到高潮、女人喜欢什么样的阴蒂刺激、借阴蒂口交达到高潮、争取自己身体的主控权等；在女同性恋主义部分，作者分析了女人之间如何建立身体关系、女人偏好与同性恋建立性关系的原因、双性恋的女人、女同性恋的政治含义等；在性奴隶、性解放方面，就女性对性爱与性交的感觉、女人喜欢性爱的原因、女人为何不创造自己的高潮、妇女角色与地位的变迁、女人对性解放运动的看法、性解放的双重标准、性解放运动、年龄对性欲的影响等。此外，还谈及了婚外情、财务和家事、女人对离婚的感受、结婚的目的、何谓爱情、婚姻——家的保证、女人与女人的爱情有何不同、对男人的爱、女人之间的友谊、让爱在世界上滋长等。附录为中国女性问卷。

著作名称：酷儿理论

作　　者：［美］葛尔·罗宾 等

译　　者：李银河

出　版　社：文化艺术出版社

出版时间：2003 年 7 月

版　　次：第 1 版

ＩＳＢＮ：7 - 5039 - 2347 - 4/G · 359

字　　数：300 千字

价　　格：19.00 元

作者简介

　　作者主要有：葛尔·罗宾、斯蒂文·艾普斯坦、凯·纳玛斯林、阿琳·斯泰恩克恩·普拉莫、采利·史密斯、布莱特·彼迈恩迈奇·艾利亚森、露斯·高德曼、戴维·哈波林、麦可·沃纳、克里斯汀·艾斯特伯格、杰瑞·莱林、卓施瓦·盖姆森、莎伦·史密斯、朱迪斯·巴特勒、莫尼克·威蒂格。

内容简介

　　酷儿理论不是指某种特定的理论，而是多种跨学科理论的综合，它来自历史、社会学、文学等多种学科。酷儿理论是对社会性别身份与性欲之间关系的严重挑战。它的前身是各种与同性恋有关的理论；它的哲学背景是后结构主义和后现代理论；它的终极目标是圆满解决性别和性倾向的问题，创造新的人际关系格局，创造人类新的生活方式。该书是一部译文集，所有的篇章都是译者李银河1999年在美国加州大学参加性别问题研讨班期间搜集到的。主要有关于性的思考：性政治学激进理论的笔记、酷儿的碰撞：社会学和性研究、内外有别的政治：酷儿理论、后结构主义和性社会学观点、"酷儿"理论和社会学中性革命的缺席、实践中的酷儿理论。探讨了酷儿理论中性和种族与阶级的规范、米歇尔·福柯的酷儿政治、对酷儿星球的恐惧、身份理论、本质主义与身份的政治表达、模仿与性别反抗、正常的心灵、女人不是天生的等问题。

著作名称： 两性社会学

作　　者： ［英］勃洛尼斯拉夫·马林诺夫斯基

译　　者： 李安宅

出 版 社： 上海人民出版社

出版时间： 2003年8月

版　　次： 第1版

I S B N： 9787208047013

页　　数： 331页

价　　格： 20.00元

作者简介

　　勃洛尼斯拉夫·马林诺夫斯基（Bronislaw Malinowski，1884—1942），教授，父母为波兰人，自己为英国籍，伦敦大学人类学教授，英国人类学家。1908年取得博士学位，1910年以后即在大英博物院与伦敦大学做研究。他的重要论著有：（1）《澳大利亚土著的家庭》（*The Family Among the Australian Aborigines*，1913年），（2）《原始宗教与社会分化》（*Primitive Religion and Social Differentiation*，1915年），（3）《迈卢土著》（*The*

Natives of Mailu, 1915 年）。

内容简介

《两性社会学》原名为《野蛮社会中的性与压抑》。书中不只讨论野蛮社会里的性，也讨论文明社会里的性；不是研究性的本身，而是研究性的社会学。作者将野蛮的美拉尼西亚母系社会里的性与文明与欧洲父系社会里的性与文明作了社会学的比较研究——研究两种社会里的性存在怎样的联系与区别。作者认为，两种社会文化不同，组织不同，对于性的看法也不同，所以，由这些看法产生出来的态度也不同。作者批评了弗洛伊德的精神分析学说，在书的结论中积极地分析文化起源，以证明精神分析学说中所谓的"情结"乃是文化产生的结果，有的情结起自文化的起点。此外，该书不但比较了父系、母系两种不同社会里面的性，而且比较了动物生活与人类生活里面的性。作者试图根据具体的实证材料，对原始人的性别关系结构以及由此带来的继嗣结构进行深入分析。从而，从社会功能的角度揭示了母系社会与父系社会之间的根本区别。

著作名称：20 世纪的性理论和性观念

作　　者：［英］杰佛瑞·威克斯

译　　者：宋文伟　侯萍

出 版 社：江苏人民出版社

出版时间：2002 年 1 月

版　　次：第 1 版

I S B N：7 - 214 - 04084 - 5/C·68

字　　数：230 千字

价　　格：18.00 元

作者简介

杰佛瑞·威克斯，南岸大学社会学教授，是一位享有国际声誉的社会性历史学者。

内容简介

该书汇集了作者叙述性和亲密生活的变化模式的重要作品。该书第一部分对海弗劳克·埃利斯和米歇尔·福柯等理论家展开了讨论。通过对他们写作时的社会和政治背景的研究，探讨他们的作品在促成读者对于性和亲密关系的概念时所起的重要作用。第二部分探索了社会学家和历史学家们重审性的方式，以及新的性和社会运动如何重新创造了"性爱"。第三部分则从性社区概念入手，借助新问题探讨创造性的历史，指出性问题并不是人类无法控制的强大无比的力量。性是在复杂的历史中形成的，同样也可以通过历史得到改变。性史并不是在真空中，或大自然中创造的，而是由我们创造的。在我们的日常生活中，我们大家都在创造性历史。全书研究了在 20 世纪私人生活的艾滋病和一些逐步发生的变化造成的影响，并对这个千年结束时的性态度和性思想进行了考察。

著作名称： 性，不只是性爱
作　　者： ［美］J. 韦克斯
译　　者： 齐人
出 版 社： 光明日报出版社
出版时间： 1989 年 3 月
版　　次： 第 1 版
I S B N： 7 - 80014 - 358 - 9/G · 107
字　　数： 285 千字
价　　格： 4.80 元
作者简介
　　J. 韦克斯，美国学者。
内容简介
　　性的问题一直是"科学"和政治活动的共同焦点。该书主要研究历史的、理论的、政治的力量如何造成了性的意义的危机。第一部分考察了我们当前的种种"不满"（新的"道德右翼"的兴起就是这种种不满之中的一个有力的征象），以便说明这场危机是怎样根植于过分夸大了性的重要性的那种性传统和性学传统中的。这种性传统是第二部分的主体。这一部分探索了研究欲望的科学家、研究性的哲学家、上一世纪的性学家们为确定性在"自然"中的真实地位所付出的勇敢的努力。该书随后批判地考察了精神分析的传统，这种传统有一种潜在的力量，能瓦解性学传统的自然论和本质论，能向我们关于身份与欲望之间关系的概念提出挑战。该书的结尾部分考察了新社会运动的理论与实践，尤其是女权运动、女同性恋和男同性恋运动，他们围绕着身份、欲望和选择的问题组织起来，向过去的种种既定的东西进行挑战，并把我们带到了性的界限之外。因此，可以说，该书是力图分析20世纪性理论和性政治相互之间的复杂的历史作用，对性学的中立性提出质疑，向它的霸权要求提出挑战。在书的第一部分性的危机中，作者主要讲述了性的主体、性革命回顾、新道德主义；第二部分关注的是性的传统，如性学的作用、"一场永无休止的决斗"；在第三部分无意识的决战中，重点阐述了性与无意识、危险的欲望等；在第四部分性存在的边界中，主要是"肯定的运动"：身份政治、多样性的意义以及结论：超越性存在的界限等。

著作名称：情爱论

作　　者：［保］基·瓦西列夫

译　　者：赵永穆　范国恩　陈行慧

出 版 社：当代世界出版社

出版时间：2003年4月

版　　次：第1版

I S B N：7–80115–603–X

字　　数：300千字

价　　格：25.00元

作者简介

　　基·瓦西列夫，保加利亚伦理学家。

内容简介

　　《情爱论》从肉体和精神的结合上研究爱情的本质，并得出科学的结论，闪烁着辩证思维的光辉。作者从考察人的生物本质入手研究情爱，认为"只有穿越性欲的神秘的迷宫才能进入男女之间亲昵生活的高级精神领域"。通过深入研究，彻底戳穿了宗教禁欲主义和虚构的柏拉图式单纯精神爱恋的虚伪，同时也无情地批判了性欲至上的"动物本能主义"的爱情观念。作者以他的研究成果告诉人们，男女相爱是合理的、正当的。爱情是人类精神的一种最深沉的冲动，其本身是一种善，是在传宗接代基础上产生于男女之间，能够获得特别强烈的肉体和精神享受的相互倾慕和交往之情。在这里，精神和肉体得到了最佳结合，"肉体"获得了灵性；

疯狂和理智得到了平衡，"理性"获得了激情；主体和客体得到了统一，
"生存"获得了审美的升华。《情爱论》从自然与社会的结合上研究爱情，
以及爱情与其他社会问题的关系，并得出全面深刻的结论，体现着科学思
维的智慧。作者并不是把人类的情爱孤立出来，单独进行研究，而是把它
放在社会大背景下，从自然与社会的结合上寻求科学全面的结论，在研究
爱情本质的同时，深刻分析爱情与社会其他问题的相互关系。作者说，情
爱就是按照和谐的规律，把自然的冲动和意识的金钱，把机体的生理规律
和精神准则交织融合在一起。作者对爱情与责任、爱情与道德、心灵与理
智等问题作了详尽论述。从中我们可以看到，爱情不仅是一个时期的事
情，而且关乎一个人的命运；爱情不仅是当事人之间的事情，而且关乎责
任、道义，关乎社会。它客观地引导人们在陷入爱情，享受自由、幸福的
同时，切莫忘记了肩负的社会责任。

著作名称：西方人的性

主　　编：[法] 菲利浦·阿里耶斯　安德烈·贝金　等

译　　者：李龙海　黄涛

出 版 社：上海人民出版社

出版时间：2003 年 3 月

版　　次：第 1 版

Ｉ Ｓ Ｂ Ｎ：7 - 208 - 04286 - 1/C. 134

字　　数：164 千字

价　　格：17.00 元

编者简介

　　作者主要有：罗宾·福克斯、米歇尔·福柯、保罗·韦纳、菲利浦·
阿里耶斯、米歇尔·波拉克、雅克·罗西伍德、阿奇罗·奥利维里、杰利
纳·戈雷奥、让—路易斯·弗朗丹、安德烈·贝金、休伯特·拉丰等。

内容简介

　　该书分 16 篇，详细地探讨、分析了自动物进化为人类以来的种种性
观念的产生和变迁，考察了种种性观念产生的根源和所造成的影响，如对
同性恋进行了历史考察，分析了卖淫和婚外恋的社会根源，阐述了婚姻生
活中的性与爱情，并指出精神分析的衰落和现代性学的崛起，详细介绍了

现代性学对性障碍的治疗方法、性健康的标准、性高潮的界定等。从整体来说，比较系统地介绍了西方人的两性文化及其发展的大概轮廓，自古希腊直到 20 世纪中后期。自从文明社会以来，性总是处于压抑状态。在官方和半官方的大量典籍中，几乎看不到性文化。即使在禁忌最少的时候，性也受到道德、传统和教育的压抑。所以，整个文明史中，性几乎总是一只困兽，总是离美德很远。西方人的性文化研究本来也不多，只是因为有了文艺复兴，尤其是有了现代性学的出现，他们的性文化和性文化史研究才慢慢地科学和系统起来。自弗洛伊德之后，性的问题逐渐超出俗文化的范畴，登上大雅之堂。文学、哲学、美学等，到处都有了泛性论的身影。弗洛伊德曾断言，人类对性的强烈关注至少还要持续一百年之久。这种关注至今仍然没有衰弱的迹象，好像还在不断地泛化和深化。按照真正地获得满足的自由，人们的关注强度就会弱化的社会学基本规则，人类进步的脚步在这里似乎还远远没有完成。

著作名称： 女人的身体　男人的目光

作　　者： 〔法〕让—克鲁德·考夫曼

译　　者： 谢强　马月

出 版 社： 社会科学文献出版社

出版时间： 2001 年 5 月

版　　次： 第 1 版

I S B N： 9787801495150

字　　数： 181 千字

价　　格： 20.00 元

作者简介

　　让—克鲁德·考夫曼（Jean–Claude Kaufmann），法国社会学家，任职于法国科学研究中心，索邦巴黎第五大学教授。他善于运用社会学调查的方法，对日常生活中常见的现象进行研究，从中得出结论。著有《夫妻情节》一书。该书从内衣的角度分析夫妻关系，在国际上享有盛誉。目前考夫曼的研究方法和书籍已引起了各国社会学界的广泛重视。

内容简介

　　该书的作者运用社会学调查的方法，选择了海滩裸乳这种日常现象进行社会学研究。该书在收集了大量资料的基础上，在海滩上采访了三百多人，用以研究人们对女性身体暴露程度的看法。书中涉及下面几个问题：一是历史的演变；二是男人和女人的关系；三是个体与社会之间的关系；四是构建新规范的真实性；五是常态构成的现实使日常的民主运作成为问题。具体分为四个部分，如第一部分赤裸和晒黑的身体中，主要讲了身体解放的历史背景、晒体和裸乳等；第二部分动作的把握中，重点阐述了匿名的躯体、裸体时代、游戏规则、裸体方式、观看方式、目光的体系等；第三部分主要关于女性的三种身体，重点讲了平常性、性、美、模糊性等；最后一部分则关于海滩铺路石，论述了宽容、不宽容、自知、正常的仿效、进入角色等。

著作名称：性爱论

作　　者：［日］桥爪大三郎

译　　者：马黎明

出 版 社：百花文艺出版社

出版时间：2000年4月

版　　次：第1版

ＩＳＢＮ：7－5306－2258－7

页　　数：146页

价　　格：10.00元

作者简介

　　桥爪大三郎（1948—），社会学者。1977年为日本学术振兴会特别奖励研究员，1989年为东京工业大学助教，1995年为东京工业大学教授。主要著作有：《身体论》（劲草书房，1993年）、《性空间论》（劲草书房，1993年）、《言语、性、权力——桥爪大三郎社会学文集》（春秋社，2004年）等。

内容简介

　　该书是一部性社会学理论专著，作者以社会学的视角，把性爱放在宏观的社会背景下考察，探讨了与爱有关的一系列问题，所涉话题广泛，内容丰富，其中"猥亵论"、"性别论"等更深入以往少有人论及的领域，颇具开拓性，并且提出了许多新颖独到的观点。该书是一部在理论层面研讨人类性爱的学术著作，而非解答具体问题的通俗读物，它将人们对性爱的思考引向了更深的层次。具体内容为：猥亵论中主要包括猥亵的原意、对猥亵的疑问、"猥亵实体"论、反"猥亵实体"论、猥亵与社会背景、性爱的分离公理、取缔猥亵三刑法等；性别论中主要论述了何谓性别、规范意义的性别、男女相违的实质、性别与性爱、性别能否永恒等；性关系论的部分主要涉及社会行为的性爱、表现行为的性爱、性爱与伦理、日本婚姻的正统性、家族与性爱等；性爱伦理主要涉及性爱伦理与基督教、初期基督教团的婚姻、律法、神谕、普遍神学、中世纪基督教的性爱观、清教徒的性爱伦理、近代传统性爱观与纯洁观念、性爱技法的膨胀、性与爱的分离等；性爱伦理的模式主要谈论性爱技法与相关书籍、《完全的婚姻》——市民的性爱言论权利、《性生活的智慧》——性爱技法的世俗化、《如何性交》——超伦理性爱与《海特报告》——女性的性自立等。

著作名称： 西方性学名著提要

主　　编： 李银河

出 版 社： 江西人民出版社

出版时间： 2002 年 5 月

版　　次： 第 1 版

I S B N：7 – 210 – 02523 – 5

字　　数： 500 千字

价　　格： 38.00 元

编者简介

　略

内容简介

　　性学是一门年轻的学科，直到 19 世纪末西方才出现了可以冠以性学之名的著作。虽然经过了一个世纪的发展，西方性学已经取得了不少成就，但是其成熟程度还远不能同哲学、历史、社会学这样的学科相比。该书收录了西方性学名著，内容大多从生理学角度、心理学角度、人类学角度、社会学角度、性别研究等多方面、多领域进行探讨和研究。该书采用了性反应周期的四阶段论，作为基本的分析框架。这四个阶段包括：兴奋期、平台期、高潮期、消退期。作者突出了反应的强度和持续时间等，能较鲜明地表征性反应能力及其变化的指标。具体内容为：马斯特斯和约翰逊的《人类性反应》、马斯特斯和约翰逊的《人类性功能障碍》、金西的《人类男性性行为》、凯查杜里安的《人类性学基础》、盖格农的《人类性行为》、西美尔的《妇女、性和爱情》、吉登斯的《亲密关系的转变——现代社会中的性、爱和爱欲》、威克斯的《性及其不满足——意义、神话和现代的性》、罗宾的《关于性的思考：性政治学激进理论的笔记》、马林诺夫斯基的《神圣的性生活——来自土著部落的报告》、米德的《萨摩亚人的青春期》、高罗佩的《中国古代房内考》、埃利斯的《性心理学》、弗洛伊德的《性学三论》、赖希的《法西斯主义群众心理学》、弗罗姆的《爱的艺术》、马尔库塞的《爱欲与文明》、福柯的《性史》、罗素的《婚姻的革命》、埃利斯的《男与女》、巴特勒的《性别烦恼：女性主义和身份的颠覆》、波伏娃的《第二性》、弗里丹的《女性的奥秘》、格里尔的《女太监》、米利特的《性政治》、海蒂的《海蒂性学报告》和美国波士顿妇女健康写作集体的《我们的身体，我们自己》等。

著作名称：福柯与性——解读福柯《性史》

作　　者：李银河

出 版 社：山东人民出版社

出版时间：2001 年 3 月

版　　次：第 1 版

I S B N：7209027149

页　　数：213 页

价　　格：16.80 元

作者简介

略

内容简介

性的问题在近现代中国一直是讳莫如深的，即所谓"淫邪"。虽然中国古代对待性的态度比较温和，在古代的医书及养生学中也常有提及，但在近现代的中国社会对性的压抑与偏见几乎到了"谈性色变"的程度，而李银河教授却敢于在这个颇受歧视的问题上进行细致的研究。

　　《福柯与性》是作者对福柯《性史》一书的解读，它由 5 章构成。第一章：福柯其人，虽名为其人，但作者并没有以传记的形式追踪其成长过程，而是着力描绘出福柯作为一个思想家的特色。作者从生活美学开始谈起，让读者也分享到了福柯的审美式人生的内涵，用精简的话语展示了福柯的思想以及他思想的影响范围。第二章：理论背景，从这一章开始，作者转入了对《性史》的分析，首先从福柯的理论背景开始，列出了四种：后现代思潮、质疑宏大叙事、质疑启蒙理性和质疑人文主义。这一章作者将福柯归类为后现代思潮，通过介绍后现代思潮对宏大叙事、启蒙理性及人文主义的质疑来说明福柯所处的时代思想背景。第三章：思路与方法，作者概括地说明了福柯一生持续不断的研究方法和思路的转换。写《性史》所用到的方法有考古学方法、谱系学方法和空间与时间，作者李银河都对其作了详细的解读。第四章：认知的意志，这是对《性史》第一卷的介绍，通过对性这个对象的研究，详尽地介绍了福柯关于权利的论述。第五章：快感的享用，以及第六章：自我呵护，分别是作者对《性史》第二卷和第三卷的介绍。作者在介绍福柯对古希腊罗马的性道德的叙述中，不时将之与中国古代的关于性的思考方式作比较，看出东西方古代文明的内在相通处，令人感兴趣。

　　"性"在中国是一个很隐晦的问题，大家几乎都是避而不谈的，但如今社会中的性问题逐渐增多，如同性恋、双性恋等，读者可以在李银河的书中学会正视它，才能更好地研究它，接受它。

著作名称：性的问题·福柯与性

作　　者：李银河

出　版　社：内蒙古大学出版社

出版时间：2009 年 10 月

版　　次：第 1 版

I S B N：9787811157451

字　　数：190 千字

价　　格：32.00 元

作者简介

　　略

内容简介

　　该书是作者在性的问题上的一些思考的结晶，其中被人们了解较多的也许是对我国现行的与性有关的法律的思考和批判。该书共分为5章，具体为：性的规范、违法的性、违规的性、性别角度、性的理论。其中，第一章主要讲述了西方的传统性规范、中国的传统性规范、性规范在现代的变化等。第二章主要关于有受害者的违法性行为、无受害者的违法性行为、性立法思想与量刑。第三章，重点讲了婚前性活动、婚外性活动、自慰、口交、肛交和性交体位、性交频率与快感、老年性活动、同性恋、其他异常性活动等。第四章，涉及性的性别差异、淫秽品问题、卖淫问题、家庭暴力问题、女权主义的性政治等。第五章，阐述有关社会建构主义与本质主义、性身份政治、性与权力、性的多元论、酷儿理论等。简单地说，该书既有对《性史》一书的解读，也有对福柯个人的解读。

著作名称： 性文化研究报告

作　　者： 李银河

出 版 社： 江苏人民出版社

出版时间： 2003 年 8 月

版　　次： 第 1 版

I S B N： 7 – 214 – 03378 – X/C.74

字　　数： 230 千字

价　　格： 20.00 元

作者简介

　　略

内容简介

　　该书考察了最近 20 年间性文化的变迁，对婚前性行为、婚外性行为、自慰、同性恋、卖淫、淫秽品、虐恋等问题进行了研究和分析。作者力求在世界文化交流的背景下，简要概括中外性文化的变迁脉络，结合中外性观念的历史演变，简要分析中国社会的性观念、性行为、性关系的规范及其历史与现状。作者从学术研究的立场出发，通过不同社会以及不同文化的比较，描述和分析了这些社会或文化在性问题上的种种观念和论争，以及由此产生的性观念和性行为的变化。书中还介绍了国外在性问题研究与论争中所涉及的相关法律问题。所有这些都有助于中国读者了解目前国内外有关性问题研究与讨论的大致情况。作为一个学者，作者还试图为中国社会进一步调整和完善性规范、性政策和性法规，为建立起一种全新和健康的性文化提出自己的建议。

著作名称：中国女性的感情与性

作　　者：李银河

出　版　社：内蒙古大学出版社

出版时间：2009 年 10 月

版　　次：第 1 版

I S B N：9787811157444

字　　数：260 千字

价　　格：34.00 元

作者简介

　　略

内容简介

　　从人本主义的角度，人类的性与爱不仅不是低俗的品性和行为，而且是很崇高的；不仅不是不值一提的小事，而且是很重要的。原因就在于性与爱同人的自我有着极其重大的关系。如果一个社会、一种文化重视人的自我，就会重视性与爱；如果一个社会或一种文化轻视人的自我，它就会轻视性与爱。该书是作者为研究涉及女性感情与性生活各个方面的一些基本事实而写的采访录，让女性在了解自己的同时也要重视自己。该书主要内容包括：月经初潮，情窦初开，性压抑，性无知，性学习，初恋，异性感情，初吻，婚前性行为，初次性交，性交频率，性交方式，性快感，性美感，性交反感，性欲，手淫，避孕与人工流产，生育，家庭暴力，虐恋与强奸现象，婚外恋，离婚，同居，同性恋，停经与更年期，色情材料，性侵犯，感情与性的关系，感情与婚姻的关系，性与婚姻的关系，性观念，女性的性权利以及女性地位问题。

著作名称：中国人的性爱与婚姻

作　　者：李银河

出　版　社：河南人民出版社

出版时间：1991 年 7 月

版　　次：第 1 版

Ｉ Ｓ Ｂ Ｎ：7 - 215 - 01161 - 5/Z. 60

字　　数：176 千字

价　　格：3. 60 元

作者简介

　　略

内容简介

　　该书属于《中国人的奥秘丛书》之一，它运用社会学的理论和方法，分 11 章对社会各界普遍关注的当代中国人的性爱、婚姻、行为及观念等问题进行了充分调查和分析，属于社会科学范畴，研究范围包括中国人的择偶标准、青春期恋爱、浪漫爱情、独身、婚前性行为规范、婚姻支付、自愿不育、婚外恋、离婚、同性恋、婚姻等方面的行为方式和观念及其影响因素。按作者自己的说法，"对少数人行为的研究价值并不下于对多数人行为的研究，对'异常'现象的研究价值亦不下于对'正常'现象的研究，只有将人口中少数人的异常行为方式包含在内，才能勾勒出事实的全貌"。因此，该书的研究范围涉及一些仅属于少数人的行为，如独身、自愿不育、婚外恋、同性恋等。全书在描述事实的基础上，进一步作出恰当的解释，找出规律和特色，预测其发展趋势，同时还涉及国内外同类问题的研究成果，进行了跨文化的比较研究。该书材料翔实、分析精到、结论可靠、描述生动，力求让读者从多方面、多视角了解中国人性爱婚姻生活状况的全貌，既有学术性，又有可读性。

著作名称：李银河自选集——性、爱情、婚姻及其他

作　　者：李银河

出　版　社：内蒙古大学出版社

出版时间：2007 年 5 月 1 日

版　　次：第 1 版

Ｉ Ｓ Ｂ Ｎ：7811150980

页　　数：422 页

价　　格：39.80 元

作者简介

　　略

内容简介

　　本集包括两类文章，一类是专著片段，另一类是随笔。关于性、婚恋方面，该书主要是对中西方人对性的理解的差异、两性关系的历史与现状、对同性恋的看法、对西方性革命的分析、性方面的文化趋势等方面进行的详细阐述。全书囊括了作者所做过的最主要的研究，囊括了她关注过的一些最主要的话题。该选集中还有一批与她的研究领域无关的内容，其中仅仅涉及了她的生活和亲人，以及她的人生观。

著作名称： 李银河说性

作　　者： 李银河

出 版 社： 北方文艺出版社

出版时间： 2006 年 2 月

版　　次： 第 1 版

ＩＳＢＮ： 7 – 5317 – 1913 – 4/C. 175

字　　数： 185 千字

价　　格： 18.80 元

作者简介

　　略

内容简介

　　该书是李银河关于"性"话题的经典作品自选合辑，代表了作者作为性学专家的几乎全部主要观点。作者试图在与性有关的问题上传播一种冷静、客观、理性的观察视角及理念，期望人们能够改变一些错误的性观念，从而提高生活的质量，享受快乐的人生。该书分为五个部分，在观念篇中，作者谈了东西方性观念的比较、性观念的变迁、性的七种意义、性用品在中国、反性与道德优越感、大学生的性权利、"木子美"现象、性美感、裸体模特风波、反性与禁欲主义、西方性革命分析；在法律篇中，主要关于换偶活动与聚众淫乱、淫秽品与公民权利、淫秽品与性犯罪、性的商业化及其女性主义对策、教授嫖妓与性工作非罪化、如何保护性工作者的人身安全、如何看待男性的性工作、性骚扰、自愿年龄线、非婚同居与合约婚姻法案、法律与婚外性关系等；在倾向篇中主要涉及我们在同性恋问题上的文化优势、同性婚姻、同性恋与艾滋病、福柯在同性恋问题上的观点、尊重易性者和易装者的权利、杨振宁与跨代关系、《钢琴教师》与虐恋、酷儿理论（queer theory）、性学的功过是非、性的多元化趋势等；在性别篇中，介绍了同与异问题上的五种立场、男权制批判、塔利班与男女平等、性别角色定式对男女两性的压迫、女性与美、性高潮与"高潮强迫症"、影视作品中的女性形象及其批判、女性主义的性政治、西方的男性运动等；在爱情篇中，作者表达了爱情、婚姻、性与道德、情与性关系中的性别差异、新世纪的爱情等观点。

著作名称：神秘的圣火——性的社会史

作　　者：潘绥铭

出　版　社：河南人民出版社

出版时间：1988 年 8 月

版　　次：第 1 版

Ｉ　Ｓ　Ｂ　Ｎ：7 - 215 - 00290 - X/K. 81

字　　数：300 千字

价　　格：4.10 元

作者简介

　　略

内容简介

　　性，是人与社会的核心问题之一。通过一些通史性质的材料，该书为读者了解性的发展脉络提供了一个概况。该书一共 15 章，从最含混的常识——性是什么谈起，具体涉及，生理、社会、心理：性的三种存在，内动力：性系统内的基本矛盾，性的定格：历史横剖面上的性存在，想当然：误解性历史的三种认识模式，性历史的既存趋势与预测；在第二章人与兽——人类性进化的最初历程中，主要关于最丑、却最优：性器官与性交的产生，最羞、却最伟大：人类性交方式的巨交，最不显眼、却最重要：发情期的消失，最不可思议、却最必然：人类性活动的新特点；第三章，男与女——性进化的根本原因，主要谈到，生产·生殖·生长：人类基本生存模式的产生，性进化：生态·人·社会的纽带，冒犯达尔文：对几种性进化理论的批评；第四章，火与冰——原始性崇拜与性禁忌主要关于伊甸园中的圣火：原始性崇拜的表象，性崇拜真是崇拜性吗？等等话题；第五章，失与得——农业文明中的基本性道德，具体谈及新供养制与婚姻对性的统治，新生态环境与性的"唯生殖目的观"，四条基本性道德的整体表现，其实，它们就是一次"性解放"等；第六章，精与血——男性主宰性活动的由来，涉及1对8500的战斗：生殖中男女角色的倒换，从敬畏到厌恶：月经期禁忌的由来与意义，"阴冷"：女性性权利的丧失，两性性心理差异的形成；第七章，贞与耻——财产式婚姻对性的扭曲，主要关于婚姻垄断网的五条纲，处女膜崇拜与商品保值，女性商品的流通：妓女的起源；第八章，正与反——唯生殖目的论与"性反常"，有关性的客观直接目的：生物进化中的论据，唯生殖目的论是如何产生的；第九章，违与乐——古代希腊罗马的性快乐主义生活，主要关于父权家庭的初建与危机，女奴、妓女、妻子的趋同，丰富与异变：违背生殖目的的性实践，性观念：一种人生哲理与社会思潮等；第十章，美与爱——古典艺术中性的映象，主要谈到，裸体美：性的旋律，性的心理美，性与爱的统一等；第十一章，美与爱——性与宗教的一般关系主要有关性与神同源，性为什么能被宗教所容所用？性本身的宗教化，高级宗教为什么又转向性禁欲？第十二章，伤与痂——基督教性禁欲主义理论的形成，主要谈了《旧约》：对性的相对宽容，罗马的衰亡：性禁欲主义的社会心理基础，早期教父与《新约》："性即罪"理论的成型等；第十三章，禁与漏——基督教性禁欲主义的实践，主要关于，反婚姻主义：教士独身制，修道与苦行：性受虐狂，迫害女巫：女性背负的十字架，中世纪娼妓：宗教与社会的安全阀，肉体禁欲：日常性生活中的宗教准则等；第十四章，种与芽——文艺复兴前后新的性与爱，圣母崇拜：女性新的形象，骑士与宫廷：浪漫爱情的产生与发展，坦率：独特的性风尚；第十五章，灵与肉——16—18世纪性的精神禁欲主义，重点关注新教对性改革了什么？精神禁欲主义的理论与实践，拉丁美洲：天主教禁欲主义的传播，美国：清教精神禁欲主义的首要阵地等。

著作名称：中国性现状

作　　者：潘绥铭

出 版 社：光明日报出版社

出版时间：1995 年 4 月

版　　次：第 1 版

I S B N：7 - 80091 - 670 - 7/Z · 80

字　　数：550 千字

价　　格：19.90 元

作者简介

略

内容简介

性学概念的核心并不是性，而是"性存在"。在对于性的思索和理解过程中，作者从性的历史开始讲起，主要谈了中国传统性道德之根、中国古代性观念的基本特点、汉唐性风尚、明清小说中的性观念、中国性文化何以转向精神禁欲、西方性革命的对象与原因、性革命与婚姻进步、女性权力的复归。在性爱之门中，重点谈到性的知识，如性是个人私事、最起码的性常识是什么等。家庭性教育方面，指出性教育是一种家庭建设，性教育从夫妻开始、从幼儿开始等。青春期的性准备方面，侧重于青春期如何正视自己的性、恋爱，懂得性心理、讨论少女的性权利等。在性生活计划部分，婚姻中的爱与性谈到婚姻最应该重视什么、性对婚姻作用的调查报告、女性结婚的性准备、妻子眼里的婚姻与性。夫妻性爱的调节艺术主要涉及性，夫妻的相互学习、丈夫性观念的误区、夫妻之间的性误解、性生活不和谐的深层心理原因、如何看待丈夫的性与爱、避免丈夫"外遇"的秘诀。性爱技巧主要介绍了性生活的脱敏训练、提高性能力的想象训练、性幻想的训练与运用、如何提高性的敏锐度、不可崇拜"性技巧"。性爱的自我培训主要关于女性的一般锻炼、克服女性性冷淡的三部曲、夫妻性交流的自我培训、如何寻求美好的性感受。女性性爱的强化包括女人的性功能、女人性与爱的矛盾、女性的性权利、女人的性高潮。性生活的延续包括人到中年，阴盛阳衰、中老年女性不是"无性人"。性问题与性误区涵盖了贞操观的误区、男人的性烦恼、"早泄"、婚后"手淫"等话题。同性恋主要谈及同性恋与双性恋、同性恋与艾滋病风险。性与社会讲了性的公开化及商品化、性文艺诱发性犯罪、卖淫神话的辩证、色情录像。女性的性权利关注的是女性权利的历史命运、女性的性权利是如何丧失的。性革命与性观念关注性学如何指引着性价值观、性革命的总结、性的代沟与阶层差异。性病的现实主要关于性病现状、性病的分析与预测。性社会学主要讲述了中国的地下"性产业"、性交易的真情实况、性社会学大纲、性社会学在社会工作中的运用。

著作名称：生存与体验——对一个地下"红灯区"的追踪考察

作　　者：潘绥铭

出 版 社：中国社会科学出版社

出版时间：2000 年 8 月

版　　次：第 1 版

I S B N：7500428103

字　　数：443 千字

价　　格：28.00 元

作者简介

略

内容简介

记录边缘人类的生存状态，体验灵肉畸变中的原始本色。1997 年，潘绥铭教授深入珠江三角洲的 B 镇、中南腹地某工业城市旁边的开发区和湘黔交界处的某个私人开采的小金矿，对这三地的地下"红灯区"进行社区调查，写出了《存在与荒谬——中国地下"性产业"考察》一书。在接下来的 1998 年里，他又三次来到 B 镇和它所属的 S 区，以"入住式"的方式对这里的地下"红灯区"进行了总计 46 天的追踪考察。该书就是这三次社区调查的总结，也是《存在与荒谬》的续篇。

在该书中，作者仍然运用"社区调查"的方式，主要是研究"红灯区"的发展脉络、形成原因、运作机制以及与社会环境的关系等问题。同时，作者也更多地收集个案，更多地了解那些参入或者涉及"性产业"的形形色色的个人，用他们的人生经历来说明更加深入或者更加具体的社会问题。该书的后半部分，作者用访谈实录的形式记录了不同类型的 41 例"卖淫女"、"鸡头"及"老板"的个案。读者尽可以只看这 41 例个案，因为她（他）们的个人情况和人生经历比理论分析更能说明问题，通过这些个案，读者可以真实、全面地了解"红灯区"相关人员的情况。

著作名称：性爱十年：全国大学生性行为的追踪调查

作　　者：潘绥铭　杨蕊

出　版　社：社会科学文献出版社

出版时间：2004 年 4 月

版　　次：第 1 版

I S B N：9787801901880

字　　数：263 千字

价　　格：20.00 元

作者简介

　　略

内容简介

　　从 1991—2001 年 10 年间，作者对北京及全国的大学生进行追踪调查，在 4 次成功调查的基础上，以客观的数据和丰富的材料勾勒出 10 年间中国大学生性行为和性观念发生的变化。该书以社会学规范的实证方法为指导，采用邮寄问卷调查方式，对全国所有正规高等院校的所有本科生进行多级抽样调查，并运用现有的社会学和性科学理论对调查结果进行整理和分析，以便得出我国大学生的性行为和性观念。该书共有 15 章，每一章无一例外都通过数据来分析，通过数据来说话，通过数据揭示事实，其中主要说明了大学生与异性交往行为的总体状况；大学生对本群体的异性交往行为的认识；大学生的性观念；大学生性发育情况与独自性行为；大学生异性交往与恋爱经历；大学生性知识获取的途径；大学生受到的性骚扰；大学生与性交易；大学校园里的"同性恋"问题；大学生对预防艾滋病的知识水平；大学生对于性教育的需求；以及大学生性爱行为的分析模型等。该书全面地阐述了我国现代大学生的性观念和性行为，为进一步地分析和研究这一问题奠定了基础。

著作名称：中国性革命成功的实证

作　　者：潘绥铭 等

出　版　社：万有出版社

出版时间：2008 年 1 月

版　　次：第 1 版

ＩＳＢＮ：978 － 986 － 83350 － 5 － 9

页　　数：232 页

价　　格：无

作者简介

　　略

内容简介

　　该书写作的基础是大量的事实调查和对结果的深入分析。全书共由四个部分组成，第一部分：调查结果简报，其中涉及了对艾滋病在内的性病基本常识和预防状况的调查分析，内容包含四项预防艾滋病知识的回答正确率、预防性病知识的普及程度、中国男人"找小姐"的总体情况、安全套的使用率、大学生的性病艾滋病知识与对性教育的需求等方面。另外，对性产业、婚前性行为、婚后性行为等问题进行了探讨。对大学生的调查材料构成了该部分的主体，其具体内容包括休闲娱乐与性、中国人对性产业日益宽容、中国人的多伴侣情况、中国大学生的性交发生率、大学生的"贞操"观、大学生的恋爱、婚前性爱的合法化等方面。第二部分：简要评论，其中提出了这样几个观点："中国性革命已经成功，性化才刚刚开始"；对于"二奶问题"，该书认为"'专偶苛政'不仅是反爱情，而且是反历史，与'中华传统美德'背道而驰"；对于性产业的态度，作者呼吁"别将'性'政治化"；"传媒，请什么都不要拔高"。第三部分对性调查方法进行了简要介绍和通俗解说，最后附以 2006 年针对中国成年总人口的"性"调查问卷以及针对全国大学生的性调查问卷。该书中用了丰富翔实的材料和深入浅出的分析，来说明中国性爱革命已经成功的主题思想，内容全面真实，同时呈现了各种调查方法和分析研究，颇具新意和说服力。

著作名称：社会学家的两性词典

作　　者：方刚

出 版 社：九州出版社

出版时间：2004 年

版　　次：第 1 版

ＩＳＢＮ：7801950828

页　　数：319 页

价　　格：20.00 元

作者简介

略

内容简介

新的世纪里，性早已不再是一个禁忌的话题，在民间，有关性的话语丰富而生动。然而在传统的词典中，系统整理两性话语的词汇非常有限。作者吸收了中国传统性学精华和西方女性学者对性的理论建构，以词典的体例，论文随笔的风格，精心著述了《社会学家的两性词典》一书，该词典收录了涉及性生理、性心理、性实践及性教育的 200 多款词条，表达出这些精简概念背后高度浓缩的巨大社会资源与深厚的中国文化底蕴，填补了性学教育与传播领域中性知识和性观念通俗化论著的空白。这是社会学家轻松呈现的两性和谐宝典，是对人类思想及其最难以驾驭的人体部位之间变幻莫测的关系的大胆探索。同时也是一本极具魅力并发人深思的、文化的、身体的性别词典，它是任何拥有并使用性别来生活与交际的人都值得一读之书。

著作名称：外遇中的女人

作　　者：方刚

出 版 社：光明日报出版社

出版时间：1999 年 10 月

版　　次：第 1 版

ＩＳＢＮ：9787801451873

页　　数：437 页

价　　格：28.00 元

作者简介

略

内容简介

该书所录个案完全来自"外遇"中女性的自述，取自她们写给作者的信件，是中国第一本完全取自当事人自述的性社会学调查。全书共分为八章，涉及"男婚女未婚"的外遇结构、"双方均已婚"的外遇结构、"女婚男未婚"的外遇结构、"一方离异"的外遇结构、"未婚外遇"等具体内容。同时设有专题讨论，讨论的问题包括关于外遇，我们想些什么？——一项关于外遇的问卷调查报告、她们对外遇持怎样的观点——一些女性的自述、因外遇造成的离婚、外遇中的男人性与爱的冲突再妥协、"一夜情"后的爱情、几种特殊类型的外遇等方面。另外包括了关于外遇的一组纪实短文和关于外遇的个人思考。作者主要从大众语汇的演变看观念的更迭、"原因论"及"对策论"的失败、生物学基础与文明的要求、对外遇的区别对待、女人在外遇中与男人的最大区别、外遇在未来社会的可能性等角度进行分析并引导读者深入思考。该书与其他"隐私类"图书的最大不同是，以现代理念观察、指导生活，以全新的理念指导调查和评述，不仅仅让读者看到真实的事件，更完成了一次观念的革命。

著作名称：当今中国青年女性情爱报告

作　　者：方刚

出 版 社：广州出版社

出版时间：2000 年 9 月

版　　次：第 1 版

I S B N：9787806551639

页　　数：429 页

价　　格：23.80 元

作者简介

　　略

内容简介

　　《当今中国青年女性情爱报告》收入了五百余位青年知识女性的情爱、性爱自述，完全是女人们自己发出的真实声音，是来自她们内心深处的心灵道白。该书内容涉及性启蒙、性梦与性幻想、性骚扰、性幻想、初恋、失恋、性爱、婚姻关系、生育、社会性别角色等诸多方面，还探讨了爱情观念与经历、性的观念与体验、精神恋爱、理想的两性关系等主题，具体问题包括女人们怎样了解性、幼年性经历、性自慰、女性的性梦、性幻想、对性骚扰的反应与态度、尴尬的"习惯式"爱情、错过的爱情、首次性交及其心理、各种类型的精神恋爱和婚姻关系、与生育有关的观念及贞操观等。该书探讨的问题具体且深刻，全方位地展示了当代城市青年知识女性的情感与性爱生活。

著作名称：性生活与社会规范——社会变迁与多元文化视野中的性

主　　编：刘文明　刘宇

出 版 社：武汉大学出版社

出版时间：2006 年 8 月

版　　次：第 1 版

I S B N：9787307051447

字　　数：153 千字

价　　格：11.00 元

编者简介

　　刘文明（1964—　），男，湖南新田人，现为首都师范大学历史学院教授，博士生导师。1995 年获湖南师范大学历史学硕士学位，1999 年复旦大学世界史专业世界文化史方向获历史学博士学位，2000—2002 年在首都师范大学历史学博士后流动站做博士后从事欧洲社会文化史研究。主要研究领域为西方文明史和妇女史、全球史、历史社会学。

内容简介

　　作者从社会学和人类学理论出发，同时通过社会性别的视角，主要对以下内容进行了分析和说明：一是人类文明初期，两性关系普遍经历了从群婚向个体婚的发展阶段，但各地的婚姻形态仍存在着较大差异，性观念、性行为与性规范也不尽相同。二是人类文明走向成熟之时，世界各地普遍出现了男性主导的性话语以及与此相一致的性规范。然而，由于文化的多元性，各地的性道德与性规范也存在差异，如：古典时代的希腊人与罗马人，并不以同性恋和双性恋为耻；而在欧洲，禁欲主义风靡一时，性和作为性载体的肉体都成了魔鬼。三是在中国封建时代，规范人们性生活的主流文化是具有宗教和世俗两重性的儒家伦理。四是在近代资本主义文化主导的多元世界，文艺复兴运动批判了基督教的禁欲主义，把欧洲的男人们从神学的禁锢下解放出来。随着启蒙运动与工业革命爆发，资本主义的自由、平等、博爱等理念也逐渐渗透到两性关系之中，性道德与性规范开始走向平等。五是 19 世纪中叶以来，在经历过民主革命的洗礼与激荡之后，中国人的性道德与性规范不断走向平等。进入 21 世纪，中国社会文化急剧转型，性道德的多元也在不同地区、不同年龄群体中表现出来，传统、现代和后现代三种不同的性观念与性行为同时并存。

不同的文化与社会，对男女关系的看法不同，对婚姻的理解也不一样，因而造成了人类文明中性道德与婚姻形态的多样性。作为人类本性的性，从生理上来说是人类普遍的本能，但在不同的文化中却因不同的社会规范而表现出不同的性行为方式。该书为"女性社会文明系列"之一，作者试图从文化人类学的视角，对人类文明中（尤其是中国与西方社会中）不同时期、不同文化中的性生活与性规范作分析，由此，揭示出人类性文化的多元性，以及当前在我国建立起符合中国国情的性道德和性规范的必要性与重要性。

著作名称：颠覆——爱欲与文明

作　　者：郭洪纪

出 版 社：中国社会出版社

出版时间：2000 年 1 月

版　　次：第 1 版

I S B N：7801463013

页　　数：419 页

价　　格：24.80 元

作者简介

郭洪纪（1948—　），男，历史学教授，国家级有突出贡献专家，长期从事高等学校的教学科研，主要研究方向为传统文化制度及现代转型研究，在国内外发表论文 80 余篇，著有《儒家伦理与中国文化转型》、《儒家政治文化》、《新中国主义》、《文化民族主义》、《世纪末的中国情结》等学术著作。

内容简介

该书主要着眼于性爱与文明的冲突，并借用 20 世纪人们最关注的"爱欲主题"来解释不同时代的性文明模式，着重阐述由婚姻和爱欲设定的两性关系模式在维持或消解传统政治制度方面的显著影响。因为，由性开放引发的各种需要和欲求开始孕育或形成可能颠覆古老文明的潜在力量，向人们提供一个宏观系统的思考模式。人类的文明是人类的生存与发展的需要，但更重要的是政治与统治文化的需要。人类历史更多的时候是被强奸的文明对基于性爱的人的本性的压抑与摧残。作者通过对人类历史上各个时期，各个文化区域的典型性爱文化与行为方式的总结性描述，揭示出性爱的觉醒都是旧的统治文明与制度的颠覆力量。每一次性爱的觉醒都意味着人性的复归与对旧道德的反叛与颠覆，作者以尖锐的笔锋，大胆的描写，展现了现实中国性意识觉醒乃至泛滥而使整个社会所面临的巨大挑战。

具体内容包括：原始文化中的生殖崇拜、人类早期的滥交与野合、母权化的婚媾形态——性文明的朦胧、父权家庭的雏形——性的禁忌与嫡子、专制政治的淫威——妻妾成群与初夜权、性权力的巅峰——官妓制度与女性依附、男性道德的神话——贞节观念与妇道、女性爱欲的献祭——爱情传奇与殉情、性意识的觉醒——人性复归与道德、封建文明的颠覆——爱欲解放与自由、金钱的傲慢——商品制度与性交换、审美的偏见——唯美主义与色情文化、生殖的异化——性感官的享乐与错位、解开拴狗带——放纵野性与淫秽概、女权主义的崛起——男女平权与性、性革命的解读——文化疲软与传统、心态的潜能——生命欲求与古老和类文明面临的世纪性难题等。

著作名称：从禁忌到解放——20 世纪西方性观念的改变

作　　者：张红

出　版　社：重庆出版社

出版时间：2006 年 4 月

版　　次：第 1 版

I S B N：9787536677210

页　　数：224 页

价　　格：18.00 元

作者简介

张红（1962—　），女，现为南京大学副教授，历史学博士，主要研究方向为英国历史。与欧洲研究有关的教学经验：西欧中世纪史，欧盟整合，英国社会史。

内容简介

　　该书共分 5 个章节，论述了西方性从禁忌到解放的过程。通过对性解放的论述，我们可以从中看出女性在性方面受到的限制远远超过男性。第一章是西方性的历史回顾。作者认为，性是人类最基本的、最自然的东西，是人类存在的真相。但是人们的性行为受到历史、道德和心理的深远影响；第二章是维多利亚时期的性禁忌。维多利亚时代一直被认为是西方性压抑的时代，首先宗教的道德标准仍然是普通百姓必须遵守的规范，掠夺财富和禁欲主义成为资本主义发展的最大的动力。维多利亚时期，凡是与性有关的东西都被视为邪恶的东西，凡是对性有要求的人都是堕落的人，人们保持了性的唯一目的就是为生育。这一时期的性受到了政府的更多关注，虽然传统的宗教职能被迫退到社会的后台，但是政府、医生、社会学家代替了宗教的性禁忌传统，并加强了对不道德性行为的惩罚，性成为人们话语和行为的禁忌；第三章是西方性解放的启蒙。进入 20 世纪以后，西方心理学和医学的研究和发展，把人们的性行为建立在科学的基础上，性逐渐成为科学研究的对象，性不再是猥亵和下流的话题；第四章是：“无限制的性。”20 世纪 60 年代在美国首先兴起了一场性的革命，并迅速席卷到其他西方国家，彻底改变了西方人传统的性观念，西方人进入了一个泛性的时代，“无限制的性”成为性解放的一个标志。性解放运动对西方社会产生了深远影响，它是对维多利亚遗风的挑战，导致了西方性观念的改变；第五章是性解放运动以后的西方社会。20 世纪 60 年代西方的性解放运动从美国蔓延到欧洲，不少的年轻人、中年人甚至老年人，都开始追求性的享受，放纵情欲。20 世纪 80 年代初，随着艾滋病的发现，特别是由于性接触导致艾滋病的蔓延，使西方人不得不重新反思性解放运动的得失。因此，20 世纪 90 年代以后，对传统生活方式的回归，成为西方人的性选择。

　　我们在研究西方的性解放和性回归的过程中，不得不对我们国家人口的性状况给予一定的关注。改革开放以来，中国的政治、经济和社会都发生了翻天覆地的变化，人们的性观念也发生了极大的变化，我们应该从西方的性解放和回归中得到一些借鉴和教训。

著作名称：中国性文化史

作　　者：石方

出　版　社：黑龙江人民出版社

出版时间：2003 年 1 月 1 日

版　　次：第 1 版

Ｉ Ｓ Ｂ Ｎ：7 - 2070 - 2536 - X

字　　数：440 千字

价　　格：21.80 元

作者简介

　　无

内容简介

　　该书介绍了人类史前期的性文化；奴隶社会的性文化；秦汉时期的性文化；魏晋南北朝时期的性文化；隋唐五代时期的性文化；两宋时期的性文化；辽金元时期的性文化乃至明清时期的性文化等内容。研究探索了我国人类史前期至新中国时期性文化的产生、发展、演变规律。《中国性文化史》一书的面世，对人们了解人类自身的发展过程，对社会主义精神文明建设，对更新社会的伦理道德观念以及提高人们的家庭生活质量等等，都是大有裨益的。

著作名称：身体·性·性感——对中国城市年轻女性的日常生活研究

作　　者：黄盈盈

出　版　社：社会科学文献出版社

出版时间：2008 年 3 月

版　　次：第 1 版

Ｉ Ｓ Ｂ Ｎ：9787509701034

字　　数：310 千字

价　　格：45.00 元

作者简介

　　略

内容简介

　　该书基于对中国城市年轻女性的访谈以及对日常生活的观察和体验，

以女性作为主体在日常生活实践中（而不仅仅是意识层面上）表达出来的对于"身体"、"性"和"性感"的想象与构建作为本研究的出发点，以她们对"身体与性的关系"的理解，作为着重分析对象，利用具体材料开展深入的剖析，并进而探讨新的理论点和概念生长的可能性。作者以"当今中国具体情境中的身体研究"为出发点，但没有把"身体"局限于西方语境中"身—心"的讨论框架里，而是围绕着"身体"与"性"的关系来考察"身体"，并从中国女性的具体日常生活中寻求"身体"和"性"的多元化分析空间。作者在书中明确提出和拓展了"性"研究的"主体构建"思想，侧重女性主体的声音以及女性主体的自我表述和建构，同时兼顾女性主体所处的社会文化情境来进行分析。

　　该书共分为五部分：第一部分介绍了理论背景与研究方法。第二部分的主题是中国城市年轻女性的身体观。第三部分主要分析女性对于性的理解与实践。第四部分，作者在不同的语境中考察了性感的含义，并从中分析女性对于性与身体的关系的理解。第五部分先对前面三部分进行概括与综合分析，而后进一步分析了与女性身体观紧密相连的情境因素。

著作名称：湿漉漉的玫瑰——中国大学生性现状调查

作　　者：杨小诚　邓鹏

出 版 社：中国广播电视出版社

出版时间：2005 年 1 月

版　　次：第 1 版

I S B N：9787504344373

字　　数：165 千字

价　　格：20.00 元

作者简介

　　无

内容简介

　　这是一本真实记录当代大学生性观念、性行为的访谈录。该书分为上、中、下三篇，上篇侧重于对性的初步认识和初次性行为的讲述；中篇则偏重于大学生对性与婚姻的认识；下篇记录了对偏离传统社会道德规范的性行为者进行的访谈。每篇由四个访谈录组成，每一访谈录之后有作者对该访谈所做的采访手记及随之附上的相关链接。该书是对当代大学生的性态度、性行为的一个抽样调查，调查的对象是 12 个大学生，其中包括五位女性和七位男性，他们将自己的"性事件"一一呈现出来，并道出了自己对性的态度，对性的渴望，对性的困惑和对性的苦恼。

大学生在当今的信息时代，每一时刻的生活里都会涌入大量的信息，跟性有关的直接或间接的信息更是势不可当。身体成熟、机能健全的他们是如何成长起来的？是如何认识性的？是如何面对自己的第一次？又是如何看待爱情、婚姻和性？……作者以被访者对性的初步认识、初次性行为、对性和爱情及婚姻的认识等问题为主线进行访谈。他们中有感情细腻而内心富有激情的文科女大学生；有刚毕业于重点大学，高学历高薪水高智商的男性社会精英；有单纯、开朗的普通女大学生；有出身上等家庭、教养很好、极其聪明、成绩优异的男同性恋者；有家庭环境比较宽松、受西方文化影响、性观念像美国人的男大学生；有自尊心强、不随波逐流、敏感挑剔、有思想的高学历女博士；有已婚的多性伴的在校男博士和与富商同居两年多的漂亮女大学生等。

该书目的是为大学生性教育工作者、性社会学研究者以及广大关心大学生性问题的读者提供辅助性资料，为大学生性教育提供例证。

十二 性别暴力

（19 本）

序号	著作	作者
1.	骚扰——无法回避的痛	［法］玛丽·弗朗斯·伊里戈扬
2.	拒绝骚扰——亚太地区反对工作场所性骚扰行动	南莲·哈斯贝 等
3.	跨地域拐卖或拐骗——华东五省流入地个案研究	王金玲
4.	中国家庭暴力研究	张李玺 刘 梦
5.	中国婚姻暴力	刘 梦
6.	家庭暴力与法律援助——问题·思考·对策	郭建梅
7.	呐喊——中国女性反家庭暴力报告	陈 敏
8.	"围城"内的暴力——殴妻	高鸣鸾 王行娟 等
9.	女性性犯罪与性受害	肖建国 姚建龙
10.	日军慰安妇制度批判	陈丽菲
11.	血痛——26个慰安妇的控诉	陈庆港
12.	反对针对妇女的家庭暴力——中国的理论与实践	荣维毅 宋美娅
13.	家庭暴力对策研究与干预——国际视角与实证研究	荣维毅 黄 列
14.	暴力对幸福的毁灭——婚姻家庭中的暴力问题透视	张中友
15.	妇女受暴口述实录	宋美娅 薛宁兰
16.	施暴者教育与辅导培训手册	陶勑恒 郑 宁
17.	性别暴力的医疗干预——医务人员资源手册	郭素芳
18.	反击性骚扰——全国首例胜诉性骚扰案件诉讼历程	张绍明
19.	对性骚扰说"不"——最新性骚扰研究报告	纪康保

著作名称：骚扰——无法回避的痛

作　　者：[法] 玛丽·弗朗斯·伊里戈扬

译　　者：陈　露

出　版　社：社会科学文献出版社

出版时间：2001 年 11 月

版　　次：第 1 版

I S B N：780149573X

字　　数：145 千字

价　　格：22.00 元

作者简介

　　玛丽·弗朗斯·伊里戈扬，女，法国著名学者、精神病科医生、心理治疗专家、受害学专家。

内容简介

　　《骚扰——无法回避的痛》讲述了社会中无处不存在的骚扰，对其类型、原因、防范等作了有效分析，是一本研究社会骚扰问题的重要理论著作。有时候只用言辞，目光暗示就能摧毁一个人，这被确定为变态强迫行为或精神骚扰。精神骚扰无所不在地存在于社会生活的各个角落，夫妻、家庭、企业，这样一种两个人、几个人和一小群人之中都有可能存在这种现象。通过一些表面上无关紧要的话语影射、暗示或非语言的暗示，实际上就可能使某些人感到不安，使受害者处于抑郁的旋涡中，甚至自杀，这种隐蔽的强迫行为"不弄脏双手就可以毁灭一个人"。该书是风靡欧洲的一本畅销书，近几年在法国连续七次再版。

　　全书分为日常生活中的变态强迫行为、变态关系及主角、受害者的结局和承担的责任三部分内容，研究了私人生活中的强迫行为，夫妻间的变态强迫行为等问题。作者在第一章中以大量的案例对变态强迫行为加以描述，使人们对这类行为的实际情况能够有所了解。作者首先从夫妻间的相互关系着手，指出一方对另一方的控制和强迫行为是夫妻关系不正常的两个最显著的特点。夫妻间如果缺乏感情或关系过分亲密时就会出现变态行为。当变态自我的人对一个令人棘手的选择不能承担责任时，变态强迫就会在危机时出现。家庭中变态强迫行为也会使孩子受到伤害。在进入第二章后，作者开始对变态强迫行为进行理论分析，总结归纳精神骚扰的模式，以便让人们能够更清醒地意识到这种行为；特别对侵犯者的特征进行了理论分析概括，使人们对社会中存在的这样一批专门骚扰别人的人有一种更为清晰的了解和认识。第三章中，作者以一名医生的角度对受害者的严重身心后果以及如何挽救受害者的问题做了详细的解说，能让读者感受到作者对病人的高度关怀和负责的精神。作者指出，变态强迫行为以潜伏的方式出现以致很难识别并随之进行自我保护，很少有人能独立识别。最后作者提出，精神骚扰的核心问题就是缺乏对人的尊重。如果我们的社会不想完全靠法律的强制性来运作的话，就必须建立起对人的尊重的意识，而这一点必须从幼儿时期就开始学习和培养。

通读全书，能让读者深切地感受到，精神骚扰问题虽然是从心理医学入手，但却涉及众多的学科领域，作者虽然是位医生，但她所从事的研究却跨越了教育学、伦理学、社会学等诸多学科。作者要医治的是个人的心理问题，而作者发现的却是整个社会的问题。作者要挽救的是那些被社会所抛弃的受害病人，而这个强权社会就是病态的，整个社会都需要挽救。该书既有大量对个人心理的深入分析，又不脱离整个社会的大背景，有事实，有理论，从点到面，层层深入，把个人的身心健康与整个社会的和谐发展有机地联系起来，不愧为一本在法国再版七次的畅销书。

著作名称：拒绝骚扰——亚太地区反对工作场所性骚扰行动

作　　者：南莲·哈斯贝 等

译　　者：唐灿

出 版 社：湖南大学出版社

出版时间：2003 年 12 月

版　　次：第 1 版

I S B N：7810537059

字　　数：210 千字

价　　格：20.00 元

作者简介

　无

内容简介

　　工作场所的性骚扰是对人权的侵犯，严重损害了男性和女性、年轻和年长的工作人员之间的机会公平和待遇平等。消除工作场所的性骚扰既是人们的愿望，也是经济上的要求。该书探索了关于性骚扰的不同看法和态度，对性骚扰作了定义，界定了工作场所和工作关系，并归纳性骚扰对受害者本人、企业和组织以及整个社会所造成的影响，分析法律措施、工作场所的规定，以及在国际社会、国家内部和企业中已采取的实际行动。

全书共分为6个章节。第一章为导论，概括国际上对性骚扰的看法，着重介绍亚太地区反对性骚扰的行动，旨在提高人们对正规部门和非正规部门工作场所性骚扰现象的意识，并考察各国政府、雇主组织、工人组织和妇女组织的成功实例和有效举措。第二章为亚太地区工作场所性骚扰现状。在这章里，可以了解到亚太地区工作场所的性骚扰现状。对性别关系和妇女在工作和社会中角色的不同看法导致对性骚扰的不同态度和看法，因而有时导致对这种现象理解的困难。一系列性别特征在这里得到讨论，并对性骚扰的定义和类型做了总结。第三章探讨工作场所性骚扰事件的发生和范围。与20年前相比，今日亚太地区有更多的妇女加入劳动力大军，因为她们需要养家糊口。这一章讨论了各种文献中记录的三种趋势：贫困女性的增多、伴随着全球化进程的低质量职业的增多、职业上的性别隔离。第四章反对性骚扰的法律行动，论述当前的立法情况，解释国家法律、国际劳工和人权机构的趋势。单纯的刑法条文只针对最野蛮的性骚扰形式，如性攻击和强奸，纯粹的保护性法律强调妇女的谦卑，目前这方面开始有了改进，出现了针对男女就业机会、待遇平等的立法。第五章工作场所的规章制度和实际措施，解释工作场所的规章和实际措施。这些规章和措施对于有效预防骚扰的发生至关重要。第六章发现和结论，提供一些重要发现，包括亚太地区丰富而广泛的经验、各不相同的态度，以及各地对工作场所性骚扰的普遍认识。此后作者总结了立法、工作场所政策和实际措施的趋势和范例。

附录是为实际应用而设。首先是反击性骚扰的国际和地区性工具。还有在工作场所应用的问卷样本、一份公司政策范本、一份工作守则及一份反性骚扰宣传册。这些材料为人们提供了有关性骚扰的法规方面的小常识，为如何预防和投诉提供了方法。该书力图为政府、企业经营者和工人对性骚扰采取行动提供帮助，显示社会大众对性骚扰的态度转变，以及如何从立法、工作场所相应的培训、信息和管理等方面避免性骚扰事件的发生。

著作名称：跨地域拐卖或拐骗——华东五省流入地个案研究

主　　编：王金玲

出 版 社：社会科学文献出版社

出版时间：2007 年 7 月

版　　次：第 1 版

I S B N：9787802307841

页　　数：389 页

价　　格：28.00 元

编者简介

　　略

内容简介

　　该书是"中国地方社会科学院学术精品文库·浙江系列"丛书之一。近十几年来，中国西部贫困地区儿童和青少年被拐卖场和拐骗的问题日益受到社会各方面的关注。该书在翔实的被拐卖/拐骗妇女儿童的述说资料中，清晰地展现了被拐卖/拐骗妇女儿童的流出缘起、经过、流入过程，以及在流入地生活的辛酸苦辣，为我们揭示了社会中典型的非正常区域流动群体的生活众相。

　　全书共分为 4 章。第一章为"概述"，主要介绍项目的背景，方法与实施，分别以流入地和目标人群两个视角对近十余年来中国拐卖或拐骗妇女儿童现象的总体特征、变化及发展趋势进行概括，并提出相应的倡导和建议。第二章为"婚迁妇女"，包括《婚姻对于妇女人生的意义》、《婚姻市场中的拉力、推力与动力》、《婚姻迁移与策略化生存》、《被拐卖或拐骗妇女的成婚与生存现状》四篇报告，分别以浙江、江苏、山东等地的个案研究为基础，分析拐卖或拐骗妇女婚姻迁移的动因及其生存现状。第三章"性服务妇女"，包括《农业文明社会的理性在工业文明社会中的挣扎》、《人生的前悲剧与悲剧》两篇报告，让读者认识了拐卖或拐骗妇女的"人生前悲剧与悲剧"及其在现实世界中的挣扎。第四章为"收养儿童与廉价劳动力"，包括《社会现代化 VS 孩子的传统意义》、《女孩、贫穷、外来者：三重边缘化》两篇报告，以流入安徽的云南籍未成年廉价劳动力这一特殊群体为个案研究对象，探讨廉价劳动力的现实状况，弥补了流出地相关人群研究上的不足，填补了流入地非法/非正常收养儿童方面研究的空白。

同时该书还为政府和有关部门进一步制定、完善和实施有关遏制拐卖或拐骗人口，尤其是拐卖或拐骗妇女儿童现象的法律、政策提供有用的基础性资料，提出可行和有效的法律和政策建议、社区行动建议、个人行动建议。

著作名称：中国家庭暴力研究

主　　编：张李玺　刘梦

出 版 社：中国社会科学出版社

出版时间：2004 年 7 月

版　　次：第 1 版

I S B N：7 - 5004 - 4204 - 1

字　　数：168 千字

价　　格：18.00 元

编者简介

张李玺（1953—　　），女，教授、博士，陕西延川人，现任中华女子学院院长兼党委副书记。1982 年，毕业于北京大学哲学系，获学士学位。1992—1993 年，在加拿大哥伦比亚大学和凯珀拉努学院做访问学者，2002 年获得香港理工大学应用社会科学系博士学位。长期从事妇女学教学和性别研究工作，致力于男女平等及女性全面参与社会发展。

刘梦，略。

内容简介

该书研究的课题是中国法学会《反对针对妇女的家庭暴力对策研究与干预》项目的一个子项目，准备、收集资料、分析和撰写，历时 3 年多成果终于面世。该书通过对家庭暴力发生的频率、夫妻间暴力行为的类型、公众对暴力行为的界定和看法以及如何解决等问题的调查，对中国的家庭暴力问题进行了较为客观的分析和研究。

除序言等外，全书细分为 11 章。第一、二、三、四章，分别介绍调查的背景和意义、文献回顾和研究设计。运用社会性别意识指导整个研究，是该研究的一个重要特点。第五、六、七、八章的内容分别为被访者的个人经历和感受、夫妻冲突行为、夫妻冲突解决及责任认定、对家庭暴力的认识等，是具体调查内容的呈现，是对家庭暴力问题客观的分析。第九、十章为量表的本土化讨论、量表的因素分析，对调查进行的理论方法上的检验，增强了调查的科学性。第十一章，讨论了社会干预和社会政策建议，是全书的理论概括和总结，是本研究最重要的部分。根据研究假设，主要以社会性别、经济文化、童年经历三条主线对家庭暴力产生的原因进行综合分析。每一种理论都有其内在的局限性，而现实社会现象是无限丰富多彩的。从社会的经济、文化、个体心理层面来看家庭暴力，拓宽了原因理论的局限，把家庭暴力成因从不同的侧面展现出来。最后，文章提出了"制定相关的法律"、"加强公众宣传和教育"等七条社会干预和社会政策的建议。

该项目研究及学术研究和知识传播于一体，其结论基于大量的实证调查，因而有较强的可信度和说服力，是一份规范科学的调查研究。

著作名称：中国婚姻暴力

作　　者：刘梦

出 版 社：商务印书馆

出版时间：2003 年 11 月

版　　次：第 1 版

I S B N：7 – 100 – 03876 – 6

页　　数：230 页

价　　格：14.00 元

作者简介

　　略

内容简介

　　在中国，1995 年世界妇女大会后人们开始关注婚姻暴力现象。一些相关的研究性的文章开始发表，婚姻暴力的个案、受虐妇女的生活经历，以及介绍国外研究状况的书籍也开始问世。但作为一个研究领域，能够结合国外有关婚姻暴力研究的最新理论和方法来对中国的现状进行系统研究，还是一个空白。作者运用攻读博士学位期间学习到的最新理论和研究方法，结合中国的国情，对婚姻暴力进行了深入系统的研究。

　　该书在充分了解和回顾国外相关研究的基础上，采用质性研究方法，通过对 20 位受到婚姻暴力伤害的妇女的访谈，收集了大量的第一手资料。在资料分析中，运用社会性别分析框架，结合交换理论和家庭系统理论，再现 20 位妇女暴力婚姻的经历，揭示她们生活中鲜为人知的一面，分析中国婚姻暴力的特点。研究结果显示，在中国，婚姻暴力之所以能够存在和维持下来，是因为在特定的文化背景下，出现了一种保护性机制。个人、家庭和社会层面的保护，使得婚姻暴力现象处在一个稳定的状态之中。根据这种机制，作者构建了一个宏观到微观几个层面理解婚姻暴力的理论框架，并对如何干预和制止婚姻暴力提出一些可行的政策建议与实践措施。

　　这项研究具有以下几个特点：第一，系统地运用质性研究方法，对婚姻暴力进行深入系统的研究。作者为了收集资料，曾 3 次去农村进行实地调查和观察，采取深度访谈的方式，访谈了 20 位妇女。在资料收集的基础上，按照质性研究的方法，进行系统的资料分析，从研究方法的角度上，具有一定的创新性。第二，对中国的婚姻暴力现象提出一个解释性框架，这个框架，为后人进一步理解和深入研究婚姻暴力，提供了新的思路。第三，作者不仅对婚姻暴力现象提出很多独创性的观点，还对婚姻暴力相关的一些现象也提出一些很有价值的发现，比如，对农村和城市的儿子们是否孝顺父母的研究，对婆媳之争的新理解，对中国人面子观与婚姻暴力之间的关系的发现，都为这些领域的研究提出了很多有启发性的观点。第四，作者在书中将西方学者在婚姻暴力研究中的成果，与中国本土的实践结合起来，将自己的研究放在了一个广阔的、国际性的知识创造体系中，使得这个研究起点较高。

著作名称：家庭暴力与法律援助——问题·思考·对策

主　　编：郭建梅

出　版　社：中国社会科学出版社

出版时间：2003 年 9 月

版　　次：第 1 版

I S B N：7 - 5004 - 3987 - 3

字　　数：317 千字

价　　格：26.00 元

编者简介

　　郭建梅（1960—　），河南滑县人。1983 年毕业于北京大学法学院，先后供职于司法部、全国妇联和中华全国律师协会，一直致力于妇女权益保障工作。1995 年成立中国第一家女性法律援助公益性民间机构——北京大学法学院妇女法律研究与服务中心，并担任中心执行主任至今，被称为"中国女性法律援助公益律师第一人"。

内容简介

　　该书是中国法学会《反对针对妇女的家庭暴力对策研究与干预》法律援助分项目历时两年多所完成的研究成果报告。该书分为总报告和分报告两大部分。总报告由六个部分组成，包括该项目立项的背景、意义及宗旨；项目工作情况及其成果；典型案例评析；家庭暴力现象产生的社会原因；反对家庭暴力的现实困难及对策建议等内容。作者首先从介绍课题立项背景及研究意义出发，全面描绘该项目的任务、目标和研究方法和工作进程。透彻分析了几个典型案例，结合其他广泛的法律援助实践，揭示我国家庭暴力现象产生的社会原因。作者认为我国目前普遍存在家庭暴力现象的原因为：传统夫权思想和家本位观念是产生家庭暴力的思想文化根源；社会的变迁带来了男女经济收入不平等，女性在家庭经济地位上往往处于劣势，这是家庭暴力产生的经济根源；社会控制机制的弱化。作者聚焦了现阶段反对家庭暴力的主要问题和难点，从立法和执法两个方面进行了分析。最后提出包括立法、司法及社会宣传等方面的建议方案。分报告部分包括 15 个典型案例的剖析，通过对这些不同类型、不同特点、不同文化层次、不同案发地区的家庭暴力案件中的受暴妇女开展调查研究，了解现阶段针对妇女的家庭暴力的基本情况，探究家庭暴力与历史文化、社会经济、法律制度以及施暴者自身素质等方面之间的关系，着重对家庭暴力中受暴妇女在寻求法律救济手段方面所面临的问题进行研究，分析现行法律在立法上的空白、缺陷以及司法中存在的问题和困难，进而提出立法建议与司法对策。

　　该书是一本集一般和具体、理论和实践于一体的对家庭暴力案件法律援助的研究著作，是一项不可多得的综合性研究成果。全书以中英文双语形式出版，对于学术界、新闻界、相关政府部门和民间组织及其他所有关注该项目的人士都有一定的参考价值。

著作名称：呐喊——中国女性反家庭暴力报告

作　　者：陈敏

出 版 社：人民出版社

出版时间：2007 年 5 月

版　　次：第 1 版

I S B N：9787010061740

字　　数：210 千字

价　　格：28.00 元

作者简介

陈敏，女，浙江省温州人。著名家庭暴力问题专家、中国法学会家庭暴力受虐妇女支持小组组长，现供职于最高人民法院。

内容简介

该书是中国第一部深层剖析女性反家庭暴力的力作，是一本全面系统反映我国女性反家庭暴力和维权的实用手册。全书从一位家庭暴力受害女性的来信入手，分析家庭暴力产生的原因及表现形式、家庭暴力的常见误区、暴力关系中的施暴者和受害者的心理和行为特点、家庭暴力与女性犯罪、家庭暴力与孩子、家庭暴力中涉及的法律问题。

全书共分为 7 章。第一章"什么是家庭暴力"，介绍家庭暴力的概念、形式和特点。第二章"家庭暴力常见误区"，澄清了关于家庭暴力的种种误区，还家庭暴力以原真面目。第三章"施暴人"和第四章"受暴人"，分别从施暴人和受害者两个角度，分析家庭暴力的心理及其行为模式。第五章"家庭暴力关系中的孩子"，介绍家庭暴力事件对孩子身心健康的不良影响。第六章"你该怎么办"，是全书的重点，指导人们如何有效摆脱家庭暴力。第七章"家庭暴力问题研究相关理论"，透过社会性别视角分别从心理学、女性主义法学、犯罪被害人学三个角度，对家庭暴力问题进行学理分析。全书的理论框架主要有两个：一是有关家庭暴力的女性主义理论；二是关于家庭暴力的心理学理论。

该书是学术性的，但却不是一本枯燥乏味的学术性著作，正如作者在后记中所言，"该书的目的，是从心理学、女性主义法学、犯罪被害人学等多学科视角，协助所有关注家庭暴力问题的读者，了解家庭暴力是怎么回事、施暴要达到什么目的、为什么会发生、有什么危害。在目前真正有效、及时的法律和社会救济途径都很缺乏的情况下，受害人及其家人如何利用自身的能力和各种资源，采取有效的自救措施摆脱家庭暴力"。同时该书告诉施暴人以建设性的沟通方式取代暴力沟通方式的方法及其重要性，以及助人者如何避免助人误区，正确助人。该书结合近百个典型案例，具体、生动地向读者阐释了如何维护自己的权益。那些真实故事中家庭暴力受害者不堪的命运，痛苦的遭遇和经历，在撞击我们内心情感的同时，也将我们的思考带入理性。

著作名称： "围城"内的暴力——殴妻

作　　者： 高鸣鸾　王行娟　等

出 版 社： 中原农民出版社

出版时间： 1998 年 8 月

版　　次： 第 1 版

I S B N： 7806410988

字　　数： 232 千字

价　　格： 12.5 元

作者简介

　　王行娟，略。

　　高鸣鸾，女，中国社会科学院文学研究所高级研究员，专门从事戏剧研究工作。北京红枫妇女心理咨询服务中心热线志愿者。

内容简介

　　该书是著名的北京红枫妇女心理咨询服务中心，根据热线案例编著的妇女热线丛书之一（其余两本是《身边的阴影——性骚扰》、《谁能给我公道——法律》），选题思想均来自妇女热线，都是电话咨询中的热点问题。中国妇女在家庭中的地位到底是怎样的？中国家庭暴力的情况是怎样的？中国社会对家庭暴力的调节功能是怎样的？妇女在有暴力的家庭中是怎样生活的？该书选取典型案例，剖析大众心理，揭示女性隐痛、专家指导迷津，既有理论的研究，又有生动的个案描述与分析，是中国第一本集中反映家庭暴力、并且集研究与制止暴力实际操作于一体的书籍。

全书共分为三个部分。第一部分包括三篇学术论文：《从夫妻冲突看妇女在家庭中的地位》、《中国家庭暴力的情况与分析》、《中国社会对家庭暴力的调解功能》，从理论上对"围城"内的暴力现象进行探讨。第二部分"家庭暴力在城市"。根据红枫妇女心理咨询服务中心在北京城市和郊区开展的个案调查，王行娟撰写了《北京农村家庭暴力状况调查》，对家庭暴力在城区的情况进行分析。然后，主要选取妇女心理咨询热线中的典型案例进行分析。第三部分"家庭暴力在农村"，首先提供了《北京农村家庭暴力状况调查》。其次，选取农村中家庭暴力的案例进行深刻的分析。案例生动、深刻，具有很强的典型性。每个案例之后，咨询员都给予一定的回应，这些回应，既对案例进行了剖析，也为受害人和读者指点迷津，提供了行动的途径。

受虐的妇女敢于拨打妇女热线电话的是少数，真正能打通的则更是少数。这本小册子可以在一定程度上弥补热线电话的不足，可以让更多的女性能知道"红枫叶"以及想告诉受害妇女的一些意见和建议。这本小册子也能够让关心这个问题的女性，或者有类似遭遇的女性能够从中受到启迪。对于男性读者来说，了解怎样营造和谐的家庭，怎样对待自己的妻子，也是有益处的。

著作名称：女性性犯罪与性受害

作　　者：肖建国　姚建龙

出　版　社：华东理工大学出版社

出版时间：2002 年 6 月

版　　次：第 1 版

I S B N：756281239X

页　　数：296 页

价　　格：15.00 元

作者简介

肖建国（1955—　　），男，现任华东政法学院教务处处长，研究员，硕士研究生导师，上海市第四律师事务所律师。

姚建龙，江西永丰人，华东政法大学教授，法学博士，硕士生导师。

现任《青少年犯罪问题》杂志主编，上海市长宁区人民检察院副检察长等。主要作品有《长大成人：少年司法制度的建构》、《少年刑法与刑法变革》、《超越刑事司法》等十余部。

内容简介

通观全书，奉献在读者面前的，是作者用细腻的笔法、新颖的视角、流畅的语言、系统的构思、争鸣的内容，理性地审视了犯罪学中的女性性犯罪和被害人当中的女性性受害，并用"性"作为联系的纽带，将女性性犯罪与性受害联系起来研究。该书主要分三个部分对此进行了细致的分析：

第一，全书在概论部分详细分析了女性性犯罪与女性性受害的各自特性以及两者的关联。作者在对女性性犯罪概念进行介绍的基础上提出：女性性犯罪是指女性侵害他人性权利或有伤风化或利用其色相、肉体等性诱惑手段所实施的情节严重的社会行为。与此相对的是，对女性的性侵害仍然是一个严重的世界性问题，女性性受害的研究则反映出女性受害时间、地点和对象的特定性、受害形式和手段的隐蔽性、受害过程的多次性、受害类型的高发性、女性受害后的逆变性以及非常时期女性受害的群体性与公开性等特点。

第二，在女性性犯罪部分，作者对相关女性性犯罪进行了精彩论述。受龙勃罗梭以犯罪人的生理特征来证实天生犯罪人理论的影响，作者对性犯罪的生物学和心理学因素进行科学、理性的审视，并认为女性性犯罪中的生理因素会逐渐成为我们司法活动中不可忽略的内容。同样，毒品问题是一个全球性的社会问题，该书对女性吸毒违法犯罪的特征、识别以及预防等进行了颇为细致的探究。

第三，在女性性受害部分，作者系统研究了女性性受害。首先分析了"黄毒"、家庭暴力、性骚扰、拐卖妇女等各种多发性侵害情形，并试着分析女性性受害的被害人责任问题，随后就女性性受害中的女性贞操权、隐私权等女性人格权的保护和赔偿问题进行了论述，最后阐述女性性受害的保护、情景预防，以及社会、家庭如何对受害妇女开展援助。

这部论著至少在以下几个方面显示了作者的智慧、努力及创新：一是结构与方法。作者在方法论上的贡献就在于关注到女性性犯罪与女性性受害之间的关联并采用整合的方法对两者进行系统研究，不能不说具有耳目一新的方法论上的意义。二是内容与观点，该书围绕着女性性犯罪与性受害的历史、现状、原因、对策、预防等进行阐述，提出了许多较为独到的观点；三是文献与资料。通观全书，作者成功地驾驭了相关专业领域的材料，做到言之有理、论之有据。大多数文献的选择和运用不仅体现出权威性，而且注重经济原则，引用资料简洁有力，引用的范围从经典历史名著到国内外最新研究成果；四是理论与实践。随着阅读的深入，作者穿梭于资料与分析之间，做到理论与实践的较好结合，不仅凸显出所探究问题的理论价值，更为可贵的是注重对中国当前语境下的实践对策的思考。《女性性犯罪与性受害》一书是国内第一部把女性性犯罪与性受害问题结合起来全面、深入研究的专著。这部著作无疑有助于读者正确认识和重视女性性犯罪与性受害问题。

著作名称：日军慰安妇制度批判

作　　者：陈丽菲

出　版　社：中华书局

出版时间：2006 年 11 月

版　　次：第 1 版

ＩＳＢＮ：7101052215

页　　数：400 页

价　　格：44.00 元

作者简介

　　陈丽菲（1959—　），女，上海师范大学副教授，文化典籍系副主任，编辑出版学专业负责人。著有《侵华日军"慰安妇"制度略论》、《罪恶滔天二战时期日军"慰安妇"制度》等。

内容简介

　　慰安妇制度是第二次世界大战时，日本政府及其军队强迫各国妇女充当日军性奴隶的制度。在这一制度的奴役下，大量中国、朝鲜、东南亚和欧美各国的妇女惨遭日军的蹂躏。强征中国、朝鲜等地妇女为日军性奴隶，是日本政府和军部直接策划、各地日军具体执行实施的有组织、有计划的行为。《日军慰安妇制度批判》一书可视为《慰安妇研究》（苏智良著）的"姊妹篇"。该书以 25 万的文字与大量历史与调查图片，"有理、有利、有节"地批判和揭露了日本政府及军部在侵略战争期间策划和实施"慰安妇"制度的滔天罪孽，深刻地批判了日军慰安妇制度。

该书在以往各国学者研究成果的基础上，结合作者10年来的"慰安妇"幸存者田野调查研究实际，运用历史学、人类学、社会学、政治学和女性学的理论，对日军性奴隶制度建立的背景、萌芽与确立、实施、扩大等进程，作了一次全面、清晰、卓有识见的梳理。全书从结构上看，既深入挖掘了日军"慰安妇"制度建立的历史背景和根本缘由，又详细论述了该制度从无到有、由少到多、从萌芽到罪大恶极的运作过程；同时还以受害地区和国家为类别，分别举证受害女性战时和战后肉体和精神上所受的极大摧残和折磨的文献资料与调查实例；最后，以中国、韩国、菲律宾三国受害者艰难的东京起诉之路为节点，向世人昭示战争虽已结束，但战争留下的创伤，受害国人民伸张公理和正义的斗争并没有结束的令人警醒的现状。与以往就"慰安妇"制度论"慰安妇"制度不同，该书将论述的背景后推数百年，结合社会学的视角观察近代以降日本民族的性观念发展历史，卓有见识地提出日本国以性为社会、政治和军事资源的"性政治"观点，并以此深入透视和剖析"慰安妇"制度实施的背景、根源与内涵。

在史料的举证上，《日军慰安妇制度批判》也呈现出全面化、系统化和说服力强的特点。在撰写该书时，作者十分注意史料的发掘和收集，始终做到口述证言与书面材料相佐证，国内资料与国外文献相补充，学术论著与官方文件相呼应。从写作风格上看，《日军慰安妇制度批判》也呈现了多样性和灵活性的结合，书中既有史又有论，既有文又有图，既突出该书作为学术著作的专业水准，又不乏通俗性、可读性。全书的整个论述过程始终是史中有论、史论结合。同时，配有129张弥足珍贵的"慰安妇"问题的"三亲者"（亲历者、亲闻者、亲见者）、慰安所遗址的照片，在增强说服力之际又使得读者在阅读过程中对日军"慰安妇"制度问题既有理性的认识，又有感性的了解。

作者在后记中写道："近十年来，走了那么多的路，看了那么多的人，吃了那么多的苦，掉了那么多的泪，打了那么多次的退堂鼓……"文字虽然简单，却可以让我们体会到从事"二战"时期日军性奴隶制度课题研究需要做大量实地调查和在处理与现实社会环境种种抵牾之处的无限艰辛。

著作名称： *血痛——26个慰安妇的控诉*

作　　者： 陈庆港

出 版 社： 北京出版社

出版时间： 2005年8月

版　　次： 第1版

I S B N： 7200061034

页　　数： 202页

价　　格： 23.00元

作者简介

　　陈庆港，现为《城报》传媒视觉总监。主要纪实摄影作品有：《20世纪末中国贫困地区贫困家庭状况调查》（1999—2001）、《侵华日军细菌战调查》（2002—2003）、《农民工生存调查》（2003）、《中国慰安妇调查》（2004），2005年以《中国慰安妇调查》获中国国际新闻摄影大赛金奖。

内容简介

　　"慰安妇"是指第二次世界大战时期，被迫为日本军人提供性服务、充当性奴隶的妇女。该书记录了26位慰安妇的悲惨经历，以及她们因为那段经历而改变的现实生活。这是我国第一部关于"慰安妇"的长篇摄影纪实作品。该书是对坚强地活下来并勇敢地站出来控诉日军罪行的老人的采访。作者陈庆港用一年的时间找到了所有愿意站出来说话的老人，用震撼人心的摄影作品和简约流畅的文字，揭开我们民族记忆最深处且轻易无法表达的创痛。

　　全书在结构上共分为自序、见证、采访、原声、背景和编后6个部分。第一部分自序：那年花开，作者开篇描绘了一个叫侯二毛的13岁的小女孩因日军欺凌致死的故事，进而介绍自己在海南等地调查时的艰难的心路历程。第二部分：见证——日军慰安所，简单介绍了日本慰安妇制度、日军慰安所的数量，日军慰安所的当事人关于当年慰安所的回忆及证言。第三部分采访——我不是日本娼。第四部分原声——怎一个痛字了得，详细记录了26位慰安妇老人当年的惨痛遭遇及对其身心造成的巨大创伤。第五部分背景——慰安妇问题年表（1931—2005），为我们了解和继续研究这一问题提供了清晰的线索。第六部分编后——记住疼痛是为了不再疼痛，作者认为"记住她们是为了记住疼痛，而记住疼痛是为了今后不再疼痛"。正如作者所描述的："26个平凡的女子，26段残酷的生命记忆，26个慰安妇用60年的血泪书写的对日本军国主义的无言的控诉。因为任何语言对于她们所经受的伤害来说都没有了意义。因为青春不再，因为回忆在滴血，因为梦境依旧恐惧……重拾疼痛的历史是为了不再疼痛！"

全书词句优美、图片视觉冲击力强，令人心灵震撼，是一部对日本军国主义惨无人道罪行的控诉状，是唤起民族自尊、自强意识的教科书。对生活在今天的人们来说，读这样的书，会更加懂得珍惜和平环境和来之不易的幸福生活。

著作名称：反对针对妇女的家庭暴力——中国的理论与实践

主　　编：荣维毅　宋美娅

出 版 社：中国社会科学出版社

出版时间：2002年11月

版　　次：第1版

I S B N：7500436343

字　　数：303千字

价　　格：25.00元

编者简介

荣维毅，女，中国人民公安大学副教授，兼任中国妇女研究会理事、中国婚姻家庭研究会理事、中国警察学会特约研究员等职务。主要从事研究妇女参政需求、基层妇女参政能力建设、社会性别倡导和培训、妇女人权与权益保障、社会性别与警察执法等方面的研究。

内容简介

该书研究的课题是中国法学会《反对针对妇女的家庭暴力对策研究与干预》项目的一个子项目。该书是一部论文集，共收录"中英维护妇女合法权益，防治家庭暴力研讨会"文章30余篇，内容集中于社会性别与家庭暴力关系研究、家庭暴力社区干预和司法干预、家庭暴力现状调查研究、分项目成果分享等，展示了近年来中国反家暴力量研究和实际工作的成就。

全书包括分项目报告、理论分析、调研报告、干预对策四部分内容，比较全面地讨论中国反对针对妇女的家庭暴力问题，展示了近年来中国反家暴理论研究和实际工作的成就。第一部分"分项目报告"，包括暴力调查结果报告、家庭暴力法律干预现状调查结果分析、男性施暴者特质的心理学分析等共9篇调查报告和论文。第二部分"理论分析"，主要是从多个学科角度在理论上对家庭暴力进行分析，角度涉及法律、政治、伦理、社会工作等多个方面。第三部分"调研报告"，包括《江西省家庭暴力调查》、《宁夏农村回族地区家庭暴力现状调查》、《农村家庭暴力现状调查与分析》三篇文章，主要是选取三个具体地区，特别是农村地区作为主要调查点，对家庭暴力的情况进行调查和描绘。第四部分"干预对策"，包括《反对家庭暴力呼唤构建政府领导的主流工作模式》、《消除对妇女家庭暴力的法律举措》两篇文章，主要是政策、法律角度阐述消除家庭暴力的实践。

该书比较真实地反映了当前中国反家庭暴力事业的研究与实践状况，展示和交流我国反对家庭暴力的最新研究成果和家庭暴力干预经验，探讨中国家庭暴力的难题与对策，有利于加强公众和法律工作者对于维护妇女权益的法律意识，以便唤起更多民众，特别是各级政府机构和决策者对家庭暴力问题的重视，从而促进有关反对家庭暴力立法的完善。

著作名称： 家庭暴力对策研究与干预——国际视角与实证研究

主　　编： 荣维毅　黄列

出　版　社： 中国社会科学出版社

出版时间： 2003 年 11 月

版　　次： 第 1 版

ＩＳＢＮ： 7500441738

字　　数： 362 千字

价　　格： 28.00 元

编者简介

荣维毅，略。

黄列（1952— ），女，北京市人，满族。现为法学研究所译审，《环球法律评论》副主编，中国社会科学院人权研究中心副秘书长。主要研究方向为国际人权法和妇女人权法。代表译著有《行政法和行政程序概要》、《大众传播法》、《国家根据〈消除对妇女一切形式歧视公约〉负有的责任》、《代与代之间的公平：可持续发展权的基础》、《中国人权百科全书》等。

内容简介

家庭暴力，特别是针对妇女的家庭暴力问题，已成为当今国际社会的热门话题。目前世界上已有 40 多个国家和地区颁布了禁止家庭暴力的专门法律，并对家庭暴力理论与干预对策进行了深入而广泛的研究。该书共收录 2002 年 11 月 15—16 日在北京召开的"反对针对妇女的家庭暴力国际研讨会"会议论文 40 篇。分理论探讨、社区与社会救助、司法与行政干预、反家暴分项目报告四个主题，对国内外反家暴事业的现状进行了广泛深入的研究与探讨。该书从国家视角收集了世界不同国家学者对家庭暴力相关的研究，范围比较广泛。

其中，几篇学者的文章很值得一提。石彤采用社会排挤论来解释家庭暴力的相关问题。社会排挤是一个多元化的概念，指某些个人、家庭或社会群体因缺乏计划参与一些社会普遍认同的社会活动，被边缘化或被隔离的系统过程。石彤指出由于不能得到资源和利益，也不能参与再分配带来的经济形式的不公平而产生贫困；由于不能得到身份的认同和尊重引起的文化形式的不公平而产生歧视。消除自我排挤和社会排挤，建立正向接纳机制，也就是从制度上、政策上接纳受虐妇女真正融入社会。另外，佟新采用生活世界学来分析女性的生存状况。认为，"统治"关系或父权统治已经被组织化，女性被剥夺的经历是因为她们深深地陷入父权秩序，男性权利通过控制和统治女性身体来实现其统治。中国社会的深层结构仍然是一个男性中心的社会，因此家庭暴力成为父权文化的明显体现。在中国，调解一直都是我国解决民事纠纷的重要途径，但是陈敏表示解决家庭暴力纠纷不应该通过调解来解决。朱东武提出的是，通过社区工作者来介入家庭暴力的方法。

总之，学者们的讨论深化了人们对家庭暴力在理论上和实践上的理解，"给妇女一个没有暴力的世界"，这是全书的宗旨所在。

著作名称：暴力对幸福的毁灭——婚姻家庭中的暴力问题透视

主　　编：张中友

出 版 社：中国检察出版社

出版时间：1997 年 12 月

版　　次：第 1 版

ＩＳＢＮ：7 - 80086 - 482 - 0

字　　数：210 千字

价　　格：15.00 元

编者简介

　　张中友（1941—　），男，重庆开县人。主要研究方向为法学、检察学、预防犯罪学、未来学、学科学。主编出版了《现代法学学科概览》、《如何查办涉税案件》、《金融犯罪的防范与惩治》、《预防职务犯罪——新世纪的社会工程》、《百种单位犯罪的界限处罚与预防》、《司法认知录》等多部法律图书。

内容简介

　　我国的婚姻家庭制度，随着社会、经济的变革，也发生了十分深刻的变化。特别是进入市场经济以来，一方面渴求建立更加幸福、美满、温馨的婚姻家庭；另一方面家庭暴力行为、暴力犯罪也日趋严重。面对这一严峻的现实，该书作者从大量的社会调查、司法案例、家庭制度史料入手，专门研究编写了这本著作。这是全国第一部关于家庭暴力问题的专著，具有很强的可读性和资料性。

　　家庭是个小社会，家庭问题是社会问题的缩影。该书从社会发展史的角度、家庭在社会中的地位与作用入手，探讨婚姻家庭暴力的一般简史；探讨婚姻家庭暴力的形态与成因；探讨遏制犯罪、建立文明家庭的方法与途径。全书共分为八章，三大部分。第一部分，在简述婚姻家庭的中国史之后，论述婚姻家庭暴力的理念问题、社会危害、基本成因，比较详细地叙述婚姻家庭暴力的过去、现状与未来演化趋势；特别分析家庭暴力行为的诸多因素，具有很强的透视性与说服力，比较深刻地剖析了千奇百怪的家庭暴力行为，具有较强研究、导向与实用价值。第二部分，依 1997 年 3 月 14 日，第八届全国人大常委会第五次会议修订的《中华人民共和国刑法》，涉及婚姻家庭暴力犯罪的条款、罪名，全面阐述这类犯罪的构成与刑罚原则，通过大量案例，进行深入浅出的阐述，对于理解与执行《刑法》的有关条款，提供帮助。可以说是一本婚姻家庭法律方面的通俗读本。第三部分，是对策性探讨。包括一般对策、法律对策；包括惩治犯罪与建立文明家庭等，从法律、思想、道德、文化建设的角度，揭示家庭暴力行为的具体防患策略。

作为一本通俗读本，在理论上，这是家庭社会学、家庭人际关系学、家庭伦理学的再探讨。不仅有一般家庭学的理论资料，更有家庭变迁、发展、建设的动态信息，对于理论工作者，可以借鉴；在实践上，这是每个家庭成员行为规范与准则的参考，可以从中受益，特别是对于有过家庭暴力行为的遭受者来说，是一本很好的指南。

著作名称： 妇女受暴口述实录

主　　编： 宋美娅　薛宁兰

出 版 社： 中国社会科学出版社

出版时间： 2003 年 11 月

版　　次： 第 1 版

I Ｓ Ｂ Ｎ： 9787500439882

字　　数： 383 千字

价　　格： 28.00 元

编者简介

薛宁兰（1964—　），女，宁夏银川人。现任中国社会科学院法学研究所民法研究室研究员，兼任中国法学会婚姻家庭法学研究会副会长。主要从事亲属法、性别与法律问题研究。主要学术著作有《是枷锁还是圣经——中国女性与法纵横谈》（专著）、《中国民法典草案建议稿附理由亲属编》（合著）、《妇女受暴口述实录》（主编之一）等。

内容简介

家庭暴力是一个世界性问题，对它的研究也在世界范围内受到热切关注。妇女受暴口述对中国研究家庭暴力具有重要意义。该书研究的课题是中国法学会《反对针对妇女的家庭暴力对策研究与干预》项目的一个子项目。共收录 28 位受暴妇女的口述访谈个案，详细叙述受害人经历的家庭暴力事件，生动地描绘出中国家庭暴力的现状，论述家庭暴力发生和发展的过程、施暴者的暴力手段，以及受暴者应对暴力的态度，展示了社会各界，包括公检法机构对待家庭暴力的态度。

全书共分为四个部分。一是"以暴制暴，不仅仅是妇女的悲剧"；二是"离婚，是摆脱受暴的有效途径"；三是"暴力，还会摧毁整个家庭"；四是"站起来，创造美好生活"。收录该书的 28 例个案在一定程度上展示了家庭暴力在当今中国的现状。这个现状大致包括以下几个方面：暴力的种类；暴力发生时的一般情形；暴力造成的后果；受害妇女在遭遇暴力时的反应，以及她们如何评价自己所遭受的暴力；施暴者的心态；暴力发生时的家庭环境和社区环境；受暴妇女是否求助，求助的过程和结果；家庭暴力对妇女和儿童的伤害、对家庭的严重破坏性；社会支持系统在面对家庭暴力时的态度和反应，这个支持系统包括受暴妇女的娘家和婆家；公检法部门如何对待受暴妇女的求助，如何处理家庭暴力案件，等等。

在研究方法上，该书将口述访谈运用到家庭暴力的研究之中，这是一次新的尝试。妇女口述在家庭暴力研究中有着独特价值。家庭暴力发生在私人空间里，尤其是发生在夫妻两个人之间，许多事件有很强的私密性，受害者受"家丑不可外传"观念的束缚，一般不向外人诉说。这种情况下，采录当事人的口述是获取真实材料的唯一可靠的方法。该书在口述访谈这一质性研究方法中，注入了女性主义的视角。因此，女性主义的口述访谈方法，是该书特有的研究方法。另外，该书对家庭暴力的研究有一个基本的理论支持点，那就是社会性别意识。

该书旨在加深公众对家庭暴力危害的认识，提高公众反对家庭暴力的意识，并为政府及公检法机构制定反对家庭暴力政策提供第一手资料。这些研究将有助于建立中国自己的反家庭暴力理论，并建设符合中国国情的社会防预系统。

著作名称：施暴者教育与辅导培训手册

编　　著：陶勒恒　郑宁

出　版　社：中国社会科学出版社

出版时间：2004 年 11 月

版　　次：第 1 版

ＩＳＢＮ：7－5004－4764－7

字　　数：193 千字

价　　格：20.00 元

作者简介

　　陶勑恒（1951—　　），男，教授，中国心理学会临床与咨询心理学专业机构与专业人员注册系统注册督导师。现任南京晓庄学院心理健康教育与研究中心主任，应用心理学专业负责人。

内容简介

　　反对家庭暴力，实施对家庭暴力的有效干预，是社会现代化的标志之一。该书从一些基本理念入手，对家庭暴力的有关概念进行初步澄清，对一些非人性的传统观念提出挑战。此外，还对男性施暴者进行历史的、文化的和个人心理的具体分析，并就辅导者在这项工作中应持的基本立场和态度进行了探讨。

　　全书共分为六个部分。第一部分"认识社会性别"，分析生理性别和社会性别的区别与联系，认为传统性别观念、性别偏见和歧视广泛地存在于家庭之中。第二部分"男性暴力倾向和行为的养成"，从社会文化，家庭和个人因素三个方面来分析男性暴力倾向是如何养成的。就社会文化因素来看，我们的文化仍是一个男性优势的文化。家庭因素方面，传统、紧张、压力和危机等因素也会影响到男性暴力倾向和行为的养成。个人因素方面，施暴者大多有过施虐和受虐经验，成长过程中形成一些不良的人格特点和行为习惯，以及其他一些不良生活习惯。另外，第三部分"施暴者特质分析及有关讨论"，作者澄清了社会上一些关于家庭暴力问题的误解。男性施暴者也是家庭暴力的受害者，他们的行为对自身也是伤害性的。第四部分"辅导者自身的成长"。这部分中，作者从辅导者自身的角度，探讨辅导者应具备的基本辅导理念。辅导者对人的信念，辅导者的性别观念、家庭生活质量、对辅导工作所持的理念等，比他们所掌握的方法和技巧更为重要。在辅导中，身为辅导员最重要的工具，就是"身为一个人的自己"。第五、六部分用大量篇幅，详细介绍施暴者小组辅导的概况和具体的实施情况。

　　该书填补了男性施暴者的心理辅导在我国的空白，有助于男性施暴者走出家庭暴力困境。

著作名称：性别暴力的医疗干预——医务人员资源手册

主　　编：郭素芳

出 版 社：中国协和医科大学出版社

出版时间：2006 年 7 月

版　　次：第 1 版

I S B N：7810727923

页　　数：244 页

价　　格：16.00 元

编者简介

郭素芳，妇科专家，曾在国家级医学刊物上发表学术论文 10 余篇，并获得多项成果奖。

内容简介

性别暴力不仅是一个家庭问题，同时也是一个社会问题、是一种犯罪行为，但遗憾的是至今并没有得到医务人员应有的重视。由于性别暴力的幸存者按常规往往到医疗部门就诊，所以医生往往是性别暴力的第一个见证者，但由于医务人员并没有深刻认识该问题，常常错过了干预的最佳时机，使许多暴力幸存者继续遭受心理、生理的不良健康威胁。由于医务人员缺乏相关的知识和培训，对性别暴力幸存者存在偏见，以及很大的临床工作负荷，使得他们不可能也不愿意采取一些适时可行的干预措施。该书在一定程度上可以培训医务人员，使他们认识性别暴力，在临床工作中常规筛选、评估，并根据暴力的发生情况提供相应的帮助。

全书除绪言、附录等外，共 10 章，分为三个大部分。第一部分"社会性别和性别暴力概述"（第一、二章），主要叙述社会性别和性别暴力的基本概念、社会性别暴力的发生情况和特点，社会性别暴力对妇女及其家庭的影响。第二部分为"性别暴力的防治"（第三、四章），包括性别暴力的综合防治策略、国际国内相关法律规范。讨论了如何防治性别暴力，包括性别暴力的综合防治策略、性别暴力的三级预防模式、国际国内相关法律规范等内容。第三部分"医疗卫生系统对性别暴力的干预"（第五至第十章），这是全书最重要的部分。主要包括社区医疗对性别暴力的干预、性别暴力的医疗干预、性别暴力幸存者和施暴者的识别、对性别暴力幸存者和施暴者的医疗干预内容和程序、家庭暴力中的司法伤情鉴定相关问题等内容。较全面地对医务人员进行"性别暴力医疗干预"的培训，同时作者呼吁医疗服务机构应该关注性别暴力，医务人员在发现和应对性别暴力中应该发挥积极的作用。

该书通过讨论如何防治性别暴力、医疗系统在性别暴力预防中的作用等问题，能够提高医务人员对性别暴力的认识并掌握相关知识，使医务人员能够正确、及时地对性别暴力幸存者提供帮助，最终减少性别暴力对妇女儿童健康的影响，保证妇女儿童的健康。作为一本通俗读本，具有很强的可读性和实践性。

著作名称：反击性骚扰——全国首例胜诉性骚扰案件诉讼历程

作　　者：张绍明

出 版 社：中国检察出版社

出版时间：2003 年 11 月

版　　次：第 1 版

I S B N：9787801851420

字　　数：212 千字

价　　格：18.00 元

作者简介

张绍明，北京盈科（武汉）律师事务所合伙人律师。

内容简介

这是中国第一部系统论述性骚扰问题的法律专著。作者于 2003 年成功代理了全国首例胜诉的性骚扰案件，在社会上引起强烈的轰动，全国两百多家媒体报道过这一成功案例。书中讲述了该案引人入胜的曲折背景和诉讼过程，并指导广大读者在法律对性骚扰无明文规定的情况下，如何运用现有法律维护自己的合法权益，如何预防可能发生的性骚扰行为等问题。该书在《武汉晚报》、《深圳法制报》连载一个月以上，得到读者的普遍好评。

全书共分为三个部分。第一部分为"知识储备"，包括性骚扰在国内、国外如何应对性骚扰、性骚扰在中国、法律遭遇性骚扰难题、法律如何应对性骚扰五个小节，使人们对性骚扰问题有一个初步的了解。第二部分为"实战策略"，包括性骚扰在你身边，如何应对身边的性骚扰，对付性骚扰，遭遇性骚扰，可向哪些部门求助，性骚扰案件的特点，打性骚扰官司，性骚扰案件取证技巧几个小节，指导读者反击性骚扰的取证技巧和维护手段。第三部分为"预防措施"，包括透视性骚扰行为、公共场所性骚扰的预防、工作场所性骚扰的预防几个小节，指导人们预防可能发生的性骚扰行为，从而维护自身的合法权益，立法惩治性骚扰需要有一个过程，法律只有在明确性骚扰的概念并确定该行为的性质后，才能对该行为进行规范。但女性遭受性骚扰的侵害是时刻都有可能发生的，在法律对性骚扰无明文规定的情况下，如何运用现有法律维护自己的合法权益，如何预防可能发生的性骚扰行为，是作者在书中着重论述的问题。考虑到性骚扰在法律上的空白，作者对法律应该如何关注性骚扰，如何建立有中国特色的反性骚扰法律体系进行了必要的论述。

著作名称：对性骚扰说"不"——最新性骚扰研究报告

编　　著：纪康保

出 版 社：中国盲文出版社

出版时间：2002 年 7 月

版　　次：第 1 版

I S B N：7 - 5002 - 1679 - 3

字　　数：190 千字

价　　格：15.00 元

作者简介

　　无

内容简介

　　21 世纪，性骚扰已成为一个严重的社会问题，性骚扰出现在我们面前，其造成的社会危害相当严重，且是多方面的。这些危害，导致了种种悲剧的发生，其对人类社会的侵蚀已是一个不容忽视的话题。该书客观地分析了生活中有关性骚扰的种种现象，指出了对付性骚扰的策略和技巧，以及惩治性骚扰的方法。在该书中，作者通过一个个真实、生动的案例，详尽分析了性骚扰的种种表现、性骚扰的深层心理动机，以及来自女性世界、男性世界和少年儿童世界的性骚扰现象，并提出应对性骚扰的策略，号召人们对性骚扰大声说"不"。

全书第一篇为《举世关注的性骚扰——一个不容忽视的话题》，从生动的案例入手，描绘性骚扰在中国和世界各地普遍存在的状况，"像空气一样无处不在"，性骚扰已成为举世关注的不容忽视的话题。第二篇《扭曲的欲望在跳舞——性骚扰的种种表现》，作者按性骚扰发生的地点、方式及人群分别介绍了性骚扰在实际生活中的种种表现。第三篇《是道德危机，还是人格丧失——对性骚扰的深层剖析》，作者从心理学角度对性骚扰进行了深层的剖析。第四篇《来自女性世界的报告——办公室性骚扰》、第五篇《来自男性世界的报告——叛逆性骚扰》、第六篇《来自儿童世界的报告——避免儿童遭受性骚扰的伤害》。在这三篇中，作者分别介绍了来自女性世界、男性世界、少年儿童世界的性骚扰状况。在第七篇《性骚扰应对策略——对性骚扰大声说"不"》、第八篇《向性骚扰开枪——惩治性骚扰终将取得胜利》中，作者提出了应对性骚扰的策略：预防和应对技巧。女性在遭遇性骚扰时，真正因为反抗而导致进一步实施甚至报复的比例非常少。那些保持退缩和沉默的女士反而因为丝毫不反抗而使自己陷入更危险的境地。面对日益泛滥和无处不在的性骚扰，对性骚扰大声说"不"，是捍卫和保护自己避免侵犯的有效手段。阿基米德曾经说："给我一个杠杆和支点，我将撬起地球。"如果我们把通过法律的明文界定对性骚扰给予惩处的条文比喻为"支点"，把法律的执行和可操作性称为"杠杆"的话，那么性骚扰在中国得到惩治的日子就不会遥远。

十三　性别与法律

（37本）

著作名称： 女性的法律生活：构建一种女性主义法学

作　　者： ［美］朱迪斯·贝尔

译　　者： 熊湘怡

出 版 社： 北京大学出版社

出版时间： 2010 年 2 月

版　　次： 第 1 版

I S B N： 9787301162316

页　　数： 338 页

价　　格： 39.00 元

作者简介

　　朱迪斯·贝尔，1974 年在芝加哥大学获得政治学博士学位。1988 年起任得克萨斯州工农大学政治学教授，1993—1995 年，担任西南政治学协会理事，1997 年担任爱德华·S. 考文奖委员会主席，2002—2003 年，担任政治科学妇女核心小组主席。与此同时，她一直是美国、西欧与中西部政治科学协会的项目委员会成员，并多年来担任《女性与政治学》杂志编辑。

内容简介

　　作者认为，现今的女性主义法学界没能有力回应女性生活中所面临的严酷现实；女性主义学者们从主流的知识辩论中抽身出来，反而把自己边缘化了。在书中，作者为我们呈现了一个新的女性主义法学框架，这一框架通过创造性的方式将女性主义与自由主义相结合，重新焕发了女性主义的实用价值。传统的女性主义理论认为，法律体系具有男性偏见，我们必须更多地帮助女性对抗暴力，克服政治的、法律的和社会的各种不利境况。贝尔从这一前提出发，认为传统的女性主义理论对这一偏见的处理可谓"矫枉过正"。她们过于强调制度体系中不利于女性的那些方面，却对于如何利用这一制度体系提升女性权益缺乏洞见，并且使传统学者忽视了女性主义议题的合法化、正当化。更糟糕的是，原本是传统法律理论的先天性缺陷导致了偏见的存在，女性主义者们却错误地将偏见产生的原因归结于自由主义，认为自由主义过分关注个人自由，忽略了个人责任。而作者认为，自由主义就建基于个人责任之上，而这一前提也成为男性和男性组织为他们的行为作辩护的有力根据。

作者还提到，传统的女性主义路径导致了对诸如"男性与女性的特征性差异"之类的抽象问题无休止的争论，而没能集中力量去解决法律体系中的核心矛盾。因此，她通过对宪法的解释、生育选择和胎儿保护等法律问题的关注，围绕传统理论的三大中心要素——平等、权利和责任，构建了一个全新的女性主义解释体系。作者将她的理论称为"后自由主义的女性主义"。这一法律体系不仅赋予个体自由和价值，也明确了我们为满足个体诉求——这诉求对男性和女性来说可能各不相同——所担负的责任。

著作名称：妇女与国际人权法（第1卷）——妇女的人权问题概述

作　　者：[美] 凯利·D. 阿斯金　多萝安·M. 科尼格

译　　者：黄列　朱晓青

出　版　社：生活·读书·新知三联书店

出版时间：2007 年 4 月

版　　次：第 1 版

Ｉ Ｓ Ｂ Ｎ：9787108026620

页　　数：757 页

价　　格：50.00 元

作者简介

凯利·D. 阿斯金（Kelly D. Askin），法学博士。自 1995 年以来，作为客座学者，任职于 NOTRE DAME 法学院民权与人权中心。阿斯金博士的多数讲座、研究、出版物、咨询建议和法律实践的主要重点都集中在国际人权法、国际人道法和国际刑法领域。

内容简介

在我们生活的这个时代，妇女似乎受到人们的广泛关注，但实际又处于社会的边缘。有人将她们视为弱势群体，也有人认为她们有足够的地位，并常常发出"女人，你们到底还想要什么？"的质疑。妇女真的什么都有了吗？实则不然。我们几乎每天都会听到、读到、看到，在世界的各个角落都发生着各种各样针对妇女的不平等的残暴的令人震撼的事件，这在书中也有诸多揭示。该书采用国际人权法基本理论与妇女置身的现实状况相结合的写作方式，能给读者启发与警醒，能够使读者从一个不同的视角，了解生活在不同国度的妇女所处的相同或不同的境遇，以及难以逾越的相同或不同的障碍。从该书中，读者还可以看到女性的勇气和她们的开拓性，以及她们作为这个世界不可或缺的一部分的独特作用。

著作名称： 言词而已
作　　者： [美] 凯瑟琳·A. 麦金农
译　　者： 王笑红
出 版 社： 广西师范大学出版社
出版时间： 2005 年 1 月
版　　次： 第 1 版
I S B N： 7563350020
页　　数： 173 页
价　　格： 16.00 元

作者简介

凯瑟琳·A. 麦金农（Catharine A. MacKinnon），女，获史密斯学院文学学士学位，在耶鲁法学院获得博士学位，又在耶鲁大学修读了政治学博士学位，现任法学教授，哈佛大学法学院詹姆斯·巴尔艾姆斯客座教授，主要致力于研究国际和宪法框架下的男女平等问题。她开创了对于性骚扰行为的法律追责理论，还为国际反贩卖妇女联盟工作（CATW），自2008 年 11 月以来担任国际刑事法院检察官有关性别问题的特别顾问。

内容简介

麦金农在女权主义法学领域做出过杰出贡献，她不仅仅是学院中的教师、专家，更是实践其言的律师和社会活动家。"性骚扰"的概念就是她最早提出并积极推动了相关的立法工作。该书是她的讲座合集，共三个部分，思维敏锐，视角独特，语言犀利。该书试图使人们关注通过所谓言论所实施的伤害事实，即对女性、儿童、受压迫群体的平等可能性，尤其是对妇女的人权的所作所为。多年的实践和研究表明，正如作为色情文艺客体的妇女所描述的那样，伤害事实从她们的体验进入了色情文艺。从这一角度出发，该书试图通过包括仇恨宣传、种族侵扰、性骚扰和书面诽谤在内的表达，来界定和探究法律与社会的不平等。该书旨在了解言论在促成不平等方面所起的作用，详述平等在言论中的地位。作者提出的观点是：

制止伤害，为那些在不平等的表达形式下被隔绝、被拒斥的受压制的呼声开辟空间。

著作名称： 不和谐与不信任——法律职业中的女性

作　　者： ［澳］马格丽特·桑顿

译　　者： 信春鹰　王莉

出 版 社： 法律出版社

出版时间： 2001 年 7 月

版　　次： 第 1 版

I S B N： 9787503633775

页　　数： 354 页

价　　格： 25.00 元

作者简介

马格丽特·桑顿，澳大利亚墨尔本市拉卓贝大学法学教授。

内容简介

该书是一部以女权主义经验研究为基础的学术著作，阐述了澳大利亚法律职业女性的经验和体会，通过对 100 多名法律行业的妇女的访谈，考察了妇女与公共领域之间的关系，探讨了澳大利亚学院中法律知识的构成方式及妇女在学术领域作为学者和教师的地位，阐述了妇女进入法律行业以及在私人律师事务所及其他从业场所作为受雇律师的经验，概括了澳大利亚各州妇女为争取进入法学院和法律职业而斗争的不同历史场面。该书的研究挑战了妇女相对于男性的"他者"地位的传统法律文化的主流视点，为越来越多的妇女能按照与男性同等条件被"准许进入"法律职业而呐喊。该书尽管是站在西方社会的角度进行的分析，但是西方的文化也有读者可以借鉴的地方，特别是迈向法治化大道的中华女性，一定能产生共鸣，从中受到启发。

著作名称： 社会性别与妇女权利

作　　者： 薛宁兰

出 版 社： 社会科学文献出版社

出版时间： 2008 年 3 月

版　　次：第 1 版

ISBN：978 - 7 - 80230 - 885 - 5

页　　数：337 页

价　　格：39.00 元

作者简介

薛宁兰（1964— ），女，宁夏银川人。中国社会科学院法学研究所民法研究室研究员，兼任中国法学会婚姻家庭法学研究会副会长。主要从事亲属法、性别与法律问题研究。主要学术著作有《是枷锁还是圣经——中国女性与法纵横谈》（专著）、《妇女受暴口述实录》（主编之一）等。

内容简介

"妇女问题"的实质是什么？中国妇女在法律上的解放是"超前"还是"滞后"了？该书以社会性别为视角，立足于中国社会发展进程中若干阻碍女性权利实现的社会问题，站在国际人权法平等与非歧视原则的立场上，通过对女性政治参与代表性不足、就业性别歧视、性骚扰以及家庭暴力问题的揭示和对我国现行相关法律法规的性别分析，回答了这些问题。同时，作者力图运用国际人权法中推动两性实质平等的三个基本范畴：直接歧视、间接歧视、暂行特别措施，对消除当前中国妇女权利实现的主要障碍提出了完善相关法律制度的对策。作者认为，"妇女问题"的实质是社会性别问题，中国的性别立法还处在由两性形式平等向实质平等过渡的阶段。

全书除绪论、附录外，共分为 5 章。第一章"妇女权利保障的国际法与国内法"，以国际人权法为标准，从社会性别视角出发，概览式地对中国保障妇女权利法律体系的内容、结构和有待完善之处进行了分析，指出中国妇女获得法律上的解放走过了一条具有中国特色的道路。当今中国关于妇女权利保障的立法，还处在由两性形式平等向实质平等过渡的初级阶段。在全球化背景下，中国妇女人权保障的法律体系应当与体现社会性别主流化的国际人权法理念相一致。第二章"促进妇女政治参与的法律措施"，指出性别配额制是联合国妇女公约确立的消除对妇女歧视、加速两性平等的暂行特别措施，其核心在于通过人为地确定比例，确保一定数量的女性参加政治活动，防止政治活动变成男性的专利或者使女性成为政治生活的"点缀"。第三章"就业性别歧视的界定与法律应对"，指出一方面，国家需要建立促进就业的长效机制，促进全民广泛就业；另一方面，又需采取积极措施消除就业和职业过程中的各种歧视，实现公平就业。第四章"性骚扰及其法律规制"，通过对性骚扰行为的表现形式、行为侵害的客体、行为的基本特征的探讨，重点阐述了性骚扰行为的法律界定问题，将性骚扰定义区分为一般定义和特殊定义（职场性骚扰定义），还对遏制职场性骚扰的重要措施——雇主义务与法律责任做了讨论。第五章"家庭暴力的法律防治"，以妇女受暴口述为素材，揭示了妇女受虐杀夫时的心理状态，并结合中国现行法律体系之不足，分析论证制定全国统一的家庭暴力防治法的必要性与可行性。

该书虽在探讨妇女权利法律保障机制与措施的完善，目的却不局限于妇女人权本身，更在于由妇女人权的改善促进两性和谐与平等。因此，反对性别歧视，以相关保障妇女权利的法律制度的建立与完善为契机，促进社会性别平等，是贯穿该书始终的宗旨，也是作者对妇女权利与人权、妇女权利保障与实现两性平等关系的基本认识，有助于社会弱势群体保障制度的不断完善。

著作名称：家庭暴力防治法基础性建构研究

主　　编：陈明侠 等

出 版 社：中国社会科学出版社

出版时间：2005 年 8 月

版　　次：第 1 版

I S B N：7 – 5004 – 5187 – 3

字　　数：401 千字

价　　格：35.00 元

编者简介

陈明侠（1940—　），女，北京人，中国社会科学院法学研究所研究员。主要代表作有《婚姻法》（专著）、《离婚法社会学》（译著）、《中国人权建设》（合著）、《当代中国婚姻家庭问题》（合著）、《中国的婚姻家庭制度和新婚姻法的变化》（日文论文）等。

内容简介

该书是《反对家庭暴力理论与实践》丛书的一部重要论著，是在

4000 多份对公众，1000 多份对立法、司法人员关于家庭暴力认识的问卷调查，以及对城市、农村社区多机构合作反对家庭暴力的模式探索等一系列行动研究基础上撰写而成的。其中涵盖了《家庭暴力防治法》的建议稿全文，问卷调查报告，城市、农村、医疗干预家庭暴力模式要点和国内外关于家庭暴力的法律、法规、政策文件。

该书的框架大致如下：第一部分首先推出反家暴项目的《家庭暴力防治法》项目建议稿。此稿是在 2003 年 3 月向十届全国人大第一次会议及全国政协十届第一次会议提交的项目建议稿的基础上，又做了修改而成的。此稿分为总则、行政措施、司法干预、社会救助、附则等六章七十三条。建议稿中明确提出了家庭暴力的概念，提出了建立"反对家庭暴力委员会"的建议，强化家庭暴力的司法干预，增加保护令和司法矫治处分。第二部分是项目建议稿的条文释义。作者从立法的背景、立法的意见和作用几个方面，采用比较研究方法做了说明和阐述，是对建议稿的重要解释和理论阐述。第三、四、五部分是反家暴项目。作者起草撰写家庭暴力防治法的社会现实需求和事实依据。第三部分是针对妇女的家庭暴力法律干预状况的问卷调查报告，是该书的一个重要组成部分。在我国，针对家庭暴力问题在立法、司法部门进行问卷调查，还是首次。报告的数据、分析及对策研究，对起草建议稿有重要的意义。第四部分"中国家庭暴力透视——个人经历和公众态度"一篇，是建议稿起草的社会需求和事实依据的重要篇章。第五部分"反家暴项目综合干预模式探讨"，是家庭暴力防治法。关于立法、司法、社会救助综合干预对策的实证研究，是立法建议稿的重要对策依据。其中包括城市社区家庭暴力干预模式的探讨与实践，农村社区反对家庭暴力的模式探索，医疗系统干预家庭暴力模式的探索性实践与思考。该书最后一部分，提供了国家层面、地区层面和其他各国国家层面，以及我国关于预防和制止家庭暴力的法律、法规和政策文件。

全书内容丰富、全面，观点具有前瞻性，对策措施切实可行，将为我国反家庭暴力法出台发挥重要作用。

著作名称：性别与法律研究概论

作 者：陈明侠 黄 列

出 版 社：中国社会科学出版社

出版时间：2009 年 10 月

版　　次：第 1 版

ＩＳＢＮ：978－7－5004－8272－7

字　　数：372 千字

价　　格：38.00 元

作者简介

　　陈明侠，略。

　　黄列（1952—　　），女，北京市人，满族。《环球法律评论》副主编，中国社会科学院人权研究中心副秘书长、法学研究所译审。主要研究方向为国际人权法和妇女人权法。代表译著有《行政法和行政程序概要》、《大众传播法》、《代与代之间的公平：可持续发展权的基础》等。

内容简介

　　该书是中国社会科学院法学研究所性别与法律研究中心"性别与法律比较研究"课题的成果之一，也是迄今为止第一部关于专门论述性别与法律关系和运用社会性别视角和分析方法审视我国相关法律的教材。该书主要介绍了西方女权主义社会性别概念、女权主义法学理论和社会性别主流化的产生和发展，对我国的宪法、刑法、婚姻法、劳动法、诉讼法和法律教育以及国际人权法中的性别平等问题进行检审，并提出相应对策建议。

　　全书分为上、下两篇。上篇共计五章，可以说是性别与法律研究概论的总论部分，介绍西方女权主义性别概念、女权主义法学理论和社会性别主流化的产生和发展。第一章"社会性别的源起与发展"，概述社会性别概念、社会性别的内涵及其不同解读；介绍西方女权主义关于社会性别分析方法在法律领域中的适用；进而阐述在国际上社会性别主流化的源起、意义和基本原则；最后介绍社会性别主流化的概念、框架、分析和监督方法。第二章"社会性别视角下的法律"，介绍了西方女权主义法律理论的产生、发展，它促使法律的"妇女观/社会性别视角"的形成和发展；介绍女权主义法学家对法律的三个组成部分——实体规范、体制结构及人们对规范与体制的态度和认知——进行的剖析和阐释；指出法律的性别及其意义、歧视的法律界定和平等非歧视原则的法律实践。第三章"平等与非歧视原则，从法律渊源和定义出发，深入地阐释平等与非歧视原则，并通过联合国相关公约、文件及具体案例，介绍国际上平等与非歧视原则的实施状况和经验。第四章"性别与法律研究的学科化"，探讨性别与法律学科化对于社会性别与法律的研究及进而对女权主义知识的意义；通过对学科化本身的把握，明确社会性别与法律研究在学科化过程中的目标指向、方法策略及对学科化尝试具有的负面效应所必须保持的反思和警惕。第五章"法律的社会性别分析方法"，阐述了什么是社会性别分析，社会性别分析的目的、好处、主要原则和框架；列出了联合国在促进公共政策和立法中纳入社会性别分析的国际法律文书以及一些国家的范例。同时指出社会性别分析的适用领域，特别介绍了西方女权主义法律理论的认识论、方法论和法律的社会性别分析方法的六个步骤。

下篇共7章，即第六至十二章。下篇各章运用社会性别分析方法，对我国的宪法、刑法、婚姻法、劳动法、诉讼法和法律教育以及国际人权法中的性别平等问题，进行初步的审查，并提出相应的对策建议。

该书是对西方女权主义法学理论的一个介绍，也是建立中国自己的性别与法律理论的一个初步尝试。

著作名称：性别与法律——性别平等的法律进路

作　　者：周安平

出　版　社：法律出版社

出版时间：2007年3月

版　　次：第1版

I S B N：9787503671715

页　　数：272页

价　　格：23.00元

作者简介

周安平（1965—　），男，江西省安福县人。南京大学法学院教授，法学博士。在《法学研究》、《中国法学》、《比较法研究》、《法学》、《法商研究》等刊物上累计发表论文数篇，主持国家社会科学基金项目"法理学视野下的性别问题研究"。目前主要从事社会问题的法理学研究以及性别与法律的专题研究。

内容简介

该书旨在探讨，性别平等在法律文本上已经确立后的今天，为什么性别歧视还那么广泛地存在于现实生活当中。该书从性别歧视的法律起源入手，揭示了法律关于性别的公共领域与私人领域对立划分的二元结构，从而揭示了性别歧视与二元结构的同构性。根据这一认识，该书认为，私人领域的性别平等并不会随着性别平等原则在公共领域中的确立而自动实现；相反，公共领域性别平等的法律效力反而会因为私人领域中的性别歧视而得以削减。因此，简单赋予女性与男性平等的法律方法并不能从根本上消除性别歧视，而必须是从男权法律关于性别的公共领域与私人领域划分的结构入手。要解决私人领域中的性别歧视首先必须改变公共领域与私人领域的传统划分标准，实现以事物的性质代替以家庭为物理参照。但是，通过对传统上被视为私人领域中的性权利、家庭暴力以及婚姻性别基础的分析也表明，私人领域的性别歧视并不能通过私人领域本身的建构而自足，相反，私人领域中的性别歧视恰恰是因为女性在公共领域中建构力量的缺失，尤其是因为女性在法律上的"失语"。因此，最终破解性别歧视的难题则不仅仅是改变关于性别的公共领域与私人领域的划分标准，而且还必须改变公共领域与私人领域的性别分工，尤其是实现女性与法律的融合。而这，显然已不仅仅是一个法律问题。

该书对性别平等的研究视角独特，其独创性的学术成果主要体现在下列几个方面：第一，从社会学、人类学的角度揭示了性别歧视的起源以及这一起源的法律建构；第二，对传统法律理论，尤其是社会契约论对性别歧视的掩盖进行了批判，从而也就揭示了女性与法律分离的原初关系；第三，通过对关于性别平等的传统法律方法的局限性的剖析，论证了性别歧视与二元对立结构之间的同构关系，并提出了解决这二元结构对立的法律进程；第四，文章从性别平等的角度揭示了性权利与国家权力的关系，从而将妇女性权利的保护与国家权力介入性的原则及其限度联系了起来；第五，文章通过对家庭暴力的起源与基础的分析，理清了家庭暴力与公共暴力的分野，从而也就理清了家庭暴力原初之所以为男权法律所遗弃的历史原因；第六，文章对婚姻的性别基础这一近乎"自然"的属性进行了独到而深入的解构，揭示了这一"自然性"背后所隐藏的性别歧视的法律强制性；第七，文章从逻辑思维的角度论证了法律思维与女性思维的契合,从而也就破解了女性与法律职业分离的观念障碍。

该书的研究表明,性别歧视的最终解决必须是在女性参与的前提下,对男权法律建构的关于公共领域与私人领域的划分结构进行彻底改革,不仅是改变其划分标准,而且还在于强化女性在公共领域尤其是在法律领域中的建构力量。而后者的解决并不仅仅是通过简单地吸收女性参加法律职业来实现,还必须消除性别分工的对立及这一对立的文化观念。这也充分表明,对性别平等的研究远没有结束!

著作名称:中国古代妇女与法律研究

作　　者:何俊萍

出　版　社:宗教文化出版社

出版时间:2001 年 8 月

版　　次:第 1 版

I S B N:7 - 80123 - 363 - 8/D・17

字　　数:210 千字

价　　格:19.00 元

作者简介

何俊萍(1964—),女,中国政法大学民商经济学院民法研究所教授。研究方向为妇女与法律、婚姻家庭法、继承法等。主要代表作有《中国古代妇女与法律研究》(专著)、《婚姻家庭法教程》(合著)、《婚姻家庭继承法教学案例》等。

内容简介

该书研究中国古代妇女与法律,沿着历史发展顺序,探讨了原始社会和以后的阶级社会中妇女地位、妇女的权利与义务、伦理法律对妇女所起的作用等问题,目的在于探析我国古代妇女与法律的关系,研究妇女对法律的作用和妇女的法律地位及其历史发展。

全书共分 5 章两大部分。两部分为原始社会女性与习惯法、阶级社会妇女与法律。第一章“原始社会与女性”,主要分析原始社会前氏族和母系氏族时期男女两性的原始平等地位,探讨了法起源与女性地位。在原始社会,女性与男性自然平等,这是原始社会的经济所有制决定的。第二章“阶级社会与妇女”,侧重探讨一夫一妻制家庭的产生,私有制的形成标志着男女两性开始进入了不平等的历史时期，伦理法律确认了"男尊女卑"的总原则。第三章"妇女在家族中的地位"，着重探讨妇女在家庭（家族）中的法律地位，国家法律和家族法律对妇女义务的规范，妇女的社会地位表现为其在家族中的地位；分别探讨了妇女一生在不同时期的地位问题，如：女儿、母亲的身份地位和家庭内的婢女的法律地位问题。第四章"妇女在婚姻中的地位"，着重探讨妇女在婚姻中的法律地位，侧重研究妻子的权利与义务问题。第五章"封建伦理法律关系中的妇女"，着重分析封建伦理法律对妇女的规范特点，探讨伦理法律对男人和妇女所实施的双重标准，研究了封建伦理法律对中国妇女所起的作用和影响问题。在结束语中，作者认为中国男女两性关系的历史，经历了由"平等到身份"的过程，即由原始社会的平等，到阶级社会的不平等。在 1949 年新中国成立后，废除了封建社会不平等的婚姻家庭人身依附制度，率先在婚姻家庭领域实现了男女平等，这是一次由身份向平等的文明进程。

正如作者所言，目前，我国保障妇女的法律已成体系，反映了社会主义中国保护妇女权益的特色。但是妇女权利的真正实现还任重道远，维护女性的合法权益，还有漫长而艰辛的道路要走。研究中国古代妇女与法律，对于现代社会依然具有重要作用。

著作名称：法律的性别分析

作　　者：孙文恺

出 版 社：法律出版社

出版时间：2009 年 12 月

版　　次：第 1 版

Ｉ Ｓ Ｂ Ｎ：978 - 7 - 5118 - 0245 - 3

字　　数：268 千字

价　　格：28.00 元

作者简介

孙文恺（1972—　），内蒙古赤峰人。南京师范大学法学院教授。主要研究方向为法理学、法社会学、西方法律思想史。

内容简介

性别与性别关系是人类社会永恒的话题之一，该书以社会性别的概念为逻辑起点，分析法律与社会性别之间的互动关系，并通过梳理法律制度和形塑性别与性别关系的历史，透析法律制度影响社会性别的机制，进而指出该机制直接促成了两性不平等的制度与意识形态。

全书除绪论、结束语外，细分为六个部分。第一章为"法律建构性别关系的历史进程"。在这部分中，作者以时间为主线，详细论述从母系氏族社会到前资本主义社会漫长的历史进程中，法律作为人类社会最重要的制度之一，在建构性别关系中发挥的重要作用。第二章为"性别建构的法律机制"，回答了"法律怎样建构社会性别"、"构建了怎样的社会性别"等问题。第三章为"显性性别冲突与法律制度的互动"。作者认为社会主义国家的立法较好地诠释了法律制度之于重塑性别关系的能动作用，推动两性平等的法律制度既有利于消解显现性别冲突，又有助于建构和谐的两性关系。第四章为"美国女性主义法学与性别法律意识形态的解构"。作者认为女性主义法学的重要学术目标就在于摧毁性别歧视的法律意识形态，以作为"主体"的女性审视法律视角，进而从法学研究的角度推进两性平等的事业。第五章为"性别正义的法律之维"。在这一章中，作者从"法律有性别吗"这一问题入手，提出有别于"性别平等"的"性别正义"这一概念，并指出性别正义的法律进路。第六章是"性别视角下的中国法"。在这部分，作者从性别视角出发，按历史时间顺序，分析中国法律制度对性别关系的形塑及建构。最后，作者认为，两性关系在塑造法律制度的同时，也从法律制度那里获得了巨大的改变其自身的反作用力。在现实中，女性地位获得的些许提高，都必然是两性合作的结果。在"变动不居的两性关系格局中"，性别正义是个麻烦的问题，性别正义不仅是女性的问题，也是男性的问题。

总之，该书关于性别建构法律机制的分析，特别是关于性别的社会化和法律化的理论，关于性别法律建构的外在方式，不仅使其具有性别分析法的哲学理论品格，而且使其具有性别的法律社会学研究意味，颇具理论新意和启迪价值。书中关于性别视角下的中国法律研究也使其获得了该项研究的中国立足点和现实价值，值得借鉴。

著作名称：婚姻法学
作　　者：巫昌祯

出　版　社：中央广播电视大学出版社

出版时间：2006 年 2 月

版　　次：第 1 版

Ｉ Ｓ Ｂ Ｎ：9787304035372

页　　数：284 页

价　　格：25.00 元

作者简介

　　巫昌祯（1929—　　），女，江苏句容人。中国政法大学教授，特聘博士生导师，享受政府特殊津贴。先后七次参与立法，特别是婚姻法的两次修改工作和妇女权益保障法的起草和修改工作，担任专家组组长。个人撰写、主编、合编的论著约 40 部。曾任中国法学会学术委员会委员、中国婚姻家庭研究会名誉会长、最高人民法院特约咨询员等职。

内容简介

　　该书第一章介绍了婚姻家庭制度与婚姻法，包括古代、近现代婚姻法以及对我国婚姻家庭立法的回顾与展望；第二章论述了婚姻家庭法的基本原则，包括实行婚姻自由、实行一夫一妻制、实行男女平等、保护妇女儿童和老人的合法权益、实行计划生育、夫妻之间相互尊重等话题；第三章介绍了亲属关系，讲述了亲属的种类、范围、亲系和亲、亲属关系的发生和消灭等问题；第四章介绍了婚姻，包括婚姻的成立、婚姻的效力及婚姻的终止；第五章介绍了家庭关系，包括亲权的概念和特征、亲子关系的种类、父母子女之间的权利义务等问题；第六章介绍了收养，包括收养法的基本原则、收养关系成立的条件和程序、收养的法律效力及收养的解除等问题；第七章介绍了离婚，包括离婚的程序，判决离婚的法定条件，离婚纠纷的类型及其处理；第八章介绍了救助措施与法律责任，包括实施家庭暴力或虐待家庭成员的救助措施和法律责任问题；最后一章介绍了民族、涉外、涉侨及中国区际婚姻家庭法律问题等。

著作名称：婚姻法修改论争

主　　编：李银河　马忆南

出　版　社：光明日报出版社

出版时间：1999 年

版　　次：第 1 版

ＩＳＢＮ：7 - 80145 - 098 - 1

页　　数：446 页

价　　格：28.00 元

编者简介

略

内容简介

1995 年 10 月，第八届全国人民代表大会常务委员会第 16 次会议通过了修改现行《中华人民共和国婚姻法》的决定，将制定一部新的《婚姻家庭法》。1997 年，有的学者认为新法有可能限制离婚，加大离婚难度以及干预婚外恋，惩罚第三者等，引起了学术界的关注和评论，而尤以法学家和社会学家们的论争最为激烈。论争主要围绕以下几个方面：法律与道德的关系、离婚理由、离婚损害赔偿、配偶权、夫妻忠实义务、婚外恋、夫妻财产制，以及有关亲权制度和家庭暴力等。

法律与道德的论争在《婚姻法》关于离婚和婚外恋的规定基础上展开。有的学者们认为感情不能靠法律治理，对法律道德主义立法的观点提出了批判，认为离婚应当基于婚姻破裂原则，反对离婚限制，同时应该建立离婚损害赔偿制度，离婚过错方（是否存在）有精神损害赔偿责任，而且立法不应该惩罚第三者，法律不应干涉私隐领域，不应惩罚婚外恋。而有的学者则认为配偶权不容侵犯，立法惩罚"第三者"势在必行。关于夫妻财产制，有的学者认为共同财产能反映夫妻关系的本质和特征，而有的学者则认为现行夫妻财产制应当重构，应建立离婚后扶养费给付制度。还有学者提出应当立法禁止家庭暴力。关于《婚姻法》的论争，为形成健全有力的法律机制提供了理论环境。

著作名称： 新婚姻法案例知识读本

作　　者： 王金玲

出　版　社： 经济管理出版社

出版时间： 2001 年 7 月

版　　次： 第 1 版

ＩＳＢＮ：780162212X

页　　数：349 页

价　　格：20.00 元

作者简介

　　略

内容简介

　　该书以近年来发生的较有影响，而又与人们日常生活密切相关的婚姻家庭案例为基础，结合新《婚姻法》最新精神和有关规定编撰而成。该书力求精选贴近日常生活的案例，语言深入浅出、通俗易懂，并尽可能反映新婚姻法的全貌和主要规定，以期达到"由案说法、以法评案"的目的，为读者理解和掌握新《婚姻法》有关规定提供法律指南。书中精选了婚姻家庭的百余案例，分为两编，第一编：婚姻家庭关系，第二编：法律救助与责任。阐述了相关的婚姻法律、法规、规章及司法解释，包括《中华人民共和国婚姻法》、《中华人民共和国刑法》（节录）、《中华人民共和国治安管理处罚条例》（节录）、《婚姻登记管理条例》。

著作名称：中国婚姻法讲义

主　　编：王战平

出 版 社：全国法院干部业余法律大学

出版时间：1986 年 10 月

版　　次：第 1 版

Ｉ Ｓ Ｂ Ｎ：无

页　　数：241 页

价　　格：5.00 元

编者简介

　　王战平，山东平度人。曾任平度县抗日游击队指导员、中共平度县区委书记、平度县县长、胶东建设学校副校长。新中国成立后，历任中共胶东区委财贸办公室主任，最高人民检察署华东分署办公室主任、副秘书长，最高人民检察院办公厅副主任、厅长，最高人民法院庭长、副院长。

内容简介

　　《中国婚姻法讲义》由绪论、婚姻法的基本原则、亲属、婚姻以及家庭关系等及其他内容组成。编者认为婚姻法是家庭关系的准则，在书中，首先谈到了婚姻法的指导思想和我国婚姻法的历史发展；其次涉及了婚姻自由，一夫一妻制，男女平等，保护妇女、儿童和老年的合法权益，计划生育等内容；另外阐述了亲属的概念和种类，亲属关系远近计算法，亲属的法律效力，结婚的条件，以及结婚的程序，涉及华侨和港澳台同胞结婚的有关规定，审判实践中与结婚的有关规定；最后，讲解了夫妻关系，父母子女关系，祖孙、兄弟姐妹及其他家庭成员关系等方面的知识。

该讲义正确地阐述了我国社会主义婚姻家庭法的基本原理、原则、法律条文的立法精神以及司法解释的要旨，介绍了有关婚姻法的基本知识，反映了人民法院的审判实践经验。讲义具有科学性、系统性，且突出了实践性和可行性。

著作名称：中华人民共和国婚姻法实用问答与案例评析

主　　编：赵雷　卜范城

出 版 社：中国标准出版社

出版时间：2000 年 12 月

版　　次：第 1 版

I S B N：7 - 5066 - 2456 - 7

页　　数：231 页

价　　格：15.00 元

编者简介

赵雷、卜范城均为全国人大常委会法制工作委员会的成员。

内容简介

为了配合修改后的婚姻法的宣传、学习，作者编著了《中华人民共和国婚姻法实用问答与案例评析》一书。该书包括三部分内容：第一部分是婚姻法实用问答，以修改后的婚姻法的规定为主干，结合其他有关法律、法规、规章和司法解释的内容，对婚姻法的内容做出全面的、通俗易懂的问答，其中也相应介绍了婚姻法修改过程中存在的争议，以便读者对修改后的婚姻法有比较深入的认识。第二部分是有关婚姻法案例的选编。需要说明的是，作者在分析这些案例时，假设这些案例发生在修改后的婚姻法生效后如何进行处理，以强化对新婚姻法的学习和理解，增强灵活运用法律的能力。第三部分是立法过程中有关的说明、修改情况的汇报和审议结果的报告的汇编，目的是便于了解婚姻法修改过程中涉及的重要条款的变化情况，为进一步研究婚姻法提供资料上的便利。

著作名称：婚姻家庭法律问题答疑与案例点评

主　　编：郑东

出 版 社：中国工商出版社

出版时间：2001 年 5 月

版　　次：第 1 版

I S B N：9787800126123

页　　数：310 页

价　　格：18.00 元

编者简介

　　无

内容简介

　　《婚姻家庭法律问题答疑与案例点评》一书，从读者感兴趣的问题出发，以处理某件法律事务为线索，以法律、行政法规、司法解释为依据，用问题答疑和案例点评的形式和通俗的语言，讲解了婚姻、家庭、继承、妇女、未成年人权益等法律知识，是一本比较实用的法律普及读物，重在普及婚姻家庭方面的法律知识，特别是对新婚姻法的解读。

　　该书第一部分为婚姻家庭法律问题答疑，以新颁布的《婚姻法》为主线，不仅涉及了夫妻之间的婚姻关系，而且还关注了家庭关系，对诸如"包二奶的法律责任"、"离婚时的财产分割"、"继父母与继子女的关系"等婚姻家庭生活中可能遇到的 220 个问题，从法律专业的角度进行了深入浅出的分析。这些问题包括八个方面的内容：一是与婚姻有关的法律问题；二是与继承有关的法律问题；三是与收养有关的法律问题；四是与老年人权益保障有关的法律问题；五是与未成年人保护有关的法律问题；六是与妇女权益保障有关的法律问题；七是与预防未成年人犯罪有关的法律问题；八是与治安管理、劳动教养有关的法律问题。

　　该书的第二部分为案例点评，通过讲述 73 个典型案例，具体指出婚姻家庭生活中应遵循的行为准则，告诉读者应如何通过法律来维护婚姻幸福与家庭和睦。案例点评包括：有关适用《婚姻法》的案例；有关适用

《继承法》的案例；有关适用《收养法》的案例；有关适用《老年人权益保障法》的案例；有关适用《未成年人保护法》的案例；有关适用《妇女权益保障法》的案例；有关适用《预防未成年人犯罪法》的案例；有关适用《治安管理处罚条例》及劳动教养规定的案例。全书内容严谨，针对性强，简明通俗，是家庭，特别是女性必备的一本极具实用性的法律参考书。

著作名称：中国婚姻立法史

作　　者：张希坡

出 版 社：人民出版社

出版时间：2004年1月

版　　次：第1版

I S B N：7010041075

页　　数：559页

价　　格：33.00元

作者简介

　　张希坡（1927—　　），山东章丘人，中国人民大学法学院教授。主要著作有：《马锡五审判方式》、《革命根据地的经济立法》、《革命根据地的工运纲领和劳动立法史》等，主编《中国革命法制史》、《中华民国开国法制史——辛亥革命法律制度研究》、《中国法制通史第十卷·新民主主义政权》等。

内容简介

　　婚姻法是规定婚姻家庭关系的基本准则，是关系家家户户、男女老少和睦生活和社会文明进步的重要法律。要学习和研究中国婚姻法，了解和研究中国婚姻家庭制度，就不能不研究中国的婚姻立法发展史。该书正是一本以现代婚姻家庭立法的发展演变为重点，探究我国婚姻家庭立法的历史变革及其发展规律的专著。书中系统、全面地介绍了中国古代婚姻家庭制度的历史演变过程，中国近代婚姻制度的变革，革命根据地的婚姻立法，中华人民共和国成立后的婚姻立法，婚姻家庭制度中的各种法律规范的历史演变、亲属关系、继承关系、法律责任，等等，从多角度、多方位对中国婚姻家庭制度的方方面面以及法律渊源进行了深入研究和剖析。该书是一部研究我国婚姻制度的历史和婚姻立法背景、婚姻法规范变迁的最新力作，既可作为广大读者学习和研究我国现行婚姻法的一种历史性参考读物，也为立法、司法部门进一步探讨我国婚姻家庭的改革，以及婚姻法的修订提供了一些最直接的历史经验教训和可借鉴的史料。全书规模宏大，内容丰富，资料翔实。全书共分六编，分别为：第一编，中国古代的婚姻家庭制度和中国近代婚姻家庭制度的改革；第二编，我国革命根据地的婚姻立法；第三编，中华人民共和国成立后的婚姻立法；第四编，我国婚姻制度中各种法律规范的历史演变；第五编，亲属、家庭关系；第六编，附编——法律责任、继承法与惩治侵害婚姻家庭犯罪的刑事立法。

著作名称：妇女法教程

作　　者：孙启泉　张雅维

出　版　社：北京大学出版社

出版时间：2010 年 9 月

版　　次：第 1 版

I S B N：978 - 7 - 301 - 17715 - 0

页　　数：302 页

价　　格：38.00 元

作者简介

无

内容简介

该书是系统介绍妇女法律基本理论的教材，强调法学知识理论性与实用性的结合。该书以妇女为主体，从妇女法的基本理论、政治权利、文化教育权利、劳动与社会保障权利、财产权利、人身权利、婚姻家庭权利以及妇女权利的救济八个方面全面阐述妇女的合法权利以及法律保护，对诸多热点问题和焦点问题进行了积极探索与思考。全书概念规范，法理严谨，体系完整，知识点全面，注重学术性和可读性的统一，理论联系实际，适合高校妇女法教学之用。作者在每一章里都力求做到基本理论清楚，重点问题透彻，案例分析到位。该书既总结、梳理与妇女权益保护有关的法律、法规，又联系我国当前妇女权益保护的基本状况，因此也是妇联组织开展妇女工作必不可少的学习读本。

著作名称：妇女法研究

主　　编：李明舜　林建军

出 版 社：中国社会科学出版社

出版时间：2008 年 11 月

版　　次：第 1 版

I S B N：9787500473336

页　　数：293 页

价　　格：32.00 元

编者简介

　　李明舜（1964—　　），男，河北饶阳县人。中华女子学院副院长、中国法学会婚姻家庭法学研究会副会长兼秘书长、北京市立法方面咨询专家。主要研究领域：妇女人权、妇女法学、婚姻家庭法学等。

　　林建军，女，中华女子学院法律系教授、系主任，兼任中国法学会婚姻法学研究会副秘书长、北京市律师协会婚姻家庭专业委员会委员等职。主要学术著作：《女性面临的法律问题》（合著）、《妇女人权的理论与实践》（主编）、《〈妇女权益保障法〉修改理论与实证研究》（主编）等。

内容简介

　　该书主要探讨了以下几方面的问题：从"四大机制"解读妇女法；探讨了妇联组织维护妇女人权职能及其运行状态；论述了妇联在行政法上的法律地位；以强奸法为例论述了妇女从性的客体到性的主体的转变；探讨了有关性骚扰的法律问题以及家庭暴力受害人的司法保护问题；探索了农村妇女土地权益问题及法律保护；对中国社会保险制度中的歧视等其他问题也进行了研究。此外，该书还对国外一些立法进行了译介，如美国《针对妇女暴力法案（VAWA）2005》摘要、俄罗斯《劳动法》中关于对妇女保护的特殊规定、英国《反性别歧视法案 1975》（修订版）（节选）及韩国女性运动与母性法律保护等。最后是研究综述，对 2001—2005 年的妇女法研究以及 2007 年我国妇女人权立法进行了探索与评析，汇编了有关妇女权益保障的一些法律、法规。

著作名称：女性与职务犯罪

作　　者：傅新球　彭劲

出 版 社：安徽人民出版社

出版时间：2005 年 10 月

版 　 次：第 1 版

Ｉ Ｓ Ｂ Ｎ：7 - 212 - 02651 - 4

字 　 数：188 千字

价 　 格：22.00 元

作者简介

傅新球（1972— ），湖南长沙人。安徽师范大学社会学院副教授、硕士生导师。主要从事英国史、社会史、女性学等方面的研究，在《世界历史》、《史学理论研究》等杂志上发表学术论文 10 余篇。

彭劲（1971— ），湖南长沙人，安徽师范大学政法学院教师，馆员。主要从事人力资源管理和档案管理等方面的研究，在《船山学刊》、《湖南档案》等杂志上发表学术论文多篇。

内容简介

随着女性参与和从事社会管理事务的机会不断增加，女性职务犯罪也在不断增多，在全部职务犯罪中占据了相当的比例。该书从女性学和社会性别的视角出发，针对女性在我国职务犯罪中扮演的社会角色及其原因分题论述，并对预防职务犯罪问题进行相应探索。

该书共分 6 章，内容以女性与职务犯罪问题为主轴。第一章"职务犯罪概说"，对职务犯罪的概念进行梳理，介绍当前我国职务犯罪尤其是女性涉嫌参与职务犯罪的现状。认为我国当前职务犯罪现象十分严重，女性职务犯罪现象日益突出，涉及职务犯罪的女性越来越多。第二章"利用职务之便的女性犯罪"、第三章"职务犯罪背后的女性"，概述女性主动参与职务犯罪和作为从犯参与职务犯罪的原因，并结合具体案例，生动、深刻地进行论述。第四章"解读权色交易"，对权色交易的危害、男性以权谋色、女性出卖色相等问题进行深入探讨。目前存在权色交易的主要原因是与当前中国社会转型时期有关，社会风气不良、社会整合力减弱、物欲刺激，促使女性面临社会困境，从而产生越轨行为。第五章"职务犯罪中的女性角色"，从女性学和社会性别的视角出发，详细地阐述男尊女卑、重男轻女的观念在文化思想、资源分配、角色定位诸方面的反映，旨在突破把妇女自身素质作为导致女性犯罪的根源的观念，用社会性别理论框架凸显性别歧视的社会文化传统对女性犯罪的深刻影响。第六章"预防职务犯罪"，从经济、政治、思想、文化四个方面对职务犯罪发生的原因进行探讨，提出以打击和预防并重的方法来减少职务犯罪行为发生的相关对策。

该研究对我国的反腐败工作，特别是女性涉嫌职务犯罪的预防工作有所裨益，对我国女性社会学研究提供了参考。

著作名称： 法律透视：婚姻家庭暴力

作　　者： 张红艳

出　版　社： 中国法制出版社

出版时间： 2006年9月

版　　次： 第1版

Ｉ Ｓ Ｂ Ｎ： 7802264812

字　　数： 238千字

价　　格： 21.00元

作者简介

张红艳（1968—　），女，湖南祁东人。南华大学文法学院院长、教授。近年来，发表学术论文20余篇，其中有多篇获得各级奖励，知识产权保护研究系列论文获衡阳市优秀社科成果三等奖，参与了《知识产权法学》和《理论聚焦》等教材和著作的编写工作。

内容简介

该书是在长期的教学实践中不断探索和积累的基础上进行的，以新《婚姻法》为主干，有针对性地对婚姻家庭暴力问题进行研究。作者紧紧把握法律分析这一研究路途，围绕家庭暴力侵害的权利种类、法律后果以及家庭暴力的正当防卫和紧急避险等专门的法律问题，探讨现行法律机制存在的问题及改进措施，力图构建一个系统的、完备的"反家庭暴力法"体系。

该书先从婚姻家庭暴力的法律特征说起，逐步分析家庭暴力中的侵权问题，家庭暴力导致的纠纷及其后果处理，同时还提及家庭暴力对青少年成长的危害和社会稳定问题。全书除引言外共分7章。第一章"婚姻家庭暴力问题研究意义之探析"，作者从我国根本法《宪法》视角入手，探析我国新《婚姻法》增设禁止家庭暴力与法律责任的重要性和必要性。第二章"婚姻家庭暴力的内涵与法律特征",用实际案例分析婚姻家庭暴力的内涵与特征。第三章"婚姻家庭暴力的侵权问题",作者认为家庭暴力不仅对受害人精神和肉体造成了伤害,而且侵犯了受害人一方的人身自由和人格权,侵犯了受害人的生育自由权。第四章为"婚姻家庭暴力导致的离婚纠纷及其后果的处理"。第五章"婚姻家庭暴力对青少年成长及社会稳定的影响",分析家庭暴力对青少年成长的不良后果,容易导致青少年性格扭曲,容易形成抑郁、孤僻、缺乏爱心的性格特征。第六章"婚姻家庭暴力的正当防卫与紧急避险",界定了婚姻家庭暴力中正当防卫与紧急避险的成立条件。第七章"和谐社会呼唤《反家庭暴力法》",作者呼吁构建家庭暴力的防线,并对制定《反家庭暴力法》提出诸多有益的立法建议,对于构建新时期和谐家庭有着很大的参考价值。第一、二、三章从法理层面来分析研究家庭暴力的意义、特征及侵权表现;第四、五、六、七章是从实践层面分析家庭暴力导致的种种恶果及预防措施。在内容上坚持了理论与实践相统一,既有法理分析,又有实践操作内容。

　　该书通过系统且全面的阐述,使人们对家庭暴力不再是谈虎色变,而是用一种积极向上的心态来应对。对于家庭而言,法律的介入不是使家庭脱离正常的伦理关系,而是使之呈现出程式化、凝固化。在这里,法律不单单是一种手段,更是作为一种理念,在深入骨髓、沁入心脾之后,化为内在的力量,从而构筑和谐的家庭伦理关系。

著作名称:国际贸易法中的"性别"——女性主义的视角

作　　者:廖艳嫔

出 版 社:法律出版社

出版时间:2010 年 8 月

版　　次:第 1 版

I S B N:978 - 7 - 5118 - 0969 - 8

页　　数:285 页

价　　格:28.00 元

作者简介

廖艳嫔（1979—　），广东省清远人。广州中山大学学士（2001），英国曼彻斯特大学法学硕士（2003），英国曼彻斯特大学法学博士（2008），中山大学法学院人权法研究中心研究员。主要研究领域为商法（以比较商法和国际商法为主）、公司法、竞争法。

内容简介

该书是作者在英国曼彻斯特大学法学院就读博士学位期间所完成的博士论文的中文改进版。女性主义法学可谓是法理学中一个"小众"的分支，作为一种法学的工具性视角，除了一些明显与女性权利相关的部门法，例如婚姻家庭法等民事法律和有关性骚扰等刑事法律以外，其涉猎的部门法学领域还相当狭窄。该书尝试开辟新径，以女性主义法学的角度对国际贸易法进行考察。基于体系完整性和逻辑架构的考虑，书中也涉及了国际公法与国际经济法的一些基本理论。

该书概括地介绍女性主义法学的主流观点并从女性主义视角对国际法及国际经济法进行了剖析。全书共分7个章节。第一章为"女性主义法学理论"。通过对女性主义三次浪潮以及女性主义法学的主要观点的简要综述，揭示经济因素在女权主义运动及女性主义法学中的重要作用。第二章为"国际法中的女性主义视角"。作者运用性别视角对国际公法进行研究，认为国际人权法对女性的无视和边缘化使女性的权利斗争陷入困境，女性需要解决国际法中的这些问题并寻找其他有效方法争取权利。第三章为"国际经济法中的女性主义视角"。在这一章中，作者通过剖析国际经济法对女性性别歧视的实施，从而认为国家经济法不是性别中立的，无论理论层面还是实践层面，国家经济法都非常不利于女性。第四章为"国际贸易法中的性别视角"。作者认为国际贸易法的理念与女性的联系是非常消极的，这些经济理念以一种细微但重要的方式影响着女性的生活、利益与福利，因此，国际贸易法有必要考虑女性的需求。第五章为"以性别视角对最惠国待遇原则的研究"。这一章中作者从性别视角对关税与贸易总协定（简称 GATT）的最惠国待遇原则进行研究，探究 GATT 对女性的关注，也折射了 WTO 的其他协议对女性利益的态度。令人遗憾的是，这两项协定都无视性别差异，没有对女性的特殊要求给予额外的关注。第六章"以性别视角对 WTO 原产地规则协定的研究"。作者从性别视角对 WTO 中的原产地原则进行深入探讨，这是从性别视角研究原产地规则的影响的开山之作。第七章"WTO 农产品协议的女性主义研究"。作者以 WTO 的《农产品协定》为切入点，以期结束产品贸易政策对女性的漠视。

著作名称：中国农村妇女自杀报告

作　　者：谢丽华

出 版 社：贵州人民出版社

出版时间：1999 年 1 月

版　　次：第 1 版

I S B N：9787221049674

页　　数：231 页

价　　格：13.80 元

作者简介

略

内容简介

该书分为上下两部。上部是关于中国农村妇女的自杀报告：第一篇论述了农村妇女自杀的现状，包括自杀的普遍性、自杀的动机、自杀的形式及自杀的后果；第二篇论述了农村妇女自杀的原因，包括直接原因和深层原因；第三篇从强化扶贫工作、健全支持网络、更新文化观念和提高心理素质这四个方面来讨论如何预防农村妇女自杀。下部对中国农村妇女自杀的个案进行了分析：从婚外情、赌博、人命案、家庭矛盾、打工、婆媳关系、女儿出嫁、贫穷、文盲、包办婚姻、溺爱、精神病患、生活的意义等方面对中国农村妇女进行了个案分析，最后进一步阐述了中国农村妇女自杀状况与社会文化的关系。《中国农村妇女自杀报告》中，作者真实地告诉了读者每年 17 万中国农妇是怎样自杀身亡的，她们为什么自杀，怎样防止她们自杀！

著作名称：社会性别视野下的法律——女性与法律

作　　者：肖巧平

出 版 社：中国传媒大学出版社

出版时间：2006 年 4 月

版　　次：第 1 版

I S B N：7 - 81085 - 680 - 4

页　　数：263 页

价　　格：26.00 元

作者简介

　　肖巧平，女，湖南宁乡人。湖南师范大学法学院副教授、硕士生导师。主持 2005—2004 年湖南省教育厅课题《农业产业化过程中妇女权利的法律保护》、2005 年湖南社会科学规划课题《女性性权利研究》等。与人合著《经济法概论》、《法律基础》等。

内容简介

　　社会性别理论是西方新女权运动的成果，是对自然性别理论的扬弃，目的是消除男女之间的实际不平等。该书与以往的关于妇女权利的著作不同，不仅对妇女的权利作了介绍，更重要的是用"社会性别理论"和"社会性别分析方法"作指导，对宪法、刑法、劳动和社会保障法、婚姻家庭法、国际法中的女性权利作了详细论述与分析，试图弄清楚，现有法律对妇女权益保护是否有缺陷，这些缺陷是什么，并探索怎么来弥补这些缺陷。力图给读者传达这样的信息：妇女并不只是受法律保护的对象，并不只是在被动地享受人类法律文明的成果，她们和男性一样，是法律文明的推进者，是法律进步的动力。该书记录了作者的看法与建议，有一定学术价值及较强的现实意义，适合法学、社会学、女性学等相关学科的研习者阅读。

著作名称：两性法律的源与流

作　　者：李忠芳

出 版 社：群众出版社

出版时间：2002 年 12 月

版　　次：第 1 版

I S B N：9787501428151

页　　数：277 页

价　　格：17.50 元

作者简介

　　李忠芳（1939—　），吉林农安人，当代婚姻法学家。中国法学会理事、中国法学会婚姻法研究会副总干事、吉林省法学会理事、吉林省妇女学会副会长。出版了专著《性与法》，主编了《中华人民共和国婚姻法概论》、《婚姻法学》等。

内容简介

　　该书集实体法与程序法于一身，融民事立法与刑事立法于一炉，涉及古今中外立法上百种，援引世界各国法规近千条，是一部用法律叙说人类两性关系的发展史和呼唤社会主义性文明的书。性，作为人的自然属性和生理差别，本与法无缘，但是，人到了青春发育期，产生性欲这种生理与生育机能以后，选择在什么时间、什么场合，与什么样的异性发生性行为，就不能再说性与法无缘了。该书主要讲两性法律的由来与发展，也涉及性道德。在调整两性关系方面，"德治"与"法治"应当并行不悖。分为无法律规范的原始性关系、性结合法、夫妻关系法等八讲。该书注重联系实际，实事求是，与时俱进。作者在书中对人们关注的"婚外恋"、"婚外情"、"包二奶"、"第三者插足"、"家庭暴力"、"离婚过错赔偿"等诸多问题，均表明了态度和看法，对广大群众尤其是青年男女定有裨益。

著作名称： 夫妻财产规定

主　　编： 中国法制出版社

出 版 社： 中国法制出版社

出版时间： 2003 年 8 月

版　　次： 第 1 版

I S B N： 9787801821546

页　　数： 194 页

价　　格： 25.00 元

编者简介

　　无

内容简介

　　随着我国社会经济的迅速发展，人们生活水平有了很大提高。家庭财产特别是夫妻共同财产范围和表现形式发生了很大的变化。夫妻除了拥有住房、汽车、存款外，还拥有了票据、保险利益、知识产权等新的财产形式；有的夫妻甚至还以公司股东、企业合伙人或者投资人、个体工商户等身份拥有相当数量的股权资本、生产资料等。这些都使得夫妻财产关系越加复杂。为了适应当前我国夫妻财产多样性的现状，该书专门收录了夫妻财产方面的规定，为读者妥善解决夫妻财产方面的问题提供法律依据。该书主要包括《中华人民共和国婚姻法》及《最高人民法院关于适用〈中华人民共和国婚姻法〉若干问题的解释》：（一）、最高人民法院印发若干问题的意见（试行）、中华人民共和国妇女权益保障法、保险法、公司法、合伙企业法、商标法、著作权法、专利法、土地承包法、继承法及最高人民法院关于财产共有人立遗嘱；处分自己的财产；部分有效处分他人的财产；部分无效的批复等内容。

著作名称：妇女法律援助案例·指南

主　　编：北京大学法学院妇女法律研究与服务中心

出 版 社：中国工人出版社

出版时间：2000 年 8 月

版　　次：第 1 版

I S B N：7 - 5008 - 2413 - 0

页　　数：602 页

价　　格：29.80 元

编者简介

北京大学法学院妇女法律研究与服务中心（以下简称"中心"）成立于 1995 年 12 月，是中国第一家专门从事妇女法律援助及研究的公益性民间组织。中心以妇女这一特殊的弱势群体为服务对象，以提供法律援助为救济途径，致力于中国贫弱妇女的维权事业，以独特和创新性的视角为中国的贫弱妇女排忧解难，维护她们在社会、政治、经济生活中的合法权益，唤醒她们的维权意识和法律意识，消除其精神和文化上的贫困，促进其人格的发展和完善，帮助其走上自尊、自立、自强之路。

内容简介

该书以分类典型个案为载体，以动态的案件进程为主线，尽可能充分地尊重与展现实际生活中具体法律纠纷的状态与内容，如各种书状的格式与基本内容、庭审的过程、案件的争执焦点、案件胜诉或败诉的关键法律要点、案件进展过程中可能会遇到的艰难与阻力、克服阻力的途径与方法等，在案件的各个进程中所遇到的法律问题均以律师提示的方式做出了解答，这些解答贯穿于整个案件的始末。而作为案件本身，每个案例涉及与解答的主要法律问题在目录提示中均有标明，这些法律问题同时涉及实体性法律问题与程序性法律问题，读者可根据自己的需要选择阅读。

该书分为四个部分。第一部分为离婚类，对离婚中所涉及的法律问题进行解答；第二部分为家庭类，不包括离婚问题，以家庭中的子女抚养、收养、财产分割等；第三部分为人身伤害类，即对人身伤害的控告与索赔；第四部分为劳动类，包括劳动报酬案、劳动合同案、交通事故案等等。

著作名称：性自主权研究——兼论对性侵犯之受害人的法律保护

作　　者：郭卫华

出　版　社：中国政法大学出版社

出版时间：2006 年 5 月

版　　次：第 1 版

I S B N：756202913X

页　　数：329 页

价　　格：30.00 元

作者简介

郭卫华，男，河南新安人。北京大学法学博士、中国人民大学博士后，湖北省高级人民法院民二庭负责人、审判委员会委员。其主编和合著的法律著作如《新闻侵权热点问题研究》、《网络中的法律问题及对策》、《新合同法全方位解疑》、《人身权法典型判例研究》、《中国精神损害赔偿制度研究》及《找法与造法——法官适用法律的方法》均在理论界和实务界引起了较大的反响。

内容简介

性侵犯案件的发生，无论什么时候，人们都无法忽视；而与人类性爱抚正相反的"性骚扰"，更是时不时地发生在街头、公共汽车上，乃至较为隐秘的办公室里，它发生的频率更高，这种侵犯同样令人忧虑。近几年，随着公民维权意识的增强，一些遭受性侵犯的受害人，向法院提起民事诉讼，要求加害人予以民事赔偿。到了这个时候，法官和其他法律人以及社会公众才忽然意识到，民法竟然缺乏对这种严重侵权行为追究民事责任的明确的法律依据。

性侵犯侵害了当事人的性权益是毫无疑问的，但这种权利是什么权利，我国民法没有规定，相关的理论研究也几乎处于完全空白状态。长期以来，我国的法律仅是在公法上对性侵犯有明确的规定，如刑法上关于罪的各种规定，而作为保护公民人身权利最基础的民法却把它忽视了。有鉴于此，该书从司法的角度对公民的性权益进行了深入研究。作者认为，性侵犯侵害的是公民的性自主权，即任何公民在法律范围内，有自主决定自己是否实施性行为，以及怎样实施性行为而不受他人强迫和干涉的权利，它属于人格权的范畴。在明确了定义之后，还对此权利的性质、特征、内容以及与其他人格权的联系和区别，侵犯性自主权的构成要件，民法救济途径等进行了全面分析。

在此基础上，得出了我国民法有必要对性自主权单独予以明确规定的结论，同时，指出了在立法尚未确立之前，对于已经发生的民事诉讼可以根据民法中对一般人格权的规定及相关司法解释对受害人予以民事救济。

值得指出的是，作者从现代人的权利观出发，还对夫妻间的性侵权进行了专门研究。作者以为，绝大多数人一生中的性满足主要是在婚姻内实现的，依传统观念，在夫妻之间，即使一方违背另一方意愿，强行实施性行为，也无关侵权的问题。而从现在看来，只要违背他人意愿，无论双方是什么身份，均构成侵权，同样，应承担相应的民事责任。除了婚内强行性行为值得研究之外，作者还认为已婚之人性权利的行使应受到更多的限制，性承诺权是性自主权的一项重要内容，凡未经他人承诺即构成侵权，但承诺是有一定条件限制的。人类社会自出现婚姻家庭以后直到现在，夫妻不得婚外性行为是公认的性文明性伦理。作者经过深入的思考，认为现代法律应倡导夫妻之间的性要忠实，婚外性承诺是性自主权的滥用，应予以约束。

该书具有开创性的理论意义，又具有重大的司法实践应用价值。它弥补了人格权法理论上研究的一个空白，为人格权立法奠定了理论基础，并有利于对公民性权益予以切实有效的法律保护。

著作名称：中国的妇女与财产：960—1949

作　　者：［美］白凯

出 版 社：上海书店出版社

出版时间：2003 年 2 月

版　　次：第 1 版

I S B N：7 - 80678 - 026 - 2

页　　数：218 页

价　　格：17. 50 元

作者简介

　　白凯（Kathryn Bernhardt），1984 年美国斯坦福大学历史系博士，现为加利福尼亚大学洛杉矶校区历史系教授，并与黄宗智共同担任《近代中国》（*Modern China*）学刊主编。研究领域为明清以来社会经济史、法律史以及妇女史。主要著作有《长江下游地区地租、赋税与农民反抗斗争：1840—1950》、《清代和民国时期中国的民法》。

内容简介

　　《中国的妇女与财产：960—1949》一书研究了从宋代至民国近千年间中国妇女财产继承权的专著，内容详细，结构严谨。全书内容包括导言部分；宋代至清代女儿的继承权；宋代至清代寡妇的继承权；民国民法中的财产继承；民国民法中寡妇的继承权；民国民法中女儿的继承权以及帝制和民国时期妾的财产权利。

　　该书对中国的财产继承是与妇女无关的，但在男子缺席的场合，妇女如何保护自己的合法权利是一个非常重要，但又一直被忽视的问题。该研究不仅填补了我国法律史研究的空白，对我国的妇女史研究也有重要意义。

著作名称：妇女权益保障法指南

主　　编：郭建梅　马忆南

出 版 社：中国青年出版社

出版时间：1992 年 6 月

版　　次：第 1 版

ISBN：7 - 5006 - 1014 - 9

页 数：242 页

价 格：3.20 元

编者简介

郭建梅，略。

马忆南，女，北京大学法学院教授、中国法学会婚姻家庭法学研究会副会长、北京大学中外妇女问题研究中心研究员，《中华人民共和国妇女权益保障法》、《中华人民共和国婚姻法》、《中华人民共和国人口与计划生育法》起草组专家。研究领域为：婚姻家庭法、继承法、民法、妇女与法律。主要著作有：《婚姻家庭法新论》、《婚姻家庭法原理与实务》、《女性学概论》、《婚姻法修改论争》等。

内容简介

《妇女权益保障法指南》主要介绍了有关妇女权益的各项法律法规，对于保障女性人身、财产等相关法律法规做了详细的梳理，方便读者查找，对了解妇女权益的法律知识有指南作用。主要内容涵盖了妇女政治权利；文化教育权益；劳动权益；财产权益；人身权益；婚姻家庭权益的保障以及违反妇女权益保障法的法律责任等。

该书谈到在我国，妇女同男子一样，享有宪法规定的各项政治权利。政治权利是妇女各项权利中最重要的部分，它与其他权利，如文化教育权、劳动权、财产权等是紧密相连的，它可以促进其他权利的实现。妇女政治权利的内容包括选举权与被选举权，言论、出版、集会、结社、游行、示威等自由，是公民关心国家大事，表达自己的见解和愿望，以及参加国家政治生活不可缺少的民主权利。公民只有享有选举权，才能选举出能够代表人民利益的人参加管理国家大事的工作；公民只有享有被选举权，才有可能亲自代表人民参加国家的管理工作，发挥当家做主的积极作用。在我国，公民的选举权与被选举权是平等的、广泛的。依照宪法和选举法的规定，妇女和男子一样，享有平等的选举权和被选举权。妇女行使选举权和被选举权，既有物质保证，又有法律保障。另外，文化教育权益，是公民依法享有的受教育的权利和从事各类文化活动权利的统称。妇女的文化教育权益，即妇女在文化教育方面依法享有的权利和利益。而妇女的人身权是指妇女依法享有的，与妇女自身不可分离的，没有直接财产内容的一种民事权利，任何人或组织都不能任意地剥夺其人身权利或妨碍其权利的行使。

著作名称： 妇女权益保障法律手册

主　　编： 纪嘉芳

出 版 社： 中国民主法制出版社

出版时间： 1993 年 2 月

版　　次： 第 1 版

I S B N： 7 – 80078 – 110 – 0

页　　数： 272 页

价　　格： 6.00 元

编者简介

纪嘉芳，律师，执业机构：北京市天元律师事务所。其专长领域研究或代理有关侵权、合同、刑事、债权债务方面的问题和诉讼。

内容简介

《妇女权益保障法律手册》内容涵盖了中华人民共和国妇女权益保障法及条文释义，有关法律制度简介以及我国参加的国际公约中有关保障妇女权益的规定三编，具体内容表现以下几个方面：

中华人民共和国妇女权益保障法的重点内容为两部分：一是明确规定实行男女平等是国家的基本国策，履行我国政府对国际社会的承诺；二是进一步明确执法主体，强化政府责任。妇女政治权利的保障程度是一个国家文明进步的重要标志，为了提高中国妇女的参政水平，妇女权益保障法在提高人大代表中的女性比例，以及培养选拔女干部、女性领导成员及村民委员会、居民委员会中的女性名额等方面都做了规定。在文化教育权益方面，重点是从消除教育领域的性别歧视和关注贫困、残疾和流动人口等弱势群体；在劳动和社会保障权益方面，重点是就防止就业中的性别歧视、强化女职工怀孕、生育等特殊时期的劳动保护、推进生育保险等方面做出修改；在财产权益方面，针对近年来各地集中反映的农村妇女土地承包经营、集体经济组织收益分配男女不平等的问题，在农村土地承包法关于保护妇女土地承包权益规定的基础上，突出了对农村妇女的土地承包和相关经济利益的保护。在人身权利方面，立足于解决妇女人身权利保护中出现的新情况、新问题和完善妇女人身权利的保障制度，对利用妇女进行淫秽表演、在媒体上贬损妇女人格、性骚扰等予以禁止。在婚姻家庭权益方面，针对预防和制止家庭暴力的责任主体不明确，对家庭暴力的制裁缺乏可操作性，离婚妇女财产权益难以实现等问题做了进一步的补充规定，明确了国家和有关部门的救助责任，加大了对离婚妇女财产权益的保护力度。

就中华人民共和国妇女权益保障法释义方面，作者提到了男女平等是宪法保障公民的一项基本权利，也是我国奉行的一项基本国策。男女平等的内涵非常丰富，包括男女在政治、经济、文化、社会和家庭生活等各方面的平等，其中，政治权利的平等是男女平等最重要的内容。书中提到的所谓政治权利是指公民依法享有的参与国家政治生活，管理国家事务，管理经济和文化事业，管理社会事务以及在政治上表达个人意见和见解的权利。

著作名称： 妇女权益——权益篇

主　　编： 王京霞　张荣丽　刘春玲

出 版 社： 法律出版社

出版时间： 1999 年 11 月

版　　次： 第 1 版

I S B N： 7 - 5036 - 2859 - 6

页　　数： 175 页

价　　格： 9.00 元

编者简介

略

内容简介

《妇女权益——权益篇》旨在全面清晰地介绍妇女权益保障的法律知识，突出重点，简明实用。全书主要涉及了妇女人身权益的法律保护，认为妇女的人身权是妇女依法享有的、与妇女自身不可分离的，任何人或组织都不能任意地剥夺其人身权利或妨碍其权利的行使。妇女权益保障法对人身权利进行了完善，加强了对妇女的生命健康权、人身自由权、姓名权、名誉权、肖像权、隐私权、荣誉权、人格尊严等各项权利的保护。其次，也加强了财产权益的法律保护，规定妇女享有与男子平等的财产继承权受法律保护，在同一顺序法定继承人中，不得歧视妇女，且丧偶妇女有权处分继承的财产，任何人不得干涉，丧偶妇女对公、婆已尽主要赡养义务的，作为公、婆的第一顺序法定继承人，其继承权不受子女代位继承的影响。另外，还谈及了劳动权益的法律保护、政治文化教育权益的法律保护及妇女权益受侵害后的解决途径和方法。

通过该书，可使读者清楚地了解妇女享有哪些合法权益；法律如何惩罚侵害妇女权益的违法犯罪行为，保护妇女权益；妇女权益受侵害后怎样寻求法律保护。该书可以作为妇女保护自身权益，了解法律法规的读本。

著作名称：妇女婚姻与劳动权益保护

主　　编：罗萍

出 版 社：中国妇女出版社

出版时间：2000 年

版　　次：第 1 版

I S B N：7801313755

页　　数：272 页

价　　格：12.80 元

编者简介

罗萍，武汉大学社会学系教授、武汉大学妇女与性别研究中心学术委员会主任。出版了《妇女在婚姻变动中权利保护研究》等著作，发表妇女学、哲学、社会学论文 120 余篇，是全国妇女学界的知名学者。

内容简介

《妇女婚姻与劳动权益保护》一书分为上下两篇，其主要从法律保护妇女的婚姻自主权婚姻自由的内容；保障妇女的离婚自由；预防和面对家庭暴力；法律保护农村妇女的土地权；法律规定女职工禁忌劳动范围等方面进行了分析和论述。

书中谈到结婚自由和离婚自由两个方面，保障妇女的结婚自由，是为了使未婚、丧偶、离婚的妇女能够按照自己的意愿选择共同生活的伴侣，是为了使那些婚姻关系确已破裂的妇女，能够通过法律规定的正当途径解除婚姻关系，并使她们有可能重新建立幸福美满的家庭。妇女劳动权益的基本含义可从以下两个方面理解，一是指劳动者获得和选择工作岗位的权利，与工作权、就业权同义，具体包括职业获得权、平等就业权和择业权（获得权）。二是劳动者的劳动权。劳动权也可以是指劳动者依据法律、法规和劳动合同所获得的一切权利，包括工作权、报酬权、休息权、职业安全卫生权、职业培训权、社会保障权、结社权、集体协商的权利、民主管理权、劳动争议权等。由于妇女的身体结构和生理机能的特点，以及抚育子女的需要，决定了必须对妇女的劳动权益予以法律的、政策的、社会援助的等多方面的特殊保护。妇女劳动权益保障的内容，一是保障妇女的劳动权利，二是保护妇女在劳动过程中的安全和健康。

著作名称： 妇女在婚姻变动中权利保护研究

主　　编： 罗萍

出 版 社： 湖北人民出版社

出版时间： 2001 年 6 月

版　　次： 第 1 版

I S B N： 7 - 216 - 03098 - 2

页　　数： 259 页

价　　格： 17.20 元

编者简介

略

内容简介

《妇女在婚姻变动中权利保护研究》一书，包含了对 107 名农村离婚与丧偶妇女权利保护入户访谈的个案描述和结论分析，对 310 名农村离婚与丧偶妇女权利保护调查问卷的总体描述和年龄差异、文化差异的相关分析，以及对 6 市 73 名妇联干部的调查与分析。反映的是农村妇女离婚与丧偶后的心声和生活，农村妇女在婚姻变动中权利遭受侵犯的现实，基层妇联干部为维护农村离婚与丧偶妇女权利的呐喊，是农村离婚与丧偶妇女对法律维权的呼唤。

该书是"湖北农村离婚与丧偶妇女权利保护研究"课题的最终成果。该课题旨在研究农村妇女在婚姻变动中的权利保护问题。妇女的"婚姻变动"是指妇女离婚与再婚，妇女丧偶与再婚，处于婚姻变动中的农村妇女权利极易遭受侵犯。老、幼、妇、残是我国社会中的弱势群体，妇女弱势群体规模最大，人数最多。她们的权利保护受世人关注。如果按婚姻状况来划分妇女群体，那么又可分成三个亚群体，这就是：有正常婚姻关系即在"围城"内生活的妇女（其中包括已经再婚的离婚妇女和丧偶妇女）；离婚妇女与丧偶妇女，即从"围城"中走出来而又未再婚的妇女；未婚女性，即未走进"围城"的妇女（这包括未成年女性和大龄女青年）。该书研究涉及第二类，即已从"围城"中走出来且尚未再婚的妇女和第一类中已经再婚的离婚与丧偶妇女，她们在走出"围城"和再次走进"围城"的婚姻变动过程中的权利保护。由此可以得知两点：其一，她们是一个不小的群体；其二，她们在走出和再次走进"围城"过程中权利保护比正常婚姻生活的妇女复杂得多，困难得多。该书把妇女问题和婚姻家庭问题在该课题中有机结合起来，关注妇女权利保护，关注处于婚姻变动中妇女的权利保护。

该书提出假设：一是农村离婚与丧偶妇女权利遭受侵犯是一个普遍的社会问题；二是婚姻变动中农村妇女权利保护与妇女的年龄相关；三是婚姻变动中农村妇女权利保护与其文化程度相关；四是丈夫对妻子的家庭暴力在城乡大量存在。该书研究的基本问题是农村离婚与丧偶妇女的权利是否遭受侵犯，以及侵犯的范围、侵犯的程度、侵犯的原因、被侵犯后果等。具体涉及婚姻变动中农村妇女的土地权、房屋权、财产平等分割权、子女监护权、人身安全（主要指离婚前后和丧偶后家庭暴力对妇女的伤害）以及婚姻自主权。

该书研究所具有的特殊意义是提供对区域性特殊人群权利、遭受侵犯的实证资料以及由此提出的建议。作者关注这一特殊人群权利保护，旨在以实事根据，以数据资料向人们展示这部分弱势群体的生活状况，提请全社会关注她们。

著作名称：女性劳动和社会保险权利研究

作　　者：刘明辉

出　版　社：中国劳动社会保障出版社

出版时间：2005 年 10 月

版　　次：第 1 版

ＩＳＢＮ：7504552658

页　　数：287页

价　　格：25.00元

作者简介

刘明辉（1957—　），中华女子学院法律系经济法教研室主任、教授。讲授劳动和社会保障法、经济法等课程。主要研究领域为劳动和社会保障法、妇女权益保障法。

内容简介

《女性劳动和社会保险权利研究》以经济全球化和全球契约为背景，以社会性别视角审视女性的劳动和社会保险权利问题，提出并论证了权利的概念，女性的应然权利、法定权利与实然权利之间的差距，权利失落的根源，社会性别主流化的战略及实施途径。着重论述了目前理论研究中的误区和如何健全权利保障的法律体系，主要涉及扩大劳动法的调整范围、消除雇佣歧视、防治工作场所性骚扰、完善相关劳动标准、解决男女退休年龄的差异问题、改革生育等保险制度、充分发挥NGO的作用和健全司法救济机制等。

该书对于在立法、执法和人力资源管理中的性别盲点、制度性歧视、劳动法缔约过失责任制度的独特性、推定解雇制度、工作环境权的关注焦点、重建陪审制度和证据规则等方面有独到之见。作者将女性的劳动和社会保险权利保障机制视为一项系统工程，不仅列举了大量数据对权利失落的原因进行多角度透视，而且提出了多项对策建议。参照国际劳工标准、消除对妇女一切形式的歧视等国际公约，借鉴海外的相关经验，指出了我国关于女性的劳动和社会保险立法、司法及执法的改革方向。

著作名称：女性法律权益焦点扫描

主　　编：叶英萍

出　版　社：群众出版社

出版时间：2001年

版　　次：第1版

ＩＳＢＮ：7501424610

页　　数：214页

价　　格：12.80 元

编者简介

　　叶英萍（1963—　　），女，安徽省庐江县人。海南大学法学院副院长、中国法学会婚姻法学研究会常务理事。主要研究方向是婚姻家庭法和法律史学。出版《女性法律权益焦点扫描》、《婚姻法学新探》专著 2 部；参编《婚姻家庭法解析》、《中国婚姻法律指南》、《法理学》、《海南特区政府监督机制研究》等著作。

内容简介

　　《女性法律权益焦点扫描》主要内容包括：教育、劳动与财产；结婚、离婚与夫妻；父母、子女与收养；配偶、第三者与生育及暴力、性骚扰与犯罪等内容。

　　该书由五编组成，分别是第一编教育、劳动与财产，全面系统地介绍了我国法律关于妇女教育、劳动、财产权益的一般规定和特别规定，并对改革开放以来，市场经济体制下发生的一些新问题的法律解决作了探讨。第二编结婚、离婚与夫妻。第三编父母、子女与收养，全面系统地介绍了我国现行的婚姻家庭法关于婚姻家庭的规定，特别指出，妇女应真正知法、懂法，才能依法保护自己的婚姻、家庭、财产和子女。第四编配偶、第三者与生育：选择了当前修订《婚姻法》中存在的几个争论焦点进行介绍，夫妻忠实义务、离婚损害赔偿、生育权的归属，等等，既是社会敏感话题，也是民众关注的热点，个别的还是法律空白。第五编暴力、性骚扰与犯罪，介绍并深刻剖析了对妇女的暴力和性骚扰，以及妇女犯罪的成因。

著作名称：妇女打工者权益保护

主　　编：中山大学妇女与性别研究中心

出 版 社：花城出版社

出版时间：2003 年

版　　次：第 1 版

I S B N：7 – 5360 – 4109 – 8

页　　数：222 页

价　　格：15.00 元

编者简介

中山大学妇女与性别研究中心始于 2000 年初，批准于 2001 年 3 月 5 日，是中山大学校内一级科研机构，是华南地区第一家以社会性别教学与研究及提供法律服务的学术机构。中心的宗旨是研究妇女问题及其发展，推进社会性别平等与经济平等，坚持以科学的，实事求是的精神深化妇女理论研究，促进妇女学、社会性别学及相关学科的建设和发展。

内容简介

《妇女打工者权益保护》是中山大学妇女与性别研究中心和广东电台《妇女心声》节目"每周《一案一议》"的汇编。该书选编的《一案一议》中的个案，重在强调妇女劳动者的权益不仅需要法律保护、社会保护、企业保护，更需要妇女劳动者的自我保护。工厂、企业及用人单位如要获得发展和扩大生产，就应遵纪守法，保障妇女劳动者权益的充分实现，才能取得资本利润。

该书专门为妇女打工者撰写，以妇女劳动权益、劳动保护为内容，选辑了妇女在劳动、劳动保护中遭遇最多的问题，为妇女提供了妇女最需要迫切知道的问题和处理方法。编者根据妇女劳动者当时的工作环境和劳动保护方面的调查资料，发现用人单位对劳动者权益的实现存在不少问题。比如，该书中编撰的用人单位拖欠工资、经济补偿、社会保险、职工安全培训，以及对妇女劳动者孕期、产期、哺乳期的法定权益的侵害，尤其是对妇女劳动者的人格尊严、人身权利的侵犯等个案，应引起我们的政府和公众的关注。一方面，我们的社会应保障和维护妇女劳动者平等地参与经济发展，逐步实现性别平等和经济公正，提高妇女劳动者的社会地位。另一方面，从这些个案中的妇女打工者身上，读者可以看到由于她们有自我保护的法律意识，因而在劳动争议仲裁和诉讼中主张的权益得到了保护。该书具有现实性，针对性，实用性以及编撰方法的新颖性。

十四 性别与教育

（20 本）

序号	著作	作者
1.	打破沉默之声——女性、自传与课程	［美］珍妮特·米勒
2.	女性主义教育观及其实践	肖巍
3.	性别与教育	郑新蓉
4.	走进教材与教学的性别的世界	史静寰
5.	教育——性别维度的审视	魏国英 王春梅
6.	性别差异与教育	强海燕
7.	文化、教育与性别——本土经验与学科建设	李小江 等
8.	中国女性高等教育的历史与现状研究	安树芬
9.	女子高校发展战略研究	罗婷
10.	女校校园文化透视	成荷萍 等
11.	阅读高等教育——基于女性主义认识论的视角	王珺
12.	创造平等——中国西北儿童教育口述史	杨立文
13.	中国古代女子教育	曹大为
14.	中国女子教育史	熊贤君
15.	中国女子教育通史	杜学元
16.	外国女子教育史	杜学元
17.	中国近代女性观的演变与女子学校教育	谷忠玉
18.	教育与女性——近代中国女子教育与知识女性觉醒（1840—1921）	乔素玲
19.	近代中国女性日本留学史（1872—1945）	周一川
20.	近现代云南女子学校教育发展研究	颜绍梅

著作名称：打破沉默之声——女性、自传与课程

作　　者：[美] 珍妮特·米勒

译　　者：王红宇　吴梅

出 版 社：教育科学出版社

出版时间：2008 年 5 月

版　　次：第 1 版

I S B N：9787504139399

字　　数：339 千字

价　　格：39.00 元

作者简介

珍妮特·米勒，美国哥伦比亚大学教授，在俄亥俄州立大学获得课程理论与人文教育的哲学博士。著有《创造空间与寻找声音》（1990），并与比尔·爱尔斯合编了《黑暗时代中的光亮：格林与未完成的会话》（1998）。

内容简介

该书是美国当代最富有影响力的课程理论家珍妮特·米勒 20 年来著述的文集，它将教育理论、事件与实践的解释与作者个人与公共生活的侧面交织起来，展现了其对女性、自传与课程等问题进行突破性与复杂性的探讨。作者应用自己的理论以及课程领域中其他重要人物的理论对课程理论予以概念重建，同时讨论了自己与幼师和中小学教师如何进行广泛的合作研究。作者邀请读者参与对自我的批判性反思。这些文章组合在一起，描述了不断变幻的描述性与解释性的教育研究工作是如何建构与重新建构的，作者关于社会性别与自我的认同，如何影响她作为"学术女性"、"课程理论家"以及"定性研究者"的认同。作者的写作与教学，与课堂教师的密切接触，以及她对定性研究与女性主义文献的精致探讨都使该书成为一部面向人文学科教育者与学生的杰出著作。

著作名称：女性主义教育观及其实践

作　　者：肖巍

出 版 社：中国人民大学出版社

出版时间：2007 年 10 月

版　　次：第 1 版

I S B N：7 – 3000 – 8637 – 8

页　　数：217 页

价　　格：18.00 元

作者简介

　　略

内容简介

　　女性主义教育观就是以女性主义视角看待教育的价值观与方法论。该书试图借助女性主义哲学视角讨论女性主义教育观的理论及其实践。全书共分 6 个章节：第一章讨论女性主义教育思潮；第二章讨论性别与社会性别，说明两者的区分，并对性别特征和性别差异进行分析；第三章讨论女性主义教育观的哲学基础，集中分析女性主义自我观及认识论；第四章讨论女性主义教育观，介绍和分析女性主义对于传统教育观和教学法的批评，女性主义的四种教育理论，女性主义的四种教学法，并以美国布朗大学的一项研究，以及关怀伦理学对道德教育领域的冲击力为例，说明女性主义教学法的应用；第五章以哈佛大学为例，讨论美国高校的性别课程，探讨西方社会对于“教育”的几种传统理解、哈佛大学性别课程的一些体验；第六章讨论女性主义教育观及其实践所带来的启示和思考，分析女性主义教育观对于高校教育理念和知识体系的冲击，强调我国高校开设性别课程的意义和紧迫性，并对我国高校开设性别课程的思路与问题进行一些思考。

著作名称：性别与教育

作　　者：郑新蓉

出 版 社：教育科学出版社

出版时间：2005 年 11 月

版　　次：第 1 版

I S B N：7 – 5041 – 3183 – 6

页　　数：339 页

价　　格：33.00 元

作者简介

　　郑新蓉（1957—　），女，教育学博士，北京师范大学教育学院教授，博士生导师。主要研究领域为：教育基本理论、性别与教育、教育法与教育政策。主要著作有《中国教育现代化与教育改革进程的研究》、《妇女与社会性别学导论课程建设》、《赋教育以社会性别》、《社会性别与妇女发展》、《教育法学概论》。

内容简介

　　《性别与教育》在教育领域引入社会性别视角，用社会性别的基本立场和观点来审视和批判教育中的性别分化现象，破除教育领域中的性别偏见，即"赋教育以社会性别"。教育具有解放人类的伟大力量，在教育领域中引入性别议题，可以提高教育工作者的性别意识，改变沿袭已久的性别刻板印象和性别偏见；引起人们对性别议题的关怀心、敏感度；以及使人们获取有关两性平等、相互尊重的知识和技能，把个人感性的、下意识的性别经验提升为性别群体共同的、理性的自觉认识和行动。其最终目的是解构教育中的性别不平等现象，减少甚至消除性别不平等。该书共分为10 章：内容主要包括性别的界定（生理性别和社会性别的概念和关系）、性别的形成（不同学科性别发展理论的主要流派和观点）、性别形成的主要因素、学校教育与性别、性别平等教育的历史与现状、性别研究的理论流派、教育改革与性别公平、教育工作者必备的性别知识和技能。

著作名称： 走进教材与教学的性别的世界

主　　编： 史静寰

出 版 社： 教育科学出版社

出版时间： 2004 年 6 月

版　　次： 第 1 版

I S B N： 7 – 5041 – 2755

页　　数： 346 页

价　　格： 33.00 元

编者简介

　　史静寰（1955—　），女，清华大学教育研究院常务副院长、教授、博士生导师。学术及社会兼职：北京市第 11 届政协委员；首都女教授协会会长。

内容简介

　　该书是一部从性别的视角研究我国基础教育教材和课堂教学状况的文

集。来自全国10余所重点大学和研究机构的研究者，采用目前在国际学术界受到普遍重视的性别分析方法，对中小学教材作了细致的文本分析，并深入课堂作实地考察，通过各自的研究具体而深刻地提示了现行基础教育教材中以及课堂教学中以显性和隐性形式表现出来的性别偏见和性别刻板印象，表明是在学校中创设性别平等的氛围，以及公平的学习环境的必要性。研究者特别提出，教育政策的制定者和教材的编写者要用性别平等的原则来指导和编写教材，教师应当增强性别意识，反思课堂教学中的性别不平等现象并推进相应的教学改革。这些研究将有助于人们透过教育来了解性别的社会化问题，并促进在全社会营造先进健康的性别文化。

著作名称：教育——性别维度的审视

主　　编：魏国英　王春梅

出 版 社：学林出版社

出版时间：2007年6月

版　　次：第1版

I S B N：9787807303831

字　　数：380千字

价　　格：30.00元

编者简介

　　魏国英，略。

　　王春梅，北京大学中外妇女问题研究中心副主任。

内容简介

　　该书精选了39篇由北大学者以及国外和境外部分知名女性学学者，近年在北大妇女中心的关于女性教育与再教育问题的经典论文演讲。收录了马万华的《中国大陆教育政策变革与女性教育》、河暎爱的《韩国两性平等教育的现状与展望》、薛永玲的《教育赋予女性的能力》、秦晓红的《从"超级女声"看大众文化对女性发展的启示与挑战》等。从性别视角考察女性教育与男性教育之间，既有同一性也有差异性。无论男性女性，接受教育都是提高自身素质，适应时代要求，推动社会进步的必不可少的环节。但由于历史和现实的多重原因，女性教育相对于男性教育而言，还更多地承担着提高自身独立性、自主性和主体性的重任。提升女性受教育的水准，成了改变女性的"第二性"角色和地位，促进男女和谐发展的必要条件。

著作名称：性别差异与教育

作　　者：强海燕

出 版 社：陕西人民教育出版社

出版时间：2000 年 8 月

版　　次：第 1 版

ＩＳＢＮ：7－5419－7796－9

页　　数：224 页

价　　格：16.00 元

作者简介

　　强海燕（1950—　　），女，华南师范大学教育科学学院比较教育学专业学科带头人，博士生导师。致力于课程与教学论、比较教育学的研究工作，是国家教育部专家组成员，支持多项国家课题。

内容简介

　　该书是为帮助广大的家长和教师，在日常生活和工作中对自己的儿女和男女学生，进行有利于两性身心发展和有利于两性人格完善的教育而编写的。性别差异问题，不管是否意识到，一直是每一个社会成员一生都在面对的问题，它涉及我们每一个人怎样看待自己和怎样评价他人的社会生活实践。这种对人对己基于性别产生的认识和态度，涉及许多教育议题和生活议题。该书探索了以下三个问题：第一，男女两性的心理发展是否存在差异，存在哪些差异；第二，性别心理差异是先天造成的，还是后天形成的，是学得的还是习得的。遗传、环境与教育在性别心理差异的产生和扩大中分别起着哪些作用；第三，如何通过教育改变女生处境的不利状况，提高男女学生的教育质量，促进他们的身心健康成长。

著作名称：文化、教育与性别——本土经验与学科建设

作　　者：李小江 等

出 版 社：江苏人民出版社

出版时间：2002 年 10 月

版　　次：第 1 版

ＩＳＢＮ：9787214033147

页　　数：231 页

价　　格：15.00 元

作者简介

　　略

内容简介

　　近年来，"本土化"和"主流化"是妇女／性别研究领域中谈论最多的两个问题。这个论坛的所有参与者均在这两个方向上做出了自己的努力——该书是它的见证，也是它的成果。该书在"妇女／性别研究与高等教育实践"国际论坛的基础上辑稿整理而成，兼有理论探索和教学示范性质。主讲人全部来自大学，是在妇女／性别研究领域中卓有成就且在教学实践中颇具经验的教授，他们的演讲具有鲜明的原创性，是多年探索、思考的结晶，在很大程度上代表了当时中国大陆妇女／性别研究在各领域中的发展进程和学术水平。

著作名称：中国女性高等教育的历史与现状研究

作　　者：安树芬

出 版 社：高等教育出版社

出版时间：2002 年 10 月

版　　次：第 1 版

ＩＳＢＮ：9787040105152

页　　数：297 页

价　　格：50.00 元

作者简介

　　安树芬（1938—　），女，山东博兴人，教授。历任中华女子学院党委书记兼副院长、研究员。代表作有：《现代成人高校管理》、《现代女性人才资源开发》、《中国女性高等教育研究》、《中国女性高等教育的历史与现状研究》等；主编大型工具书《中华教育历程》（上、下卷）、《中国妇女教育资料选编》等七部。

内容简介

　　学术界对我国女性高等教育历史和现状的研究在 21 世纪初还处于初

始阶段。该书尝试以社会性别视角分析中国女性高等教育的历史与现状，具有重要学术价值和现实意义，并首次以专著的形式对中国女性高等教育的历史及现状进行了比较系统的梳理，并对其体制、形式、规模、思想观念等方面的发展变化进行了考察。该书由兴起篇（1904—1949）、发展篇（1949—1995）和现状篇（1995年至今）组成。通览全书，可以看出作者在概括性地论述中国女性高等教育产生以来经过民国时期的缓慢发展，新中国成立后比较快的发展状况的同时，又有重点地对民国时期、新中国成立初期、改革开放以来，特别是1992年以后中国女性高等教育状况进行了详细的阐述。同时，对我国女性高等教育发展中的一些重要问题做出了客观、公正的评价，并对其特征和规律进行了探索，是一部不可多得的研究我国女性高等教育问题的著述，对发展女性高等教育和女性高等教育研究大有裨益。

著作名称： 女子高校发展战略研究

主　　编： 罗婷

出 版 社： 中国社会科学出版社

出版时间： 2007年7月

版　　次： 第1版

I S B N： 9787500463085

字　　数： 330千字

价　　格： 31.00元

编者简介

　　略

内容简介

　　该书是罗婷教授主持的全国教育科学"十五"规划教育部规划课题——《女子大学发展战略》的课题成果。该课题以高等教育中的女子高校作为特定研究对象，运用马克思主义妇女理论、科学发展观、高等教育理论等多种学科理论，通过系统梳理国内外女子高校的办学历史，分析国内外女子高校的办学经验和当代女子高校的发展状况，从中寻找女子高校的逻辑起点和存在价值，探讨女子高校的特色办学路径与发展战略举措。该书从社会性别视角切入，对女子高校的历史演变、时代需求、理论依据、发展趋势、内涵建设、特色办学以及外界支持等多个方面进行了比较深入的探讨和研究。这是我国第一部比较全面、系统研究女子高校发展的学术著作。著作在文献梳理中有总结归纳，在中外比较中有品评剖析，在个案研究中有独到见解，在调查研究中有理论升华。可谓理论与实践相结合，历史与现实相辉映，国外与国内相交织，借鉴与创新相融合。文章的选编充分体现了编者的使命感、研究对象的独特性、研究方法的多视角切入。

著作名称：女校校园文化透视

作　　者：成荷萍 等

出 版 社：中国社会科学出版社

出版时间：2006 年 1 月

版　　次：第 1 版

I S B N：7－5004－5768－8

字　　数：279 千字

价　　格：26.00 元

作者简介

　　成荷萍，湖南女子大学督学、教授。

内容简介

　　该书是湖南女子大学校长、女性文学研究专家罗婷教授主编的《女性文学与文化研究丛书》之一。女校校园文化是伴随着女性教育，女子学校出现的文化现象，反映着女性价值取向、思维方式和行为方式上特有的团体意识和审美格调，是维系女校的精神力量。校园文化是影响新一代发展最直接的因素之一，它不仅渗透在我们生活的各个角落，而且对我们的影响持久而深远。该书以实现高素质女性人才培养目标为出发点，在借鉴国内外女校校园文化建设正反两方面的经验，以及教育学、社会学、女性学、文化学、管理学等学科研究成果的基础上，运用调查研究、比较研究、纵向研究等方法，从性别分析入手，从女校校园文化的结构要素、功能、形态、外部环境、内部构建和发展前景等几个方面，对寻求女校校园文化建设的特殊规律，做了大胆而有益的探索和深入而系统的研究。

著作名称： 阅读高等教育——基于女性主义认识论的视角

作　　者： 王珺

出 版 社： 天津人民出版社

出版时间： 2007 年 1 月

版　　次： 第 1 版

I S B N： 9787201053493

页　　数： 240 页

价　　格： 23.00 元

作者简介

　　王珺（1970—　），女，湖北潜江人。教育学博士，现为华中师范大学教育学院博士后流动站研究人员。主要从事高等教育基本理论、教育哲学和女性主义教育学的教学与研究。曾在各级专业刊物上发表学术论文20 余篇，参与课题多项，编写教材 2 部。

内容简介

　　该著作在国内首创用社会性别视角和性别分析的方法，梳理评述西方学术女性主义对高等教育的批判和重建的全景与内核，对女性主义认识论在高等教育审视中使用的核心概念、理论渊源、主要挑战与超越、重构再建的策略进行了全方位扫描透视，揭示了隐藏在高等教育中的"性别中立"、"性别无涉"和标榜知识的"客观性"、"普遍性"背后的性别盲视、歧视的认识论根源，同时还指出了导致的效果——在教育体制中以扩大性别差异而疏离排斥女性，在高深知识中建构男性标准与男子形象，在学科划分设置中沿袭了传统的性别分工等级，在课程内容中排斥女性的经验和认识，在教学中以貌似"去性别化"却在课堂因袭权力架构和性别立场。这些发现和结论足以使人对高等教育存在的深层性别盲点引起警醒，给人启迪，促人反思。

著作名称： 创造平等——中国西北儿童教育口述史

主　　编： 杨立文

出 版 社： 民族出版社

出版时间： 1995 年 8 月

版　　次： 第 1 版

ISBN：7－105－02518－2

页　　数：423 页

价　　格：16.50 元

编者简介

　　杨立文（1932—　），男，北大历史系教授。主要研究方向：北美史，口述史学，中国文化大革命史；加拿大史，美国黑人史，北京大学文革史。

内容简介

　　口述史是一种古老而又现代的治史方法，它能够将历史研究的触角延伸到社会的每一个阶层和角落，能够走向大众，让曾经沉默的普通民众发出自己的声音，构建自己的历史。这使得口述史在中国西北儿童教育研究中，一方面，能够探索到学校教育留下的记忆，从而映现其真正的教化之果何在；另一方面，能够通过所掌握的口述史料、受访者在访谈中的表现以及口述史料和文献史料的差异，对今后西北儿童教育发展完善所应依循的因素予以诠释，从而使其满足村民"教化"之需，完成国家、社会发展所赋予的"教化"之责，达成其本身所应有的"教化"之效。该书是北京大学中外妇女问题研究中心与宁夏、甘肃、青海三省、区教育科学研究所合作，历时三年完成的"农村女童教育现状、问题及对策研究"课题的成果之一。编者希望通过该书的出版，推广实验学校的经验，在更大的范围内推动女童教育的发展，也希望关心教育的国内外志士仁人为春蕾计划与希望工程继续伸出援助之手。

著作名称：中国古代女子教育

作　　者：曹大为

出 版 社：北京师范大学出版社

出版时间：1996 年 12 月

版　　次：第 1 版

ISBN：7－303－04114－1

页　　数：578 页

价　　格：22.80 元

作者简介

　　曹大为（1944—　），男，北京师范大学历史学院教授，著名长城专家，岳麓版高中历史教材总主编，《中国大通史》主编，长期从事中国古代史、文化史、社会史研究。

内容简介

　　20 世纪 90 年代，中华人民共和国教育史的研究受到前所未有的关注并取得了前所未有的成绩。其中既有政府有关部门或民间学者自发撰写的宏观性成果，如《共和国教育五十年》（教育部编）、《中国社会主义教育的轨迹》（金一鸣主编）等；也产生了大批专题性研究成果。伴随着中国重新走向世界步伐的加快，专题史研究的进一步深化，女子教育史研究受到了广泛关注，该书即是这一时期一部重要的代表著作。该书对古代女子教育的探讨，力求突破传统教育史的研究方法，注意从文化史、社会史等更为广阔的视野进行多方面的综合考察，研究不仅包括宫廷女教、宗教女学、家族女塾、佛道庵观女教等较为规范的女子教育，也涉及家庭教育、社会教化、培养妾婢家妓的特殊训练和劳动妇女民间会社教门传习技艺，以及知识妇女从师问学等教育活动；不但研究女子教育的目的、内容、教材、方法、组织实施，揭示其发展演变的原因和规律，还从社会环境、女子主体意志等不同层面对影响女子成才和塑造传统妇女形象的诸多因素进行综合探索，并对女子教育的社会效应和历史影响做出分析评价。该书把主文化、亚文化和反文化同时纳入视野，立体交叉多层面研究，全方位地为读者揭示了历史的真实面貌。

著作名称：中国女子教育史

作　　者：熊贤君

出 版 社：山西教育出版社

出版时间：2006 年 7 月

版　　次：第 1 版

ＩＳＢＮ：7 - 5440 - 3042 - 7

页　　数：240 页

价　　格：36.00 元

作者简介

　　熊贤君（1957—　），女，现任深圳大学教授，博士生导师。主要著作有：《中国教育管理史》、《中国教育发展史》（合著）、《皇子教育》、《千秋基业——中国近代义务教育研究》、《晏阳初教育思想研究》（合著）、《俞庆棠教育思想研究》、《从湖北看中国教育近代化》（主编之一）、《湖北教育史》（上下卷，主编）、《近现代中国科教兴国启思录》等。

内容简介

　　该书是一部研究中国女子教育历史发展的专著。该书系统地勾勒了从远古到 20 世纪中叶女子教育发生、发展、嬗变的历史过程，分析阐述了各个历史时期女子教育的方针政策以及影响女子教育的历史文化。作者立足于教育，从政治、经济、文化等多维视角研究女子教育在中国的产生、演变和发展，对各个历史时期重要教育家的女子教育思想和时间以及人物、思想、思潮、制度、实践等关系进行了详细分析。全书既对女子教育的相关教材和通俗读物做了介绍，也分析了不同历史时期女子教育组织形式的特点，并展示了历代女子教育家及其女子教育思想绚丽多姿的画卷，是一部比较全面、系统地研究中国女子教育史的专著。

著作名称：中国女子教育通史

作　　者：杜学元

出　版　社：贵州教育出版社

出版时间：1995 年 8 月

版　　次：第 1 版

Ｉ Ｓ Ｂ Ｎ：79787805835464

页　　数：823 页

价　　格：35.00 元

作者简介

　　杜学元（1964—　　），四川仁寿人。西华师范大学四川省教育发展研究中心常务副主任、高等教育研究所所长，教授，教育学博士，教育学原理、教育经济与管理硕士点领衔导师。

内容简介

　　中国女子教育源远流长，内容丰富，但由于史料浩繁分散，其研究工作难度很大。因此之故，中国女子教育历史这一研究领域极少有人问津。该书的出版，将该领域的研究向前推进了一大步。在这部 60 余万字的著作中，作者详细论述了中国古代、近代、民国时期和中华人民共和国成立后，女子教育发展的历史。该书史料翔实，体系完整，论述周详，观点准确。作者既注意介绍历代女子教育的政策与发展状况，又注意探讨女子教育发展的动因，更重视揭示女子教育发展的规律。该书的出版，不仅是对中国女子教育史研究的一项重要贡献，而且丰富了整个中国教育史的科学宝库。全书分为四编：第一编论述中国古代女子教育发展的历史，第二编论述中华民国成立前的近代女子教育的发展历史，第三编论述民国时期女子教育的发展历史。第四编介绍中华人民共和国时期的女子教育发展状况。

著作名称：外国女子教育史

作　　者：杜学元

出 版 社：四川人民出版社

出版时间：2003 年 7 月

版　　次：第 1 版

ＩＳＢＮ：7 - 220 - 06056 - 4

页　　数：996 页

价　　格：64.80 元

作者简介

　　略

内容简介

　　该书为四川省教育厅人文社会科学项目研究成果，四川省学术和技术带头人培养资金资助项目研究成果，西华师范大学筹建博士点学术出版基金资助项目研究成果。这是由中国学者撰写的第一本外国女子教育通史性著作，全书分为四编：第一编论述上古时期的外国女子教育，包括原始社会时期的女子教育、上古国家的女子教育；第二编主要介绍中古时期外国的女子教育；第三编介绍近代外国的女子教育；第四编介绍现代外国的女子教育。为反映外国女子教育发展的原貌，前三编以东方国家与西方国家加以区分介绍；第四编则以发达国家与发展中国家加以区分介绍。有的国家不仅女子教育实践十分可贵，而且女子教育思想家的教育思想更为难得，该书也尽量介绍了一些女子教育家（或一些学派）的教育思想。

著作名称：中国近代女性观的演变与女子学校教育

作　　者：谷忠玉

出 版 社：安徽教育出版社

出版时间：2006 年 8 月

版　　次：第 1 版

I S B N：9787533647933

字　　数：180 千字

价　　格：16.00 元

作者简介

　　谷忠玉（1966—　　），女，黑龙江省齐齐哈尔市人。教授，硕士生导师。主要研究方向为学前比较教育和中国教育史。

内容简介

　　作者把研究对象置放在因西方撞击而起的中国社会转型这一大的历史背景下，用辩证唯物主义和历史唯物主义的方法，从中国近代社会的政治、经济、文化的全面变革中，对女性观的演变与女子学校教育的互动关系进行了考察。以中国近代三部学制及女子学堂章程的颁行作为分析的切入点，在全面考察了女性观的演变与近代女子学校教育的互动关系的基础上，论证了观念是变革的先导、制度是变革的保证、女子学校教育实施是这一变革的结果和具体体现。女子学校教育的发展又进一步推动了观念的变革，并为之提供新的发展契机等一系列问题。该书收集了较丰富的史料，并进行了缜密的分析，深入地挖掘了影响女子教育发展的动因。对近代传教士创办女子学校的意义也进行了全面、客观的分析和评价。

著作名称：教育与女性——近代中国女子教育与知识女性觉醒（1840—
　　　　　　1921）

主　　编：乔素玲

出 版 社：天津古籍出版社

出版时间：2005 年 5 月

版　　次：第 1 版

I S B N：9787806962114

页　　数：240 页

价　　格：27.80 元

编者简介

乔素玲（1957—　　），女，河南滑县人。博士，暨南大学法律学院副教授，硕士生导师。研究领域法律史。发表《郑观应与中国法律观念近代化》等多篇论文。

内容简介

女子教育与近代知识女性关系密切，从某种意义上说，中国女性启蒙应该归功于新式女子教育的发展，戊戌时期的兴女学为妇女解放进行了思想启蒙，辛亥女子教育的发展唤醒了妇女革命的自觉意识，五四时期平民教育的兴起与大学开放女禁，使妇女解放运动突破了知识女性的圈子，揭开了中国妇女真正觉醒时代的帷幕。作为该书研究对象的女子教育主要指女子学校教育，该书通过教育这个窗口，透视中国近代知识女性新形象的塑造过程，探讨学校在启蒙女权思想、传授知识和技能、锻造女性自尊、自主、自信、自强人格诸方面所起的作用，揭示女性接受教育后思想观念的变化，以及为提高自身社会地位所进行的不懈奋斗和追寻，试图再现近代中国知识女性角色的变化过程，探索教育对女性的特殊意义，突破传统的女性史研究局限，弥补当前研究之不足。

著作名称： 近代中国女性日本留学史（1872—1945）

作　　者： 周一川

出　版　社： 社会科学文献出版社

出版时间： 2007 年 6 月

版　　次： 第 1 版

ＩＳＢＮ： 9787802306332

字　　数： 279 千字

价　　格： 20.00 元

作者简介

周一川（1955—　　），女，山东省济南人。日本大学理工学部副教授。研究方向为近代中日文化交流史和日本留学史，重点为女性的日本留学史。

内容简介

该书全面论述了近代中国女性赴日留学的历史。全书按时期（清末、民国初期、民国中后期）分三章论述，重点是民国初期部分。迄今为止的中国女子日本留学研究，明显地集中在清朝末期，对民国时期留日女学生的论述大都局限在名单的制作及个别事件的探讨上。该书汇集了分散在中日两国各处的大量相关资料，理清了进入民国之后女子日本留学的历史线索，重点论证了民国初期，中国女子到日本留学的状况，以及历史形象的变化及其原因。书中使用了大量新发现的资料，因而从各章的论述以及各类统计中，可以看到留日学界的整体状况。特别是民国时期留日学生历年总人数的统计表以及主要招收中国女留学生7校的毕业生统计表等，是留日史研究不可缺少的重要参考资料。书后附录里收录了在国内很难查到的中国女留学生在学校的课程表和日本学者经调查制成的各类中国留学日本女生名单。

著作名称：近现代云南女子学校教育发展研究

作　　者：颜绍梅

出 版 社：民族出版社

出版时间：2006 年 8 月

版　　次：第 1 版

I S B N：7105078642

页　　数：231 页

价　　格：25.80 元

作者简介

　　颜绍梅，女，云南广播电视大学经济学院教育学教授。主要从事旅游心理学、旅行社经营与管理等课程的教学工作。1990 年毕业于西南师范大学教育系，获教育学学士学位；1999 年获北京科技大学管理学硕士学位；2004 年获云南大学史学博士学位。出版专著《近现代云南女子学校教育发展研究》，公开发表学术论文约 30 篇。

内容简介

　　女子学校教育是一个事关国民素质和国家发展的重要课题，全世界对女子的教育与发展的关注日益增多，但云南学术界目前对于女子教育问题还未形成一个研究的热点，对云南女子教育史的系统研究还无人问津。作为一个土生土长的云南人，一位女性，作者始终关心着云南女子的教育与素质提高问题，并以此书作为该领域的铺路石，通过对云南女子学校教育的研究，以期能对云南的教育事业及女子研究提供一点帮助，亦能激起更多学者对女子教育问题的关注与介入。该书选题新颖、史料翔实，结合我国尊师重教、科教兴国的政策与形势，以女子教育作为研究的主题，在对云南女子学校教育的研究中将历史与现实相联系，具有较强的理论性、学术性和现实性。女子接受教育始自近代，该书首先对云南古代的女子传统教育做简明扼要的介绍，以此为铺垫，进而展示了近代云南女子学校教育在世纪发展中的历程。从清末女子学校教育的发轫、到民国年间的初步发展、再到新中国成立后的蓬勃发展，最后对云南女子学校教育的成败进行了总结分析。此外，结合云南实际状况，提出女子学校发展的战略思路。全文体系完整、脉络清晰、结构严谨、一气呵成。

十五　性别与发展

（27 本）

序号	著作	作者
1.	通过权利、资源和言论上的性别平等促进发展	世界银行
2.	妇女和女童人权培训实用手册	[美] 朱莉·莫特斯 南希·弗劳尔斯 玛利凯·达特
3.	女性领导力	[英] 苏·海华德
4.	女性创业	[美] 坎迪达·布拉什 南希·卡特 帕特里夏·格林 迈拉·哈特
5.	贫困与社会性别——妇女发展与赋权	杜芳琴
6.	中国女性发展研究	丁娟
7.	当代中国女性发展研究	杨凤
8.	社会性别与女性发展	俞湛明 罗萍
9.	全球化、性别与发展	陈方
10.	全球化语境中的异音——女性主义批判	王丽华
11.	社会性别预算：理论与实践	马蔡琛
12.	已婚女性的时间配置研究	石红梅
13.	经济发展与女性就业——亚洲典型国家实证研究	丁红卫
14.	角色的困惑与女人的出路——众学者谈当代职业妇女角色冲突与妇女发展	童芍素
15.	女性公共关系协调艺术	罗慧兰
16.	现代女性人才资源开发	安树芬
17.	女性人才	王乃家
18.	妇女人力资源开发与妇女发展	胡近 蒋超英
19.	中国女性人力资源管理与开发	张丽珂
20.	潜藏的力量——西部地区农村女性人力资源开发	李澜
21.	农村妇女教育读本	中华女子学院
22.	中国女性职业生涯发展研究	吴贵明
23.	劳动力市场性别歧视问题研究	张抗私
24.	劳动力市场性别歧视与社会性别排斥	张抗私
25.	中外女企业家发展问题研究	关培兰
26.	e时代的女性——中外比较研究	黄育馥 刘霓
27.	女性与信息技术革命	李长青

著作名称： 通过权利、资源和言论上的性别平等促进发展

主　　编： 世界银行

出 版 社： 中国财政经济出版社

出版时间： 2002 年 8 月

版　　次： 第 1 版

I S B N： 7 - 5005 - 5751 - 5

页　　数： 287 页

价　　格： 30.00 元

编者简介

　　世界银行（WBG），是世界银行集团的俗称，"世界银行"这个名称一直是用于指国际复兴开发银行（IBRD）和国际开发协会（IDA）。这些机构联合向发展中国家提供低息贷款、无息信贷和赠款。它是一个国际组织，其一开始的使命是帮助在第二次世界大战中被破坏的国家的重建。今天它的任务是资助国家克服穷困，各机构在减轻贫困和提高生活水平的使命中发挥独特的作用。

内容简介

　　这本著作集合了几门社会科学学科现有的和最新的研究方法，揭示了正式的和非正式的社会制度是如何塑造性别角色和性别关系的，以及家庭决策及其行为方式是如何复制了那些性别角色的。该著作还探讨了性别平等与经济发展之间的关系，及社会公共政策和民间活动对促进性别平等所起的作用。

　　作者认为不重视性别关系和不解决性别差距的政策将限制发展的效率。书中也提议将机构制度的改革与促进经济发展结合起来，前者旨在提供权利和机会上的男女平等，后者旨在提供能够带来男女平等地占有资源和参与发展的激励机制。同时，也应该采取积极措施纠正在资源、政治言论上长期存在的性别差异。在战胜性别歧视从而使社会更大程度地获益过程中，国家、民间组织和国际社会都将扮演重要的角色，发挥重大的作用。

著作名称： 妇女和女童人权培训实用手册

作　　者： 〔美〕朱莉·莫特斯　南希·弗劳尔斯　玛利凯·达特

译　　者：社会性别意识资源小组

出 版 社：社会科学文献出版社

出版时间：2004 年 1 月

版　　次：第 1 版

I S B N：7 - 8019 - 0090 - 6

页　　数：448 页

价　　格：60.00 元

作者简介

　　朱莉·莫特斯，美国大学国际服务学院副教授、伦理学/和平与全球事务学文学学位主任。毕业于耶鲁大学法律学院，主要关注种族冲突、人权、难民与人道主义法律和政策、社会性别和冲突、战后的转折等领域。在中欧和东欧地理方面有专长，对前南斯拉夫有过专门研究，同时参与了一些地方及国家的人权项目，比如越南、巴西、中国和南非。

　　玛利凯·达特，美国人，国际人权组织——"突破"的领导者。她率先把艺术与文化作为基本推进全球人权对话主流化的策略。她相信领导"突破"可以赢得在反对妇女暴力、种族公正、性与艾滋病和移民改革方面取得胜利。

内容简介

　　在 20 世纪 90 年代，"妇女的权利即人权"已经成为唤起全世界妇女的一个重要口号，它表达了人们要得到与生俱来的完整的人格的决心。妇女和女童人权培训实用手册通过人权教育资料来讲述这种需求。这些资料提供了对妇女人权问题的解释和例子，同时，它还提供了许多练习，以便探寻这些问题是以怎样的方式对任意一群女性或男性、女童或男童的生活造成影响的。该书由乐施会资助出版，反映了全世界许多人的努力和呼声。

　　该书英文原版书名为《行动在本地，变化及全球》，旨在传达一种信息：当世界各地的女性和男性都通过培训和其他渠道了解了有关妇女人权方面的信息，并将这些权利转化为本地化的行动后，就会带来积极的、全球性的社会改变。该书是一本人权教育资料，目的是帮助妇女及儿童人权的倡导者识别和确认妇女和儿童的生活中众多方面的人权需求，并帮助参与者确认权利和自我赋权。该书的每一部分都提供了关于在社区、国家、区域等不同级别上小组行动的一些想法，使倡导者和参与者了解在全球其他地区和国家保护并促进妇女和女童人权的行动。该书介绍了国外社会发展项目中常用的几种"社会性别分析框架"，传达了当社会"通过培训和其他渠道了解有关妇女人权方面的信息"并付诸行动后，将"带来积极的全球性的社会变革"这个理念。

著作名称： 女性领导力

作　　者： ［英］苏·海华德

译　　者： 陈光　刘建民

出 版 社： 中国劳动社会保障出版社

出版时间： 2006 年 12 月

版　　次： 第 1 版

I S B N： 7 - 5045 - 5767 - 4

页　　数： 128 页

价　　格： 16.00 元

作者简介

苏·海华德（1967—　），英国著名女性作家。曾在英国广播公司做过播音员、电视主持人和记者，为一些杂志和报纸撰写文章，主要关注消费、金钱和办公室问题等。

内容简介

随着社会的不断进步，女性管理者在各行各业中所占比重在逐年增加，然而，很多公司在职业阶梯上仍有"玻璃天花板"现象，即到了中层管理层后，女性很难获得更大的提升。女性要打破"玻璃天花板"的方法和职场技巧，就需要透过男性对于女性角色转变的各种反应，从而，可以有利于女性扬长避短，全面提高女性自身的领导能力。

该书的目的是对女性的领导能力进行检验，思考在男性主宰世界的背景下，特别是他们主宰商业世界这么多年，女性如何成为成功领导者的问题。作者指出女性只有依靠自己独特的女性技巧，才能成为成功的领导者。该书以数十位女性的经历为出发点，探讨女性所必需的领导技巧，让女性逐步认识和发挥自身的女性潜力。并具体考察这些在媒体、金融、自主创业、政治等领域内成功女性的实例，向我们展示她们平衡生活与工作、平衡复杂关系、追求效率最大化的经验，引导女性利用自身特有的性别潜质，透过她们细腻亲和、善于沟通、巧于平衡的领导实践，营造一种个性化、情感型的魅力管理模式，塑造适合自己的、独特的领导魅力。

著作名称：女性创业

作　　者：［美］坎迪达·布拉什　南希·卡特　帕特里夏·格林

迈拉·哈特

译　　者：张莉　徐汉群

出 版 社：人民邮电出版社

出版时间：2006 年 1 月

版　　次：第 1 版

I S B N：7115138788

页　　数：203 页

价　　格：29.00 元

作者简介

坎迪达·布拉什，博士，波士顿大学企业家管理学院战略与方针系的教授，女性创业和领导力委员会的创建者和主席，创业管理学院主席。

南希·卡特，博士，圣托马斯大学（明尼苏达州明尼阿波利斯市）创业学 Richard M. Schulze 荣誉讲席教授。在就职马克特大学科尔曼创业基金会荣誉讲席教授期间，她曾指导创业学研究中心和家族产业中心。

内容简介

该书的四位作者在女性创业学研究方面都具有 15 年以上的经验。她们在创业型企业中工作过，并向女企业家咨询过有关问题。她们一起参与狄安娜项目的研究，该项目致力于支持 15 个国家中的女性企业的发展与成长。该书是致力于创业的人士，特别是女性创业者的必读之书，是由 4 位作者结合她们多年的调查研究经验合著而成。该书对女性在创业中遇到的障碍，如资金、资源、人力、社会网络等进行了详细的分解与剖析，并就如何克服这些障碍提出了有效的建议。该书共 11 章，每章都有不同的侧重点，并以典型的实例为辅助，对女性在创业中遇到的问题给出建议和参考，可谓是女性创业的一个必不可少的指南。

著作名称：贫困与社会性别——妇女发展与赋权

主　　编：杜芳琴

出 版 社：河南人民出版社

出版时间：2002 年 1 月

版　　次：第 1 版

I S B N：7215051881

页　　数：491 页

价　　格：32.00 元

编者简介

　　略

内容简介

　　该书研究了关于农村妇女的地位和问题，以研究报告的形式，阐述了农村妇女的发展与文化素质教育培训、在农村社会性别与发展模式中发展妇女赋权等问题，并收录了相关的口述记录。

　　从宏观来说，该书通过农村妇女的口述过程，道出了当代妇女的心声和需求。在心声方面，不同年龄的女性又有不同的想法。老年妇女的心声是儿孙满堂、身体健康、家庭和睦。中年妇女作为一个家庭的中流砥柱，肩负起了承上启下的重任，相对于青年的女性来说，上一辈人对她们的要求更高，而她们对于未来的憧憬也更加的丰满。从需求的角度来说，通过妇女的口述，作者发现妇女的需求也是多层次、有差别的。该书主要的作用就是在潜移默化中逐渐调动了妇女潜在的主动性，包括被传统的社会性别观念所侵蚀的，被人们所忽视的潜能和贡献。

　　通过对妇女经验和需求的访谈，作者也意识到，要尽快打破传统性别意识对于女性的束缚。因此通过培训学习改变传统的性别意识是当务之急，这也是妇女发展的战略性需求和利益之所在。其次即是必须兼顾妇女的实际需求、利益和她们的现实处境，满足她们在子女受教育、医疗保健、家政知识等方面的实用性社会性别需求。

　　该书最大的意义就在于倾听妇女的心声，了解她们的生活，尊重和理解她们的经验，为她们做一些力所能及的事情。

著作名称： 中国女性发展研究

作　　者： 丁娟

出 版 社： 红旗出版社

出版时间： 1996 年 6 月

版　　次： 第 1 版

I S B N： 无

页　　数： 461 页

价　　格： 10.00 元

作者简介

　　丁娟，略。

内容简介

　　该书共分为七个部分：总论、妇女问题的起源、妇女解放的道路、妇女参政、妇女就业、婚姻家庭以及妇女发展。

　　第一部分总论中，主要是确立一些概念。将性别意识纳入研究之中。较早突破了传统的"妇女问题就是妇女个人问题"的定义，将妇女问题定义为"男女社会地位的差异问题"，或者"男女的（社会）关系问题"。第二部分是妇女问题的起源研究，突破了传统的妇女受压迫只受阶级压迫的观点。在这一部分中作者尝试将历史唯物主义移植到妇女研究领域，提出妇女问题是两性社会关系的问题，自然也是社会分工和生产关系的问题。阐明了男女不平等的历史意义，并且揭示了它与生俱来的消亡趋势。第三部分是妇女解放道路的研究，不是简单的概念化的肯定社会主义妇女解放道路，而是就东西方妇女解放效益进行比较，将结论建筑在科学分析的基础之上。第四部分妇女参政问题研究，重点论述了妇女参政对于妇女发展以及社会政治民主化的意义，提出社会政治应该接纳妇女。第五部分是妇女就业的研究，根据马克思主义妇女理论观点，得出妇女解放必须建立在妇女普遍就业的前提下，同时也提出市场需要的是男女基于竞争的合作，而平等则是基于合作基础上的沟通与理解。第六部分是妇女与婚姻家庭研究，系统分析了婚姻家庭领域的妇女问题，针对现阶段我国婚姻家庭的发展走向，提出了对婚姻与鸡汤分离研究的概念，主张在婚姻领域提升爱情文职，应在强化感情、淡化血缘的过程中把握当代的婚姻走向。第七部分即妇女发展研究，着重就妇女价值观、生育"价值"取向、妇女工作、妇女与环境、妓女问题等进行探讨，对其推崇的"普遍关怀"，以及"社会公正"原则进行分析与思考。

著作名称：当代中国女性发展研究

作　　者：杨凤

出 版 社：人民出版社

出版时间：2007 年 8 月

版　　次：第 1 版

I S B N：7010063761

字　　数：236 千字

价　　格：23.00 元

作者简介

杨凤（1966—　），女，湖南长沙人。中山大学博士，广东韩山师范学院教授。主要从事马克思主义基本理论和女性主义理论研究，在《台湾研究》、《道德与文明》、《妇女研究论丛》等刊物发表学术论文近 30篇。出版专著《当代中国女性发展研究》。

内容简介

该书以社会转型时期妇女问题为切入点，围绕当代中国女性发展问题，分五个部分进行。第一部分，根据社会转型时期凸显的女性热点问题，提问什么是合理的女性发展。第二部分，从理论层面对女性发展进行审思与追问。围绕着什么是女性、女性该怎样发展等问题进行了理论反思和追问。第三部分，从历史的维度追溯中国女性发展的进程、成就与局限，厘清当代中国女性发展的历史起点。第四部分，从现实的层面分析当代中国女性发展的主要特点。围绕能力发展、社会关系发展、形象发展、个性发展四个方面展开研究，呈现当下女性发展的完整图景。第五部分，提出当代中国女性发展的实践途径。主要从战略性路径、实用性对策、女性赋权等方面提出了当代女性发展的实现方式。

著作名称：社会性别与女性发展

作　　者：俞湛明　罗萍

出 版 社：武汉大学出版社

出版时间：2010 年 8 月

版　　次：第 1 版

Ｉ Ｓ Ｂ Ｎ：9787307079540

页　　数：174 页

价　　格：19.80 元

作者简介

　　俞湛明（1951—　　），女，上海市人，教授。现任武汉大学党委常委、纪委书记，研究员，中国监察学会教育委员会常务理事，湖北省高校纪检监察研究会理事长，全国妇联、中国妇女研究会"妇女/性别研究与培训基地"、武汉大学妇女与性别研究中心主任。

　　罗萍，武汉人，武汉大学社会学系教授、武汉大学妇女研究中心主任。研究方向为妇女发展理论、婚姻家庭观念研究。出版著作有《妇女在婚姻变动中权利保护研究》、《妇女婚姻与劳动权利保护》、《新女性学》、《妇女生活方式》、《女性沉思录》。

内容简介

　　该书以社会性别为视角，从不同层面、不同角度探讨了当代女性发展所涉及的一系列问题。全书共 4 章，第一章女性解放思想研究，包括五个专题，集中对中国文化史上有关女性解放的问题进行了回顾；第二章当代女性问题研究，包括四个专题，对当代女性发展所面临的一些现实问题进行了理论与实践的探讨；第三章西方女性文化研究，包括三个专题，运用西方女性文化，对女性解放的一些重大问题进行了理论梳理与评述；第四章大学生婚恋研究，包括三个专题，对大学生特别是女大学生婚恋方面的问题进行了讲解与引导。

著作名称：全球化、性别与发展

作　　者：陈方

出 版 社：天津大学出版社

出版时间：2009 年 12 月

版　　次：第 1 版

Ｉ Ｓ Ｂ Ｎ：9787561832257

字　　数：357 千字

价　　格：22.00元

作者简介

　　陈方,北京人,中华女子学院女性学系副主任、教授。近10年来主要研究方向为:农村妇女发展、中国女性价值观的变化、女性人力资源开发、性别与婚姻家庭、妇女参政与决策,以及女性学学科建设与课程建设等。主要研究成果:《超越预设主义与相对主义》、《失落与追寻:世纪之交中国女性价值观的变化》;在物理学、哲学和女性学等领域已公开发表学术论文数十篇;另参编各种书籍和教材十余本。

内容简介

　　全书除导言和附录之外,共分为11章。导言部分交代了著者的写作目的、逻辑思路、各章之间的关系和主要内容。该书探讨性别与发展产生的历史背景、发展历程、基本内容和方法。性别与发展是交叉于妇女/性别研究与发展研究两个不同领域之间的新知识。作者从三个不同层面梳理了这门知识:其一,性别与发展产生的历史背景;其二,性别与发展经历的"妇女参与发展(WID)"和"性别与发展(GAD)"两个阶段;其三,性别与发展有战略性和工具性两类方法。这两类方法广泛运用于性别与发展项目中,对于实现性别平等和推动妇女发展具有有效性和可操作性。该书为从事与发展研究、女性/性别研究相关的理论研究者,相关研究机构的工作人员、妇女工作者、大学教师、本科生和研究生提供了不可多得的学习资料。

著作名称：全球化语境中的异音——女性主义批判

主　　编：王丽华

出 版 社：北京大学出版社

出版时间：2008年3月

版　　次：第1版

I S B N：9787301134849

页　　数：194页

价　　格：26.00元

编者简介

　　王丽华,美国东北大学(Northeastern University)妇女研究中心协调人，哈佛大学东亚研究所研究员。

内容简介

　　这是第一本在中国出版的，由海内外华人女性主义学者对全球化语境发出强大"异音"的著作。在这股极富勇气和智慧的"异音"中，这些出色的女性主义者发出了中国的强音，无论是海外学者对女权主义后发展理论对全球化话语的否定，还是对美国经济全球化的理论基础——新自由主义，作者都进行了入木三分的剖析，揭示了"生活方式——女性主义"和消费文化之间既批判又结盟的复杂关系……这都有助于扩展国内读者的眼界和思路。至于中国的本土实证研究，更呼应着对美国中心的全球化和新自由主义诸方面弊端的揭示——无论是全球化对女性的就业还是健康的影响，还是民族与性别之间的多重等级关系，都使人受到前所未有的震撼！

　　对全球化的理论进行分析和批判，可以说是该书的第一个重要特点，这种分析主要是通过女性主义批判的视角，把西方女性主义学者对"发展主义"、"新自由主义"和"消费主义"的讨论作为对话的中心。该书另外一个重要特点则是着眼于中国妇女，特别是阶层低下的劳动妇女和少数民族妇女的经历，以此作为分析全球化理论和实践的基础。

著作名称：社会性别预算：理论与实践

作　　者：马蔡琛

出　版　社：经济科学出版社

出版时间：2009 年 10 月

版　　次：第 1 版

I S B N：9787505887794

页　　数：216 页

价　　格：26.00 元

作者简介

　　马蔡琛（1971—　　），男，经济学博士。现任南开大学经济学院副教授、研究生导师。主要研究领域为公共预算与财政管理。独立撰写出版《如何解读政府预算报告》、《政府预算》、《变革世界中的政府预算管理》等专著和教材。

内容简介

　　《社会性别预算：理论与实践》是国内第一部关于社会性别的研究著作。社会性别预算将经济发展目标与人类发展目标有机结合，将社会性别视角纳入预算过程，系统评估政府收支政策对女性和男性所产生的不同影响，是实现财政管理精细化和社会性别主流化的重要工具之一。

　　该著作在系统梳理社会性别预算发展脉络的基础土，结合河北省张家口市开展的国内第一个社会性别预算试点的情况，系统研究了中国实施社会性别预算的必要性、可行性、路径选择、保障机制等核心因素，勾勒了社会性别预算改革的框架性路线。该著作对于丰富政府预算和社会性别的理论，开阔财政部门和公共决策机构的视野，推进中国政府预算改革的进程，都具有重要的理论意义和实践价值。

著作名称：已婚女性的时间配置研究

作　　者：石红梅

出 版 社：厦门大学出版社

出版时间：2007 年 5 月

版　　次：第 1 版

I S B N：9787561527641

页　　数：200 页

价　　格：20.00 元

作者简介

　　石红梅，女，厦门大学公共事务学院思想政治教育系副教授，博士。专著教材：《经济哲学导论》（pp. 47—81，16800 字），参与撰稿：《毛泽东思想、邓小平理论和三个代表重要思想概论》。

内容简介

　　已婚女性群体的时间配置现状如何？我们为什么要进行这样的配置而不是那样的配置？除了生理性别决定的母亲的天性外，是否还存在着其他相对重要的影响因素？基于这个问题，该书展开了深入的探讨和研究。已婚女性参与市场劳动后，获得了与男性相同的时间构成模式，这是时代的进步。但近年来许多国家尤其在经济转型期的国家，已婚女性的时间配置发生了巨大变化，越来越多的已婚女性从个体的角度出发配置时间，而非遵循家庭效用最大化原则。伴随着个体支配时间能力的提高，家庭作为一个组织的效率越来越低，传统经济学理论已不能完美解释已婚女性的时间配置。建立一个更为综合的理论解释框架，用以分析已婚女性的时间配置过程，以便有针对性地提出解决问题的方法和政策显得越来越有必要。

导论通过回顾"妇女回家"的争论引出该书探讨的问题，分析影响已婚女性时间配置的因素是研究的重点。在综合分析评述有关女性时间配置的社会学理论和经济学理论的过程中，作者以经济学理论为基础，借鉴社会学理论的研究成果对已婚女性的时间配置问题进行研究，作者认为对这一问题的研究有着深刻的理论意义和实践意义，最后说明了该书的研究构想。

著作名称： 经济发展与女性就业——亚洲典型国家实证研究

作　　者： 丁红卫

出 版 社： 中国市场出版社

出版时间： 2007 年 3 月

版　　次： 第 1 版

I S B N： 9787509201732

页　　数： 216 页

价　　格： 25.00 元

作者简介

丁红卫，山东青岛人，经济学博士，北京外国语大学北京日本学研究中心副教授。主要研究方向：劳动经济学、发展经济学、日本经济论。

内容简介

经济发展的历史，同时也是经济结构变化的历史过程，一个国家整体经济中的就业结构受到促使产业结构发生变化的诸多因素的影响而不断发生变化。观察许多发达国家的情况可以发现，每当经济发展水平达到一定程度时，女性就业的问题就会得到社会的广泛关注，同时也会出现大量有关女性劳动就业问题的研究，主要原因在于部分已婚女性会告别家庭参与到有偿的、以雇用劳动为主的社会劳动中。

研究女性就业以及择业的行为方式，仅仅进行经济学计量分析，是无法体现长期社会经济活动中形成的、与女性有关的社会固有的价值观、家庭观，以及基于女性的行为特点的。因此，该书在进行计量分析前，从女性学、社会学的观点就女性就业进行简单论述。当然，该书的主要内容是分析经济成长过程中，亚洲有代表性的国家的社会整体经济、就业结构的变化，以及因此而产生的女性就业与择业行为的变化。

著作名称：角色的困惑与女人的出路——众学者谈当代职业妇女角色冲突　　　　　　与妇女发展

主　　编：童芍素

出　版　社：浙江人民出版社

出版时间：1995 年 6 月

版　　次：第 1 版

I S B N：7213012657

页　　数：323 页

价　　格：15.00 元

编者简介

　　童芍素，女，浙大教授，浙江省民俗文化促进会会长，浙江省人大教科文卫委员会主任委员。先后在杭州大学生物系、马列室、哲学系任教，又先后担任杭州大学党委宣传部长、杭州大学党委副书记、中共浙江省委高校工作委员会副书记、浙江农业大学党委书记和副校长、浙江大学党委副书记、中共浙江省委宣传部常务副部长。主持过十几个国家级、省部级、国际重点课题及学会课题；出版过专著教材 6 部，发表过论文 40 余篇。

内容简介

　　随着妇女文化程度的提高和女性社会角色意识的觉醒，女性的自主选择的程度也在逐渐增强，但是一些女性虽然接受了基础教育和职业教育，却仍然摆脱不了传统性别的束缚，在内心深处仍然把自己摆在社会次要角色的位置上。在家庭中是贤内助，在子女的眼中是慈母，但是从未努力去与自己的丈夫平分秋色。同时在职业中不少女性，虽然身在工作单位，但是仍然把做一个好母亲、一个好太太作为首要目标。这些严重的心理障碍影响了女性社会角色价值的实现，削弱了妇女社会地位的作用和影响。究其原因，其一是我国人口文化教育上存在严重的性别差异；其二，女性在就业方面还受到了严重的歧视。由于就业是限制了女性多重社会角色的实现和社会角色意识的提升的重要因素，因此对于女性从单一型角色意识向复合型现代角色意识转化的首要办法，即是提高女性受教育程度，提升女性文化素养。

著作名称：女性公共关系协调艺术

主　　编：罗慧兰

出 版 社：中国国际广播出版社

出版时间：1991 年 9 月

版　　次：第 1 版

I S B N：7 – 5078 – 0232 – 9

页　　数：197 页

价　　格：3.40 元

编者简介

　　略

内容简介

　　全书共包括 7 章，可分成两个部分，第一部分由前两章构成，主要介绍公共关系的基本内容，具体包括公共关系的定义、基本特征、原则、主要职能等；此外，描述了公共关系产生的社会历史条件、公共关系在美国兴起的时代背景、各国公共关系组织的发展情况以及我国的公共关系的发展情形。在区分公共关系与庸俗关系学之后，指明了公共关系作为催化剂的重要作用，提出公共关系在我国有着广阔的发展前景，将在我国的政治经济领域中发挥越来越重要的作用。同时，也需要普及正确的公共关系观念，提高公共关系人员的素质，抵制不正之风，使公共关系朝着更高的层次发展。第二部分由后五章组成。这也是全书的重点，主要围绕女性组织公共关系这一研究主题展开，指出女性组织是公共关系的主体，介绍了女性社会组织的环境、管理理论，表明女性公共关系组织的形象和主体地位，社会公众是女性组织的客体，信息传播则是女性公共组织的手段。关于女性组织公共关系形象的塑造，从女性、组织这两大群体的视角，提出从自我形象和实际社会形象这两大项来分析女性组织形象的塑造，指出女性组织形象的选择和确定以及女性组织形象的建立和检测的原则和要点；

在女性组织公共关系操作内容上，以女性组织内部职工和外部公众关系、女性组织公共关系专题活动、公共关系活动策划等为主要内容进行论述；而在女性组织的人际关系和社交方面，关注于其人际关系的形成、测量与分析、规范艺术以及社交礼仪的正确使用。全书内容丰富，针对性强，在女性组织的公共关系形象塑造和操作实务等方面都具有很强的指导作用和实用价值。

著作名称： 现代女性人才资源开发

主　　编： 安树芬

出 版 社： 中国妇女出版社

出版时间： 1999 年 8 月

版　　次： 第 1 版

I S B N： 7 - 8013 - 3380

页　　数： 186 页

价　　格： 15.00 元

编者简介

　　略

内容简介

　　人才是推动经济发展和科技进步最关键和最核心的因素。我国是一个人口众多的发展中国家，且女性占到人口总数的一半左右，其中蕴藏着各类优秀人才，具有巨大的人力资源开发潜力。但由于长期受到各种传统观念和因素的制约及影响，我国女性人才资源开发还没有得到足够的重视。针对这一现状，安树芬教授主编的《现代女性人才资源开发》一书，系统地研究和探讨了如何使女性人才得到更充分、更合理的培养、使用和开发。

　　该书将邓小平同志的人才理论与现代人才学的基本理论相结合，并且吸收了国内外有关人才学的最新研究成果，更为重要的是，对我国女性人才资源开发的本土化发展进行了有益的尝试和探索。根据女性生理和心理等特点，较为全面地阐述了女性人才资源开发的含义、层次和特点，强调了教育培训在女性人才资源开发中的重要作用，提出了女性人才资源开发的主要途径。针对我国女性人才资源开发的现实情况及其存在的实际问题进行了深入的分析，提出了许多具有现实意义的关于促进我国女性人才资源开发的新见解、新观点和新举措。由于此书编写者大都是长期从事女性人才资源管理工作，她们在汲取国内外人才学教学与研究成果的基础上，认真总结了女性人才资源管理工作的实践经验，探讨了女性人才资源管理工作的发展规律，并对我国女性人才资源开发管理研究进行了富有成效的探讨和尝试，进而，丰富了我国女性人才资源管理理论。全书围绕女性人才资源开发这一核心内容，注重对国外女性人才资源优秀研究成果的借鉴和本土化研究的积极探索，是一本理论与实践相结合的较为出色的著作。

著作名称：女性人才

主　　编：王乃家

出 版 社：中国妇女出版社

出版时间：1992 年 10 月

版　　次：第 1 版

Ｉ Ｓ Ｂ Ｎ：7 – 8001 – 6788 – 7

页　　数：116 页

价　　格：2.20 元

编者简介

　　王乃家（1935—　），辽宁辽阳人。1958 年毕业于哈尔滨师范学院中文系。历任黑龙江省延寿县寿山公社党支部书记，延寿县委宣传部副部长。曾任黑龙江省妇女干部学校教研室主任。

内容简介

　　我国人才学研究大约开始于 1981 年，而关于女性人才学的研究时间则更短。在编者负责编写这本著作期间，有关研究更为有限，王乃家教授主编的《女性人才》一书，作为直接用于妇女干部岗位培训的教材，在当时来说，是一种全新的探索。

　　该书首先介绍了女性人才学的基本定义，并以此破题，引出女性人才这一重要概念，认为女性人才与人才的概念一样，只是性别不同而已。它是指在一定的社会条件下，能以其创造性劳动，对社会发展、人类进步作出某种较大贡献的女性。介绍了女性人才的类型、结构、作用和应具备的素质；阐述了女性人才成长的外部条件和内在因素，以及内外因对女性人才成长所产生的综合效应。指出了女性成长的障碍主要在于心理、家庭和社会层面。其次，提出了女性人才的开发，着重于女性自我开发和基层女性人才的开发。在女性自我开发方面，需要从自我认识、自我设计和自我表现三个方面着手。而在基层女性人才上，特别关注了一般容易忽视的基层女性人才的开发问题，认为要在充分认识到基层女性人才的现状和特殊性的基础上，充分发掘她们的潜能，让她们更好地服务于社会发展和人类进步，从而使非人才转化为人才，使中低层次的人才转化为高层次人才，使高中层次人才保持相对的稳定，并有新的发展。最后，对未来女性人才的发展和社会贡献进行了展望。作者指出，未来女性人才将朝着数量不断增加，发展不断纵深化和更高层次化，成才格局由传统行业逐渐扩展到层次较高的新行业，智能结构由"单一型"向"综合型"的方向发展，成才动机强烈以及总体呈群体化的趋势发展。而未来女性人才的社会贡献应该是时代方向、社会需求和个人优势三要素的汇合。

该书较全面地反映了女性人才学的研究成果，系统地展现了女性人才学的整体构想和理论体系，对于各类女性人才都具有较强的科学性、指导性、针对性和实用性。

著作名称：妇女人力资源开发与妇女发展

作　者：胡近　蒋超英

出版社：上海古籍出版社

出版时间：2004 年 3 月

版　次：第 1 版

I S B N：7 – 5325 – 3680 – 7

页　数：114 页

价　格：45.00 元

作者简介

胡近，上海交通大学教授，上海交通大学国际与公共事务学院党总支书记、副院长，上海交通大学人力资源战略研究中心主任，兼任上海市管理学会理事、市青年心理学会副会长、上海市政治学会、心理学会、伦理学会常务理事。代表著作有《当代中国政治哲学》、《思想道德修养》、《妇女人力资源开发与妇女发展》等。

　　蒋超英（1975—　），女，湖南衡阳人，助教，主要从事党务与行政管理研究。

内容简介

　　妇女发展是经济社会协调发展的重要组成部分，也是全面建设小康社会、加快建设现代化国际化大都市的重要内容，妇女人力资源开发对于妇女发展起着举足轻重的作用。

　　《妇女人力资源开发与妇女发展》一书，对人力资源开发进行了概括性描述，对人力资源的含义及其重要性、人力资源开发的内涵，以及妇女人力资源开发与社会发展作出了较为系统和全面的展示。针对上海妇女人力资源开发的现状进行了深入的分析。在对上海妇女人力资源开发的历史做出回顾的基础上，分析了上海市在教育与妇女发展、就业与社会参与、培训与职业发展以及参政与妇女成才等方面的现状，指出上海妇女人力资源开发战略及其实现，关键在于上海妇女人力资源开发战略的目标和定位、开发的战略选择以及开发的策略。关注妇女人力资源开发的相关法律、法规及其应用这一问题，认为平等、民主、自由权利是妇女人力资源开发的基础，受教育的权利是妇女人力资源开发的关键，劳动权利是妇女人力资源开发的先决条件，健全社会保障是妇女人力资源开发的重要保证。

著作名称：中国女性人力资源管理与开发

作　　者：张丽琍

出　版　社：中国经济出版社

出版时间：2005 年 1 月

版　　次：第 1 版

Ｉ Ｓ Ｂ Ｎ：7 - 5017 - 7054

页　　数：257 页

价　　格：18.00 元

作者简介

　　张丽琍，中华女子学院人力资源管理系主任，管理学教授。主要研究领域：女性人力资源管理与开发、女性领导力等。代表作品有《中国女性人力资源管理与开发》、《女性学导论》等；代表论文包括《中国女性人才资源开发与利用的现状与对策》等；主持和参与首届中国女性人才资源开发与利用国际研讨会、福特基金会资助多个项目。

内容简介

该书分析了中国女性人力资源管理和开发面临的问题和成因，认为当前我国女性人力资源管理和开发存在的主要问题是：女性人力资本投资不足，人才资源总量偏低；女性人才资源结构不合理，高级人才比例偏低；女性人才资源缺乏充分而有效的利用。影响我国女性人力资源良性发展的原因主要包括：经济因素、制度缺位、素质因素、传统文化的制约、法律滞后和计量不科学。并指出要解决我国女性人力资源的合理开发利用存在的这些问题，需主要从以下四个方面着手，以加强我国女性人才资源的开发和利用。具体对策是：加大女性人力资本投资；实现女性人力资本价值；充分认识女性人力资源在社会发展中的作用，优化和调整女性人力资源结构；优化女性人力资源成长的社会环境。并针对我国女性管理者、女性专业技术人员、农村女性、西部女性、老年女性、女性国际人才这六大群体，提出了中国女性人力资源开发的具体任务和主要途径。还介绍了女性人力资源的利用与女性社会保障的关系。提出现代知识女性不再是置健康于不顾、一味工作的一族，她们拥有健康的生活理念，努力追求更加科学的生活方式。中国女性人力资源管理需要在对女性进行人力资源开发的同时，注重女性的社会保障。

著作名称：潜藏的力量——西部地区农村女性人力资源开发

作 者：李澜

出 版 社：中国经济出版社

出版时间：2006 年 10 月

版 次：第 1 版

I S B N：7 - 5017 - 7729 - 2

页 数：291 页

价 格：22.00 元

作者简介

李澜，女，壮族，民族经济学博士，现任中央民族大学副教授、民族经济专业硕士研究生导师。长期致力于民族经济、区域经济、城市经济等领域的专业教学与研究工作，先后主持和参与多项国家级、省级科研项目，主要包括民族地区经济发展中的城镇化研究、广西边境开放城市与邻国边境城市功能互动研究等项目。

内容简介

全书的主要观点聚焦于农村女性人力资源开发与利用对民族地区农村经济和社会发展的独特作用。主要研究内容包括四个部分：第一部分：介绍了我国农村人力资源开发与人力资本投资的情况。揭示了农村人力资源与人力资本的基本内涵，剖析了影响农村人力资源和人力资本投资的重要因素。第二部分：阐释了西部民族地区农村女性人力资源的开发与利用。针对西部民族地区农业现代化的发展要求和全面推进民族地区城镇化的发展趋势，理性论证了西部民族地区农村女性人力资源开发与利用的经济意义和社会价值。指出农村女性人力资源开发与西部地区的人力资源状况密切相关，西部地区人力资源的基本特征规定着农村女性的发展水平，分析了西部地区人力资源状况及其成因。通过实地调查与统计资料分析，作者归纳出西部民族地区农村女性人口素质的现实状况，主张人力资源开发与利用的基本内涵就是人的全面发展和以人为本的经济社会全面发展。第三部分：介绍了西部民族地区的人力资本。从人力资本投资理论出发，为读者呈现了研究西部民族地区农村女性人力资本的积累和存量的基础状况。认为西部民族地区具有自然条件的复杂性和人文条件的多元性，要打破常规的人力资源开发思路，系统构建具有西部民族地区发展特色的农村女性人力资源开发模式。针对内部农村女性人力资源开发现状所存在的主要问题，从国家和政府工作的战略高度出发，依据民族地区农业实际发展的要求，系统研究改善农村教育环境，对农村女性人力资源进行教育培训，从而提出提高农村女性劳动者人力资源开发的对策与措施。第四部分：以广西壮族自治区田东县为例，对西部民族地区农村女性人力资源状况进行实证分析与研究。以抽样调查为数据基础，涉及农村女性人力资源的具体内容，通过被调查妇女的自我认识与独立评价，了解所调查区域农村女性人力资源的整体素质，以此证明民族地区农村女性人力资源开发的特殊性和重要性。

该书首次论证了既符合西部民族地区经济发展需要，又体现区域内人力资源开发与利用特点的农村女性人力资源"三式二型"的开发方案；并针对地区经济增长与农村人力资源状况的改善，并不能自然或自发地结合的基本现实，系统构思倾向于农村女性人力资源开发与利用的宏观政策的制定与实施，营造有利于农村女性发展的人文环境。

著作名称：农村妇女教育读本

主　　编：中华女子学院

出 版 社：中国妇女出版社

出版时间：1995 年 9 月

版　　次：第 1 版

ＩＳＢＮ：7 - 80016 - 958 - 8

页　　数：555 页

价　　格：50.00 元

编者简介

　　中华女子学院是全国妇联所属，由教育部备案、财政部全额拨款的全国唯一的一所国办、独立的女子普通高等院校，学校办学性质为公办院校。学院在妇女教育方面承担着重要的任务，在对妇女的学历教育和非学历教育方面发挥了重要的作用，为社会培养和输送了一大批优秀妇女干部和妇女人才。

内容简介

　　该书可作为面向广大农村妇女干部和妇女群众，开展培训工作所使用的一本教材。20 世纪 90 年代，中华女子学院开始面向广大农村妇女干部开展培训工作，并通过她们拓展到农村妇女群众。为了承担起这项任务，学院要求教师深入农村，深入基层，调查研究，总结收获，从而找出农村妇女存在的主要问题，有针对性地制定培训内容和教学计划，与妇女干部共同探讨解决途径。该书就是学院在开展农村妇女干部培训过程中产生，并逐步形成的。第一部分介绍了农村致富之路，选取了 20 多个典型案例来开阔农村妇女的思路，以帮助她们尽快摆脱贫困。第二部分是农村妇女问题综合研究，从宏观上对农村妇女与经济发展、农村妇女与精神文明建设、当代农村婚姻家庭的变迁与特点等进行了理论上的研究和探讨。第三部分是农村妇女权益的法律保护，采取问答的方式解答有关农村妇女权益方面的各种法律问题。第四部分是农村妇女与环境，阐述了生态环境与妇女健康的关系以及保护生态环境的对策。第五部分是农村妇女与儿童养育，将适合农村的优生优育知识介绍到农村，摒弃那种天生天养的旧习俗，树立家庭养育和家庭教育的新观念，以科学养育来提高后代的素质。

著作名称：中国女性职业生涯发展研究

作　　者：吴贵明

出 版 社：中国社会科学出版社

出版时间：2004 年 8 月

版　　次：第 1 版

I S B N：7500446462

页　　数：358 页

价　　格：27.00 元

作者简介

　　吴贵明（1965—　），女，博士，福建商业高等专科学校副校长、管理学副教授、福建省妇女理论研究会理事、福建省商研究会理事。主要从事人力资源管理与开发方面的教学与研究。

内容简介

　　女性人力资源开发是人力资源开发极为重要的内容，因为女性占社会人力资源近半数，并起着双重角色的作用。一方面，女性本身就是劳动力，是社会物质和精神财富的创造者，享有劳动的权利和义务；另一方面，女性是劳动力再生产的承担者，女性的存在是人类社会延续的保障。所以，女性的发展既关系到劳动力资源的数量，也关系到劳动力资源的质量，只有女性的职业生涯有了良好的规划和发展，才能更好地促进劳动力市场的有序进行，推动社会的发展。

　　该著作研究梳理了职业生涯发展理论，探寻了女性职业生涯发展特点，尝试运用多学科的理论和哲学、技术等方法认识中国女性职业发展中存在的问题，剖析影响因素，并提出对策，为中国女性人力资本最大限度地获得与发挥作用提供理论支持和政策建议。作者在第一章中，提出了劳动力市场的性别隔离、工作时的性骚扰等问题，以阐明研究的宗旨和意义。作者在此章节中声明既要尊重差异又要男女平等的核心思想，又强调将社会性别意识纳入职业生涯管理，以更好地针对女性职业生涯发展的特殊性来进行研究。作者在第二章梳理了职业生涯发展的理论，其中包括职业选择理论、职业生涯发展的过程和管理理论，以及工作与家庭平衡理论。系统地介绍了各方面的理论研究，为我国女性职业生涯发展的实践奠定基础。第三章探寻中国女性职业生涯发展的特点，从历史的角度结合我国社会制度、社会结构的变化来阐述中国女性职业地位的发展过程。第四至第六章，作者对中国女性职业生涯发展过程中出现职业性别隔离、角色冲突与困惑及当前女性职业生涯发展的热点三个问题进行分析，力图从经济学、社会学和社会心理学等角度对其进行解释。书的第七章分析了中国女性职业生涯发展的影响要素，从历史、社会、人文等各种原因细化到年龄、就业面、婚姻状况，等等。第八章，从制度、社会、组织和个体层面提出促进中国女性职业生涯发展的对策，以促进女性职业生涯的发展改革，为营造女性良好的职业生涯环境提供更大的可能。

职业生涯发展状况是人一生成功、幸福、快乐的重要标志之一，是人力资本获取与运用的最根本的途径。广大读者，特别是女性读者，能利用该书丰富自己的知识，也能从书中挖掘出有价值的方法用来指导自己的职业生涯发展，以更好地解决职业发展中的问题，更好地应对社会的需求。

著作名称： 劳动力市场性别歧视问题研究

作　　者： 张抗私

出　版　社： 东北财经大学出版社

出版时间： 2005 年 12 月

版　　次： 第 1 版

I S B N： 7810846868

页　　数： 247 页

价　　格： 24.00 元

作者简介

张抗私（1963—　　），女，1995 年获日本国立信州大学硕士学位，2003 年获东北财经大学经济学博士学位，2005 年中国社会科学院财政与贸易研究所博士后。主要讲授微观经济学、宏观经济学、劳动经济学、世界经济概论等课程。主要代表作有《劳动力市场性别歧视问题研究》、《就业与和谐社会发展》、《就业问题：理论与实际研究》，并编著了全国财经类高等院校通用教材《当代劳动经济学》、《世界经济概论》。

内容简介

女性是社会人口的半数构成体，是劳动力市场的重要主体，是现代化建设进程中不可替代的力量，而在当前我国的劳动力市场中，性别歧视却成为一种常见的行为，造成了人力资本的浪费，阻碍了人力资源的合理配置，也破坏了社会的公平环境。我国劳动力市场中的性别歧视作为一个突出的社会问题，与我国构建和谐社会的时代要求已经越来越不适应，对劳动者、用人单位、社会都带来了巨大的影响。

性别歧视是劳动力市场中普遍存在的现象，自然也成了劳动经济学所研究的一个重要课题。该书认为，性别歧视是劳动力市场上一种常见的行为，表现在两性就业、工资、职业安排、劳动保障和发展机会等方面程度不同的差别。作者从性别差异、性别不平等、性别歧视这类一般性的性别问题延伸到劳动力市场性别歧视的研究上，结合经济学来分析这一社会现象。该书分别研究了劳动力市场前、市场中及市场后的性别歧视问题，拓展了有关歧视问题的研究视野。在讨论劳动力市场性别歧视的原因时，一些经济学家认为，以经济学的逻辑，不同性别的报酬或职业差异本身并不能作为歧视的充分证据，因为教育水平、年龄、工作经验和工时数量等很多因素都决定生产率的特征，女性在劳动力市场中的就业机会和所得收入低不完全是由于性别歧视，只有在生产率特征相同却遭到不平等对待的情况下才可称为歧视。但是如果考虑到"市场前"过程，则"市场后"的生产率差别至少有一部分是源于"市场前"的歧视。正是这种歧视，使男女之间在成长过程中所形成的人力资本以及价值取向产生了差别，进而造成了生产过程中生产率的差别。将整个过程分三个阶段综合地加以考虑，显然有助于更全面、更深入地分析歧视问题。

劳动力市场性别歧视增加了社会经济的成本，也造成了社会总福利水平的降低，同时彰显社会的不公。针对这些不良影响，作者在评析了我国现行的婚姻、财产、社会保障、劳动与人事等方面的法律与政策后，提出了相应的对策和建议，以打造更加和谐的劳动力市场。

该书作者身属女性，作为被普遍"歧视"的一方，对我国劳动力市场性别歧视有更为深切的感性认识。同时，该书科学地运用经济学的分析方法，以及社会学界前人的文献，对劳动力市场的价格形成等经济机制和各种社会机制的效应作了比较，研究了两者的相互作用，还对中国目前存在的性别歧视作了经验研究，理性地认识性别歧视，对其原因进行剖析，有助于女性劳动者对提高自己禀赋资源以获得更高产生率的深刻理解。

著作名称：劳动力市场性别歧视与社会性别排斥

作　　者：张抗私

出 版 社：科学出版社

出版时间：2010 年 5 月

版　　次：第 1 版

I S B N：7030271408

页　　数：263 页

价　　格：56.00 元

作者简介

　　略

内容简介

　　性别歧视和社会性别排斥是一个世界性的问题，千百年来，两性从未有过真正意义上的平等。劳动力市场运行机制由市场性因素、社会性因素及制度性因素组成，由于这些因素的不同，劳动力市场也被相应地分割成主要市场和次要市场，相比较主要市场而言，次要市场的就业条件差、劳动待遇低、发展机会少。女性劳动者因其社会性别角色的定位，往往被排斥在次要劳动力市场，就业困难，而且频遭性别歧视，导致女性在经济上被歧视、被剥夺，在社会上被压抑、被排斥。

　　该书力图对劳动力市场性别歧视及社会性别排斥问题进行深刻剖析，论述其产生的根源、弊端以及不良影响，为改善女性劳动者的被动地位、建立高效的市场运行机制、实现平等祥和的社会目标提供理论研究和政策改良的依据。作者首先阐述了社会性别问题中性别差异、性别不平等、性别歧视和社会性别排斥的社会现状，然后着重从性别歧视的视角入手，从前劳动力市场、劳动力市场中、劳动力市场后这三个过程的相互关系和相互作用，来分析劳动力市场的性别歧视和社会性别排斥问题。该书基于经济学和社会学的交相论证，对性别歧视和社会性别排斥的市场及社会根源进行了透彻的剖析，并对性别歧视和性别排斥带来的结果进行了经济分析。作者认为，两性间的种种不平等没有增加市场的经济效率，也没有提高社会的福利水平。相反，女性群体因为在政治、经济及文化领域里的相对弱势而被边缘化的状态，导致两性在经济和社会资源的占有、配置甚至是经济和社会地位上的绝对差异，而造成人力资源的浪费。社会性别排斥还成为劳动力市场分割的借口，而分割的劳动力市场又反过来强化了社会性别的排斥程度，形成一种恶性循环的机制。长此以往，社会必将缺乏稳定、和谐，并且矛盾重重。

生产力在不断发展，文明在不断进步，社会观念亦需随之更新。虽然两性劳动者在生理和心理上存在客观差异，其经济和社会行为也有所不同，但这些差别都不能成为歧视或排斥女性劳动者的理由。我国现有的法律法规在劳动与人事方面保障了女性劳动者的部分权利，不过这其中还存在一定的缺失，政府还需要在立法和选择措施的过程中加强观念。作者对抵制不平等等问题提出了积极的改良建议，具有极强的理论和现实意义。该书适合经济学、社会学等相关专业的高校师生和科研工作者阅读。

著作名称：中外女企业家发展问题研究

编　　著：关培兰

出 版 社：武汉大学出版社

出版时间：2003 年 11 月

版　　次：第 1 版

ＩＳＢＮ：7－307－04084－0

页　　数：269 页

价　　格：40.00 元

编者简介

关培兰（1947—　）女，河南人。武汉大学人力资源管理研究中心主任、教授。从事组织行为学与人力资源管理的教学和研究，为组织与人力资源管理、企业家问题研究方向的博士生导师。她擅长于企业诊断和咨询、管理人员培训、人力资本诊断及人力资源微机化管理。

内容简介

《中外女企业家发展问题研究》这本书主要是对国内外的研究现状进行一些概括性的总结和介绍。第一部分：国内外女企业家发展问题研究综述。该部分一方面对国外关于女企业家的大量研究文献进行了系统的介绍，另一方面对有关中国妇女创业和女企业家发展方面的现有研究成果进行总结概述，以全面地了解中国妇女创业和女企业家发展的现实状况。第二部分：女性创业和发展的性别差异研究。作者进行了两性企业家的对比研究，例如在实践上，女性与男性相比，在企业经营和领导方面还存在着一定的问题和困难；在理论上，女性领导的研究上还不完善，关注也不够。另外，作者还探讨了组织中性别比例、企业文化的性别特征及其对经营业绩的影响、女性在管理中的作用、女性化组织在组织设计中的作用等方面的问题。第三部分：女性创业和女企业家现实问题研究。这一部分主要选编了国内外专家的部分文章，与读者共同分享研究成果，以期能有进一步的理论发展。第四部分：国内外女企业家研究成果摘编。以美国戴安娜女性创业中心出版的《女企业家、风险和风险资本投资业》一书为主要资料来源，编译了 250 多篇研究文章的摘要。编者为读者注明了文章出处，以方便有兴趣的研究者进一步研读。第五部分：女企业家研究组织。编者提供了部分女企业家研究机构的网址，研究者或女企业家可以通过网站及时地了解到最新的研究成果、学术活动、投资基金和投资项目等。

《中外女企业家发展问题研究》是国内第一本系统介绍和探讨国内外女企业家的成长和发展问题的著作。总的来说全书介绍了以下内容：（1）综合介绍了国内外女企业家的研究状况和发展状况，包括中国妇女创业和女企业家发展进程中有利与不利的因素；（2）探讨女性创业和发展的性别差异，进而研究女性企业家如何发挥优势，克服缺点；（3）探讨女性创业及目前的现实状况；（4）系统介绍国外有关成果，为国内研究者提供索引；（5）介绍国内外女企业家研究组织。该书论述了女企业家发展需要克服的问题，并提出了优化其成长环境的办法，对推进中国妇女的研究无疑大有裨益。

著作名称：e 时代的女性——中外比较研究

作　　者：黄育馥　刘霓

出　版　社：社会科学文献出版社

出版时间：2002 年 10 月

版　　次：第 1 版

I S B N：7 - 8014 - 9771 - 6

页　　数：285 页

价　　格：19.00 元

作者简介

　　黄育馥（1945—　　），女，北京人，中国社会科学院文献情报中心研究员。主要从事社会学和文化人类学方面的情报研究，在美国的社会化问题、性教育问题及中日妇女比较研究方面做了开创性研究。主要代表作有：《西方性教育》、《人与社会：美国的社会化问题》、译著《社会学》（上、下册）、论文《论促进第三世界的性教育》。

　　刘霓，略。

内容简介

　　在现代社会，以计算机和互联网为代表的信息新技术，已经成为人们生产和生活方式中不可或缺的重要因素。近年来，国外一些学者以性别之间在使用信息新技术上的差别为切入点开展了多方面的研究，对于推动社会以及女性自身的发展具有重要意义。我国的信息技术发展也势头迅猛，互联网的普及对社会生活的影响已经成为人们十分关心的问题，我国女性如何以积极的心态迎接新技术的挑战，关系着她们今后的社会地位，也关系着整个社会的健康发展。

　　该书从社会性别的视角探讨新技术对女性的影响，以及女性在新技术领域内的地位和即将面临的问题。在文献调研的基础上，采用问卷调查和访谈的实证研究方法，树立为其国内现状描述和国际比较分析的基础。该书先介绍了国内外相关研究的发展历程和成果，然后从信息新技术的发展中的性别问题、信息技术教育中的性别差异、IT 业中的女性等方面，客观地概述了中国女性进入新技术领域的状况，提出了在这个崭新的社会现象中凸显的问题。作者研究视角独特、分析入理透辟、调查数据扎实可靠，是将女性研究与信息技术发展联系起来的成功尝试，填补了国内从性别角度研究"数字鸿沟"和"塞伯空间"等信息技术社会问题论著的空白，为进一步研究此问题开拓了新的思路。

　　该书通过对这类社会现象的探讨和分析，能帮助女性了解她们在 e 时代的处境和机遇，为她们提出新的期望和要求，并就女性如何提高自身素质，以最佳状态迎接知识经济的挑战提出见解与建议。另外，也针对政府和社会各有关部门如何为女性在信息时代的发展创造机会和条件，提出一些建设性的意见。这些问题的分析和相应对策的探讨对于推进技术教育、为女性创造更多平等的教育机会和环境具有重要的现实意义。

著作名称： 女性与信息技术革命

作　　者： 李长青

出 版 社： 辽宁画报出版社

出版时间： 2000 年 2 月

版　　次： 第 1 版

I S B N： 7806013393

页　　数： 268 页

价　　格： 19.80 元

作者简介

　　无

内容简介

　　《女性与信息技术革命》一书分为历史篇、时代篇，以及知识经济时代的女性三篇。作者以采集—狩猎时代为起点，描述了该时代人类的进化以及相应的社会生产力发展，由于社会生产对体力和勇气等方面的客观要求，给这一时期的女性带来了不可避免的失落。到农业经济时代，农业开始分化为粗耕农业和精耕农业，男性和女性的体力和技能也有了一定的提高，逐渐形成了男耕女织的社会分工。随着社会的发展，人类迎来了高新科技时代，信息技术、新材料技术、新能源技术、生物技术、空间技术和海洋技术等都得到了极大的发展，推动了产业进步，也促进了信息技术革命。在过去的几十年里，信息技术在诸多社会活动领域得以发展和提高，越来越多的女性借助这一新技术参与到社会的发展进程中，信息技术为女性带来了大量新的机遇。信息技术在一定程度上改变了传统的性别分工模式，扩宽了女性的就业领域，促进了女性的自我发展。总的来说，信息技术革命扩大了女性参与社会的广度与深度，帮助改善了男女不平等的社会现状。现代社会高科技信息的崛起，推动了经济领域的革命，而知识在这场革命中成为经济的直接驱动力，知识经济时代的到来同样给广大知识女性带来了发展契机，为知识女性提供了参与社会的广阔舞台，为妇女解放与妇女地位的全面提高创造了优越条件，而这些都有利于女性获得更加公平的发展机会，发挥女性的潜在能力，让更多的女性在社会生产、生活领域施展才华。

但同时，作者认为，21世纪的信息技术革命使女性面临的不仅是新的机遇，更是严峻的挑战，她们既要参与信息技术革命，同时信息革命又对她们构成一种前所未有的巨大压力，社会的两性分工、女性的自身弱点都制约着女性的全面发展。信息技术高速发展下的知识经济时代，一方面要求女性具备较高的自身素质，改变受教育程度和劳动技能偏低的现状，另一方面要求女性具有现代的观念和思维方式，积极主动地参与到社会发展中，充分发挥自身的作用。

十六　性别与人口

（11本）

序号	著作	作者
1.	中国女性人口问题与发展	郑晓瑛
2.	社会性别与人口发展	吕红平　陈胜利
3.	性别歧视与人口发展	李树茁　姜全保　［美］费尔德曼
4.	国际视野下的性别失衡与治理	李树茁　韦艳　任锋
5.	中国农村妇女早婚早育和多胎生育问题研究	梁中堂　阎海琴
6.	我国出生性别比问题研究	汤兆云
7.	生育政策与出生性别比	杨菊华　宋月萍　翟振武　陈卫等
8.	村落视角的性别偏好研究——场域与理性和惯习的构建机构	莫丽霞
9.	中国的出生性别比与性别偏好——现象、原因及后果	刘爽
10.	传播语境中的女性与环保	［非］玛德雷德·莫斯科索
11.	社会性别与生态研究	方刚　罗蔚

著作名称：中国女性人口问题与发展

主　　编：郑晓瑛

出 版 社：北京大学出版社

出版时间：1995 年 8 月

版　　次：第 1 版

I S B N：7 - 301 - 02735 - 4

字　　数：243 千字

价　　格：13.50 元

编者简介

　　郑晓瑛（1956—　　），女，北京大学人口研究所教授，博士。1991 年 9 月—1993 年 7 月在北京大学人口研究所人口学专业从事博士后研究，承担了 20 余项联合国机构、国家和基金会的人口与健康交叉学科的研究项目，编、著、译著作 6 部，发表中英文论文 60 余篇。专著《生殖健康导论》是联合国人发大会后中国生殖健康早期研究的权威著作之一。

内容简介

　　中国开展的对女性人口问题的研究比较晚，但近 10 年来，关注女性人口现状与发展的人越来越多，不少学者在人口学方面的研究论文中，也开始更多地涉及女性人口问题。随着妇女问题研究成为世界社会科学研究的重点和热点，中国政府有关部门及一些国际组织和机构，支持和资助中国人口学者对中国女性人口问题进行探讨并进行多项课题研究，其中取得了令人瞩目的成果，积累了一系列的资料。然而，目前中国女性人口的研究还存在不少问题，作者在总结自己和同行学者们研究的基础上，力求全方位、系统综合地审视中国女性人口的现状，多角度、多层次、多侧面地研究，并使定性研究与定量研究相结合，理论研究与实地调查相结合，将女性人口的研究和探讨放在历史的范畴内，放在中国社会经济、社会制度和社会结构发生重大变迁的时代背景下，这是该书写作的宗旨和特点之一。

　　编者认为，社会科学研究的一个重要任务是了解社会现象的本质，发现社会中存在的问题，只有发现问题和不足，才能找出问题的症结，有的放矢，也更有利于社会的健康和全面的发展。改革开放以来，中国妇女在"平等、发展、和平"的方向上取得了历史性的伟大进步，但受社会发展水平的制约和传统观念的影响，中国妇女的状况还有不尽如人意的地方。在现实生活中，妇女的参政、就业、受教育以及婚姻家庭中平等权利的完全实现，还存在着各种困难和阻力，轻视、歧视甚至侵害妇女的现象还时有发生，妇女的整体素质也有待于进一步提高。因此，中国妇女解放和发展的道路远没有完结。该书极其重视对中国女性人口发展在各方面所存在的问题的探讨，本着科学、严谨、求实的态度，对这些问题分别进行全面、深入的分析和研究，这是该书主要思路。该书的各位作者都从促进改善中国女性人口状况的实际工作出发，在深入了解中国女性人口现状和存在问题的基础上，努力探索促进中国女性人口发展的可行措施，根据自己的观点，从不同角度提出中国女性人口的发展目标及政策建议。

一切研究的最终目的都应是服务人类、服务社会。编者希望该书的出版，能引起我国学术界及广大关心我国女性人口问题的读者们的兴趣，能为国际国内社会对中国女性人口的现状和存在的问题有一个全面、真实、公正的了解，为促进中国女性人口的进步和发展起到积极作用。继续以平等、发展与和平为总目标，选择那些在阻碍提高妇女地位方面带有普遍性的问题，并加强对妇女问题的学术研究工作，将中国女性人口的教育、就业、健康、参政、婚姻和家庭等方面的情况作专门的综合论述，为中国女性人口的发展提出新的政策和建议。

著作名称：社会性别与人口发展

作　　者：吕红平　陈胜利

出 版 社：中国人口出版社

出版时间：2005 年 7 月

版　　次：第 1 版

I S B N：978 - 78020 - 2157 - 0

页　　数：449 页

价　　格：30.00 元

作者简介

吕红平，男，河北大学人口研究所所长、教授、硕士研究生导师。主要教授人口学理论、生育文化学课程。主要研究方向：人口社会学、生育文化学、家庭社会学。主要著作有《农村家族问题与现代化》及论文 50

余篇，与高金三等合著《家庭论》，参与编写的著作有《生育文化研究》、《生育文明》等。

陈胜利，男，国家人口和计划生育委员会宣传教育司原司长。

内容简介

该书首先介绍了两性关系的历史变迁与社会性别理论的核心概念、分析框架和主要观点，以及人口发展的含义、内容、与社会经济发展的协调、与社会性别的联系。接着通过对社会性别与性别偏好、性别偏好与人口变动趋势进行了社会性别分析，通过对我国的人口素质现状及社会性别差异现状描述，对身体素质、心理素质、人口科学文化和人口伦理素质等进行了社会性别及因素分析。作者进而由近年来我国出生性别比的变化趋势、升高原因和社会后果，提出了社会性别视角下出生性别比偏高的问题，并在此阐述中提出了治理这一问题的基本对策。作者针对就业领域、人口迁移流动过程中的社会性别问题，阐述了女性就业整体状况、当前就业中的性别差异、人口迁移流动理论和我国的人口迁移流动政策，及社会性别分析与对策建议。随后，作者对贫困人口、弱势儿童、老年人、家庭暴力阴影笼罩下的女性等弱势群体进行了社会性别分析，阐释社会性别差异对计划生育、孕产期安全和机会损失、儿童优先和性传播疾病等生殖健康的影响。并就生育政策、户籍政策、社会保障政策、分配政策和婚姻家庭政策等人口政策从制度层面翔实透彻地进行了社会性别分析。最后，作者展望了社会性别公正与人口发展的未来。

该书是国家人口计生委宣教司 2004 年"社会性别与人口发展关系"课题的研究报告，是继《中华生育文化导论》、《婚育观念通论》、《生育文化学》之后又一部有关生育文化的学术著作，由国家人口计生委宣教司、河北大学、北京大学共同完成。

著作名称：性别歧视与人口发展

作　　者：李树茁　姜全保　　[美] 费尔德曼

出　版　社：社会科学文献出版社

出版时间：2006 年 12 月

版　　次：第 1 版

I S B N：9787802305182

字　　数：309 千字

价　　格：39.00 元

作者简介

李树茁，略。

姜全保，男，西安交通大学人口与发展研究所博士研究生，主要从事人口性别与发展、数理人口学等方面的研究。

费尔德曼（Marcus W. Feldman, 1942—　），美国斯坦福大学生物科学系教授，人口与资源研究所所长，美国艺术与科学院院士，加州科学院院士，圣塔菲研究所（Santa Fe Institute）董事和学术委员会成员；西安交通大学和北京师范大学兼职教授，美国《理论人口生物学》学术杂志主编，《基因》、《人口基因组学》和《复杂》学术杂志副主编。研究包括文化和生物基因传播和演化及其对人类行为影响的理论模型和数学分析等。

内容简介

中国传统的生育文化中长期存在对男孩的偏好和对女孩各种形式的歧视，目前表现为偏高的出生性别比和女孩死亡水平。这不但意味着女性出生权和生存权遭到了侵害，也反映了女性相对较低的社会地位，导致中国人口中女性的缺失和性别结构的失衡，并引发了一系列社会后果，而这将阻碍中国社会的长期可持续发展。

该书共四部分，第一部分历史和现状，介绍了中国的出生性别比和女孩死亡状况的历史变化和现实情况，分阶段分析了整个 20 世纪中国失踪女孩的情况，同时将中国的情况与韩国和印度比较，以便对中国性别歧视的具体情况有一个总体把握。第二部分原因和机制中，介绍了性别歧视的表现形成——偏高出生性别比和女孩死亡水平的形成原因和机制，首先分析人工流产对出生性别比的影响，并从婚姻形式以及文化传播的角度，分析了农村男孩偏好。针对当前大规模的城乡人口流动，探讨了城乡流动人口的社会网络再构建过程及流动对流动人口性别歧视和男孩偏好的影响，从客观数据上研究了流动对城市出生性别比的影响。针对女性婴幼儿死亡水平偏高，从个人、家庭等微观方面对女婴的死亡进行了研究。第三部分后果中，基于公共政策的方针，研究了性别歧视对中国人口发展的影响，从人口学的角度分析了性别歧视对中国人口总量、性别结构、老龄化和婚姻市场的影响。针对受人关注的中国婚姻市场问题给出了模型，分析了婚姻市场上的过剩人口，进行了与印度、韩国的对比研究。第四部分实践中，从背景、设计、实施、政策四方面介绍了"巢湖改善女孩生活环境实验区"，介绍了中国政府和学者为降低性别歧视而做出的努力。

该书旨在通过对中国出生性别比和女孩死亡水平的历史和现状、产生的原因和机制、人口后果及干预政策进行系统深入的定性和定量分析，得出一些重要结果和结论，对当前的一些争议性问题给予回答，进而为政府制定降低男孩偏好、消除性别歧视方面的公共政策提供支持和依据。

著作名称：国际视野下的性别失衡与治理

作　　者：李树茁　韦艳　任锋

出 版 社：社会科学文献出版社

出版时间：2010 年 6 月

版　　次：第 1 版

I S B N：978 - 75097 - 1520 - 8

页　　数：307 页

价　　格：60.00 元

作者简介

李树茁，略。

韦艳，陕西铜川人。西安财经学院管理学院人口研究所所长、副教授，博士。主要从事性别偏好与婚育观念行为、女孩生存与社区干预，以及农村流动人口方面的研究。

任锋（1980—　），陕西西安人。西安交通大学管理学院博士，主要从事社会网络分析、农村流动人口的社会保障和性别比治理等方面的研究。

内容简介

作者利用各个国家和地区专项抽样调查、相关部门发布的数据以及已有的研究成果和报告等相关资料，通过分析性别失衡的各个国家和地区性别比失衡的态势、原因及后果，评述针对性别失衡所采取的治理措施和干预政策。从这些国际治理措施中提炼出经验和模式，进而对中国治理性别失衡问题提出可借鉴的干预政策。

该书在对中国大陆、中国台湾、韩国、印度、巴基斯坦等女性缺失型的国家和地区，以及俄罗斯、越南等女性过剩型的国家和地区，从国家或地区背景、女孩生存状况、女孩生存劣势、女性过剩或性别失衡的原因、治理措施及治理效果上，进行了详尽细致的分析。接着分析了诸如南非和北欧这样的政治平等促进型国家和地区的背景、女性地位状况的措施。最后，在对各国和地区性别失衡的态势、原因分析和后果分析上，总结了国际治理的经验，探究了如何改变文化制度、改善女性社会经济地位。

该研究的成果对于把握性别失衡国家和地区的历史和现状，了解国际社会性别失衡治理的经验，制定有中国特色促进性别平等的公共政策，推动中国人口协调和可持续发展具有重要的现实意义。该书既可以为相关领域的研究者提供参考，也可以作为相关专业研究生和高年级本科生的辅助教材。

著作名称：中国农村妇女早婚早育和多胎生育问题研究
作　　者：梁中堂　　阎海琴
出　版　社：山西高校联合出版社
出版时间：1992 年 6 月
版　　次：第 1 版
I S B N：7810322516
页　　数：358 页
价　　格：8.50 元

作者简介

梁中堂，男，曾激烈反对"一胎化"，担忧"一胎化"造成我国人口结构的畸形发展。主张中国人口问题只能通过"晚婚晚育加间隔"的生育办法得到解决；主张在农村放开 2 胎，有利于我国的人口控制工作。

阎海琴（1957—　），山东菏泽人，1989 年西南财经大学人口研究所人口经济学专业研究生毕业，同年考取该校人口研究所人口理论专业博士研究生攻读博士学位，1992 年毕业并获法学博士学位。专著有《我国人口控制问题研究》。

内容简介

该书从中国实际情况出发，提出农民 2 胎、3 胎，甚至 4 胎、5 胎的生育，在政策被框定的情况下，控制人口的着眼点是什么？分析这些问题的产生是该书研究的引线。

　　该书认为，把中国农村妇女的婚育变动，放到新中国近40年的历史和整个城乡经济社会发展的大舞台上时，就会发现孤立地、静态地看待农村妇女生育现象时无法理解的问题。随着中国经济社会的发展，包括农村妇女在内的中国妇女平均初婚年龄越来越高，生育率越来越低，而且就其发展的趋势来说，至今这一运动过程仍在继续进行着。其运动的程序大致是城市妇女在前，农村妇女尾随其后，这一运动所遵循的轨道是高胎次率的逐步降低。就是说，通过对中国农村妇女的早婚早育和多胎生育问题研究，使我们认识到，妇女生育率的下降是通过依次降低高孩次生育率实现的，当妇女高孩次生育率比较高的时候，企图把1、2胎生育水平压得很低是根本做不到的。换句话说，目前我国农村妇女的多胎生育还比较高，降低多胎生育，是我们计划生育工作真正有可能做到的事情。我国80%的人口在农村，过去人们经常说"计划生育的重点在农村"，在20世纪最后10年里，农村妇女的多胎生育能否降下来，降到什么程度，已经成为能否完成我国阶段人口目标至关重要的举措。遗憾的是，这一点并没有被人们充分地认识到。

　　该书将中国农村妇女的早婚早育和多胎生育问题放在1950—1988年的跨度上，同时又将其同农村经济文化相联系进行系统的和深入的研究，是第一次将该问题放在较大的视野和历史跨度里进行研究，是在《中国农村妇女早婚早育和多胎生育问题研究》课题基础上写成的。稍微了解中国人口学情况的人都不难发现，无论就时间的长度或涉及领域的广度，该书都还是第一次，这是该书的一个主要特点。但从另一个方面来说，这份报告是对所研究问题的透彻分析和解决，不是传播一种关于未来的乐观或悲观的信息，只是同社会一道讨论我们自己对自身的认识，并企望能够启迪人们的反省和行动。

著作名称：我国出生性别比问题研究
作　　者：汤兆云
出　版　社：中国言实出版社
出版时间：2008年8月
版　　次：第1版

ＩＳＢＮ：978－7802－5－00365

页　　数：200 页

价　　格：19.00 元

作者简介

　　汤兆云（1971—　），湖南怀化人。副教授、硕士生导师，博士。主要研究方向为人口社会学、当代中国人口政策、家庭社会与人口问题等。主要著作有《我国人口政策运行过程研究》。

内容简介

　　出生性别比是一种相对独立、稳定、少受人为之外其他因素影响而发生变化的，具有很强生物属性倾向特征的自然化指标，因此，我国出生性别比长时间、大范围的异常所表现出的基本人口过程中的人口性别结构异常，反映了两性所具有的社会生存条件异常，其背后有着深刻的、复杂的因素。

　　该书首先从我国出生性别比问题的研究进展和异常的特征，说明现阶段的研究意义，接着介绍我国 1950—1983 年、1984—2007 年出生性别比的历史趋势、地区和胎次差异，以及失衡对婚姻和女性地位的负面影响，最后，作者从我国传统生育文化、经济因素、生育政策等各方面对失衡原因进行了分析，并指出非法胎儿性别鉴定、选择性生育是出生性别比偏高的直接原因，应综合治理出生性别比失衡问题，提出相关法律法规完善的重要性和必要性。作者认为，我国出生性别比偏高是多种因素综合作用的结果，有人口过程的因素，也有社会经济、文化、政治和政策等因素。出生性别比与这些因素形成互动关系，相互影响、相互作用。综合起来，有如下几个方面：男孩偏好的数千年传统文化是根本原因；现实较低水平的社会生产力，以及与此相对应不健全的社会保障制度是基础；同时，限制子女生育数量的人口政策又强化了出生性别比偏高的趋势；特别是便捷安全的胎儿性别鉴定和性别选择技术，更强化了出生性别比升高的趋势，这是我国出生性别比在短时期内骤然上升、并在长时期内高位运行的直接因素。作者认为，由出生性别比失衡所导致的男女两性比例不平衡，不仅影响到正常的婚姻家庭关系稳定，而且还会对社会生活的各个层面产生一定的负面影响。因此，这要求对我国长时间、大范围内的出生性别比偏高现象采取相应措施，进行综合治理，努力促进出生性别比的平衡，实现人口、社会的和谐发展。

著作名称：生育政策与出生性别比

作　　者：杨菊华　宋月萍　翟振武　陈卫 等

出 版 社：社会科学文献出版社

出版时间：2009 年 11 月

版　　次：第 1 版

I S B N：978 - 7 - 5097 - 1111 - 8

字　　数：332 千字

价　　格：49.00 元

作者简介

　　杨菊华，女，中国人民大学人口学系、人口与发展研究中心教授，博士生导师，博士。目前主要研究方向包括社会人口学、家庭社会学、社会统计学，研究兴趣在于社会转型过程中不同群体的福利问题，公共政策和社会变迁对个体、家庭的影响。

　　宋月萍（1978—　），女，浙江绍兴人。中国人民大学人口与发展研究中心讲师，人口学博士，主要从事卫生经济学、健康不平等以及人口性别问题的实证研究。

　　翟振武，男，我国改革开放后第一批选派出国攻读学位的留学生，中国人民大学社会与人口学院院长，教授，博士生导师。现任教育部人文社科百所重点研究基地——中国人民大学人口与发展研究中心主任，中国人口学会常务副会长。主要研究方向：人口与发展、人口政策、人口经济学。主编的书有《现代人口分析技术》、《人口学专业课程教学大纲》等。

　　陈卫，男，浙江桐庐人，中国人民大学人口与发展研究中心教授、博士生导师，中国人民大学法学博士、澳大利亚国立大学社会学博士、《人口研究》杂志常务副主编。主要从事生殖健康、生育率、家庭、迁移、老龄化等领域的研究，及人口统计学和社会统计学方面的教学。出版和发表有《中国的人工流产》、《人口与计划生育统计》、《中国的低生育率》等著作。

内容简介

　　该书是福特基金会资助的课题，也是一本典型的人口学著作。我国在

20 世纪 50 年代取消人口学，漠视人口发展规律，导致人口政策失误是前车之鉴，如今在我国经济社会发展中，人口始终是个重要问题，而出生性别比失衡已是个不争的事实。随着生育、节育科学技术的进步和生育政策的有效推行，生育行为普遍受到干预，加上现代超声波技术的普及，造成有些人在生育上传统固有的男性偏好顽强地表现出来。

　　该书的几位学者在过往研究的基础上，结合多次实地调研的思考和总结，使用大量的数据和图表，体现了现代社会科学定量化和信息技术化的趋势，构建了具有中国特色的阐释生育政策与出生性别比失衡关系的"胎次—激化双重效应"理论。在该理论框架的指导下，充分地利用了历次全国人口普查以及 2005 年 1% 人口抽样调查数据，以及 2000 年全国各地区的政策生育率数据。学者们从宏观和微观等不同视角，深入探究现行的生育政策与出生性别比之间的独立关系，详细分析了政策作用于出生性别比的显性和潜在机制，简明阐述了出生性别比失衡的社会、经济、人口后果，并在研究发现的基础上，提出了遏制出生性别比继续攀升的初步政策思考和建议。

　　全书通过理论与实践的整合，定量研究与定性研究的相互补足，将生育政策与出生性别比失衡的关系置于经济转轨、社会转型、人口转变、技术进步的宏观环境中，对生育政策在出生性别比失衡问题上所起的作用进行了新的探索和尝试，提出了新的研究发现与成果。

著作名称：村落视角的性别偏好研究——场域与理性和惯习的构建机构

作　　者：莫丽霞

出 版 社：中国人口出版社

出版时间：2005 年 8 月

版　　次：第 1 版

I S B N：978 - 78020 - 2165 - 5

页　　数：261 页

价　　格：18.00 元

作者简介

　　莫丽霞（1968— ），女，广东阳江人。1985 年 9 月至 1992 年 7 月在中山大学人口学专业学习，硕士研究生。现任中共濉溪县委常委、副县长。

内容简介

《村落视角的性别偏好研究——场域与理性和惯习的构建机构》一书，以中国出生人口性别比升高形势严峻是性别偏好的集中反映为前提，在综述国内外性别偏好的相关研究基础上，设计了研究思路和框架，并提出理性和惯习都是在一定场域中形成和共同作用的产物，性别偏好的理性是在经济场域和非经济场域交织作用下形成的，性别偏好的惯习是传统文化在一定场域中的内化等研究假设。接着作者从生产力场域、生产关系场域等经济场域，以及社会场域、文化场域等，对性别偏好的作用予以论证。比如，在生产力场域对性别偏好的作用一章，作者从男性在体力劳动中生产效率明显高于女性、经济活动中的抗风险能力明显强于女性，及男性与生产资料和生产工具结合的机会较女性强等，来突出人们在农村村落中对男性的偏好情况和生产力场域的作用。

全书以在河北、河南和江苏的三个村落所进行的访谈调查为依托，对中国农村居民性别偏好形成和作用的机制，进行了系统的分析。在实证研究的基础上，作者提出了"场域与理性和惯习的建构机制"理论，为我们研究出生人口性别比偏高问题提供了视角独特而又发人深省的解释文本。

著作名称： 中国的出生性别比与性别偏好——现象、原因及后果

作　　者： 刘爽

出　版　社： 社会科学文献出版社

出版时间： 2009 年 3 月

版　　次： 第 1 版

Ｉ Ｓ Ｂ Ｎ： 978 - 7 - 5097 - 0582 - 7

字　　数： 220 千字

价　　格： 35.00 元

作者简介

刘爽，女，人口学博士，博士生导师。中国人民大学社会与人口学院教授、中国人民大学人口与发展研究中心副主任、北京市计划生育协会理事。主要研究方向：人口与社会发展、公共政策与人口管理、计划生育/

生殖健康、女性研究、人口与健康。出版专著《全球人口管理：从理论到实践》，发表学术论文数十篇。

内容简介

　　出生性别比是个重要的人口变量，20 世纪 80 年代以来，中国的出生人口性别比出现了迅速、持续攀高的现象，不仅引起国内政府有关部门和学术界的高度重视，而且也引起了国际社会的广泛关注，迄今尚未逆转。

　　作者在该研究中从出生性别比切入，充分利用历次全国人口普查和大型抽样调查的基础数据，结合一些典型调查和个案研究进行深入挖掘，将出生性别比与生育"性别偏好"结合起来，找出重要关联性，既研究到孩子的价值、效用和生育需求、传统观念，也研究到个人和社会的影响因素，对"男孩偏好"在中国社会存续的社会环境、制度背景、文化内涵以及人们的行为选择特点，做出了一定深度的探讨。文章从不同的方面对国内外有关"性别偏好"研究的主要理论进展、基本结论和不同的观点进行了系统的梳理和分析，在对世界各国的出生人口性别比现状及动态趋势描述的同时，将具有代表性国家的出生人口性别比的态势和特点予以专门分析，从中反映和揭示人类出生性别比的变化规律和可能的影响因素，集中探讨出生性别比长时间异常可能带来的人口、社会后果及影响。

　　该研究既有理论创新，也有方法创新，作者深入分析了中国出生人口性别比失常的现象、原因及后果，提出了诸多新的研究发现和因素分析结果，对出生性别比及其影响因素进行了事实与价值判断，其中有些分析就其分组和资料规模都是少见且具有创新性的。对社会健康、稳定与和谐发展具有特殊的重要政策价值和现实意义，对研究出生性别比，并深入到社会性别平等层面具有深远的理论价值。在方法上，作者认为对于复杂社会文化现象的生育"性别偏好"，制度分析有着特殊的优越性和适用性，故使用了来源于西方经济学领域新制度经济学学派的制度分析综合性方法，这种方法打破了传统的经济学分析范式，融合了不同学科的专长，为社会科学研究提供了一种普适的分析框架和模式。

著作名称：传播语境中的女性与环保

作　　者：［非］马德雷德·莫斯科索

译　　者：刘利群

出 版 社：中国传媒大学出版社

出版时间：2006 年 1 月

版　　次：第 1 版

I S B N：7810856367

页　　数：309 页

价　　格：29.80 元

作者简介

马德雷德·莫斯科索（Moscoso M.），女，菲律宾人。菲律宾陆斯·班纳斯的菲律宾大学发展传播学院远程及函授课程的专家，同时也是亚洲信息与传播研究中心资助的"增强女性传播者的能力、提升环境意识及进行保护"工作组的成员之一。

内容简介

该书产生于亚洲媒介信息传播中心举行的一次研讨会——培养女性传播者在提高环境意识、加强环境保护方面的能力，是一部关于妇女传播者在提高环保意识、加强环境保护方面能力的培训手册。此次会议由瑞典国际发展局资助，于 2001 年 11 月 5 日至 11 月 9 日在泰国曼谷召开，研讨会汇集了媒介从业人员、民间组织代表以及来自亚洲七个国家的研究人员。

该书内容涉及东南亚国家联盟环境情况、环境传播、妇女与环境、传播计划、媒介资源的准备与制作等方面。该书共八章，前三章提供了准许妇女成为环境倡导者的依据。后五章集中在妇女需要用到的传播技巧，重点是将这些技巧应用到社区这一层面，以便达到为环境意识、环境保护进行有效传播的目的。书中的课程通过加强女性传播者作为环境倡导者——她们的声音必须被听到——的能力来提高环境意识和加强环境保护，对于各地所有严肃对待自己作为环境倡导者、服务者的男人与女人来说，都是有用处的。该书介绍了东盟环境的概貌，提出有关环境传播的概念，探讨妇女与环境的关系，告诉她们能够为保护环境做些什么，以及怎样去做，并讲授传播方案的不同步骤和培训妇女传播者的准备、制作媒介资源——低成本的印刷媒介、社区广播、小型视频节目及社区戏剧。该书每一章都包括课程、讨论以及配合每个主要题目的活动，有些章节还有案例学习和对题目讨论有帮助的附录。最后的操作指南中，作者简明地告诉操作者怎

样来讲授课程，以及活动可以怎样有效地组织，是贯穿整书的引航性
工具。

作者将学术性与实用性融为一体，凸显当代女性在传播环境构建方面
的地位和作用，希望女性能被赋予权利，以加入到男性中间，为反对环境
恶化而战，她们也不必掩饰她们的力量与能力，不必保持沉默。作者呼
吁，在拯救我们的环境这一全球性的活动中，需要我们所有人的努力。

著作名称：社会性别与生态研究

主　　编：方刚　罗蔚

出 版 社：中央编译出版社

出版时间：2009 年 8 月

版　　次：第 1 版

I S B N：9787802118843

页　　数：230 页

价　　格：38.00 元

编者简介

略

内容简介

该书内容包括性别理论、女性主义的社会性别研究、生态项目中的社
会性别视角、环保运动与生态女性主义、第三世界的生态女性主义、批判
性生态主义和生态后现代主义等。

该书全面介绍了生态女性主义理论的兴起与发展过程，并展示了生态
女性主义理论在各个领域的渗入与作用。生态女性主义富有特点鲜明的批
判性，它向人与自然、男性与女性关系中的统治支配模式发起挑战，同时
生态女性主义还富有较强的建构性，能促进新的生态伦理理念和环境道德
的建立。作者认为，介绍与传播生态女性主义理论，不仅有助于人们增进
对世界范围内对生态危机的理解，增强环保意识，调整人与自然的关系，
凸显和传播珍惜环境及可持续发展的基本理论，而且有助于人们增进对女
性主义运动与理论的了解，认识生态女性主义在生态、环保方面做出的特
殊贡献，体现女性主义在当代世界重大问题上举足轻重的作用。同时，社
会性别研究在过去几十年间获得了迅速发展，其影响力触及人类生活的方

方面面，无论是社会科学还是自然科学各领域，社会性别研究都提供了一个独特的分析视角。有一种说法，19 世纪人类社会的主题是宗教与理性，20 世纪的主题是战争与和平，21 世纪的主题便是社会性别。在这个性别凸显的世纪，此书能使人们意识到性别平等与生态保护这两个基本问题是相互关联、互相促进的。

在西方，生态女性主义学或女性主义生态学已经活跃多年，但该书作者认为，思考社会性别与生态的关系时，只强调女性主义的视角是不够的，加入了男性气质的研究视角，是该书的一大特色。该书的拟命名曾为"社会性别生态学"，然而，作为一门"学"的提出需要更全面、更严谨的框架，而作者旨在写一本入门式的书，做一次初步的思考，基于此，该书最后定名为《社会性别与生态研究》，意在强调从社会性别的角度看生态。

十七　性别与传媒

（16本）

著作名称： 女性主义媒介研究

作　　者： ［荷］凡·祖伦

译　　者： 曹茂　曹晋

出 版 社： 广西师范大学出版社

出版时间： 2007 年 10 月

版　　次： 第 1 版

I S B N： 9787563366873

页　　数： 243 页

价　　格： 32.00 元

作者简介

　　凡·祖伦（Liesbet van Zoonen），荷兰阿姆斯特丹大学传播学教授。

内容简介

　　《女性主义媒介研究》一书所描绘的妇女受众的收讯研究，兴起于特定的文化研究与女性主义研究的结合，也是女性主义关怀与媒介和流行文化相互关联的经典议题。霍尔将编码和解码的过程分开，突破了文本框架内的意识形态研究套路和"文本决定论"所导致的研究结论缺乏说服力的弊端。凡·祖伦吸取了霍尔的论点，她回顾从女性主义的视角来介入媒介收讯的各类研究，赞许当代受众研究把已植根于社会和权力关系之中的日常生活情境与受众自身的文本解读的情感相结合，因为这些研究主张妇女受众从媒介产品中获得建构意义的权力，而不是被给予意义，这在一定程度上改变了大众文化生产者与消费者的传统关系。于是，妇女受众成了意义的生产者，而不是媒介文本传输的意义消费者。

　　正如凡·祖伦所言："受众不再被视为由媒介定义或是召唤的被动臣服于别有用心的特定权力与意识形态的意图；相反，受众是主动的意义生产者，按照自己的日常生活与文化来阐释、容纳媒介文本的意义。"而且"肥皂剧与言情小说就是妇女文化的一部分，在那之中，妇女私领域的主题和价值得到彰显，妇女被认为是理性的，而且妇女也可以嘲讽传统父权制的态度与道德，这是妇女愉悦的源泉之一。在流行文化的收讯中，社会性别认同持续地发生不易察觉的重构。给予妇女愉悦的流行文化可以被视为一种潜在的颠覆的源泉……"凡·祖伦也指出，如果我们认同流行文化的"愉悦政治"对妇女具有自由、解放的意义，那么，女性主义的媒介批判政治也就枯萎了，难以发挥综合的文化批判的潜力，因而，"我们越加难以批判流行文化建构了一套社会性别认同的霸权体系"。

显而易见，流行文化的愉悦与女性主义的政治目标之间矛盾重重，凡·祖伦的论证超越了对理论分歧的辩难，转而批评现有的媒介极为忽略如何动员与支持女性主义的思想与行动，急切地呼吁提升媒介如何扮演"公共知识的代言人"的角色，以及媒介如何使人们发挥公民的作用的问题。

著作名称：激情的疏离——女性主义电影理论导论

作　　者：［英］休·索海姆

译　　者：艾晓明　宋素凤　冯芃芃 等

出 版 社：广西师范大学出版社

出版时间：2007 年 1 月

版　　次：第 1 版

I S B N：9787563363780

页　　数：300 页

价　　格：25.00 元

作者简介

休·索海姆，英国女性主义电影、媒体和文化研究领域的知名学者，苏塞克斯大学媒体与电影系教授、系主任，英国媒体、传播与文化研究协会副主席。著有《女性主义电影理论读本》、《女性主义与文化研究》、《媒体研究读本》等。

内容简介

该书是对 20 世纪 70 年代至 90 年代，女性主义电影理论发展过程中实现的种种突破与遭遇的各种疑问的记录。全书每一章探讨理论发展过程中的一个焦点问题，通过这些回顾，作者阐释了女性主义电影理论与它产生的历史语境之间的关系，也总结了这些理论应用在电影批评中带来的创新和问题。

全书共 8 章，每一章探讨这一过程中的一个焦点问题：从 70 年代关于女性刻板印象的研究开始，直至近年文化批评领域内发生的一些争论焦点，讨论的问题从"男性凝视"到幻想、恐惧、身体、差异。该书收入了所有重要理论家的观点，包括符号学、结构主义、精神分析和后殖民主义等各种重要的批评策略，并且有条理、有逻辑地呈现了各种不同观点之间的论争，提供了回溯历史的清晰框架。该书的引进意味着引进女性主义的学术研究成果，填补了我国目前电影研究的理论空白，对于发展我国的文化研究和媒体教育，都有重要意义。

著作名称：批判的传播理论：权利、媒介、社会性别和科技

作　　者：［美］苏·卡利·詹森

主　　译：曹晋

出 版 社：复旦大学出版社

出版时间：2007 年 12 月

版　　次：第 1 版

Ｉ Ｓ Ｂ Ｎ：7309058216

页　　数：415 页

价　　格：28.00 元

作者简介

　　苏·卡利·詹森（Sue Curry Jansen），美国宾州 Muhlenberg Colleges 传播学教授，国际著名批判传播理论学者，代表作有《新闻检查：权力与知识的扭结》（Censorship：The Knot that Binds Power and Knowledge）和《批判的传播理论：权力、媒介、社会性别和科技》（Critical Communication Theory：Power，Media，Gender，and Technology）。

内容简介

　　这是一本充满哲学思辨和深刻见解的专著，作者以其宏阔的视野和批判精神，为我们剖析了当代社会传播情境的种种迷思。该书着重关注在自由民主的政治体制中，美国主流意识形态在媒体中的形成及合法化的机制，分析了国际社会的传播资源和话语权，以专题形式探究了国际新闻、橄榄球运动、人工智能、科学、信息、新世界秩序等领域中凸显的社会性别不平等。

　　该书适合从事相关研究工作人员参考、阅读。作为受过极好德国古典哲学训练的思想者，作为一名女性主义研究者，詹森的睿智和洞见，质疑和批判，追求社会公平和正义的立场，都使该书洋溢着浓厚的马克思主义

色彩，也为研究者提供了一个治学和做人的范本。

该书共两个部分6章。第一部分是沉默与耳语，作者探讨了学术写作是一种不自然的行动、未来将不再是过去的景象、巴黎远不止是巴黎这三个问题；第二部分是不客气的问题，作者对信息被社会性别化了吗、科学是一个男人吗、什么是人工智能这三个问题做了深入浅出的阐述。

著作名称：性别化的人生——传播、性别与文化
作　　者：〔美〕朱丽亚·T. 伍德
译　　者：徐俊　尚文鹏
出 版 社：暨南大学出版社
出版时间：2005 年 10 月
版　　次：第 6 版
I S B N：9787810796101
页　　数：290 页
价　　格：34.00 元

作者简介

朱丽亚·T. 伍德（Wood, J. T.），北卡罗来纳大学教堂山分校 Lineberger 人文学教授和传播学教授，主讲性别、传播、文化及人际关系等方面的课程并从事相关研究。朱丽亚·T. 伍德一共出版了 15 本著作，编辑出版了 70 余篇文章及书稿篇章。她先后 9 次因教学成绩卓著而获奖，12 次由于学术成就而获奖。

内容简介

该书探讨了传播和文化是如何影响人的性别定位，包括概念基础和现实中的性别化传播两个部分共 12 章。该书第一部分从性别、文化与传播研究，性别形成的理论视角，性别化的言语传播，性别化的非言语传播等六个方面做了深刻阐述；第二部分则从性别化的家庭力量，性别化的亲密关系，性别化的教育，性别化的组织传播，性别化的媒体，性别化的权力和暴力方面做了详细分析。

该书通过理论与鲜活个案的结合，由浅入深，寓理论论述于生动活泼的案例旁证之中。原书在美国出版后好评如潮，迅速畅销全美。书中探讨了性别化的家庭动态、家庭暴力中的性别问题、性别化的学校教育等多个

热点问题，展示了大量有关性别传播理论和最新研究资料，并对日常生活中的性别传播作出了独到的分析。该书既拓展了传播研究领域，也开拓了一种新的社会文化研究视野，是高校传播学、社会学及相关专业师生、研究者和关注自身社会价值的广大读者值得一读的好书。

著作名称：杂志封面女郎——美国大众媒介中视觉刻板形象的起源

作　　者：［美］卡罗琳·凯奇

译　　者：曾妮

出 版 社：天津人民出版社

出版时间：2006 年 6 月

版　　次：第 1 版

I S B N：7 – 2010 – 5236 – 5

页　　数：366 页

价　　格：30.00 元

作者简介

　　无

内容简介

　　这部专门研究杂志封面女郎的原创性论著图文并茂，作者试图通过对这些妇女形象的研究，向读者演示 20 世纪早期美国杂志出版文化中关于妇女的刻板印象的再现，这是跨学科的"媒介与社会性别"研究的核心论题之一。

　　从吉布逊女郎到轻佻女郎，从荡妇到新妇女，卡罗琳·凯奇通过研究杂志封面女郎追溯了大众媒介中妇女形象发展的历史轨迹，揭示了 20 世纪早期美国文化中社会性别刻板印象的起源。凯奇通过对主要美国杂志封面上不断演变的"故事"所进行的敏锐细致的分析，以一种引人思考、难以预料的方式揭示了 1895 到 1930 年间，影响广泛、持续变化的印象模式，正是通过这些模式，妇女所扮演的各种社会角色才得以"显现"。就研究大众文化及其与女性主义发展史的共生关系而言，本书是该领域的主要作品之一。

　　该书作者希望通过追溯美国大众媒介中（主要以妇女杂志为例）妇女印象的历史根源，检验当代刻板印象（stereotypes）问题。正如作者所言："在整个 20 世纪，大众媒介如何描绘美国妇女——建立一套现在被视作自然的、视觉的妇女语汇——正是这该书的主题，是去探求、理解媒介形象如何创造、改变并使某些特定的（即支配地位的）而非另类的（即非支配地位的）文化理想永垂不朽。"这项研究中的中心问题是："为什么和怎样，大众媒介中的女权主义被循环地宣布生存或消亡。"

著作名称：媒介与性别
作　　者：卜卫
出　版　社：江苏人民出版社
出版时间：2001 年 10 月
版　　次：第 1 版
I S B N：7214030306
页　　数：350 页
价　　格：18.00 元
作者简介
　　略
内容简介

　　这是国内第一本关于媒介与性别的著作，它汇集了作者 6 年来的研究成果，包括传播与性别的理论与政策探讨、有关媒介与性别的实证报告以及媒介评论等。该书分为三个单元。第一单元"理论与政策探讨"，这一单元从社会性别视角中传播学、媒介中的刻板印象、中国妇女媒介的使命、媒介教育等方面进行了研究；第二单元"实证报告"，包括中国男女记者发展现状与机会的差异比较、98 报告：新媒介技术与性别、中国电视妇女节目研究、解读《女友》的性别论述、儿童使用媒介的性别分化及意义；第三单元"媒介评论"，涵盖了独特的视角、独特的风格，叙述了性别、社会性别与媒介批评，男人给予财富、女人出让权力，对"重视女童的权利"的回应等内容。

　　该书还试图回答以下问题：媒介是有性别的吗？媒介是以男性中心文化还是以两性平等的视角来表现男女形象的？它与我们生活的关系如何？如何认识自己的形象？在该书中，每一篇文章前，都附有一段文字，或说明研究的缘起及其意义，或提供了与研究主题有关的背景情况，以便于读者阅读。

著作名称：性别与传播

作　　者：张敬婕

出 版 社：中国传媒大学出版社

出版时间：2009 年 6 月

版　　次：第 1 版

I S B N：9787811274387

页　　数：300 页

价　　格：39.00 元

作者简介

　　张敬婕（1979—　），北京人。在中国传媒大学媒介与女性研究中心工作，联合国教科文组织“媒介与女性”教席。中国法学会反家暴网络成员。致力于传媒、性别与文化的研究与教学。

内容简介

　　在中国进行性别传播的基础理论与学科化建设，是否可能？有关传播与性别的交叉研究，在看似繁荣的批判背后，使锋锐的社会批判平衡互动、相辅相成，是否可能？这本《性别与传播》，既是从这两个问题出发，也是不断反思和总结，最终回归到这两个问题上来的一个过程。该书以“女性主义媒介研究”为题，把女性主义作为视角和方法贯穿该书所有研究项目的始终。

　　《性别与传播》在写作过程中吸收了与该研究相关的社会学、传播学、心理学、文学、哲学等学科领域的信息，力图使整个研究既有理论的思辨力，也有对现实问题的穿透力。性别与传播研究作为一个成长中的学科和研究领域，已经引起了广泛关注，这不仅因为它与我们日常生活紧密相关，更重要的是它对人们的价值观念、人生态度、生活方式等产生了广泛而深刻的影响。《性别与传播》适合于高校传播学、社会学及相关专业的师生、研究者和关注自身社会价值的广大读者阅读，并适用于如下课程：媒介与性别研究、文化与社会研究、新闻学、传播学、影视艺术研究等。

著作名称：女性媒介：历史与传统

作　　者：宋素红

出 版 社：北京广播学院出版社

出版时间：2006 年 8 月

版　　次：第 1 版

I S B N：7810857819

页　　数：337 页

价　　格：28.00 元

作者简介

　　宋素红（1973—　　），女，出生于河南。北京师范大学文学院副教授、新闻学博士、文学院新闻传播学研究所副所长。先后毕业于河南大学、中国人民大学，获文学学士、历史学硕士和新闻学博士学位。

内容简介

　　该书在已有研究成果的基础上，试图在以下几方面做了一些尝试：力图显现结构的整体系统性，力图实现研究方法的综合运用，尽量使用第一手资料。该书横向剖析，纵向拉纲，既有对妇女报刊和女新闻工作者的典型分析，又有整体上的综合。

　　在分析具体妇女报刊和女新闻工作者，以及归纳妇女报刊和女新闻工作者发展阶段的过程中，该书做了一些创新。例如，经过重新考证，该书认为我国第一位女新闻工作者不是裴毓芳，而是康同薇；经详细论证，该书认为新文化运动时期是我国妇女报刊和女新闻工作者的转型期。该书不仅运用个案分析法来研究妇女报刊和女新闻工作者的作品，还用比较法来研究女新闻工作者，力图对其得到全方位、立体的认识。研究方法的综合运用为补充现有的研究成果提供了可能条件。

著作名称：国际视野中的媒介与女性

主　　编：刘利群　曾丹娜　张莉莉

出 版 社：中国传媒大学出版社

出版时间：2007 年 12 月

版　　次：第 1 版

I S B N：9787811270938

页　　数：264 页

价　　格：42.00 元

编者简介

　　刘利群，女，教授、博士。联合国教科文组织"媒介与女性"教席主持人，中国传媒大学媒介与女性研究中心主任，中国传媒大学国际传播学院院长。出版著作《社会性别与媒介传播》、《传播语境中的女性与环保》等 7 部，发表《媒介与女性研究的理论与实践》、《美国女性电视频道的社会性别解读》等 30 多篇论文。

内容简介

　　《国际视野中的媒介与女性》，由中国传媒大学媒介与女性研究中心刘利群主任、张莉莉副主任，以及联合国教科文组织北京办事处信息与传播项目主管曾丹娜女士共同主编。2006 年 1 月 12 日—14 日，中国传媒大学、联合国教科文组织北京办事处联合举办了"联合国教科文组织—中国传媒大学'媒介与女性'教席北京国际论坛"。此次大会的主题是"媒介与女性"，来自保加利亚、摩洛哥、阿联酋、哈萨克斯坦、德国、芬兰的教席代表，以及中国 12 个省（市）自治区的媒体业界专家参加了论坛，就媒介与女性研究领域的重要议题和热点问题，进行了很好的交流和沟通。

　　该书是对联合国教科文组织"媒介与女性"教席北京国际会议论坛成果的集中体现，撷取了来自德国、芬兰、保加利亚、摩洛哥、阿联酋、哈萨克斯坦的教席代表，以及中国 12 个省（市）、自治区的媒介业界专家的最新成果，探讨了媒介与女性研究领域的重要议题和热点问题，从国际视野的角度，对媒介与女性研究进行了全面和深入的探讨。

著作名称：社会性别与媒介传播

作　　者：刘利群

出 版 社：中国传媒大学出版社

出版时间：2004 年 9 月

版　　次：第 1 版

Ｉ Ｓ Ｂ Ｎ：7810854089

页　　数：221 页

价　　格：28.00 元

作者简介

　　略

内容简介

　　女性与媒介的关系在我国新闻传播学领域仍属于边缘性课题。该书共分为 6 章，从社会性别的视角和立场出发，从社会性别理论的梳理和综述入手，全方位地探讨了媒介与女性之间的多重关系。什么是社会性别？社会性别与媒介传播之间是否存在联系？怎样从社会性别的视角分析媒介？美国女性电视频道是怎样生存的？前景如何？对中国女性媒介发展有何借鉴？

　　该书在对上述问题给予回答的同时，系统阐述了社会性别与媒介之间的内在关系，并从社会性别的视角对美国女性电视频道的生态环境和生存状态进行了个案剖析。探讨涉及性别研究与媒介研究两大领域，既包括社会性别的认识论和方法论，也包括媒介环境、媒介制作、受众影响、女性媒介等媒介领域的相关研究。

著作名称： 协商女性新闻的碎片：20 世纪 50 年代以来中国媒体里的国家、市场和女性主义

作　　者： 陈阳

出 版 社： 陕西人民出版社

出版时间： 2006 年 8 月

版　　次： 第 1 版

I S B N： 7224077283

页　　数： 230 页

价　　格： 24.00 元

作者简介

　　陈阳，女，中国人民大学新闻与社会发展研究中心（教育部人文社科重点研究基地）研究员，《国际新闻界》月刊栏目主持史论部讲师，硕士生导师。

内容简介

　　该书是作者于 2001—2004 年在香港中文大学新闻与传播学院完成的

一篇博士论文，书中回顾了中国女性主义和女性运动的发展，阐述了中国媒介对女性的再现的影响，霸权与反霸权，作为反霸权的后女性主义，并以《中国妇女报》为例做了详尽的内容分析，涉及研究问题、研究方法。通过比较四种女性新闻，阐释了碎片化的女性新闻的表现及原因，更从性别角度重新审视党性原则。

女性在当代大众媒体里总是受到歧视性再现，已经是全球普遍的现象。无论是先发展国家，还是后发展国家，大量经验研究表明，虽然不同时空条件下，女性的媒体再现具有不同的表现形式，但是，女性在大众媒体里总是会得到"不正确的"再现。换句话说，媒体歧视女性，这一现象在不同媒体之间只有程度轻重之分，却很少从根本上被消除。作者的视角从"媒体是否歧视女性"或者"媒体再现了什么样的（被歧视、被歪曲的）女性形象"这类问题，转向"怎样改变媒体对女性的歧视"这个问题。

著作名称：当代女性杂志的文化研究

作　　者：刘胜枝

出 版 社：广西师范大学出版社

出版时间：2007 年 10 月

版　　次：第 1 版

I S B N：9787563368860

页　　数：164 页

价　　格：12.00 元

作者简介

刘胜枝（1973—　），女，山东德州人。北京邮电大学文法经济学院讲师、网络文化研究中心副研究员，博士，讲授网络文化研究、网络传播学、媒介批评等课程，主要研究领域有：新媒体传播和文化研究。

内容简介

人类社会由男女两个性别组成。在漫长的历史中，由于两性分工的不同，男性成了社会的统治者，女性则作为"第二性"被限制在家庭的狭小范围中。因此，虽然我们社会的历史和文化是以中性的面目出现的，但实质上是以男性为主导的，女性的生存经验和问题一直处于被忽略、被遮盖和被扭曲的状态。因而，在人类解放运动不断深化的历史进程中，伴随着妇女解放运动的兴起而出现的女性主义理论，从性别的角度对传统文化进行质疑和批判。在学术研究中，女性文化研究处于边缘的、有争议的地位。

该书是在作者的博士毕业论文的基础上整理而成的。该书选择了《中国妇女》、《家庭》、《时尚》这三本杂志来代表不同时期的女性杂志，对其文化作了深入的研究。内容包括：政治宣传类女性杂志，婚姻家庭类女性杂志，消费时尚类女性杂志，加强对女性杂志的现实干预等。这种研究既有服务于女性解放的学术价值，又可以在女性杂志的健康发展方面起推动作用。

著作名称： 女性电影史纲

作　　者： 应宇力

出 版 社： 上海译文出版社

出版时间： 2005 年 1 月

版　　次： 第 1 版

I S B N： 9787532736638

页　　数： 241 页

价　　格： 20.00 元

作者简介

应宇力（1964—　　），女，浙江人，同济大学人文学院中文系副教授。

内容简介

"女性和电影"作为批评概念自 20 世纪 70 年代初发端以来迄今已有 30 余年的历史。到了 20 世纪后半叶，才有了将女性主义和电影联系起来的可能性。在世界妇女运动的推动下，女性的政治意识批判性地转向了电影方面。所谓"女性电影"，并非单纯指女性导演的或是以女性为主角的影片，其准确的含义应该是由女性执导，以女性话题为创作视角的并且带有明确女性意识的电影、录像、DV 和多媒体实验作品。自 20 世纪 70 年代以来，女性主义电影批评已在电影研究中开创出一个全新的领域，它不断发掘出震撼人心的女性电影作品，而且极大地影响了男性影评家的观点。该书为同济大学"十五"规划教材，作者全面介绍了女性主义电影批评的历史、女性电影理论和分期、女性电影创作综述、女性电影纪录片、女性另类电影和实验电影，集学术性、资料性、教学性为一体。

著作名称： 当代中国大众传媒中的性别图景

作　者： 张晨阳

出　版　社： 中国传媒大学出版社

出版时间： 2010 年 8 月

版　次： 第 1 版

ＩＳＢＮ： 9787811279412

页　数： 218 页

价　格： 42.00 元

作者简介

　　张晨阳，女，华东师范大学传播学院讲师，博士。主要研究领域有：媒介与性别研究、受众研究及媒介文化研究。

内容简介

　　"社会性别"概念产生于 20 世纪五六十年代。这一概念的源泉之一是《第二性》一书的作者西蒙娜·波伏娃等早期女权主义者在向性别差异本能论的挑战时，对造成性别不平等、男权社会构造进行的质疑。该书从社会性别理论的视角，在社会转型中所带来的媒介市场化与大众文化世俗化背景下，以国家话语、商业力量、女性主义/社会性别力量、传统性别意识形态等多种力量的博弈、协商、组合为线索，对 20 世纪 90 年代以来中国大众传媒中的性别话语表达状况进行了一次系统性、立体化的考察。内容涉及报纸、杂志、电影、电视剧、网络等。

　　该书是中国大陆最早研究女性与媒介的著作之一。该书除导论外共包括六章，在导论中综述了大众传媒与性别研究的问题、概念、线索、方法和结构。前五章从中国媒介中社会性别话语的叙事背景、当代中国报纸中的社会性别话语、当代中国杂志中的社会性别话语、当代中国现实主义题材电影中的社会性别话语、当代中国现实婚恋题材电视剧中的社会性别话语这五个方面做了详细的阐述，最后一章对网络空间中的社会性别话语这一问题做了深刻的分析。

著作名称： 媒介与社会性别研究：理论与实例

作　者： 曹　晋

出 版 社：上海三联书店
出版时间：2008 年 5 月
版　　次：第 1 版
I S B N：9787542627926
页　　数：283 页
价　　格：25.00 元

作者简介

　　曹晋，女，复旦大学新闻学院教授，博士生导师，学术研究聚焦传播政治经济学，社会性别与媒介研究，书刊出版研究。2000 年获得"南京大学首届优秀博士后"；2005 年赴耶鲁大学访问研究，2006 年赴多伦多、魁北克、温哥华等城市完成加拿大国际出版研究项目。

内容简介

　　《媒介与社会性别研究：理论与实例》的上篇着力勾勒西方女性主义批判传播研究的理论、主要议题与质化方法，揭示全球媒介组织与权力体制对政治经济与意识形态运作的依赖，社会性别、种族、科技的构建关系异常隐蔽地操纵着普遍大众的日常生活。论著的下篇是作者就本土社会传播情境中存在的社会性别不平等的专题研究，反思本土女性主义话语中关于女同性恋议题的盲点；另类媒介建构的同性恋公共空间讨论；体育媒介话语生产的男性气质与中国现代化进程的市场经济的正当性，如何交织为东方中国一致的现代化表征；21 世纪中国现代化进程的当下时段，在地域与城乡的区隔中所潜藏的阶级与社会性别问题；以及妇女类时尚杂志如何作用于都市女性生活方式。

　　作者把传播现象与传播结构遮蔽的社会性别不平等问题放置于支配（dominance）与从属（subordination）的社会"结构"问题的分析之中，希望解构媒介再现与传播科技使用的"社会性别平等"的种种霸权结构与迷思假象。论著资料翔实、论证严谨，兼顾国际与中国视野，不失为一部问题意识深刻的批判传播理论力作。

著作名称：女性主义视野下的媒介批评
作　　者：张艳红
出 版 社：知识产权出版社

出版时间：2009 年 11 月

版　　次：第 1 版

ＩＳＢＮ：9787802474840

页　　数：272 页

价　　格：25.00 元

作者简介

　　张艳红，女，中国政法大学新闻与传播学院讲师，博士。在新闻传播核心学术期刊发表论文 19 篇、一般学术期刊发表论文 9 篇。

内容简介

　　大众传媒对各种歧视女性的社会现象与社会心理存在弱意识、不作为，甚至推波助澜的倾向。这主要源自传媒经济是"眼球经济"，男权中心秩序根深蒂固，社会性别意识未被完全纳入主流。大众传媒因其公共性与影响力，具有建构性别模式的功能。20 世纪 90 年代，女性主义进入中国大众传播领域，成为一种富有批判精神的媒介批评视角。

　　《女性主义视野下的媒介批评》侧重于女性主义视野下的受众批判、传者批判、方法论批判，内容批判贯穿全书。该书在导论部分对研究起因、研究方法和该书的章节结构做了简要的说明；接着对女性主义媒介批评的特质、女性主义媒介批评的研究理路、女性主义的受众批判、女性主义的传者批判、女性主义媒介批评的研究意义做了详细的梳理和深刻的分析；最后，在结语部分又从受众层面、传者层面、体制层面、新媒体层面做了探讨说明。

十八　性别与婚姻家庭

（47 本）

著作名称：欧洲家庭史

作　　者：〔奥〕迈克尔·米特罗尔　雷因哈德·西德尔

译　　者：赵世玲　赵世瑜　周尚意

出　版　社：华夏出版社

出版时间：1987 年 10 月

版　　次：第 1 版

I S B N：7800530159

字　　数：149 千字

价　　格：1.85 元

作者简介

迈克尔·米特罗尔，维也纳大学经济与社会史教授。

雷因哈德·西德尔，奥地利历史学家。

内容简介

该书在欧洲学术论坛上享有的尊敬正是基于他们对微观社会结构——作为一个历史社会形态的家庭所做的卓越研究。全书共分为八大部分，主要内容涵盖家庭的源头、术语的含义，对大家庭的认识，欧洲家庭的地区分类，家庭周期的理论，家庭职能，历史上各阶层、职业家庭的不同格局，年轻人与老年人以及性行为等问题，为中世纪至今的欧洲家庭史建立了一个明确的系统。作者的结论是，家庭结构在欧洲的广大版图不是统一的，大家庭在前工业化时期的西欧相当少，而包括南斯拉夫在内的东欧、东南欧则有与西欧截然不同的大家庭结构。这种基于当代先进的资料研究手段的划分结论已是一个世纪前不可比拟的了。

《欧洲家庭史》的作者开辟了家庭周期研究方法的新途径。认为家庭周期研究法也同样可运用于历史研究，对家庭历史结构及其发展的探讨必须对家庭周期历史进行调查研究。

著作名称：家庭导论

作　　者：〔美〕J. 罗斯·埃什尔曼

译　　者：潘允康 等

出　版　社：中国社会科学出版社

出版时间：1991 年 1 月

版　次：第 1 版
ＩＳＢＮ：7 - 5004 - 0747 - 5
字　数：516 千字
价　格：10.55 元

作者简介

　　无

内容简介

　　该书在广泛论证的基础上，着重阐述了美国家庭的生活方式，补充了历史和跨文化方面的参考资料，既有对非传统的婚姻和家庭生活方式的现实的观察，也有关于传统家庭形式的调查。全书试图达到以下研究目的：一是用世界的眼光客观地描述和分析当代美国家庭；二是考察非传统的家庭和婚姻生活方式，不予褒贬；三是提供关于家庭问题的理论体系和参考构架；四是提供清楚的，且容易理解的基本概念和描述性资料；五是提出一些问题和补充资料，以启发读者；六是培养学生，使他们逐步认识到自己在家庭和社会中的特殊地位。

　　全书共分为七个部分，第一部分基于社会学和社会心理学的研究角度，不分时空地谈了对家庭的一般性理解，归纳了美国家庭的一些基本问题，检验了多种研究家庭问题的方法，为理解家庭群体和制度建立了五个基本的参考理论框架，中心是阐释婚姻、家庭和亲属组织的不同含义，从性别角色透视和观察婚姻、家庭同劳动社会的关系；第二部分探讨家庭生活方式中结构和亚文化的变化；第三部分考察当代美国社会中人们为什么和怎样选择配偶，介绍婚姻和家庭的结构和建立过程；第四部分探究婚前、婚姻和家庭制度中的性模式和性关系，及其相关的社会因素和意义；第五部分阐述家庭不同的生命周期；第六部分探讨重新组合的家庭的性质、形式、后果和危机；全书结尾部分，论述了家庭和社会政策。

著作名称：妻子是什么
作　者：［美］安妮·金斯顿
译　者：吴宏凯
出 版 社：中国妇女出版社
出版时间：2005 年 1 月

版　　次：第 1 版

I S B N：7 - 8020 - 3100 - 1

字　　数：256 千字

价　　格：35.00 元

作者简介

　　安妮·金斯顿（Anne Kingston），资深记者，加拿大国家邮报专栏作家，主要对当代社会问题发表评论与看法，著有《可以吃的男人》，在多国畅销，此书曾荣获 1995 年度加拿大国家商业图书奖。安妮·金斯顿曾为美国许多著名媒体供稿，其中包括《世界邮报》、《星期六之夜》杂志等。

内容简介

　　该书的主旨在于提出了当一个女人具有了"妻子"这一身份的时候，对于她本身究竟意味着什么呢？其他人又对她有着怎样的期望呢？该书揭示出"妻子"角色如何影响着对女性的理解，分析了女性权力与女性价值之间的关系，展示了妻子们神秘错综的个人生活图景。书中所涉及的人物既有声名显赫的皇室成员、政治家（如黛安娜王妃、希拉里、奥普拉），也有默默无闻的普通人，所讨论的话题内容丰富，涵盖了从参加性爱技巧培训课程的妻子，到经济学家们对"家务劳动"的重新定义等诸多热点话题，使读者从全新的角度重新认识和理解"婚姻是什么"。

著作名称：角色变迁中的男性与女性

作　　者：［美］丽莎·斯冈茨尼　约翰·斯冈茨尼

译　　者：潘建国

出　版　社：浙江人民出版社

出版时间：1988 年 8 月

版　　次：第 1 版

I S B N：7 - 213 - 00227 - 9

字　　数：426 千字

价　　格：4.95 元

作者简介

　　无

内容简介

　　该书在研究婚姻家庭以及家庭中的两性关系时，试图寻求使众多理论结合在一起的方法来观察。例如，发展和生命周期理论强调的是在家庭经历生活的不同阶段中的时间和变化；交互理论考虑的是家庭成员在约束和交流过程中彼此相关的交互作用；结构功能理论强调的是家庭和社会作为一个整体的秩序和均衡；冲突理论包括马克思—恩格斯理论把家庭看作是阶级社会的一个缩影，一个阶级（男人）占统治地位，另一个阶级（女人）受压迫，当妇女反抗时，两性之间就产生冲突。当以这种理论来观察时，家庭就是一个潜在战场，把家庭关系置于代价和报偿的背景下来考察，该书认为"互有好处"的交换使人们彼此吸引并保持这种关系，"无益的"交换会产生相反的结果。该书充分运用社会学理论，对现有婚姻家庭，性别角色，儿童的社会化进行了理性挑战与诠释。

著作名称：情爱关系中的选择——婚姻家庭社会学入门

作　　者：［美］大卫·诺克斯　卡洛琳·沙赫特

译　　者：金梓

出　版　社：北京大学出版社

出版时间：2009 年 6 月 1 日

版　　次：第 9 版

I S B N：9787301152461

页　　数：447 页

价　　格：40.00 元

作者简介

　　大卫·诺克斯，美国东卡罗来纳大学社会学系教授，主要研究方向为婚姻家庭社会学，2009 年 4 月获得东卡大学优秀教学奖。

　　卡洛琳·沙赫特，东卡罗来纳大学社会学系讲师。

内容简介

　　《情爱关系中的选择——婚姻家庭社会学入门》（第 9 版）从"选择"这个独特的视角出发，分 17 章，从 16 个方面系统地介绍了美国家庭社会学领域最新的研究，书中穿插着研究应用、自我评估量表、个体选择、社会政策等专栏，将理论研究与现实生活联系到一起，另外还有许多幽默风趣的引言，穿插许多专栏、图片、引言，生动地介绍了西方婚姻家庭的历史、现在，并对其未来发展作了预测，给人一种不一样的家庭社会学感受，有助于读者更好地理解婚姻家庭生活，在日常生活中作出更负责任的选择。该书对国内婚姻家庭领域的研究具有一定启发意义和参考价值。

著作名称： 非婚姻家庭

作　　者： ［南］米兰·波萨纳茨

译　　者： 张大本 等

出 版 社： 中国社会科学出版社

出版时间： 1990 年 5 月

版　　次： 第 1 版

I S B N： 7 - 5004 - 0723 - 8

页　　数： 199 页

价　　格： 3.10 元

作者简介

波萨纳茨（Bosanac M.），南斯拉夫社会学家。

内容简介

《非婚姻家庭》一书是作者关于非婚姻家庭现象的一部社会学专著。作为一种既令人困惑又无法回避的社会现象，非婚姻家庭，其中包括非婚姻结合、婚外性关系、未婚父母和非婚生子女，该书就非婚姻家庭做了深刻的研究。在 20 世纪 80 年代，非婚姻现象在我国还是非常敏感的话题，时至今天，虽然国家在法律和政策方面给予这一现象和群体一个开放和宽容的政策和社会环境，但仍有很多问题处于模棱两可、似是而非的境地。米兰·波萨纳茨从南斯拉夫过去和现在（20 世纪 80 年代）的非婚姻家庭现象出发，没有局限于一个国家，而是概括了欧洲一些国家现代非婚姻家庭结合体的种种情况，材料丰富，理论适当，揭示的问题深刻透彻，言之有物，具有很强的学术价值和可读性。

该书开篇，作者就引用前苏联院士奥帕林的关于生命的观点："生命是有机体极为完善的形式，它只能是进化过程的结果，物质历史发展的一定阶段。"就是说，生命是受进化法则制约的历史现象。生命的进化性质表现在发展、变化、化学成分的自我更新之中。人类是生物的一种，生命的本能是保持个体和繁衍后代。接下来,作者阐述了未婚父母、未婚子女的相关法律保护,进一步分析了非婚生育现象的原因,主要有以下几点:一是两性比例失调。二是婚姻与家庭的不稳定性。三是社会失范,迁移,经济危机,住房危机,战争等。四是社会对未婚父亲不履行父亲义务持宽容态度。

最后,作者探讨了非婚姻家庭的前途,认为家庭越来越不是婚姻性的,越来越多的孩子出生并生活在家庭圈之外。实践还证明,作为男女性生活合法组织及家庭基础的婚姻,与作为婚姻上层建筑的家庭之间的差别越来越大。家庭可能会是一个由父母和子女组成社会集团,不管父母之间是否已经结婚。非婚生育不仅是婚姻与家庭不稳定的原因,它在某种程度上甚至成为这种不稳定的后果。而这种不稳定情况完全是由其他条件——生物条件和社会条件造成的。

著作名称:婚恋进行时——没有爱情的婚姻与没有婚姻的爱情
作　　者:〔德〕赫拉德·申克
译　　者:赵蕾莲
出 版 社:北京出版社
出版时间:2002 年 3 月
版　　次:第 1 版
I S B N:7 - 200 - 04517 - 9
字　　数:166 千字
价　　格:14.00 元

作者简介

赫拉德·申克(1948—　　),女,德国自由女作家,哲学博士。至1980 年成了小说和通俗专业作品的自由作家。目前在德国弗莱堡附近生活。曾在 C. H. Beck 出版社出版过的作品《简朴人生——在富足和苦行中寻找幸福》和《家·幸福死亡——自传体报告》等。

内容简介

该书从人类同居史的视角出发,研究"野婚"、"未婚同居"等社会现象的社会学背景和历史背景,进而评估"野婚"、"未婚同居"的未来发展及其对婚姻家庭的影响和作用,对人口发展和其他领域的影响。该书指出，未婚同居现象的存在已经长达几个世纪，深刻地改变了婚姻和家庭个性化进程，因此，人类对于婚姻的理解，以及婚姻的法律和道德修养有必要进行重新认识和修正。该书尝试描绘出一些婚姻历史中的发展线索——正式的婚姻和由它演变的非正式婚姻的嬗变，处于中心位置的是爱情婚姻的胜利，它对于人们理解恋爱和生活的关系至关重要。

著作名称：改革以来中国农村婚姻家庭的新变化

作　　者：雷洁琼

出　版　社：北京大学出版社

出版时间：1994 年 8 月

版　　次：第 1 版

I S B N：7 - 301 - 02529 - 7

字　　数：420 千字

价　　格：16.00 元

作者简介

　　雷洁琼（1905—2011），女，广东台山人，北京大学教授。著名社会学家、法学家、教育家，杰出的社会活动家，中国民主促进会创始人之一和卓越领导人，中国人民政治协商会议第六届全国委员会副主席，第七届、八届全国人民代表大会常务委员会副委员长，中国民主促进会第七届、八届、九届中央委员会主席，第十届、十一届名誉主席。

内容简介

　　该书在以往对家庭与婚姻的研究及对中国农村经济体制改革的实际认识基础上建立起研究假设，把农村家庭生产功能的变迁当作研究现实农村家庭与婚姻变迁的突破口，试图以社会学的理论及方法对中国农村家庭与婚姻的现状及变迁作较为全面、系统的研究。在对实地调查所获取的资料做出分析的基础上验证研究假设，进而上升到理论的高度来认识婚姻与家庭领域中的种种社会现象，把握它们内在的联系。

　　家庭和婚姻作为现实社会系统中的一个有机组成部分，它必然随着社会的变化而变化。该书着重探讨在农村经济体制改革之后，提出农村的家庭和婚姻随之发生了什么样的变迁，变迁在不同地区是否有差别，有多大差别，这些变迁是否具有社会文化发展的意义，将对农村的社会发展产生什么样的影响，变迁会向什么方向发展等问题，并对这些问题作了分析与探讨。该书描述了中国不同地区农村家庭和婚姻现今发生的变迁，考察了变迁的性质、方向，以及变迁对农村社会发展的影响。

著作名称：中国家庭的演变

作　　者：邓伟志　张岱玉

出 版 社：上海人民出版社

出版时间：1987 年 3 月

版　　次：第 1 版

I S B N：7074 - 352

字　　数：83 千字

价　　格：0.89 元

作者简介

邓伟志，略。

张岱玉（1968—　　），女，内蒙古社会科学院历史研究所副研究员。2008 年 7 月获内蒙古大学专门史博士学位；2008 年 11 月至 2010 年 11 月就读南京大学历史系博士后专业。研究方向：蒙古史、元史。

内容简介

家庭是人们的基本生活单位，是社会的细胞和基础。随着生产力的发展和人类文明程度的提高，家庭也在不断进化，家庭的结构与作用也发生着变化。该书主要着眼于传统家庭的生产、消费、生儿育女、教育子女等作用的现代演变与转型。尤其是随着新兴的科学技术应用到了人类生产领域，如出现了精子库、体外受孕、试管婴儿等，无疑将对现代社会中的家庭结构、家庭作用、家庭关系和家庭观念产生深刻影响。因此，要解答这些问题，就需要从家庭史出发，对家庭、家庭的演变、运动发展规律进行深入了解。该书从历史角度出发，指出家庭史和人类社会发展史并行不悖，且家庭是社会发展史中的重要组成部分。因此，要认识社会和家庭，对家庭史的了解是非常必要的。

著作名称：唐前婚姻

作　　者：邓伟志

出 版 社：上海文艺出版社

出版时间：1988 年 8 月

版　　次：第 1 版

I S B N：7 - 5321 - 0118 - 5

页　　数：178 页

价　　格：2.05 元

作者简介

　　略

内容简介

　　研究中国古代的婚姻家庭，研究中国古代妇女的社会地位，有两条路子：第一条是正路子，就是查史书，找史料，说话有根据。但其实，史书上的东西并不都是靠得住的，历史研究上，也有"尽信书不如无书"的一面，而且史书主要记载的是政治、经济和文化，关于婚姻家庭的篇幅是非常有限的，可见，正路子有优点，也有很大的局限性。第二条路是野路子，就是离开史书来做研究，该著作的编写就是走的离开史书的野路子。离开了史书，却抓住了文学作品。文学作品虽然不是史书，但文学作品无一不是历史的反映。在真实性上，文学作品不是史实，却又有胜过史实的一面，尤其是在婚姻家庭这方面，文学作品描绘得惟妙惟肖，淋漓尽致，是蕴藏婚姻家庭史的宝库，是分析中国古代家庭的"三棱镜"。可以说，通过文学作品来研究中国古代的婚姻家庭，是一条"曲径通幽"的正路子。

　　全书共 5 章，都从古代的文学作品中来探讨当时的婚姻和家庭，具体章节如下：从《诗经》看奴隶制中期以前的婚姻和家庭，从《左传》看春秋时期的妇女和婚姻问题，从《汉书》看汉代的婚制和婚俗，从乐府民歌看魏晋南北朝时期的妇女地位和家庭特点，从唐代传奇看唐代的婚姻习俗。

著作名称：近代中国家庭的变革

作　　者：邓伟志

出 版 社：上海人民出版社

出版时间：1994 年 12 月

版　　次：第 1 版

Ｉ Ｓ Ｂ Ｎ：7208018227

页　　数：193 页

价　　格：12.30 元

作者简介

略

内容简介

自 1840 年鸦片战争以来，中国的社会、经济发生了很大变化。与此同时，中国的家庭制度无论在理论上，还是在实践上，都相应地发生了巨大变革。在理论上，百年来出现了同几千年来的传统家庭理论截然不同的理论。在实践上，百年来出现了同几千年来的传统家庭截然不同的家庭。历史是一面镜子。漫长的历史要归宿到今天；无限的未来要从今天开始。在我们重视家庭变革和家庭文化的今天，重温一下中国近代家庭史将是有益的。

该书站在历史规律的高度，以太平天国对封建家庭的冲击开篇，沿着历史的脉络，向读者展开了中国近代家庭变革的篇章：从废除家庭到返回旧家庭，戊戌变法中的婚姻改革，辛亥革命中的家庭革命，"毁家论"，女权运动，"五四"向传统家庭的挑战，民国时期家庭的两重性，新民主主义革命中的家庭……中国近代家庭变革的走向，简单说来，就是家庭功能在一天天地由多到少；家庭规模一天天地由大到小；家庭结构一天天地由紧到松；家庭观念一天天地由浓到淡；家庭理论在一天天地由浅入深，由旧变新，日新月异。中国一百多年来的家庭变化，同国外家庭的变化相比，可以说是大体同步的，只是略有滞后。中国的开放度加大时，在家庭变革上中西同步的情况就增多；反之在中国开放度变小的时期，滞后的距离就拉大。几十年来，中国的家庭制度发生了人们意想不到的变化：家庭类型核心化，家务劳动社会化，家庭设备电子化，家庭文化文明化。总的趋势是：文明、科学、健康。该书有助于读者梳理近代中国家庭的变革，对婚姻家庭学的发展与建设具有积极的作用。

著作名称：中国婚姻家庭及其变迁

主　　编：李银河

出 版 社：黑龙江人民出版社

出版时间：1995 年 11 月

版 次：第 1 版

ISBN：7 - 207 - 03305 - 2

字 数：142 千字

价 格：7.50 元

编者简介

略

内容简介

该书深入研究了中国婚姻家庭及其变迁，对现阶段中国的家庭结构与规模，恋爱择偶方式与标准，结婚仪式、花费与婚后居所的变化，以及自愿不育、婚外恋、独身、同性恋等客观存在的现象作了实证研究和社会心理学分析，提出了颇具中国文化特色的"大概率价值观"，并深入研究了人际关系在市场经济中的地位与作用，分析了转型期中国社会出现的人际关系变化，以及这些变化的积极方面与消极方面，指出了人际关系变化的深层社会原因及价值取向。

著作名称：角色期望的错位——婚姻冲突与两性关系

作 者：张李玺

出 版 社：中国社会科学出版社

出版时间：2006 年 5 月

版 次：第 1 版

ISBN：9787500455868

页 数：290 页

价 格：25.00 元

作者简介

略

内容简介

婚姻家庭问题在社会学和其他相关领域中一直是一个热门话题，这也许和家庭形态、结构的急剧变化、人们价值观念的日益自由化和多样化，以及近些年来婚姻冲突一直处于上升的趋势有关。如果仅仅关注"传统"

的两性分工模式的不合理和不公平，并不足以解释现代中国城市双职工家庭中的婚姻冲突与不合理的两性分工模式之间的关联。因为如果夫妻之间对这种"传统"的分工模式中的不平等并不认为存在什么"问题"的话，那么，即使这种模式是不合理的或不平等的，双方照样会相安无事。因此，在研究这一社会现象时，从社会性别的角度、从中国社会两性关系发展脉络中探讨婚姻冲突这一社会现象，探讨在什么情况下，原有的不平等但平衡的婚姻关系开始发生裂痕，出现矛盾。所以，婚姻冲突研究不仅仅应该考察发生在一个男人和一个女人之间的事件，同时也应该探讨建立在婚姻关系之上的性别分工和权力关系。

该书沿着中国社会两性关系发展的脉络探讨了中国现代城市双职工家庭的婚姻冲突现象，在资料的铺陈和分析过程中，勾勒出"传统"和"变化"两条线索。作者一方面挖掘了中国社会几千年来以男性为中心的家族文化对家庭中两性关系的深刻影响，另一方面关注和讨论了中国政府50多年来推行男女平等政策对传统女性角色带来的冲击和变化，以及夫妻之间"重新建构"性别关系和家庭性别分工模式的过程。

著作名称：当代中国城市家庭研究

主　　编：沈崇麟　杨善华

出 版 社：中国社会科学出版社

出版时间：1995 年 8 月

版　　次：第 1 版

I S B N：7 - 5004 - 1807 - 8

字　　数：384 千字

价　　格：15.50 元

编者简介

略

内容简介

该书旨在了解社会与家庭的相互作用，以及社会变迁如何作用于家庭。中国城乡社会与经济体制改革后，社会也发生巨大而深刻的变迁，城乡家庭也随之发生了变迁，在此背景下，该书探讨了城乡家庭的现状及未来演变趋势。该书围绕五个假设进行研究：一是中国城市的现代化始于近代工业的发端。城市社会向现代社会变迁,也必然导致传统家庭制度的瓦解,导致城市家庭发生变迁。二是城市的社会变迁对家庭的影响首先体现在家庭成员的职业分化与经济分化上。三是从总体上讲,现今中国城市家庭变迁的最终目标是建立一种与社会主义市场经济相适应的家庭制度,与传统的家庭制度比较,这种家庭制度更强调把家庭与社会生活领域分开,把家庭看成是个人私生活的场所,更注重追求个人的幸福及个人情感的满足,从而淡化"家本位"的观念。四是在家庭关系方面,传统的父系父权的家庭制度将失去最后残存的影响,从而最终完成从传统的亲子关系为轴心的家庭关系模式向夫妻关系为轴心的家庭关系模式的转化。五是中国城市家庭生命周期的特点是家庭核心成员在其家庭生命周期的不同阶段都面临一种体制的选择,从而使其家庭生命周期的不同阶段的家庭结构呈现某种变异性。现今中国城市中都出现了家庭规模缩小的趋势,而城市经济体制改革导致的社会变迁将加强这种趋势。

著作名称: 城乡家庭——市场经济与非农化背景下的变迁

作　　者: 杨善华　沈崇麟

出 版 社: 浙江人民出版社

出版时间: 2000 年 12 月

版　　次: 第 1 版

I S B N: 7-213-02172-9/D.316

页　　数: 263 页

价　　格: 18.00 元

作者简介

　　略

内容简介

　　改革开放以来,我国城乡家庭正在发生着深刻的变化,传统的夫权、父权的家庭制度正在消亡,取而代之的是一种新型的更为平等和独立的家庭制度。"市场经济"和"非农化"可以说是我们对中国城乡社会变迁的主要特征的概括,这也意味着现在的中国城乡家庭变迁是在这样的背景下展开的。

　　该书立足于近几十年来中国家庭的发展变迁,分析了我国城乡社会变迁的特征与表现对城乡家庭的影响。在此基础上，该书比较了城乡家庭的功能在生产、消费、养老以及家庭关系等方面的异同，从历史到现实的发展脉络上比较了城乡的婚姻行为规范，探讨了关于城乡家庭制度变迁的若干理论问题，并对21世纪的中国城乡家庭做出了展望。该书采用定量和定性相结合的分析方法，从家庭功能、家庭关系、婚姻行为规范等方面，对90年代以来我国城乡家庭在市场经济与非农化背景下所发生的变迁作了较为深入的考察和比较，对家庭社会学的有关理论作了有益的探索。与以往研究的同类著作不同，这本著作还对家庭变迁对社会发展的反作用予以必要的关注，并从家庭策略的角度对这种反作用作了独创性研究，提出了"社区情理"这一概念，强调以"社区情理"为特征的社区亚文化对农村家庭制度变迁的影响。

著作名称：婚姻家庭学新编

主　　编：全国妇联妇女研究所

出 版 社：红旗出版社

出版时间：1993年7月

版　　次：第1版

I S B N：780064474

字　　数：420千字

价　　格：5.00元

编者简介

全国妇联妇女研究所（Women's Studies Institute of China）成立于1991年1月，是中华全国妇女联合会主管、具有综合研究职能的国家级妇女研究机构。历任所长陶春芳，李秋芳。现任所长谭琳，副所长刘伯红、白梅。妇女研究所坚持以马克思主义为指导，从多学科视角开展妇女理论研究、历史研究、实证研究、法律法规政策研究和中外妇女理论比较研究。

内容简介

该书从马克思主义妇女观的理论出发，指出在马克思、列宁、毛泽东关于无产阶级革命学说中，都包含妇女解放的学说。提出妇女解放也是阶级解放的一个有机组成部分。因此，与社会主义革命的阶段性发展相适应，妇女解放也具有不同的发展阶段。该书阐述了在不同的发展阶段，或者同一发展阶段的不同国家，社会发展与妇女解放的模式都有各自不同的特色。在西方，妇女运动一直以职业妇女和女工为主体，而中国的妇女运动则以女工、农妇为主体，走出了一条"农村包围城市"的道路。该书重点研究了中国妇女运动的现状与特点，并立足于经济转型后，对社会主义市场经济条件下的妇女问题进行广角度、多层面研究，探讨如何促进妇女发展模式与市场经济发展机制的接轨，从而进一步探索具有中国特色的社会主义历史阶段的妇女发展道路。

著作名称：女性与家庭——社会性别视角的分析

主　　编：谭琳　陈卫民

出 版 社：天津人民出版社

出版时间：2001 年 6 月

版　　次：第 1 版

Ｉ Ｓ Ｂ Ｎ：7 – 201 – 03774 – 9

字　　数：155 千字

价　　格：15.00 元

编者简介

谭琳，略。

陈卫民，教授，博士生导师，南开大学人口与发展研究所所长，研究方向：人口经济学、社会保障理论与政策。1997 年 10 月—1999 年 9 月在日本东京大学做博士后研究，2000 年 10 月在英国曼彻斯特大学做访问研究，2006 年 8 月—2007 年 7 月在美国 Duke University 做富布莱特访问学者。

内容简介

该书从社会性别的视角对女性与家庭问题作出社会人口学的分析和解释。包括女性地位提高对家庭意味着什么；提高了地位的妇女还应该按照传统的社会性别规范所限定的范围活动吗；家庭中的两性角色、分工、权利、地位和关系发生什么样的变化；面临种种变化，男女两性会作出何种反应；包围着女性和家庭的是剧烈的社会、文化、经济和自然环境，这些环境变化会怎样影响着女性和家庭等问题。

该书从以下两个主要方面进行介绍：一是系统介绍女性与家庭的社会性别理论分析的基本内容；二是结合世界各国的资料和数据，尤其是我国的相关调查资料，进行理论与实际相结合的分析。认为女性与家庭问题不是一个纯粹理论问题，女性与家庭的社会性别分析不能脱离所处的社会经济文化环境，需要对不同的社会、社区文化规范及妇女发展实践相结合进行研究。

著作名称： 世纪之交中国人的爱情和婚姻

主　　编： 徐安琪

出　版　社： 中国社会科学出版社

出版时间： 1997 年 9 月

版　　次： 第 1 版

Ｉ Ｓ Ｂ Ｎ： 7 – 5004 – 2162 – 1

字　　数： 280 千字

价　　格： 22.50 元

编者简介

　　略

内容简介

　　该书指出中国式的爱情和婚姻，与其他国家或地区尤其是西方发达国家相比所具有的特殊性，因为中国人的爱情和婚姻在世纪之交的社会转型期，具有与以往不同的中国式爱情和婚姻特征：首先，中国式的恋爱少浪漫，婚姻重稳定。这类爱情特征和婚姻基础正是中国婚姻高稳定的保证，但是它对婚姻质量的影响如何，值得探讨；其次，"双职工"夫妻的两性角色的质量与"单位"对个人私生活的干预有何种程度的负效应；再次，中国地区差异大，系统研究较少，因此需要探讨处于经济、文化和社会发展不同阶段的人们在爱情和婚姻上的不同追求、各异的感受及其共同的规律。

著作名称： 中国婚姻质量研究

作　　者： 徐安琪　叶文振

出　版　社： 中国社会科学出版社

出版时间： 1999 年 9 月

版　　次：第 1 版

I S B N：7500426313

字　　数：232 千字

价　　格：20.00 元

作者简介

　　略

内容简介

　　西方关于婚姻质量的研究已有七八年的历史，而国内相关的研究几乎是空白。前些年虽有学者提出中国婚姻是"高稳定、低质量"或"凑合型"的观点，但他们的假设缺乏实证研究结果的支持。由于婚姻质量既是评价家庭生活质量的主要指标，也是实现婚姻稳定的前提和重要保证，加上夫妻生活是相对封闭的私人领域，婚姻感受又往往难以量化，因此，对该领域的研究既十分必要，同时也具有相当的难度和挑战性。该书首先说明研究的社会背景和学术意义，并对研究方法和样本特征作了详细交代。然后在全面阐述和评价国内外相关文献的基础上，既吸取西方度量方案的学术精华又结合中国实际，对婚姻质量的概念进行重新定义，提出婚姻质量的评估体系、解释婚姻质量的理论模型和研究假设，并以多阶段分层概率抽样获得的 3200 多对夫妻入户访问的实证资料加以验证。最后对中国婚姻质量的趋势作了预测，并在论证婚姻质量与婚姻稳定关系的基础上诠释了改善婚姻质量的政策性思考。

著作名称：婚姻市场中的青年择偶

主　　编：李煜　徐安琪

出 版 社：上海社会科学院出版社

出版时间：2004 年 7 月

版　　次：第 1 版

I S B N：7806814477

字　　数：188 千字

价　　格：22.00 元

编者简介

　　略

内容简介

　　该书为美国福特基金会资助、中国社会发展研究基金"市场化转型中的青年择偶"课题的结题报告,实证资料来自 2001 年在上海、成都采用多层概率抽样的方法对 20—30 岁未婚青年的入户问卷调查,以及深入访谈和焦点座谈的资料。研究克服了该领域以往研究普遍存在的样本代表性差、测量和分析技术欠缺等问题,对当代青年的择偶状况进行全面、清晰的描述。该书的理论框架采取家庭社会学和社会流动双重视角,通过对社会学理论的"同类婚假设"、"交换理论"和社会心理学的"相似性原则"的分析和论辩,探索和揭示择偶行为的模式和意义,进而在本土化检验的基础上揭示当代青年在婚姻市场中的处境和选择,得出关于爱情观念、择偶模式的本土化结论。同时将青年的择偶标准、行为及其观念的变化放在社会变迁的背景下,探讨其对未来的婚姻和家庭模式趋势可能产生的影响。

著作名称:沉重的翅膀——再婚家庭

作　　者:金一虹　李宁宁　蓝瑛

出 版 社:河北人民出版社

出版时间:2002 年 1 月

版　　次:第 1 版

I S B N:7 - 202 - 03003 - 9

页　　数:177 页

价　　格:10.00 元

作者简介

　　略

内容简介

　　该书是陆学艺、周伟文主编的《变革中的中国家庭》丛书中的一本。随着离婚率的上升和再婚人口的增多,再婚和再婚家庭在新旧世纪交替之际开始引起人们的普遍关注。进入近现代社会,由于离婚人口的增多以及人的平均寿命的延长,人的一生中重组婚姻的可能性大大增加了,再婚人口有持续增加的趋势。但是,迄今为止对再婚的关注和研究还是较少的。进入社会转型时期,大量的社会矛盾也会通过婚姻关系的变化折射出来,现代婚姻的冲突和解体的问题越来越多地凸现出来。中国在 20 世纪 80 年代以后，婚姻稳定性普遍下降、离婚率飙升，离婚问题也越来越得到国内研究者特别的重视，离婚研究变得非常热门，相关专题报告也非常之多，但作为婚姻解体增多的一个衍生现象——婚姻的重组，却较少进入研究者视野，很少有比较系统的有关再婚的研究。

该书正是以社会学的眼光着眼于此点，对离婚率飙升背后的家庭重组问题展开剖析。该著作的内容从现实生活出发，分析了大量的个案访谈，个案的当事人有知识分子、机关干部、文化人，也有工人和无业人员，具有广阔的社会性。再婚家庭中的关系十分复杂，这是导致再婚失败的主要原因。这本著作分析不同年龄段人群的再婚家庭特点，对再婚家庭进行介绍和分析。具体内容包括再婚的动机分析、再次结婚的得失、再婚的行为方式、再婚后的婚姻状况、再婚后哪里最容易断裂等问题，并对未来再婚家庭进行了展望。

著作名称： 中国城市婚姻与家庭

主　　编： 潘允康

出 版 社： 山东人民出版社

出版时间： 1987 年 12 月

版　　次： 第 1 版

I S B N： 7209001026

页　　数： 290 页

价　　格： 2.20 元

编者简介

潘允康（1946—　），男，湖北人。天津社会科学院社会学所所长、研究员，上海社会科学院家庭研究中心特聘研究员。主要研究方向为：家庭社会学、城市社会学。代表著作有《中国城市婚姻与家庭》、《家庭社会学》、《城市社会学新论》、《社会变迁中的家庭》、《城市社区研究》等。1994 年被命名为有突出贡献的社会科学专家，享受国务院颁发的特殊津贴。

内容简介

随着我国社会学的发展，家庭问题的研究也出了不少新的成果，《中国城市婚姻与家庭》就是其中的一部学术专著。该书是编者在中国北京、天津、上海、宁夏、广州 5 城市的婚姻与家庭现状、发展变化调查的基础上形成的研究中国城市婚姻与家庭的专著。这次调查是 1982 年在中国社会科学院社会学所主持下，在上述 5 个城市的科研单位和高等院校协作下进行的。依据这次调查所得的资料，同时参考近年来国内外的研究成果，以家庭社会学理论为指导，对家庭与社会的关系、家庭的地位与作用，对当时人们普遍关心的几个基本的婚姻问题：妇女的家庭地位，家庭结构，城市家庭功能和家庭生活方式，以及家庭的未来等方面进行了较为全面、客观的描述和深入的分析、论证，并提出了一些值得注意的问题，如婚龄差距带来的婚配中性别比例不协调和一些潜在的社会问题，城市婚姻中普遍存在的交换价值，以核心家庭为主、主干家庭为辅是现在中国城市家庭的特点和未来的发展趋势，等等。针对中国城市婚姻与家庭中存在的种种问题，提出了一些较为行之有效的解决办法。

在这本著作的最后，作者还根据已有的调查资料和对家庭演变规律的分析，运用数学的方法，对城市家庭发展的未来做出预测，这是用定性与定量分析相结合方法研究城市婚姻与家庭的一次新尝试，有利于研究的进一步深入。

著作名称：中国婚姻史

作　　者：汪玢玲

出 版 社：上海人民出版社

出版时间：2001 年 8 月

版　　次：第 1 版

I S B N：7208035369

页　　数：571 页

价　　格：33.00 元

作者简介

汪玢玲（1924— ），女，满族，辽宁北镇人，笔名冰凌，民俗学家、民间文艺学家。东北师范大学中文系教授，硕士研究生导师。1946 年毕业于东北大学中文系，1955 年毕业于北京师范大学民间文学研究生班，此后专攻民间文学和民俗学。主要著作有《蒲松龄与民间文学》、《汪玢玲民俗文化论集》、《中国虎文化》、《俚韵惊尘：〈三言〉与民俗文化》等。

内容简介

在漫长的人类历史长河中，婚姻家庭的历史只是其中的一部分，但它却是具有很大能动因素的社会结构的基础。该著作以历史唯物主义史观为指导，以摩尔根、马克思、恩格斯关于氏族、家庭、婚姻精神形态理论为依据，结合中国历史的特点，论述中国民族的婚姻发展史。全书资料丰富，见解鲜明，对原始母系社会婚姻作了合理的推论，对长期封建社会阶级压迫下，被扭曲的男女关系——男尊女卑的种种现象作了深刻的揭露，也表现出在近代民主思潮影响下，人民对正常、平等的幸福家庭生活的美好愿望。更不可掩饰地流露出作者对真正意义上的妇女解放的追求与渴望。作者从多种学科角度出发，对各民族不同历史时期的各种婚姻形态作了历史的分析，对民族通婚、多种多样的婚俗民情，以及它们在民族文化融合中所起的重要作用，作了如实的描述，展现了婚姻生活在文化史中的重要地位。

该著作最大的特点是，始终把婚姻关系置于各民族历史发展进程的特定经济生产方式条件下，研究其某一婚姻形态产生和发展的社会根源，并根据中国上层社会与政治紧密联系的特点，在一定经济、政治、文化背景下展开婚姻史迹的探寻，从而得出合理的论断。该著作在占有大量史籍资料、社会现实资料的基础上，探寻了我国自原始社会、奴隶社会、封建社会、近现代社会至今5500余年来，从群婚、血缘婚、多偶婚、对偶婚、一夫多妻制到一夫一妻制不同历史时期的不同婚姻形态和不同婚姻习俗及其历史发展轨迹。不只限于婚姻，而是以婚姻发展为线索，揭示了与婚姻发展息息相关的政治、制度、民族、历史、民俗、伦理、道德等诸多方面的文化大背景。以史为纲，穿插各种学说综合研究，全面反映妇女生活。体例上取多家所长，务求充实，不失为一部具有较高学术价值的中国婚姻史专著。

著作名称：中国婚姻家庭的嬗变

作　者：张树栋　李秀领

出 版 社：浙江人民出版社

出版时间：1990 年 5 月

版　　次：第 1 版

I S B N：7213003933

页　　数：254 页

价　　格：3.40 元

作者简介

　　张树栋，南京大学历史系教授，世界上古史研究专家。参加过抗美援朝。现已离休，居于加拿大。

　　李秀领，男，江苏铜山人。海南省人民政府副省长、党组成员。

内容简介

　　家庭是人类漫长历史中形成的一种社会形态。家庭基于婚姻之上，即所谓"夫妇者万世之始也"，全部社会生活都发轫于以婚姻为基础而建立的家庭，所以有"天下之本在国，国之本在家"之说。到了现代社会，家庭仍然是社会的细胞。中国学术界对婚姻家庭史的系统研究起于 20 世纪 20—30 年代，但新中国成立以后，对婚姻家庭史的研究曾一度中断，直到 80 年代，社会学开风气之先，又开始涉足于研究婚姻家庭问题，该著作正是出于学术研究之需，系统地梳理了中国婚姻家庭的嬗变。

　　该著作把中国婚姻家庭的演化过程划分为三大时代：原始婚姻、一妻一夫制、一夫一妻制。原始婚姻是自然形成的婚姻形式，具有男女自愿结合的朴素性质，以氏族公有制为基础，在生产和消费中，男女平等，性别差异并未造成社会压迫，女子的生育在氏族和部落的发展中占有极为重要的地位，人们的生育行为与男子毫无关系，所生子女由氏族公共抚养，无所谓家务，一切劳动都是社会劳动，男女双方并未组成独立的经济单位，因而，这时的婚姻，两性平等，男子可以多"妻"，女子可以多"夫"。随着私有制的出现，历史进入了一妻一夫制时代，这是指阶级社会的单偶婚，它是私有制的产物，建立在男子的统治之上，以对女性的禁锢为特征。它要求女子只能有一夫，以便生下确属丈夫并继承其财产的子女。所以，对女子来说，婚姻具有不可离异性。而男子，特别是富裕的男子可以随便弃妻，可以一妻多妾。夫权和父权是一妻一夫制的本质，它起到了维护家庭稳定、行使社会统治的职能。到了近代，随着现代工业的兴起，妇女解放也作为人民革命的重要组成部分冲击着夫权和父权，改变着传统的观念和习俗。直到社会主义革命消灭了私有制，消灭了人剥削人、人压迫人的社会制度，一夫一妻制才真正建立。该著作按婚姻家庭的这一发展线索分为三章，分别探讨了原始婚姻、一妻一夫制繁盛期和一妻一夫制衰落期的婚姻择偶、婚姻结合途径、婚龄和婚姻礼俗、家庭规模、家庭功能以及家庭关系等问题。

著作名称：中国历代婚姻与家庭

作　　者：顾鉴塘　顾鸣塘

出 版 社：商务印书馆

出版时间：1996 年 12 月

版　　次：第 1 版

Ｉ Ｓ Ｂ Ｎ：9787507832693

页　　数：188 页

价　　格：11.10 元

作者简介

　　顾鉴塘（1942—　），男，江苏省无锡县人。北京大学人口研究所研究员、《市场与人口分析》杂志常务副主编、编辑部主任。主要致力于人口与婚姻家庭问题，人口与社会、经济和环境问题，以及婚姻家庭史方面的研究。近年来他又开始致力于人口学在中国市场经济与社会发展中的应用研究与倡导工作。主要论著有《世界人口与生育控制》、《北京市老龄人口的婚姻状况》、《80 年代中国婚姻家庭结构的变化》等。

　　顾鸣塘（1951—　），男，江苏省无锡县人。上海师范大学人文与传播学院教授、文学研究所副所长、硕士生导师、中国红楼梦学会常务理事，上海市红楼梦学会副会长兼秘书长。主攻方向为中国古代小说及中国古代文化。代表著作有《〈儒林外史〉与江南士绅生活》、《华夏奇石》、《斗草藏钩》等。

内容简介

　　中国文化，源远流长，灿烂辉煌。中国婚姻家庭，典章礼乐，制度律法，缜密周详。中国婚姻家庭史研究，是中国文化史研究的重要组成部分，也是中国人口发展史研究的有机构成部分。"婚姻"一词早在《诗经》里便已出现，意指嫁娶，代表了夫妻双方，在商朝也出现了"家"的概念。我国的先民经历了群婚到对偶婚的阶段，经历了从无家到有家的过程。从原初的掠夺婚、买卖婚姻，到一夫一妻制，逐步完善了婚姻制度与家庭关系。其中的贞节观和婚恋习俗也在不断地变化，体现着不同时期的正统思想。

该书以时间为线索，从婚姻形成、婚姻家庭制度、婚姻成立方式和条件、妇女地位、婚恋习俗以及民族婚姻等角度，详述中国婚姻的发展演变状况。此书以翔实的资料，流畅生动的文笔，展示了上起远古，下迄清末数千年的中国婚姻与家庭的历史生活图卷，是对中国婚姻家庭史的高度浓缩与概括。全书除引言外分成远古、夏商周、秦汉至唐、宋元明清、清末共五个历史区间，在每一区间又以婚姻形式、婚姻家庭制度、婚姻成立条件、贞节观、妇女地位、民族婚姻等几个方面逐一加以论述，论述之前，以简洁扼要的文字介绍婚姻家庭制度的承接过程和特点。全书显得脉络清晰，系统简明，以甚少的文字对有着数千年历程、形体色彩斑斓、内涵纷繁复杂的中国婚姻家庭史，做出了高度的浓缩与概括。

著作名称：中国古代的婚姻

作　者：任寅虎

出版社：商务印书馆

出版时间：1996 年 7 月

版　次：第 1 版

I S B N：7801030338

页　数：174 页

价　格：10.00 元

作者简介

　　无

内容简介

　　商务印书馆国际有限公司出版的"中国古代生活"大型丛书，是适应社会文化需要的新举措，也是进行学术领域开拓的新尝试，该著作是此丛书中的一本。中国史籍浩如烟海，却鲜有婚姻史专著，出现这种情况，绝非偶然。在中国古代人眼中，甚至在现代很多人眼中，婚姻是没有

"史"的，婚姻过去是一夫一妻制，现在是一夫一妻制，将来还是一夫一妻制。这种看法，影响到近现代的婚姻史著作，这些著作，在一定程度上都是对婚姻进行静态的考察，如婚姻观念、婚姻成立、婚姻效力、婚姻消亡等，这些基本都是静态的研究，缺少纵向的历史眼光。

该著作本着历史的眼光，糅合社会学，来考察婚姻这一人类生活的基本制度，重点介绍中国古代婚姻的状况，尽可能地揭示了中国婚姻的发展规律、婚姻的本质。全书共 12 章，包含杂乱交媾、族间"群婚"、一夫一妻制的确立、订婚与成婚、门当户对、早婚、特殊的婚娶、夫与妻、离婚等内容。其特点不是以现代眼光来批判过去的婚姻，而是以生动的事例说明婚姻产生的原因、本质、发展规律及变化，使读者在轻松阅读的同时对中国古代婚姻有一个全面的了解和深刻的认识。

著作名称：共夫制与共妻制

作　　者：宋兆麟

出 版 社：上海三联书店

出版时间：1990 年 7 月

版　　次：第 1 版

I S B N：7 - 5426 - 0222 - 5

页　　数：229 页

价　　格：7.20 元

作者简介

宋兆麟（1936—　），男，辽宁省辽阳县人，中国国家博物馆研究员，中国民俗学会首席顾问，民族考古学家，古代造像专家。长期从事考古学、民族学、民俗学研究，侧重史前文化和民间文化的研究。主要著作有《中国原始社会史》、《永宁纳西族母系制》、《巫与巫术》、《生育神与性巫术研究》、《妇女的生育风俗》、《中国民族文物通论》、《走婚的人们》、《走婚——女儿国亲历记》、《中国远古文化》、《寻访女儿国》等。

内容简介

中国的少数民族地区所保留的大量民族习俗和资料，对探索我国古代社会制度有着重要的意义。作者克服艰难险阻，深入调查，发现了许多珍贵的民俗资料，写成了该著作。作者调查了以四川省木里县俄亚地区纳西

族为主的西南少数民族的婚姻习俗，对其共妻共夫制这一复杂的文化现象
做出了详尽的分析。俄亚纳西族的婚姻家庭颇有特点，与永宁纳西族有某
些共性，又有明显差别，是纳西族婚姻家庭的三种类型之一。过去俄亚纳
西族普遍实行多偶婚，既有一夫多妻，也有一妻多夫，如此婚姻形态中，
男女数量比例悬殊，必然给夫妻之间生活带来失调，所以，俄亚纳西族的
青年男女可以有自己的性伴侣——"安达"。"安达"是可以同居的异性
朋友，是情人关系，与永宁纳西族的"阿注"婚相同。安达婚是俄亚纳
西族青年人的婚姻，在现实社会中占有特殊地位。在安达关系中，每个人
又有自己的公认的丈夫或妻子，从而形成了两套婚姻形态并存：在家庭内
部有明媒正娶的妻或夫，在外有感情甚密的安达。前者有经济关系，后者
仅有性的往来。按当地纳西族的说法是："夫妻搭伙不同房，安达同房不
搭伙"，一语道破了两种婚姻的异同。这不仅表明从群婚向一夫一妻制过
渡有一个过程，而且安达婚也缓和了兄弟共妻制和姊妹共夫制所造成的失
婚矛盾。安达婚是兄弟共妻制和姊妹共夫制的补充，兄弟共妻制和姊妹共
夫制也是安达婚的必然归宿，这就是俄亚纳西族的婚姻状况。这种婚姻是
伙婚制的类型之一，在婚姻史上占有重要地位。该书的研究，对中国婚姻
家庭史的研究是一个重要的补充。

著作名称：中国婚姻家庭制度史

作　者：陶毅　明欣

出 版 社：东方出版社

出版时间：1994 年 7 月

版　次：第 1 版

Ｉ Ｓ Ｂ Ｎ：7 – 50600 – 475 – 5

页　数：356 页

价　格：11.00 元

作者简介

　　陶毅，女，北京人。北京航空航天大学教授，著名婚姻家庭与继承法
学家和法律实务专家。长期从事审判、检察和公安工作，具有丰富的司法
实践经验。代表作有《新编婚姻家庭法》、《婚姻家庭法》、《婚姻家庭与
继承法学案例教程》等。

内容简介

该著作是我国第一部婚姻家庭法制史专著。研究婚姻家庭法，不能不涉其源流；研究中国法律史，也不能不重视婚姻家庭制度。所谓制度，指的是要求人们共同遵行的规范。婚姻家庭制度作为一种重要的社会规范，在阶级社会里所体现的是国家意志，这种国家意志的表现形式，最重要的就是法律。中国本土文化是世俗文化，人们的婚姻家庭生活受宗教影响甚微，所以，中国婚姻家庭制度史，就是中国婚姻家庭法律史。在中国古代，几乎没有任何其他制度像婚姻家庭制度这样，把伦理与法律结合得紧密而牢固，把一切基本的道德准则都用法律形式来固定和强化，这是中国传统婚姻家庭文化的一大特征，当然，游离于法律以外的婚姻家庭道德规范仍有很多，并以自身的力量发挥着不可忽视的作用，它们无疑也在"制度"的大范围之内。中国古代社会是宗法社会，在自然经济的土壤中，以宗族血缘关系为纽带的宗法制度根深蒂固。婚姻家庭基本原则、基本规范以及种种禁例和违法罚则，皆从属于斯、派生于斯、服务于斯。所以，研究中国古代婚姻家庭法律制度，离不开宗法制度。但宗法制度又不同于婚姻家庭法律制度本身，有着自己的特定含义和内在规律。因而，即使法律是古代婚姻家庭制度的主干，这本著作也力求从更高的角度，冲破法律制度自身的局限展开探索。

具体内容上，这本著作讨论了中国婚姻制度发生、发展的历史。绪论为中国原始婚姻家庭形态，包括前婚姻社会的非规范两性关系，血缘群婚，氏族外婚，对偶婚制、个体婚制的发生与确定，以及氏族组织。以下各章节分别讨论了古代婚姻家庭制度范畴以及婚姻家庭的规范形式，宗法制度与婚姻家庭，古代婚姻制度包含的婚姻观念、政策、管理体制、结婚离婚制度、古代亲属制度等。该著作是20世纪唯一的一部婚姻家庭法制史专著，具有很高的学术价值。

著作名称： 十八世纪中国婚姻家庭研究——建立在1781—1791年个案基础上的分析

作　　者： 王跃生

出 版 社： 法律出版社

出版时间： 2000年4月

版　　次：第 1 版

ＩＳＢＮ：9787503609398

页　　数：346 页

价　　格：20.00 元

作者简介

　　王跃生（1959—　　），男，中国社会科学院人口与劳动经济研究所研究员，中国社会科学院研究生院博士生导师，兼任中国人口学会理事。主要研究方向：婚姻家庭与社会变迁、制度人口学、人口社会学和历史人口学等。代表著作有《中国人口的盛衰与对策——中国封建社会人口政策研究》、《十八世纪中国婚姻家庭研究——建立在 1781—1791 年个案基础上的分析》、《清代中期婚姻冲突透析》、《社会变革与婚姻家庭变动——1930—1990 年代的冀南农村》等。

内容简介

　　历史上的婚姻与家庭问题一向是社会史和人口史学者关注的重点，然而由于资料缺乏，限制了这一领域的研究向纵深发展。该著作是利用档案资料对一个特定历史时期的婚姻家庭进行全面系统研究的学术专著。18 世纪是中国传统社会晚期重要的历史阶段，该著作的研究将使读者对这一历史时期的婚姻家庭有所认识，了解现代之前中国婚姻家庭的种种特征。同时也可看到，即使在当代中国，仍能感受到传统因素对婚姻家庭的影响和作用。观察分析这一距离现代较近历史时期的婚姻行为和家庭形态，不但具有较高的理论价值，而且有助于我们加深对中国现实社会的了解。该著作选取中国第一历史档案馆所藏婚姻家庭类档案（约 2500 件）作为基本资料，通过个案实证分析来进行深入的研究并揭示当时的婚姻家庭面貌，在书中提出诸多新观点。如在对婚姻行为的分析中，作者指出依据档案资料，18 世纪中国的婚姻行为具有多样化的特征，既有女性比较普遍的早婚现象，又有男性晚婚的大量存在。

　　该著作的新贡献主要表现为：一是对 18 世纪中国民众婚姻和家庭行为及其数量状态的认识水平大大提高，有助于人们具体地把握中国传统社会的婚姻家庭特征；二是纠正了文献记载中的偏颇，使人们能够更全面地了解近代之前中国婚姻家庭的表现形式；三是增强了对官方婚姻家庭法律在民间社会中的实施状况，特别是法律表达与民间实践的背离程度的了解。

著作名称：清代中期婚姻冲突透析

作　　者：王跃生

出 版 社：社会科学文献出版社

出版时间：2003 年 1 月

版　　次：第 1 版

Ｉ Ｓ Ｂ Ｎ：7801498488

页　　数：338 页

价　　格：25.00 元

作者简介

　　略

内容简介

　　无论在当代社会学研究领域还是社会史研究领域，婚姻问题都是颇受重视的研究课题。而这种学术热情又有着深刻的社会背景，那就是人类社会经历数千年的漫长岁月，婚姻行为一直与之相伴。人们很想知道婚姻行为的来龙去脉，这也是认识人类自身不可缺少的内容。同时，人类社会在其不同形态的演进中，逐渐形成了各具时代特色的婚姻规范、模式和道德伦理，由此也界定了社会成员特定的婚姻关系范畴，超越了规范、模式和道德伦理的制约，就会引起矛盾和冲突。而不同时代婚姻规范、模式和道德伦理形成的背景及其对民众的约束程度，也是人们非常关心的问题。要在历史婚姻研究中有所作为，就需要发掘新的资料、突破旧有的框架来认识婚姻问题，作者为此在中国第一历史档案馆查阅了一年的乾隆朝和嘉庆朝刑科题本婚姻家庭类（也称婚姻奸情类）档案，从中获取了 2000 多件个案资料，从大的时间跨度上可归为清代中期的婚姻事件。清代中期这一历史时期有其典型性。从清王朝整个历史进程来看，18 世纪中后期的清王朝，社会秩序相对稳定、经济也相对繁荣。观察该时期的婚姻冲突表现或许能对清代中期的婚姻矛盾有所认识。档案资料的价值在于，人们可以透过婚姻状态的表面和谐氛围，了解当事者的婚姻心理和行为特征，进而对传统婚姻方式和婚姻道德的作用程度有具体的把握，可以借此了解清代中期民众婚姻矛盾的基本内容。从越轨、矛盾及冲突角度来研究传统社会的婚姻行为，使得研究的内容更丰富，更具吸引力。因为它是立足于动的方面、变化的方面去考察，更能反映一个时代人们在婚姻问题上的潜在意识和本质倾向。

著作名称：伦理与生活——清代的婚姻关系
作　　者：郭松义
出　版　社：商务印书馆
出版时间：2000 年 8 月
版　　次：第 1 版
I S B N：9787100031004
页　　数：646 页
价　　格：35.00 元

作者简介

　　郭松义（1935—　），男，浙江上虞县人。中国社会史学会常务理事、副会长，并被聘为"中国边疆地区历史与社会研究云南工作站"顾问。主要研究方向为：中国古代史中的清代史。研究重点前一段着力于对清代经济史的研究，后来又致力于研究清代政治制度，自 20 世纪 90 年代以后，又将重点转到社会史方面，并致力于清代婚姻家庭关系的研究。

内容简介

　　该著作为国家社会科学基金项目。作者采用历史学、社会学的考订分析、个案研究、抽样统计等方法，从伦理学、心理学的角度，使用统计学量化处理的手段，汇集了方志、族谱、年谱、档案等前人未曾采用的历史资料，对清代婚姻关系作了具有填补空白意义的研究与考察。内容涉及婚姻地域圈、婚姻社会圈、婚龄、童养媳、入赘婚、妾、节烈妇女和贞女、再嫁、婚外性关系等问题，资料丰厚，论述精辟。清代婚姻关系，属于中国传统社会的范畴，在中国传统社会里，指导婚姻行为的重点，不是男女个人的爱情和幸福，而是对上孝敬父母尊长，再就是繁衍教养子女。由于传统中国是一个等级森严的社会，所以婚姻又有极其严格的等级界限，并形成了许多不成文的规定，在这里，婚姻体现为财产和权力的结合，并将之延伸到政治和经济领域。中国传统社会里的婚姻原则，是君臣、父子的等级制度十分森严的时代特点的反映，对这样一个时期的婚姻关系进行研究，兼有史学的视角和社会学的眼光，不仅是对清代史研究的完善，也对我国婚姻家庭学的发展起到了积极作用。

著作名称：19 世纪中期中国家庭的社会经济透视

作　　者：张研　毛立平

出　版　社：中国人民大学出版社

出版时间：2003 年 10 月

版　　次：第 1 版

I S B N：7300046525

页　　数：462 页

价　　格：29.00 元

作者简介

张研（1948—　），女，祖籍安徽。中国人民大学清史研究所教授、博士生导师。中国社会史学会理事。研究方向为中国古代史、清史、经济史、社会史。主要著作有《清代族田与基层社会结构》、《清代社会的慢变量》、《18 世纪的中国社会》、《17—19 世纪中国人口与生存环境》等。

毛立平（1974—　），女，山西太原人，博士，目前在中国人民大学从事清史教学与研究。代表作有《19 世纪中期中国家庭的社会经济透视》（合著）、《清代嫁妆研究》等。

内容简介

家庭和家族是古代中国和近代中国社会结构的核心，社会受其制约，文化为其形塑。对于中国的家，值得我们像马克思对待资本主义社会的商品那样，进行系统、反复和细致的研究。该著作以 19 世纪安徽为例，通过解析该省不同区域的家庭周期性的发展轨迹——特别是以分家为起点的家庭重组与延绵的轨迹，讨论家庭、家族和社会结构、经济结构的关联，努力从细微的、普遍的、似乎是不言而喻的大众生活和民间习俗中挖掘影响中国历史发展的巨大力量。

这项研究，把既往学人较少关注的中国基层社会的细胞组织，纳入了历史的视野。这是一部从社会史角度研究家庭史的杰作，以基层社会研究为重点，同时有意识地注意避免了西方新史学忽视上层政治和人的主观能动性、研究趋势于细碎化的倾向，将下层研究与上层研究、微观研究与宏观研究、个案研究与整体研究、地方研究与全国研究结合起来，将中国社会放在世界历史的大背景中进行深入对比，得出了较为合乎历史实际的结论。以 19 世纪的安徽为例，透视了当时中国家庭自身的运行轨迹，并延伸到家庭与宗教、与社会的关系，有点、有线、有面，相互衔接，把家庭史研究推向了一个新层面。

著作名称：当代中国家庭巨变

作　　者：丁文　徐泰玲

出　版　社：山东大学出版社

出版时间：2001 年 11 月

版　　次：第 1 版

I S B N：7560723608

页　　数：418 页

价　　格：19.80 元

作者简介

丁文（1937—　　），女，黑龙江省哈尔滨市人。江苏省社会学会、妇女学会理事，江苏省委党校及省行政学院经济社会发展研究所历史学、社会学教授，南京师范大学兼职教授等。主要研究方向：家庭理论研究、史学理论研究，代表著作有《家庭学》、《当代中国家庭巨变》、《中国行政制史》等。

徐泰玲（1957—　　），女，江苏省委党校及省行政学院经济管理教研室教授。主要研究方向：管理学、家庭研究。代表著作有《管理心理学》、《现代经济法学》、《当代中国家庭透视》、《江苏省家庭问题调查》等。

内容简介

该著作立足于当代人类家庭所发生的前所未有的大变革，讲述当今人们最关心的切身生活问题——婚姻家庭。运用最新的家庭学理论，在广泛调查研究并占有充分资料的基础上，对改革开放以来中国家庭的巨大变化及其出现的各种问题，进行深层次的分析和浅层次的描述，着力于探讨当代中国家庭到底发生了怎样的变化？为什么会出现许多令人迷惑不解的家庭问题？今后的家庭将向何处发展？未来的家庭将会是什么样子等一系列人们关注的社会热点问题。

可以说该著作是面向 21 世纪，紧扣时代脉搏，从当代世界性的现代化浪潮和全球性家庭变革的广阔视角，来观察中国的家庭变化，将中国家庭纳入人类家庭发展的总体序列中进行研究，深刻揭示其变化的性质、特点和发展趋势，既有鲜明的现实性和时代感，又有较强的科学性和理论深度，把对现实家庭的研究推向了一个新层次。也可以说，它是面向现实生活，紧扣人们关注的社会热点，并把家庭变革置于社会转型的历史大背景下进行研究，依据社会变迁来分析家庭变革，再透过家庭变革揭示社会变迁的广度和深度，不仅对解决人们的实际生活问题有重要的指导意义，对我国的现代化建设和精神文明建设也有重要的现实意义。

作者运用多学科综合分析和跨文化比较分析方法，在各个层面上对中西家庭变革进行比较研究，揭示了中国家庭变革不同于西方的特殊性。在写法上采用现代文风与新颖格式，使理论深入到实际生活之中，融故事与说理、通俗与典雅于一体，深入浅出，生动活泼。

著作名称：中国婚姻家庭变迁

作 者：刘达临 等

出 版 社：中国社会出版社

出版时间：1998 年 9 月

版 次：第 1 版

I S B N：780146091X

页 数：376 页

价 格：19.00 元

作者简介

刘达临（1932— ），男，上海人。上海大学文学院教授，《社会》杂志副主编，兼任亚洲性学联谊会副主席等职务。重点研究性社会学，并在此领域做了许多开拓性的、首创性的工作。1994 年 8 月在第五届柏林国际性学大会上被授予"赫希菲尔德国际性学大奖"，成为获此荣誉的第一位亚洲学者。

内容简介

在我国现代化的进程中，婚姻家庭，作为人类社会生活的一个重要领域，正随着社会的发展而呈现出一系列的变迁，这其中的千姿百态，有的与传统相沿袭，有的与传统相背离，但都影响着人们的生活选择与思想裂变，婚姻家庭在现代化的进程中究竟该何去何从？该如何看待如何分析？

　　该书以社会学的视角，邀请了 10 位社会学界的专家学者，围绕人们特别关注的婚姻家庭中的热点和困惑，以社会学家的观点，从历史到现实，再到未来，对婚姻家庭问题做出时代背景下的剖析与探讨，对当代社会中婚姻家庭的裂变构成了有力的拷问。10 位社会学家探讨的具体问题如下：一、刘达临，中国社会的性问题：过去和现在；二、李银河，人类两性关系新视角：如何看待同性恋现象；三、潘允康，社会转型时期中国人的婚姻家庭质量；四、赵子祥，阴阳裂变话离婚：谈妇女与离婚；五、王行娟，"妇女热线"的独特视角：当代中国婚姻震荡和性变迁中的女性；六、风笑天，独生子女：21 世纪的中国公民；七、储兆瑞，市场经济条件下感情与理智的两难选择；八、丁娟，现代社会中的妇女地位；九、李小平，生育与生育控制：经济手段是否有效；十、苏凤鸣，农村的外来媳妇与结构暴力。

著作名称：当代中国离婚现状及发展趋势

作　　者：吴德清

出 版 社：文物出版社

出版时间：1999 年 2 月

版　　次：第 1 版

Ｉ Ｓ Ｂ Ｎ：7 – 5010 – 1126 – 5

页　　数：196 页

价　　格：22.00 元

作者简介

　　吴德清（1966—　），男，江西临川人。中国社会科学院人口研究所研究人员，人口学博士。主要研究领域为：婚姻家庭学、人口学。

内容简介

　　该书着力对当代中国出现的高离婚率展开剖析与追问，并预测了中国婚姻发展的趋势。离婚是现代婚姻家庭研究的重要问题，面对工业化国家离婚率迅速上升的问题，许多学者对离婚问题进行了深入的研究，离婚研究成为国际人口学、社会学和法学领域的热门课题。20 世纪 80 年代以来中国的离婚率逐年上升，离婚成了人们关注的问题之一。离婚不是孤立的社会现象，它给个人、家庭和社会都造成了种种不同的影响，引发了种种不同的社会后果，并导致社会其他方面发生变化，如家庭规模和家庭结构等，这些变化直接关系到个人的权益以及社会的稳定和进步，离婚是家庭婚姻研究中的重要问题。该书研究当代中国离婚现状及其变化趋势，分析离婚原因及离婚申诉理由，探讨宗教信仰、社会阶层和人口统计特征与离婚的关系，研究离婚率地区差异及其影响因素，分析离婚后果以及建立中国男、女两性年龄差别离婚率模型，较为全面地探讨了当代中国的离婚水平、发展趋势、地区差异、离婚原因以及离婚对本人、对孩子的消极与积极影响。该书试图在国内学者基本没有涉足或很少涉足的方面作基本属于填补空白的研究。在研究方法上，该书利用中国 11 区（县）离婚定量调查资料以及 2 区（县）离婚个案调查资料，并结合全国第三次和第四次人口普查资料，在前人研究的基础上从理论研究与实证分析两方面对我国当前的离婚问题进行了深入的分析与研究，并就需要进一步研究的问题提出建议。

著作名称：农村家族问题与现代化

作　　者：吕红平

出 版 社：河北大学出版社

出版时间：2001 年 5 月

版　　次：第 1 版

Ｉ Ｓ Ｂ Ｎ：7－81028－690－0

字　　数：300 千字

价　　格：20.00 元

作者简介

　　吕红平（1958—　　），男，河北灵寿县人。河北大学人口研究所所长、教授、硕士研究生导师。兼任中国人口学会理事，中国社会学会理事，河北省人口学会副会长，河北省社会学与社会发展研究会副会长，河北省妇女发展研究会副会长。主要研究方向为人口社会学、生育文化学、家庭社会学。出版专著多部，发表论文百余篇。

内容简介

　　该书从总体上分为上、中、下三篇。上篇主要是对我国历史上家族的产生、具有的特征及其变迁状况的简单回顾，目的在于使人们对我们现在经常提到的农村家族、家族文化、家族活动、家族势力的复活所指的原形，即对历史上与农村家族有关的问题有所了解，并对其产生的历史背景、发展的基本条件、运行的机制等有所认识。这是认识和分析当代农村家族问题的必要前提，或者说是一个铺垫，因而是不可缺少的。中篇主要是对中华人民共和国成立后，农村家族消亡过程以及近年来又有所复活问题的分析和研究。在这一篇中，主要研究了农村家族及其家族文化复活的社会、政治和经济背景，即农村家族何以死而复活的问题；研究了农村家族及其家族文化复活的主要表现形式和基本特征，及其对农村社会生活带来的各种影响，尤其侧重对其消极影响的剖析，即农村家族复活的形式和影响表现在哪些方面。下篇是对农村家族与现代化关系的研究，主要探讨了农村经济、文化和社区管理现代化以及农村人口城镇化进程对农民文化观念由传统型向现代型转变的影响，进而论证了农村家族及其家族文化在农村现代化过程中必然趋于消亡的观点。

著作名称：现代社会中的婚姻与家庭

作　　者：宣兆凯

出 版 社：中央广播电视大学出版社

出版时间：1989 年 9 月

版　　次：第 1 版

I S B N：7－304－00461－4

页　　数：232 页

价　　格：2.95 元

作者简介

　　宣兆凯（1947—　　），男，吉林榆树人，北京师范大学哲学与社会学学院教授，社会学专业硕士研究生导师。研究方向为道德社会学、教育社会学、社会工作，在《教育研究》、《青年研究》、《北京师范大学学报》等杂志上发表相关研究论文，并出版了《道德社会学理论、方法和应用研究》、《学校社会工作学》等专著。

内容简介

　　家庭是一种最普遍的社会现象，是人们在其中生活得最长久的社会组织。因此，科学地认识它的本质和特征，探寻它发生、发展、变化的规律，对于提高家庭生活质量，培育下一代，提高全民意识有重要意义。该书运用家庭社会学的理论和方法，研究现代社会中的婚姻与家庭。内容包括：家庭社会学对现代社会婚姻家庭的研究；从血亲杂交到现代家庭的出现；婚姻的历史演变与现代家庭基础；现代家庭的社会环境；家庭社会化；现代家庭中的互动与关系；现代家庭结构的变化趋势和功能变迁；现代社会中家庭的解体、诊治与未来；家庭社会学研究方法等。

著作名称：中国城市家庭——五城市家庭调查双变量和三变量资料汇编

主 编：李东山 沈崇麟

出 版 社：社会科学文献出版社

出版时间：1991 年 6 月

版 次：第 1 版

ISBN：7 - 80050 - 197 - 3

字 数：292 千字

价 格：6.50 元

编者简介

李东山，男，四川省社会科学院社会科学研究所研究员，硕士生导师。主要研究领域为社会研究方法与家族社会学。

沈崇麟，男，中国社会科学院社会学研究所研究员。主要研究领域：家庭社会学，社会研究方法。主要译著有《电话调查方法》、《当代中国城市家庭研究》、《变迁中的城乡家庭》、《实用抽样方法》等。

内容简介

该书以家庭为中心，把婚姻作为家庭的基础和起点，生产作为家庭的基本功能进行的广泛调查与研究后，汇编成集。该报告集研究了我国城市家庭与婚姻的基本状况及历史发展，探讨了我国城市家庭、婚姻的发展规律。该书关于五城市家庭调查资料包括家庭、婚姻、生育三个主要部分，共18项，140个问卷问题，调查对象以已婚妇女为主，采用问卷和访谈相结合的调查方法，选取北京、天津、上海、南京、成都五个具有代表性的城市，为研究中国城市婚姻家庭提供了参考资料和数据。

著作名称: 现代围城——聚焦中国城市的婚姻家庭

主 编: 尹铮

出 版 社: 中国社会出版社

出版时间: 1999 年 1 月

版 次: 第 1 版

I S B N: 7 - 8014 - 6144 - 4

字 数: 200 千字

价 格: 14.00 元

编者简介

无

内容简介

城市的文明与发展是社会进步的重要标志。它给现代人带来了前人无法比拟的精神文化和物质享受,对乡村古老传统的变革及经济辐射产生了巨大影响。该书以文学叙事的方式展示了自 20 世纪 60 年代以来,女权运动从西方世界开始兴起,随着各国政府对妇女生育健康、劳动保护、参政议政诸方面予以关注,以及对性工作、性骚扰等现象的管制,妇女地位不断提高,妇女权益得到法律的保障。在中国,离婚案件有 70% 是女方首先提出,妇女不再忍受无爱的婚姻,为了爱情她们敢于面对世俗的批驳,随着这一切的变化,社会道德评价也在发生改变,人们不再将离婚归咎于女方。

著作名称: 中国城市家庭夫妻权力研究

主 编: 郑丹丹

出 版 社: 华中科技大学出版社

出版时间: 2004 年 7 月

版 次: 第 1 版

I S B N: 7 - 5609 - 3179 - 0

字 数: 167 千字

价 格: 12.00 元

编者简介

郑丹丹,女,华中科技大学社会系副教授、博士。代表性论文有

《中国城市家庭夫妻权利研究》、《夫妻关系定势与权力策略》、《痛苦的社会建构——一个女子的口述史分析》。研究方向：家庭社会学、性别社会学、微观社会学理论。

内容简介

　　该书用传统的思路和研究方法，对中国城市家庭夫妻的权力状况和影响因素进行了描述及分析。揭开了传统夫妻研究领域的"真理之争"：主客观衡量问题、决策的不同层次问题等。随后，通过对传统思路的哲学反思，对夫妻权力研究的传统问题进行现象学的设置和转换，从权力这一根本点着手，通过对福柯权力观的运用，在现象学社会学这一大的理论框架内，用有关日常生活的各种社会学理论去解释和阐释日常生活世界中的夫妻权力。通过对家庭事件/过程的具体剖析，对夫妻关系定势沿革的追溯与分析，将过程纳入夫妻权力研究，从而构建夫妻权力研究的新视角。

著作名称：当代中国的婚姻

作　　者：赵子祥　李鸿飞

出 版 社：知识出版社

出版时间：1992 年 7 月

版　　次：第 1 版

I S B N：7 - 5015 - 0752 - X

字　　数：12 千字

价　　格：4.80 元

作者简介

　　赵子祥（1946—　　），男，辽宁沈阳人。辽宁社会科学院院长、党组书记、研究员，国家社会科学突出贡献专家，辽宁省优秀专家。兼任中国社会学会副会长，国家哲学社会科学"九五"规划社会学学科组成员，辽宁省哲学社会科学联合会副主席，辽宁省妇女理论研究会、人口学会副会长，国际社会学学会会员。主要著作有《当代中国的婚姻》、《中国社会问题评析》、《中国现代化与市场经济学》等。

　　李鸿飞（1952—　　），男，辽宁沈阳人。大连大学经济管理学院比较经济研究所主任。主要研究领域为：宏观经济学、微观经济学。

内容简介

该书着眼于20世纪末工业化、都市化和现代化浪潮席卷全球的背景之下，婚姻危机和家庭革命作为人类生活方式变革的一种重要表现，在发达国家和发展中国家几乎同时发生，也波及了走在现代化进程中的中国。在社会变革大潮的冲击下，中国人的婚姻关系和家庭关系也经历着调整和裂变。婚姻危机愈益成为社会的热点问题，它不仅瓦解社会的基本细胞——家庭，改变人们的互动方式和伦理关系，也改变着人们的道德观念和价值取向，并对我国的现代化进程产生重大影响。该书通过对我国这一时期的婚姻家庭状况进行分析和研究，就婚变产生的社会原因和心理原因加以研究探讨，找寻对婚姻危机的正确控制和良性引导的措施，有利于推动我国现代化的进程，一定程度上为婚姻家庭学的发展注入了活力。

著作名称：挑战孤独——空巢家庭

作　　者：穆光中

出 版 社：河北人民出版社

出版时间：2002年1月

版　　次：第1版

ＩＳＢＮ：7-202-03001-2

页　　数：261页

价　　格：13.50元

作者简介

穆光中（1964—　），男，浙江象山人。法学博士，北京大学人口所教授，博士生导师。兼任中国人口学会理事、中国人口文化促进会学术委员会委员。长期从事人口问题、老龄问题研究，迄今已发表400余万字著述，他提出的许多创新观点，在国内人口学界和老年学界有重要影响。主要研究方向：制度人口学、社会老年学、人口与可持续发展。

内容简介

该著作是陆学艺、周伟文主编的《变革中的中国家庭》丛书中的一本。在家庭生命周期理论中，空巢期一般被看作是家庭生命周期发展的最后一个阶段，是指子女不在身边的老年人家庭。"空巢"是寓意深远、形象生动的用词，进入这样一个阶段，其本质特征就是家庭的代际关系发生了重要的变化，父母和子女的居住开始分离。随着我国社会的发展，老龄化问题越来越被社会各界关注，而在中国人口老龄化的问题中，空巢老人的生活尤其受到社会学界的关注，如何从社会学的眼光去看待"空巢家庭"问题，这本著作给出了系统的剖析。

具体来说，此书介绍了"空巢家庭"的由来和变革，"空巢家庭"的现状和趋势，老年人的需求和老年人的价值，"空巢家庭"的婚姻问题，"空巢家庭"的代际关系问题，都市社会的养老问题，农村社会的养老问题，以及回应空巢化挑战的社会对策等内容。如此系统地剖析"空巢家庭"，这对婚姻家庭学科的发展起到了重要作用。

著作名称： *叛逆与追求——丁克家庭*

作　　者： 刘倩

出 版 社： 河北人民出版社

出版时间： 2002 年 1 月

版　　次： 第 1 版

I S B N： 9787202030028

页　　数： 213 页

价　　格： 11.50 元

作者简介

刘倩（1949—　），女。河南省社会科学院研究员，研究方向：农村社区、家庭婚姻、文学评论。出版论著多部，发表论文多篇，代表作有《市场因素下的"共产主义小社区"》。

内容简介

该著作是陆学艺、周伟文主编的《变革中的中国家庭》丛书中的一本。"丁克"是英文缩写"DINK"的译音，全写为 double in-come and no kids，直译的意思为"双收入，无子女"。丁克家庭（DINK）完整的概念含义应当是：夫妇双方有收入、有生育能力，但不要孩子、浪漫自由、享受人生的一种新型家庭。因其与"不孝有三无后为大"的传统家庭观念背道而驰，有人非议，也有人追随，众说纷纭。从我国婚姻家庭的发展脉络来看，选择"丁克"确实是对老祖先基本训条的一种违背，家庭社会学家认为，在家庭中有两种相互关联的最为重要的家庭关系：夫妻关系和亲子关系。在西方，夫妻关系最重要，而在中国，亲子关系最重要。而"丁克"，无疑就成为了这种思想脉络上的一个异端。

面对这样的变化，作者对"丁克"现象展开了层层剖析与追问。变革中的社会，选择自由越来越成为人们生活的追求，在婚姻家庭领域也呈现出了千姿百态的变化，"丁克"，一个舶来的概念，因其与传统家庭观念的背离而成为了一个前卫的话题。该著作从生活实际出发对"丁克"进行了社会学视角的剖析，具体内容包括：何谓"丁克"；走近丁克；探究丁克；为何"丁克"；理解"丁克"；"丁克"与现代生活方式的变异等内容。作者围绕着"丁克"这一不同于传统家庭观念的现象，步步推进，分析了各种原因的"丁克"家庭，探究了"丁克家庭"的人生姿态、社会压力，为何会出现"丁克家庭"，"丁克家庭"与现代生活方式的变异等问题。这是国内第一部关于自愿不生育现代家庭模式的研究专著，出版后有一定影响。

著作名称： 生存在边缘——流动家庭

作　　者： 周伟文　严晓萍　刘中一

出　版　社： 河北人民出版社

出版时间： 2002 年 1 月

版　　次： 第 1 版

I S B N： 7 – 202 – 03009 – 8

页　　数： 211 页

价　　格： 11.50 元

作者简介

周伟文，女。河北省社会科学院社会发展研究所所长、研究员，兼任中国社会学学会常务理事、中国妇女研究会理事、河北省性科学学会副会长、河北人口学会副会长、河北省妇女与社会发展研究中心主任等职。主要研究方向为：人口社会学、家庭社会学、两性社会学、环境社会学等。出版专著多部，发表论文多篇。

内容简介

该书是陆学艺、周伟文主编的《变革中的中国家庭》丛书中的一本。该书的研究对象是流动人口家庭，研究的主要内容是在农村经济体制改革和社会变革的背景下，特别是在工业化和城市化的推动下，农民的社会流动对他们的家庭和婚姻的影响、流动人口家庭的生存方式、城市化进程中的性别角色与差异等。

　　流动人口家庭指农村改革开放以来那些有家庭成员流动到城市和外地务工和经商的农民家庭。从 1978 年开始的农村经济体制的改革，为长期处于停滞和固化状态的中国农村注入了新的发展要素和发展动力。在新的动力的驱动下中国农村开始了深刻的、波澜壮阔的社会变革。其中大规模的、持续的、呈不断增长趋势的农民社会流动成为这场变革的主要焦点，无论从广度上还是深度上，农民的社会流动对农村社会和家庭所产生的影响都是前所未有的。农民工阶层的出现成为这场社会流动的直接后果之一，而流动人口家庭由于成为变革时期一个特殊的家庭类型，给我们提供了一个新的观察和研究当代中国社会变革和家庭变革的独特视角。农民工阶层的出现以及他们内部的分化对他们的家庭和婚姻关系产生了深刻的影响，这些变化对于我们了解中国社会是一个非常重要的侧面。

　　该书立足于当下的社会背景，探讨与分析了农民的社会流动与家庭变迁、半流动的家庭的婚姻关系、夫妻双流动的家庭的生存与发展、生育模式与子女成长环境、生活消费方式的变迁与转型、社会适应与边缘化生存、婚姻生活质量等问题。

著作名称：*母殇——国家安全发展中的妇女儿童问题*

作　　者：孙小迎

出 版 社：中国工人出版社

出版时间：2007 年 1 月

版　　次：第 1 版

I S B N：7 - 50083 - 768 - 8

页　　数：276 页

价　　格：25.00 元

作者简介

　　孙小迎（1954—　），女，广西社会科学院东南亚研究所研究员、台湾研究中心副主任。兼任广西妇女研究会副会长、广西婚姻家庭学会副会长；广西医科大学第一附属医院医学伦理委员会生殖医学分会副主任委员。长期从事妇女儿童问题研究，代表作有《关于将"配偶权"引入中国婚姻家庭法的调查研究报告》、《关注制约社会进步和男女平等的深层次因素——关于"妇女社会地位"测量指标的构建与分析》、《中国广西打击跨境诱拐妇女儿童现状及措施》等。

内容简介

　　太平盛世，我们的母亲和孩子是否都平安无恙？历时10多年的战略研究和7年社会调查，该著作以妇女儿童生存安全话题切入，为母亲和儿童权利呐喊，振聋发聩，警醒人性，在社会上引起了广泛影响。全书分为9篇，作者首先引入"非传统安全领域"理论，从国家安全的角度论述了婚姻家庭问题，分析了中国母亲的质量生存空间，调查了母亲权利受损害的情况，描述了遗失母爱的孩子的状况。其次阐述了母亲和儿童受损害对国家安全的影响，探讨了"私领域"成为纵欲者乐园的原因，对中国现行的婚姻制度进行了解析，最后提出了作者自己的建议，介绍了东南亚母亲的地位。作者认为，当一个大国崛起的时候，母亲期盼国家强大是为了和平，因为母亲明白，在"丛林法则"盛行的世界，你只能在拥有了五倍于打赢一场战争实力的时候，才有资格谈和平，才会有真正的和平。

　　具体篇章如下：序篇，母亲不安，家国可安否；第一篇，被边缘化的母亲问题；第二篇，法律天平下的母亲语境；第三篇，遗失的母爱；第四篇，国家安全发展中的远虑与近忧；第五篇，"私领域"何以成为纵欲者的乐园；第六篇，西方自由主义的"天敌"；第七篇，和谐与平衡的自由是母亲的微笑；外一篇，在东南亚主政的母亲——给参政妇女。该书是作者历时7年艰辛调查分析研究的成果。读了此书，女权主义者或许以为其目光短浅，自由主义者可能嬉笑其保守倒退，纵欲主义者想必会嘲笑其冥顽不化，但富有亲情和责任意识的人们定将为之动容。

著作名称：婚姻家庭与现代社会——苏联家庭社会学概览

主　　编：陈一筠

出 版 社：光明日报出版社

出版时间：1985 年 10 月

版　　次：第 1 版

I S B N：7－5058－5610－3

页　　数：351页

价　　格：1.90元

编者简介

　　陈一筠（1940—　　），女，重庆人。中国社会文化交流协会理事，中国婚姻家庭建设协会理事，中国社会协会理事，北京婚姻研究会副会长。主要学术专长是家庭社会学与妇女问题研究。主要代表作有《婚姻旅程探幽》（专著）、《妇女与家庭：是两性合作还是女权胜利》（英文·论文）等。

内容简介

　　家庭社会学是社会学中的一个重要分支，尽管世界各国社会学家的思想观点和研究方法有所不同，对社会发展规律与趋势的看法也不尽一致，但多数研究婚姻家庭的学者都肯定：家庭作为社会的微观成分和基本细胞，始终在社会经济生活和精神生活中起着重要作用。在当今世界的科学技术革命、都市化、现代化的潮流中，家庭的变化趋势越来越令人关注，人们对婚姻家庭的探讨也更加深入和广泛。前苏联的社会学者自20世纪60年代社会学恢复以来，就一直把婚姻家庭研究作为重要领域，前苏联学者还与其他国家的学者就婚姻家庭问题开展了一系列合作研究和比较研究，并出版了大量学术著作。

　　我国社会学恢复以来，婚姻家庭也成为一个十分重要的研究领域。该书正是为了适应我国婚姻家庭研究者和有关方面的社会工作者以及广大群众的需要，选择了前苏联家庭社会学及其邻近学科在20世纪70年代后半期发表的某些有代表性的研究著作，翻译出来并加以整理，向我国学术界和广大读者概略地介绍这一时期前苏联学者们的主要理论研究成果和部分经验调查材料。有助于读者了解这一时期前苏联学者研究婚姻家庭问题的主要观点、方法论和具体方法，并有助于了解前苏联在这方面的社会政策和社会工作的发展情况。

著作名称：庄重谐谑与忧患——美国的婚姻和家庭

作　　者：于丽华　欧阳荣华　陈亮

出　版　社：中国社会科学出版社

出版时间：2000年1月

版　　次：第 1 版

I S B N：7500426674

页　　数：283 页

价　　格：15.00 元

作者简介

　　于丽华，美国芝加哥西北部湖郡地区学院社会学系教授。1975 年毕业于西安外国语大学英语系。1984 年在美国俄亥俄州鲍林格林大学获得社会学博士学位。在美国社会婚姻和家庭这一领域有多年的教学经验和研究。

　　欧阳荣华，美国乔治亚州肯内索大学教育学院教授。1982 年毕业于南京大学外文系。1993 年在美国宾州印第安纳大学获得教育学博士学位。有多年的教学经验，对少儿教育、师资培养以及现代化教育技术深有研究。

　　陈亮，美国乔治亚州爱默蕾大学附属医院注册护士。1982 年毕业于南京大学中文系，1996 年在美国乔治亚州肯内索大学获得护理学位和美国注册护士执照。有多年的工作经验，酷爱中国古代语言文学，对西方老年学颇有研究。

内容简介

　　该书是邓鹏先生主编的《透视美国》书系中的一本，《透视美国》书系旨在对美国在 20 世纪，特别是第二次世界大战以来的社会变迁和文化潮流，进行一番较为深透的剖析和解读。这套丛书的产生不仅因为美国文明本身对人文和社会科学有研究价值，而且因为美国是当今世界的超级大国，中美关系在 21 世纪具有不可忽视的重要性。

　　该书共分 8 章，分别介绍了美国社会中的婚姻和家庭的演变，美国人的家庭价值观，美国人家庭当中的夫妻、父母和子女、婚外恋和婚外家庭、老年人及其所引起的社会关注。作者三人，其中专门研究美国社会生活的社会学者于丽华女士，从社会学的角度总结美国婚姻和家庭近几十年来发生的变化，介绍美国社会学家对美国婚姻和家庭变迁的研究以及他们不同的看法，讨论了美国人婚前、婚后、离婚、再婚的家庭生活方式，论述美国人婚外的家庭组合和美国婚姻、家庭的前途，不仅给读者提供了大量的事实和数据，并且介绍了社会学家对这些事实和数据所进行的理论分析。欧阳荣华教授则从教育学的角度以父母和孩子为侧重点进一步介绍美国现代化家庭生活的追求，讨论父母与孩子的关系，论述孩子的教育和培养，探讨未婚先育和单亲家庭对孩子成长的影响。而老年学者陈亮女士则从老年学的角度观察美国老年人的生活方式和追求，讨论美国老年人的婚姻和生活，论述美国老年人的政治、社会活动能量，并介绍美国政府有关老年人的政策福利。

十九　少数民族女性学

（8本）

著作名称：女性学学科建设与少数民族妇女问题研究

主　　编：杨国才

出 版 社：云南民族出版社

出版时间：2004 年 5 月

版　　次：第 1 版

I S B N：7 – 53672 – 905 – 7

页　　数：426 页

价　　格：30.00 元

编者简介

略

内容简介

21 世纪女性学学科建设与发展已成为全球学术界关注的一个热点。女性学作为一个特定的学术领域，自 20 世纪 60 年代末在美国兴起以后，到 90 年代，美国的大学几乎都建立了女性学系和女性研究中心，开设女性学的相关课程，出版相关成果，并授予硕士、博士学位。在亚洲，女性学学科建设也比较快，韩国梨花女子大学从 1975 年开始设立女性学，至今已开设女性学博士课程并授予博士学位。日本、印度、菲律宾、印度尼西亚等国家也于 20 世纪 80 年代开设了女性学。我国 20 世纪 80 年代也开始了女性学研究，到 90 年代末，许多高校相继开设了女性学课程，设立了硕士学位点。学科建设的进展推动了少数民族妇女问题的研究，拓展了妇女问题研究的领域，促进了妇女与法律、妇女与健康、妇女与政治、妇女与宗教、妇女与传媒、妇女与多元文化等的本土化的探讨。

该书是云南民族大学少数民族女性与社会性别研究中心关于女性学学科建设与少数民族妇女发展的著作，全书分为“女性学学科建设与社会性别”、“妇女与法律”、“妇女与健康”、“妇女与政治”、“妇女与宗教”、“女性与多元文化”、“妇女与传媒”几部分，总共收录了 47 篇学术论文。重点介绍了我国女性学学科建设和妇女研究的缘起，突出阐述了云南少数民族妇女问题研究和女性学学科建设的历程，以及本土化的尝试，即女性学与社会性别进入硕士课程，逐渐从边缘走向主流，并开创了社会科学和医学的结合及互动、校际结合（云南民族大学、云南大学、昆明医学院三校联合）、资源整合（大学、社科院、妇联结合授课）、师生平等互动、研究与教学结合的教学方式。从社会性别的视角入手，分析了少数民族妇女在促进性别平等和民族地区社会、政治、经济、生态可持续发展中的作用。

著作名称：少数民族女性学学科建设与妇女发展

主　　编：杨国才

出 版 社：云南民族出版社

出版时间：2008 年 8 月

版　　次：第 1 版

ＩＳＢＮ：7 – 53674 – 087 – 7

页　　数：541 页

价　　格：60.00 元

编者简介

略

内容简介

随着 20 世纪 90 年代末女性学学科建设的兴起，近几年来，我国少数民族女性学学科建设和妇女研究在研究的领域和视野、研究的学术性等方面都取得了新的进展。少数民族女性学的学科建设正在稳步推进并在积极进行本土化的尝试，少数民族妇女研究论文和专著不断面世。

该书是继云南民族大学少数民族女性与社会性别研究中心在《女性学学科建设与少数民族妇女问题研究》之后的又一本关于少数民族女性学学科建设与妇女发展的著作；是由基地主办的于 2007 年 4 月在云南大理举行的"少数民族女性学学科建设与妇女/性别问题研究学术研讨会"的基础上产生的。全书分两部分：女性学学科建设与社会性别——从理论层面上对少数民族女性学的理论建构与学科规范进行探讨；少数民族妇女问题研究——从实践层面上对当前少数民族女性发展所面临的问题进行分析。该书的作者来自各个不同的领域，书中内容包括女性学在高校、少数民族女性学、妇女与法律、妇女与健康、妇女与迁移、妇女与政治、妇女与经济、妇女与多元文化，充分体现了"多学科、多视角"的特点，既包括对理论的深入讨论，又有实地研究的丰富案例。总共收录了涵盖女性学、性别社会学、少数民族女性学、民族学、社会学、法学、医学、语言学、文学等学科的 62 篇学术论文。该书的出版将为少数民族女性学的发展奠定基础，也为推动民族地区妇女发展，边疆民族地区的稳定起到积极作用。

著作名称：藏族妇女口述史

作　　者：杨恩洪

出 版 社：中国藏学出版社

出版时间：2006 年 3 月

版　　次：第 1 版

I S B N：7 - 8005 - 7815 - 1

页　　数：309 页

价　　格：26.60 元

作者简介

　　杨恩洪，中国社会科学院民族文学研究所研究员，藏文室主任，全国《格萨尔》办公室主任。主要从事藏族文学与文化、英雄史诗《格萨尔王传》研究。主要专著有《中国少数民族英雄史诗格萨尔》、《民间诗神——格萨尔艺人研究》、《蒙藏关系史大系·文化卷》（合著）等。

内容简介

　　西藏有文字的历史近两千年，然而在这漫长的历史中对于妇女贡献的记载却寥寥无几。可以说，其文字所记录的只是一部西藏男性的历史。这种事实相对于藏族妇女对历史所作的贡献是极不公正的。藏族妇女占西藏人口的 51%，在漫长的历史时期，她们有过辉煌的从政史，同时又经历了地位低下的沦为男子奴隶的岁月。她们用自己独特的聪明才智，在社会生产劳动、文化传承以及人类延续等方面，发挥着重要的作用。今天，藏族妇女赢得了自己的政治地位和社会地位，对于广大妇女，尤其是老年妇女来说，她们经历了西藏的传统社会和现代社会，而其中的一些佼佼者，更是在从传统社会进入现代社会的同时，正在走向世界。该书在导论部分谈了成书立意及调查范围、藏族历史文化概要、藏族妇女地位的历史变迁、藏族婚姻形态等。在藏族妇女口述历史部分共收录了 22 位藏族妇女的口述历史。这些妇女包括藏戏表演艺术家、藏族第一代舞蹈家、藏族第一位女播音员、格萨尔说唱女艺人、噶伦夫人、贵族夫人、女王部落后代、土司后代、藏族女医生、女活佛、女僧人、藏族女作家等。该书作者采用口述方式把她们的生活经历、感受记录下来，不但可以使人们了解20世纪藏族妇女社会生活丰富多彩的一个侧面，同时对于传统的文字记录的历史也是一个重要的补充。

著作名称：藏传佛教出家女性研究

作　　者：德吉卓玛

出 版 社：社会科学文献出版社

出版时间：2003 年 2 月

版　　次：第 1 版

I S B N：7 - 80149 - 851 - 8

页　　数：434 页

价　　格：28.00 元

作者简介

德吉卓玛（1963—　），女，藏族，青海省尖扎县人，精通藏、汉两种语言文字。中国社会科学院世界宗教研究所副研究员、中国社会科学院佛教研究中心常任研究员、北京市佛教文化研究所研究员。长期从事藏传佛教研究，专长藏传佛教出家女性研究。用藏、汉文发表文学作品与学术论著约 50 篇（部），翻译多部藏传佛教典籍等。

内容简介

藏传佛教作为藏族社会最主要的社会意识形态，它所提供的关于社会、人生和道德的说教，构成了藏民族传统文化的灵魂，决定着人们的世界观、人生观和价值观。在藏族地区，女性剃度出家以从事宗教活动为生存意义的这种人生观，对大多数藏族女性个人的价值取向产生着一定的影响。

该书为中国社会科学院世界宗教研究所重点课题《藏传佛教出家女性研究》研究成果，系中国社会科学院青年学者文库哲学系列丛书之一。全书在实地考察的基础上，结合大量的藏、汉文资料首次对藏传佛教出家女性问题做了纵横交错的全景式研究。包括僧尼集团的形成、演变及现状。详细探讨了其组织结构、修持仪轨、教法传承、活佛转世、寺院分布等诸多方面。全书分 5 章，分别介绍了佛教在吐蕃的早期传播和王室贵妃佛教信仰、出家女性在吐蕃的产生和发展、藏传佛教的复兴、藏传佛教尼僧的类型及其活模式，以及当今藏族女性对"剃度出家"的看法等内容，做了认真的阐述和介绍，使人们从整体上加深对藏族历史文化和藏传佛教的了解。该书对藏传佛教出家女性作了全景式描述，填补了这一领域的空白。

著作名称：中国少数民族婚姻家庭

作 者：严汝娴

出 版 社：中国妇女出版社

出版时间：1986 年 1 月

版 次：第 1 版

I S B N：1154 – 004

字 数：420 千字

价 格：3.50 元

作者简介

严汝娴，中国社会科学院民族研究所研究员。著作有《永宁纳西族的母系制》，获 1992 年全国光明杯图书评比二等奖；《中国少数民族婚姻家庭》（主编，1990 年出西班牙版，1991 年出日文版），获 1986 年全国图书评比优秀畅销书奖，日本学者评价是"中国民族婚俗集大成之作"；主编《民族妇女：传统与发展》；曾在国内外学术刊物上发表有关妇女研究的论文 10 余篇。

内容简介

婚姻家庭是一个能动的社会历史因素，它伴随着社会的发展而发展。中国少数民族的婚姻家庭既是一种最常见的、重要的社会历史现象，又是内涵深广的基础科学命题。该书主要反映的是以民主改革前各民族婚姻家庭的传统习俗，经过民主改革废除了民族地区的剥削制度，民族地区的社会结构发生了巨大变化，相应的婚姻家庭也注入了很多新的因素。民主改革前的婚姻家庭习俗更具传统性，民族色彩也最为浓重。该书从历史的角度审视这些带有原始的、奴隶制的和封建制烙印的习俗，对研究少数民族的婚姻家庭形态及历史都具有重要意义。

著作名称：当代土家族女性婚姻变迁——以埃山村为例

作　　者：尹旦萍

出 版 社：社会科学文献出版社

出版时间：2009 年 7 月

版　　次：第 1 版

I S B N：9787509708712

页　　数：285 页

价　　格：39.00 元

作者简介

　　尹旦萍，女，湖北恩施人。武汉大学哲学博士，中国社会科学院社会学研究所博士后，密西根大学—复旦大学社会性别学博士班毕业。现为中共湖北省委党校副教授、硕士生导师。主要从事女性主义哲学、女性人类学研究。发表的论文 20 余篇。

内容简介

　　生活于土家族特定的社会和历史场景中的女性，既是土家族文化的创造者，又是土家族文化濡化的产物。对土家族女性的研究，是探究、解析土家族社会的一面镜子。但是，由于缺乏专门研究，土家族女性要么被人们忽略，要么被设想成其他民族女性的样子，导致了人们观念中的和被告知的土家族女性，与真实的土家族女性有很远的距离。国内的一些研究成果没有对当代土家族婚姻的变迁进行细致的田野调查，因而难以梳理出土家族女性婚姻变化的主线。埃山村是过去的土司城所在地，该村村民聚族而居，全村 90% 以上都是土家族，而且该村经济发展和社会发展程度在恩施州土家族地区居中等，有较大的代表性。

　　该书就是以埃山村为点，介绍土家族女性的婚姻发生了偏离民族传统、趋向现代化的巨大变迁。全书共 8 章 24 小节，从婚姻主权、择偶标准、婚嫁圈、婚仪、婚姻支付、婚姻居住和夫妻关系等七个方面来介绍土家族女性的婚姻变迁。其中，第 6 章——婚姻支付：潮流中升起的年轻人采用的是渐进式的方法，从彩礼、嫁妆、男方对新夫妇的资助三个方面来介绍婚姻支付手段从传统向现代化变迁的过程。综观土家族地区婚姻支付的变迁，无论是以彩礼形式流动到女方的礼物，以嫁妆形式带到男方的礼物，还是以婚姻资助形式出现的男方家财富的内部移动，都经历了一个从简单到丰富、从低值到高额、从传统到现代的变迁。这一变迁的动力源自于土家族的现代化进步。因此，婚姻支付表现出了与时代紧密相依的特点；是那个时代流行物语在婚姻中的再现。这从一个侧面反映了土家村民逐渐培养起了追逐时尚、紧随现代的时代意识，尽管他们理解的时尚总是比城市慢了半拍，总是与城市有着差距，或者说是城市时尚土家化的产物。

著作名称：满族的妇女生活与婚姻制度研究

作　　者：定宜庄

出 版 社：北京大学出版社

出版时间：1999 年 11 月

版　　次：第 1 版

I S B N：9787301042137

页　　数：384 页

价　　格：25.00 元

作者简介

定宜庄（1948—　），女，满族，北京市人。中国社科院历史所研究员、中央民族大学满学研究所兼职研究员，博士生导师，主要从事清史、满族史研究。代表著作有《满族的妇女生活与婚姻制度研究》、《清代八旗驻防研究》、《中国知青史·初澜》、《最后的记忆：十六名旗人妇女的口述历史》等。

内容简介

该著作旨在通过满族几种婚姻制度和习俗在清朝兴起前后的变迁，探讨满族在建立起统一的封建政权并接受汉族影响之后，妇女的生活状况和发生的变化。这一变化，是这个民族在 16—19 世纪的 300 年间所经历的巨大、深刻的历史变革中重要却又常为人忽视的一部分。

该著作跳出了前人研究之窠臼，通过对满族妇女的风俗习惯与婚姻制度的发展演变诸方面，深入探讨满族在建立起全国性封建专制政权即大清王朝的前后，接受、吸收和融合汉、蒙两民族传统文化的影响，并给予汉、蒙两民族满族传统文化的影响之后，满族妇女的生活状况和文化素质所发生的变化，因为这些变化正是这个民族变化的重要组成部分，同时它对清朝近 300 年的统治历史也产生了重要作用和深远影响。作者将满族婚姻与满族风俗，特别是与清朝的政治制度紧密地结合起来加以探讨。八旗制度对满族妇女的生活具有决定性的影响，并构成八旗妇女与汉、蒙等其他民族妇女的诸多区别，不了解八旗制度，就无法掌握满族妇女的真实生活情况。而对满族妇女生活与婚姻的研究，必然也有助于对八旗制度从多层次多角度进行深入探讨。

在搜集资料方面，作者下了很大工夫，由于汉文官私文献对满族妇女婚嫁与日常生活的记载不仅语焉不详，而且多付阙如，甚至将汉族妇女习俗与之曲为比附，故而作者在旁征博引大量清代档册之外，又特别留意收集满、蒙文或满汉合璧的各种档案资料，对讨论满族早期的收继婚、殉葬、多妻制等方面与汉族传统观念和习俗的迥然不同，提供了充分可靠的文献资料根据。该著作研究课题的视野广阔，将重点放在普通满族妇女的生活上，而不是仅仅只注意爱新觉罗一家和其他大姓贵族的女性。

著作名称： 永宁纳西族的阿注婚姻和母系家庭

作　　者： 詹承绪　王承全　李近春　刘龙初

出 版 社： 上海人民出版社

出版时间： 2006 年 8 月

版　　次： 第 1 版

I S B N： 7208062579

页　　数： 307 页

价　　格： 30.00 元

作者简介

詹承绪（1931—　），重庆江津人。1960 年毕业于云南大学历史系，中国社会科学院民族研究所研究员，中国民族学会副会长兼秘书长。主要从事民族学研究，代表著作有《云南四川纳西族文化习俗的几个专题调查》（合著）等。

内容简介

该著作是民族学、人类学研究的经典名著，对永宁纳西族的婚姻、家庭及有关文化习俗的基本状况与变化发展做了细致的描述和深入的分析。纳西族是一个具有悠久历史和灿烂文化的民族，在 20 世纪 50 年代中期前，永宁地区还有相当一部分人留在封建领主制阶段，并且比较完整地保存着具有初期对偶婚特点的"阿注"婚姻，以及由此而构成的母系家庭。这种婚姻形式，是 1949 年前保存在我国少数民族中比较原始的婚姻形态，它还保留了若干血缘婚姻、群婚的实例，和母系氏族公社的遗迹，但同时也缓慢地向一夫一妻制发展。这些特征使得永宁纳西族成为研究早期婚姻形态的"活化石"。

作者于 1963、1965 和 1976 年数次深入当地群众生活，进行实地考察，对阿注婚姻和母系家庭作了几次调查访问，并在此基础上撰成此书。全书对永宁纳西族的婚姻、家庭及有关文化习俗的基本状况与变化发展做了细致的描述和深入的分析。该书出版以后，引起了国内外各界人士的关注，赴永宁考察的中外学者、作家、记者络绎不绝，小说、报告文学、报导、译作等也相继问世，推动了学术研究的深入。全书共 11 章，具体讨论了如下问题：封建领主制概况、母系氏族公社的遗迹、阿注婚姻——初期对偶婚、母系家庭的组织结构、母系父系并存家庭和父系家庭的出现、边缘区一夫一妻制家庭的逐步确立、亲属称谓、与婚姻家庭有关的文化习俗、阿注婚姻和母系家庭长期存在的原因与新中国成立后的变化等。

后　记

　　云南民族大学自 1999 年招收女性学硕士研究生以来，对教师来讲选用什么教材、参考什么资料是一个难题；对学生来说，读什么书，这些书的内容是什么？也一直困扰着学生。我从 1999 年开始在我的书架及阅读视阈中选择了 100 多本国内外有关妇女/性别的著作作为教学参考书，后来逐渐增加到近 300 本供给学生参考。然而，学生还是不断地提出问题，他们不仅需要书目，关键是在这些书中选读哪些书，这些书的内容是什么？而且能够在比较短的时间内选出与自己的专业和兴趣爱好相联系的书。一届接一届地毕业和招生，学生越来越多，而女性学又是一门正在建设中的学科，无论从方法到内容都是参考借鉴国外的方法和理论。怎样才能借鉴国外的理论进行中国特色的本土化建构，怎样才能提供更多的书籍给学生，目前女性学到底有多少书？女性学有哪些理论、流派？加上每门学科都有属于自己的领域，而其学科内容的分类乃至其中的每个论题都有多种阐释方式。女性学作为新兴学科，在起步之初乃至发展道路上，见仁见智、观点及诠释方式不一而足。鉴于我们的学生学习女性学的需求，经常要我为其推荐女性学方面的学习书籍；也有一些关注女性权益的朋友希望有更多关于女性学著作及图书概览的想法，促使我力图为我的学生及从事和关注女性学研究的同人们提供一部索引性读物，对女性学学科建设做一点基础工作。但 2007—2008 年我受日本国立民族学博物馆馆长的邀请，赴日进行为期一年的《中国云南少数民族文化多样性与共生》的共同研究，以及对日本女性学的研究进行交流；2008 年回国后，又忙于学报常务副主编的编辑工作和担任女性学等几门研究生课程的教学，始终心有余而力不足，不能顾及，无暇落实。直至 2010 年我总算有时间来了却我多年的心愿，我参考了一些图书概览，吸取其中的经验，在多年教学和研究的基础上，在与学生教学互动过程中逐渐形成思路，特别是在几届学生女性学读书笔记的基础上，确定了撰稿的模板。2011 年年初，正式启动编著工作，并在"女性学著作概览"和"性别社会学概览"中，选择了"女性学著作概览"作为《概览》的名称。

在编撰过程中，首先是怎样选取书目，我们原来只有 300 多本书，好在 2010 级学生许文博同学，是首届中华女子学院女性学专业毕业生，她利用中华女子学院图书馆藏书的资源，在两周内搜集了中外编著者有关女性学相关书目 2659 部，在初步分类的基础上，将其中的 888 部著作列入《概览》编辑书目。根据云南民族大学女性学方向 10 多年毕业生和在校生专业特点进行分工，通过电子邮件相继向参与编著的同学分发了书目列表和模板及撰稿要求。2011 年 3 月初陆续收回初稿，我做了认真审读，并针对稿件中存在的问题，向各位撰写者提出了修改建议，反反复复在三次修改和完善后，截止到 4 月中旬，书稿陆续收回，我又一次经过认真地统稿、修改、校对，不断调整结构。在学校的几位同学也跟随我反复修改、校对，于 7 月 18 日定稿，最终确定《概览》收录著作 549 部。

在编著过程中，我的学生先后做了大量的撰写、编务工作，特别是：许文博、朱金磊、王义成、张瞿纯纯四位同学，从开始确定选题到联系、校对、补充修改，直到完成全书统稿；苗青青、杨卫玲、王砚蒙、孙晓天、董海珍、何玉桃、袁芳、张桔、陈文超、何连伟、周爱萍、杨金东、蒋志远、陈丽霞、李容芳、陈国俊、毛俊春、闫安、张慧、刘俊卿、文华、杨璐、高雅楠等同学参加了撰稿。附录中是各位编撰者所承担书目数量的汇总情况。此外，《概论》的内容还包括了一部分社会学研究生的读书笔记，对其进行了修改。

在《概览》编印完成之际，我衷心感谢支持和关注本书编辑工作的朋友们，感谢参与编务工作的同学们。

但愿该书出版后，能对性别社会学、女性学的学习和研究工作提供基础性的帮助，我也就心满意足了。女性学是新兴学科，希望大家齐心协力共同建设。

由于掌握资料的局限和选编工作时间和精力的限制，加上分类方法的不同，《概览》肯定有许多不足之处，也会有遗珠之憾，敬请大家不吝赐教。

杨国才

2011 年 7 月 21 日于云南民族大学行政楼妇女中心办公室

附 录

编撰者承担书目数量一览表

编撰者	数量（本）	编撰者	数量（本）
许文博	32	朱金磊	34
王义成	32	张瞿纯纯	29
苗青青	33	杨卫玲	31
王砚蒙	30	孙晓天	26
董海珍	25	何玉桃	24
袁 芳	23	张 桔	21
陈文超	20	何连伟	19
周爱萍	17	杨金东	17
蒋志远	16	陈丽霞	14
李容芳	14	陈国俊	12
毛俊春	12	闫 安	11
张 慧	11	刘俊卿	9
文 华	8	杨 璐	8
高雅楠	2	赵 楠	2
马小兵	2	赵 晋	2